Fieseler/Herborth
Recht der Familie und Jugendhilfe

FACHBÜCHEREI
Praktische Sozialarbeit

Herausgegeben von
Professor Dr. Helga Oberloskamp und Professor Kurt Witterstätter

Recht der Familie und Jugendhilfe

Arbeitsplatz Jugendamt / Sozialer Dienst

von

Dr. Gerhard Fieseler
Professor an der Universität Kassel-Gesamthochschule

und

Reinhard Herborth
Professor an der Berufsakademie Villingen-Schwenningen

4. überarbeitete Auflage

Luchterhand

Die Deutsche Bibliothek - CIP-Einheitsaufnahme

Fieseler, Gerhard:
Recht der Familie und Jugendhilfe : Arbeitsplatz Jugendamt/
Sozialer Dienst / von Gerhard Fieseler und Reinhard Herborth.-
4. Auflage - Neuwied; Kriftel; Berlin; Luchterhand, 1996
(Fachbücherei Praktische Sozialarbeit)
ISBN 3-472-02583-2
NE: Herborth, Reinhard:

Satz: Höfer, Düsseldorf
Druck: Wilhelm & Adam, Heusenstamm
Printed in Germany, Juli 1996

⊗ Gedruckt auf säurefreiem, alterungsbeständigem und chlorfreiem Papier

Vorwort zur 4. Auflage

Nach weniger als zwei Jahren war die 3. Auflage vergriffen. Dieser für uns erfreuliche Umstand sowie das Echo aus Praxis, Wissenschaft und Hochschule machte ursprüngliche Überlegungen einer wesentlich weitergehenden Überarbeitung des Buches gegenstandslos. Das einleitende Praxisbeispiel ist beibehalten worden. Zum einen sind wir dazu oft ermutigt worden, weil es sich zur Einstimmung vorzüglich eigne. Zum anderen zeigt es auf, daß es seitens des Jugendamtes allein mit Beratung, Unterstützung, Aushandeln nicht getan ist. Vielmehr ist ebenso Kindesschutz gegenüber Eltern wahrzunehmen. Das Schlagwort vom »Perspektivenwechsel«, den (erst) das Kinder- und Jugendhilfegesetz gebracht habe, – als hätten nicht auch zuvor Leistungen Vorrang vor Eingriffen gehabt – hat zu Mißverständnissen geführt: Jugendämter bleiben oft auch dort untätig, wo es nötig ist zu handeln. Viele Reaktionen aus der Praxis zeigen aber, daß der Ansatz unseres Buches überzeugt: Zusammenarbeit mit den Eltern, Hilfe für sie und damit für die Kinder, wo immer möglich; Kooperation mit den Gerichten, immer wenn nötig. Dies schließt klare Stellungnahmen für Eingriffe in das ideologisch so überhöhte Elternrecht durchaus ein. Eine kritische Grundhaltung gegenüber ungerechtfertigten Eingriffen in Elternrechte und gegen fachlich unvertretbare Konzessionen an (angeblich) »normativ-objektive«, juristische Maßstäbe erübrigt sich freilich keineswegs. Jedoch sind die Grundrechte junger Menschen – ihre Würde und ihre persönliche Entfaltung – gerade im Konfliktfall mit ihren Eltern zu betonen und nicht mit einem Verweis auf das Elternrecht aus Art. 6 GG geringzuachten.

Auch in dieser Auflage ist die Tatsache festzustellen, daß die Zahl der Erzieherischen Hilfen außerhalb des Elternhauses weiterhin erheblich gestiegen ist. Das widerspricht schroff den mit der Verabschiedung des Kinder- und Jugendhilfegesetzes verknüpften Hoffnungen und Verlautbarungen. Das kann sicher nicht damit erklärt werden, daß die Praxis dem Gesetzgeber die Gefolgschaft versagt. Es ist vielmehr Ausdruck der sozialstaatswidrigen, teils dramatischen Verschlechterung der Lebenssituation junger Menschen. Hiervon sind – ohne daß von verfassungsgemäß gleichen Lebensverhältnissen in Ost und West schon die Rede sein könnte – junge Menschen in der gesamten Bundesrepublik Deutschland betroffen. Eine um so größere Bedeutung kommt einer an § 1 Abs. 1 und Abs. 3 SGB VIII orientierten offensiven Jugendhilfe zu, die unter schwierigen Bedingungen das Mögliche leistet und gleichzeitig in einer reichen Gesellschaft (10 Billionen DM Privatvermögen) wesentlich mehr finanzielle Mittel als »Investition in die Zukunft« einfordert. Es gilt unter anderem auch zu begreifen, daß die sozialen Dienstleistungen bei entsprechendem Bedarf auch dann zu erbringen sind, wenn es sich um »Kann-Leistungen« handelt. Dabei kommt der fachlichen Bestimmung des konkreten Hilfebedarfs zusammen mit den Betroffenen als Experten in eigener Sache entscheidende Bedeutung zu. Rechtlich wird sich dann die Verweigerung von Leistungen in aller Regel als pflichtwidrig darstellen (Reduzierung des »Ermessensspielraums auf Null«).

Wir legen die 4. Auflage vor, obwohl es derzeit so aussieht, als werde noch in dieser Legislaturperiode das Kindschaftsrecht grundlegend reformiert. Mit welchem genauen Inhalt dies geschehen wird, und welche Zeit die Praxis haben wird, sich auf das neue Recht einzustellen, ist noch nicht abzusehen: Gerade ist der Entwurf eines Gesetzes zur Reform des Kindschaftsrechts (Stand: 24. Juli 1995) dem Bundeskabinett in geänderter Fassung vorgelegt worden (vgl. auch BR-Drucks. 180/96). Wir haben diesem Entwurf gleichwohl ein Unterkapitel gewidmet, ihn zudem in unseren Ausführungen an wichtigen Punkten dem gegenwärtigen Recht gegenübergestellt und in den Anhang eine Information des Bundesministeriums der Justiz über den Kabinettsbeschluß aufgenommen. So hoffen wir unseren Leserinnen und Lesern den Einstieg in dieses neue Recht zu erleichtern. Im Hinblick auf das gegenwärtig so unmoderne Kindschaftsrecht, das in den neuen Bundesländern mit einem einst moderneren Familienrecht verständlicherweise häufig auf Kopfschütteln stößt, lohnt es sich selbst dann, sich mit dem Gesetzesvorhaben zu beschäftigen, wenn es wider Erwarten parlamentarisch doch noch auf der Strecke bleiben sollte.

Neu hinzugekommen sind auch Ausführungen zum sogenannten Steuerungsmodell in der Sozialverwaltung mit einem Vorschlag für einen Produktplan in der Jugendhilfe, zu Rechtsberatung und Mediation, zur Mitwirkung der Jugendämter in gerichtlichen Verfahren, zu Drogen in der Jugendhilfe, zum Unterhaltsvorschußgesetz, zu Zuständigkeit und Kostenerstattung. Neue Gesetze wie das Schwangeren- und Familienhilfeänderungsgesetz vom 21.8.1995 und das Zweite Gesetz zur Änderung des SGB VIII, das am 1.1.1996 in Kraft getreten ist, konnten noch eingearbeitet werden.

Die Ausführungen zum Sozialdatenschutz mußten gründlich überarbeitet werden. Angesichts der ständigen Aktivität auf diesem Gebiet verdient es trotz der eingangs geäußerten Kritik Respekt, wie gut sich die Praxis der Jugendhilfe inzwischen auf das Kinder- und Jugendhilfegesetz eingestellt hat.

Selbstverständlich haben wir alle Statistiken (die meisten für ganz Deutschland) aktualisiert. Literatur und Rechtsprechung sind weitestgehend auf den heutigen Stand gebracht.

Kassel/Villingen-Schwenningen   *Gerhard Fieseler*
im Mai 1996   *Reinhard Herborth*

Aus dem Vorwort zur 3. Auflage

Nach vier vergeblichen Anläufen und nach einer über 30jährigen fachpolitischen Diskussion ist das Kinder- und Jugendhilfegesetz (KJHG) in den neuen Bundesländern am 3. Oktober 1990, in den alten Bundesländern am 1. Januar 1991 in Kraft getreten. Nun gilt es, die im KJHG enthaltenen Potentiale zur Weiterentwicklung der Jugendhilfe zu erkennen und zu nutzen. Bei der Neubearbeitung unseres Buches haben wir auf diesen Aspekt besonderen Wert gelegt.

Wie in den Vorauflagen haben wir weiteres Diskussionsmaterial aufgenommen und uns dabei bemüht, den Studenten Lernhilfen, den Praktikern Arbeitshilfen zugänglich zu machen. Die zahlreichen Statistiken, die in der Jugendhilfeliteratur häufig zitiert worden sind, haben wir fortgeschrieben. Unser Interesse galt dabei insbesondere den Daten aus den neuen Bundesländern. Das Praxisbeispiel der Vorauflagen haben wir beibehalten. Dabei soll berücksichtigt werden, daß die Jugendhilfe nicht nur vor einem Neuanfang, sondern auch in einem Kontinuum steht. Außerdem lassen sich an dem Praxisbeispiel die gesetzlichen Veränderungen aufzeigen; und es bietet die Möglichkeit zu untersuchen, welche Maßnahmen, Angebote und Interventionen aufgrund des KJHG-Hilfeprogramms sinnvoll(er) gewesen wären.

Kassel/Villingen-Schwenningen
im November 1993

Gerhard Fieseler
Reinhard Herborth

Vorwort zur 1. Auflage

Wie außerordentlich vielfältig auch die Tätigkeiten der Sozialarbeiter/Sozialpädagogen in den Sozialen Diensten sind (die Originalakte am Anfang und die Arbeitsplatzbeschreibung im Anhang dieses Buches vermitteln davon eine Vorstellung), stets ist die Kenntnis der Rechtsgrundlagen als Orientierungs- und Handlungswissen unerläßliche Voraussetzung einer soliden Berufspraxis. Mit diesem Band möchten wir den Studenten anschauliches Lernmaterial zur Verfügung stellen, das es ihnen ermöglicht, sich auf eine Tätigkeit im Praxisfeld der Familien- und Jugendhilfe vorzubereiten und darin zurechtzufinden. Gleichzeitig hoffen wir, daß das Buch auch den in der sozialen Arbeit Tätigen wichtige Informationen und Anregungen gibt, die ihnen für ihre schwierigen Aufgaben nützlich sind.

Nicht die Rechtssystematik bestimmte den Gang unserer Erörterungen, sondern vielmehr die sich in der Praxis stellenden Aufgaben und die Anforderungen des Rechts bei ihrer Erledigung. Deshalb haben wir die traditionelle Trennung in der Darstellung von Bürgerlichem Gesetzbuch (Familienrecht) und Jugendwohlfahrtsgesetz, sowie von materiellem und prozessualem Recht aufgegeben und stattdessen diese Rechtsgrundlagen so erläutert, wie sie in der Praxis zu beachten sind. Wir meinen, eine solche integrierende Darstellung ist auch von didaktischem Nutzen. Darüber hinaus wollen wir Praxis durch einen vorangestellten Eingangsfall – ein Originalaktenstück – ebenso wie durch zahlreiche Übersichten, Schaubilder, Prüfungsschemata, Muster (u.a. von typischen Arbeitsabläufen) verstehbar machen.

Das Praxisbeispiel haben wir trotz bzw. wegen seiner Komplexität nicht zerstückelt, um Diskussionsmaterial für Lehrveranstaltungen anzubieten und um die zeitliche Dimension des Jugendhilfehandelns sowie den Handlungsdruck der Mitarbeiter aufzuzeigen. Die angestrebte Berufsbezogenheit der Darstellung erforderte, insbesondere auf die konkrete Herausarbeitung der für die verschiedenen Aufgaben maßgeblichen Gesetze zu achten. Da diese Gesetze gerade im Familien- und Jugendrecht weitgehend auslegungsbedürftig sind, war einerseits auf das Grundgesetz der Bundesrepublik Deutschland (Notwendigkeit einer verfassungskonformen, vor allem den sozialen Gehalt des Grundgesetzes berücksichtigenden Auslegung) Bezug zu nehmen und andererseits die Rechtsprechung zu zitieren, die unbestimmte Rechtsbegriffe wie z.B. das »Wohl des Kindes« erst konkretisiert. Inwieweit dabei sozialwissenschaftliche Erkenntnisse berücksichtigt werden müssen und inwieweit Sozialarbeiter/Sozialpädagogen Einfluß auf die Handhabung solcher Begriffe haben, wird ebenso erörtert, wie wir auch durch die gelegentliche Heranziehung geplanter Gesetzesänderungen und durch die vergleichsweise ausführliche Nennung rechtspolitischer Forderungen die Tatsache und die Notwendigkeit eines Rechtswandels verdeutlichen wollen.

Untergliederungen und Spiegelstriche sollen der Anschaulichkeit, gelegentlich längere Fußnoten der Entlastung des Textes von gleichwohl wichtigen Informationen und Einschätzungen, ein umfangreiches Sachregister der leichteren Benutzbarkeit des Buches dienen.

Wir danken allen, die uns bei der Entstehung dieses Buches unterstützt haben; insbesondere Frau Gudrun Seitz (Kassel) und Frau Hildegard Wölm (Schwenningen) für ihre Sorgfalt und Geduld beim Erstellen des Manuskripts.

Kassel/Villingen-Schwenningen
im Oktober 1985

Gerhard Fieseler
Reinhard Herborth

Inhalt

Abkürzungsverzeichnis

a.A.	anderer Ansicht
a.a.O.	am angegebenen Ort (insbesondere: im Literaturverzeichnis)
Abs.	Absatz
AdVermiG	Gesetz über die Vermittlung der Annahme als Kind (Adoptionsvermittlungsgesetz)
ÄndG	Änderungsgesetz
a.E.	am Ende
a.f.	alter Fassung
AFET	Allgemeiner Fürsorgeerziehungstag; ab 1972 Arbeitsgemeinschaft für Erziehungshilfe (Gandhistr. 2, 30559 Hannover)
AFG	Arbeitsförderungsgesetz
AG / AmtsG	Amtsgericht
AGJ	Arbeitsgemeinschaft für Jugendhilfe (Haager Weg 44, 53127 Bonn)
AGJWG	Gesetz zur Ausführung des Gesetzes für Jugendwohlfahrt (des jeweiligen Bundeslandes)
AK-BGB	Kommentar zum Bürgerlichen Gesetzbuch
(+Bearbeiter)	(Reihe Alternativkommentare)
AKGG	Arbeitskreis Gemeindenahe Gesundheitsversorgung (Rotenburger Str. 8, 34212 Melsungen)
a.M.	anderer Meinung
Anh.	Anhang
Anm.	Anmerkung
APf./AV.	Amtspflegschaft/Amtsvormundschaft
ArbGG	Arbeitsgerichtsgesetz
ArchSozArb	Archiv für Wissenschaft und Praxis der sozialen Arbeit
Art.	Artikel
ASD	Allgemeiner Sozialer Dienst
AsylVfG	Asylverfahrensgesetz
Aufl.	Auflage
AuslG	Ausländergesetz
Az.	Aktenzeichen
BAFöG	Bundesgesetz über die individuelle Förderung der Ausbildung (Bundesausbildungsförderungsgesetz)
BAG	Bundesarbeitsgericht
BAGHR	Bundesarbeitsgemeinschaft der Hochschullehrer des Rechts an Fachhochschulen/Fachbereichen des Sozialwesens in der Bundesrepublik Deutschland
BAGLJÄ	Bundesarbeitsgemeinschaft der Landesjugendämter
BAG-SB	Informationsdienst der Bundesarbeitsgemeinschaft Schuldnerberatung e.V.
BayObLG	Bayerisches Oberstes Landesgericht
Ba.-Wü	Baden-Württemberg
BBildG	Berufsbildungsgesetz

Bem.	Bemerkung(en)
BerHiG	Gesetz über Rechtsberatung und Vertretung für Bürger mit geringem Einkommen (Beratungshilfegesetz)
BeurkG	Beurkundungsgesetz
BGB	Bürgerliches Gesetzbuch
BGBl.	Bundesgesetzblatt
BGH	Bundesgerichtshof
BGHZ	Bundesgerichtshof, Entscheidungen in Zivilsachen
BKGG	Gesetz über die Gewährung von Kindergeld (Bundeskindergeldgesetz)
BldWPfl.	Blätter der Wohlfahrtspflege - Deutsche Zeitschrift für Sozialarbeit
BLK	Bund – Länder – Kommission für Bildungsplanung
BMFJ	Bundesministerium für Frauen und Jugend
BMFS	Bundesministerium für Familie und Senioren
BMJ	Bundesminister der Justiz
BMJFFG	Bundesministerium für Jugend, Familie, Frauen und Gesundheit
BMJFG	Bundesminister für Jugend, Familie und Gesundheit
BR-Drucks.	Bundesratsdrucksache
BSD	Besonderer Sozialer Dienst
BSeuchG	Bundesseuchengesetz
BSG	Bundessozialgericht
BSHG	Bundessozialhilfegesetz
BT-Drucks.	Deutscher Bundestag, Drucksache der jeweiligen Wahlperiode
BTMG	Betäubungsmittelgesetz
BVerfG	Bundesverfassungsgericht
BVerfGE	Entscheidungen des Bundesverfassungsgerichts
BVerwG	Bundesverwaltungsgericht
bzgl.	bezüglich
BZRG	Bundeszentralregister
bzw.	beziehungsweise
DAVorm	Der Amtsvormund, Monatsschrift des Deutschen Instituts für Vormundschaftswesen
ders.	derselbe
dgl.	desgleichen
d.h.	das heißt
DIV	Deutsches Institut für Vormundschaftswesen
DJ	Deutsche Jugend
DJI	Deutsches Jugendinstitut (Freibadstraße 30, 81543 München)
DJT	Deutscher Juristentag
DÖV	Die öffentliche Verwaltung
DRiZ	Deutsche Richterzeitung
dto.	ebenso
DtZ	Deutsch-Deutsche Rechtszeitschrift
DVBl	Deutsches Verwaltungsblatt
DVJJ	Deutsche Vereinigung für Jugendgerichte und Jugendgerichtshilfe e.V. / Rundbrief
DVO	Durchführungsverordnung

DVP	Deutsche Verwaltungspraxis
EGBGB	Einführungsgesetz zum Bürgerlichen Gesetzbuch
EheG	Ehegesetz
Einf.	Einführung
EMRK	Europäische Menschenrechtskommission
entspr.	entsprechend(e)
EREV	Evangelischer Erziehungsverband e.V. – Evangelische Jugendhilfe (Lister Meile 87, 30161 Hannover)
etc.	et cetera = und so weiter
evtl.	eventuell
EzFamR	Entscheidungssammlung zum Familienrecht
f.	die folgende Seite
FamRZ	Ehe und Familie im privaten und öffentlichen Recht, Zeitschrift für das gesamte Familienrecht
FE	Fürsorgeerziehung
FEH	Freiwillige Erziehungshilfe
ff.	die folgenden Seiten
FGG	Gesetz über die Angelegenheiten der freiwilligen Gerichtsbarkeit
FHSS	Fachhochschule für Sozialarbeit/Sozialpädagogik
FHV	Familienhelfervorschriften
Fn.	Fußnote
FRES	Entscheidungssammlung zum gesamten Bereich von Ehe und Familie
FuR	Familie und Recht
gA	gewöhnlicher Aufenthalt
gem.	gemäß
GeschlKG	Gesetz zur Bekämpfung der Geschlechtskrankheiten
GG	Grundgesetz für die Bundesrepublik Deutschland
ggf.	gegebenenfalls
GjS	Gesetz über die Verbreitung jugendgefährdender Schriften
GVBl.	Gesetz- und Verordnungsblatt
GVG	Gerichtsverfassungsgesetz
h.M.	herrschende Meinung
Hrsg./hrsg.	Herausgeber/herausgegeben
Hs.	Halbsatz
HzE	Hilfe zur Erziehung
i.A.	im Auftrag
i.d.F.	in der Fassung
IGfH	Internationale Gesellschaft für Heimerziehung (Heinrich-Hoffmann-Str. 3, 60528 Frankfurt)
InfAuslR	Informationsbrief Ausländerrecht
ISA	Institut für soziale Arbeit e.V. (Peterstr. 11, 48151 Münster)
ISS	Institut für Sozialarbeit und Sozialpädagogik (Am Stockborn 5 - 7, 60439 Frankfurt)

i.S.v.	im Sinne von
i.V.m.	in Verbindung mit
JA	Jugendamt
JArbSchG	Gesetz zum Schutz der arbeitenden Jugend (Jugendarbeitsschutzgesetz)
JAVollzO	Jugendarrestvollzugsordnung
JBG	Jugend, Beruf, Gesellschaft
Jg.	Jahrgang
JGG	Jugendgerichtsgesetz
JGH	Jugendgerichtshilfe
JH	Jugendhilfe
JHA	Jugendhilfeausschuß
JSchÖG	Gesetz zum Schutze der Jugend in der Öffentlichkeit
JWA	Jugendwohlfahrtsausschuß
JWG	Jugendwohlfahrtsgesetz
JZ	Juristen-Zeitung
Kap.	Kapitel
Kfz.	Kraftfahrzeug
KG	Kammergericht (= das OLG in Berlin)
KGSt	Kommunale Gemeinschaftsstelle für Verwaltungsvereinfachung (Lindenallee 13 - 17, 50968 Köln)
KindRG	Entwurf eines Gesetzes zur Reform des Kindschaftsrechts (Kindschaftsrechtsreformgesetz – KindRG), Stand: 24.7.1995
KJHG	Gesetz zur Neuordnung des Kinder- und Jugendhilferechts (Kinder- und Jugendhilfegesetz) vom 26. Juni 1990
KJuG	Kinder, Jugend und Gesellschaft
Kl.Schr.	Kleine Schriften
Lfg.	Lieferung
LG	Landgericht
LJA	Landesjugendamt
LJA LWL	Landschaftsverband Westfalen-Lippe. Mitteilungen des Landesjugendamtes
LJWG	Landesjugendwohlfahrtsgesetz
LS	Leitsatz
LVwVfG	Landesverwaltungsverfahrensgesetz
LWV	Landeswohlfahrtsverband
MAGS	Ministerium für Arbeit, Gesundheit und Sozialordnung (Ba-Wü)
m.Anm.	mit Anmerkung
MDR	Monatsschrift für Deutsches Recht
Mio.	Millionen
MR	Mitglieder-Rundbrief
MSA	Übereinkommen über die Zuständigkeit und das anzuwendende Recht auf dem Gebiet des Schutzes von Minderjährigen (Haager Minderjährigenschutzabkommen)

MSchrKrim	Monatsschrift für Kriminologie und Strafrechtsreform
Mü.-Ko.	Münchener Kommentar zum Bürgerlichen Gesetzbuch
(+ Bearb.)	
m.w.Nw.	mit weiteren Nachweisen
NDV	Nachrichtendienst des Deutschen Vereins für öffentliche und private Fürsorge
ne.	nichtehelich
n.F.	neuer Fassung
NJ	Neue Justiz
NJW	Neue Juristische Wochenzeitschrift
NJW-RR	NJW – Rechtsprechungsreport
NK	Neue Kriminalpolitik
N.N.	Namentlich nicht bekannter Autor
NP / np	Neue Praxis
Nr.	Nummer
NRW / NW	Nordrhein-Westfalen
NStZ	Neue Zeitschrift für Strafrecht
NVwZ-RR	Neue Zeitschrift für Verwaltungsrecht – Rechtsprechungsreport
OLG	Oberlandesgericht
o.J.	ohne Jahresangabe
o.V.	ohne Verfasserangabe
OVG	Oberverwaltungsgericht
OWiG	Gesetz über Ordnungswidrigkeiten
PaßG	Gesetz über das Paßwesen
PStG	Personenstandsgesetz
r	berichtigte Zahl (Statistik)
RBerG	Rechtsberatungsgesetz
RdJ / RdJB	Recht der Jugend und des Bildungswesens
Rdnr. / Rn.	Randnummer
RdSchr.	Rundschreiben
Recht	Recht. Eine Information des Bundesministeriums der Justiz
RefE	Referentenentwurf
RegE	Regierungsentwurf
RelKiErzG	Gesetz über religiöse Kindererziehung
RPflG	Rechtspflegergesetz
RsDE	Beiträge zum Recht der sozialen Dienste und Einrichtungen
RuP	Recht und Politik
R&P	Recht und Psychiatrie
RuStAG	Reichs- und Staatsangehörigkeitsgesetz
Ru-VO	Verordnung zur Berechnung des Regelunterhalts (Regelunterhaltsverordnung)
RVO	Reichsversicherungsordnung
Rz.	Randziffer

S.	Seite/Satz
SA/SP	Sozialarbeit/Sozialpädagogik;
	Sozialarbeiter/Sozialpädagogen
SGB-I (-AT)	Sozialgesetzbuch, 1. Buch (Allgemeiner Teil)
SGB VIII	Sozialgesetzbuch, 8. Buch (Kinder- und Jugendhilfe)
	= KJHG. Erster Teil. Artikel 1
SGB X	Sozialgesetzbuch, 10. Buch (Verwaltungsverfahren)
SGG	Sozialgerichtsgesetz
SHR	Sozialhilferichtlinien Baden-Württemberg
s.o.	siehe oben
Sp.	Spalte
StGB	Strafgesetzbuch
StPO	Strafprozeßordnung
Streit	Feministische Rechtszeitschrift
SVG	Soldatenversorgungsgesetz
TuP	Theorie und Praxis der sozialen Arbeit
Tz	Textziffer
u.	und
u.a.	unter anderem
üö.	überörtlich
UJ	Unsere Jugend
usw.	und so weiter
u.U.	unter Umständen
UVG	Unterhaltsvorschußgesetz
VG / VerwG	Verwaltungsgericht
VGH	Verwaltungsgerichtshof
vgl.	vergleiche
VO	Verordnung
VormG	Vormundschaftsgericht
VR	Verwaltungsrundschau
VwGO	Verwaltungsgerichtsordnung
WohnGG	Wohngeldgesetz
z.B.	zum Beispiel
ZblJugR	Zentralblatt für Jugendrecht und Jugendwohlfahrt
ZfF	Zeitschrift für das Fürsorgewesen
ZfJ	Zentralblatt für Jugendrecht
ZfSH	Zeitschrift für Sozialhilfe und Sozialgesetzbuch
Ziff.	Ziffer
ZPO	Zivilprozeßordnung
ZRP	Zeitschrift für Rechtspolitik
ZS	Zivilsenat
z.T.	zum Teil
z.Zt.	zur Zeit

Erstes Kapitel: Praxisbeispiel

1. Vorgeschichte

Kerstin Schmidt, geb. Müller, wurde am 05.10.1948 geboren. Sie hat drei jüngere Geschwister. Über die Familie Müller existieren mehrere Jugendamtsakten. Über Kerstin wird seit April 1966 eine Akte geführt: Damals kam ihre Tochter Barbara unehelich[1] zur Welt. Das Jugendamt wurde Vormund Barbaras. Kerstin wurde von ihren Eltern aus dem Haus gewiesen, war einige Zeit in einem Heim untergebracht und durfte 1967 in die elterliche Wohnung zurückkehren. Sie arbeitete als Fabrikarbeiterin. Barbara wurde von Kerstins Mutter versorgt.

Kerstin wird als eine junge Frau beschrieben, die zwar die besten Vorsatze hätte, diese aber nicht in die Tat umsetzen würde. Die damaligen Wohnverhältnisse – die Müllers bewohnten eine Baracke in einem Kleingartenverein – waren sehr beengt. Kerstins Mutter soll unwirtschaftlich, ihr Vater Alkoholiker gewesen sein. Kerstin soll sich zu wenig um Barbara gekümmert haben. Zu Kurt Schmidt, dem Vater Barbaras, sollen die Beziehungen nie abgerissen sein.

Kurt Schmidt ist Hilfsarbeiter. Auch seine Familie war amtsbekannt. Das Jugendamt als Amtsvormund hatte erhebliche Schwierigkeiten damit, den Unterhalt einzutreiben. Den Berichten nach versuchte Kurt Schmidt, sich laufend den Verpflichtungen zu entziehen. Er hatte aber immer Kontakt zu Kerstin.

Als Kerstin 1969 erneut schwanger wird, heiratet sie im Oktober des gleichen Jahres Kurt Schmidt. Einen Monat später wird ihr Sohn Peter geboren. Ihre Akte wird geschlossen; sie und ihr Mann werden in dem abschließenden Bericht als »unfertig, labil, unwirtschaftlich und wenig arbeitsam« beschrieben. Eine Gefährdung der Kinder sei nicht auszuschließen.

2. Aktenauszüge

15.01.1977 Aktenvermerk

Gegen 9.30 Uhr ruft die Jugendsachbearbeiterin der Kriminalpolizei an. Sie teilt mit, daß von Frau Kerstin Schmidt beim Polizeirevier Anzeige gegen ihren Ehemann Kurt Schmidt wegen sexuellen Mißbrauchs der Tochter Barbara, geb. 8.4.1966, in der Nacht vom 13. zum 14. erstattet wurde. Die Jugendsachbearbeiterin wird Barbara von der Schule abholen. Sollte sich dabei herausstellen, daß die Beschuldigung gegen Kurt Schmidt berechtigt ist, wird die Kriminalpolizei Barbara in das Heim Berghofstraße bringen, um eine weitere Gefährdung des Kindes durch den Vater auszuschließen. Die Polizei bittet das Jugendamt, alles weitere zu veranlassen.

Anzeige wegen sexuellen Mißbrauchs

---

[1] Die Vorgeschichte spielt noch in der Zeit *vor* der Neuregelung der rechtlichen Stellung nichtehelicher Kinder, die am 01.07.1970 in Kraft getreten ist. Damals hießen die Kinder »unehelich«; der Mutter stand die elterliche Gewalt (so die damalige Bezeichnung) nicht zu; kraft Gesetzes wurde das Jugendamt Vormund; die Mutter konnte mit Erreichung ihrer Volljährigkeit (damals 21. Lebensjahr) einen Antrag auf Übertragung der vollen elterlichen Gewalt stellen.

15.01.1977   Auszug aus dem *Bericht der Sozialarbeiterin*

Mit Frau Schmidt konnte gesprochen werden. Sie reagierte aber sehr erregt auf die Mitteilung, daß Barbara in der Berghofstraße bleiben muß, verlangte das Kind zurück, äußerte sich sehr unklar über die Vorgänge in der vergangenen Nacht. Nach einem Streit habe sie im Kinderzimmer geschlafen; dann Barbara nachts im Bett ihres Mannes gefunden; machte keine näheren Angaben über die Beschuldigung. Sie zeigte große Angst vor ihrem Ehemann, ein ruhiges Gespräch ist nicht möglich; sie lehnt jeden Kontakt mit der Behörde ab. Sie äußerte die Absicht, die Anzeige zurückzunehmen.

15.01.1977   *Aktenvermerk*

Gegen 15.30 Uhr ruft das Jugenddezernat der Kriminalpolizei erneut an. Barbara wurde vernommen. Sie macht glaubhafte Angaben. Der Vater hat in der vergangenen Nacht »mit mir etwas gemacht«. Das Kind mache einen verstörten und verwirrten Eindruck. Es ist nicht erkennbar, ob die Verwirrung durch das unvermutete Abholen von der Schule oder die Vorgänge der vergangenen Nacht ausgelöst wurde. Ärztliche Untersuchung ergab leichte Verletzungen. Es ist noch nicht gelungen, den Vater zu vernehmen. Vernehmung der Mutter durch die Kriminalpolizei steht ebenfalls noch aus. Kind nach Meinung der Polizei akut gefährdet. Entlassung nach Hause nicht möglich. Barbara wird daher in das Heim Berghofstraße gebracht. Jugendamt möge das weitere veranlassen.

Heimunterbringung

16.01.1977   *Aktenvermerk*

Anruf der Kriminalpolizei. Vater wurde nicht vernommen, da er auf der Arbeitsstelle nicht mehr angetroffen wurde. Abends nicht nach Hause gekehrt, wird gesucht.

16.01.1977   *Eilmitteilung an das Vormundschaftsgericht*

Zusammenfassender Bericht über die bisherigen Vorgänge. Antrag auf Erlaß einer einstweiligen Anordnung gemäß § 1666 BGB, den Eltern das Aufenthaltsbestimmungsrecht zu entziehen und auf das Jugendamt zu übertragen.

Eingriff in die elterliche Sorge

16.01.1977 (mittags)   *Aktenvermerk*

Nach telefonischer Mitteilung des Vormundschaftsgerichtes ist durch einstweilige Anordnung das Aufenthaltsbestimmungsrecht für Barbara auf das Jugendamt übertragen worden.

Entzug des Aufenthalts- bestimmungsrechts

16.01.1977 (nachmittags)

Die zuständige Sozialarbeiterin macht einen unangemeldeten Hausbesuch, um die Mutter über den Beschluß des Vormundschaftsgerichtes in Kenntnis zu setzen. Sie trifft die Mutter nicht an. Im Treppenhaus begegnet sie einer ihr bekannten, im gleichen Haus wohnenden Frau. Diese teilt ihr mit, daß Kerstin Schmidt am frühen Vormittag wegen eines Suizid-Versuches ins Krankenhaus gebracht wurde. Peter befindet sich bei Bekannten der Familie Schmidt im Nachbarhaus. Die Sozialarbeiterin trifft Peter dort an. Die Nachbarn sind erleichtert, daß jemand vom Jugendamt kommt. Sie hatten schon von sich aus die Absicht, das Jugendamt zu informieren. Peter kann dort nicht bleiben. Beide Eheleute sind berufstätig. Die Nachbarin war rein zufällig im Hause, weil sie zur Zeit krankgeschrieben ist. Über die Hintergründe des Suizid-Versuchs wissen die Nachbarn, daß es am Vorabend einen Streit zwischen den Eheleuten gegeben hat, und daß Herr Schmidt daraufhin die Wohnung mit einem Koffer verlassen hat. Gemeinsam geht die Sozialarbeiterin mit der Nachbarin in die Wohnung und sucht einige Bekleidungsstücke für Peter zusammen. Sie hinterläßt dort für Herrn Schmidt eine schriftliche Nachricht und bringt Peter ebenfalls in das Kinderheim Berghofstraße.

17.01.1977 Anruf der zuständigen Sozialarbeiterin im Krankenhaus. Der diensthabende Arzt verweigert telefonische Auskunft, ist aber dann bereit zurückzurufen, um sich auf diese Weise zu überzeugen, daß tatsächlich das Jugendamt Gesprächspartner ist und teilt dann folgendes mit: *Schweigepflicht*

Frau Schmidt ist immer noch in akuter Lebensgefahr. Sie hat Medikamente, kombiniert mit Alkohol, zu sich genommen. Die Lebensgefahr wird erhöht durch außerordentlich schlechten Ernährungszustand. Ein Gespräch mit ihr war bisher nicht möglich.

(In den folgenden Wochen erkundigt sich die zuständige Sozialarbeiterin mehrfach im Krankenhaus nach dem Ergehen von Frau Schmidt. Sie erfährt, daß es ihr langsam besser geht. Der Hintergrund für den Suizid-Versuch soll ein Ehestreit gewesen sein. Die Sozialarbeiterin schreibt ihr einen Brief und teilt ihr mit, daß sie sich keine Sorgen zu machen brauche, da für die beiden Kinder gesorgt ist. Sie teilt ihr den Aufenthaltsort mit. Sie schreibt dem Vater an die Adresse der gemeinsamen Wohnung, er möge sich unmittelbar nach seiner Rückkehr mit ihr in Verbindung setzen. Der Vater meldete sich nicht. Sie besucht außerdem die beiden Kinder in der Berghofstraße.)

14.03.1977 Die Mutter meldet sich beim Jugendamt, sie ist aus dem Krankenhaus entlassen, verlangt beide Kinder zurück. Sie stellt beim Sozialamt Antrag auf Hilfe zum Lebensunterhalt. *Sozialhilfe*

15.03.1977 *Hausbesuch* (Auszug aus dem Bericht der Sozialarbeiterin):

Frau Schmidt macht einen relativ ruhigen und ausgeglichenen Eindruck. Sie ist gesprächsbereit. Sie versteht die Notwendigkeit der Unterbringung Barbaras und bedankt sich noch einmal für das rasche Eingreifen nach ihrem Suizid-Versuch im Hinblick auf Peter. Sie hat von ihrem Ehemann nichts mehr gehört, sondern die Wohnung so vorgefunden, wie sie sie damals verlassen hat. Sie äußert sich sehr negativ über ihn (»nicht sehr arbeitswillig, sehr dem Alkohol zugeneigt, wenig Herzlichkeit für sie und die Kinder«). Sie äußert Scheidungsabsichten. Sie möchte, sobald sie wiederhergestellt ist, Arbeit aufnehmen und für sich und die Kinder selbst sorgen. Die Sozialarbeiterin versucht behutsam, über die Straftat mit Barbara zu sprechen. Frau Schmidt äußert sich darüber nicht (»ich werde alles der Kripo sagen«). Sie hat eine Vorladung zum Polizeirevier für den 18.03.1977. Die Sozialarbeiterin hat den Eindruck, daß Frau Schmidt den besten Willen hat, ihre Vorsätze in die Tat umzusetzen. Dabei scheint sie die finanziellen Probleme und Erziehungsschwierigkeiten zu unterschätzen, die mit ihren Plänen verbunden sind. Die Sozialarbeiterin verspricht, für umgehende Heimentlassung Peters zu sorgen und den Antrag auf Hilfe zum Lebensunterhalt beim Sozialamt zu beschleunigen.

(Peter wird am 16.03. von der Mutter in dem Heim Berghofstraße abgeholt).

19.03.1977 *Hausbesuch* (aus dem Bericht der Sozialarbeiterin):

Die Sozialarbeiterin kann mitteilen, daß zusätzlich zu der bereits bewilligten Sozialhilfe die inzwischen aufgelaufenen Mietrückstände übernommen werden.

Frau Schmidt hat von ihrem Mann noch nichts wieder gehört. Sie äußert sich sehr positiv über das Zusammentreffen mit Barbara und äußert die Hoffnung, daß auch Barbara bald entlassen wird. Sie wiederholt nochmals ihre Zukunftsplanung. Peter war ebenfalls anwesend. Er störte dauernd das Gespräch, indem er dazwischen redete, mit Bauklötzen warf und allerhand Kompereien veranstaltete. Es gelang der Mutter nicht, ihn zur Ruhe zu bringen oder abzulenken. Ins Kinderzimmer verwiesen, veranstaltete er ein großes Geschrei. Der von der Mutter für ihn angestellte Fernseher interessierte ihn nicht. Als sie ihm Geld für Süßigkeiten gab, warf er ihr das vor die Füße. Schließlich gab die Mutter ihm eine Ohrfeige und sperrte ihn ins Kinderzimmer. Etwas verlegen meinte sie abschließend zur Sozialarbeiterin, »manchmal brauchen Kinder das«. In dem sich daran anschließenden Gespräch über Erziehungsfragen und über die Gesamtsituation der Familie zeigte Frau Schmidt große Unsicherheiten. Sie berichtete, daß solche Auftritte häufig vorkämen und daß sie manchmal mit Peter nicht ein noch aus wisse. Nach dem Gespräch, das sich thematisch um die Fragen der Konsequenz und Inkonsequenz in der Erziehung bewegte, äußerte sie spontan den Wunsch, mit der Sozialarbeiterin häufiger über Erziehungsfragen zu sprechen. Die Sozialarbeiterin bot ihr ihrerseits eine intensivere Zusammenarbeit an.

28.03.1977 *Schriftliche Mitteilung der Kriminalpolizei*
(Zusammenfassung)

Kurt Schmidt wurde bei einer anderen Straftat (Kfz-Diebstahl,
Einbruchsversuch) am 13.03. in Süddeutschland festgenommen.
Die Vernehmung der Eheleute ergab folgendes Bild: Es handelte
sich bei der Vergewaltigung in der Nacht vom 13. zum 14.01.1977   *Sexueller Miß-*
nicht um den ersten sexuellen Mißbrauch Barbaras. Bereits im   *brauch von Kindern*
November oder Dezember 1976 hat Kurt Schmidt in stark alkoho-   *(§ 176 StGB)*
lisiertem Zustand Barbara mißbraucht. Frau Schmidt gibt dazu an,
so betrunken gewesen zu sein, daß sie sich an Genaues nicht mehr
erinnere. Jedenfalls habe der Vater Barbara zu sich ins Bett geholt
und mit ihr die Nacht verbracht. Am Abend des 13.01. sind beide
Eheleute bei Bekannten im Nachbarhaus gewesen und haben dort
gefeiert. Sie sind gegen 23.30 Uhr in die Wohnung zurückgekehrt.
Sie haben dann miteinander sexuellen Verkehr gehabt. Dabei hat
Kurt Schmidt zum Ausdruck gebracht, daß seine Frau ihn nicht
mehr voll befriedigt und geäußert, Barbara dazu zu holen. Kerstin
Schmidt behauptet, das Ansinnen empört abgelehnt zu haben.
Beide Eheleute haben dann weiter getrunken. Gegen 2.00 Uhr
nachts ist Kerstin Schmidt nach Aussagen ihres Mannes in das
Kinderzimmer gegangen. Sie behauptet, sich durch den genosse-
nen Alkohol an nichts mehr erinnern zu können. Kurt Schmidt
gibt zu, mit seiner Tochter »herumgespielt« zu haben, er bestreitet
aber, daß es zum Geschlechtsverkehr gekommen ist.

Die Aussagen decken sich im Kern mit Barbaras Aussagen.
Eine erneute Vernehmung des Kindes ist deshalb nicht nötig. Die
polizeilichen Ermittlungen sind damit abgeschlossen. Die Ankla-
geerhebung durch die Staatsanwaltschaft muß abgewartet werden.

29.03.1977 *Aktenvermerk über ein Gespräch zwischen der zuständigen Sozialarbeiterin und dem Gruppenleiter im Innendienst:*

Die Ermittlungen der Kripo zeigen eine akute Gefährdung
Barbaras bei einer nicht vorhersehbaren Haftentlassung des
Vaters. Wenn die Beschuldigungen durch ein rechtskräftiges
Urteil bestätigt werden, ist, solange die Eheleute in einem
gemeinsamen Haushalt leben, eine Entlassung Barbaras nach
Hause auch in Zukunft nicht möglich. Die Verhandlung dürfte in
zwei bis fünf Monaten zu erwarten sein. Bis dahin soll an der
Rechtslage im Hinblick auf Barbara nichts verändert werden. Das
Vormundschaftsgericht soll über den gegenwärtigen Sachstand
informiert werden.

Das macht längerfristige Planung für Barbara notwendig. Auch
für Peter müssen weitere Überlegungen angestellt werden.

Zunächst soll ein Entwicklungsbericht über Barbara aus dem
Heim und ein Schulbericht über Peter angefordert werden.

29.03.1977 *Bericht über einen Hausbesuch:*

Die Mutter hat den Hausbesuch schon erwartet und ist in großer Sorge, daß ihr Peter auch noch weggenommen wird. Sie
spricht zum erstenmal mit der Sozialarbeiterin über den Vorfall in
der Nacht vom 13. zum 14.01.1977. Äußert starke Schuldgefühle
gegenüber Barbara (»wie kann man nur so besoffen sein«). Hat
Barbara in der Berghofstraße besucht und fragt nach evtl. Beur-
laubung. Die Sozialarbeiterin erläutert Sach- und Rechtslage. Da
nicht abzusehen ist, wann der Vater aus der U-Haft entlassen
wird, ist ein Zusammentreffen mit Barbara und damit eine
Gefährdung möglich. Frau Schmidt findet sich damit ab, möchte
aber unbedingt, daß Barbara aus dem Heim entlassen wird. Die

Familienpflege   Sozialarbeiterin schlägt Inpflegegabe vor und erläutert das Ver-
fahren der Suche, Prüfung und Auswahl geeigneter Pflegeeltern.
Frau Schmidt äußert Sorge über die Entwicklung Peters. Sie
berichtet von Durchsetzungsschwierigkeiten (Schulaufgaben,
Fernsehen, ins Bett gehen). Die Sozialarbeiterin bietet erneut eine
intensivere Zusammenarbeit an. Es kommt zu einem längeren
Gespräch über Erziehungsfragen, in dem Frau Schmidt gut
mitgeht und durchaus Verständnis im Rahmen ihrer geistigen
Fähigkeiten zeigt.
Sie äußert sich im Gespräch sehr negativ über den Ehemann,
will sich scheiden lassen. Sie erhält zur Zeit noch Hilfe zum
Lebensunterhalt, will aber bald Arbeit aufnehmen und für sich
und Peter selbst sorgen.
Der Gesamteindruck der Sozialarbeiterin ist, daß Frau Schmidt
durchaus ansprechbar ist. Sie hat auch eine starke emotionale
Bindung an die Kinder. Sie ist geistig wenig differenziert, wenig
durchsetzungsfähig und in ihrer Lebenshaltung ziemlich labil.
Die trotz der polizeilichen Ermittlungen entstandene relativ
gute Beziehung sollte für eine intensive Zusammenarbeit im
Hinblick auf Peter genutzt werden.

13.04.1977 *Schulbericht über Peter* (Zusammenfassung):

Peter wurde im Herbst 1976 eingeschult. Peter hat im ersten
Schulhalbjahr die Schule an 23 Tagen versäumt. Er erschien
außerdem an 9 Tagen verspätet.
Peter hat erhebliche Mühe, dem Unterricht zu folgen. Seine
Schulaufgaben erledigt er unregelmäßig und unsauber. Es wurde
deswegen erwogen, den Eltern vorzuschlagen, ihn in die Sonderschule umzuschulen. Davon wurde jedoch zunächst Abstand genommen, weil damit ein weiterer Schulweg verbunden ist. Peter
wird aber mit Sicherheit nicht in die nächste Klasse übernommen.
Es gibt mit Peter im zunehmenden Maße Disziplinschwierigkeiten. Er stört den Unterricht häufig durch lautes Reden oder
Kaspereien. Es gelingt der Lehrerin nur mit Mühe, sich ihm
gegenüber durchzusetzen. Von den anderen Kindern wird er

wegen unsauberer Kleidung häufig gehänselt. Er hat in der Klasse eine Außenseiterposition. Dies führte dazu, daß er häufig auf seine Mitschüler aggressiv reagierte und mehrfach in Prügeleien verwickelt war. Ein Kontakt zu den Eltern besteht nicht. Der Vater ist der Lehrerin völlig unbekannt. Die Mutter hat sie anläßlich der Einschulung und im Zusammenhang mit einer Prügelei, in die Peter verwickelt war, kurz kennengelernt. Die Lehrerin hat sich mehrfach schriftlich an die Eltern gewandt, insbesondere, um über die Schulversäumnisse und die vielen Verspätungen zu sprechen. Sie hat aber nie eine Antwort auf ihre Briefe erhalten. Die Lehrerin vermutet, daß Peter ein schwieriges Elternhaus hat. Sie hat sich auch vielfach bemüht, Peter direkt anzusprechen. Es ist ihr aber nie gelungen, eine intensivere Bindung zu ihm herzustellen. Es ist ihr auch nicht gelungen, seine Außenseiterrolle in der Klasse zu verändern.

Eine Übernahme in die nächste Klasse ist ausgeschlossen. Seine Umschulung in die Sonderschule soll zu Beginn des neuen Schuljahres im Herbst 1977 erfolgen. Der weitere Schulweg ist jetzt auch zumutbar, da er etwas älter geworden ist. Den Eltern wurde dieser Sachverhalt in Briefen vom Januar und Februar 1977 mitgeteilt. Eine Reaktion der Eltern ist nicht erfolgt.

17.04.1977   *Bericht über Barbara aus dem Heim Berghofstraße* (Zusammenfassung)

Barbara hat sich jetzt gut eingelebt. Anfänglich hatte sie große Schwierigkeiten. Sie weinte viel und sprach wenig. Sie wollte zurück zur Mutter und freute sich, als Peter ebenfalls im Heim aufgenommen wurde. Inzwischen hat sie eine gute Beziehung zur Leiterin der Gruppe aufgebaut. Die Gruppenleiterin hat versucht, vorsichtig mit Barbara über die Straftat zu sprechen. Dies scheint ausgesprochen positiv auf sie gewirkt zu haben. Mit zunehmendem zeitlichen Abstand scheint Barbara das Geschehen immer mehr zu verdrängen. Sie sprach häufig über die Mutter und über den Bruder. Über den Vater redet sie wenig und auch nur mit großer Scheu. Der Mutter steht sie nicht unkritisch gegenüber. Im Hinblick auf die regelmäßige Versorgung und die vielen Freizeitunternehmungen äußerte sie, daß es ihr eigentlich im Heim viel besser gefällt als zu Hause. Die Gruppenleiterin hat den Eindruck, daß es in der Familie früher wohl ziemlich chaotisch zugegangen sein muß.

Barbaras Verhalten in der Gruppe ist positiv. Sie ist sehr beliebt, weil sie bereit ist, sich in der Gruppe zu engagieren.

Barbara besucht zur Zeit die Klasse 5 der in der Nähe gelegenen Schule. Ihre Schulleistungen sind im Schnitt befriedigend und besser. Auf jeden Fall sollte geprüft werden, ob Barbara nicht auf die Realschule überwechselt.

Frau Schmidt hat Barbara zweimal besucht. Nach dem zweiten Besuch äußerte Barbara, daß sie Angst gehabt habe, die Mutter würde sie wieder mit nach Hause nehmen. Andererseits hat sie mehrfach den Wunsch geäußert, Urlaub für einen Besuch ihrer Mutter zu bekommen. Im Hinblick auf Barbaras weitere kontinuierliche Entwicklung wäre es wohl günstig, ihre Ausnahmesituation zu beenden und sie entweder nach Hause zu entlassen, in einem anderen geeigneten Heim für längere Zeit unterzubringen oder eine geeignete Pflegestelle zu suchen. Im Zusammenhang mit dem Ermittlungsverfahren gegen den Vater wurde Barbara einem Test unterzogen. Die Testergebnisse zeigen eine gute intellektuelle Begabung (HAWIK 108). Sie ist kontakt- und bindungsfähig. Die Bindung an die Familienmitglieder ist unterschiedlich. Zum Bruder relativ hoch, etwas schwächer an die Mutter und eher negativ zum Vater.

Die an ihr verübte Straftat hat sie innerlich stark berührt. Sie zeigt aber gewisse Fähigkeiten zur Verarbeitung des Geschehens. Bei einer intensiven Bindung an geeignete Bezugspersonen ist die Prognose im Hinblick auf ihre weitere Entwicklung günstig.

20.04.1977 *Hausbesuch* (Zusammenfassung):

Kurt Schmidt ist aus der U-Haft entlassen. Er verließ bei Ankunft der Sozialarbeiterin sofort die Wohnung. Die Sozialarbeiterin versuchte, mit Frau Schmidt ins Gespräch zu kommen. Diese reagierte einsilbig und abweisend. Auf ihren Mann angesprochen, reagierte sie sehr heftig emotional und bedeutete der Sozialarbeiterin, daß sie das nichts anginge (»schließlich ist das mein Mann«).

Darauf angesprochen, erinnerte sie sich, einen Brief von Peters Schule bekommen zu haben. Sie ist mit einer Umschulung in die Sonderschule einverstanden. Ihr Mann habe auch nichts dagegen, er überließe ihr die Entscheidungen. Die Sozialarbeiterin schlug vor, Peter in der Schulkindergruppe eines in der Nähe gelegenen Kindertagesheimes unterzubringen. Frau Schmidt war damit einverstanden, »wenn es kein Geld kostet«.

Kurt Schmidt bezieht zur Zeit Arbeitslosenhilfe. Er wird in der folgenden Woche Arbeit aufnehmen. Die Sozialarbeiterin nahm das zur Kenntnis und teilte mit, daß die Sozialhilfe vermindert oder eingestellt wird.

24.04.1977 *Aktenvermerk*

Pflegekinderdienst

Ein zusammenfassender Bericht über Barbara wird an die Pflegestellenvermittlung gesandt mit der Bitte, geeignete Pflegeeltern für Barbara ausfindig zu machen.

28.04.1977 *Hausbesuch* (zusammenfassender Bericht)

Die Sozialarbeiterin teilt Frau Schmidt mit, daß geeignete Pflegeeltern gesucht werden. Es wird mit ihr vereinbart, daß Peter beginnend mit der nächsten Woche das Kindertagesheim aufsucht.

Die Sozialarbeiterin versucht, ein weiteres Gespräch mit Frau Schmidt über die vorhandenen Probleme (Scheidungsabsichten, Verhältnis zum Mann etc.) zu führen. Frau Schmidt bittet darum, nicht näher auf diese Probleme eingehen zu müssen, da sie Kopfschmerzen habe.

16.05.1977 *Hausbesuch* (zusammenfassender Bericht)

Ein Gespräch über Erziehungsfragen war nicht möglich. Frau Schmidt hat mit Peter zur Zeit »keine besonderen Probleme«. Unter Hinweis auf frühere Gespräche versucht die Sozialarbeiterin über die damals angesprochenen Probleme erneut zu reden. Frau Schmidt reagiert kaum. Sie bleibt einsilbig und erklärt, sie möchte erst einmal das Strafverfahren abwarten.

29.05.1977 *Aktenvermerk*

Laut Mitteilung der Pflegestellenvermittlung wurden geeignete Pflegeeltern für Barbara gefunden. Es handelt sich um Helga Munk, geb. 2.06.1932, und Walter Munk, geb. 8.04.1930. Das Ehepaar Munk ist durch die Werbeaktion des Jugendamtes »Ein Zuhaus für Pflegekinder« auf die Möglichkeit aufmerksam geworden, ein Pflegekind aufzunehmen. Walter Munk ist kaufmännischer Angestellter in einem Supermarkt, seine Ehefrau arbeitet zur Zeit noch im gleichen Supermarkt als Kassiererin. Das Ehepaar hat eine 21jährige Tochter, die allerdings nicht mehr im Hause wohnt. Helga Munk möchte ihre Arbeit aufgeben und ein Pflegekind aufnehmen, weil sie etwas »Sinnvolles tun will«. Im Gespräch mit der Pflegeelternberaterin äußerte sie, daß es im Hause jetzt, da ihre Tochter ausgezogen ist, doch sehr ruhig geworden sei. Sie ist sich über die Probleme, ein fremdes Kind aufzuziehen und es auch später unter Umständen relativ schnell wieder abgeben zu müssen, im klaren. Frau und Herr Munk machen einen sehr herzlichen und freundlichen Eindruck. Das Ehepaar bewohnt eine 2 1/2-Zimmer-Wohnung. Das halbe Zimmer wurde bis vor kurzem von der Tochter bewohnt und soll jetzt dem Pflegekind zur Verfügung stehen. Herr Munk verdient rund 3200,– DM netto. Die Wohnungsmiete beträgt 400,–. Hinzu kommen DM 150,– für Heizung und Nebenkosten. Die Pflegeelternberaterin konnte auch die 21jährige Tochter kennenlernen. Sie hat gerade die Ausbildung zur technisch-pharmazeutischen Assistentin abgeschlossen. Sie macht einen netten und aufgeschlossenen Eindruck. Ihr Verhältnis zu den Eltern ist sehr herzlich. Freundlich-ironisch meint sie, ihre Mutter müsse immer jemanden zum Bemuttern haben. (»Mit mir hat sie das auch gemacht, aber mir hat es auch gut getan.«) Die Tochter will sich auch um ihre zukünftige Pflegeschwester kümmern.

Das Ehepaar ist der Einladung der Pflegeelternberaterin gefolgt und hat an mehreren Abenden an einer Pflegeelterngruppe teilgenommen. Obwohl sie noch kein Pflegekind haben, war ihre Mitarbeit ausgesprochen erfreulich. Die erforderlichen Auskünfte über die Pflegeeltern wurden eingeholt. Die Pflegeeltern wurden über die Straftat an Barbara informiert. Sie reagierten ziemlich entsetzt und mitleidig. Beide Pflegeeltern haben Barbara bereits im Heim besucht. Sie scheinen sofort Kontakt zu ihr gefunden zu haben und Barbara auch zu ihnen. Weitere Besuche zur Kontaktaufnahme sind geplant. Die endgültige Übersiedlung Barbaras zu den Pflegeeltern soll am 26.7. mit Beginn der Sommerferien erfolgen. Am 29.7. wollen sie gemeinsam mit Barbara eine Urlaubsreise nach Österreich antreten.

Berichte über Hausbesuche am 11.06., 03.07., 29.07., 28.08. und 07.09.1977:

Die Gespräche mit Frau Schmidt verlaufen ähnlich wie das Gespräch vom 28.04. Die Sozialarbeiterin gewinnt den Eindruck, daß die Klientin den Hausbesuchen sehr ambivalent gegenübersteht. – Das vorrangige Interesse von Frau Schmidt scheint darin zu bestehen, den Mann nicht zu verlieren. Kurt Schmidt arbeitet zur Zeit. Er macht sehr viele Überstunden und scheint sich zumindest um das materielle Wohl der Familie zu bemühen. Frau Schmidt versuchte der Sozialarbeiterin zu vermitteln, daß ihr Verhältnis zu ihrem Mann zur Zeit problemlos ist. Zwei Versuche der Sozialarbeiterin, ihn ins Gespräch einzubeziehen, sind fehlgeschlagen, weil er keinen Sinn in derartigen Gesprächen sieht. Die intensive Bindung an Kurt Schmidt scheint Frau Schmidt von allen Versuchen fernzuhalten, über die Zukunft, insbesondere der Kinder, nachzudenken. Bei zwei Hausbesuchen entstand der Eindruck (Sprache, Gestik, Mimik), daß Frau Schmidt angetrunken war oder unter Tablettenwirkung stand.

Nachfragen in der Schule und im Kindertagesheim ergaben, daß Peter während der Berichtszeiträume nicht auffällig geworden ist. Er scheint sich in der neuen Schule wohlzufühlen. Auch im Kindertagesheim kommt er zurecht. Er neigt zwar zu Raufereien, ist aber vom Charakter her gutmütig. Zu den Erzieherinnen hat er einen guten Kontakt. Er ist geistig wenig differenziert, aber paßt sich in die Gruppe gut ein. Nach anfänglichen häufigen Verspätungen kommt er jetzt pünktlich. Allerdings fehlt er hin und wieder mit recht fadenscheinigen Begründungen, die von der Mutter gedeckt werden. Zu den Eltern besteht kein Kontakt.

Frau Schmidt freut sich, daß es Barbara so gut getroffen hat. Sie hat Barbara im Heim in der Berghofstraße dreimal besucht. Zufällig hat sie auch die zukünftigen Pflegeeltern Barbaras dort kennengelernt und einen recht guten Eindruck von ihnen gewonnen. Sie äußerte mehrfach den Wunsch, Barbara zurückzuhaben,

meinte aber gleichzeitig, daß es für Barbara gut ist, wenn sie bei
diesen Pflegeeltern unterkommt, weil sie ihr (materiell) nicht
bieten kann, was ihr die Pflegeeltern bieten können.

08.11.1977 Dem Jugendamt wird eine Ablichtung des Urteils
gegen den Vater zugestellt (die Verhandlung war am 25.10.). Kurt
Schmidt wird zu einer Freiheitsstrafe von einem Jahr ohne Be-
währung verurteilt.

10.11.1977 Mitteilung an das Vormundschaftsgericht über das
Urteil.

14.11.1977 Auszug aus dem *Bericht der Sozialarbeiterin:*

Bei Frau Schmidt wurde ein Hausbesuch gemacht. Sie war
angetrunken. Sie ist sehr verzweifelt, ihren Mann für ein Jahr zu
verlieren. Der Strafprozeß hat sie sehr mitgenommen. Sie äußert
mehrfach, daß sie doch sehr froh ist, daß Barbara im Prozeß nicht
gehört wurde. Ein eingehendes Gespräch mit Frau Schmidt ist
nicht möglich. Die Sozialarbeiterin kann eigentlich nur versuchen, Frau Schmidt zu beruhigen.

29.11.1977 *Aktenvermerk*

Frau Schmidt ruft bei der Sozialarbeiterin an und teilt mit, daß
ihr Mann am 29.11. die Strafhaft angetreten hat. Sie hat wieder
für zwei Monate Mietschulden und stellt telefonisch den Antrag   *Sozialhilfe*
auf Hilfe zum Lebensunterhalt. Die Sozialarbeiterin macht am
selben Tag einen Hausbesuch. Es wird mit Frau Schmidt die
Frage geklärt, ob sie Arbeit aufnehmen kann. Frau Schmidt
erklärt, krank zu sein. Ein entsprechendes Attest will sie beim
Sozialamt einreichen.

29.11.1977 Barbara hat sich in der Pflegestelle gut eingelebt.
Sie hat mit ihren Pflegeeltern den Sommerurlaub in Österreich
verbracht. Frau Schmidt hat sie einmal in der Pflegestelle besucht
und ist froh, daß Barbara gut versorgt ist. Sie sieht ein, daß es für
Barbara besser ist, wenn sie sich nicht zu oft sehen.

29.11.1977 bis 25.05.1978 In diesem Zeitraum wurden fünf
Hausbesuche gemacht. Frau Schmidt war wieder gesprächsberei-
ter. Sie berichtet von verschiedenen Erziehungsproblemen, die sie
mit Peter hat (Wegnahme von Geld, Herumstreunen, Feuer-
legung). Über diese Probleme wurde mit Frau Schmidt eingehend
gesprochen. Im Rahmen ihrer Aufnahmefähigkeit arbeitet Frau
Schmidt gut mit, und es entstand der Eindruck, daß sie in ihrer
Erziehungshaltung konsequenter wurde. Sie äußerte in den
Gesprächen wieder Scheidungsabsichten, will sie aber erst realisieren, wenn der Mann aus der Haft entlassen ist.

Peter besucht ziemlich regelmäßig die Schule und das Kindertagesheim. Besondere Auffälligkeiten werden von dort nicht
gemeldet.

01.06.1978 Die Sozialarbeiterin bemüht sich intensiv um
Barbara und die Pflegeeltern. Über Barbara wird nur positiv
berichtet. Die Probleme im Zusammenhang mit dem sexuellen
Mißbrauch und ihrer Fremdplazierung scheint sie vollkommen
vergessen zu haben. Sie macht einen fröhlichen und aufgeweckten
Eindruck. Das Verhältnis zu ihren Pflegeeltern wird als herzlich
und harmonisch beschrieben. In der Schule hat Barbara sich ebenfalls gut zurechtgefunden. Sie besucht die Realschule und erbringt
gute bis sehr gute Schulleistungen.

30.07.1978 Bei einem Hausbesuch trifft die Sozialarbeiterin
Kurt Schmidt an. Er ist am 29.07. vorzeitig aus der Haft entlassen
worden. Beim Anblick der Sozialarbeiterin verläßt er sofort das
Haus. Frau Schmidt ist schlagartig nicht mehr gesprächsbereit.
Gespräche über Erziehungsfragen und über die Ehe werden von
ihr abgeblockt.

Die Sozialarbeiterin sieht keinen Sinn darin, Frau Schmidt zu
einer weiteren Zusammenarbeit zu überreden, da sie ihren Dienst
wegen einer Schwangerschaft beenden wird und noch nicht klar
ist, welcher neue Sozialarbeiter den Bezirk übernehmen wird.
Den bevorstehenden Wechsel hatte die Sozialarbeiterin schon lange vorher mit Frau Schmidt besprochen.

30.07. bis 28.10.1978 Ein neuer Sozialarbeiter hat den Bezirk
übernommen. Trotz mehrfacher Versuche ist es ihm nicht gelungen, mit Frau Schmidt ins Gespräch zu kommen. Da der Sozialarbeiter weitere Hausbesuche als nutzlos ansieht, wird die Betreuung eingestellt.

03.03.1981 Über Barbara war zwischenzeitlich laufend weiter
berichtet worden. Das früher so harmonische Verhältnis wird jetzt
durch Spannungen überschattet. Barbara soll in der letzten Zeit
sehr launisch und unausgeglichen sein. Sie soll sehr fordernd
auftreten, z.B. im Hinblick auf Taschengeld. Sie hält sich nicht an
die vereinbarten Ausgangszeiten. Auch um ihre Bekleidung soll
es häufig zu Auseinandersetzungen gekommen sein. Das Jugendamt bemüht sich um Vermittlung.

15.11.1981 *Mitteilung der Jugenddienststelle der Kriminalpolizei:*

Peter, geb. 12.11.1969, wird beschuldigt, gemeinsam mit einer
Gruppe anderer Kinder eine Reihe von Warenhausdiebstählen,
Kellereinbrüchen und Fahrraddiebstählen begangen zu haben. Es
handelt sich dabei um eine lockere Bande, die unter der Anfüh-

rung eines 15jährigen Jugendlichen regelrechte Raubzüge veranstaltet hat. Aus Warenhäusern wurden Schallplatten, Kassetten, Radiogeräte entwendet. Bei Kellereinbrüchen fielen den Jugendlichen meistens größere Mengen an Alkoholika und Eßwaren in die Hände. Zum Teil wird auch gegen die Eltern ermittelt, da der Verdacht besteht, daß die Eltern von den Straftaten wußten, zumindest die gestohlenen Lebensmittel, Getränke und Schallplatten bzw. Kassetten und Geräte, ohne nach deren Herkunft zu fragen, konsumieren bzw. benutzen.

Nach Eingang dieser Meldung wird für Peter ein Schulbericht angefordert. Daraus geht hervor, daß Peter weiterhin die Sonderschule besucht. Seine Schulleistungen sind ausreichend. In der Klasse bereitet er erhebliche Disziplinschwierigkeiten, Schulaufgaben, die nur in geringem Umfang erteilt werden, macht er so gut wie gar nicht. Er versäumt häufig mit fadenscheinigen Begründungen die Schule und kommt relativ oft verspätet. Über mehrere schwere Prügeleien in der letzten Zeit wurden die Eltern schriftlich informiert und um Rücksprache gebeten. Eine Reaktion der Eltern ist nie erfolgt. Der Klassenlehrer sieht Peters weitere Entwicklung mit großem Bedenken, er hält einschneidende Erziehungsmaßnahmen (Heimaufnahme) in der nächsten Zeit für unumgänglich.

Eine Nachfrage im Kindertagesheim ergab, daß Peter die Schulkindergruppe des Kindertagesheimes nicht mehr besucht. Aufgrund der vorliegenden Informationen machte der jetzt zuständige Sozialarbeiter einen Hausbesuch. Herr Schmidt wurde nicht angetroffen. Er hat sehr häufig Schichtdienst und ist unregelmäßig im Hause. Während des Besuchs äußerte Frau Schmidt Sorge über die Entwicklung Peters. Sie kann mit Peter am Tage oft überhaupt nicht fertig werden, »da er ihr einfach nicht gehorcht«. Es bleibt ihr häufig nur die Drohung, über sein Verhalten am Abend dem Vater zu berichten. Der Vater reagiert auf solche Klagen, indem er Peter mit Hilfe eines Riemens prügelt. Deswegen hat sie auch Angst, alles dem Vater zu erzählen, da Peter ihr dann auch wieder leid tue. Auf die Polizeimeldung über die verschiedenen Straftaten, in die Peter verwickelt ist, hat der Vater ebenfalls sehr aufgebracht und mit Prügel reagiert. Frau Schmidt hat große Sorge, daß das Jugendamt ihr nun auch noch Peter »wegnimmt«. Nachdem der Sozialarbeiter ihr die Rechtslage erläutert hat, stimmt Frau Schmidt einer Formlosen Erzieherischen Betreuung zu.

Kindes-
mißhandlung

Formlose Erzieherische Betreuung

21.11.1981 Über Barbara wird mitgeteilt, daß sie nicht mehr in der Pflegestelle Munk ist. Die Spannungen, von denen zum ersten Mal im März 1981 berichtet wurde, haben zugenommen. Ende September verstarb der Pflegevater infolge eines Verkehrsunfalles. Frau Munk ist z.Zt. so mit eigenen Problemen belastet, daß sie sich mit den Erziehungsaufgaben überfordert fühlt. Barbara ist auf Vorschlag und durch Mithilfe des Sozialarbeiters in das Jugendwohnheim Bergstraße übergesiedelt. Unter den gleichaltrigen Mädchen scheint sie sich wohlzufühlen. Barbara ist mit einem guten Zeugnis der Mittleren Reife aus der Schule entlassen worden. Ihrem Wunsch entsprechend hat sie am 01.10. eine Ausbildung zum Versicherungskaufmann begonnen. Zu ihrer Mutter hält sie sporadisch Kontakt.

14.03.1983 Vom letzten Bericht bis zum heutigen Tag haben eine Reihe Gespräche gemeinsam mit Frau Schmidt und auch zum Teil mit Peter stattgefunden. Peter zeigte sich durch das polizeiliche Ermittlungsverfahren sowie durch die Tatsache, daß vom Jugendamt jetzt regelmäßig ein Sozialarbeiter ins Haus kommt, beeindruckt. Sein Verhalten in der Schule besserte sich etwas, und durch die intensive Gespräche mit Frau Schmidt gelang es auch, dafür zu sorgen, daß Peters Schulbesuch wieder regelmäßiger wurde. Der Sozialarbeiter bemühte sich auch, Kurt Schmidt in das Gespräch einzubeziehen. Dieser hatte gegen die Gespräche des Sozialarbeiters mit seiner Frau und seinem Sohn nicht einzuwenden, lehnte es jedoch strikt ab, sich selbst auf ein Gespräch einzulassen, da er in dem Sozialarbeiter »so eine Art Bullen« sah. Der Sozialarbeiter hoffte, durch die regelmäßigen Kontakte mit Peter und Frau Schmidt allmählich eine Veränderung der Situation herbeizuführen, um auf jeden Fall eine Heimaufnahme zu vermeiden.

30.03.1983 Im März spitzt sich dann die Lage erneut zu. Kurt Schmidt wurde wegen einer Reihe von Diebstählen in Haft genommen. Frau Schmidt reagierte darauf mit einem Suizid-Versuch und wurde ins Krankenhaus eingeliefert. Peter wurde zunächst von einer Nachbarin aufgenommen. Der zuständige Sozialarbeiter bemühte sich sofort um Peter, nachdem er von dem Vorfall Kenntnis erhalten hatte. Die Nachbarin berichtete dem Sozialarbeiter im Vertrauen, daß sowohl Kurt wie auch Kerstin Schmidt sehr stark dem Alkohol zusprechen. Außerdem behauptete sie, daß Peter von dem Vater häufiger mißhandelt würde, und daß wohl auch Frau Schmidt von ihrem Ehemann häufiger geschlagen worden sei. Peter wurde erneut in das Heim Berghofstraße aufgenommen.

10.05.1983 Frau Schmidt ist aus dem Krankenhaus entlassen. Sie war relativ lange im Krankenhaus, weil der Suizid-Versuch sie körperlich sehr mitgenommen hat. Außerdem zog sie sich entweder vor oder während des Krankenhausaufenthalts eine Leberinfektion zu, so daß sie länger im Krankenhaus verbleiben mußte. Der zuständige Sozialarbeiter machte einen Hausbesuch, nachdem Frau Schmidt sich bei ihm gemeldet hatte. Dabei erfuhr der Sozialarbeiter, daß Kurt Schmidt immer noch in Haft ist. Frau Schmidt konnte nicht sagen, ob es sich um U-Haft handelt oder ob er bereits wieder eine Strafhaft angetreten hat. Sie machte einen leicht desorientierten Eindruck, wobei der Sozialarbeiter nicht entscheiden mochte, ob dieser Zustand auf die schlechte allgemeine Verfassung Frau Schmidts, auf Tablettenkonsum oder möglicherweise auch auf Alkoholkonsum zurückzuführen war. Im Gespräch mit dem Sozialarbeiter erklärte sich Frau Schmidt nicht in der Lage, Peter zur Zeit bei sich aufzunehmen. Sie fühlt sich ohne ihren Mann den Erziehungsaufgaben nicht gewachsen.

Da gleichzeitig aus dem Heim ein Bericht kam, aus dem hervorging, daß Peter sich kaum an eine Ordnung halten kann und durch Eigentumsdelikte, Widersetzlichkeiten gegenüber den Erziehern und Brutalität insbesondere gegenüber jüngeren Kindern auffiel, wurde mit Einverständnis der Mutter eine Freiwillige Erziehungshilfe[2] eingerichtet. Peter kam in ein Kinderheim in Bayern. Nach anfänglichen Eingewöhnungsschwierigkeiten schien sich Peter in dem Kinderheim wohlzufühlen. Die Berichte über seine weitere Entwicklung im Heim klangen recht günstig, seine Bereitschaft zur Prügelei mit anderen Kindern hatte er nach relativ kurzer Zeit abgelegt und wurde als verführbar, aber im Prinzip gutmütig und bindungsfähig, intelligenzmäßig als erheblich unter dem Grundschulniveau charakterisiert.

Freiwillige Erziehungshilfe (FEH)[2]

28.05.1983 Von Barbara wird berichtet, daß sie sich im Jugendwohnheim Bergstraße wohlfühlt. Von der Ausbildungsstelle wird nur positiv über sie berichtet. Zu ihrer ehemaligen Pflegemutter hat sie regelmäßig Kontakt. Das Verhältnis hat sie nach Auflösung der Pflegestelle wesentlich verbessert. Der Kontakt zur Mutter ist sporadisch.

15.02.1984 Barbara ist im dritten Monat schwanger. Der Vater soll ein 30jähriger Mann aus Stuttgart sein. Frau Schmidt hat dies von Barbara direkt erfahren und versucht, Barbara zu einem Schwangerschaftsabbruch zu überreden. Barbara wollte dies auf keinen Fall. Darüber ist es zum Zerwürfnis zwischen beiden gekommen. Frau Schmidt zeigt sich sehr erregt und wirft dem Jugendamt vor, bei der Erziehung Barbaras versagt zu haben.

Schwangerschafts- konfliktberatung

Barbara will auf jeden Fall die Ausbildung beenden. Das Verhältnis zu ihrer ehemaligen Pflegemutter ist wieder sehr gut.

12.03.1984 Aus dem Heim wird gemeldet, daß Peter nach einem Wochenendurlaub nicht zurückgekehrt ist. Der zuständige Sozialarbeiter machte einen Hausbesuch und stellte fest, daß Herr Schmidt aus der Haft entlassen und mit der Heimaufnahme seines Kindes nicht einverstanden ist. Er hat daher Peter nach dem letzten Wochenendurlaub zurückbehalten und ist auch nicht bereit, ihn wieder herzugeben. Peter wurde deshalb aus Freiwilliger Erziehungshilfe entlassen.

---

2 Vgl. Zweitauflage S. 159 ff. (Die FEH wurde durch das KJHG abgeschafft. Zur Heimerziehung vgl. jetzt § 34 SGB VIII)

In einem späteren Gespräch allein mit Frau Schmidt zeigte sie
sich über die Verhaltensweise ihres Mannes außerordentlich
unglücklich. Sie war eigentlich recht froh, daß es Peter in dem
Heim so gut gefiel, und daß er an den Besuchswochenenden sich
sehr nett und lieb gezeigt hatte. Sie berichtete außerdem, daß es
mit ihrem Mann nicht mehr auszuhalten ist. Er sei häufig betrunken und hat sie, insbesondere im Zusammenhang mit Peters
Heimaufenthalt, auch brutal geschlagen. Auch mit dem unruhigen Leben, bedingt durch seine verschiedenen Straftaten, kann sie sich nicht mehr abfinden.

Mai 1984   Peter besucht wieder seine alte Schule. Schon nach
relativ kurzer Zeit kamen erhebliche Beschwerden. Peter hatte
unter Androhung von Schlägen kleinere Geldbeträge von jüngeren Mitschülern erpreßt. In der Klasse ist er nicht mehr bereit,
sich einzufügen. Die neue Klassenlehrerin hat große Schwierigkeiten mit ihm; sie sah sich schon mehrfach gezwungen, ihn
einfach nach Hause zu schicken, da sie ihn disziplinarisch nicht
mehr im »Griff« hat.

Etwa zur selben Zeit kam wieder eine Polizeimeldung. Peter
wird beschuldigt, an mehreren Kellereinbrüchen beteiligt gewesen zu sein. Außerdem hat die Gruppe Jugendlicher, zu der er
gestoßen ist, und deren Mitglieder sowohl im Jugendamt als auch
bei der Polizei bereits mehrfach registriert wurden, eine Reihe
von Kfz-Einbrüchen begangen. Zudem wird ihnen vorgeworfen,
in drei Fällen ein Kraftfahrzeug mißbräuchlich benutzt zu haben.

Vormundschafts-
gericht

Aufgrund der Entwicklung des letzten Jahres wurde ein diffe-
renzierter Bericht für das Vormundschaftsgericht erstellt. Im
Bericht wurde dargelegt, daß Peter bei einer strafferen Führung
und Lenkung (wie in dem Kinderheim in Bayern) durchaus positiv zu beeinflussen ist.

Weiter wurde dargestellt, daß die Mutter sehr gutwillig und
bereit zur Zusammenarbeit mit dem Jugendamt ist und alles
vermeiden möchte, was zu einer weiteren Fehlentwicklung des
Jungen führt. Ihr gegenüber steht die wenig kooperationsbereite
Haltung des Vaters, der als Erziehungsmittel bei Auffälligkeiten
seines Sohnes nur Schläge kennt und der nicht bereit ist, die
Maßnahmen des Jugendamtes bzw. des Heimes zu unterstützen.

Fürsorgeerziehung
(FE)³

Aufgrund des Berichtes ordnet das Vormundschaftsgericht gemäß
§ 67 JWG die vorläufige Fürsorgeerziehung³ an. Der Anfang des
Jugendstrafverfahrens soll abgewartet werden.

29.05.1984   Barbara ist jetzt im sechsten Monat schwanger.
Inzwischen ist sie volljährig geworden. Sie bereitet ihren Auszug
aus dem Jugendwohnheim vor. Ihre ehemalige Pflegemutter ist

---

3 Vgl. Zweitauflage S. 163 ff. (Die Fürsorgeerziehung wurde durch das
    KJHG abgeschafft. Die Heimerziehung ist jetzt in § 34 SGB VIII gere-
    gelt.)

bereit, sie wieder aufzunehmen. Frau Munk will auch zunächst das Baby versorgen, um Barbara den Berufsabschluß zu ermöglichen. Z.Zt. wird erwogen, ob Barbara das Kind nach der Geburt zur Adoption freigibt, zumal der Vater des Kindes jeden Kontakt abgebrochen hat und auch die Vaterschaft bestreitet.

Adoption

26.07.1984 In der Jugendgerichtsverhandlung, zu der das Jugendamt einen JGH-Bericht geschrieben hat, werden die verschiedenen Tatbeteiligten unterschiedlichen Sanktionen unterworfen. Für Peter wird Fürsorgeerziehung gemäß §§ 9, 12 JGG[4] angeordnet.

Jugendgerichtshilfe

12.10.1984 Durch das zuständige Familiengericht wird mitgeteilt, daß Frau Schmidt Antrag auf Scheidung gestellt hat. Gleichzeitig wird das Jugendamt um Stellungnahme nach § 1671 BGB gebeten.

Familiengerichtshilfe

14.10.1984 Barbara wird in ein Krankenhaus eingeliefert, um die Geburt ihres Kindes künstlich einzuleiten, da der vorausberechnete Termin weit überschritten ist.
Am Morgen des nächsten Tages wird sie von einem Sohn entbunden, der den Vornamen Oliver erhält.

22.10.1984 Frau Munk holt Barbara und das Baby aus der Klinik ab und will sich, wie abgesprochen, um beide kümmern.

14.11.1984 *Schreiben des Jugendamtes an die Mutter eines nichtehelichen Kindes*

»Sehr geehrte Frau Barbara Schmidt!

Mit der Geburt Ihres Kindes sind wir nach § 1709 des Bürgerlichen Gesetzbuches und § 40 des Jugendwohlfahrtsgesetzes[5] dessen Amtspfleger geworden. Die zunächst wichtigsten Aufgaben des Amtspflegers nach § 1709 BGB sind:

Amtspflegschaft

– Feststellung der Vaterschaft
– Wahrnehmung aller übrigen Angelegenheiten, welche die Feststellung oder Änderung des Eltern-Kind-Verhältnisses oder des Familiennamens betreffen
– Geltendmachung von Unterhaltsansprüchen einschließlich des Anspruchs auf eine anstelle des Unterhalts zu gewährende Abfindung sowie auch die Verfügung über die Ansprüche.

Zur Aufnahme der Personalien des Vaters Ihres Kindes und zur Klärung anderer Einzelheiten bitten wie Sie, beim Jugendamt, Zimmer 24, vorzusprechen. Sprechzeiten sind Montag bis Freitag, jeweils von 8.00 bis 12.00 Uhr.

4 Vgl. jetzt §§ 9 Nr. 2, 12 Nr. 2 JGG i.V.m. § 34 SGB VIII
5 Jetzt § 55 Abs. 1 SGB VIII

Selbstverständlich können Sie jederzeit einen Gesprächstermin mit uns telefonisch vereinbaren.

Mit freundlichen Grüßen«

28.11.1984 Anläßlich eines Hausbesuches bei Familie Munk erfährt der Sozialarbeiter des Jugendamtes, daß sich Barbara weigert, den Vater ihres Kindes zu offenbaren, »weil sie sich selbst mit ihm arrangieren könne«.

07.12.1984 *Schreiben an die Mutter wegen Bekanntgabe des Vaters*

»Sehr geehrte Frau Barbara Schmidt!

Das Jugendamt ist als Amtspfleger Ihres Kindes kraft Gesetzes beauftragt, die Vaterschaft festzustellen und Unterhaltsansprüche geltend zu machen (siehe unser Schreiben vom 14.11.1984). Ohne die Feststellung der Vaterschaft zahlt der von Ihnen verschwiegene Mann lediglich freiwillig Unterhalt und kann diese Zahlungen jederzeit einstellen. Durch Ihr Verhalten begeben Sie sich möglicherweise in ein finanzielles Abhängigkeitsverhältnis. Sollte dem Vater Ihres Kindes etwas zustoßen, hat Ihr Kind weder Anspruch auf Waisenrente, noch kann es einen Erbersatzanspruch geltend machen.

Wir bitten Sie hiermit nochmals, sich der Nachteile, die Ihr Kind möglicherweise erst nach Jahren erleidet, bewußt zu werden und Ihre bisherige Entscheidung zu überdenken. Im Interesse Ihres Kindes sollten Sie sich mit uns in Verbindung setzen.

Mit freundlichen Grüßen«

18.12.1984 Bei einem erneuten Hausbesuch erklärt sich Barbara überraschend bereit, Namen und Anschrift des Kindesvaters zu nennen. Es handelt sich um Herrn Wilfried Wendelin, technischer Kundendienstmitarbeiter einer Stuttgarter Firma.

07.01.1985 *Schreiben an Vater wegen Vaterschaftsanerkennung*

»Sehr geehrter Herr Wendelin!

Das Jugendamt ist gemäß § 40 des Jugendwohlfahrtsgesetzes Amtspfleger für den am 15.10.1984 geborenen Oliver Schmidt geworden.

Die Mutter des Kindes hat Sie als Vater benannt. Bitte teilen Sie uns mit, ob Sie bereit sind, die Vaterschaft in öffentlicher Urkunde anzuerkennen.

Im Falle Ihrer Bereitschaft zur Vaterschaftsanerkennung wollen Sie bitte den beigefügten Erhebungsbogen ausfüllen und zusammen mit den erforderlichen Nachweisen innerhalb von drei Wochen an uns zurücksenden.

Wir werden anhand dieser Unterlagen die Höhe Ihrer Unterhaltsverpflichtung ermitteln.

Selbstverständlich sind wir gerne bereit, anstehende Fragen in einem persönlichen Gespräch, nach vorheriger telefonischer Terminvereinbarung, mit Ihnen zu klären.

Falls Sie die Vaterschaftsanerkennung ablehnen, bitten wir Sie, uns die Gründe hierfür mitzuteilen.

Sollten Sie uns nicht innerhalb von drei Wochen geantwortet haben, unterstellen wir, daß Sie die Vaterschaft nicht freiwillig anerkennen. Wir werden dann durch entsprechende Klage beim zuständigen Amtsgericht die Vaterschaft gerichtlich feststellen lassen.

Hochachtungsvoll«

08.01.1985   Das Familiengericht erinnert an sein Schreiben vom 12.10.1984 und bittet dringend um eine gutachtliche Stellungnahme zur Regelung der elterlichen Sorge für Peter Schmidt. *Gutachtliche Stellungnahme*

18.01.1985   Aufgrund der vorhandenen Informationen und zusätzlicher Einzelgespräche mit den Betroffenen (ein vorgesehenes Familiengespräch im Amt, zu dem auch Peter aus dem Heim gekommen war, scheiterte an der ablehnenden Haltung des Herrn Schmidt) nimmt das Jugendamt gemäß § 48 a I Nr. 6 und 4 JWG[6] Stellung zu der Frage, welche Sorgerechts- und Umgangsregelung für Peter getroffen werden soll.

Das Gutachten gliedert sich in

– Vorgeschichte und derzeitige Situation
– Psychosozialer Befund
– Diagnose/Prognose
– Zusammenfassende Beurteilung

und den Entscheidungsvorschlag:

1.»Ich schlage vor, die elterliche Sorge für Peter gemäß § 1671 I, IV 1 BGB auf Frau Kerstin Schmidt zu übertragen.
2. Herr Kurt Schmidt darf Peter einmal im Monat, und zwar an einem Wochenende, an dem samstags schulfrei ist, nach Absprache mit der Heimleitung von Freitagnachmittag bis Samstagabend zu sich nehmen. *Umgangsregelung*
   Die Weihnachts- und Osterfeiertage verbringt Peter bei seiner Mutter, die Pfingsttage sowie Sylvester und Neujahr verbringt er bei seinem Vater.«

Das Jugendamt entspricht damit dem Vorschlag der Mutter und dem Wunsch des 15jährigen Peter. Herr Schmidt hatte sich zur Sorgerechtsregelung nicht geäußert. Anfänglich sei er gegen die Scheidung gewesen, da er aber erkennen mußte, daß seine Frau

_____
6   Jetzt § 49 a Abs. 1 Nr. 2 und Nr. 1 FGG

»doch nicht mehr zur Vernunft komme«, sei ihm alles egal, und er wolle die Angelegenheit schnell hinter sich bringen.

22.01.1985 Herr Wendelin antwortet auf das Schreiben des Jugendamtes vom 07.01.1985. Er bestreitet energisch, Olivers Vater zu sein. Zwar habe er intime Beziehungen zu Barbara Schmidt unterhalten, er sei aber keinesfalls der einzige in der fraglichen Zeit gewesen. Er denke gar nicht daran, die Vaterschaft anzuerkennen.

27.03.1985 Das Kind Oliver Schmidt, gesetzlich vertreten durch das Jugendamt als Amtspfleger, erhebt beim zuständigen Amtsgericht Klage wegen Feststellung der Vaterschaft und Zahlung des Regelunterhalts. Gleichzeitig wird Antrag auf Bewilligung von Prozeßkostenhilfe gestellt.

04.04.1985 Die am 11.10.1969 zwischen Kerstin und Kurt Schmidt geschlossene Ehe wird geschieden.
Das Familiengericht übernimmt den Vorschlag des Jugendamtes bezüglich der Sorgerechts- und Umgangsregelung.

Gerichtliche Vater-
schaftsfeststellung

28.06.1985 Nachdem ein Blutgruppengutachten eingeholt wurde, stellt das Amtsgericht Herrn Wendelin als Vater des am 15.10.1984 geborenen Oliver Schmidt fest.
Herr Wendelin wird verurteilt, dem klagenden Kinde zu Händen des jeweiligen gesetzlichen Vertreters vom Tage der Geburt an bis zum vollendeten achtzehnten Lebensjahr den Regelunter-

Regelunterhalt

halt monatlich im voraus zu zahlen, die rückständigen Beträge sofort.
Außerdem hat der Beklagte die Kosten des Rechtsstreits zu tragen.

23.08.1985 *Heimbericht über Peter*

Betreutes Wohnen

Peter ist seit über einem Jahr in einer sozialpädagogisch betreuten Wohngemeinschaft untergebracht. Nach großen Anfangsschwierigkeiten hat er sich gut in die Gruppe eingelebt; strafrechtlich ist er nicht mehr in Erscheinung getreten. Nachdem Berufsfindungsmaßnahmen ohne Erfolg bleiben, will Peter nun den Hauptschulabschluß nachholen. An eine Aufhebung der Fürsorgeerziehung könne trotz der positiven Entwicklung nicht gedacht werden, um das inzwischen Erreichte nicht zu gefährden.

07.01.1986 Das Heim, dem die betreute Wohngruppe angegliedert ist, berichtet über erhebliche Probleme im Zusammenhang mit Peters Besuchen bei seinem Vater. Bereits früher habe sich Herr Schmidt nicht an die vereinbarten Rückkehrzeiten gehalten. Auch habe er mehrfach Besuche sehr kurzfristig abgesagt. In der gerade zurückliegenden Sylvesternacht habe er Peter auf eine

Zechtour mitgenommen. Dabei sei Peter so stark alkoholisiert gewesen, daß er ärztlich versorgt werden mußte. Der Heimleiter regt an, eine Änderung der Besuchsregelung in Betracht zu ziehen.

28.05.1986   Das Familiengericht beschließt gemäß § 1696 BGB, daß Peter nicht mehr über Nacht bei seinem Vater bleiben darf.

Änderung der Umgangsregelung

17.01.1987   Peter wird im November dieses Jahres volljährig. Gemäß § 75 a JWG stellt er einen Antrag auf Fortsetzung der Fürsorgeerziehung[7], damit er im Sommer 1988 seinen Hauptschulabschluß mit Unterstützung durch den Betreuer der Wohngruppe schaffen kann.

Hilfe für junge Volljährige[7]

3. Anmerkungen zum Praxisbeispiel

Es handelt sich hier keineswegs um einen ungewöhnlichen Fall aus der Praxis eines Jugendamtes. Daß Barbara als Zehnjährige von ihrem Vater sexuell mißbraucht wird, ist so selten leider nicht. Erst seit einigen Jahren wird dieses »bestgehütete Geheimnis« öffentlich thematisiert[8]. Das Bekanntwerden löst auch bei den in der Kinder- und Jugendhilfe Tätigen verständlicherweise oft große Betroffenheit aus. »Rationales Verständnis und unvoreingenommene Sachlichkeit« den Opfern, ihren Familien und auch den Tätern entgegenbringen zu sollen[9], erscheint dann leicht als Überforderung. Entsprechend groß ist die Unsicherheit in Situationen eines Verdachts oder eines offenkundig vorliegenden Falles eines sexuellen Mißbrauchs. Dennoch kommt es gerade auch der betroffenen, immer ernstzunehmenden Kinder und Jugendlichen wegen darauf an, möglichst angemessen zu reagieren[10]. Die Dunkelziffern sind außerordentlich hoch. Forschungen zum Thema Vergewaltigung/sexueller Mißbrauch haben folgende Hauptergebnisse erbracht[11]:

---

7   Die Hilfe für junge Volljährige ist jetzt in § 41 SGB VIII geregelt.

8   *DER SPIEGEL*, Nr. 29 vom 16. Juli 1984, S. 30 ff.; *F. Rush*, a.a.O.; *B. Kavemann/ I. Lohstöter*, a.a.O.; *A. Miller*, a.a.O.; *U. Enders* (Hrsg.), a.a.O.; *R. Steinhage*, a.a.O.; *M. Weber/Chr. Rohleder* (1995), a.a.O.; *S. Kirchhoff* (1994), a.a.O.

9   *Bach*, Jugendhilfe, 1992, 218 im Anschluß an *H. Maisch*, Inzest, Reinbeck 1968. Vgl. auch *M.-L. Cohen*, UJ 1994, 241 ff.: »qualifiziertes Umgehen mit dem Verdacht auf sexuellen Mißbrauch«

10 Vgl. dazu die Vorschläge von *Bach*, Jugendhilfe, 1992, S. 177 f.; Hilfen zur Verselbständigung sexuell mißbrauchter Mädchen: *Trauernicht*, ZfJ 1992, 227 f.; Hinweise zur Diagnostik: *E. Pirschner*, Unsere Jugend, 1992, S. 383. Zum Kindesmißbrauch aus psychologischer Sicht: *Endres /Scholz* NStZ 1994, 466 ff.; siehe auch die Literaturübersicht von *K. Barth*, ZfJ 1992, 465 ff.

11 Vgl. Sechster Jugendbericht, BT-Drucksache 10/1007, vom 15.02.1984, S. 63 f.; *Weber/ Rohleder*, a.a.O. (S.12 ff.: zum aktuellen wissenschaftlichen Forschungsstand). Zum Problem Kindermißhandlung *Backe u.a.*, a.a.O.; *Beiderwiesen u.a.*, a.a.O.; *Bernecker u.a.*, a.a.O.; *Bundesministerium für Jugend, Familie und Gesundheit*, a.a.O. (1982); *Engfer*, a.a.O.; *Faltermeier u.a.*, a.a.O.; *Stumpf*, a.a.O.; *Trube-Becker*, a.a.O.; vgl. auch *Mühlum*, ZfJ 1987, 41 und *Barth* ZfJ 1987, 53. Schmal ist die Grenze zur elterlichen Züchtigungsbefug-

– Sexuelle Gewalt gegen Mädchen kommt weit überwiegend in ihrem sozialen Nahraum vor, insbesondere und mit besonderer Ausweglosigkeit in der Familie, durch Väter und andere männliche Familienangehörige.

– Die soziale Umwelt ignoriert und bagatellisiert oftmals den sexuellen Mißbrauch und die Vergewaltigung und schiebt Mädchen und Frauen selbst die Schuld daran zu.

– Soziale Einrichtungen, die eine Schutzfunktion haben sollten, und die Strafverfolgungsbehörden, die die Tat zu sanktionieren hätten, handeln vielfach in Parteilichkeit für den Täter und geben der Familie den Vorrang als eingriffsfreiem Privatraum. Sie machen Mädchen und Frauen zum zweiten Mal zum Opfer.

Politische Forderungen und Empfehlungen zielen auf:

– gesetzliche Veränderungen im Strafrecht und in der Strafprozeßordnung, damit das sexuelle Selbstbestimmungsrecht von Frauen wirkungsvoll und ohne Einschränkungen geschützt wird;

– Veränderungen in der Praxis der Institutionen, die mit betroffenen Mädchen und Frauen zu tun haben;[12]

– Veränderungen im Bereich der Medien, die bisher weitgehend die gesellschaftliche und sexuelle Objektstellung der Frau propagieren;

– Unterstützung und finanzielle Absicherung von Frauen-Selbsthilfeprojekten (Frauenhäuser, Mädchenzentren, Notruf-Initiativen).[13]

Rechtliche Möglichkeiten Kinder zu schützen, ohne sie aus der vertrauten Umgebung herauszunehmen, können sein:

– Beratung des Kindes und Jugendlichen (im Not- und Konfliktfall auch ohne Kenntnis des Personensorgeberechtigten, § 8 Abs. 3 SGB VIII);

– ambulante Hilfen zur Erziehung für Kind und Eltern (falls erforderlich nach Einschaltung des Vormundschaftsgerichts gemäß § 50 Abs. 3);

– Zuweisung der Ehewohnung zur alleinigen Nutzung durch die Mutter und das mißbrauchte Kind gemäß § 1361 b BGB durch das Familiengericht;

– vormundschaftsgerichtliches Verbot an die Mutter, den Mißbraucher in der von Mutter und Tochter benutzten Wohnung wohnen zu lassen;

– Erlaß einer »Go-Order« mit Kontaktverbot durch das Vormundschaftsgericht[14];

– Umgangsverbot.

---

nis (vgl. *BGH JZ* 1988, 617 mit ausführlicher Anmerkung von Reichert/Hammer m.w.Nw. Daß auch körperliche Züchtigungen dem Kindeswohl dienende Erziehungsmaßnahmen sein können (so *OLG Bamberg, ZfJ* 1988, 239) ist entschieden in Abrede zu stellen. Damit ist allerdings nicht gesagt, daß jede körperliche Züchtigung ein Fall für den Strafrichter ist (vgl. dazu die Zitate S. 105 dieses Buches und Fußnote 43). – Vgl. auch *Topel, JH* 1993, 242 ff.

12 Parteilichkeit für das Opfer fordert *Anne Maria Eulenberger, ZfJ* 1993, 583. Aus vormundschaftsgerichtlicher Sicht *Mechthild Gersdorf-Wessig, ZfJ* 1993, 582: »Das Kind muß spüren, daß ihm geglaubt wird! Es muß spüren, daß ihm geholfen und nicht der Vater bestraft werden soll!«.

13 *Carola Kuhlmann/Monika Weber*: Zwischen feministischem Anspruch und patriarchalischen Jugendhilfestrukturen. Mädchenhäuser als Antwort auf Gewalt gegen Mädchen, in: Forum Erziehungshilfen, 1995, 180.

14 *AmtsG Berlin-Tiergarten*, in Streit 1992, 89 (Nachbar muß seine Wohnung verlassen und darf sich dem von ihm mißbrauchten Jungen nicht mehr als 100 Meter nähern); *LG Koblenz*, in Streit 1993, 153; *OLG Zweibrücken, ZfJ* 1994, 139.; *AmtsG Westerburg*, in Streit 1993, 112; *AmtsG Osnabrück*, in Streit 1993, 113

Läßt sich eine (u.U. sofortige) Herausnahme des Kindes aus der Familie nicht vermeiden, so sind Hilfen anzubieten, die eine Rückkehr des Kindes ermöglichen, wenn und sobald dieses zu verantworten ist. Zugleich sind Pflegeeltern bzw. Erziehungspersonal zu beraten und zu unterstützen[15].

Gegenüber Polizei und Staatsanwaltschaft besteht auch in Fällen sexuellen Mißbrauchs keine Anzeigepflicht[16], wohl aber – unter den Voraussetzungen des § 50 Abs. 3 SGB VIII – für das Jugendamt gegenüber dem Vormundschaftsgericht.

Empfehlungen zur Qualifizierung der Jugendhilfe bei sexuellen Gewalterfahrungen von Mädchen und Jungen geben Monika Weber und Christiane Rohleder, die aufgrund mehrjähriger Forschungsarbeit auch den Vorwurf des »Mißbrauchs des Mißbrauchs« überzeugend zurückweisen. (a.a.O., S. 235 ff.). Ihre im einzelnen ausdifferenzierten Empfehlungen betreffen die

- Qualifizierung von Handlungskonzepten und Vorgehensweisen
- Koordinierung der Hilfen im Einzelfall
- Vernetzung und Kooperation zwecks Weiterentwicklung der Angebotsstruktur
- Absicherung bestehender Arbeitsplätze
- gezielte Förderung von Angeboten für Mädchen und Jungen
- Beratung und therapeutische Hilfen
- Fremdplazierung / Heimerziehung.

Ihr Resümee sieht einen vorrangigen Handlungsbedarf in

- Sicherstellung eines funktionierenden Hilfe*systems* durch Absicherung der Arbeitsbereiche Prävention, Beratung und weiterführende Hilfen

vorrangig:

---

15 Hinweise für Helfer, die oft selbst hilflos sind, geben *Evelyn Pirschner*, Unsere Jugend 1991, S. 51 - 55, *Friederike Grube*, Jugendwohl 1991, S. 204 - 211, *Offe/Offe/Wetzels*, Neue Praxis 1992, S. 240 - 256 (kritisch dazu: *Dörr/Schulze-Bernd*, Neue Praxis 1992, S. 434 bis 438); *Sabine Hebenstreit-Müller*, Soziale Arbeit 1994, S. 152 ff. und in EREV Heft1/1994, 32 ff.»Basisinformationen« zum sexuellen Mißbrauch gibt *M. Gerhard*, in: DAVorm 1993, 513 ff., *J.M. Fegert* (1993), *C. Marquardt* (1993), *L. Niewerth*, ZfJ 1994, 372 ff. Zur Kontrolle der Jugendämter gegenüber »vermeintlich unberechtigtem Kindesentzug bei vermutetem sexuellen Mißbrauch«: Antwort der Bundesregierung in BT-Drucksache 13/2010. Zur Rolle des Jugendamtes auch *Rainer Ollmann*, ZfJ 1994, 151. Zur Aufklärung des Verdachts eines sexuellen Mißbrauchs in familien- und vormundschaftsgerichtlichen Verfahren eingehend und mit vielen Nachweisen: *E. Carl*, FamRZ 1995, 1183 ff. Rechtssoziologische Erwägungen zum sexualstrafrechtlichen Schutz *M. Schetsche*, MSchrKrim. 1994, 201.

16 Vgl. *Kröger*, ZfJ 1993, 24; *Menne*, ZfJ 1993, 294; *Kaufmann*, ZfJ 1990, 6 (m.w.Nw. Verpflichtung zur Bekanntgabe einer Kindesmißhandlung an die Polizei, wenn nur dadurch konkrete Gefahren für das Kind abgewendet werden können; vgl. auch *Dickmeis*, ZfJ 1995, 479). Zum staatsanwaltlichen Ermittlungsverfahren: *Gebhardt/Eckhardt/Reckewell*, FuR 1995, 124. Zur Schweigepflicht gemäß § 203 StGB und zur Offenbarung in der Extremsituation sexuellen Mißbrauchs (Güterabwägung nach § 34 StGB) vgl. auch *Landeswohlfahrtverband Baden/Maas*, 1988, S. 21 f. Nach *DIV-Gutachten*, ZfJ 1992, 642, ist das Jugendamt als Amtsvormund bei begründetem Verdacht grundsätzlich verpflichtet, Strafanzeige wegen sexuellen Mißbrauchs seines Mündels zu erstatten; im übrigen könne eine Anzeigepflicht aus § 1 Abs. 1 Nr. 3 SGB VIII gefolgert werden (zum Wohl künftig gefährdeter Kinder); vgl. auch ZfJ 6/1993, 294 ff.; dagegen: *Riedel*, sozial-extra, 9/1993, 14 und UJ 1994, 244 ff.; vgl. dagegen *Christa Blanz-Gocht*, in: päd.extra, Heft 4/1995, 38 (aus der Sicht eines Jugenddezernates der Kriminalpolizei). Zur Rolle und Aufgabe des Amtsvormundes auch *R. von Bracken*, DAVorm 1993, 505 ff.

- Sicherstellung präventiver Angebote für Mädchen/Jungen ebenso wie für MultiplikatorInnen durch mindestens eine entsprechend ausgewiesene Personalstelle
- Ausbau weiterführender therapeutischer Hilfen (für jüngere Kinder, Jugendliche, insbesondere aber auch für Mütter); in diesem Zusammenhang: verstärkte Förderung von Gruppenangeboten für die genannten Zielgruppen
- Umsetzung des Beratungsanspruchs von Mädchen und Jungen nach § 8,3 KJHG

• Qualifizierung der Inobhutnahme/Krisenunterbringung insbesondere für jugendliche Mädchen, aber auch für jüngere Kinder durch
- Schaffung eines mädchenspezifischen Angebots der Krisenunterbringung
- Schulung und fachliche Begleitung von Bereitschaftspflegefamilien bzw. MitarbeiterInnen, die im Bereich der Inobhutnahme/Krisenunterbringung für Kinder tätig sind
- Sicherstellung der Beratung im Rahmen der Inobhutnahme

• verstärkte Förderung alternativer langfristiger Wohnformen für Mädchen (Mädchenwohngruppen, intensive sozialpädagogische Einzelbetreuung auf der Basis eines mädchenspezifischen Konzepts etc.) und für jüngere Kinder (Kinderwohngruppen etc.); in diesem Zusammenhang auch: verstärkte Fortbildung der MitarbeiterInnen in bestehenden Heimen

• Basisqualifizierung aller MitarbeiterInnen, die im Einzelfall über erzieherische Hilfen (mit-)entscheiden

• Berücksichtigung bestehender Arbeitskreise im Rahmen der Jugendhilfeplanung

• Umsetzung des Wissens über Dynamik und Folgen sexuellen Mißbrauchs in verbindliche einrichtungsinterne Handlungskonzepte (vor allem im Jugendamt selbst, in den Beratungsstellen und Heimen).

In seinem Kapitel »Sexualität in Heimen und Wohngruppen«[17] nennt Günder für die Arbeit mit sexuell mißbrauchten Kindern und Jugendlichen die Anforderungsbereiche[18]

- Sensibilität entwickeln, Projektionen und Überreaktionen vermeiden;
- Akzeptanz und Annahme der Persönlichkeit;
- Aufbau eines Vertrauensverhältnisses;
- Sorge für ein therapeutisches Milieu;
- Entwicklung neuer Lebensperspektiven;
- Sexualerziehung für Betroffene als Erziehung zur Liebesfähigkeit.

Diese Erziehung zur Liebesfähigkeit setzt die Entwicklung von Selbstachtung und Selbstliebe voraus, wobei die jungen Menschen zunächst einmal »neue Orientierungen in den Aspekten der emotionalen und körperlichen Sexualität gewinnen«[19] und auch lernen müssen »nein« zu sagen. Sie müssen lernen, »sich selbst zu bestimmen, sich zu sexuellen Beziehungen nicht überreden oder überrumpeln zu lassen, weil sonst die alten Wunden wieder aufbrechen könnten«[20].

---

17 *Günder*, a.a.O., S. 223 - 318
18 *Günder*, S. 223 - 318
19 *Günder*, S. 316 f.
20 *Günder*, S. 318

3.1 Normative Grundlegung – Erziehungsanspruch junger Menschen und öffentliche Jugendhilfe

Bei dem vorangestellten Praxisbeispiel geht es um das Lebensschicksal einer Familie aus der Unterschicht. Familienerziehung und Jugendhilfe werden darin thematisiert. Die Pflege und Erziehung der Kinder ist Recht und Pflicht der Eltern (Art. 6 Abs. 2 Satz 1 GG). Der Staat, d.h. insbesondere die Vormundschafts- und Familiengerichte sowie die Jugendämter wachen darüber, daß die Eltern ihr Erziehungsrecht zum Wohl des Kindes ausüben (Art. 6 Abs. 2 Satz 2 GG). Dies geschieht durch die unterschiedlichsten Maßnahmen und Hilfen. Sie reichen vom Rat, den der Sozialarbeiter anläßlich eines Hausbesuches gibt, bis zum einschneidendsten Eingriff: der Trennung des Kindes von seiner Ursprungsfamilie und seiner Unterbringung in einer anderen Familie oder in einem Heim. Die Rechtsgrundlagen für solche staatlichen Maßnahmen (Fremdplazierungen) gilt es in diesem Buch im einzelnen darzustellen. Dabei wird das Schwergewicht der Darlegung bei der Art und Weise, in der die Jugendhilfebehörden diese Aufgaben wahrnehmen, liegen. In diesem Ausgangskapitel soll zunächst das Verhältnis von Familienerziehung und Jugendhilfe grundsätzlicher erörtert werden.

Dabei ist aus rechtlicher Sicht insbesondere darauf einzugehen, inwieweit geltendes Recht und seine Handhabung den Anspruch junger Menschen auf Erziehung zur »reifen, sich entfaltenden, verantwortungsbewußten Persönlichkeit«[21], wie er aus Artikel 2 GG abzuleiten ist, einlösen. Inwieweit die Institutionen der Jugendhilfe diesen Anspruch gewährleisten können, wenn die Familie versagt, ist angesichts kontroverser Einschätzung etwa der Arbeit der Jugendämter – leisten sie den Familien und insbesondere gefährdeten Kindern wirksame Hilfe oder nicht – näher zu untersuchen. Wiederum aus rechtlicher Sicht: werden sie dem Auftrag des § 1 SGB VIII gerecht, wonach jeder junge Mensch ein Recht auf Förderung seiner Entwicklung und auf Erziehung zu einer eigenverantwortlichen und gemeinschaftsfähigen Persönlichkeit hat und öffentliche Jugendhilfe dort eintritt, wo dieser Anspruch von der Familie nicht erfüllt wird?

Die Organisation der öffentlichen Jugendhilfe und die von dem Subsidiaritätsprinzip gebotene Rücksichtnahme auf die Tätigkeit freier Träger sind dabei ebenso von Belang wie die politischen Rahmenbedingungen, die heute für Familienerziehung und Jugendhilfe gegeben sind.

Das erwähnte *Subsidiaritätsprinzip*[22], eine grundlegende Maxime gesellschaftlichen Handelns in der Bundesrepublik Deutschland, besagt, daß »die Sicherung der eigenen Existenz und des Fortkommens vornehmlich der Initiative« und der freien Verantwortung des einzelnen Individuums selbst überlassen bleibt, die Verantwortlichkeit der Gemeinschaft des Staates dagegen auf Ausnahmesituationen beschränkt ist und nur eintritt, wenn die eigenen Mittel des Individuums und die seiner Familie nicht hinreichen«[23]. Das bedeutet nicht nur einen – durch die Neuordnung des

---

21 *Horndasch*, a.a.O., S. 216; zur zunehmend diskutierten Frage der Interessenwahrnehmung für Minderjährige: *Salgo*, in: NP 1988, 150 (m.w.Nw.); zur »Entwicklung autonomen kindschaftsrechtlichen Denkens«: *Münder*, in: ZfJ 1988, 10 ff.

22 Dazu *Sachße*, in: *Deutscher/Fieseler/Maòr*, a.a.O., S. 192 ff.; *Münder*, in: Handbuch SA/SP, a.a.O., S. 1147 ff.; vgl. auch S. 82 f. dieses Buches

23 *Sachße*, a.a.O., S. 192

Kinder- und Jugendhilferechts besonders betonten – Vorrang familiärer Erziehung gegenüber öffentlicher Jugendhilfe, sondern auch einen gewissen Vorrang der Tätigkeit freier Träger gegenüber behördlicher Jugendhilfe[24], wie er in § 4 Abs. 2 SGB VIII zum Ausdruck kommt, wonach die öffentliche Jugendhilfe von eigenen Maßnahmen absehen soll, soweit geeignete Einrichtungen, Dienste und Veranstaltungen von anerkannten Trägern der freien Jugendhilfe betrieben oder rechtzeitig geschaffen werden können[25]. Das Subsidiaritätsprinzip hat in der Praxis dazu geführt, daß insbesondere die Kirchen und ihnen nahestehende Wohlfahrtsverbände dort, wo es sich nicht um die Wahrnehmung hoheitlicher Aufgaben handelt, ein deutliches Übergewicht haben[26].

Neben den normativen Rechtsgrundlagen wirkt auf die Arbeit der Jugendhilfeinstitutionen die *Familienpolitik* ein, die in der gegenwärtigen Form der Klein- oder Kernfamilie von Eltern und Kind bzw. wenigen Kindern, wie sie in den Industrieländern absolut vorherrscht, den besten Garanten für die Sicherung des Nachwuchses und dessen Sozialisation sieht, obgleich die strukturellen Mängel dieser Familienform unübersehbar sind und obwohl Familien mit Kindern längst nicht materiell so gefördert werden, wie es nötig wäre, um für bessere Entwicklungsbedingungen zu sorgen.

Nach § 1666 a BGB sind Maßnahmen, mit denen eine Trennung des gefährdeten Kindes von der elterlichen Familie verbunden ist, nur zulässig, wenn der Gefahr nicht auf eine andere Weise, auch nicht durch öffentliche Hilfen, begegnet werden kann. Solche öffentlichen Hilfen sind insbesondere die Leistungen des Kinder- und Jugendhilfegesetzes und anderer Sozialgesetze, die aber längst nicht ausreichen, um letztlich auch materiell begründete Kindeswohlgefährdungen auszuräumen. Die Bedeutung des § 1666 a BGB ist aber zu unterstreichen, der den Staat nach richtiger Auffassung auch zum Ausbau öffentlicher Hilfen insoweit verpflichtet, als dadurch Kindeswohlgefährdungen abgewendet werden können. Nachhaltig werden solche Gefährdungen aber nur dadurch abgebaut, daß die Struktur der Gesellschaft in Richtung auf eine entscheidende Verbesserung der Lebensbedingungen – Wohn-, Arbeits-, Umweltsituation usw. – verändert wird[27]. Bis dahin sind es in erster Linie die Leistungen der Jugendhilfe nach §§ 11 - 40 SGB VIII, die einer Trennung Minderjähriger von ihren Eltern gegenüber vorrangig sind[28]. Über diese Hilfen hinaus soll Jugendhilfe sich in alle die jungen Menschen betreffenden Angelegenheiten einmischen und bessere Lebensbedingungen für sie und ihre Familien einfordern (§ 1 Abs. 3 SGB VIII).

3.2 Auftrag der Jugendämter

Die Angelegenheiten, mit denen sich das *Jugendamt* zu befassen hat, sind oft von existentieller Bedeutung für die Betroffenen. Das ist ganz besonders der Fall für Kinder und Jugendliche, die in psychosozial und wirtschaftlich ungünstigen Verhält-

---

24 Vgl. *Zuleeg*, RdJB 1984, 365 ff.
25 vgl. zu diesem Funktionsschutz der freien Jugendhilfe BT-Dr. 11/5948, 144; VerwG Hannover, in: DVJJ 1992, 259; OVG Lüneburg, in: DVJJ 1992, 334 und *Fieseler*, ZfJ 1995, 194 ff.
26 Vgl. *Frankfurter Kommentar*, a.a.O., §5 Anm. 4.6. Zur ganz anderen Situation in den neuen Bundesländern: *G. Ullrich*, in: Beilage zum Parlament, B 38/92, 11. September 1992, 38 ff.; *Fieseler*, KJHG, Einführung, 1400 m.w.Nw.
27 *Horndasch*, a.a.O., S. 288 f.
28 Vgl. *BayObLG*, FamRZ 1991, 1218 und FamRZ 1992, 90 (gegen die Vorinstanzen, die – wie die beteiligten Jugendämter – die Eingriffsvoraussetzungen – zutreffend – bejaht hatten)

nissen leben: Kinder, die von ihren Eltern körperlich und seelisch mißhandelt werden, die unter Not, Zwist, Trennung und Scheidung ihrer Eltern leiden, deren Mütter auf eine Erwerbstätigkeit angewiesen sind, während sich ihre Väter nicht zu ihrer Verantwortung bekennen.

Jugendämter haben zwar kein eigenes Erziehungsrecht, es ist aber auch nach dem Wegfall des § 1 Abs. 3 JWG ihr Auftrag, dafür zu sorgen, daß diese jungen Menschen unter möglichst erträglichen Bedingungen aufwachsen können (vgl. insbes. § 1 Abs. 3 SGB VIII). Sie und ihre Eltern zu beraten, sie zu unterstützen und auf öffentliche Hilfe zur Bewältigung ihrer Probleme aufmerksam zu machen, ihnen Wege der Selbsthilfe aufzuzeigen, ist vorrangige Aufgabe der bei den Jugendämtern und bei freien Trägern der Jugendhilfe beschäftigten Sozialarbeiter.

Dies setzt, gerade um der Wirksamkeit der Hilfen willen, zunächst voraus, daß die Betroffenen für eine freiwillige Mitwirkung gewonnen werden (vgl. § 36 SGB VIII)[29]. Zwang ist aber nicht nur methodisch fragwürdig, er steht dem Jugendamt und den freien Trägern auch gar nicht rechtlich zu Gebote. Wo Eingriffe in elterliche Rechte nicht zu umgehen sind, ist ein solcher Eingriff nur möglich, wenn die Gerichte (unter den Voraussetzungen des § 42 SGB VIII nach Inobhutnahme) eingeschaltet werden, die – unter tunlicher Wahrung der elterlichen Rechte – entscheiden, ob die Gefahr für den jungen Menschen so groß ist, daß Maßnahmen gegen den Willen der Eltern gerechtfertigt sind.

Da das »Kindeswohl« entscheidender Maßstab gerichtlicher Entscheidungen ist, die Konkretisierung dieses unbestimmten Rechtsbegriffes sozialpädagogische Kompetenz voraussetzt, werden die Jugendämter in solchen Verfahren »angehört« (vgl. §§ 49, 49 a FGG). Dabei darf die gleichsam punktuelle Aufgabenbestimmung nicht zu dem Mißverständnis führen, die Praxis jugendamtlicher Tätigkeit sei damit auch nur annähernd deutlich umrissen: zu einer Einschaltung der Gerichte kommt es, etwa in Fällen des § 1666 BGB, oft erst nach langjähriger Bemühung des Jugendamtes um die betroffene Familie. Das Jugendamt kann den Anstoß zum gerichtlichen Verfahren selbst geben, indem es die Gefährdung des Kindes dem (Vormundschafts-)Gericht anzeigt (vgl. § 50 Abs. 3 SGB VIII) und beantragt, den Eltern das Aufenthaltsbestimmungsrecht zu entziehen und auf das Jugendamt als Pfleger zu übertragen. Nach einer entsprechenden gerichtlichen Anordnung entscheidet dann das Jugendamt mit der Kompetenz der »konkreten Maßnahmenwahl«[30], wo das Kind unterzubringen ist. Es hält Kontakt zu Pflegefamilie oder Heim und berichtet dem Gericht von Zeit zu Zeit. Aber auch mit den Eltern soll es weiterarbeiten, um sie dazu zu befähigen, ihr Kind wieder in die Familie aufzunehmen und selbst zu erziehen (vgl. § 37 Abs. 1 Satz 2, 3 SGB VIII).

Wenn also auch Maßnahmen gegen den Willen der Eltern stets voraussetzen, daß juristisch ausgebildete Richter auf die Einhaltung der – in der freiwilligen Gerichtsbarkeit freilich nur schwach ausgebildeten – Verfahrensgarantien (einschließlich der Anhörung der Eltern und Kinder nach §§ 50 a und b FGG) achten und die gesetz-

---

29 Dazu eingehend: *Fricke*, ZfJ 1992, 509; *R. Lochmann*, Jugendhilfe 1991, 133; *U. Maas*, ZfJ 1992, 60; *K. Späth*, Jugendhilfe 1991, 302
30 *Zenz* 1979, a.a.O., S. 400

lichen Eingriffsvoraussetzungen prüfen, damit Recht »richtig« angewendet wird[31], ist es doch verständlich, daß betroffene Eltern oft den Eindruck haben, das Jugendamt habe ihnen ihr Kind weggenommen[32]. Dies entspricht durchaus der Macht dieser Behörde, auf deren Ermittlungen und Stellungnahmen sich viele Richter voll und ganz verlassen[33]. Verständlich ist es, daß die Jugendämter den Ruf einer »Elternverfolgungsbehörde« loswerden wollen, doch dürfen sie dabei nicht den Schutz von im Elternhaus gefährdeten Kindern und Jugendlichen vernachlässigen. Vielmehr sind deren Interessen »anwaltlich« und »parteilich« zu vertreten und – wo nötig – »deutliche, harte Interventionen« zu Lasten der Eltern anzustreben.[34]

3.3 Das Recht der elterlichen Sorge

Die Aufgaben des Jugendamtes beziehen sich in vielfältiger Weise auf die Normen des BGB zur _elterlichen Sorge_, die das »natürliche Recht der Eltern und die zuvörderst ihnen obliegende Pflicht« zur Pflege und Erziehung ihrer Kinder (Art. 6 Abs. 1 GG) konkretisieren.

Der Begriff »elterliche Sorge« umfaßt einen Großteil der Rechtsbeziehungen zwischen Eltern und minderjährigen Kindern. Die elterliche Sorge beginnt mit der Geburt[35] und endet (spätestens[36]) mit der Volljährigkeit des Kindes. Sie ist
- für eheliche Kinder in den §§ 1626 - 1698 b BGB,
- für nichteheliche Kinder in den §§ 1705 - 1711 BGB[37]

geregelt und gliedert sich in die _Personensorge_ und _Vermögenssorge_. Diese beinhalten

---

31 Gerade in Kindschaftssachen entscheiden die verschiedenen Instanzgerichte oft unterschiedlich – Entscheidungen in erster Instanz werden oft im weiteren Verfahrensverlauf aufgehoben. Dies liegt auch daran, daß hier – mehr noch als in anderen Rechtsgebieten – eine streng logische Subsumtion ausgeschlossen ist, (subjektive) Wertvorstellungen von Richtern (und Sozialarbeitern!) den Ausschlag geben. Vgl. _Fieseler_ (1977), a.a.O., S. 16 ff.

32 Vgl. für Schweden den Bericht »Kinder-Gulag« im Sozialstaat Schweden, in: _DER SPIE-GEL_, Nr. 31/1983. Zu dem mit dem KJHG verbundenen »Perspektivenwechsel« vgl. _Wiesner u.a._, Einl., Rn 37 ff. und (kritisch hinsichtlich bisheriger Umsetzung) _E. Reiner_, ZfJ 1994, 161.

33 Kritisch hinsichtlich der »eigenen Involviertheit des Jugendamtes in die Familiengeschichte« und den damit verbundenen Gefahren für die Objektivität von Ermittlungen und Berichten, _Zenz_ (1979), a.a.O., S. 143

34 _Münder_, JH 1995, 213

35 Es gibt also keine elterliche Sorge für das ungeborene Kind; verfehlt deshalb: _AmtsG Köln_, FamRZ 1985, S. 519 (Übertragung der Entscheidung über Schwangerschaftsabbruch auf Ehemann) und _AmtsG Celle_, FamRZ 1987, S. 738 ff. (Untersagung eines Schwangerschaftsabbruchs durch Vormundschaftsgericht gemäß § 1666 BGB). Vgl. _Belling/Eberl_, FuR 1995, 287 ff.

36 Andere Beendigungsgründe: Tod des Kindes (§ 1698 b BGB); Entziehung durch das Vormundschaftsgericht (§ 1666 BGB); Adoption des Kindes durch Dritte (§ 1755 BGB); Alleinübertragung elterlicher Sorge auf den anderen Elternteil bei Scheidung oder bei Getrenntleben (§§ 1671, 1672 BGB). Mit der Heirat des Minderjährigen (dazu §§ 1, 3 EheG) endet nur die tatsächliche Personensorge (nicht die Vertretung in persönlichen Angelegenheiten und nicht die Vermögenssorge, § 1633 BGB). Zum Ausfall _eines_ Elternteiles durch Sorgerechtsentziehung vgl. § 1680, zum Tod _eines_ Elternteils § 1681 BGB.

37 Die §§ 1706 - 1710 BGB gelten ausschließlich in den alten Bundesländern. Zur Bestellung des Jugendamtes im Beitrittsgebiet zum Beistand (§ 1685) – nicht zum Ergänzungspfleger – zwecks Vaterschaftsfeststellung: _LG Berlin_, FamRZ 1991, 1097

jeweils die tatsächliche Sorge und die Vertretung des Kindes bei rechtsgeschäftlichen Handlungen.

Grundsätzlich steht die elterliche Sorge für eheliche Kinder *beiden Eltern gemeinsam* zu (für den Konfliktfall vgl. § 1628 BGB); bei nichtehelichen Kindern ist allein die Mutter Inhaberin des Sorgerechts[38]. Demgegenüber sieht der Entwurf eines Gesetzes zur Reform des Kindschaftsrechts (KindRG 1995) vor, daß die elterliche Sorge den nicht miteinander verheirateten Eltern gemeinsam zusteht, wenn sie beide eine entsprechende »Sorgeerklärung« abgeben (§ 1626 a Abs. 1 Nr. 1 KindRG).

Die Personensorge umfaßt
– Pflege,
– Erziehung,
– Beaufsichtigung,
– Aufenthaltsbestimmung
  (so die *beispielhafte* Aufzählung in § 1631 Abs. 1 BGB),
– die Herausgabe des Kindes (§ 1632 Abs. 1 BGB),
– die Bestimmung des Umgangs des Kindes mit Dritten (§ 1632 Abs. 2 BGB)[39]

Die elterliche Sorge ist ein pflichtgebundenes, fremdnütziges Recht, das zum Wohle des Kindes auszuüben ist (§ 1627 BGB)[40]. Die Eltern können auf dieses Recht nicht verzichten und es auf Dritte nur zur Ausübung übertragen. Eine solche (vertragliche) Übertragung ist jederzeit frei widerruflich. Für den Fall der Dauerpflege ermöglicht § 1630 Abs. 3 BGB eine Übertragung von Angelegenheiten der elterlichen Sorge auf die Pflegepersonen, die damit in die Lage versetzt werden, die Interessen des Pflegekindes gegenüber Dritten selbständig wahrzunehmen[41]. Weil in der Praxis von dieser Möglichkeit selten Gebrauch gemacht wird, ist die mit § 38 SGB VIII verbundene Verbesserung der Rechtsstellung von Pflegepersonen und Betreuungspersonal[42] bedeutsam.

---

38 Zum Ausschluß des nichtehelichen Vaters: *BVerfG* in NJW 1981, 120 ff.; *BVerfG*, NJW 1991, 1944 = FamRZ 1991, 913 (zur Ehelichkeitserklärung durch den Vater) fordert den Gesetzgeber auf, das gemeinsame Sorgerecht von Mutter und Vater zu ermöglichen. AmtsG Kamen, DAVorm 1995, 754, meint, das gemeinsame Sorgerecht nichtverheirateter Eltern schon »derzeit« (13.4.1995) feststellen zu können und folgert dies aus Art. 8 EMRK. Vgl. auch den Vorlagebeschluß der AG-VormG-Bremen, DAVorm 1994, 113. Bei Ausfall der Mutter kann der Vater als Vormund bestellt werden (vgl. dazu *AmtsG Melsungen*, FuR 1993, 103 m.Anm. *Derleder*).

39 Bei elterlichen Umgangsverboten geht es meist um die Unterbindung (hetero-)sexueller Kontakte von Töchtern. Zu einem elterlichen Verbot des Umgangs mit den Großeltern BayObLG, MDR 1995, 72. Vollstreckung: § 33 FGG. Zur Schadensersatzpflicht bei schuldhaftem Eingriff Dritter in das Sorgerecht vgl. *LG Aachen*, FamRZ 1986, 713 (»Toskana-Reise«) und *BGH*, NJW 1990, 2060: Privatdetektivkosten, um Kindesaufenthalt in Erfahrung zu bringen. Zur Kostenbelastung von Pflegeeltern wegen Rückführung des vom Vater entführten Pflegekindes: *BVerfG*, EzFamR Art. 3 GG Nr. 8.
Zur Respektierung des elterlichen Verbots eines »die Gefahr gleichgeschlechtlicher Betätigung mit sich bringenden Umgangs«: LG Berlin, FamRZ 1985, 519

40 Grundlegend dazu *BVerfG* in NJW 1968, 578 ff. Vgl. auch *BVerfG* in NJW 1988, 126

41 Zu § 1630 Abs .3 BGB vgl. *Baer*, FamRZ 1982, 229; *Gleißl/Suttner*, FamRZ 1982, 123; *Schwab*, a.a.O., S. 92 ff. Voraussetzung ist die Inpflegegabe eines Kindes und der entsprechende Antrag der Eltern. Für eine analoge Anwendung bei Inpflegegabe durch das Jugendamt: *AK-Münder*, § 1630 Rz. 4.

42 Vgl. dazu *Fricke*, ZfJ 1992, 305; *Wiesner*, § 38 SGB VIII, Rn. 14 ff.

Leitbild elterlicher Erziehung ist gemäß § 1626 Abs. 2 BGB
- die Berücksichtigung der wachsenden Fähigkeit und des wachsenden Bedürfnisses
  des Kindes zu selbständigem verantwortungsbewußtem Handeln,
- die Aussprache mit dem Kind und das Bemühen um Einverständnis.

Diese 1980 in das BGB aufgenommene Norm ändert nichts daran, daß die Eltern
das Entscheidungsrecht über ihr Kind bis zu dessen Volljährigkeit haben und grundsätzlich ihren Willen ihm gegenüber durchsetzen können. Dazu sollen Eltern die
ihnen geeignet erscheinenden Erziehungsmittel bis hin zum Hausarrest und (maßvol-
ler) Züchtigung[43] »in geeigneter Vollstreckung«[44] einsetzen dürfen. Nur *entwürdigen-
de Erziehungsmaßnahmen*, worunter ganz besonders krasse elterliche Entgleisungen
verstanden werden[45], sind unzulässig (§ 1631 Abs. 2 BGB). Die Eltern können sich
aber auch an das Vormundschaftsgericht wenden, das sie durch geeignete
Maßnahmen zu unterstützen hat[46]. Das Gericht konnte gemäß § 48 c JWG i.V.m.
§ 1631 Abs. 3 BGB das Jugendamt mit der Ausführung seiner Anordnungen betrau-
en. Da das KJHG keine dem § 48 c JWG entsprechende Ermächtigungsnorm vorsieht,
entbehren solche gerichtlichen *Anordnungen* seit dem 01.01.1991 einer Rechtsgrundlage und können vom Jugendamt mit Beschwerde angefochten werden[47]. Freilich
kann die Unterstützung des Gerichts gemäß § 50 Abs. 1 Satz 1 SGB VIII *originäre*
Aufgabe des Jugendamtes sein.

Teilmündigkeiten, wie sie das Gesetz über die religiöse Kindererziehung kennt,
sind den Minderjährigen im Eltern-Kind-Recht ebensowenig zugestanden worden wie
Vetorechte[48] oder ein allgemeines Antragsrecht in Angelegenheiten seiner Person.

Lediglich die Vorschrift des § 50 b FGG führt dazu, daß auch Kinder unter 14 Jahren vom Gericht persönlich »anzuhören« sind: in (Personen-)Sorgerechtsangelegen-
heiten können anders Neigungen, Bindungen und Wille des Kindes nicht festgestellt
werden; und selbst bei Kindern, die sich hierzu noch nicht sprachlich äußern können,
ist es sinnvoll, daß sich das Gericht von ihnen einen unmittelbaren Eindruck
verschafft[49].

Das BGB sieht einige *Einschränkungen* der elterlichen Sorge vor:

43 Vgl. für die h.M. *Palandt/Diederichsen*, § 1631 Anm. 5: Die Züchtigung muß sich im Rah-
    men des durch den Erziehungszweck gebotenden Maßes halten, also Rücksicht nehmen auf
    Alter, Gesundheit und seelische Verfassung des Kindes; *BGH*, Beschluß v. 25.11.1986, in:
    Jugendwohl 1988, S. 238 ff. (m.Anm. von Happe), und in: JZ 1988, 617 (m.Anm. von Rei-
    chert-Hammer m.w.Nw.); *W. Kunz*, ZfJ 1990, 52 m.w.Nw.
44 *Palandt/Diederichsen*, § 1631 Anm. 6 a mit beispielhafter Nennung zulässiger Erziehungs-
    mittel
45 BT-Drucks. 8/2788, S. 48; vgl. aber *AK-Münder*, § 1631 Rz. 5
46 Vgl. *Palandt/Diederichsen*, § 1631 Anm. 6 b
47 So *OLG Karlsruhe*, FamRZ 1991, 969 (betreffs § 1634 Abs. 2)
48 Zu §1671 Abs. 3 Satz 2 BGB vgl. *AK-Münder*, § 1671 Rz. 29
49 *R.Lempp/V. v. Braunbehrens/E. Eichner/D. Röcker*, Die Anhörung des Kindes gemäß § 50 b
    FGG (Rechtstatsachenforschung, hrsg. vom Bundesministerium der Justiz), Köln 1987;
    OLG Rostock, DAVorm 1995, 1150 ff.; OLG Karlsruhe, FamRZ 1994, 915 (Beobachtung
    des Kindes durch Einwegscheibe ist keine persönliche Anhörung); OLG Karlsruhe,
    Beschluß vom 9.9.1994 (5 F 71/94-S0): soziometrischer Test nach Moreno; *F. Merdian*,
    Soziale Arbeit 1994, 413 (pädagogisch-psychologische Sicht). Zur Anhörung des Kindes
    bei Verdacht sexuellen Mißbrauchs durch den Vater: AG Düsseldorf, DAVorm 1995, 1008
    (auch zu §§ 52 Abs. 1 Nr. 3, 252 StPO, der auch für das Zivilverfahren gilt).

- das Gebot der Rücksichtnahme auf Eignung und Neigung des Kindes in Angelegenheiten der Ausbildung und des Berufes, in denen der Rat Dritter eingeholt werden soll (§ 1631 a BGB) und das Vormundschaftsgericht unter den Voraussetzungen von § 1631 a Abs. 2 BGB tätig wird;
- das Erfordernis vormundschaftsgerichtlicher Genehmigung einer mit Freiheitsentziehung verbundenen Unterbringung des Kindes (§ 1631 b BGB)[50];
- das Verbot der Sterilisation Minderjähriger (§ 1631 c BGB);
- die Grenzen der Vertretungsbefugnis gemäß §§ 1629, 1795, 181 BGB[51];
- die Wahrnehmung der in § 1706 BGB genannten Aufgaben (insbesondere Vaterschaftsfeststellung und Durchsetzung von Unterhaltsansprüchen) durch das Jugendamt als Pfleger anstelle der (in den alten Bundesländern lebenden) Mutter des *nichtehelichen* Kindes[52].

Die elterliche Sorge kann aus rechtlichen oder tatsächlichen Gründen *ruhen* (§§ 1673 - 1675 BGB). So hat die minderjährige Mutter eines nichtehelichen Kindes lediglich die tatsächliche Personensorge neben dem Vormund des Kindes. Insoweit geht allerdings ihre Meinung der Meinung des Vormundes vor (§ 1673 Abs. 2 Satz 3 BGB).[53]

Im Fall der Scheidung muß das Familiengericht immer – im Fall des Getrenntlebens der Eltern muß es unter den Voraussetzungen des §1672 BGB – darüber entscheiden, welchem Elternteil die Sorge für ein gemeinschaftliches minderjähriges Kind zu übertragen ist (§ 1671 BGB)[54].

Die Notwendigkeit einer solchen Entscheidung – nach Anhörung des Jugendamtes (§ 49 a Abs. 1 Nr. 2 FGG) – leuchtet ein, wenn sich die Eltern um das Kind streiten. Wo sie aber weiterhin gemeinsam die Verantwortung für ihr Kind tragen wollen und können, erscheint ein aufwendiges behördliches und justizielles Verfahren (beachte aber § 1671 Abs. 3 S. 1 BGB und § 630 Abs. 1 ZPO) und eine einseitige richterliche Zuordnung des Sorgerechts verfehlt[55]. Immerhin hat das Bundesverfassungsgericht im Jahre 1982 entschieden, daß entgegen dem Wortlaut des § 1671 Abs. 4 S. 1 BGB in geeigneten Fällen ein *gemeinsames Sorgerecht* beider geschiedener Ehegatten in Betracht kommt[56]. Einen entsprechenden übereinstimmenden Elternvorschlag sollte

50 Vgl. *H. P. Moritz*, ZfJ 1986, 440
51 Vgl. *Oberloskamp* 1984, a.a.O., S.15 ff.
52 Vgl. S. 113 ff. dieses Buches. Anders bei Müttern in den neuen Bundesländern; vgl. S. 114 dieses Buches und *LG Berlin* FamRZ 1991, 1097
53 Zum Ruhen der elterlichen Sorge bei nicht bekanntem Aufenthalt der Eltern eines unbegleiteten minderjährigen Flüchtlings *LG Frankfurt/Main*, in: DAVorm 1993, 26; vgl. auch LG Frankenthal (Pfalz), in: DAVorm 1993, 1237.
54 Vgl. S. 140 ff. dieses Buches
55 Vgl. dazu *Coester*, FuR 1991, 73 f. m.Nw. zum Streitstand; *Balloff*, ZfJ 1991, 388; *Jopt*, ZfJ 1990, 292 f.; *Schwenzer*, Gutachten zum 59. DJT 1992, A 75 ff.; nach KindRG ist eine Alleinübertragung aus Anlaß von Trennug und Scheidung nur noch auf Antrag hin vorgesehen (§ 1671 BGB-E; kritisch dazu *Jutta Bahr-Jendges*, in: Streit 1995, 151 ff. Vgl. auch N.N., DRiZ 1995, 491 und L. Salgo, in: FamRZ 1996, 449 ff.
56 *BVerfG* in NJW 1983, 101 ff. Zum gemeinsamen Sorgerecht, wenn zwischen Wohnorten der beiden geschiedenen Ehegatten eine große Entfernung besteht und das Kind den einen Elternteil nur während der Ferien besuchen kann: *OLG Celle*, FamRZ 1985, 527 m. Anm. Luthin; zur gemeinsamen Sorge in der Rechtspraxis: *J. Limbach*, a.a.O.

das Jugendamt in der Regel unterstützen, weil es für das Kind günstiger ist, wenn *beide* Eltern weiterhin Verantwortung für es tragen.

Die *gemeinsame elterliche Sorge* hat allerdings nur dann einen Sinn, wenn beide Eltern wirklich bereit und in der Lage sind, die Verantwortung für das Kind gemeinsam zu tragen und Erziehungsfragen miteinander zu besprechen. Als »Friedenslösung« verdient sie in diesem Fall unbedingt den Vorzug vor einer Sorgerechtsregelung mit »Sieger« und »Verlierer«. Gelegentlich werden Eltern schon während der Trennungszeit vor Scheidung bewiesen haben, daß ihnen die gemeinsame Sorge belassen bleiben kann; in manchem anderen Fall können sie durch eine qualifizierte Beratung gemäß § 17 Abs. 1 Nr. 3 SGB VIII hierzu befähigt werden. Vor dem Familiengericht sollte die Fähigkeit, sich in Angelegenheiten des Kindes zu verständigen, in dem übereinstimmenden Vorschlag der Eltern auf Fortführung gemeinsamer elterlicher Sorge nach Scheidung zum Ausdruck kommen. Andernfalls ist eine eindeutige Zuordnung des Kindes zu dem dafür besser geeigneten Elternteil nötig[57] (»klare Verhältnisse«). Sowohl in der psychologischen wie in der juristischen Literatur und Rechtsprechung ist weiterhin streitig, ob die gemeinsame elterliche Sorge nach Scheidung »Regelfall«[58] oder »Ausnahmefall«[59] sein soll. Das ist aber die falsche Fragestellung: nicht die Bewertung des Rechtsinstituts darf den Ausschlag geben, sondern die vorurteilsfreie Frage danach, ob gerade *diese* Eltern ihrem Kind mit der Fortführung ihrer Elternrolle die besseren Voraussetzungen bieten, Scheidungsleid zu überwinden. Es ist mehr diese Ausrichtung am Kindeswohl als die Respektierung des Elternrechts über die Scheidung hinaus, die es als gänzlich unangebracht erscheinen läßt, der gemeinsamen Sorge von vornherein mit Skepsis zu begegnen[60]. Mehr Aufgeschlossenheit in dieser Hinsicht könnte sich durchaus dahin auswirken, daß immer mehr Eltern, die ihre Partnerbeziehung auflösen, begreifen, wie wichtig es für ihre Kinder ist – und wie gut es für sie selbst sein kann –, daß die elterliche Verantwortung nicht mit Trennung und Scheidung aufgegeben wird. Diese Sorgerechtsvariante schädigt die Kinder, wenn sie anwendbar ist, am wenigsten: die Kinder behalten Vater und Mutter als Bezugspersonen; die Kinder brauchen sich nicht für oder gegen einen Elternteil zu entscheiden; dies hält Väter und Mütter davon ab,

---

57 Deshalb keine Anordnung gegen den Willen eines Elternteils (*OLG Bamberg*, FamRZ 1991, 590, und FamRZ 1995, 1509; *OLG Stuttgart*, FamRZ 1991, 1220; *OLG Karlsruhe*, DAVorm 1993, 950; *OLG Frankfurt*, FamRZ 1993, 1352. Anderer Ansicht: *AmtsG Groß-Gerau*, FamRZ 1993, 462 und DAVorm 1993, 952 f.; *AmtsG Mannheim*, FamRZ 1994, 923 f. (dagegen zu recht *Luthin*, a.a.O., 924); *AmtsG Stuttart*, DAVorm 1994, 800.

58 *Fthenakis* (zitiert vom AmtsG Amberg, in: FamRZ 1986, 1146 ff.); *U. Jopt*, FamRZ 1987, 875 (gemeinsame Sorge als »anzustrebender Regelfall«); *Ch. Ditzen*, FamRZ 1987, 239; *AmtsG Charlottenburg*, FamRZ 1983, 420. Ablehnend: *A. Heiliger*, FamRZ 1992, 1006

59 *AmtsG Amberg*, FamRZ 1983, 420; *Arntzen* (zitiert vom AmtsG Amberg, in: FamRZ 1986, 1146); zurückhaltend auch: *OLG Frankfurt*, FamRZ 1983, 758; *Luthin*, FamRZ 1984, 11.

60 Das ist aber bei vielen Gerichten der Fall, die offensichtlich die schweren Auseinandersetzungen und Spannungen in vielen Fällen verallgemeinern: vgl. *Finger*, DRiZ 1985, 91 (für Hessen); *Magnus/Dittrich*, FamRZ 1986, 416 (für Hamburg). Über ausländische Erfahrungen mit dem gemeinsamen elterlichen Sorgerecht und Sozialforschung dazu berichtet *K. F. Kaltenborn*, FamRZ 1983, 984 ff. Zum französischen Recht: *Schwab*, FamRZ 1987, 1004. Zu einer Reihe weiterer europäischer Länder und zur EMRK: *I. Fahrenhorst*, FamRZ 1988, 240 f. (»wachsende Anerkennung« eines gemeinsamen Sorgerechts anstelle eines »rigorosen Alles-oder-Nichts-Prinzips«)

ihre Kinder als Faustpfand und Kampfmittel zu mißbrauchen[61]. Zu einer (ideologischen) Überhöhung des gemeinsamen Sorgerechts besteht – wie auch Erfahrungen in den USA zeigen (Furstenberg/Cherlin a.a.O.) – gleichwohl kein Anlaß.

Sind die Eltern außerstande[62] oder nicht berechtigt, die elterliche Sorge insgesamt oder in bestimmten Angelegenheiten auszuüben, so erhält das Kind einen Vormund oder Pfleger (vgl. § 1773, 1909 BGB; anläßlich Scheidung bzw. Getrenntlebens: §§ 1671 Abs. 5, 1672 S. 1 BGB). Dazu kann das Vormundschaftsgericht auch einen Verein[63] oder das Jugendamt bestellen (§§ 1791 b, 1915 BGB).

Eltern, denen die Personensorge nicht zusteht, verbleibt im Regelfall die Befugnis zum persönlichen *Umgang* mit ihrem Kind (§ 1634 Abs. 1 Satz 1 BGB; Einschränkung oder Ausschluß: § 1634 Abs. 2 Satz 2 BGB)[64]. Dies gilt allerdings nicht für den Vater eines nichtehelichen Kindes (§ 1711 Abs. 1 und 2 BGB)[65].

Die elterliche Sorge kann zum Teil oder auch insgesamt unter den Voraussetzungen der §§ 1666 - 1667 BGB durch das Vormundschaftsgericht nach Anhörung des Jugendamtes *entzogen* werden[66]. Der Anstoß dazu kann vom Minderjährigen selbst ausgehen[67], da das Gericht in Fällen der Kindeswohlgefährdung von Amts wegen entscheidet. Bei dringendem Bedürfnis für ein unverzügliches Einschreiten können vor-

---

61 Zum gemeinsamen Sorgerecht vgl. auch *Coester*, FuR 1991, 70; *Michalski*, FamRZ 1992, 128; *Rauscher*, NJW 1991, 1089; *Röchling*, ZfJ 1992, 417, 516, 557; *Oelkers/Kasten*, FamRZ 1993, 18; *Ollmann*, FamRZ 1993, 869; *Oelkers/Kasten*, FamRZ 1994, 1080; *N. Schmidt*, UJ 1995, 437; *Salgo*, FamRZ 1996, 449. Vgl. auch Seite 141 dieses Buches sowie *Schleicher*, in: *Fieseler/Schleicher*, § 17 SGB VIII. Zum gemeinsamen Sorgerecht und Streit über den Kindesunterhalt: *Maurer*, FamRZ 1993, 263 m.w.Nw. Zur gemeinsamen Sorge im Lichte der EMRK und des UN-Zivilpaktes: *Koeppel*, DAVorm 1993, 601.
62 Zum Ausfall *eines* Elternteils vgl. §§ 1678, 1680, 1681 BGB
63 Vgl. § 1791 a BGB; §§ 53, 54 SGB VIII
64 Vgl. S. 143 ff. dieses Buches und *OLG Hamm*, FamRZ 1993, 1233
65 Vgl. S. 146 dieses Buches
66 Vgl. S. 137 ff. dieses Buches; zum Entzug des Aufenthaltsbestimmungsrechtes und dessen Übertragung auf das Jugendamt als Pfleger, damit dieses – statt der Eltern – Hilfen nach dem SGB VIII geltend machen kann: *BayObLG*, FamRZ 1995, 1437. Keine Entziehung des Aufenthaltsbestimmungsrechts, wenn eine 16jährige Jugendliche sich nachhaltig weigert Erziehungshilfe in Anspruch zu nehmen, und das Jugendamt deshalb keine Möglichkeit sieht, durch eine auswärtige Unterbringung eine positive Persönlichkeitsentwicklung zu fördern (*BayObLG*, FamRZ 1995, 948 ff.).
67 Beispielsfall (*KG* in NJW 1985, 68): ein 17jähriges Mädchen, das zunächst in der Türkei aufgewachsen war und seit fünf Jahren im Haushalt ihrer Eltern, gläubiger Muslims, in Berlin wohnte, wendet sich mit der Bitte um Hilfe an das Jugendamt und Vormundschaftsgericht, weil sie befürchtet, von ihren Eltern in die Türkei zurückgebracht und dort gegen ihren Willen verheiratet zu werden. Die Eltern hatten einen Fernsehverbot, Hosen zu tragen, und versucht, sie vom Schulbesuch abzuhalten. Der Bruder empfahl der 17jährigen in Gegenwart von Mitarbeitern des Jugendamtes, Selbstmord zu begehen, und drohte ihr unter Hinweis auf einen abgelegten Schwur an, sie zu töten, wenn sie nicht in den elterlichen Haushalt zurückkehre. Die 17jährige, die bereits einen Suizid-Versuch unternommen hatte, erklärte auch vor Gericht, sie werde sich eher das Leben nehmen als sich gewaltsam in den elterlichen Haushalt rückführen zu lassen. Das Kammergericht hat in dritter Instanz – auf die Beschwerde der 17jährigen hin (vgl. § 59 Abs. 1 FGG) – entgegen den anderslautenden Entscheidungen von Amts- und Landgericht den Eltern das Aufenthaltsbestimmungsrecht entzogen, weil mildere Mittel, insbesondere Auflagen an die Beteiligten oder öffentliche Hilfen, angesichts der Eigenart der Konfliktsituation nicht zur Abwendung der Gefährdung der 17jährigen geeignet seien.

mundschaftsgerichtliche Maßnahmen auch als vorläufige Anordnungen ergehen[68], was gerade auch beim glaubhaft gemachten Verdacht sexuellen Mißbrauchs öfters geschieht[69] Eingriffe in die elterliche Sorge lassen sich nicht immer vermeiden. Auch das in diesem Buch vorangestellte Praxisbeispiel scheint wegen der Gefährdung Barbaras durch ihren Vater ein sofortiges Eingreifen von Jugendamt und Gericht zu erfordern. Doch sollten auch Kindesmißhandlungen und andere grobe Verletzungen elterlicher Pflichten nicht so sehr – jedenfalls nicht *nur* – Anlaß für weitreichende Sanktionen als vielmehr für eine »Beschäftigung mit der psychosozialen Familiensituation und dem Sozialisationsfeld Minderjähriger sein, um sinnvolle Hilfe gewähren zu können«[70]. Auf frühzeitige Hilfe, Beratung und Unterstützung, die Kindesgefährdungen vorbeugen und möglichst einvernehmliche Konfliktlösungen herbeiführen, setzte z.b. bereits der Alternativ-Entwurf eines Gesetzes zur Neuregelung des Rechts der elterlichen Sorge, den die Familienrechtskommission des Juristinnenbundes veröffentlicht hat[71].

Ausreichende geeignete Hilfsangebote und soziale Leistungen haben jedenfalls auch nach dem Gesetz (§ 1666 a BGB) Vorrang vor Eingriffen in das Elternrecht. Das sog. *Wächteramt* des Staates (vgl. Art. 6 Abs. 2 Satz 2 GG) erlangt damit eine neue Dimension. Dem bemüht sich nun auch das Kinder- und Jugendhilfegesetz Rechnung zu tragen.

Insgesamt ist das heutige Recht der elterlichen Sorge – auch nach der Neuregelung von 1980 – ein nicht voll geglückter Versuch des Gesetzgebers, die sich aus der Verfassung (Art. 1, 2, 6 GG) ergebenen Aufgaben zu lösen:
– einen angemessenen Ausgleich zu schaffen zwischen dem Grundrecht der Eltern auf Erziehung ihrer Kinder und deren Grundrecht auf Entfaltungsfreiheit,
– die Grenzen zwischen Elternrecht und staatlichem Wächteramt eindeutiger zu bestimmen[72].

3.4 Reform des Kindschaftsrechts

Das Bundesministerium der Justiz hat einen Referentenentwurf für eine grundlegende Reform des Kindschaftsrechtes (Kindschaftsreformgesetz – KindRG) – Stand: 24. Juli 1995 – erstellt[73], der folgende Ziele verfolgt:
– Die Rechte der Kinder sollen verbessert und das Kindeswohl soll auf bestmögliche Art und Weise gefördert werden.

Zu § 1666 BGB vgl. auch *OLG Stuttgart*, NJW 1985, 67 (keine Gefährdung des Kindeswohls durch Aufenthalt in einer alternativen Wohngemeinschaft); *Coester*, DAVorm 1990, 847 (türkische Familien)

68 *BayObLG*, FamRZ 1995, 949
69 *BayObLG*, NJW 1992, 1971; bedenklicherweise verneint bei ausschließlich eigenen Angaben des Kindes: *OLG Düsseldorf*, NJW 1995, 1970. Weitere Anwendungsbeispiele bei *Palandt-Diederichsen*, § 1666 Rn. 24
70 *AK-Münder*, § 1631 Rz. 5
71 Band 8 der von *Rehbinder/Rebe* herausgegebenen Reihe Industrie-Gesellschaft und Recht, Bielefeld 1977
72 Zur Kritik an der Neuregelung von 1980, die hinter anfänglichen Reformvorstellungen weit zurückblieb, vgl. *Fieseler*, ZfF 1979, 193 ff., und *AK-Münder*, vor §§ 1626 ff., Rz. 8 f. Zur Kritik an der (ideologischen) Überhöhung des Elternrechts durch das neue Kinder- und Jugendhilfegesetz: *Fieseler*, KJHG, § 1
73 Vgl. dazu *Stephan Articus*, in: Jugendhilfe 1996, 12 ff.; *Ute Walter*, FamRZ 1995, 1538 ff.; *Klaus Wichmann*, NDV 1996, 41 ff.; *Ingrid Baer*, ZfJ 1996, 123 ff.; *AGJ*, ZfJ 1996, 94 ff.

- Auch Rechtspositionen der Eltern sollen – soweit dies mit dem Kindeswohl vereinbar ist – gestärkt und vor unnötigen staatlichen Eingriffen geschützt werden.

- Rechtliche Unterschiede zwischen ehelichen und nichtehelichen Kindern, die in Teilbereichen noch bestehen, sollen soweit wie möglich abgebaut werden.

- Das geltende Recht soll – etwa durch Vermeidungen unnötiger Überschneidungen und Doppelregelungen – einfacher und überschaubarer werden.

Die Vorschläge des Entwurfs, der mit Veränderungen bereits im Bundeskabinett verabschiedet worden ist, betreffen im wesentlichen das Abstammungsrecht mit der

- Aufgabe der Unterscheidung von »Ehelichkeit« und »Nichtehelichkeit« eines Kindes, so daß es zukünftig auch keine »Legitimation«[74] mehr geben wird,

- Einschränkung der »teilweisen lebensfremden Vaterschaftszurechnungen«[75] u.a., das Sorge- und Umgangsrecht, den Unterhalt der mit dem Vater des Kindes nicht verheirateten Mutter, das Namensrecht, das Adoptionsrecht und das Recht des gerichtlichen Verfahrens (»Das große Familienrecht kommt«)[76].

Einzelheiten dazu sind in diesem Buch im jeweiligen Zusammenhang nachzulesen. In den Anhang ist eine zusammenfassende Darstellung des Bundesministeriums der Justiz aufgenommen.[77]

3.5 Hilfen zur Erziehung[78]

Wie schon bei der Darstellung des Rechtes der elterlichen Sorge hervorgehoben wurde, sind Eingriffe in dieses Recht – durch das Vormundschaftsgericht und unter Beachtung des Grundsatzes der Verhältnismäßigkeit – nur dann zulässig, wenn sie erforderlich sind, eine Gefährdung des Kindeswohls abzuwenden. Vorrang gegenüber Eingriffen in das Elternrecht haben Leistungsangebote (vgl. § 1666 a BGB) wie die Hilfen zur Erziehung, die das Kinder- und Jugendhilfegesetz in den §§ 27 ff. SGB VIII zum erstenmal detailliert regelt.

Sämtliche Hilfen zur Erziehung sind nun auf der örtlichen Ebene angesiedelt: sie sind Aufgaben der Jugendämter der Kreise und der kreisfreien Städte, die dafür – wie für die Erfüllung aller anderen gesetzlichen Aufgaben – die Gesamtverantwortung gemäß § 79 Abs. 1 SGB VIII und eine Gewährleistungsverpflichtung gemäß § 79 Abs. 2 SGB VIII haben und die Jugendämter fachlich ausreichend ausstatten müssen.

Das setzt eine finanzielle Leistungsfähigkeit *aller* örtlichen Träger der Jugendhilfe voraus, die längst nicht gesichert ist, sondern einen dem Zuwachs und der Bedeutung der Aufgaben entsprechenden Finanzausgleich zugunsten der Kreise und kreisfreien Städte erfordert.

74 Vgl. Seite 150 dieses Buches
75 N.N., DRiZ 1995, 490
76 N.N., DRiZ 1995, 491
77 Siehe Anhang VI (S. 296 ff. in diesem Buch); vgl. auch BR-Drucks. 180/96.
78 Zum »Aufbau« von Hilfen zur Erziehung an ausgewählten Standorten der neuen Bundesländer vgl. den Projektbericht der Planungsgruppe Petra, a.a.O. Über Ergebnisse einer Umfrage des AFET-Fachausschusses »Praxis erzieherischer Hilfen« berichtet *Marion Dedekind*, in: AFET-MR 3/1995, 19 ff. Zur psychosozialen Dioagnostik bei Hilfen zur Erziehung: *Viola Harnach-Beck*, ZfJ 1995, 484 ff. – Weitere Literatur Fußnote 90

Hilfen zur Erziehung nach dem SGB VIII

Entscheidungsgrundlagen:	Adressatenorientierung:	Hilfeplan/Grundsätze:

§ 27   Hilfe zur Erziehung
§ 35 a Eingliederungshilfe

– Anspruchsberechtigt: Personensorgeberechtigter
  dem Wohl des Kindes oder Jugendlichen entsprechende Erziehung ist nicht gewährleistet
– geeignete und notwendige Hilfen »insbesondere
  nach Maßgabe der §§ 28 - 35«
  § 28 Erziehungsberatung
  § 29 Soziale Gruppenarbeit
  § 30 Erziehungsbeistand, Betreuungshelfer
  § 31 Sozialpädagogische Familienhilfe
  § 32 Erziehung in einer Tagesgruppe
  § 33 Vollzeitpflege
  § 34 Heimerziehung, sonstige betreute Wohnform
  § 35 Intensive sozialpäd. Einzelbetreuung
  § 35a Eingliederungshilfe für seelisch behinderte
  Kinder und Jugendliche
  § 39 Leistungen zum Unterhalt
  § 40 Krankenhilfe
  pädagogisch-therapeutische Leistungen
  (§ 27 Abs. 3)
  Ausbildungs- und Beschäftigungsmaßnahmen
  (§ 27 Abs. 3 i.V.m. § 13 Abs. 2)

---

§ 1   Ziele der Jugendhilfe,
Elternverantwortung

§ 5   Wunsch- und Wahlrecht
(der Wahl und den Wünschen ist zu
entsprechen, sofern sie nicht mit
unverhältnismäßigen Mehrkosten
verbunden sind, § 36 Abs. 1)

§ 8   Beteiligung von Kindern und
Jugendlichen

§ 9   Grundrichtung der Erziehung/
Gleichberechtigung von Mädchen und
Jungen

§ 36 Abs. 1   Mitwirkung

– Beratung des Personensorgeberechtigten, des Kindes oder des Jugendlichen
– Beteiligung bei Auswahl der Einrichtung/Pflege-
  stelle

---

§ 36 Abs. 2   Hilfeplan

– Zusammenwirken mehrerer Fachkräfte bei Entscheidungen über Hilfeart, wenn Hilfe voraussichtlich für längere Zeit zu leisten ist
– Hilfeplan aufstellen zusammen mit dem Personensorgeberechtigten und dem Kind/Jugendlichen
– Beteiligung der hilfeleistenden Personen, Dienste
  oder Einrichtungen an der Aufstellung und Überprüfung des Hilfeplans
– regelmäßige Entscheidungsüberprüfung

§ 37   Zusammenarbeit bei Hilfen außer-
halb der eigenen Familie

– Zusammenarbeit der Eltern und Pflege-/Erzie-
  hungspersonen
– Beratung und Unterstützung der Herkunftsfamilie
  (Rückkehroption)
– Prüfung, ob Annahme als Kind möglich
  (§ 36 Abs. 1)
– Entscheidung über Unterbringung auf Zeit oder
  Dauer
– Berücksichtigung der Entwicklungsbedingungen
  des Kindes oder Jugendlichen (einschließlich des
  Zeitfaktors)
– Erarbeitung einer auf Dauer angelegten Lebensper-
  spektive, wenn Rückkehr in Herkunftsfamilie nicht
  möglich

Das Bundesverwaltungsgericht[79] hatte – mit Urteil vom 26. Oktober 1989 (wiederholt) – einen gegen den zuständigen Jugendhilfeträger gerichteten Rechtsanspruch auf die bedarfsgerechte Hilfe zur Erziehung nach dem Jugendwohlfahrtsrecht bejaht, der als solcher nicht an finanzielle Maßgaben gebunden sei und der *dem Minderjährigen* zustehe.

Demgegenüber kann es aus der Sicht junger Menschen nur als höchst bedauerlicher Rückschritt angesehen werden, daß – wiederum in Überhöhung der Elternrechtsposition – das KJHG nicht die Kinder und Jugendlichen, sondern deren Personensorgeberechtigten als »Adressaten« des Anspruchs ansieht[80].

Anspruchsvoraussetzung jeder Hilfe zur Erziehung ist, daß
– eine dem Wohl des Kindes oder Jugendlichen entsprechende Erziehung nicht gewährleistet[81] ist
und daß
– Hilfe zur Erziehung für seine Entwicklung geeignet und notwendig ist.

Geeignet ist eine Hilfe zur Erziehung, wenn sie die Prognose rechtfertigt, den festgestellten erzieherischen Bedarf zu decken. *Notwendig* ist die Hilfe zur Erziehung, wenn andere Leistungen des Gesetzes – wie Jugendarbeit, Angebote der Förderung in der Familie und zur Förderung in Tageseinrichtungen und Tagespflege – nicht ausreichen, den erzieherischen Bedarf zu decken, bzw. wenn und solange (entgegen § 79 Abs. 2 SGB VIII) solche Leistungen nicht ausreichend bereitgehalten werden.

§ 27 Abs. 2 SGB VIII verweist auf den »offenen Katalog« der Hilfen zur Erziehung nach §§ 28 - 35: das Wort »insbesondere« läßt Raum sowohl für die Neu- und Weiterentwicklung von Hilfen in der Praxis wie auch für die Zuordnung von andernorts im Kinder- und Jugendhilfegesetz geregelten Leistungen zu den Hilfen zur Erziehung[82]. Alle Hilfen zur Erziehung müssen auf den Einzelfall zugeschnitten sein (Individualisierungsgrundsatz). Dabei soll »das engere soziale Umfeld des Kindes oder Jugendlichen einbezogen werden«, wie es in § 27 Abs. 2 Satz 2 SGB VIII heißt. Damit ist nicht nur die eigene Familie gemeint: auch Freunde, Nachbarn, Schule, Arbeitsplatz, Jugendzentrum und darüber hinaus die Wohnsiedlung, der Stadtteil können dies angesichts der »Milieuorientierung« und Regionalisierung von Angeboten der Jugendhilfe sein[83].

Der Anspruch auf Hilfe zur Erziehung soll allerdings nur ein »Anspruch dem Grunde nach« sein: zwar ist das Jugendamt *verpflichtet*, Hilfe zur Erziehung zu gewährleisten, und so das Wohl des Kindes oder Jugendlichen zu fördern, wenn die Voraussetzungen des § 27 Abs. 1 SGB VIII zu bejahen sind (»*Ob* der Leistung«), *wie* aber zu leisten ist, das heißt welche Art und welcher Umfang in Betracht kommt, darüber entscheide das Jugendamt nach pflichtgemäßem, fachlich begründetem Ermessen[84].

79 *BVerwG*, NJW 1990, 1309
80 Vgl. die Begründung des RegE. (BT-Drs. 11/5948, 68). Vgl. auch den Fall Rosa Raupe: *VerwG Frankfurt*, ZfJ 1991, 604 und 606 m. Anm. Nix
81 Der Gesetzgeber meinte – mit wenig überzeugender Begründung (vgl. BT-Drs. 11/5948, 68) – ohne diese Negativfeststellung nicht auszukommen.
82 Vgl. Fall Rosa Raupe, a.a.O. (Fn. 65): wo eine Tagesbetreuung nach §§ 22, 23 SGB VIII nicht angeboten wird, kann nach § 27 SGB VIII darauf ein Anspruch bestehen.
83 Vgl. *Häbel*, in: *Fieseler/Schleicher*, §27 Rn. 26 mit Hinweis auf den Achten Jugendbericht und dem von ihr geforderten »Konzept von Zuweisungskriterien«.
84 So auch *Häbel*, a.a.O., Rn. 51; weitere Nw. bei *Ollmann*, ZfJ 1995, 48.

Daran ist richtig, daß – entsprechend dem Individualisierungsgrundsatz – die Auswahl der einzelnen Hilfeart sich an pädagogischen Gesichtspunkten orientiert und sich Art und Umfang nach dem erzieherischen Bedarf im Einzelfall richtet (§ 27 Abs. 2 Satz 2 SGB VIII). Da die Frage nach dem erzieherischen Bedarf aber schon bei der Prüfung der Anspruchsvoraussetzung bejaht worden sein muß, also feststeht, *daß* erzieherische Hilfe zu leisten ist, bleibt bei der Entscheidung über das »Wie« und das »Wieviel« kaum noch ein Ermessensspielraum: wo die »richtige Hilfe« prognostizierbar ist, schrumpft das Ermessen auf Null[85]. Finanzielle Gesichtspunkte sind dann – so wie es das Bundesverwaltungsgericht bereits zur Zeit der Geltung des Jugendwohlfahrtsgesetzes entschied – auf keinen Fall für Auswahl von Art und Umfang maßgebend. Rechtswidrig ist es daher, kostspielige Hilfen wie die intensive sozialpädagogische Einzelbetreuung trotz entsprechenden Bedarfs aus Kostengründen nicht zu gewähren. Auch verbietet sich jegliche »Kontingentierung«, sofern damit in (weiteren) Einzelfällen eine Leistungsgewährung ausgeschlossen wäre.

Mit der juristischen Betonung eines Anspruches, der mehr als ein Anspruch dem Grunde nach ist und der deshalb auch *eingeklagt* werden kann, wird nun freilich nicht verkannt, daß praktisch gesehen die Ermittlung des erzieherischen Bedarfs[86] und die Bestimmung der diesem Bedarf entsprechenden Hilfe nach Art und Umfang nicht immer einfach ist; zum einen setzt schon die Feststellung der Anspruchsvoraussetzungen »ein selbstreflexives Denken und Handeln« voraus, das einer »einseitig subjektiven und mittelschichtorientierten Auslegung« des unbestimmten Rechtsbegriffs Kindeswohl begegnet[87], zum anderen ist (hierfür und) für die Konkretisierung sowohl Fachverstand, also sozialpädagogische Kompetenz der Mitarbeiter/-innen des Jugendamtes, wie auch die Mitwirkung der Betroffenen bei der Feststellung des Bedarfes und bei der Durchführung der erzieherischen Hilfe (dies auch der anzustrebenden Akzeptanz der Hilfe wegen) nötig. Beides zusammen gewährleistet, wenn überhaupt, die Qualität des Entscheidungsprozesses, und für die – schon im Hinblick auf Art. 19 Abs. 4 GG gebotene – verwaltungsgerichtliche Überprüfung wird durch »Offenlegung der Basis der Entscheidungsfindung«[88] die »Nachvollzugskontrolle« möglich; beides entspricht einem modernen Verständnis sozialer Arbeit und beidem trägt das Kinder- und Jugendhilfegesetz in den §§ 36 - 38 SGB VIII für die Erziehungshilfen Rechnung:

– die Personensorgeberechtigten und das Kind oder der Jugendliche sind vor *ihrer* Entscheidung über die Inanspruchnahme einer Hilfe zur Erziehung und vor einer Änderung von Art und Umfang der Hilfe zu beraten und auf die möglichen Folgen

85 Ebenso – allerdings nur für den von ihm sogenannten »Interventionsfall«, wenn anders das Kindeswohl gefährdet wäre, d`Heur, a.a.O., S. 47. Wie hier *Gerlach*, in: AFET-MR, Nr. 3/1995, 21; *Fieseler*, ZfJ 1995, 194 ff. Vgl. auch *Gintzel*, Forum Erziehungshilfen 1995, 196 (zu Rechtsanspruch und kommunaler Finanznot).

86 Einschließlich der Vorfrage, ob überhaupt ein *erzieherischer* Bedarf besteht, oder ob nicht vielmehr andere Leistungen – etwa solche offener Jugendarbeit – interessengerechter wären. Zur Feststellung des erzieherischen Bedarfs und zur Auswahl der richtigen Hilfe vgl. auch *Maas*, ZfJ 1995, 388 ff. (m.w.Nw.) und *Ollmann*, ZfJ 1995, 48 ff. Wunsch und Wahl der Leistungsberechtigten spielen bei der Bestimmung der richtigen Hilfe eine überaus bedeutende Rolle. Vgl. dazu *Münder*, NDV 1995, 275 ff. (Anmerkungen zu OVG Hamburg, NDV 1995, 300 ff.); *Maas*, ZfJ 1996, 113 ff..

87 *Häbel*, in: *Fieseler/Schleicher*, § 27

88 *Ollmann*, ZfJ 1995, 45 unter ausführlichem Bezug auf neuere Rechtsprechung des BVerfG

für die Entwicklung des Kindes oder Jugendlichen hinzuweisen (§ 36 Abs. 1 Satz 1 SGB VIII);

– die Entscheidung über die im Einzelfall angezeigte Hilfeart soll im Fall voraussichtlich »für längere Zeit« zu leistender Hilfe im Zusammenwirken mehrerer Fachkräfte getroffen werden (§ 36 Abs. 2 Satz 2 SGB VIII);

– als Grundlage für die Ausgestaltung (für längere Zeit) zu leistender Hilfe sollen die Fachkräfte zusammen mit dem Personensorgeberechtigten und dem Kind oder Jugendlichen einen Hilfeplan aufstellen (§ 36 Abs. 2 Satz 2 SGB VIII; dazu sogleich Näheres);

– bei Hilfen zur Erziehung außerhalb der eigenen Familie sind die Personensorgeberechtigten, das Kind oder der Jugendliche bei der Auswahl der Einrichtung oder Pflegefamilie zu beteiligen (§ 36 Abs. 1 Satz 3);

– bei den mit Fremdunterbringung verbundenen Hilfen der §§ 33, 34 SGB VIII – also Vollzeitpflege bzw. Erziehung im Heim oder in sonstiger betreuter Wohnform – soll auf die Zusammenarbeit der Pflegepersonen und des Erziehungspersonals mit den Eltern hingewirkt werden (§ 37 Abs. 1 Satz 1 SGB VIII);

– während der mit Fremdunterbringung verbundenen Durchführung der Erziehungshilfe sollen die Herkunftsfamilien beraten und unterstützt werden(§ 37 Abs. 1 Satz 2 und 3 SGB VIII); die Pflegeperson hat einen entsprechenden Anspruch bereits vor der Aufnahme des Kindes oder Jugendlichen und während der Dauer der Pflege (§ 37 Abs. 2 SGB VIII);

– Pflegepersonen und Erziehungspersonal vertreten die Personensorgeberechtigten in der Ausübung der elterlichen Sorge in den in § 38 Abs. 1 Nr. 1 bis 5 SGB VIII aufgelisteten Angelegenheiten[89].

Der gemäß § 36 Abs. 2 Satz 2 SGB VIII aufzustellende und regelmäßig zu überprüfende *Hilfeplan* wird im einzelnen enthalten[90]:

– die am Hilfeplan Beteiligten;

– die Feststellung des Hilfebedarfs: was die Leistungsberechtigten brauchen – ihre jeweilige Sicht;

– Wünsche der Leistungsberechtigten hinsichtlich Art, Ausgestaltung, Umfang und Träger der Hilfe;

– Feststellung der auf den Bedarf zugeschnittenen, geeigneten und notwendigen Hilfeart;

– (kurz-, mittel- und langfristige) Ziele der Hilfe und Erwartungen der Beteiligten;

– zeitliche Planung der Hilfe: Beginn, voraussichtliche Dauer, regelmäßige Überprüfung, Kriterien der Beendigung der Hilfe;

– Aufgabenverteilung und Zusammenarbeit der Beteiligten;

---

89 Vgl. Seite 198 dieses Buches
90 Vgl. auch Anhang S. 266 ff. und *Janssen/Knipper/Lengemann/Rheinhard*, a.a.O.; Institut für Soziale Arbeit e.V. (Hrsg.), Soziale Praxis H. 15: Hilfeplanung und Betroffenenbeteiligung, Münster 1994; *V. Harnach-Beck*, a.a.O. (1995); Empfehlungen des Deutschen Vereins für öffentliche und private Fürsorge, NDV 1995, 321 (dazu *Wagner/Hoppe*, NDV 1995, 455); *Sabine Hebenstreit-Müller*, JH 1995, 233 (zur Bremer Dienstanweisung zu § 36); *Merchel/Schrapper*, NDV 1995, 151; *Kunkel*, NDV 1995, 456 (Autonomie freier Träger). Aus der Sicht eines Jugendamtsleiters: *F. Kaufmann*, ZfJ 1996, 1 ff. Zur Beteiligung der Personensorgeberechtigten sowie der Kinder und Jugendlichen bei Heimunterbringung und Vollzeitpflege: *Astrid Fricke*, ZfJ 1992, 509. Zum Hilfeplan auch: *Baldewein*, EREV 3/1992, 16; *Frings*, ZfJ 1994, 97; *Späth*, in: Sozialpädagogik 1994, 53; *Stephan*, ZfJ 1993, 97.

– (ggf.) besondere sozialpädagogische, schulische oder therapeutische Leistungen
und deren zeitliche Perspektive;
– Belehrung über die Folgen eines eventuellen Scheiterns bzw. einer Nichteinhal-
tung des Hilfeplanes;
– Unterschrift aller Beteiligten.

Bei Fremdunterbringungen[91] kommen *hinzu*:
– Beteiligung der Personensorgeberechtigten und des Kindes oder Jugendlichen bei
der Auswahl der Einrichtung der Pflegestelle oder Einrichtung;
– Abklärung, ob und unter welchen Bedingungen eine Rückkehr in die Herkunfts-
familie möglich ist;
– Angebote zur Verbesserung der Erziehungsbedingungen in der Herkunftsfamilie;
– Zusammenarbeit mit den Beteiligten bei der Erarbeitung einer auf Dauer angeleg-
ten Lebensperspektive (unter den Voraussetzungen von § 36 Abs. 1 Satz 4 SGB
VIII);
– Kontakte des Kindes mit seinen Eltern und anderen bisherigen Bezugspersonen,
Freunden usw. – Besuche, Heimfahrten;
– Prüfung, ob eine Adoption in Betracht kommt (§ 36 Abs. 1 Satz 2 SGB VIII: bei
langfristig zu leistender Hilfe außerhalb der eigenen Familie[92]);
– Beteiligung der bei der Durchführung der Hilfe tätigen Personen, Dienste oder
Einrichtungen sowie des Erziehungspersonals – deren Beratung und Unterstützung

3.6 Das Recht der Ehescheidung[93]

Während das Recht der elterlichen Sorge 1980 neu geregelt worden ist, wurde das
Scheidungsrecht bereits 1976 durch das Erste Gesetz zur Reform des Ehe- und Fami-
lienrechts (BGBl. 1976 I S.1421) grundlegend geändert. Hervorzuheben sind insbe-
sondere die Ersetzung des Verschuldensprinzips – mit Auswirkungen auch auf die
Regelung der elterlichen Sorge[94] – sowie die Einführung der *Familiengerichte* als
besondere Abteilungen der Amtsgerichte. Ihre Zuständigkeit ergibt sich aus § 23 b
GVG und betrifft u.a.
– Ehesachen (insbes. die Ehescheidung), § 23 b Abs. 1 Nr. 1 GVG (dazu § 606
ZPO),
– die Regelung der elterlichen Sorge[95] und des elterlichen Umgangs[96] bei *ehelichen*
Kindern, § 23 b Abs. 1 Nr. 2 und 3 GVG (während für nichteheliche Kinder die
Vormundschaftsgerichte, ebenfalls Abteilungen der Amtsgerichte, weiterhin
zuständig sind),
– die Kindesherausgabe an den anderen Elternteil[97], § 23 b Abs. 1 Nr. 4 GVG),

---

91 Vgl. *Salgo*, in: *Wiesner/Zarbock* 1991, 132 f.; AFET, Heft 48/1993
92 Hierbei ist ausschließlich das Kindeswohl maßgebend. Die Adoption muß wesentlich bes-
    sere Erziehungs- und Lebensbedingungen bieten als andere Hilfen; finanzielle Erwägungen
    (Entlastung der öffentlichen Hand) sind unzulässig (vgl. *AK-BGB / Fieseler*, vor §§ 1741 ff.
    Rz. 5, 6). Vgl. auch S. 206 ff. dieses Buches.
93 Vgl. dazu *Fricke/Wicke* (1995), 32 ff.: Fälle und Lösungen (zur ersten Befassung mit dem
    Gesetzestext vorzüglich geeignet). Zum »Einstieg« auch *Tschernitschek* (1995), 144 ff. –
    Zur Vertiefung: *Gernhuber/Coester-Waltjen* (1994), 273 ff.; *Beitzke/Lüderitz* (1992), 174 ff.
94 Vgl. *Fieseler*, Rechtsgrundlagen sozialer Arbeit, S.108 f.
95 Vgl. S. 140 ff. dieses Buches
96 Vgl. S. 143 ff. dieses Buches
97 Vgl. S. 135 ff. dieses Buches

– Streitigkeiten über die gesetzliche Unterhaltspflicht gegenüber *ehelichen* Kindern, § 23 b Abs. 1 Nr. 5 GVG[98].

Die Familiengerichte entscheiden über die Scheidung, deren Voraussetzungen in den §§ 1565 - 1568 BGB geregelt sind (Zerrüttung als einziger Scheidungsgrund, Zerrüttungsvermutungen nach einem bzw. drei Jahren Getrenntlebens, Härteklausel des § 1568 BGB: insbesondere dessen erste Alternative berücksichtigt die Interessen minderjähriger Kinder an der Aufrechterhaltung der Ehe[99]), sowie über die Scheidungsfolgen, nämlich

– Sorgerecht und – nicht zwingend (vgl. § 623 Abs. 3 Satz 2 ZPO) – Umgang,

– Nachscheidungsunterhalt (§§ 1569 - 1586 b BGB)[100],

– Versorgungsausgleich (§§ 1587 - 1587 p BGB),

– Ansprüche aus einem ehelichen Güterstand, insbesondere auf Zugewinnausgleich (§§ 1363 - 1390 BGB)[101],

– Rechtsverhältnisse an der Ehewohnung und am Hausrat (Hausratsverordnung, insbesondere § 2: Berücksichtigung des Kindeswohls durch den Familienrichter[102]).

Von diesem sog. *Verfahrens-* (§ 623 ZPO) *und Entscheidungsverbund* (§ 629 ZPO) gibt es zwar Ausnahmen eines Scheidungsurteils vor der Folgeentscheidung (§ 628 ZPO), sie betreffen aber eher den Güter- und Versorgungsausgleich bzw. Ehewohnung und Hausrat als die Regelung der elterlichen Sorge (hierzu vgl. § 628 Abs. 1 Ziff. 3 und Abs. 2 ZPO; ggf. ist eine entsprechende einstweilige Anordnung zwingend vorgeschrieben). Umgekehrt erfolgt eine Vorwegentscheidung über die elterliche Sorge, wenn das Familiengericht von einem übereinstimmenden Vorschlag der Ehegatten zur Regelung der elterlichen Sorge für ein gemeinschaftliches Kind abweichen will (§ 627 Abs. 1 ZPO), damit sich die Ehegatten darauf einstellen können, daß sich ihre Vorstellungen über die elterliche Sorge nicht verwirklichen lassen.

Aus der Sicht der gemeinschaftlichen, minderjährigen Kinder ist noch zu erwähnen, daß Eheleute, die bereits nach einem Jahr Getrenntleben einverständlich geschieden werden wollen, mit dem Scheidungsantrag einen übereinstimmenden Vorschlag zur Regelung der elterlichen Sorge und des Umgangs des Nichtsorgeberechtigten mit dem Kind abgeben und sich über die Regelung der gesetzlichen Unterhaltsansprüche gegenüber dem Kind sowie über Ehewohnung und Hausrat einigen müssen (§ 630 Abs. 1 Nr. 2, 3 ZPO). In *jedem* Fall muß die Antragsschrift Angaben darüber enthalten, *ob* gemeinschaftliche (d.h. auch adoptierte) Kinder vorhanden sind, und ob dem Gericht ein Vorschlag zur Sorgerechtsregelung unterbreitet wird (§ 622 Abs. 2 S. 1 ZPO).

---

98 Vgl. S. 117 ff. dieses Buches

99 *OLG Hamburg*, FamRZ 1986, 469 betrifft einen Härtefall bei ernsthafter Gefahr der Selbsttötung eines minderjährigen Kindes

100 Zum Nachscheidungsunterhalt bei gemeinsamer Sorge: KG, FamRZ 1994, 514

101 Vgl. *AK-BGB-Fieseler*: Kommentierung der §§ 1363 - 1390. § 1382 BGB nimmt hinsichtlich einer Stundung der Ausgleichsforderung seit 1986 ausdrücklich auf die Wohnverhältnisse oder sonstigen Lebensverhältnisse gemeinschaftlicher Kinder Rücksicht.

102 Dem sorgeberechtigten Elternteil ist meist die Wohnung und der für die Kinder erforderliche Hausrat zuzuweisen, um ihnen ihre Umwelt zu erhalten, und weil dem alleinstehenden Ehegatten nach den Verhältnissen des Wohnungsmarkts ein Umzug eher zuzumuten ist (*Palandt-Diederichsen*, Anm. 2 zu § 2 HausratsVO, Anh. II zum EheG).

Praktisch bedeutsam sind auch die auf Antrag ergehenden *einstweiligen Anordnungen* des Familiengerichts über die elterliche Sorge, den Umgang, die Kindesherausgabe, die Unterhaltspflicht gegenüber dem minderjährigen Kind u.a.m. (§ 620 Abs. 1 ZPO). Der Gesetzgeber legt also großen Wert auf wenigstens rechtlich klare Verhältnisse für die von der Scheidung ihrer Eltern betroffenen Kinder[103]. Zwar herrscht in Scheidungssachen *Anwaltszwang* (§ 78 Abs. 2 Satz 1 ZPO), doch braucht der Antragsgegner keinen Rechtsanwalt, wenn er keinen Sachantrag stellen will. Die notwendige Regelung der elterlichen Sorge kann dann für das Gericht Anlaß zur Beiordnung eines Rechtsanwalts sein (§ 625 Abs. 1 ZPO).

Die Ersetzung des Verschuldensprinzips durch das Zerrüttungsprinzip ist auch aus der Sicht der von Trennung und Scheidung ihrer Eltern betroffenen Kinder und Jugendlichen zu begrüßen. Ihre Situation wird wesentlich von den Lebensverhältnissen des Elternteils geprägt, mit dem sie zusammenleben. Deshalb ist die Sicherung des Unterhalts dieses Elternteils auch für die von ihm betreuten Kinder bedeutsam. Das Gesetz sieht – neben Alter (§ 1571 BGB), Krankheit oder Gebrechen (§ 1572 BGB), fehlender Erwerbstätigkeit (§ 1573), Aus- und Fortbildung, Umschulung (§ 1575) und sonstigen schwerwiegenden »Billigkeitsgründen« (1576 BGB)[104] – eine nacheheliche Unterhaltsberechtigung vor allem für *den* geschiedenen Ehegatten vor, von dem wegen der Pflege oder Erziehung eines gemeinschaftlichen Kindes eine Erwerbstätigkeit nicht erwartet werden kann (§ 1570 BGB)[105]. Dieser Anspruch ist wegen der damit verbundenen Kindesinteressen in mehrfacher Hinsicht privilegiert (§§ 1577 Abs. 4 S. 2, 1582 Abs. 1 S. 2 und 3, 1586 a Abs. 1 BGB), und die zum Teil fragwürdigen Unterhaltsversagungsgründe des § 1579 BGB – wie die eines offensichtlich schwerwiegenden, eindeutig beim Berechtigten liegenden Fehlverhaltens gegen den Verpflichteten (§ 1579 Ziff. 6 BGB) – müssen wenigstens dann zurücktreten, wenn es gilt, die Kindesbelange zu wahren[106].

103 Literatur zur tatsächlichen Betroffenheit minderjähriger Kinder durch Trennung und Scheidung ihrer Eltern: *Fthenakis/Niesel/Kunze* a.a.O., S. 93 - 186; *Arndt/Oberloskamp* a.a.O., S. 105 - 111 m.w.Nw. und statistischen Angaben bis einschließlich 1983; *K.-F. Kaltenborn* ZfJ 1988, 64; *R. Oberndorfer*, in: *A. Buskotte* (Hg.), Ehescheidung. Folgen für Kinder, Hamm 1991, S. 16 ff. Zur Loyalitätsproblematik aus familientherapeutischer Sicht: *E. Mackscheidt*, FamRZ 1993, 254 ff.
104 Anwendungsbeispiel: Betreuung eines Pflegekindes: vgl. *OLG Stuttgart*, FamRZ 1983 und *BGH*, NJW 1984, 1538, 2355; BGH NJW-RR 1995, 1089 (zum Trennungsunterhalt gemäß § 1361 BGB)
105 Wegen der Einzelheiten vgl. *Palandt/Diederichsen* § 1570 BGB Anm. 2 b
106 Vgl. dazu *Henrich*, FamRZ 1986, 401. Mit der Qualifizierung von »Eheverfehlungen« Untreue, Aufnahme einer Lebensgemeinschaft mit einem anderen Partner als einseitiges Fehlverhalten u.a.m. – *OLG Zweibrücken* FamRZ 1985, 186 hält sogar das »Ausbrechen aus einer *intakten* Ehe« für möglich und kürzt den Unterhalt – tritt das Verschuldensprinzip insbesondere zum Nachteil von (Haus-)Frauen und den von ihnen betreuten Kindern durch die Hintertür wieder ein. Vgl. demgegenüber die überzeugende Entscheidung *AmtsG Melsungen*, NJW 1984, 2370 und *AmtsG Stuttgart*, FamRZ 1989, 1305; Unterhalt für lesbische Mutter, die zwei minderjährige Kinder betreut: *AmtsG München*, in: Streit 1990, 36. Zur neueren Rechtsprechung vgl. *H. Oelkers*, FamRZ 1996, 257 ff.

3.7 Statistik: Gerichtliche Ehelösungen

Rechtskräftige Urteile auf Ehelösungen

Jahr	insgesamt[a]	Nichtigkeit der Ehe	Aufhebung der Ehe	zusammen absolut	je 10.000 Einwohner	je 10.000 bestehende Ehen[b]	§ 1565 (1) i.V.m. § 1565 (2)	§ 1565 (1)	§ 1565 (1) i.V.m. § 1566 (1)	§ 1565 (1) i.V.m. § 1566 (2)	aufgrund anderer Vorschriften	Abweisung der Klage
Früheres Bundesgebiet[c]												
1950	86.341	834	767	84.740	16,9	67,5	x	x	x	x	x	4.681
1960	49.325	192	255	48.878	8,8	35,7	x	x	x	x	x	2.903
1970	76.711	54	137	76.520	12,6	50,9	x	x	x	x	x	1.541
1980	96.351	54	75	96.222	15,6	61,3	7.778	32.574	47.219	8.280	371	400
1990	123.041	42	130	122.869	19,4	81,0	5.055	25.287	79.072	12.837	618	256
1992	124.855	47	110	124.698	19,2	80,4	4.061	28.602	79.850	11.362	823	303
1993	138.282	33	185	138.064	21,1	83,0	3.601	29.882	90.471	13.259	851	293
Deutschland												
1992	135.179	51	118	135.010	16,8	69,5	4.732	29.569	88.437	11.435	837	337
1993	156.646	34	187	156.425	19,3	76,3	3.955	31.833	106.284	13.495	858	319

a. Bis 1967 einschl. weniger Fälle von Ehescheidungen nach fremdem Recht; ab 1968 sind solche Fälle den gleichbedeutenden §§ des deutschen Rechts zugeordnet.

b. Jeweils bezogen auf die verheirateten Frauen.

c. Bis zum 30.6.1977 nach dem Ehegesetz (Gesetz Nr. 16 des Kontrollrates) vom 20.2.1946, ab. 1.7.1977 nach dem Ersten Gesetz zur Reform des Ehe- und Familienrechts (1. EheRG) vom 14.6.1976

Quelle: Statistisches Jahrbuch 1995, S. 78

Zweites Kapitel: Jugendhilfe

1. Definitionsversuche

Zunächst seien einige Definitionsversuche vorangestellt.

Im Zweiten Jugendbericht von 1968[1] heißt es

»Der Begriff Jugendhilfe umfaßt eine Vielzahl von Einrichtungen, Maßnahmen, Aktivitäten, gesetzlichen Regelungen und Bestrebungen innerhalb des Erziehungssystems, die zwar nicht ohne weiteres auf einen gemeinsamen Nenner zu bringen sind, aber doch sämtlich der gesellschaftlichen Einordnung und Aktivierung der jungen Generation dienen.«

Die Bund-Länder-Kommission für Bildungsplanung sagte 1974[2]:

»(Jugendhilfe) trägt dazu bei, dem Erziehungsanspruch des jungen Menschen, der durch Elternhaus, Schule und Berufsausbildung allein häufig nicht erfüllt werden kann, gerecht zu werden. Jugendhilfe gehört mit ihren verschiedenen Aufgaben sowohl zur gesellschaftlichen Daseinsvorsorge als auch zum Bildungswesen.«

Wir vertreten eine Standort- und Funktionsbeschreibung, die sich mit ihren Ansprüchen und Maßstäben dem Konzept einer »offensiven Jugendhilfe« verpflichtet weiß, und die zum Teil im Widerspruch zur derzeitigen Jugendhilfe-Realität steht:

»Jugendhilfe hat – in Ergänzung zur Familie und neben Schule und Ausbildung – junge Menschen in ihrer Entwicklung zu fördern, durch Beratung und Unterstützung sozialen Benachteiligungen und Entwicklungskrisen entgegenzuwirken, Hilfe zur Erziehung zu leisten, wenn das Wohl des Kindes oder des Jugendlichen nicht gewährleistet ist, und an gerichtlichen Verfahren mitzuwirken.

Zugleich soll Jugendhilfe sich anwaltschaftlich-politisch für bessere Lebensbedingungen junger Menschen einsetzen. Damit verbunden ist die Erarbeitung und Durchsetzung korrigierender Alternativen ebenso wie die Vertretung der betroffenen Gruppen gegenüber anderen gesellschaftlichen Interessen und Gruppen.«[3]

2. Auftrag der Jugendhilfe

Der gesellschaftliche Auftrag der Jugendhilfe besteht darin, einen Beitrag zur Lösung von Problemen zu leisten, mit denen Kinder und Jugendliche im Prozeß ihres Hineinwachsens in die Gesellschaft konfrontiert werden und die ihre Entwicklungsmöglichkeiten beeinträchtigen. Die Jugendhilfe ist also daran zu messen, ob sie den Problemen, Bedürfnissen und Interessen der Kinder und Jugendlichen gerecht wird.

Eine Darstellung des Rechts der Familie und Jugendhilfe muß somit auch die Problemlagen von Minderjährigen in dieser Gesellschaft einbeziehen.

---

1 BT-Drucksache 5/2453
2 *BLK*-Bildungsgesamtplan, a.a.O., S. 68
3 *Jordan/Sengling*, a.a.O., S. 14

3. Allgemeine Problemlagen von Kindern und Jugendlichen[4]

Probleme im Zusammenhang mit der Sicherung elementarer Erziehungsleistungen:
Hier geht es um die Sicherung der ökonomischen und räumlichen Voraussetzungen der Erziehung; um die emotional-sozialen Voraussetzungen; und um die physiologisch-hygienischen Voraussetzungen.

Probleme im Zusammenhang mit Konflikten zwischen Individuum und Gesellschaft:
Angesprochen sind Konflikte beim Hineinwachsen in diese Gesellschaft (Subkultur, Entfremdung, Rückzug, Rebellion)[5], Konflikte aufgrund von Benachteiligungs- und Deklassierungsprozessen und verantwortbare gesellschaftliche Reaktionen darauf.

Probleme im Zusammenhang mit der Sozialisation von Kindern und Jugendlichen im Kleinkind- und Schulalter:
Es geht um die Verbesserung der Kindergartenarbeit, die pädagogischen Inhalte, Fragen der Beeinflussung von kindlichen Lern- und Entwicklungsvorgängen und um die Möglichkeiten/Grenzen kompensatorischer Erziehung zum Ausgleich einer mangelhaften familiären Sozialisation. Ferner ist die Funktion der Schule als wichtige Sozialisations- und Plazierungsinstanz (d.h. Agentur zur Verteilung von Lebenschancen) und ihr Verhältnis zur Jugendhilfe angesprochen; rechtzeitiges Erkennen und Abfangen von sog. Schulstörungen; in der Schule nicht nur Leistung, Selektion und Notenorientierung, sondern auch individuelle Förderung nach Begabung, Neigung und Interesse sowie soziales Lernen und Erarbeiten von moralischen Urteilen und Wertvorstellungen.

Probleme im Zusammenhang mit der Situation der Jugend in Beruf, Politik und Freizeit:
Schwierigkeiten beim Übergang Schule – Arbeitswelt; Sozialisationswirkung der beruflichen und betrieblichen Ausbildung; Arbeitslosigkeit.
Politisches Interesse und Mitwirkungsmöglichkeiten; Legitimationskrise des politischen Systems.
Konsumzwänge, Freizeit als Erholung und Regenerierung, aber auch als Lernfeld für Emanzipation und Selbstbestimmung.

Nur eine differenzierte Analyse der Lebenslagen von Jugendlichen und das Herausarbeiten bestimmter Problemgruppen ist für das Arbeitsfeld der Jugendhilfe angemessen, denn Jugendhilfe hat es nicht mit *der* Jugend zu tun, sondern mit Einzelnen und Gruppen aus sehr unterschiedlichen ökonomischen, sozialen und kulturellen Milieus.[6]

---

4   Nach *4. Jugendbericht*, BT-Drucksache VI/3170, S. 98 ff.
5   Vgl. die sog. Jugendstudien, in: *ISA-Schriftenreihe*, Heft 5 »Alternativbewegung, Jugendprotest, Selbsthilfe«, 2. Aufl., Münster 1983; *Institut für Empirische Psychologie* (Hrsg.), Die selbstbewußte Jugend. Orientierungen und Perspektiven zwei Jahre nach der Wiedervereinigung. Die IBM-Jugendstudie '92, Köln 1992; Jugend '92 (Studie im Auftrag des Jugendwerks der Deutschen Shell), Bd. 1 - 4, Opladen 1992; zur familiären Erziehung in Ost- und Westdeutschland vgl. Beiträge in: KJuG, Heft 1/1992.
6   Vgl. *8. Jugendbericht*, a.a.O., S. 28 ff.; zur dem entsprechenden Lebensweltorientierung als »Leitmotiv« (jeder) sozialen Arbeit: *G. J. Friesenhahn*, in: Jugendhilfe 1993, 208; zum Konzept einer »lebensweltorientierten Jugendhilfe« und den gesetzlichen Regelungen des KJHG dazu: *R. J. Wabnitz*, in: Jugendhilfe 1992, 210 ff. Zur Lebensweltorientierung in verschiede-

Zur Kennzeichnung der Lebenslagen von Kindern und Jugendlichen wurden vor allem die Unterschiede im Einkommen, der Bildung und in den Berufspositionen der Eltern herangezogen. Dieses klassische Konzept sozialer Lagen (bzw. sozialer Ungleichheit) reicht heute nicht mehr aus, um die Ausdifferenzierung der Lebenslagen in der Bundesrepublik Deutschland zu beschreiben.

Die Lebenssituationen von Kindern und Jugendlichen werden darüber hinaus in hohem Umfang mitbestimmt
– von der demographischen Entwicklung
– von den unterschiedlichen ökonomischen Entwicklungen in den Bundesländern (Arbeitslosigkeit, Wohnungsversorgung etc.)
– von den unterschiedlichen soziokulturellen Bedingungen in den urbanen Zentren und den ländlichen Regionen
– von der Zugehörigkeit zu den unterschiedlichen ethnischen Gruppen
– von der Entwicklung staatlicher Transferleistungen.

Nach dieser Sichtweise erscheint es sinnvoll, von einer *Pluralisierung der Lebenslagen* von Kindern und Jugendlichen zu sprechen.

Die Jugendphase kann nicht mehr nur als Übergangsphase in das Erwachsenenalter verstanden werden. Sie ist vor allem aufgrund der Verlängerung von Bildungs- und Ausbildungszeiten Jugendlicher zu einer eigenständigen Lebensphase geworden.

Traditionell galten der Abschluß einer Berufsausbildung bzw. die Aufnahme einer Berufstätigkeit und das Verlassen der Elternhauses bzw. die Gründung einer eigenen Familie als Ereignisse, die den Abschluß der Jugendphase markierten. Die gesellschaftlich vorgegebene (männliche und insbesondere weibliche)»Normalbiographie« verliert jedoch an Verbindlichkeit, wodurch der Druck zu selbstverantwortlicher Lebensgestaltung zunimmt. Der Begriff der *Individualisierung von Lebensführungen* soll den Prozeß der Notwendigkeit persönlicher Entscheidungen über Lebensentwürfe charakterisieren. Der Achte Jugendbericht weist auf die Ambivalenz dieses Individualisierungsprozesses hin:

»Diese vielfältigen Gestaltungsmöglichkeiten für Jugendliche und junge Heranwachsende bedeuten aber auch erhebliche Herausforderungen, da klare Orientierungen, Vorgegebenheiten und Leitbilder auch Sicherheit vermitteln. Diese Sicherheit ist den heutigen Jugendlichen und jungen Erwachsenen nicht mehr in dem Maße gegeben wie dies noch bei der älteren Generation der Fall gewesen ist. Die Offenheit von Lebenssituationen kann zu einem ganz erheblichen Risiko für Jugendliche werden, wenn sie durch die Komplexität und Vielfalt von Situationen überfordert werden, wenn ihnen keine klaren Maßstäbe mehr vermittelt werden, auf deren Basis sie Entscheidungen treffen können. Darüber hinaus kann eine solche Offenheit der Gestaltungsmöglichkeiten dazu führen, daß Beziehungen zu anderen Personen zunehmend beliebig werden und somit die personale Sicherheit, die für die Entwicklung von Kindern und Jugendlichen eine unverzichtbare Voraussetzung ist, gefährdet wird. Dies gilt insbesondere dann, wenn aufgrund des Auseinanderfallens von Familien- und Verwandtschaftssystemen diese personale Sicherheit im unmittelbaren Lebensbereich von Jugendlichen und jungen Heranwachsenden gefährdet ist. Die zunehmende Offenheit und Unsicherheit im Bereich

---

nen Arbeitsfeldern, zu den veränderten Anforderungen an Einsichtsstrukturen und auch zu den Gefahren und Grenzen der Lebensweltorientierung: EREV-Schriftenreihe 4/1995.

der personalen Beziehungen führt möglicherweise auch dazu, daß die Erwartungen an Staat und Gesellschaft, jene Sicherheit zu gewährleisten, die traditionellerweise durch Familie, Nachbarschaft und Verwandtschaft gewährleistet wurden, heute sehr viel höher werden, als dies in traditionalen Gesellschaften der Fall gewesen ist.«[7]

Neben dem »Lernort Familie« benötigen Kinder und Jugendliche weitere Lern- und Erfahrungsräume, um das Erlernen sozialer Verhaltensweisen, das Ausprobieren eigenverantwortlicher Lebenskonzepte und das Entwickeln eigener Lebensentwürfe zu ermöglichen. Aufgabe der Jugendhilfe ist es, solche weiteren Lernorte bereitzustellen.

3.1 Aktuelle Problemlagen[8]

Kinder- und Jugendliche in ungünstigen Lebensverhältnissen
Anzeichen sind:
– Statistisch steigende Zahl von Kindern und Jugendlichen, die von Erwachsenen vernachlässigt oder mißhandelt werden, wobei die Dunkelziffer in diesem Bereich äußerst hoch ist und psychische Mißhandlung überhaupt nicht erfaßt wird.
– Steigende Zahl von Kindern, die durch Weglaufen, (versuchte oder vollendete) Selbsttötung, Gebrauch von Alkohol und Drogen und durch kriminelle Handlungen auf unbewältigte Konflikte hinweisen.

Schulversagen
– In Form der Zurückstellung vom Schulbesuch, ohne gesicherte Möglichkeit der individuellen Förderung im vorschulischen Bereich.
– In Form des Sitzenbleibens, obwohl der pädagogische Wert dieser Maßnahme umstritten ist.
– In Form von Zuweisung in Kurse mit geringeren Anforderungen.
– In Form der Überweisung in Sonderschulen.

Zusammenfassend ergibt sich hieraus, daß die Leistungsbeurteilung und -bemessung gegenüber anderen in der Schule möglichen Erfahrungsbereichen zu sehr im Vordergrund stehen.

Arbeitslosigkeit
Beruf und Arbeit sind für die gesellschaftliche Integration von zentraler Bedeutung. Sie sichern nicht nur die materielle Existenzgrundlage, sondern vermitteln dem einzelnen Jugendlichen auch Selbstbewußtsein, Selbstwertgefühl und Identität.
Viele Jugendliche leben seit Jahren mit der bitteren Erfahrung, daß für sie keine oder nur sehr begrenzte Ausbildungs- und Arbeitschancen bestehen.
Betroffen sind vor allem (aber nicht nur!) junge Menschen mit geringer schulischer/beruflicher Qualifikation; die Chancen weiblicher und ausländischer Jugendlicher sind deutlich schlechter.

---

7 *8. Jugendbericht*, a.a.O., S. 29 f.
8 Nach dem *5. Jugendbericht*, BT-Drucksache 8/3684 und 8/3685; zu Bewußtsein und Lebenssituation von Kindern/Jugendlichen in den neuen Bundesländern vgl.: *W. Bergholz*, in: Jugendhilfe 1992, 67 ff.; Bundesjugendring, in: Deutsche Jugend 1991, 349 ff.; *P. Gerstenberger*, in: BldWPfl. 1992, 102 ff.; *Chr. Günther*, in: RdJB 1992, 20 ff.; *W. Schubarth*, in: Jugendhilfe 1991, 208 ff.; *M. Langhanky*, in: np 1993, 271 ff.

Probleme verhaltensauffälliger Kinder
Die Formen, in denen gesellschaftliche Institutionen Probleme auffälligen Verhaltens aufgreifen und bearbeiten, lassen sich grob typisieren:
– Pathologisierung
– Psychologisierung
– Pädagogisierung
– Kriminalisierung.

Je nachdem wie ein Problem definiert wird, ergeben sich unterschiedliche Zuständigkeiten:
Wird das problematische Verhalten als Krankheit klassifiziert, sind die Krankenkassen zuständig.
Wird die Verhaltensauffälligkeit als eine Gefährdung der leiblichen, geistigen, seelischen Entwicklung interpretiert, ist die Jugendhilfe bzw. Sozialhilfe zuständig.
Wird das auffällige Verhalten als Verstoß gegen Strafrechtsnormen interpretiert, ist die Strafjustiz zuständig.
Die Widersinnigkeiten und Zufälligkeiten derartiger Abgrenzungen sind selbst mit großen Problemen verbunden[9].

Behinderung und Jugendhilfe
Maßnahmen und Institutionen der Hilfe für Behinderte sind zunächst außerhalb der Jugendhilfe entstanden.

Derzeit bestehen folgende Zuständigkeiten:
– Körperliche Behinderung fällt in ihrer akuten Phase in den medizinischen Bereich, in ihrer chronischen Phase in den Bereich der Sozialhilfe.
– Lernbehinderung gehört zum Zuständigkeitsbereich der Kultusverwaltungen.
– »Seelische Behinderung« (z.B. Verhaltensauffälligkeit) gehört nunmehr zum Jugendhilfebereich (vgl. § 35 a SGB VIII)[10].

Diese Aufsplitterung der Zuständigkeiten führt zur Vernachlässigung pädagogisch-ganzheitlicher Aspekte.

Besonders benachteiligte Sozialgruppen

• *Ausländische Kinder und Jugendliche:*
Die Lebensbedingungen ausländischer Familien sind geprägt durch die aufenthaltsrechtliche Unsicherheit,
existentielle Unsicherheit,
soziale Isolierung und gettoähnliche Wohnbedingungen.

• *Junge Spätaussiedler:*
Die Kinder und Jugendlichen, die aufgrund der sog. Ostverträge aus Polen, Rumänien und der ehemaligen UdSSR eingewandert sind, haben besondere Integrationsprobleme (die aber z.T. mit denen ausländischer Jugendlicher identisch sind):
Die Konfrontation mit den Normen und Werten der Bundesrepublik führt zu Verhaltensunsicherheiten und Identitätskrisen.

---

9 Vgl. hierzu auch *Reinhart Lempp*, Erziehungshilfen im Grenzbereich – Konflikthaftigkeit in Entscheidungsprozessen zwischen Jugendlichen, Psychiatrie und Strafvollzug, in: np 3/1983, S. 208 ff.
10 Zu den Auswirkungen der Aufnahme in das KJHG: *Ernst Rabenstein*, EREV 2/1993, S. 5-9

Die Aussiedlung hat für die jungen Aussiedler meistens nicht den gleich hohen Stellenwert wie für ihre Eltern. Dies führt zu Spannungen innerhalb der Familie. Mangelnde Kenntnisse der deutschen Sprache erhöhen die Schwierigkeiten auf dem Ausbildungs- und Arbeitsmarkt.

• *Kinder und Jugendliche in Obdachlosenunterkünften:*
Die Kinderzahl der Familien in »Sozialen Brennpunkten« ist größer als in vergleichbaren Familien außerhalb solcher Unterkünfte.

Die Situation der Familien ist dadurch gekennzeichnet, daß
– sie materiell und einkommensmäßig schlechter gestellt sind als die übrige Bevölkerung,
– sie in schlecht ausgestatteten, ungünstig gelegenen Wohnungen mit mangelhaften sanitären Einrichtungen leben,
– sie als soziale Randgruppe gegen starke Vorurteile ankämpfen müssen.

Diese Bedingungen wirken sich auf die Entwicklungsmöglichkeiten von Kindern äußerst negativ aus[11].

• *Kinder von Dauerarbeitslosen:*
Das Betroffensein der Kinder wird durch die Notlagen der arbeitslosen Eltern bestimmt.

Auf der sozialen Ebene: Verlust der über Arbeit bestehenden Sozialkontakte; Veränderungen in der familialen Rollenstruktur; Stigmatisierung.

Auf der persönlichen Ebene: Verlust der Zeitstruktur; Verlust grundlegender Motivation; Verlust der Lebensperspektive; Gefährdung der sozialen und persönlichen Identität.

Auf der materiellen Ebene: Einschränkungen bei Wohnen, Konsum, Freizeit/Erholung, Gesundheitsvorsorge[12].

3.2 Wandel familialer Lebensformen

Stichworte zur Situation:
– 80% aller Kinder in der Bundesrepublik wachsen als Einzelkind oder allenfalls mit einem weiteren Geschwisterkind auf.
– 70% aller Haushalte mit Kindern bis zu 9 Jahren bestehen aus einem Kind.
– Ca. 20% aller Kinder in städtischen Regionen werden außerhalb bestehender Familien als nichteheliche Kinder geboren.

Während der Kindheit und der Jugend können verschiedene Beziehungskonstellationen erlebt werden: vom Kind in einer nichtehelichen Lebensgemeinschaft, über das Kind in einer »normalen« Familie, zum Kind in einer Ein-Eltern-Familie und schließlich zum Kind in einer Stieffamilie[13].

Steigende Scheidungszahlen, geringere Kinderzahlen, zurückgehende Heiratsziffern sowie die starke Zunahme von Alleinlebenden haben zu der These geführt, daß Ehe und Familie als Lebensformen in eine Krise geraten sind. Da diese Tendenzen

---

11 Zur Analyse dieser aktuellen Problemlagen vgl. *5. Jugendbericht* (BT-Drs. 8/3685, S. 33 - 113).
12 Vgl. *sozialmagazin*, Heft 2/1988, S. 12 ff. und TuP 9/1988, S. 333 ff.; zum Thema »Armut gefährdet Kinder und Jugendliche« vgl. die Beiträge in: KJuG, Heft 2/1993
13 *J. Münder*, np 4/90, S. 352

nicht nur in der Bundesrepublik, sondern in allen Industrienationen in ähnlicher Weise nachzuweisen sind, wird gefolgert, daß die sogenannte strukturelle Rücksichtslosigkeit moderner Industriegesellschaften gegenüber der Familie, die zunehmende Mobilität sowie ein tiefgreifender Wertewandel in den letzten 25 Jahren hierzu beigetragen haben[14].

Familien haben sich heute in den unterschiedlichsten Formen eingerichtet. Es gibt immer mehr Einzelkinder: in mehr als der Hälfte der Familien (52%) lebt nur ein Kind. Familien mit drei und mehr Kindern sind selten geworden (14%), knapp ein Drittel der Familien lebt mit zwei Kindern. Jede fünfte Ehe bleibt kinderlos (dreiviertel davon ungewollt). Auch die Mehrgenerationenfamilien sind selten geworden: 1970 lebten in drei von hundert Familien Eltern, Kinder und Enkel unter einem Dach. 1987 sank die Zahl auf 1,5%.

Die Ehepartner treten mit einem höheren Durchschnittsalter (1987 für Männer bei fast 31, für Frauen bei knapp 28 Jahren) vor den Traualtar.

Die nichtehelichen Geburten nehmen zu. 1988 waren von 677.000 geborenen Kindern 100.000 nichtehelich. Die Zahl der Alleinerziehenden steigt (rd. 850.000)[15].

Der Vielfalt der Lebensformen ist doch *ein* Nenner gemeinsam: das Private ist wichtiger geworden und die Glücksansprüche sind gestiegen. Unverkennbar ist eine Tendenz zu mehr Verbindlichkeit, bei gleichzeitiger Offenheit und Experimentierfreude innerhalb der Beziehungen. Wenn aber die Partnerschaft nicht gelingt, wenn die Ansprüche sich nicht verwirklichen lassen, dann werden die Konsequenzen rascher gezogen[16].

Vor diesem Hintergrund brauchen Familien zur Bewältigung der zahlreichen Aufgaben, die unsere Gesellschaft mit ihren steigenden Anforderungen an Ausbildung, Flexibilität und Wissen stellt, vielfältige Formen der Entlastung und Unterstützung.

4. Konsequenzen für die Jugendhilfe

Die Analyse ausgewählter Problemlagen von Kindern und Jugendlichen in der Bundesrepublik Deutschland führt nach Auffassung der Sachverständigenkommission, die den 5. Jugendbericht erarbeitet hat, zu folgenden *Ergebnissen für die Jugendhilfe*[17]:
– Die Jugendhilfe hat es in ihrer praktischen Arbeit so gut wie immer mit Folgeproblemen von Prozessen und Strukturen zu tun, auf die sie selbst kaum Einfluß nehmen kann.
– Die Beschäftigung mit derartigen Folgeproblemen ungelöster gesellschaftlicher und öffentlicher Aufgaben hat in den letzten Jahren an Druck und Umfang stark zugenommen.
– Die Jugendhilfe ist mit diesem zunehmenden und ausgeweiteten Problemdruck konfrontiert, ohne daß ihre Ressourcen (Personal-, Sach- und Geldmittel; Kompetenzen) stabilisiert und infrastrukturell abgesichert bzw. verbessert worden wären. Folge ist die Erfahrung der Überlastung, der Ohnmacht und des Scheiterns.

---

14 *Hans Bertram*, Die Familie in Westdeutschland. Stabilität und Wandel familialer Lebensform, Opladen 1991, S. i ff.)
15 *BMFJ* (Hrsg.), Kinder- und Jugendhilfegesetz (Achtes Buch Sozialgesetzbuch), 5. Aufl., Bonn 1993, S. 11
16 *Burkart/Kohli*, Ehe, Liebe, Elternschaft. Die Zukunft der Familie, München 1992
17 Vgl. BT-Drs. 8/3684, S. 35

Die Kommission befürwortet eine teilweise *Neuorientierung der Praxis der Jugendhilfe* mit den Kernforderungen[18]:
- nicht eine zunehmende Institutionalisierung der Jugendhilfe zu betreiben, sondern offene Formen der Problemlösung zu entwickeln und zu fördern;
- den Prozeß der Professionalisierung, vor allem in therapeutischen Bereichen, nicht weiterzutreiben, sondern die sozialpädagogische Handlungskompetenz zu stärken;
- nicht in immer stärkerem Maße Arbeitsverfahren anzuwenden, die im technischen Sinne Effizienz und Rationalität versprechen, die aber eine Tendenz zur Entmündigung der Betroffenen, zur Ausklammerung des sozialen Umfelds und zur Reduzierung der Problemsicht auf Persönlichkeitsdefizite enthalten; vielmehr sollten Arbeitsformen entwickelt werden, die problemangemessen und für die Beteiligung der Betroffenen offen sind und die Einbeziehung komplexer Problemzusammenhänge erlauben.

5. Reform des Jugendhilferechts

Im Rückblick auf die Geschichte der Jugendhilfegesetzgebung sind vier Konfliktfelder auszumachen[19]:
- Konflikt zwischen dem Anspruch des Kindes auf Erziehung, dem Anspruch der Eltern auf Vorrang (Autonomie) bei der familialen Erziehung und der Verpflichtung des Staates gem. Art. 6 GG, die Familienerziehung zu überwachen (Elternrecht – Kindesrecht – Wächteramt des Staates).
- Interessengegensätze zwischen öffentlichen Trägern der Jugendhilfe und den freien (privaten, nichtstaatlichen) Trägern.
- Frage nach der »Einheit der Jugendhilfe«: sollen Jugendförderung (Jugendpflege), Erziehungshilfe und Reaktion auf Jugendkriminalität eine inhaltliche und organisatorische Einheit bilden oder getrennt voneinander ihre jeweiligen Aufgaben und Ziele verfolgen?
- Das politische Problem der Verteilung begrenzter Haushaltsmittel: Einsparungen im Jugendhilfesektor bei Verknappung der öffentlichen Mittel (vgl. Notverordnung vom 14.02.1924; Haushaltsbegleitgesetz 1984)[20]. Es geht also um den Stellenwert der Jugendhilfe im Rahmen der Gesellschafts-, Sozial-, Familien- und Kommunalpolitik.

Das Jugendwohlfahrtsgesetz entsprach in seinen Grundprinzipien weitgehend dem Reichsjugendwohlfahrtsgesetz von 1922. Es wurde als nicht mehr zeitgemäß und verbesserungsbedürftig angesehen, weil neue Herausforderungen auf die Jugendhilfe zugekommen sind, z.b.:
vermehrte Erziehungsprobleme, hohe Scheidungsziffern, Verunsicherung und Überforderung der Eltern, Kindesmißhandlungen, Kinderfeindlichkeit der Wohnumwelt und Verkehrsplanung; Belastungen von Schülern und Eltern durch die Schule, Leistungsangst und Leistungsversagen; Apathie und Aggressionen; Anwachsen von Verhaltensstörungen bei Kindern und Jugendlichen; Berufsnot, Zukunftsangst; Drogenkonsum, Alkoholismus und Flucht in neue »Jugendreligio-

18 Vgl. BT-Drs. 8/3684, S. 52
19 Vgl. *Mollenhauer*, in: Handbuch SA/SP, a.a.O., S. 572 f.
20 Vom 22.12.1983 (BGBl. I, S. 1532)

nen«; Anwachsen neofaschistischer Tendenzen; Schwierigkeiten ausländischer Kinder und Jugendlicher; der Einfluß »neuer Medien«.

Zusammenfassung der wichtigsten *Mängel des Jugendwohlfahrtsgesetzes*[21]:
– Die reaktiven Eingriffe bei sozialer Auffälligkeit überwogen, während Beratungs- und Unterstützungsangebote nicht ausreichten.
– Bedarfsgerechtes Angebot zur allgemeinen Förderung der Jugend war nicht sichergestellt.
– Es mangelte an genügend differenzierten Leistungen und Einrichtungen zum Ausgleich besonderer Benachteiligungen von Kindern und Jugendlichen.
– Rechtsposition des Minderjährigen war unzulänglich.
– Jugendhilfeplanung war kaum entwickelt; Gesamtplanung von Bund, Ländern und Kommunen fehlte.

5.1 Stationen der Reformdiskussion[22]

Ein entscheidender Anstoß für die Reformdiskussion waren die »Vorschläge der Arbeiterwohlfahrt für ein erweitertes Jugendhilferecht«, die 1967 veröffentlicht wurden[23]. Konzipiert war ein Leistungsgesetz; keine grundsätzliche Trennung von Jugendhilfe und Jugendstrafrecht; Schaffung eines neuartigen »Jugendgerichts«.

Die Bundesregierung berief 1970 eine Sachverständigenkommission zur Reform des Jugendhilferechts, die drei Jahre später den »Diskussionsentwurf eines Jugendhilfegesetzes« vorlegte. Darauf aufbauend folgte im März 1974 ein Referentenentwurf des Bundesministerium für Jugend, Familie und Gesundheit.

In der Regierungserklärung vom 16.12.1976 wurde die Reform erneut angekündigt: »Wir werden in dieser Wahlperiode die überfällige Reform des Jugendhilferechts aufgreifen, wobei der Kosten wegen ein Stufenplan vorgesehen ist. Die Reform kann nur in Abstimmung mit den Verbänden, den Gemeinden und Ländern gelingen.«

Das zuständige Bundesministerium veröffentlichte dann Ende Oktober 1977 einen neuen Referentenentwurf des Jugendhilfegesetzes, auf dessen Grundlage das Bundeskabinett im November 1978 den Regierungsentwurf »Sozialgesetzbuch – Jugendhilfe« (BT-Drucksache 8/2571) verabschiedete. Der Entwurf wurde vom Bundesrat abgelehnt. Auf Initiative von Baden-Württemberg brachte der Bundesrat im März 1979 einen oppositionellen »Entwurf eines Gesetzes zur Verbesserung der Jugendhilfe« ein (BT-Drucksache 100/79).

Im Mai 1980 nahm der Bundestag den von der Regierung eingebrachten Entwurf eines Sozialgesetzbuches – Jugendhilfe an, der Bundesrat lehnte jedoch das Gesetz erneut ab[24]. Damit war die Reform (zunächst) gescheitert, denn das Jugendhilfegesetz bedarf der Zustimmung des Bundesrats[25].

21 *Frankfurter Kommentar*, a.a.O., S. 48 f.
22 Vgl. *Mollenhauer*, in: Handbuch SA/SP, a.a.O., S. 578 f.; *Sengling*, in: NP-aktuell, Juni 1982, S. 1 ff.
23 Vgl. Schriften der Arbeiterwohlfahrt Bd. 22, 3. Ausgabe, Bonn 1970 (Hrsg. *Arbeiterwohlfahrt Bundesverband*)
24 Zur Veranschaulichung des Meinungsstreits vgl. *Das Parlament*, 30. Jahrgang, Nr. 24 vom 14. Juni 1980
25 Es handelt sich um ein sog. Zustimmungsgesetz, weil der föderative Aufbau des Bundes betroffen ist, vgl. Art. 78 und Art. 84 Abs. 1 GG

Die *Grundziele* des Regierungsentwurfs waren[26]:
- der Aufbau des Jugendhilferechts als Leistungsgesetz,
- die Aufnahme eines detaillierten Katalogs der Förderungsangebote und Hilfen zur Erziehung,
- die Einräumung von Rechtsansprüchen auf Leistungen der Hilfe zur Erziehung,
- die Betonung des Förderungs-, Hilfe- und Selbsthilfecharakters der Jugendhilfe gegenüber Eingriffen und Reaktionen,
- der Ausbau der ambulanten sozialen Dienste.

Demgegenüber kritisierte die Mehrheit des Bundesrats:
- das Gesetz betone zu sehr die Rechte der Jugendhilfe und beschneide das Elternrecht;
- es sei zu detailliert und unverständlich (»fachchinesisch«);
- es bahne der Vergesellschaftung und Teilverstaatlichung der Erziehung den Weg, indem es die Familienerziehung beeinträchtige und zuviel reglementiere;
- für Regelungen im Bereich der Jugendarbeit und -bildung habe der Bund keine Gesetzgebungskompetenz;
- das Gesetz beschneide den Vorrang der freien Träger, und
- es sei nicht finanzierbar.

Aber auch in der *Fachöffentlichkeit* ist Kritik an den vorgelegten Diskussions-, Referenten- und Regierungsentwürfen geübt worden[27]:
- es handele sich nicht um ein Jugendhilfe-, sondern vielmehr um ein Familienhilfegesetz;
- die Minderjährigen erhielten keine von den Eltern unabhängige Rechtsstellung;
- das zugrundeliegende Verständnis von Jugendhilfe sei sozialintegrativ und kompensatorisch statt politisch-emanzipativ;
- die Randstellung der Jugendhilfe werde nicht aufgehoben;
- das Gesetz gehe nicht weit genug mit der Gewährleistung einer angemessenen sachlichen und personellen Ausstattung der Jugendhilfe;
- die Einheit der Jugendhilfe werde nicht gewahrt.

Im August 1984 legte das Bundesministerium für Jugend, Familie und Gesundheit den Entwurf eines Vierten Gesetzes zur Änderung des Jugendwohlfahrtsgesetzes vor. Dieser Referentenentwurf stieß auf große Reserve bzw. Ablehnung[28].

Vor allem wurde befürchtet, daß die überfällige und grundlegende Reform des Jugendhilferechts durch die beabsichtigte Novellierung des JWG umgangen und schließlich begraben werde. Zentrale Vorgabe des Entwurfs war die »Kostenneutralität«, d.h. gesetzliche Neuregelungen dürfen keine Mehrausgaben für die Jugendhilfe bewirken.

Im Vordergrund der Novellierung standen folgende Ziele, die auch von dem im Juni 1988 veröffentlichten Referentenentwurf »Sozialgesetzbuch VIII: Jugendhilfe« weiterverfolgt wurden[29]:

---

26 BT-Drs. 8/2572, S. 51 f.
27 Vgl. *Deutsches Jugendinstitut*, (1973), a.a.O.; *E. Jordan* (Hrsg.), Jugendhilfe, (1975), a.a.O.; *NP-Sonderheft* (1973), Kritik am Diskussionsentwurf eines neuen Jugendhilfegesetzes.
28 Vgl. Stellungnahme der *Arbeiterwohlfahrt*, TuP 1/1985, S. 30 ff. und des *Deutschen Vereins*, NDV 1985, 35; *J. Münder*, Die Novelle zum JWG – eine Hilfe für die Jugendhilfe?, in: TuP 2/1985, S. 63 ff.; *Karl Späth*, Die »unendliche Geschichte« der Jugendhilferechtsform, in: Unsere Jugend 1/1985, S. 11 - 16; *G. Deuerlein-Bär*, a.a.O.
29 *R. Wiesner*, Überlegungen zur Neuordnung des Jugendhilferechts, in: ZfJ 1987, 305 ff.; *H. Hottelet*, in: NP 1987, 225; *G. Happe*, in: Soziale Arbeit 1987, 122 ff.; *U. Preis*, in: ZfJ 1988, 425 ff.

- Streichung der Vorschriften über die öffentliche Erziehung (d.h. Wegfall von FE und FEH) und Ersetzung durch ein beim örtlichen Jugendamt konzentriertes System erzieherischer Hilfen,
- Verbesserung der Hilfen für Familien in besonderen Lebenssituationen (z.b. für Alleinerziehende; Scheidungsfamilien),
- Neuordnung des Katalogs der Aufgaben der Jugendämter,
- Neugestaltung der öffentlich-rechtlichen Regelungen des Pflegekinderwesens,
- Verbesserung der Hilfen für junge Volljährige,
- Neugestaltung der Vorschriften zum Schutze der Kinder und Jugendlichen in Einrichtungen (Heimaufsicht),
- Konkretisierung des Funktionsschutzes freier Träger,
- Harmonisierung der Erziehungshilfen mit den ambulanten Maßnahmen des JGG.

5.2 Kinder- und Jugendhilfegesetz (KJHG / SGB VIII)[30]

Nach vier vergeblichen Anläufen und nach einer über 30jährigen fachpolitischen Diskussion ist das Kinder- und Jugendhilfegesetz in den neuen Bundesländern am 3. Oktober 1990, in den alten Bundesländern am 1. Januar 1991 in Kraft getreten.

Die wesentlichen Zielsetzungen des Gesetzgebers sind:
- die Ablösung des eingriffsorientierten Jugendwohlfahrtsgesetzes (JWG) durch ein präventiv orientiertes Gesetz zur Förderung der Entwicklung von Kindern und Jugendlichen;
- die gesetzliche Festschreibung eines breitgefächerten, an unterschiedlichen Lebenslagen und Familiensituationen orientierten Leistungsangebots;
- die Orientierung der Kinder- und Jugendhilfe an der Erziehungsverantwortung der Eltern;
- die Konzentration aller Erziehungshilfen auf der örtlichen Ebene;
- die Einbeziehung der seelisch behinderten Kinder und Jugendlichen;
- der Abbau der Dominanz der Fremdunterbringung durch eine Differenzierung des Spektrums der Erziehungshilfen;
- die Verbesserung der Hilfen für junge Volljährige;
- die eigenständige Stellung der Jugendhilfe im gerichtlichen Verfahren;
- die Integration der Tagesbetreuung in die Jugendhilfe und der bedarfsgerechte Ausbau der verschiedenen Angebotsformen;

---

30 *R. Wiesner*, Das neue Kinder- und Jugendhilfegesetz – Chance und Herausforderung für die Jugendhilfepraxis, in: ZfJ 7-8/1991, S. 345 ff.; *W. Rüfner*, Zum neuen Kinder- und Jugendhilfegesetz, in: NJW 1/1991, S. 1 ff.; *J. Münder*, Ansprüche auf Leistungen im Jugendhilferecht, in: ZfJ 6/1991, S. 285 ff.; *P.-Ch. Kunkel*, Leistungsverpflichtungen und Rechtsansprüche im Kinder- und Jugendhilfegesetz, insbesondere die Hilfe zur Erziehung, in: ZfJ 3/1991, S. 145 ff.; *S. Borsche*, »Was lange währt, wird endlich gut«? – Zur Verabschiedung des Kinder- und Jugendhilfegesetzes (KJHG), in: TuP 9/1990, S. 330 ff.; *M. Coester*, Die Bedeutung des Kinder- und Jugendhilfegesetzes (KJHG) für das Familienrecht, in: FamRZ 3/1991, S. 253 ff.; *D. Sengling*, Geschichte der Jugendhilferechtsreform. Vom Jugendwohlfahrtsgesetz zum Kinder- und Jugendhilfegesetz, in: BldWPfl. 12/1990, S. 311 ff. Zu den ersten Erfahrungen und Umsetzungsproblemen vgl. *K. Späth*, Das KJHG im Praxistest, in: ZfJ 3/1992, S. 128 ff.; *J. Merchel*, Über die Mühen, Jugendhilfe weiterzuentwickeln, in: BldWPfl. 4/1992, S. 92 ff.; *Chr. Schrapper*, Zwischen Neuorientierung und Überforderung, in: NDV 9/1992, S. 287 ff.; *F. Kaufmann*, Vier Jahre KJHG in der Praxis, in: ZfJ 1996, S. 1 ff.

- die Verpflichtung der Jugendämter zur mittelfristigen Jugendhilfeplanung als wesentliches Instrument zur Gewährleistung eines bedarfsgerechten Angebots.

Bei der Realisierung eines solchen Programms gerät die Jugendhilfe unweigerlich in einen Zielkonflikt zwischen der Einlösung fachpolitischer Forderungen und der Berücksichtigung finanzieller Rahmenbedingungen. Dieses Dilemma wird durch die unterschiedliche Zuordnung von Gesetzgebungs- und Ausführungskompetenzen verschärft. Die Kinder- und Jugendhilfe ist nämlich durch die Besonderheit gekennzeichnet, daß die Kompetenz zur (konkurrierenden) Gesetzgebung einerseits und die Kompetenz zur Ausführung des Gesetzes andererseits auseinanderfallen. Die Steuerungsfunktion des Bundesrechts ist somit aufs engste verknüpft mit der Haushaltssituation der kommunalen Gebietskörperschaften. Für die Bereitstellung der finanziellen Mittel sind in erster Linie die Kommunen als Träger der Jugendämter, in zweiter Linie die Länder als Garanten für die Leistungsfähigkeit der kommunalen Gebietskörperschaften und erst in dritter Linie der Bund im Rahmen eines komplizierten Finanzausgleichssystems zuständig[31]. Von daher ist die Gefahr groß, daß die Ziele des Gesetzes nur mit einer zeitlichen Verzögerung, auf einem minderen Qualitätsniveau oder bruchstückhaft umgesetzt werden.

Problematisch in diesem Zusammenhang ist die Zuweisung der Jugendhilfe zur kommunalen Selbstverwaltung. Dem Vorteil der Bürgernähe kann der Nachteil unterschiedlicher Leistungskraft und damit eines unterschiedlichen Leistungsangebots gegenüberstehen.

Kennzeichen der Kinder- und Jugendhilfe ist ihre Pluralität (»Vielfalt von Trägern unterschiedlicher Wertorientierungen und die Vielfalt von Inhalten, Methoden und Arbeitsformen«). Zwischen der Trägerautonomie, der Gewährleistungspflicht des Jugendamtes und dem Wunsch und Wahlrecht der Hilfesuchenden kann ein Spannungsverhältnis bestehen.

Eine besondere Bedeutung kommt den Ausführungsgesetzen der Länder zu, die nicht nur Verfahrensregelungen treffen, sondern darüber hinaus auch inhaltliche Lücken füllen können. Detailregelungen werden – wie in der Vergangenheit auch – weniger in den allgemeinen Ausführungsgesetzen, sondern in speziellen Kindergarten-, Kindertagesstätten- oder Jugendbildungsgesetzen getroffen[32].

5.2.1 Erstes Gesetz zur Änderung des Achten Buches Sozialgesetzbuch[33]

In den beiden ersten Jahren seit Inkrafttreten des neuen Gesetzes hat sich in der Praxis die Auslegung und Anwendung einzelner Bestimmungen des Gesetzes als schwierig erwiesen und zu Rechtsunsicherheit geführt. Einzelne Regelungslücken oder wenig praktikable Lösungen haben sich bei der Anwendung der verfahrensrecht-

31 Art. 107 GG
32 Vgl. zu den vorstehenden Ausführungen *Wabnitz/Wiesner*, Zum gegenwärtigen Stand der Umsetzung des neuen Kinder- und Jugendhilfegesetzes in der Praxis, in: ZfJ Heft 10/1992, S. 497 ff.
33 *R. Wiesner*, Änderungen im Kinder- und Jugendhilferecht, in: FamRZ 5/1993, S. 497 ff.; *P. Fuchs*, Änderung des Kinder- und Jugendhilfegesetzes. Ein Überblick über das Erste Gesetz zur Änderung des Achten Buches Sozialgesetzbuch – KJHG, Teil 1, in: NDV 2/1993, S. 52 ff.; Teil 2, in: NDV 3/1993, S. 92 ff.; *W. H. Kiehl*, Das Erste KJHG-Änderungsgesetz: Verbesserungen und Verschlimmbesserungen, in: ZfJ 5/1993, S. 226 ff.; *H. Reisch*, Novelliertes Kinder- und Jugendhilferecht (Teil I), in: ZfJ 4/1993, S. 157 ff.; (Teil II), in: ZfJ 5/1993, S. 232 ff.; BT-Drs. 12/2866 und BT-Drs. 12/3711; *H. Zeitler*, DVP 1993, 383 ff.

Überblick über die Systematik des SGB VIII

Allgemeine Vorschriften	Aufgaben der Jugendhilfe	Datenschutz	Träger, Zusammenarbeit, Gesamtverantwortung	Zentrale Aufgaben	Zuständigkeit, Kostenerstattung	Teilnahmebeiträge, Heranziehung zu den Kosten, Überleitung von Ansprüchen	Statistik	Straf- und Bußgeldvorschriften
§§ 1 - 10	§§ 11 - 60	§§ 61 - 68	§§ 69 - 81	§§ 82 - 84	§§ 85 - 89 g	§§ 90 - 97 a	§§ 98 - 103	§§ 104, 105

Aufgaben der Jugendhilfe §§ 11 - 60

Leistungen §§ 11 - 41

Jugendarbeit Jugendsozialarbeit/ erzieherischer Kinder- und Jugendschutz §§ 11 - 15	Förderung der Erziehung in der Familie §§ 16 - 21	Förderung in Tageseinrichtungen und Tagespflege §§ 22 - 26	Hilfe zur Erziehung §§ 27 - 35, 36 - 40	Eingliederungshilfe für seelisch behinderte Kinder und Jugendliche §§ 35 a, 36 - 40	Hilfe für junge Volljährige, Nachbetreuung § 41
	- Familienbildung (§ 16 Abs. 2 Nr. 1) - Familienberatung (§ 16 Abs. 2 Nr. 2) - Familienerholung (§ 16 Abs. 2 Nr 3) - Partnerschafts-, Scheidungs- und Trennungsberatung (§ 17) - Beratung Alleinerziehender (§ 18) - Mutter-/Vater-Kind-Einrichtungen (§ 19) - Betreuung und Versorgung des Kindes in Notsituationen (§ 20) - Unterstützung bei Unterbringung zur Erfüllung der Schulpflicht (§ 21)	- Kindergärten (§ 22 Abs. 1) - Horte (§ 22 Abs. 1) - Krippen (§ 22 Abs. 1) - Tagespflege (§ 23)	- Erziehungsberatung (§ 28) - Soziale Gruppenarbeit (§ 29) - Erziehungsbeistand/Betreuungshelfer (§ 30) - Sozialpädagogische Familienhilfe (§ 31) - Erziehung in einer Tagesgruppe (§ 32) - Vollzeitpflege (§ 33) - Heimerziehung (§ 34) - Intensive sozialpädagogische Einzelbetreuung (§ 35)		

Andere Aufgaben §§ 42 - 60

- Inobhutnahme (§ 42)
- Herausnahme (§ 43)
- Pflegeerlaubnis ((§ 44)
- Heimaufsicht (§§ 45 - 48 a)
- Vormundschafts-/Familiengerichtshilfe (§ 50)
- Beratung und Belehrung in Adoptionsverfahren (§ 51)
- Jugendgerichtshilfe (§ 52)
- Pflegschaft und Vormundschaft (§ 53 - 58)
- Beurkundung und Beglaubigung (§ 59 - 60)

(Aktualisierung von *Kunkel* (1990), a.a.O., S. 34)

lichen Bestimmungen (örtliche Zuständigkeit, Kostenerstattung, Heranziehung zu den Kosten) und der Regelung der fachlichen Qualifikation der Urkundspersonen ergeben. Mit dem Ersten Änderungsgesetz, das am 1. April 1993 in Kraft getreten ist, wurden die Hinweise und Änderungswünsche der Praxis aufgegriffen und entsprechend umgesetzt (»Reparatur-Novelle«).

Das Gesetz regelt insbesondere:

1. Die Einführung eines neuen Leistungstatbestandes der Eingliederungshilfe für seelisch behinderte Kinder und Jugendliche[34]. Dies ist ein weiterer Schritt zur Überwindung der Trennung zwischen behinderten und nichtbehinderten Kindern und Jugendlichen. Leistungsangebote, die bisher teilweise im BSHG geregelt waren, wurden in die Jugendhilfe einbezogen. Dies betrifft bedarfsgerechte Eingliederungshilfen, und zwar auch dann, wenn keine spezielle »Hilfe zur Erziehung« erforderlich ist (§§ 2 Abs. 2 Nr. 5; 10 Abs. 2 Satz 2 und 3; 35 a, 36 Abs. 3 SGB VIII n.F. nebst Annexregelungen im Kostenrecht).

2. Die Erweiterung der Beratungs- und Unterstützungspflicht des Jugendamtes auf Unterhalts- und Unterhaltsersatzansprüche bis zum 21. Lebensjahr.

3. Die Sicherstellung des Lebensunterhalts durch die Jugendhilfe. Im Gesetz wird geregelt, daß in allen Leistungstatbeständen, die die Unterkunft des Kindes oder Jugendlichen außerhalb des Elternhauses umfassen, neben der sozialpädagogischen Hilfe auch der Lebensunterhalt und die Krankenhilfe durch die Jugendhilfe sichergestellt werden (§§ 13 Abs. 3, 19 Abs. 3, 21 Satz 2, 42 Abs. 1 Satz 2, 43 Abs. 2). Damit wird die gleichzeitige Verweisung der Leistungsberechtigten an die Sozialhilfe vermieden.

4. Eine Neuregelung der Qualifikation der Urkundspersonen (§ 59 Abs. 3). Das Jugendamt hat geeignete Beamte und Angestellte zur Vornahme von Beurkundungen und Beglaubigungen zu ermächtigen. Die Länder können Näheres hinsichtlich der fachlichen Anforderungen an diese Personen regeln. Damit wird die Feststellung der Eignung der Urkundsperson im Einzelfall – wie vor dem Inkrafttreten des KJHG – dem Jugendamt selbst überlassen. In der Neuregelung ist eine sachdienliche »Wiedergutmachung« der bewährten Urkundsbeamten zu sehen; außerdem wird damit die entsprechende Stellenbesetzung in den Jugendämtern der neuen Bundesländer erleichtert bzw. erst ermöglicht.

5. Die Neufassung der Bestimmungen des 7. Kapitels »Zuständigkeit, Kostenerstattung« (§§ 85 - 89 g) sowie des 8. Kapitels »Teilnahmebeiträge, Heranziehung zu den Kosten, Überleitung von Ansprüchen« (§§ 90 - 97 a). Diese Vorschriften wurden systematisch neu geordnet. Dabei wurden Lücken bei der Anknüpfung der örtlichen Zuständigkeit geschlossen (z.b. § 86 b - Gemeinsame Wohnform) und weitere Kostenerstattungstatbestände eingeführt (z.b. §§ 89 a, 89 e). Die Heranziehung der Eltern oder Elternteile, die nicht mit dem Kind zusammenleben, zu den Kosten der Hilfe zur Erziehung erfolgt zukünftig nach bürgerlich-rechtlichen Maßstäben (Unterhaltstabellen). Damit entfällt die bisher notwendige Vergleichsberechnung mit dem BSHG.

6. Gewinner und Verlierer der Gesetzesänderung ist die Jugendgerichtshilfe. In ihrer Aufgabenzuweisung, die nun in § 52 SGB VIII n.F. zusammengefaßt ist (§ 41 Abs. 2 a.F. wurde gestrichen), wird die sanktionsvermeidende Funktion von Jugendhilfeleistungen für junge Volljährige wie für jugendliche Straftatverdäch-

---

34 Siehe S. 233 f. in diesem Buch

tige gleichermaßen betont. Das Jugendamt ist nun verpflichtet, Staatsanwalt oder Richter umgehend davon zu unterrichten, ob und daß ihnen von Institutionen der Jugendhilfe geeignete Unterstützung gewährt wird, damit jene prüfen können, ob ihnen dieser Umstand eine informelle Beendigung des Strafverfahrens ermöglicht.

Unverständlich erscheint demgegenüber der an den Beratungen des Jugendgerichtstags im September 1992 offenbar völlig vorbeigegangene Ausschluß der Jugendgerichtshilfe aus den Regelungen des bereichsspezifischen Datenschutzes des SGB VIII. So geschehen in § 61 Abs. 3 SGB VIII n.F. durch dessen Verweisung auf die Vorschriften des JGG, die gar keine speziellen Datenschutzvorschriften enthalten!

5.2.2 Zweites Gesetz zur Änderung des SGB VIII[35]

Die Änderungen, die zum 1.1.1996 in Kraft getreten sind, gehen auf Anregungen von Bundesländern und kommunalen Gebietskörperschaften zurück. Sie betreffen vor allem
– den Rechtsanspruch auf einen Kindergartenplatz (»Stichtagsregelung«), §§ 24, 24a[36];
– Anrechnung des Kindergeldes auf das Pflegegeld, § 39 Abs. 6;
– den zeitlichen Aufschub der Einführung der Statistik über die Eingliederungshilfe für seelisch behinderte Kinder, § 101;
– die Befugnis zur Übermittlung von Einzelangaben der Statistik an Gemeinden und Gemeindeverbände, § 103.

6. Standort des Jugendhilferechts

Im derzeitigen Rechtssystem ist der Lebensbereich »Kindheit und Jugend« nicht einheitlich oder zusammenhängend geregelt. Ganz unterschiedliche Rechtsgebiete sind heranzuziehen, je nachdem aus welchem Bereich die Fragestellung herrührt:

Bereich *Jugendhilfe*:	– Sozialgesetzbuch/Achtes Buch und Landesausführungsgesetze zum KJHG/SGB VIII
	– Kindergartengesetze, Spielplatzgesetze, Jugendbildungsgesetze der Länder
	– Adoptionsvermittlungsgesetz
	– Gesetz zum Schutze der Jugend in der Öffentlichkeit
	– Gesetz über die Verbreitung jugendgefährdender Schriften
	– Unterhaltsvorschußgesetz
Bereich *Kriminalität*:	– Jugendgerichtsgesetz
	– Strafvollzugsgesetz

---

35 BGBl. I, S. 1775; vgl. Debatte zur Umsetzung des Rechtsanspruches auf einen Kindergartenplatz / 71. Sitzung des Deutschen Bundestages am 23.11.1995, in: Das Parlament, Nr. 50/ 1995, S. 11 ff.
36 siehe S. 190 f. in diesem Buch

Bereich *Familie*: (einschl. materieller Sicherung)	– Grundgesetz Art. 6 – Bürgerliches Gesetzbuch, 4. Buch, (Familienrecht) – Bundeskindergeldgesetz – Bundessozialhilfegesetz – Wohngeldgesetz – Steuergesetze – Sozialversicherungsrecht – Bundeserziehungsgeldgesetz
Bereich *Schule/Hochschule*:	– Schulgesetze der Länder – Hochschulgesetze des Bundes und der Länder – Bundesausbildungsförderungsgesetz
Bereich *Ausbildung/Beruf*:	– Berufsbildungsgesetz – Berufsbildungsförderungsgesetz – Handwerksordnung – Jugendarbeitsschutzgesetz

7. Einbindung der Jugendhilfe in das Sozialgesetzbuch

Trotz erheblicher Einwände wurde bereits das Jugendwohlfahrtsgesetz in das Sozialgesetzbuch (SGB) einbezogen, dessen Erstes Buch, der Allgemeine Teil, am 1. Januar 1976 in Kraft getreten ist. Damit waren einige Neuerungen für die Jugendhilfe verbunden.

Soziale Rechte und Rechtsansprüche

Der Terminus »Sozialleistungen« ist der übergeordnete Begriff für alle im Besonderen Teil vorgesehenen Leistungsarten (Dienst-, Sach- und Geldleistungen). Die persönliche und erzieherische Hilfe wird zu den Dienstleistungen gezählt (§ 11 Satz 2 SGB-AT).
Der Verpflichtung der Leistungsträger, hier Jugendamt und Landesjugendamt (§§ 12, 27 Abs. 2 SGB-AT), Sozialleistungen zu gewähren, entsprechen die sozialen Rechte auf der Seite des Leistungsempfängers. Diese sozialen Rechte (§ 2 SGB-AT) verleihen unstreitig dann einen einklagbaren Rechtsanspruch auf bestimmte Sozialleistungen, wenn deren Voraussetzungen und Inhalt durch ein Gesetz im einzelnen bestimmt sind und den Leistungsträgern auch kein Ermessensspielraum (§ 38 SGB-AT) eingeräumt ist[37]. Bei Ermessensleistungen besteht ein Anspruch auf pflichtgemäße Ausübung des Ermessens (§ 39 Absatz 1 Satz 2 SGB-AT).

---

37 Nach diesen Kriterien ließen sich Rechtsansprüche auf Sozialleistungen nach dem JWG herleiten aus §§ 6 Abs. 1 und 2 i.V.m., § 5 Abs. 1 und §§ 51, 52 (auf Beratung und Unterstützung), §§ 55, 62 (auf Gewährung von Erziehungsbeistandschaft und Freiwilliger Erziehungshilfe); vgl. *K. Abel*, a.a.O., S. 5; *Münder*, NJW 1988, 389 ff. Die Rechtsprechung sah die Kinder und Jugendlichen selbst als Anspruchsinhaber an: *BVerwG*, FEVS 32, S. 353 ff.; 37, S. 133 ff.; *VGH Hessen*, FEVS 33, S. 115 ff.; *OVG Hamburg*, ZfSH 1988, S. 595. Zum Anspruch auf Übernahme des Kindergartenbeitrages: *BVerwG*, FamRZ 1993, S. 955.

Es war heftig umstritten, ob das »*Recht auf Erziehung*« gemäß § 1 Abs. 1 JWG einen subjektiv-öffentlichen Rechtsanspruch des Minderjährigen beinhaltet. Für viele Kommentatoren war diese Bestimmung lediglich ein Progammsatz[38]. Diese Interpretation wurde jedoch dem Ziel und Zweck des Sozialgesetzbuches (z.b. § 2 Abs. 2 SGB-AT: »dabei ist sicherzustellen, daß die sozialen Rechte möglichst weitgehend verwirklicht werden«) nicht gerecht und vor allem vernachlässigte sie verfassungsrechtliche Erwägungen. Das ursprüngliche Verständnis von Grundrechten als Abwehrrechte des Bürgers gegen die Staatsgewalt hat sich aufgrund der Staatszielbestimmung »Sozialstaat« (Art. 20, 28 GG) gewandelt: Grundrechte haben auch die Funktion von *Teilhaberechten* an Sozialleistungen. Dies bedeutet, daß sich aus dem alten § 1 Abs. 1 JWG, §§ 2, 8, 27 SGB-AT in Verbindung mit dem Grundrecht auf freie Entfaltung der Persönlichkeit (Art. 2 Abs. 1 GG) ein einklagbares Recht auf Erziehung gegenüber den Trägern der Jugendhilfe ableiten ließ[39].

Auch höchstrichterliche Entscheidungen wiesen in diese Richtung, obgleich sie kein Grundrecht auf Erziehung statuierten. Der Bundesgerichtshof hat 1968 dem Recht auf Erziehung einen »hohen Wert« zuerkannt; allerdings ließ er es dahingestellt, ob diesem Recht ein verfassungsrechtlicher Rang dadurch zukommt, daß die staatliche Gemeinschaft nach Art. 6 Abs. 2 Satz 2 GG über die elterliche Erziehung zu wachen hat (BGHZ Bd. 49, S. 308, 314).

In einem Beschluß des Bundesverfassungsgerichts aus dem gleichen Jahr heißt es: »Das Wächteramt des Staates ... beruht in erster Linie auf dem Schutzbedürfnis des Kindes, dem als Grundrechtsträger eigene Menschenwürde und ein eigenes Recht auf Entfaltung seiner Persönlichkeit ... zukommt«

(BVerfGE Bd. 24, S. 119).

Der Meinungsstreit um die Bedeutung des »Rechts auf Erziehung« (d.h. um Rechtsansprüche auf Jugendhilfeleistungen) ist auch nach dem Inkrafttreten des KJHG nicht verstummt[40].Obwohl das Gesetz in dieser Hinsicht die wünschenswerte Klarheit vermissen läßt und § 8 SGB-AT n.F. gegenüber § 8 Satz 2 SGB-AT a.F. in dieser Hinsicht eher als Rückschritt angesehen werden kann, ist ein Rechtsanspruch auf die vorgesehenen Leistungen im Sinne der oben angedeuteten verfassungskonformen Interpretation zu bejahen.[41]

Für das *Geltendmachen von Rechtsansprüchen* ist § 36 SGB-AT maßgebend[42].

---

38 Vgl. *Jans/Happe*, a.a.O., Erl. 3 und 6 zu § 1 JWG m.w.Nw.
39 Vgl. *Frankfurter Kommentar*, 4. Aufl. (1988), a.a.O.,Anm. 1.1 - 1.4 zu § 1
40 Vgl. *P.-Chr. Kunkel*, Leistungsverpflichtungen und Rechtsansprüche im KJHG, insbesondere die Hilfe zur Erziehung, in: ZfJ 3/1991, S. 145 ff.; *J. Münder*, Ansprüche auf Leistungen im Jugendhilferecht, in: ZfJ 6/1991, S. 285 ff.; *ders.*, Das Verhältnis Minderjähriger – Eltern – Jugendhilfe, in: ZfJ 9/1990, S. 488 ff.; *R. Ollmann*, Eltern, Kind und Staat in der Jugendhilfe, in: ZfJ 4/1992, S. 388 ff. Zum Rechtsanspruch auf intensive sozialpädagogische Einzelbetreuung, *VerwG Münster*, in: Mitteilungen des LJA Westfalen-Lippe, Nr. 115/ Juni 1993, S. 41 ff. (m.Anm.)
41 Vgl. *G. Fieseler*, KJHG, Einl. vor § 1
42 Vgl. *Coester*, Zur sozialrechtlichen Handlungsfähigkeit des Minderjährigen, in: FamRZ 1985, 982 ff.

8. Einheit der Jugendhilfe

Die öffentliche Jugendhilfe umfaßte nach dem alten § 2 Abs. 2 JWG *alle* behördlichen Maßnahmen zur Förderung der Jugendwohlfahrt (= Jugendpflege *und* Jugendfürsorge). In dieser Legaldefinition war das Kriterium »Einheit der Jugendhilfe« enthalten.

Die Begriffe Jugendpflege und Jugendfürsorge wurden herkömmlich in folgender Weise erläutert:

– Jugendpflege sollte das körperliche, geistige, seelische und gesellschaftliche Wohl aller Jugendlichen fördern, ohne daß eine Gefährdung im Einzelfall vorliegt. (Zielgruppe: »gesunde Jugend«).

– Jugendfürsorge sollte diejenigen Maßnahmen umfassen, die sich auf gefährdete oder bereits geschädigte (einzelne) Jugendliche beziehen. (Zielgruppe: »gefährdete, verwahrloste, kriminelle Jugendliche«).

Diese Unterscheidung wurde als überholt und diskriminierend abgelehnt und hatte häufig inhaltliche Fehleinschätzungen zur Folge[43].

Das Bundesverfassungsgericht hat in dem wichtigen Urteil vom 18. Juli 1967 (BVerfGE Bd. 22, S. 180) die fließende Grenze zwischen Fürsorge und allgemeiner Jugendförderung anerkannt: »Jugendfürsorge und Jugendpflege sind in der praktischen Jugendarbeit so eng miteinander verzahnt, daß die Jugendpflege schon allein unter dem Gesichtspunkt des Sachzusammenhangs mit unter den Begriff »Öffentliche Fürsorge« in Art. 74 Nr. 7 GG fallen muß«[44].

Das KJHG konnte auf die traditionellen Begriffe verzichten, denn an die Stelle von Jugendfürsorge waren die Bezeichnungen »Erziehungshilfen« und »offene Hilfen«, und an die Stelle von Jugendpflege die Begriffe »Jugendarbeit« und »Jugendbildung« getreten.

Das Jugendwohlfahrtsgesetz enthielt keine Systematik der Jugendhilfeleistungen nach Zielsetzung und Inhalt; die Aufgaben waren im Hinblick auf die Zuständigkeiten der Träger geregelt (»Jugendamtsgesetz«).

Die Aufgabenbereiche der Jugendhilfe sind weitgehend durch die Abgrenzung von anderen Aufgabengebieten bestimmt (siehe z.b. Verhältnis zur Familie, Schul- und Berufsausbildung). Es ist aber nicht sinnvoll, die historisch gewachsenen Sozialisationsträger, die rechtlich verschieden geregelt sind, gegeneinander abzuschotten. Dies gilt vor allem auch im Verhältnis zum Jugendgerichtsgesetz, denn das Jugendstrafrecht reagiert ebenfalls auf Störungen von Entwicklungs- und Erziehungsprozessen. Die Einbeziehung des (geänderten!) Jugendgerichtsgesetzes in die Reform der Jugendhilfe ist nach wie vor dringend geboten; dadurch könnte der besondere Anspruch des Jugendstrafrechts, ein »Erziehungsgesetz« zu sein, glaubwürdiger

---

43 Vgl. *Fieseler*, Rechtsgrundlagen, a.a.O., S. 127f.
44 Mit der Klage der Länder Hessen, Hamburg, Bremen, Niedersachsen war damals u.a. bestritten worden, daß die Jugendpflege zur konkurrierenden Gesetzgebung gehörte. (Auf dem Gebiet der Gesetzgebungskompetenz wird unterschieden zwischen ausschließlicher Gesetzgebung des Bundes, konkurrierender Gesetzgebung und Rahmengesetzgebung des Bundes. Bei der konkurrierenden Gesetzgebung können die Länder nur dann Gesetze erlassen, wenn der Bund von seinem Gesetzgebungsrecht keinen Gebrauch macht; vgl. Art. 72 und 74 GG)

werden. Einheit der Jugendhilfe bedeutet somit auch, die Unterscheidung zwischen »gefährdeten« und »kriminellen« jungen Menschen zu überwinden[45].

9. Erziehungsziele in der Jugendhilfe

Wegen der Offenheit des Begriffs »Erziehung zur leiblichen, seelischen und gesellschaftlichen Tüchtigkeit« (§ 1 Abs. 1 JWG) gab es immer wieder Versuche der Konkretisierung. Aber die unterschiedlichen Wertvorstellungen und Interessen, die den Definitionen zugrundeliegen, führten zu ebenso verschiedenartigen Erziehungszielen. Einen Eindruck davon sollen die nachstehenden Ausführungen vermitteln.

Die in der Jugendhilfeliteratur (einschl. JWG-Kommentare) erwähnten Erziehungsziele hat E. Fluk[46] in verschiedene »Kategorien« aufgegliedert. Die herausgefundenen Zieldefinitionen beziehen sich auf:
- Entfaltung der Persönlichkeit
- Lebensbewährung (Lebensbewältigung, Tüchtigkeit)
- Anpassung/Integration (normgerechtes Verhalten, Mitmenschlichkeit, soziale Existenz)
- Sinngebung (Bindung an »höhere Werte«)
- Verantwortlichkeit, Verantwortungsbereitschaft
- Selbstbestimmung: Mündigkeit, Eigenständigkeit, selbstverantwortliche Persönlichkeit, Autonomie, Kritik, Emanzipation.

In dem Bericht, den der Ausschuß des Bundesjugendkuratoriums zur Erarbeitung grundlegender Vorstellungen über Inhalt und Begriff moderner Jugendhilfe 1973 vorgelegt hat, werden fünf Leitbegriffe gebildet, um das Grundsatzziel »geglückte Sozialisation« zu konkretisieren[47]:

Autonomie ist das Ergebnis der Entwicklung und Integration folgender Kenntnisse, Fähigkeiten und Haltungen:
- Besitz eines Selbstbildes;
- Selbstbewußtsein, Selbstwertgefühl;
- Besitz von persönlichen Zielen;
- Wille zur individuellen Bedürfnisbefriedigung;
- Fähigkeit zur Selbstregulierung/Selbstorganisation;
- Fähigkeit zur Selbstreflexion und -kritik;
- Fähigkeit zur Kommunikation;
- Risiko- und Konfliktbereitschaft;
- Fähigkeit zur Spontanität, Aktivität, Initiative;
- Urteils- und Entscheidungsfähigkeit.

Kreativität: (Diese Leitkategorie unterscheidet sich von den anderen, weil sie als durchgängige Perspektive eigentlich nicht separat dargestellt werden kann).

Die sich schnell verändernden Umweltsituationen (im gesellschaftlichen, politischen, ökonomischen wie im privaten Bereich) können nicht mehr mit Hilfe stereotyper Handlungsformen bewältigt werden. Für den Einzelnen ist deshalb die Entwick-

---

45 Vgl. Deutsches Jugendinstitut (1973), a.a.O., S. 84 ff.; Arbeiterwohlfahrt (1970), a.a.O., S. 20 ff.; B. Simonsohn, a.a.O., S. 7 ff.

46 *E. Fluk*, a.a.O., S. 107 ff.

47 *BMJFG*, Mehr Chancen für die Jugend, a.a.O., S. 26 ff.

lung neuer Denk-, Verhaltens- und Gestaltungsqualitäten nötig. Darüber hinaus sollen die in unserer Kultur verkümmerten und verschütteten Bedürfnisse nach künstlerischen, musischen, spielerischen etc. Ausdrucksformen gefördert werden.

Produktivität: Ein ambivalenter Begriff, der einerseits als Leistungsbereitschaft und Leistungsfähigkeit verstanden wird, der andererseits kritische Distanz und gegebenenfalls Widerstand gegen das bloße Funktionieren in einer Leistungsgesellschaft beinhaltet. Er wendet sich dagegen, daß Leistung und ihre Verwertbarkeit im Produktionsprozeß als hoher Wert verselbständigt werden.

Sexualität: Erziehung zur Liebesfähigkeit setzt liebesfähige Erwachsene voraus, die ihre selbst erlittenen Repressionen und Tabuisierungen nicht an Kinder weitergeben. Weitere Teilziele sind: individuell befriedigende und sozial verantwortliche Sexualität; Akzeptierung des eigenen Körpers; Übernahme von Geschlechtsrollen; Beendigung von sexueller Unterdrückung und Ausbeutung.

Soziabilität: Der Begriff ist – verstanden als individuelle Disposition für Sozialisationsprozesse – fundamental für alle Leitkategorien.

Diese Leitkategorien sind nicht als isolierte Zielbeschreibungen von Erziehung aufzufassen, sondern sie berühren und bedingen sich teilweise.

Wegen der Probleme bei der Nennung von Erziehungszielen verzichten die Autoren des »Frankfurter Kommentars zum KJHG«[48] auf dahingehende Versuche. Sie benennen statt dessen einige negative Faktoren, die dem Erziehungsprozeß hinderlich sind:

– Verhinderung von Eigenaktivität Minderjähriger;
– Unterbindung von Kommunikation mit Personen und Gruppen (insbesondere mit Gleichaltrigen) außerhalb der Familie;
– fehlende Möglichkeiten, eigene Interessen und Bedürfnisse zu artikulieren und zu realisieren;
– fehlende Einbeziehung in ökonomisch-ökologische Einheiten (Betrieb, Nachbarschaft, Stadtteil);
– Isolierung junger Menschen von ihren sozialen Nahräumen.

10. Ausländische Minderjährige und Jugendhilfe[49]

Durch die Nichtübernahme der JWG-Formulierung »Jedes deutsche Kind ...« stellt § 1 Abs. 1 SGB VIII grundsätzlich klar, daß alle jungen Menschen Adressaten des neuen Gesetzes sind. Zudem ist durch eine Reihe staatsrechtlicher Abkommen (über- und zwischenstaatliche Regelungen) der Geltungsbereich auf eine Vielzahl ausländischer Minderjähriger ausgedehnt worden.

---

48 A.a.O., S. 43
49 *H. Oberloskamp*, Einführung in das internationale Kindschafts- und Jugendhilferecht, in: ZfJ 1987, S. 545 ff. und 1987, 602 ff.; *BAGLJÄ*, Jugendhilfe und junge Ausländer, in: ZfJ 1992, S 585 ff.; *P.-Chr. Kunkel*, Junge Ausländer im Jugendhilferecht, in: ZfJ 1993, S. 334 ff.; *R. Schnabel*, Jugendhilfe und junge Ausländer, in: Jugendhilfe 1991, S. 223 ff. und S. 250 ff.; *H. Oberloskamp*, Jugendhilfe für Ausländer (§ 6 Abs. 2, 4 KJHG) in: FuR 1992, S. 61 ff. und S. 131 ff.; *P.-Chr. Kunkel* (1995), Grundlagen des Jugendhilferechts, a.a.O., S. 38-49.

Haager Minderjährigenschutzabkommen (MSA)[50]
Die umfassendste Verpflichtung zur Gewährung von Erziehungshilfen für ausländische Minderjährige ergibt sich aus dem »Haager Übereinkommen über die Zuständigkeit der Behörden und das anzuwendende Recht auf dem Gebiet des Schutzes von Minderjährigen« vom 5.10.1961, dem die Bundesrepublik mit Gesetz vom 30.4.1971 vorbehaltlos zugestimmt hat.

Europäisches Fürsorgeabkommen
Von Bedeutung ist auch das Europäische Fürsorgeabkommen vom 11.12.1953, dem die Bundesrepublik mit Gesetz vom 15.5.1956 beigetreten ist. Es verpflichtet die Mitgliedsstaaten, Staatsangehörigen (also auch jungen Menschen) der vertragsschließenden Staaten in gleicher Weise wie Deutschen Hilfe zu gewähren, wenn sie sich erlaubterweise im Bereich eines Jugendhilfeträgers aufhalten und nicht über ausreichende Mittel verfügen.

§ 6 Abs. 1 SGB VIII bestimmt, welche Personen Leistungen der Kinder- und Jugendhilfe beanspruchen können: junge Menschen (bis zur Vollendung des 27. Lebensjahres), Mütter, Väter und Personensorgeberechtigte, die ihren tatsächlichen Aufenthalt im Inland haben. Die Vorschrift enthält eine von § 30 SGB I abweichende Regelung des Geltungsbereichs. Der dort festgelegte Wohnsitzgrundsatz (vgl. § 30 Abs. 3 SGB I) ist für den Bereich der Jugendhilfe nicht brauchbar, da er an der Interessenlage Volljähriger, nicht am Schutz von Kindern und Jugendlichen, ausgerichtet ist. Ein junger Mensch, der hier weder Wohnsitz noch gewöhnlichen Aufenthalt hat, sich aber hier tatsächlich aufhält, muß die Möglichkeit haben, Leistungen der Jugendhilfe in Anspruch zu nehmen.

Für die *Leistungsberechtigung von Ausländern* enthält § 6 Abs. 2 SGB VIII zwei Einschränkungen:
1. Voraussetzung ist der rechtmäßige Aufenthalt oder eine ausländerrechtliche Duldung;
2. Anknüpfungspunkt ist der gewöhnliche Aufenthalt[51] in der Bundesrepublik Deutschland (im Unterschied zum tatsächlichen Aufenthalt des Abs. 1).

Der rechtmäßige Aufenthalt bestimmt sich nach den §§ 3 ff. AuslG. Für die Einreise und den Aufenthalt im Bundesgebiet benötigt jede ausländische Person (auch Minderjährige) eine Aufenthaltsgenehmigung (§§ 5 ff. AuslG). Das Ausländerrecht sieht unterschiedliche Formen des Aufenthalts mit abgestuften rechtlichen Sicherungen vor: Aufenthaltserlaubnis (§§ 15, 17 AuslG; § 68 AsylVfG), Aufenthaltsberechtigung (§ 27 AuslG), Aufenthaltsbewilligung (§§ 28, 29 AuslG) und Aufenthaltsbefugnis (§ 30 AuslG).

---

50 Vgl. den Praxiskommentar von *Helga Oberloskamp*, Haager Minderjährigenschutzabkommen, Köln u.a. 1983
51 Legaldefinition von »gewöhnlicher Aufenthalt«: Seinen gewöhnlichen Aufenthalt hat jemand an dem Ort, den er bis auf weiteres und nicht vorübergehend oder besuchsweise zum Mittelpunkt seines Lebens gewählt hat (§ 30 Abs. 3 Satz 2 SGB I). Vgl. *OVG Münster*, FamRZ 1988, 652 (zu § 30 JWG); *BVerwG*, ZfJ 1986, 465; *LG Kiel*, DAVorm 1991, 960; *BSG*, InfAuslR 1988, 52; *BSG*, NVwZ-RR 1989, 651

Stellt ein Ausländer einen Asylantrag, ist ihm für die Dauer des Asylverfahrens der Aufenthalt im Bundesgebiet gestattet (Aufenthaltsgestattung nach § 55 AsylVfG)[52].

Einem Asyl*bewerber* kann gemäß § 11 AuslG nur in seltenen Ausnahmefällen eine Aufenthaltsgenehmigung erteilt werden.

Ehegatten von (anerkannten) Asyl*berechtigten* kann eine Aufenthaltserlaubnis erteilt werden (§ 18 Abs. 1 Ziffer 2 AuslG). Dies betrifft solche Personen, die nicht selbst als Asylberechtigte anerkannt sind, aber im Rahmen des Familiennachzugs ihre familiäre Lebensgemeinschaft herstellen möchten. Minderjährigen ledigen Kindern von Asylberechtigten ist eine Aufenthaltserlaubnis zu erteilen (§ 20 AuslG).

Die Duldung (§§ 55, 56 AuslG) betrifft solche Personen, deren Abschiebung vorgesehen ist, aber aus humanitären, persönlichen oder rechtlichen Gründen zeitweise ausgesetzt wird. Entsprechende Gründe sind z.b. das Abschiebeverbot (§ 51 AuslG) wegen erheblicher Gefahr für Leben oder Freiheit, die dem Ausländer in dem Staat droht, in den er abgeschoben werden soll, oder die Abschiebungshindernisse gemäß § 53 AuslG, die einer Abschiebung in Staaten entgegenstehen, in denen dem Ausländer Folter oder die Todesstrafe drohen.

10.1 Jugendamt und Ausländerbehörde

Mit dem neuen Ausländergesetz, das zeitgleich – leider ohne sorgfältige Abstimmung – mit dem KJHG verabschiedet wurde, sind neben Erschwernissen (Genehmigungspflicht für Kinder) auch Verbesserungen in folgenden Bereichen wirksam geworden: Familiennachzug, Nachzug von Kindern und einzelnen Familienangehörigen, Familienasyl, eigenständiges Aufenthaltsrecht von Kindern und Jugendlichen, Recht auf Wiederkehr und Einbürgerung. Die Aufgaben und Ziele nach dem Ausländergesetz kollidieren vielfach mit denen der Kinder- und Jugendhilfe nach dem SGB VIII. Gerade deshalb sind die Träger der Jugendhilfe und die Ausländerbehörden zur Kooperation aufgerufen, um vermeidbare Nachteile für die betroffenen jungen Menschen auch wirklich zu vermeiden.

Die Jugendhilfe hat vor allem die Verpflichtung (vgl. § 81 SGB VIII):
– bei der Aufnahme in das Bundesgebiet die nötigen Hilfen anzubieten;
– bei drohender Ausweisung und Abschiebung geeignete Gegenvorstellungen einzubringen und Alternativen aufzuzeigen;
– bei unumgänglicher Abschiebung für ein humanes Verfahren zu sorgen.

Als besonders problematisch haben sich Übermittlungspflichten (§ 76 und 77 AuslG) und die Offenbarungsbefugnisse im neugefaßten § 71 Abs. 2 SGB X erwiesen. Der Sozialdatenschutz für Ausländer ist durch das Gesetz zur Neuregelung des Ausländerrechts, das am 01.01.1991 in Kraft getreten ist, erheblich eingeschränkt worden.[53] Die Jugendämter haben auf Ersuchen der Ausländerbehörden personen-

---

52 Für Leistungen an Asylsuchende richtet sich die örtliche Zuständigkeit nach der Zuweisungsentscheidung der zuständigen Landesbehörde. Bis zur Zuweisung ist der örtliche Träger am Ort der Einreise zuständig (vgl. § 86 Abs. 7 SGB VIII n.F.).

53 Vgl. *M. Schnapka*, DAVorm 1991, 23 f.; ders. in: Jugend, Beruf, Gesellschaft 1991, S. 180 ff; *J. Lang* in: Sozialpädagogik 1991, 51 ff.; *B. Huber* in: AuslR 1991, 107 ff. und in: NDV 1991, 189 ff.; *P.-Chr. Kunkel*, DVBl 1991, 567 ff.; *Th. Mörsberger/B. Dembowski*, NDV 1991, S. 157 ff.; *Kunkel*, § 76 Ausländergesetz – ein »Spitzelparagraph«?, ZAR 1991, 71 ff.; *Maas*, Die Auswirkungen des Gesetzes zur Neuregelung des Ausländerrechts auf den Datenschutz in der sozialen Arbeit, NDV 1990, 417 ff; *Schriever-Steinberg*, Die Regelungen zur Verarbeitung personenbezogener Daten im neuen Ausländerrecht, ZAR 1991, 66 ff.;

bezogene Daten zu offenbaren, die für die Entscheidung über den weiteren Aufenthalt oder die Beendigung desselben erforderlich sind. Ohne Ersuchen (unaufgefordert) haben Jugendämter eine Mitteilungspflicht, wenn sie Kenntnis von Ausweisungsgründen erlangen. Eine solche praktizierte Meldepflicht wird das Vertrauen von Ausländern in die Jugendhilfe aushöhlen.

Ausländer aus der Europäischen Gemeinschaft sind privilegiert: ihnen steht ein unbefristeter Aufenthalt nach EG-Recht zu, und sie können nur aus schwerwiegenden Gründen der öffentlichen Sicherheit und Ordnung ausgewiesen werden; die Inanspruchnahme von Erziehungshilfe kann bei ihnen kein Ausweisungsgrund sein.

10.2 Ausländerrechtliche Konsequenzen bei Jugendhilfeleistungen[54]

Eine ausdrückliche Beratungspflicht hinsichtlich der ausländerrechtlichen Konsequenzen bei Inanspruchnahme einer Jugendhilfeleistung ergibt sich für die Hilfen zur Erziehung aus § 36 Abs. 1 Satz 1 SGB VIII. Außerdem trifft das Jugendamt eine aus dem Sozialstaatsgrundsatz (Art. 20, 28 GG) abgeleitete Beratungspflicht im Fürsorgeverhältnis. Dies gilt insbesondere für die Konsequenz einer möglichen Ausweisung und für die Erteilung einer unbefristeten Aufenthaltserlaubnis.

Unbefristete Aufenthaltserlaubnis

Gem. § 26 Abs. 3 Satz 1 Nr. 3 AuslG darf die unbefristete Aufenthaltserlaubnis versagt werden, wenn der Lebensunterhalt nicht ohne Inanspruchnahme von Jugendhilfe gesichert ist. Diese Regelung ist dann einschlägig, wenn wirtschaftliche Jugendhilfe geleistet wird, also eine Hilfe nach §§ 39, 40 SGB VIII. Dies gilt aber dann nicht, wenn sich der Jugendliche in einer Ausbildung befindet, die zu einem anerkannten schulischen oder beruflichen Abschluß führt (§ 26 Abs. 3 Satz 1 Nr. 3 AuslG).

Ausweisung

Ein Ausweisungsgrund und damit die Pflicht des Jugendamtes zu einer Mitteilung an die Ausländerbehörde gem. § 76 Abs. 2 AuslG könnte sich ergeben bei Drogenabhängigkeit des Minderjährigen (§ 46 Nr. 4 AuslG), bei Inanspruchnahme von Hilfe zur Erziehung außerhalb der eigenen Familie (§ 46 Nr. 7 AuslG) und bei Hilfe für junge Volljährige (§ 46 Nr. 7 AuslG).

Der Ausweisungsgrund nach Nr. 4 gewinnt in der Jugendhilfe dadurch an Bedeutung, daß die Suchtabhängigkeit als eine Form der seelischen Behinderung (§ 3 Nr. 3 Eingliederungshilfe-Verordnung) in die Zuständigkeit der Jugendhilfe fällt, soweit es sich um einen minderjährigen Suchtabhängigen handelt (§ 10 Abs. 2 SGB VIII). Erhält der Minderjährige aus diesem Grund Eingliederungshilfe (§ 35 a SGB VIII), liegt der Ausweisungsgrund nicht vor, da mit der Annahme der Hilfe die Bereitschaft zu einer Therapie nachgewiesen ist. Nimmt der Jugendliche eine andere Leistung der Jugendhilfe wegen seiner Suchtabhängigkeit in Anspruch, beispielsweise die Jugendberatung nach § 11 Abs. 3 Nr. 6 SGB VIII oder die Famili-

---

Niehof, Datenschutzrechtliche Probleme bei der Gewährung von Jugendhilfe an Ausländer, ZfF 1991, 148 ff.
54 aus: *P. Chr. Kunkel* (1995), a.a.O., S. 47 ff. (RdNr. 55 - 61)

enberatung nach § 16 Abs. 2 Nr. 2 SGB VIII, ist dies ebenfalls ein Hinweis auf
seine Bereitschaft zur Therapie, womit der Ausweisungsgrund entfällt. Außerdem
ist nur der Verbrauch von Kokain, Heroin oder vergleichbar gefährlichen Betäu-
bungsmitteln (z.b. LSD, Ecstasy, Amphetamine) ein Ausweisungsgrund, nicht
dagegen von Cannabis (Haschisch, Marihuana).

Der Ausweisungsgrund (§ 46 Nr. 7 AuslG) bei Inanspruchnahme von Hilfe zur
Erziehung außerhalb der eigenen Familie liegt dem Wortlaut des Gesetzes nach vor
bei Vollzeitpflege, bei Heimerziehung und intensiver sozialpädagogischer Einzelbetreuung, weil diese drei Hilfen außerhalb der eigenen Familie geleistet werden.
Daß § 37 SGB VIII unter der Überschrift »Hilfen außerhalb der eigenen Familie«
die Hilfen nach §§ 32 - 34 erwähnt, ist demgegenüber ohne Bedeutung, da § 37
keine Legaldefinition enthält. Alle anderen Arten der Hilfe zur Erziehung nach § 27
SGB VIII sind kein Ausweisungsgrund; ebensowenig die Inanspruchnahme anderer Leistungen nach dem SGB VIII. Bei Auslegung des Gesetzes aus seiner Entste-
hungsgeschichte bleibt von den genannten drei Hilfen zur Erziehung außerhalb der
eigenen Familie (§§ 33 - 35 SGB VIII) nur noch die Heimerziehung als Ausweis-
sungsgrund übrig, da sich aus der Begründung zu § 46 AuslG ergibt, daß »keine
Erweiterung der bisherigen Ausweisungsmöglichkeiten« vorgesehen war (BT-
Drucks. 11/6321, 73). Vielmehr sollte der Ausweisungsgrund nach Nr. 7 den bisher
geltenden nach § 10 Abs. 1 Nr. 3 AuslG 1965 ersetzen. Danach war aber lediglich
die Fürsorgeerziehung im *Heim* Ausweisungsgrund. Auch dieser – nunmehr einzige – Ausweisungsgrund für den Minderjährigen scheidet aber aus, wenn die
Eltern des Minderjährigen sich *rechtmäßig* im Bundesgebiet aufhalten (§ 46 Nr. 7
2. Halbsatz AuslG). Wird die Hilfe zur Erziehung oder die Hilfe für junge Volljährige von Trägern der freien Jugendhilfe geleistet (was nach § 3 Abs. 2 SGB VIII
möglich ist), entfällt der Ausweisungsgrund nach dem Zweck des Gesetzes. Dieser
besteht nämlich darin, die öffentlichen Kassen durch Leistungen an junge Ausländer nicht zu belasten. Diese Belastung ist aber ausgeschlossen, wenn die Träger der
freien Jugendhilfe ihre Leistungen originär erbringen, also nicht im Auftrag des
Trägers der öffentlichen Jugendhilfe mit der Folge seiner Kostenbelastung gem.
§ 77 SGB VIII.

Ein Ausweisungsgrund ist schließlich dann nicht gegeben, wenn der besondere
Ausweisungsschutz nach § 48 AuslG besteht. Dies ist der Fall, wenn der Ausländer
eine Aufenthaltsberechtigung nach § 27 AuslG oder eine unbefristete Aufenthaltserlaubnis nach § 24 AuslG besitzt und als Angehöriger der 2. und folgenden Aus-
ländergeneration im Bundesgebiet geboren oder als Minderjähriger hierher einge-
reist ist.

Noch weiter reduziert werden die Ausweisungsmöglichkeiten dadurch, daß bei EU-
Ausländern die Ausweisung nach § 12 Abs. 1 Aufenthaltsgesetz/EWG wegen des
Bezugs von Jugendhilfe ausgeschlossen ist. Auch das Europäische Fürsorgeabkom-
men (EFA) verbietet in Art. 6 Abs. a eine Rückschaffung nach dem Bezug von
Jugendhilfe. Dagegen enthält das Minderjährigenschutzabkommen (MSA) keine
Schutzbestimmung gegen eine Ausweisung.

Zusammengefaßt ergibt sich, daß die Ausweisung eines Minderjährigen nur möglich ist, wenn er Heimerziehung erhält, ohne daß seine Eltern sich hier rechtmäßig
aufhalten, und er weder einem EU-Staat noch einem vertragsschließenden Staat des
Europäischen Fürsorgeabkommens angehört.

Zum Schluß noch ein Hinweis:

Für junge Ausländer, die seit acht Jahren rechtmäßig ihren gewöhnlichen Aufenthalt im Bundesgebiet haben und die sonstigen Voraussetzungen des § 85 AuslG erfüllen, besteht die Möglichkeit, durch *Einbürgerung* den Status eines deutschen Staatsangehörigen zu erlangen.

Asylverfahrensgesetz schränkt Jugendhilfe ein[55]

Die Bundesarbeitsgemeinschaft der Landesjugendämter nimmt zu dem ab 1.7.1992 geltenden Asylverfahrensgesetz wie folgt Stellung:

Nach der Leitnorm des Kinder- und Jugendhilfegesetzes, dem Haager Minderjährigenschutzabkommen und der UN-Konvention über die Rechte des Kindes sind die Träger der Jugendhilfe in der Bundesrepublik Deutschland verpflichtet, minderjährigen Flüchtlingen ebenso zu helfen wie jungen Deutschen.

Dieser Grundsatz wird durch das neue Asylverfahrensgesetz verletzt:

1. Ab 1.7.1992 sollen auch alleinreisende Minderjährige oder Familien mit minderjährigen Kindern prinzipiell nach der Einreise in Aufnahmeeinrichtungen und danach in der Regel in Gemeinschaftsunterkünften untergebracht werden.

2. Die Betriebserlaubnis und die Heimaufsicht durch die Landesjugendämter, die im KJHG vorgeschrieben sind, soll bei diesen Lagern ausdrücklich *keine* Anwendung finden.

Jungen Flüchtlingen werden damit Schutz und Leistungen der Jugendhilfe vorenthalten. Die Bundesarbeitsgemeinschaft der Landesjugendämter lehnt es ab, daß die alleinreisenden ausländischen Kinder und Jugendlichen ausschließlich unter asylverfahrensrechtlichen und ordnungspolitischen Gesichtspunkten behandelt werden. Dies widerspricht geltendem Recht.

Darüber hinaus erscheint es fragwürdig, wenn Kinder und Jugendliche in das Asylverfahren getrieben werden, obwohl das Ausländergesetz mit der »Aufenthaltsgestattung« einen Status vorhält, der dem Aufenthaltsgrund der meisten dieser Kinder eher entspricht. Von diesem Aufenthaltsstatus wird aber nur in seltenen Fällen Gebrauch gemacht.

Die BAGLJÄ empfiehlt den Bundesländern, bei ihrer Zuständigkeit für die Zuweisung junger alleinreisender Flüchtlinge[56] oder von Familien mit minderjährigen Kindern die Unterbringung in den großen Lagern nicht zur Regel zu machen, *sondern eine altersgerechte Unterbringung in Einrichtungen vorzusehen, in denen das Wohl der Kinder und Jugendlichen sichergestellt werden kann.* Die Bundesländer sollten

---

55 aus: ZfJ 4/1993, S. 215 f. (Presseverlautbarung der BAGLJÄ über die Arbeitstagung im Oktober 1992); vgl. auch *P.-Chr. Kunkel*, Inwieweit sind Asylbewerberleistungsgesetz und KJHG auf junge Asylbewerber anwendbar?, in: ZfJ 1994, S. 369 ff.; zur Situation unbegleiteter minderjähriger Flüchtlinge: Bundesregierung, in: ZfJ 1995, 416 ff.; zur Rechtsstellung: *R. Göbel-Zimmermann*, Inf AuslR 1995, 166 ff.; *P. Knösel*, Jugendhilfe 1995, 55f. Dazu, ob diese jungen Flüchtlinge eines Vormundes bedürfen oder ob ein (Ergänzungs-)Pfleger mit begrenztem Wirkungskreis (Asylantrag; Antrag auf Erteilung eines vorläufigen Ausweispapieres) zu bestellen ist, vgl. einerseits BAGLJÄ, in: ZfJ 1994, 320, andererseits DIV-Gutachten, ZfJ 1994, 321 m.w.Nw.

56 Vgl. auch Stellungnahme des Bayerischen Staatsministers für Arbeit, Familie und Sozialordnung v. 11.8.1993 zur Unterbringung unbegleiteter minderjähriger Flüchtlinge, in: ZfJ 12/1994, S. 518.

grundsätzlich im Rahmen ihrer Zuständigkeit verhindern, daß das Asylverfahren durch die Erhöhung der Antragszahlen von Kindern und Jugendlichen weiter belastet wird. Statt dessen sollte die »Aufenthaltsgestattung« nach den Ausländergesetz entsprechend angewendet *und Jugendhilfe ihrem gesetzlichen Auftrag gemäß auch jungen Flüchtlingen gewährt werden.*[57]

---

57 Gegen die Abschiebung von ausländischen Minderjährigen: Fraktion Bündnis90/Die Grünen, in: BT-Drucks. 13/1657

Drittes Kapitel: Öffentliche und Freie Träger der Jugendhilfe

1. Aufgaben der Jugendhilfe nach dem SGB VIII

Die Aufgabenstellung der Jugendhilfe wird üblicherweise im Hinblick auf die Familienerziehung eingeteilt in:
- familienunterstützende Maßnahmen (um die Erziehungsleistung der Familie zu fördern);
- familienergänzende Maßnahmen (wenn erzieherische Leistungen der Familien nicht ausreichend gegeben werden können);
- familienersetzende Maßnahmen (wenn die Familie ausfällt oder versagt).

Beispiele für *familienunterstützende Leistungen*:
- Erziehungsberatung, § 28;
- Beratung und Unterstützung Alleinerziehender, § 18;
- Unterstützung in Notsituationen, § 20;
- Familienbildung, § 16 Abs. 2 Ziffer 1;
- Erziehungsbeistand, § 30;
- Sozialpädagogische Familienhilfe, § 31.

Beispiele für *familienergänzende Leistungen*:
- Förderung von Kindern in Tageseinrichtungen und in Tagespflege, §§ 22 ff.;
- Jugendarbeit, § 11;
- Jugendsozialarbeit, § 13;
- Erzieherischer Kinder- und Jugendschutz, § 14;
- Soziale Gruppenarbeit, § 29;
- Erziehung in einer Tagesgruppe, § 32;
- Intensive sozialpädagogische Einzelbetreuung, § 35;
- Unterstützung während der Berufsvorbereitung/Berufsausbildung, § 13 Abs. 3.

Die Begriffe »Unterstützung« und »Ergänzung« sind allerdings unscharf und berühren bzw. überschneiden sich. Die Abgrenzung ist im Einzelfall nicht leicht, aber auch nicht notwendig, denn die Verpflichtung der Jugendhilfeträger richtet sich sowohl auf Unterstützung als auch auf Ergänzung der familiären Erziehung (§ 8 Satz 2 SGB I).

Die rechtlichen Hürden für die Ersetzung der Familienerziehung sind hoch angelegt; sie kommt nur als »letztes Mittel« (ultima ratio) in Betracht (vgl. Art. 6 Abs. 3 GG; §§ 1666, 1666 a BGB).

2. Träger der öffentlichen Jugendhilfe

Träger der öffentlichen Jugendhilfe sind diejenigen Gebietskörperschaften, die aufgrund des Gesetzes Jugendämter, Landesjugendämter und oberste Landesjugendbehörden zu errichten haben.[1]

---

1 Unter einer Behörde versteht man organisationsrechtlich eine vom Wechsel der Personen unabhängige, unter Leitung eines Behördenvorstehers stehende organisatorische Einheit der Verwaltung, die ohne eigene Rechtsfähigkeit als Organ für einen Hoheitsträger tätig wird.

»Träger« zu sein bedeutet, die Aufgaben eines bestimmten örtlichen und sachlichen Bereichs verantwortlich auszuführen.

Im Jugendhilferecht lassen sich drei Stufen der (öffentlichen) Trägerschaft unterscheiden:

- örtliche Träger;
- überörtliche Träger;
- Länder.

2.1 Örtliche Ebene: Jugendämter

Überblick über die wichtigsten Organisationsbestimmungen für das Jugendamt:

- Verpflichtung aller kreisfreien Städte und (Land-)Kreise, die Aufgaben der Jugendhilfe durch Errichtung eines Jugendamtes zu erfüllen (§ 69 Abs. 1 und 3 SGB VIII).

- Landesrecht kann regeln, daß auch kreisangehörige Gemeinden auf Antrag zu örtlichen Trägern bestimmt werden, wenn ihre Leistungsfähigkeit gewährleistet ist (§ 69 Abs. 2 SGB VIII).

- Kreisangehörige Gemeinden und Gemeindeverbände, die nicht örtliche Träger sind, können für den örtlichen Bereich Aufgaben der Jugendhilfe wahrnehmen. Die Planung und Durchführung dieser Aufgaben ist mit dem örtlichen Träger abzustimmen, dessen Gesamtverantwortung bestehen bleibt (§ 69 Abs. 5 SGB VIII).

- Organisierung des Jugendamtes als zweigliedrige (duale) Behörde: Jugendhilfeausschuß und Verwaltung des Jugendamts (§ 70 Abs. 1 SGB VIII).

- Bestimmungen für den Jugendhilfeausschuß (§ 71 SGB VIII)[2].

- Bestimmung für die Verwaltung des Jugendamtes (§ 70 Abs. 2 SGB VIII).

Für die Jugendhilfe beachte die Begriffsdefinition des § 1 Abs. 2 SGB-X, nach der Behörde i.S. des Sozialgesetzbuchs jede Stelle ist, die Aufgaben der öffentlichen Verwaltung wahrnimmt, vorbehaltlich besonderer Regelungen.

2 Der *Jugendhilfeausschuß* (JHA) ist für die gesamte Jugendhilfe zuständig. In ihm kommt die reformpädagogische Vorstellung vom »lebendigen Jugendamt« und von demokratischer Mitverantwortung zum Ausdruck. Faktisch besteht jedoch eine deutliche Dominanz der Verwaltung. Neben dem Antragsrecht an die parlamentarische Vertretungskörperschaft und dem Anhörungsrecht in allen Angelegenheiten der Jugendhilfe hat der JHA als weitestgehendes Recht ein *Beschlußrecht*, das er im Rahmen der bereitgestellten Mittel, der erlassenen Satzung und der von der Vertretungskörperschaft gefaßten Beschlüsse ausüben kann (vgl. *J. Münder*, Der Jugendwohlfahrtsausschuß. Probleme, Rechte, Perspektiven, Neuwied 1987); *N. Struck*, Die Rechtsstellung des kommunalen Jugendhilfeausschusses in den neuen Bundesländern, in: Jugendhilfe 1993, 200 ff.; *A. Herbert*, Ausführungsvorschriften zum Jugendhilfeausschuß nach § 71 KJHG, in: ZfJ 1991, 569 ff.; *H.-J. David*, 1993, a.a.O.; *G. Nothacker*, in: Jugendhilfe 1995, 243 (zu den Rechtsschutzmöglichkeiten im Handlungsfeld des JHA und des LandesJHA); *K.-H. Voßhans*, NP 1995, 417 (Rechte und Pflichten nach einem Urteil des BVerwG vom 15.12.1994, in: NVwZ-RR 1995, 587); *H. Müller*, BldWpfl 1995, 279 (»nicht genutzte Chancen«); *Chr. Nix*, ZfJ 1994, 265.

Aufgaben des Jugendamts nach dem SGB VIII

Leitziel   (§ 1 Abs. 1 SGB VIII)

Jeder junge Mensch hat ein *Recht*
- auf Förderung seiner Entwicklung und
- auf Erziehung zu einer eigenverantwortlichen und gemeinschaftsfähigen Persönlichkeit

Realisierung durch   (§ 1 Abs. 3 SGB VIII)

- Förderung des jungen Menschen in seiner individuellen und sozialen Entwicklung und Abbau von Benachteiligungen
- Beratung und Unterstützung der Eltern und anderer Erziehungsberechtigter
- Schutz der Kinder und Jugendlichen vor Gefahren für ihr Wohl
- Mitwirken bei Erhaltung und Schaffung positiver Lebensbedingungen sowie einer kinder- und familienfreundlichen Umwelt

Aufgaben   (§ 2 SGB VIII)

Leistungen der Jugendhilfe
(§§ 11 - 41 SGB VIII)
- Jugendarbeit/Jugendsozialarbeit/ erzieherischer Kinder- und Jugendschutz
- Förderung der Erziehung in der Familie durch:
  - Familienbildung/Familienberatung/ Familienerholung
  - Partnerschafts-/Trennungs- und Scheidungsberatung
  - Beratung und Unterstützung bei der Ausübung der Personensorge
  - Betreuung und Versorgung des Kindes in Notsituationen
  - Mutter-/Vater-Kind-Einrichtungen
  - Unterstützung bei notwendiger Unterbringung zur Erfüllung der Schulpflicht
- Förderung von Kindern in Tageseinrichtungen und in der Tagespflege
  - Kinderkrippen/Kindergärten/Kinderhorte
  - Tagespflege
- Hilfen zur Erziehung und ergänzende Leistungen
  - Erziehungsberatung
  - soziale Gruppenarbeit
  - Erziehungsbeistand/Betreuungshelfer
  - sozialpädagogische Familienhilfe
  - Erziehung in einer Tagesgruppe
  - Vollzeitpflege
  - Heimerziehung, sonstige betreute Wohnform
  - Intensive sozialpädagogische Einzelbetreuung

- Hilfe für seelisch behinderte Kinder und Jugendliche u. ergänzende Leistungen
- Hilfe für junge Volljährige und Nachbetreuung

Andere Aufgaben
(§§ 42 - 60 SGB VIII)
- Vorläufige Maßnahmen zum Schutz von Kindern und Jugendlichen
  - Inobhutnahme
  - Herausnahme
- Schutz von Kindern und Jugendlichen in Familienpflege und in Einrichtungen
- Mitwirkung in gerichtlichen Verfahren
  - Unterstützung des Vormundschafts-/Familiengerichts
  - Beratung und Belehrung in Verfahren zur Annahme als Kind
  - Jugendgerichtshilfe
- Pflegschaft und Vormundschaft für Kinder und Jugendliche
  - Beratung und Unterstützung von Pflegern und Vormündern
  - gesetzliche und bestellte Amtspflegschaft/Amtsvormundschaft
  - Beistandschaft und Gegenvormundschaft
- Beurkundungen/Beglaubigungen, vollstreckbare Urkunden

Arbeitsgrundsätze

- Zusammenarbeit mit und Förderung der freien Jugendhilfe (§§ 4,12,71,74 - 78, 80 Abs. 3 SGB VIII)
- Schutz personenbezogener Daten (§§ 61 ff. SGB VIII)
- Zusammenarbeit mit anderen Stellen und öffentlichen Einrichtungen (§ 81 SGB VIII)
- Hilfeplan (§ 36 SGB VIII)
- Jugendhilfeplanung (§ 80 SGB VIII)
- Fortbildung und Praxisberatung (§ 72 Abs. 3 SGB VIII)
- Statistik (§§ 98 ff. SGB VIII)

Die Organisation des Jugendamts

**Politische Vertretungskörperschaft:
Stadtrat (Stadtverordnetenversammlung)/Kreistag**

↓

**Beschlußfassung über grundsätzliche Fragen,
Satzung und Mittel des Jugendamtes**

↓ ↑

Jugendamt

Zusammensetzung nach § 70 SGB VIII

Jugendhilfeausschuß	Verwaltung des Jugendamts

Mitglieder (§ 71 Abs. 1 SGB VIII)

a) stimmberechtigte :
- Mitglieder der Vertretungskörperschaft oder von ihr gewählte, in der Jugendhilfe erfahrene Männer und Frauen (3/5)
- von der Vertretungskörperschaft auf Vorschlag der freien Jugendhilfe gewählte Männer und Frauen (2/5)

b) beratende (nach Landesrecht) z.B.:
- Vertreter der Kirchen und der jüdischen Kultusgemeinden
- Vertreter der Schule
- Arzt des Gesundheitsamtes
- Vormundschafts-, Familien- oder Jugendrichter
- der Leiter der Verwaltung des Jugendamtes und der Leiter der Verwaltung der Gebietskörperschaft (je nach Landesrecht auch mit Stimmrecht)

(§ 70 Abs. 2 und § 72 Abs. 1 und 2 SGB VIII)

- Leiter der Verwaltung der Gebietskörperschaft (Landrat, Oberbürgermeister/Bürgermeister) oder in seinem Auftrag Leiter der Verwaltung des Jugendamtes (Jugendamtsleiter)
- Sozialpädagogen/Sozialarbeiter
- Verwaltungsfachkräfte

1. Beschlußrechte (§ 71 Abs. 3 SGB VIII) über
- Geschäftsordnung
- Angelegenheiten der Jugendhilfe
- Mittelverwendung

jeweils im Rahmen von

1. Ausführung der Beschlüsse der Vertretungskörperschaft und des Jugendhilfeausschusses (§ 70 Abs. 2 SGB VIII)

2. Geschäfte der laufenden Verwaltung (§ 70 Abs. 2 SGB VIII)

2. Anhörungs- und Antragsrecht (§ 71 Abs. 3 SGB VIII)

aus: *P.-Chr. Kunkel* (1990), a.a.O., S. 48

2.2 Überörtliche Ebene: Landesjugendämter

Landesrecht regelt, wer überörtlicher Träger ist (§ 69 Abs. 1 Satz 3 SGB VIII)[3]. Jeder überörtliche Träger ist verpflichtet, ein Landesjugendamt zu errichten (§ 69 Abs. 3 SGB VIII). Die zur Zeit bestehenden Landesjugendämter sind sehr unterschiedlich organisiert. Es gibt sowohl kommunale als auch staatliche Landesjugendämter.

Auch das Landesjugendamt ist zweigliedrig aufgebaut: Landesjugendhilfeausschuß[4] und Verwaltung des Landesjugendamtes (§ 70 Abs. 3 SGB VIII).

Das Landesjugendamt ist nach § 85 Abs. 2 SGB VIII sachlich zuständig für:

1. die Beratung der örtlichen Träger und die Entwicklung von Empfehlungen zur Erfüllung der Aufgaben nach SGB VIII,

2. die Förderung der Zusammenarbeit zwischen den örtlichen Trägern und den anerkannten Trägern der freien Jugendhilfe, insbesondere bei der Planung und Sicherstellung eines bedarfsgerechten Angebots an Hilfen zur Erziehung und Hilfen für junge Volljährige,

3. die Anregung und Förderung von Einrichtungen, Diensten und Veranstaltungen sowie deren Schaffung und Betrieb, soweit sie den örtlichen Bedarf übersteigen; dazu gehören insbesondere Einrichtungen, die eine Schul- oder Berufsausbildung anbieten, sowie Jugendbildungsstätten,

4. die Planung, Anregung, Förderung und Durchführung von Modellvorhaben zur Weiterentwicklung der Jugendhilfe,

5. die Beratung der örtlichen Träger bei der Gewährung von Hilfe nach den §§ 32 bis 35 a, insbesondere bei der Auswahl einer Einrichtung oder der Vermittlung einer Pflegeperson in schwierigen Einzelfällen,

6. die Wahrnehmung der Aufgaben zum Schutz von Kindern und Jugendlichen in Einrichtungen (§§ 45 bis 48 a),

---

3 Beispiele für die Bestimmung der überörtlichen Träger der öffentlichen Jugendhilfe in den Ausführungsgesetzen zum KJHG/SGB VIII:
– Baden-Württemberg: Landeswohlfahrtsverbände
– Berlin: das Land
– Brandenburg: das Land. Das Landesjugendamt ist Landesoberbehörde
– Bremen: die Freie Hansestadt Bremen. Aufgabenwahrnehmung durch das Landesjugendamt beim Senator für Jugend und Soziales
– Hamburg: die Freie und Hansestadt Hamburg. Wahrnehmung der Aufgaben des Landesjugendamtes durch die Behörde für Schule, Jugend und Berufsbildung
– Hessen: das Land
– Nordrhein-Westfalen: Landschaftsverbände
– Sachsen (bis zum 31.12.1993) der Freistaat Sachsen: das Landesjugendamt ist eine Abteilung des Landesamtes für Familie und Soziales
– Sachsen-Anhalt: das Land
– Schleswig-Holstein: das Land
– Thüringen: das Land.

4 *Chr. Bernzen*, Aufgaben, Kompetenzen und Zuständigkeiten des Landesjugendhilfeausschusses, in: ZfJ 1/1996, S. 17 ff.

7. die Beratung der Träger von Einrichtungen während der Planung und Betriebs-
   führung,
8. die Fortbildung von Mitarbeitern in der Jugendhilfe,
9. die Gewährung von Leistungen an Deutsche im Ausland (§ 6 Abs. 3), soweit es
   sich nicht um die Fortsetzung einer bereits im Inland gewährten Leistung handelt,
10. die Erteilung der Erlaubnis zur Übernahme von Pflegschaften, Vormundschaften
    oder Beistandschaften durch einen rechtsfähigen Verein (§ 54).

Die vorstehende Auflistung der Landesjugendamtsaufgaben ist nicht vollständig.
Zusätzliche Aufgabe ist z.B.:
– die Einrichtung der zentralen Adoptionsstelle (§§ 2, 10 - 13 AdVermiG).

Weitere Zuständigkeiten ergeben sich aus dem Landesrecht (vgl. z.b. § 33 Sächs
AG SGB VIII).

2.3 Landesebene: Oberste Landesjugendbehörden

Im Unterschied zu den Bestimmungen für die Jugendämter und Landesjugendämter hat der Bundesgesetzgeber in § 82 SGB VIII keine Regelungen für die Organisation der Obersten Landesjugendbehörden getroffen. Zuständig für die Organisations-
aufgaben sind die Landesregierungen. Meistens ist die Oberste Landesjugendbehörde
einem Sozial- oder Kultusministerium zugeordnet (z.b. *Baden-Württemberg*: für den
Bereich der Jugendarbeit (außerschulische Jugendbildung) das Kultusministerium, im
übrigen das Sozialministerium; *Bremen*: der Senator für Jugend und Soziales;
Nordrhein-Westfalen: Ministerium für Arbeit, Gesundheit, Soziales; *Sachsen*: in
Angelegenheiten der Jugendarbeit und Jugendverbände das Staatsministerium für
Kultus, im übrigen das Staatsministerium für Soziales, Gesundheit, Familie; *Sachsen-
Anhalt*: Ministerium für Arbeit und Soziales; *Schleswig-Holstein*: die Ministerin oder
der Minister für Bildung, Wissenschaft, Jugend und Kultur, für den Bereich der
Förderung von Kindern in Tageseinrichtungen und in Tagespflege die Ministerin oder
der Minister für Soziales, Gesundheit und Energie; *Hamburg*: Behörde für Schule,
Jugend und Berufsbildung); *Thüringen*: Ministerium für Soziales und Gesundheit;
Hessen: Ministerium für Jugend, Familie und Gesundheit).

Aufgaben der obersten Landesjugendbehörde:
– Anregung und Förderung der Tätigkeit der Träger der öffentlichen und der freien
  Jugendhilfe;
– die Weiterentwicklung der Jugendhilfe anregen und fördern;
– Zulassung von kreisangehörigen Gemeinden als örtliche Träger.

Weitere Aufgaben ergeben sich aus den zahlreichen Landesrechtsvorbehalten, nach
denen die Länder nähere Regelungen für einzelne Bereiche vorzunehmen haben.

3. Bundesebene

An dieser Stelle soll kurz auf die *Aufgaben der Bundesregierung* eingegangen
werden. Durch die JWG-Novelle von 1961 wurde die Anregung und Förderung der
Jugendhilfe durch die Bundesregierung in § 25 JWG auf gesetzliche Grundlage
gestellt. Diese Bestimmung hat das Bundesverfassungsgericht (BVerfG 22, S. 180 ff.)
für verfassungskonform erklärt. Eine Förderungskompetenz des Bundes ist unproble-

matisch, wenn sie sich auf überregionale, gesamtdeutsche und internationale Aufgaben bezieht[5]. Die Förderung erfolgt in erster Linie über den *Bundesjugendplan*. Nach § 84 Abs. 1 SGB VIII hat die Bundesregierung in jeder Legislaturperiode einen Bericht über die Lage junger Menschen und die Bestrebungen und Leistungen der Jugendhilfe vorzulegen (*Jugendbericht*). Jeder dritte Bericht soll einen Überblick über die Gesamtsituation der Jugendhilfe vermitteln. Die Berichte sollen auch Ergebnisse und Mängel darstellen und Verbesserungsvorschläge enthalten. Die Jugendberichte werden nicht von der Bundesregierung selbst ausgearbeitet, sondern diese beauftragt damit jeweils eine Sachverständigenkommission (Jugendberichtskommission) und fügt dann dem Bericht eine Stellungnahme mit den von ihr für notwendig gehaltenen Folgerungen bei.

Bisher wurden folgende, thematische Berichte veröffentlicht, die z.T. sehr informativ sind, allerdings nicht den erwarteten Einfluß auf die Praxis gehabt haben:

- Erster Jugendbericht von 1965 (BT-Drucksache 4/3515):»Lage der Jugend und die Bestrebungen auf dem Gebiet der Jugendhilfe«;
- Zweiter Jugendbericht von 1968 (BT-Drucksache 5/2453):»Aus- und Fortbildung der Mitarbeiter in der Jugendhilfe« und »Jugend und Bundeswehr«;
- Dritter Jugendbericht von 1972 (BT-Drucksache 6/3170):»Aufgaben und Wirksamkeit der Jugendämter in der Bundesrepublik Deutschland«;
- Vierter Jugendbericht von 1978 (BT-Drucksache 8/2110):»Sozialisationsprobleme der arbeitenden Jugend in der Bundesrepublik Deutschland – Konsequenzen für Jugendhilfe und Jugendpolitik«;
- Fünfter Jugendbericht von 1980 (BT-Drucksache 8/3685):»Bericht über Bestrebungen und Leistungen der Jugendhilfe« (Gesamtbericht);
- Sechster Jugendbericht von 1984 (BT-Drucksache 10/1007):»Verbesserung der Chancengleichheit von Mädchen in der Bundesrepublik Deutschland«;
- Siebter Jugendbericht von 1986 (BT-Drucksache 10/6730):»Jugendhilfe und Familie – die Entwicklung familienunterstützender Leistungen der Jugendhilfe und ihre Perspektiven«;
- Achter Jugendbericht von 1990 (BT-Drucksache 11/6576):»Bericht über Bestrebungen und Leistungen der Jugendhilfe (Überblick über die Gesamtsituation)«.

---

5 Die Ausgaben des Bundes stiegen von 80 Millionen im Jahre 1970 auf 751,0 Millionen im Jahre 1990 und gingen 1993 auf 676,9 Millionen DM zurück.
  Davon entfielen auf
  - den Garantiefonds (Beihilfen zur schulischen, beruflichen und gesellschaftlichen Eingliederung für junge Aussiedler: 360,0 Mio. DM)
  - Zuschüsse an zentrale Fachorganisationen zur Eingliederung junger Aussiedler: 79,4 Mio. DM
  - die Otto Benecke Stiftung (Studien- und Ausbildungsförderung für junge Aussiedler): 18,3 Mio. DM
  - das Bauprogramm (Jugendherbergen, Jugendbildungsstätten): 11,0 Mio. DM
  - das Deutsch-Französische Jugendwerk: 21,5 Mio. DM
  - das Deutsche Jugendinstitut, München: 14,7 Mio. DM
  - den Bundesjugendplan (Fördertitel für überregionale bzw. bundeszentrale Maßnahmen der Jugendhilfe und der Jugendarbeit): 225,3 Mio. DM
  (vgl. *Bundesministerium für Frauen und Jugend* (Hrsg.), Kinder- und Jugendhilfegesetz, 6. Aufl. 1994, S. 41 f.)

– Neunter Jugendbericht von 1994 (BT-Drucksache 13/70): Bericht über die Situation der Kinder und Jugendlichen und die Entwicklung der Jugendhilfe in den neuen Bundesländern.[6]

Zur Beratung der Bundesregierung in grundsätzlichen Fragen der Jugendhilfe sieht § 83 Abs. 2 SGB VIII das *Bundesjugendkuratorium* vor. Ihm gehören bis zu zwanzig vom Bundesminister für Jugend für drei Jahre berufene Fachleute der Wissenschaft und Repräsentanten der kommunalen Spitzenverbände, der freien Wohlfahrtspflege, der Gewerkschaften, der Arbeitgeberverbände, des Bundesjugendrings und des Rings politischer Jugend an[7].

4. Träger der freien Jugendhilfe[8]

Im Unterschied zum alten Jugendwohlfahrtsgesetz verzichtet das KJHG auf eine Definition der Träger der freien Jugendhilfe. Aber an verschiedenen Stellen werden freie Trägergruppen im SGB VIII genannt, z.B.:

– § 4 Abs. 3 (Formen der Selbsthilfe);
– § 11 Abs. 2 (Verbände, Gruppen und Initiativen der Jugend; andere Träger der Jugendarbeit);
– § 12 (Jugendverbände und ihre Zusammenschlüsse; Jugendgruppen);
– § 23 Abs. 4 (Zusammenschlüsse von Tagespflegepersonen);
– § 25 (selbstorganisierte Förderung von Kindern);
– § 75 Abs. 3 (Kirchen und Religionsgemeinschaften des öffentlichen Rechts; auf Bundesebene zusammengeschlossene Verbände der freien Wohlfahrtspflege).

Auf Bundesebene zusammengeschlossene Verbände der freien Wohlfahrtspflege

Hierzu zählen die in der »Bundesarbeitsgemeinschaft der freien Wohlfahrtspflege« zusammengefaßten Spitzenverbände der freien Wohlfahrtspflege[9]:
– Arbeiterwohlfahrt (AWO)
– Deutscher Caritasverband (DC)
– Deutscher Paritätischer Wohlfahrtsverband (DPWV)
– Deutsches Rotes Kreuz (DRK)
– Diakonisches Werk (DW)
– Zentralwohlfahrtsstelle der Juden in Deutschland.

---

6 Vgl. Stellungnahme der Jugendministerien der Länder Brandenburg, Thüringen, Berlin, Sachsen-Anhalt und Mecklenburg-Vorpommern, in: Jugendhilfe 6/1995, S. I - XVI; *F. Peters*, in: Forum Erziehungshilfen 1995, S. 100 ff.; *W. Braun*, in: Jugendwohl 1995, 434 ff., sowie die Stellungnahmen in: jugendhilfe spezial (August 1995)
7 Vgl. Bundesanzeiger 1969, Nr. 9, S. 2. Die Verwaltungsvorschriften nach § 83 Abs. 2 Satz 2 SGB VIII sind noch nicht erlassen.
8 Zum Aufbau freier Träger in den neuen Bundesländern vgl. *D. Sengling*, Jugendhilfe 1995, S. 268 ff.
9 Vgl. *R. Bauer* (1978), a.a.O.; *H. Flierl* (1992), a.a.O.; *R. Bauer* (1984), a.a.O.; *Bauer/H. Diessenbacher* (1984), a.a.O.

Jugendverbände und Jugendgruppen[10]

Es handelt sich hierbei um organisatorische Zusammenschlüsse von jungen Menschen, wobei ein nicht unerheblicher Teil unter 18 Jahren sein muß. Die meisten sind in (örtlichen und überörtlichen) Jugendringen zusammengeschlossen. Dem Bundesjugendring gehören z.b. folgende Verbände an: Arbeitsgemeinschaft der Evangelischen Jugend, Bund der Deutschen Katholischen Jugend, Bund Demokratischer Jugend, Bund der Deutschen Landjugend, Deutsches Jugendrotkreuz, Gewerkschaftsjugend/DGB, Naturfreundejugend, Ring deutscher Pfadfinder- und Pfadfinderinnenverbände, Sozialistische Jugend Deutschlands – Die Falken.

Jugendgruppen sind in der Regel kleinere Zusammenschlüsse auf lokaler Ebene. Insgesamt läßt sich eine große Vielfalt von Jugendgruppen beobachten, die politisch, weltanschaulich, religiös, ökologisch, sportlich oder musisch ausgerichtet sind.

Selbsthilfegruppen/selbstorganisierte Gruppen

In allen Bereichen der sozialen und kulturellen Arbeit entstehen seit ca. 20 Jahren Initiativen und Projekte von Betroffenen oder zugunsten bestimmter Betroffener. Von diesen Gruppen ging und gehen wichtige Innovationsimpulse für die Jugendhilfe aus.

Juristische Personen

Beispiele für zentrale Vereinigungen, denen eine große Bedeutung für die Entwicklung der Jugendhilfe (Vorbereitung von Gesetzesreformen, Erarbeitung von Empfehlungen für die praktische Arbeit, Fort- und Weiterbildung) zukommt, sind: Deutscher Verein für öffentliche und private Fürsorge, Arbeitsgemeinschaft für Jugendhilfe (AGJ), Arbeitsgemeinschaft für Erziehungshilfe (AFET), Aktion Jugendschutz, Deutsche Vereinigung für Jugendgerichte und Jugendgerichtshilfe, Internationale Gesellschaft für Heimerziehung (jetzt: Erziehungshilfe).

Zu dieser Gruppe gehören auch Stadt- oder Kreisjugendringe und andere örtliche Zusammenschlüsse, wenn sie sich die Rechtsform einer juristischen Person (z.B. eingetragener Verein) gegeben haben.

Kirchen und die sonstigen Religionsgemeinschaften öffentlichen Rechts

Hierunter fallen insbesondere die evangelische und die römisch-katholische Kirche, deren Anteil an der Jugendhilfe (etwa als Träger von Kindergärten, Erziehungs- und Wohnheimen, Freizeit- und Bildungsstätten) beträchtlich ist.

Den beiden großen Kirchen gleichgestellt sind die anderen Religionsgemeinschaften öffentlichen Rechts, wie z.B. die evangelischen Freikirchen (Methodisten, Baptisten, Neuapostolische Kirche, Evangelische freikirchliche Gemeinde) und die jüdische Kultusgemeinde.

Diese Zusammenstellung macht deutlich, daß unter den Begriff »freie Träger« höchst unterschiedliche Organisationen und Gruppierungen fallen: von bundesweit operierenden, einflußreichen »Wohlfahrtskonzernen« bis hin zu Selbsthilfegruppen oder der Spielplatzinitiative einer Nachbarschaft, die um ihre öffentliche Anerkennung und damit finanzielle Förderung ringt.

---

10 *Böhnisch/Gängler/Rauschenbach* (Hrsg.): Handbuch Jugendverbände, Weinheim und München 1991; *K.-H. Boeßenecker* (1995), a.a.O.; Deutscher Bundesjugendring (1994), a.a.O.

4.1 Anerkennung als Träger der freien Jugendhilfe

Vorbedingung für eine auf Dauer angelegte finanzielle Förderung der freien Träger ist, daß sie öffentlich (förmlich) anerkannt sind. Die Regelung des Anerkennungsverfahrens und die Bestimmung der Stellen, die diese Anerkennung aussprechen und widerrufen, ist den Ländern vorbehalten.

Die Voraussetzungen für die Anerkennung sind in § 75 Abs. 1 SGB VIII normiert.

Richtlinien für die Anerkennung von Trägern der freien Jugendhilfe[11]:

I. *Voraussetzungen*

Träger der freien Jugendhilfe (§ 75 SGB VIII), bei denen die Gewähr gegeben ist, daß sie
– eine den Zielen des Grundgesetzes förderliche Arbeit leisten,
– die freiheitlich-demokratische Grundordnung und die parlamentarisch-repräsentative Willensbildung im Staat bejahen sowie
– die Gewähr bieten, daß sie etwaige öffentliche Zuschüsse sachgerecht, zweckentsprechend und wirtschaftlich verwenden,
werden im Sinne des § 75 SGB VIII öffentlich anerkannt, wenn sie folgende Voraussetzungen erfüllen:
1. Der Träger muß seinen Sitz im Bereich des Jugendamtes haben.
2. Der Träger muß Ziel und Zweck seiner Tätigkeit in einer nachprüfbaren Weise festgelegt haben und bestrebt sein, sie kontinuierlich in seiner Arbeit zu verwirklichen.
3. Die Mitgliederzahl darf nicht geschlossen sein.
4. Der Träger muß gemeinnützig und bereit sein, bei Aufgaben der Jugendhilfe mit anderen Trägern der Jugendhilfe zusammenzuwirken.
5. In einer Jugendgemeinschaft müssen mindestens alle Mitglieder über 14 Jahre in gleicher Weise, nach gleichen Voraussetzungen und mit gleichem Stimmrecht an der Willensbildung des Trägers teilnehmen können.
6. Der Träger muß bereit sein, Beauftragten der Behörde den Zutritt zu seinen Einrichtungen sowie die Anwesenheit bei seinen Veranstaltungen und solchen, bei denen er mitwirkt, zu gestatten.
7. Ein Rechtsanspruch auf Anerkennung besteht, wenn zusätzlich zu den übrigen Voraussetzungen der Träger seit mindestens 3 Jahren kontinuierlich auf dem Gebiet der Jugendhilfe tätig gewesen ist; seine Arbeit soll dem Jugendamt seit mindestens 6 Monaten bekannt sein.
8. Ein anzuerkennender Träger der freien Jugendhilfe soll zum Zeitpunkt der Anerkennung mindestens 7 Mitglieder, eine anzuerkennende Jugendgemeinschaft mindestens 20 Mitglieder haben. Das Alter der Mitglieder von Jugendgemeinschaften soll – von Mitgliedern in leitender Funktion abgesehen – i.d.R. 25 Jahre nicht überschreiten.

---

11 aus: *P.-Chr. Kunkel*, a.a.O., S. 56. Vgl. die Richtlinien der Freien und Hansestadt Hamburg (Amtlicher Anzeiger Nr. 52 vom 16. März 1982, S. 546 ff. (in: 2. Auflage dieses Buches, S. 62). Zur Funktion der Anerkennungsvorschriften als politische Kontrolle von Basisinitiativen vgl. Jahrbuch der Sozialarbeit 1976, Reinbek bei Hamburg 1975, S. 302 ff.; *G. Fieseler*, Rechtsgrundlagen, S. 131; *Fieseler*, in: *Fieseler/Schleicher*, Vorbem. zu §§ 11 - 15 KJHG, Rn. 12 - 14; »Grundsätze über die Anerkennung von Trägern der freien Jugendhilfe« der Arbeitsgemeinschaft der Obersten Landesjugendbehörden vom 14.4.1994, in: Forum Jugendhilfe 3/1994, S. 19 ff. Vgl. auch ZfJ 1987, 21: Ausreißergruppe e.V. Münster vom Jugendwohlfahrtsausschuß als freier Träger anerkannt.

9. Soweit eine anzuerkennende Jugendgemeinschaft einem Erwachsenenverband angehört, muß die Jugendgemeinschaft, bei Berücksichtigung des Grundkonzepts des Erwachsenenverbandes, die Möglichkeit haben, ihr satzungsgemäßes Eigenleben zu gestalten.

II. Dachorganisationen

10. (1) Die Kirchen und Religionsgemeinschaften des öffentlichen Rechts sowie die auf Bundesebene zusammengeschlossenen Verbände der freien Wohlfahrtspflege sind kraft Gesetzes (§ 75 Abs. 3 SGB VIII) anerkannt.

(2) Sie können beantragen, die Anerkennung auf ihre Untergliederungen und angeschlossenen Organisationen auszudehnen, wenn diese die Voraussetzungen des Abschnitts I erfüllen. Im Antrag sind die Untergliederungen und angeschlossenen Organisationen im einzelnen zu bezeichnen sowie die für eine Prüfung der Voraussetzungen erforderlichen Unterlagen beizufügen. Der Eingang des Antrags wird schriftlich bestätigt.

(3) Sofern innerhalb von 2 Monaten nach Absendung der Bestätigung nicht anders entschieden ist, gelten die im Antrag genannten Untergliederungen und angeschlossene Organisationen als anerkannt.

11. Zusammenschlüsse von Jugendgemeinschaften (Ringe, Dachorganisationen und Arbeitsgemeinschaften) können anerkannt werden, wenn sie die Voraussetzungen des Abschnitts I erfüllen. Nr. 10 Abs. 2 und 3 finden keine Anwendung.

III. Befristung, Bedingungen, Widerruf

12. Die Anerkennung erfolgt, außer in den Fällen der Nr. 10 Abs. 1, befristet. Die Frist beträgt bei der ersten Anerkennung 2 Jahre, bei einer Verlängerung jeweils 3 Jahre. Die Fristen können verkürzt werden, wenn der Antragsteller sich noch im Stadium des Aufbaus einer Organisation befindet oder sein Organisationsgefüge ungefestigt erscheint.

13. Die Anerkennung kann unter Bedingungen zuerkannt werden.

14. Die Anerkennung kann widerrufen werden, wenn die Voraussetzungen einer Anerkennung nicht vorgelegen haben oder nicht mehr vorliegen.

IV. Verfahren

15. Die Anerkennung erfolgt, außer in den Fällen der Nr. 10 Abs. 1, aufgrund eines schriftlichen Antrags. Dem Antrag sind Abdrucke einer Satzung oder Ordnung beizufügen.

16. Der Behörde und ihren Beauftragten sind auf Anfordern prüfungsgenaue Unterlagen über die Voraussetzungen zur Anerkennung vorzulegen.

17. (1) Reichen die vom Antragsteller beigebrachten schriftlichen Unterlagen nicht aus, um eine Anerkennung zu rechtfertigen, ist dem Antragsteller Gelegenheit zu geben, seinen Antrag auch mündlich zu begründen.

(2) Der Antragsteller kann solche schriftlichen Beurteilungen einsehen, die zur Grundlage der Entscheidung über den Antrag gemacht werden sollen, sofern nicht gesetzliche Vorschriften oder zwingende Gründe des Staatswohls entgegenstehen.

(3) Dachorganisationen im Sinne des Abschnitts II können vor der Entscheidung gehört werden.

18. Die Anerkennung wird mit der schriftlichen Mitteilung an den Antragsteller wirksam.

4.2 Verhältnis von Trägern der öffentlichen und der freien Jugendhilfe[12]

4.2.1 Förderung der freien Träger

Die Träger der öffentlichen Jugendhilfe sollen die freiwillige Tätigkeit auf dem Gebiet der Jugendhilfe *anregen* und die jeweiligen Träger unter den Voraussetzungen des § 74 Abs. 1 SGB VIII *fördern*.

Die Förderungsvoraussetzungen beziehen sich auf:
- die fachliche Qualifikation des Personals und die Einhaltung inhaltlicher Standards,
- die zweckentsprechende und wirtschaftliche Verwendung der Mittel (Abrechnungen, Verwendungsnachweise),
- die Verfolgung gemeinnütziger Ziele[13] (nicht auf Gewinnerzielung gerichtete Tätigkeit),
- die Erbringung angemessener Eigenleistungen (nicht nur finanzielle Mittel, sondern auch Dienst- und Sachleistungen der ehrenamtlichen Mitarbeiter),
- die Gewähr für eine den Zielen des Grundgesetzes förderliche Arbeit (Achtung der Menschenrechte, Rechts- und Sozialstaatlichkeit auf demokratischer Grundlage unter Ausschluß jeglicher Gewalt- und Willkürherrschaft).

Bei Vorliegen dieser Voraussetzungen wird allerdings kein Rechtsanspruch auf Förderung begründet. Die Förderung steht im Ermessen der öffentlichen Träger. Die freien Träger haben somit einen Anspruch auf fehlerfreie Ermessensausübung (§ 39 SGB I). Sollbestimmungen sind in der Regel verpflichtend. Nur in atypischen Fällen sind sie Kann-Leistungen. Die Kriterien für die fehlerfreie Ermessensausübung nennt § 74 SGB VIII in den Absätzen 3 bis 5[14].

4.2.2 Subsidiarität[15]

Das Verhältnis zwischen öffentlichen und freien Trägern war lange Zeit umstritten (sog. Subsidiaritätsstreit). Der in § 4 Abs. 2 SGB VIII zum Ausdruck kommende Grundsatz der Nachrangigkeit (Subsidiaritätsprinzip) der öffentlichen Jugendhilfe

---

12 *G. Fieseler*, Öffentliche und freie Jugendhilfe – Zusammenarbeit und Förderung – Anspruch auf Hilfe zur Erziehung, in: ZfJ Nr. 4/5/6/1995, S. 194 ff.

13 Damit ist zwar nicht die Gemeinnützigkeit i.s. des Steuerrechts gemeint, aber aus Praktikabilitätsgründen wird verlangt, die Anerkennung i.s. der Gemeinnützigkeitsverordnung nachzuweisen. Zur Anerkennung jetzt *Bernzen* (1993), a.a.O., 84 f.

14 Vgl. *Frankfurter Kommentar* zum KJHG, a.a.O., Anm. 12 ff. zu § 74. Zur Reduzierung des Ermessensspielraumes auf Null, so daß Förderung gewährt werden muß: *G. Fieseler*, ZfJ 1995, 194 ff. Vgl. aber auch *N. Struck* (zu VerwG Frankfurt/Main – BG 3647/94/2 vom 2.1.1995, in: Forum Erziehungshilfen 1995, 93 f. und zu VerwG Köln – 21 K 3175/93 – in: Forum Erziehungshilfen 1995, 45.

15 Eine Wurzel des Subsidiaritätsprinzips stammt aus der katholischen Soziallehre. In der Sozialenzyklika »Quadrogesimo anno« von 1931 heißt es:
»Wie dasjenige, was der Einzelmensch aus eigener Initiative und mit seinen eigenen Kräften leisten kann, ihm nicht entzogen und der Gesellschaftstätigkeit zugewiesen werden darf, so verstößt es gegen die Gerechtigkeit, das, was die kleineren und untergeordneten Gemeinwesen leisten und zum guten Ende führen können, für die weitere und übergeordnete Gemeinschaft in Anspruch zu nehmen; zugleich ist es überaus nachteilig und verwirrt die ganze Gesellschaftsordnung. Jedwede Gesellschaftstätigkeit ist ja ihrem Wesen nach subsidiär...«, zitiert nach *J. Münder*, in: Handbuch SA/SP, a.a.O., S. 1151

gegenüber Trägern der freien Jugendhilfe ist nicht als »Funktionssperre« für den Staat und die Kommunen und auch nicht als »Vorfahrtsregelung« für die freien Träger zu interpretieren. Nach heutiger Auffassung räumt das Subsidiaritätsprinzip den freien Trägern der Jugendhilfe keinen absoluten Vorrang ein.

In seinem Urteil vom 18. Juli 1967 hat das Bundesverfassungsgericht zu diesem Problemkreis ausgeführt:

»Das Sozialstaatsprinzip verpflichtet den Staat, für eine gerechte Sozialordnung zu sorgen. Es besagt jedoch nicht, daß der Gesetzgeber für die Verwirklichung dieses Zieles nur behördliche Maßnahmen vorsehen darf; es steht ihm frei, dafür auch die Mithilfe privater Wohlfahrtsorganisationen vorzusehen.« (Amtlicher Leitsatz)[16]

»Außerdem bleibt den Gemeinden die Gesamtverantwortung dafür, daß in beiden Bereichen durch behördliche und freie Tätigkeit das Erforderliche geschieht... (Die) Regelung bringt nur eine Abgrenzung der Aufgaben zwischen Gemeinde und privaten Trägern, die lediglich eine vernünftige Aufgabenverteilung und eine möglichst wirtschaftliche Verwendung der zur Verfügung stehenden öffentlichen und privaten Mittel sicherstellen soll[17].«

Das Bundesverfassungsgericht sieht also im Subsidiaritätsprinzip – der Begriff taucht im Urteil übrigens an keiner Stelle auf – ein Funktionsverteilungsprinzip unter Wirtschaftlichkeitsaspekten und fordert eine *partnerschaftliche Zusammenarbeit* der öffentlichen und freien Träger.

Das KJHG folgt dieser Sichtweise und normiert in § 4 Abs. 1 SGB VIII den Grundsatz partnerschaftlicher Kooperation. Die Verpflichtung zur Zusammenarbeit ergibt sich auch aus der Zusammensetzung und den Aufgaben des Jugendhilfeausschusses (§ 71 SGB VIII) sowie aus § 80 Abs. 3 SGB VIII, der eine Beteiligung freier Träger in allen Phasen der Jugendhilfeplanung vorschreibt.

Die Träger der freien Jugendhilfe haben ein eigenständiges Tätigkeitsrecht. Der *Funktionsschutz* der freien Jugendhilfe ist in § 3 Abs. 2 SGB VIII verankert, wonach die Leistungen der Jugendhilfe sowohl von den freien als auch von den öffentlichen Trägern erbracht werden. Soweit geeignete Einrichtungen, Dienste und Veranstaltungen von Trägern der freien Jugendhilfe betrieben werden (oder rechtzeitig geschaffen werden können), soll die öffentliche Jugendhilfe von eigenen Maßnahmen absehen (§ 4 Abs. 2 SGB VIII). Die »Anderen Aufgaben« der Jugendhilfe (§ 2 Abs. 3 SGB VIII) werden – wegen ihres hoheitlichen Charakters (»insbesondere Eingriffsmaßnahmen, die aus dem staatlichen Wächteramt legitimiert sind«, BT-Drucksache 11/5948, S. 48) – von Trägern der öffentlichen Jugendhilfe wahrgenommen. Aber die freien Träger können auch mit diesen Aufgaben betraut werden, soweit dies ausdrücklich im Gesetz bestimmt ist (vgl. § 3 Abs. 3 i.V.m. § 76 SGB VIII).

---

16 *BVerfGE* 22, 180; unter Bezugnahme auf diese Entscheidung des Bundesverfassungsgerichts hat das Verwaltungsgericht Hannover mit Beschluß vom 2.7.1992 (DVJJ 1992, 259) dem Antrag eines freien Trägers der Jugendhilfe auf einstweiligen Rechtsschutz stattgegeben und dem örtlichen Träger der öffentlichen Jugendhilfe aufgegeben, *weiterhin* die zur Durchführung des Täter-Opfer-Ausgleichs geeigneten Fälle aus seinem örtlichen Zuständigkeitsbereich zur Bearbeitung an den freien Träger weiterzugeben. Die Beschwerde des betroffenen Landkreises, der diese Fälle in Zukunft durch seine Jugendgerichtshelfer bearbeiten lassen wollte, hat das OVG Lüneburg am 11.9.1992 zurückgewiesen (DVJJ 1992, 334; vgl. auch das Rechtsgutachten von *Uta Rüping*, in: DVJJ 1992, 138).

17 *BVerfGE* 22, 180 (206)

Die Selbständigkeit der freien Jugendhilfe in Zielsetzung und Durchführung ihrer Aufgaben sowie in der Gestaltung ihrer Organisationsstruktur ist zu achten (§ 4 Abs. 1 Satz 2 SGB VIII).

4.2.3 Inanspruchnahme freier Träger

In § 77 SGB VIII kommt das Prinzip zum Ausdruck, daß der öffentliche Jugendhilfeträger, der die Leistungen gewähren muß, letztendlich auch die Kosten zu tragen hat. Dieses Prinzip wird für den Fall konkretisiert, daß Einrichtungen und Dienste von freien Trägern in Anspruch genommen werden: über die Höhe der Kosten der Inanspruchnahme sind Vereinbarungen anzustreben.

Als Vertragspartner für die öffentlichen Träger (=Kostenträger) kommen in erster Linie die Spitzenverbände der freien Wohlfahrtspflege in Betracht. Die hierzu eingerichteten sog. *Pflegesatzkommissionen* sind meistens paritätisch durch Einrichtungs- und Kostenträgervertreter besetzt. Für den Heimbereich, um den es hier vor allem geht, sind Pflegesatzvereinbarungen abgeschlossen worden. Diese bilden die Grundlage für die Festsetzung des in den einzelnen Einrichtungen maßgebenden Pflegesatzes, d.h. des Entgelts, das für die gewährten Leistungen zu zahlen ist. Bei der Ermittlung der Kosten werden in der Regel die Personal- und Sachkosten sowie die Kosten der Substanzerhaltung berücksichtigt[18].

---

18 *H. Flierl*, a.a.O., S. 92. Zur Rechtsstellung freier Träger *Ch. Bernzen* (1993), a.a.O.

Viertes Kapitel: Organisation sozialer Dienste

1. Jugendamt[1]

Wegen der Hervorhebung der unbedingten Pflichtaufgaben im JWG entsprach das Jugendamt mehr oder minder einer »Eingriffs- und Kontrollbehörde«. Innen- und Außendienst waren getrennt, d.h. Informationssammlung und Entscheidungsbefugnis lagen nicht in einer Hand.

Der Außendienst (= Sozialarbeiter/Sozialpädagoge) stellte im unmittelbaren Kontakt mit den Klienten die Voraussetzungen für Jugendhilfeleistungen fest, schrieb Berichte und Stellungnahmen an die zuständigen Stellen – so auch an den Innendienst (= Verwaltungskräfte), der über die Anträge, Höhe und Art der Hilfe entschied.

Seit den 60er Jahren ist diese »ordnungsverwaltungsgemäße Bearbeitungsstruktur« des Jugendamtes ins Wanken gekommen. Mehrere Ursachen sind hierfür maßgebend:

- *Veränderung des Aufgabenkatalogs:*
  Durch die zunehmende Vergesellschaftung von Erziehung entstanden neue Arbeitsfelder, z.b. Kindergarten- und Vorschulbereich, offene und ambulante Hilfen, Beratungsstellen.

  Reformen des Nichtehelichen-, Adoptions- und Scheidungsrechts sowie die Neuregelung des Rechts der elterlichen Sorge und insbesondere das neue Kinder- und Jugendhilfegesetz verstärkten die sozialpädagogischen Anforderungen an das Jugendamt.

  Mit der Aufgabenerweiterung einher ging eine Veränderung des Klientels: Mittel- und Oberschichtsangehörige kommen vermehrt mit dem Jugendamt in Kontakt.

- *Reformdruck:*
  Durch sozialwissenschaftliche Forschung wurde das Jugendamt als Instanz sozialer Kontrolle definiert und seine aktive Rolle bei Stigmatisierungsprozessen beschrieben. Die »Pädagogisierung« des Jugendamtes wurde gefordert, damit es sich zu einer qualifizierten Fachbehörde entwickeln kann. Zielbestimmungen für die Jugendhilfe enthielten z.b. die Schlagworte: Leistung statt Eingriff, Prävention statt Reaktion, Demokratisierung statt Bevormundung, Ursachenbekämpfung statt Symptombearbeitung, Aktivierung statt Passivierung, Ganzheitlichkeit statt Segmentierung, Hilfe zur Selbsthilfe statt Therapeutisierung[2].

- *Professionalisierung:*
  Durch die Anhebung der Ausbildung von Sozialarbeitern/Sozialpädagogen auf Fachhochschul- und Hochschulebene kam es zu neuen Theorie- und Praxisansätzen, einem professionellen Selbstverständnis und zu veränderten Ansprüchen an die Arbeitsbedingungen und -inhalte.

2. Verhältnis Sozialarbeiter und Verwaltungsfachkräfte

Die bislang dominierenden Verwaltungsfachleute, die durch ihre Ausbildung auf gesetzlich und verwaltungsmäßig richtiges Handeln und Entscheiden festgelegt sind,

1 *C. W. Müller* (1994), a.a.O.; *H. Schröer*, Jugendamt im Wandel, in: np 3/1994, S. 263 ff.; *W. Krieger* (1994), a.a.O.; *M. R. Textor* (Hrsg.) (1994), a.a.O.
2 Vgl. *Soziale Praxis*, Heft 9/1991, S. 86

sahen sich mit einer steigenden Zahl von problem- und konfliktorientierten sozialpädagogischen Fachkräften konfrontiert. Das alte Spannungsfeld zwischen Verwaltung
und Sozialarbeit verschärfte sich. Trotz ermutigender Beispiele für gelungene Zusammenarbeit von Sozialarbeitern und Verwaltungsfachkräften ist ihr Verhältnis noch immer belastet. Auch wenn institutionelle Bedingungen und unterschiedliche berufliche
Sozialisation hierfür als Erklärung herangezogen werden müssen, so sind wechselsei-
tige Vorurteile nicht zu leugnen.

Die Charakterisierung der jeweiligen Berufsrolle (»Arbeitsstile in der Fremdwahr-
nehmung«), die von den Teilnehmern eines Kurses zur Verbesserung der Kooperation
zwischen den beiden Fachdiensten im Jahre 1976 gegeben wurde, ist auch heute noch
nicht überholt[3].

Das Bild, das sich Verwaltungsfachkräfte von Sozialarbeitern/Sozialpädagogen
machen, sieht klischeehaft so aus:
Sozialarbeiter sind Traumtänzer, linke Weltverbesserer ohne Bezug zur Realität; sie
leiden unter Profilneurosen, treten arrogant auf und sind unpünktlich; sie schaffen
künstlich Probleme, können stundenlang über Nebensächliches reden und formulieren fachchinesische Berichte; sie brauchen sehr lange, um ein Problem zu lösen
bzw. lassen es liegen, bis es sich von selbst erledigt; sie solidarisieren sich zum
Nachteil der Verwaltung mit den Klienten und stellen dabei Rechtsnormen infrage;
unangenehme Aufgaben schieben sie auf die Verwaltung ab; sie verwenden viel
Zeit für die Diskussion gruppeninterner Probleme, ohne aber kollegialer oder soli-
darischer miteinander umzugehen.

Umgekehrt sagen Sozialarbeiter/Sozialpädagogen den Verwaltungsfachkräften nach:
Sture Paragraphenreiter, die sich hinter Gesetz und Verordnung verschanzen; nicht
flexibel, konservativ denkend und autoritätshörig; tun beim Hilfegewähren so, als
ob sie das Geld aus der eigenen Tasche zahlen; denken mehr an den Rechnungshof
als an den Bürger, den sie nicht über alle Hilfsmöglichkeiten aufklären; nutzen vorhandene Ermessensspielräume nicht; glauben, daß man einem Menschen hilft,
indem man eine Akte schnell vom Tisch bekommt; sie betrachten Klienten als
Menschen zweiter Klasse oder sehen in ihnen eine Störung des geregelten Arbeits-
ablaufs; sie glauben, daß man Sozialarbeit genausogut mit gesundem Menschenver-
stand und Lebenserfahrung machen könne.

Ziel des erwähnten Lehrgangs war es zwar nicht, die »institutionelle Wirklichkeit
in Sozial- und Jugendämtern einschneidend zu verändern«, wohl aber, zu einer ver-
besserten Kooperation und Kommunikation zu gelangen. In der Tat ist dies nach wie
vor eine wichtige Aufgabe, die jedoch ohne organisatorische Umgestaltungen und
entsprechende Strukturvorgaben nicht vollzogen werden kann.

Beispiele für solche strukturellen Vorgaben sind das Gruppenamtsmodell der Stadt
Freiburg i.Br.[4] und das »Lahrer Modell« des Ortenaukreises[5]. Beide Modelle gehen
davon aus, daß Sozialarbeiter und Verwaltungsfachkräfte gleichberechtigt, unter Einbeziehung ihrer jeweiligen Kenntnisse und Fähigkeiten zusammenarbeiten.

---

3 *W. Reifarth u.a.*, Ein Erfahrungsbericht, in: NDV 1977, S. 275 f.; Überlegungen zur Verbesserung von Kooperation und Kommunikation zwischen Verwaltung und Sozialarbeit:
   H. Layer, in: DAVorm 1987, 713. Zuletzt *Heinrich/Bosetzky*, in: ArchSozArb 1993, 169 f.
4 *H. P. Mehl*, in: NP-Sonderheft 5 (1980), S. 179 ff.
5 *Dettling/Karolus/Orthband*, Zeitgemäße Neuorganisation der Sozial- und Jugendhilfe in
   Landkreisen, in: NDV 1984, S. 223 ff.

Teil des »*Lahrer Modells*« ist eine Teamordnung, in der aufgeführt ist,
- in welchen komplexen Sozial- und Jugendhilfefällen ein Team berät und entscheidet,
- welche Mitarbeiter der beiden Fachdienste und – falls erforderlich – welche dritten Personen (z.B. Sachverständige) das Team bilden,
- wie Teamentscheidungen festgehalten werden,
- wie eine Entscheidung zustande kommt, und was geschieht, wenn das Team nicht entscheidungsfähig ist.

Teamordnung[6]:

Aufgrund der Erkenntnis, daß Teamentscheidungen qualifizierter als Einzelentscheidungen sind und der Bürger ein Anrecht auf eine optimale Entscheidung der Sozialverwaltung (Sozial- und Jugendamt) hat, sowie eingedenk der Vielschichtigkeit und Differenziertheit der modernen Sozialarbeit sind Teamarbeit und Teamentscheidungen erforderlich. Das Team ist eine Arbeitsgemeinschaft, deren Mitglieder sich nach Maßgabe ihrer notwendigen Dienstfunktionen ergänzen und regelmäßig über dienstliche Angelegenheiten sowohl gleichberechtigt beraten als auch gemeinsame Entschlüsse fassen. Teamarbeit setzt die Teamfähigkeit aller Mitglieder und die Anerkennung der Teambeschlüsse und Teamordnung voraus. Es wird davon ausgegangen, daß die Teambeschlüsse sich im Rahmen der geltenden Rechtsnormen bewegen.

§ 1

Ins Team werden alle komplexen Sozial- und Jugendhilfefälle von den Mitgliedern eingebracht, dort beraten und entschieden. Dies sind im wesentlichen:
a) Fälle, bei denen sich Verwaltungssachbearbeiter und Sozialarbeiter über Art und Maß der Hilfe uneinig sind,
b) Fälle, bei denen ein Eingriff in die Rechte einer Person oder einer Familie notwendig wird,
c) bei allen Heimunterbringungen,
d) bei Entscheidungen von erheblicher finanzieller Bedeutung.

Darüber hinaus kann sich das Team mit organisatorischen Aufgaben und grundsätzlichen Fragen der Jugend- und Sozialhilfe befassen.

§ 2

Das Team der Dienststelle setzt sich aus Sozialarbeitern und Verwaltungsfachkräften zusammen. Die Teammitglieder sind gleichberechtigt. Bei Bedarf können weitere Sachverständige, z.B. Sozialarbeiter freier Verbände, Ärzte und Psychologen, hinzugezogen werden. Es wird die Anwesenheit aller Teammitglieder bei den Sitzungen erwartet. Die Teamsitzungen sollen wöchentlich stattfinden. Das Team kann von jedem Mitglied einberufen werden, wenn die Dringlichkeit dies erfordert. Es ist empfehlenswert, daß jedes Teammitglied sich nach freier Wahl und nach Absprache mit den anderen Teammitgliedern in einem Schwerpunkt der Sozialarbeit besondere Kenntnisse aneignet und diese in das Team einbringt. In der Leitung des Teams wechseln sich die Teammitglieder in regelmäßigem Turnus ab. Das mit einem Einzelfall befaßte Mitglied kann nicht bei der Beratung dieses Falles Gesprächsleiter sein.

§ 3

Die Teamentscheidungen werden schriftlich fixiert und vom zuständigen Sozialarbeiter und einem weiteren Teammitglied, das jeweils vom Team bestimmt wird; unterzeichnet.

§ 4

Die Ergebnisse des Teams sollen in der Regel einmütig gefaßt werden. Wird Einmütigkeit nicht erreicht, so entscheidet das Team mehrheitlich. In diesem Falle hat das betroffene Teammitglied ein Vetorecht. Der Fall wird dann an das Berufungsteam weitergeleitet, das endgültig mehrheitlich entscheidet.

---

6 NDV 1984, S. 226

§ 5

Das Berufungsteam besteht aus:
a) dem vetoeinlegenden Teammitglied
b) dem Leiter der »Sozialen Dienste« oder dem Außenstellenleiter
c) dem Jugendamts- oder Sozialamtsleiter
d) dem Dezernenten
e) evtl. weiteren Sachverständigen.

3. Diskussion um die Neuorganisation[7]

Ein Ausgangspunkt der Diskussion über die Neuorganisation der Sozialen Dienste ist die veränderte gesellschaftliche Funktion und die Aufgabenerweiterung von Sozialarbeit/Sozialpädagogik. Neben den »klassischen« Aufgaben der subsidiären Daseinssicherung und der Intervention mit dem Ziel der Kontrolle und Integration sozial Abweichender, haben Beratung und Therapie, sowie die Verminderung von Defiziten in der sozialen Infrastruktur und im Sozialisationssektor immer mehr an Bedeutung gewonnen. Vor dem Hintergrund dieses Aufgabenzuwachses und eines veränderten beruflichen Selbstverständnisses kam es zu einer Problematisierung der historisch gewachsenen, höchst unterschiedlichen Organisationsstrukturen, die durch *bürokratische Handlungsmuster* gekennzeichnet sind.[8]

Bei der Aufzählung der Bürokratiekennzeichen wird meist auf Max Weber[9] zurückgegangen, für den der »Idealtyp«[10] modernes Beamtentum die notwendige Voraussetzung für rationale Herrschaftsausübung war.

Folgende Merkmale einer bürokratischen Organisation hat Max Weber herausgearbeitet:

– Amtshierarchie: Ein System der Über- und Unterordnung, Befehlsgewalten und deren Rangfolge sind festgelegt. Die Rangfolge bestimmt den Instanzenweg und die Kontrollbefugnisse.

---

7   Vgl. *Japp, Kl. P./Olk, Th.*, a.a.O., S. 82 ff.; *D. Kühn*, a.a.O., S. 87 ff. und 124 ff. Zur Organisation der kommunalen Sozialdienste und Zielkonflikten in der sozialen Arbeit: *Klaus Wagner*, in: Soziale Arbeit 1987, 149 ff.; KGSt-Bericht 3/1993, DAVorm 1994, 673 ff.
8   Zu bürokratischer Aufgabenbewältigung und sozialpädagogischem Handeln der Sozialverwaltung vgl. *F. Ortmann*, a.a.O., S. 109 ff. und S. 189 ff. Zur Frage, ob für die im SGB VIII aufgeführten Hilfearten jeweils eigenständige Einrichtungen geschaffen oder die Hilfen »aus einer Hand« durchgeführt werden sollen, vgl. *Th. Klatetzki* (Hrsg.) (1995), a.a.O.
9   *M. Weber*, a.a.O., S. 55 ff.
10 »Idealtyp« ist nicht identisch mit der Wirklichkeit und meint auch nicht einen besonders wünschenswerten Zustand, sondern ist ein methodisches Instrument, um bestimmte Merkmale abstrakt zu beschreiben, die in Verbindung mit einem Ziel oder Wert definitorisch notwendig sind.
    Im Gegensatz zu M. Weber hält *N. Elias* die Bildung von Idealtypen zur Erfassung der vielfältigen gesellschaftlichen Erscheinungen für unnötig. In seinem Werk »Über den Prozeß der Zivilisation«, Erster und Zweiter Band, Frankfurt a.M., 3. Aufl. 1977, hat er den Zusammenhang von Gesellschafts- und Verwaltungsstrukturen aufgezeigt und dabei insbesondere den Prozeß der fortschreitenden Monopolisierung von Gewalt verfolgt. Zur »Soziogenese« einer Gesellschaft gehört nach Elias untrennbar die »Psychogenese« der die Gesellschaft bildenden Individuen. Die moderne Verwaltung ist eine historisch entstandene Form der Herrschaftsausübung: zu ihr gehören Menschen, die nicht ihren persönlichen Überzeugungen und spontanen Wünschen nachgehen, sondern Menschen, die Fremdzwänge (z.B. Regeln der Verwaltung) zu Selbstzwängen gemacht haben.

– Arbeitsteilung: sie beruht auf funktioneller Spezialisierung.
– System abstrakter Regeln: Prinzip der festen, durch Regeln, Gesetze oder Verwaltungsreglements geordneten behördlichen Kompetenzen (Zuständigkeiten). Rechte (z.b. Unterschriftsbefugnis) und Pflichten der Mitglieder der Organisation werden festgelegt, wobei die zwischenmenschlichen Kontakte unpersönlich bleiben.
– System von abstrakten Anweisungen zur Regelung des Arbeitsverfahrens.
– System von Dienstwegen zur Regelung der Information und Kommunikation (Konzentrierung auf die Behördenspitze,»Pyramide«).
– Arbeit mit Akten: alle Vorgänge werden schriftlich festgehalten. Grundsatz schriftlicher Information und Entscheidung.
– Auswahl und Beförderung der Organisationsmitglieder nach Fachschulung und beruflicher Leistung. (Moderne Amtsführung setzt entsprechende Fachschulung voraus).
– Schematische Laufbahnen mit speziellen Zugangsvoraussetzungen.
– Hauptamtliche Anstellung auf Dauer und feste Besoldungsprinzipien nach dem Rang. (Amtstreuepflicht des Beamten und Fürsorgepflicht des Staates).
– Rationale Disziplin der Mitglieder: Anordnungen werden ohne Rücksicht auf persönliche Vorstellungen und Wünsche durchgeführt.

Diese bürokratischen Organisationsstrukturen der Jugend- und Sozialämter wurden als Barrieren für methodische Sozialarbeit erkannt und kritisiert.

Aufgrund des *Selbstverwaltungsrechts der Gemeinden* (Art. 28 Abs. 2 GG) und beeinflußt von politischen, ökonomischen, geographischen und lokalen Bedingungen ist die Organisation öffentlicher sozialer Dienste höchst unterschiedlich.

Kennzeichnend für den überwiegenden Teil der Sozialadministration war bis vor ca. 15 Jahren (und ist zum Teil bis heute)[11]:
– die Zuordnung des Allgemeinen Sozialen Dienstes (früher: Familienfürsorge) entweder zum Jugend- oder Sozialamt, selten zum Gesundheitsamt;
– Rolle des Allgemeinen Sozialen Dienstes als beauftragter Verrichtungsgehilfe (»Wasserträger«) oder allenfalls als vorschlagender Gehilfe der Hauptverwaltung;
– Liniensystem[12] mit ungenügender horizontaler Kooperation (Statuskompetenz statt Sachkompetenz);
– Dualismus von Innen- und Außendienst;
– nicht aufeinander abgestimmte, problembezogene Arbeitsteilung (z.B. nach Wohnbezirken gegliederter Außendienst);
– alphabetische Personeneinteilung im Innendienst;
– Vorherrschen von Einzelfallorientierung; kaum familien-, gruppen- und gemeinwesenbezogene Ansätze;
– wenige sozialplanerische Leistungen;
– Trennung von vorbeugender und nachgehender Hilfe.

Folgende *Forderungen* wurden aufgestellt:
– Die Organisation von sozialer Arbeit muß am Bürger/Klienten und seinen Problemen orientiert sein. Zu entwickeln sind familien- und wohnquartierbezogene ganz-

---

11 Vgl. *H. P. Mehl*, in: NP-Sonderheft 5 (1980), S. 179
12 Liniensystem bedeutet stufenmäßig aufgebaute Organisation nach dem Prinzip der vertikalen Über- und Unterordnung von Mitarbeitern (Hierarchie). Das Liniensystem kann durch »Stäbe« ergänzt werden, die bestimmte Aufgaben (in der Regel ohne Entscheidungsbefugnis) für die Linieninstanzen erfüllen.

heitliche Hilfen, denen ein gesetzesübergreifendes Verständnis von Sozialarbeit zugrundeliegt.

– Die sozialen Dienste müssen für die Bürger leicht erreichbar, durchschaubar und ohne Angst annehmbar sein (»Bürgernähe«).

– Die Organisation muß versuchen, den Widerspruch zwischen traditioneller öffentlicher Verwaltung und Sozialarbeit aufzuweichen. Solche Widersprüche bestehen zwischen individualisierender, persönlicher Hilfe und generalisierendem Gesetzesvollzug;
zwischen Beratung, Betreuung, Behandlung und hoheitlichem Eingriff;
zwischen Vertrauen, Verschwiegenheit, Subjektivität und überprüfbarer Aktenführung;
zwischen methodengeleitetem sozialpädagogischem Handeln, das nur bedingt normierbar ist und juristisch kontrollierbarem Normenvollzug;
zwischen Kooperation/Teamarbeit und Liniensystem;
zwischen Problemorientierung und Zuständigkeitsregelungen.

– Gruppen- und Teamarbeit sind zuzulassen.

– Sozialpädagogische Handlungsspielräume sind zu erweitern. Die Effektivität von Sozialarbeit muß durch Arbeit mit Familien, Klientengruppen, Gemeinwesen und durch Einflußnahme auf Sozialplanung, Stadt- und Gemeindeentwicklung erhöht werden.

– Problemkenntnisse müssen in prophylaktisches Handeln umsetzbar sein.

– Die Mitwirkung der Betroffenen bei der Lösung ihrer Probleme ist zu gewährleisten.

– Partnerschaftliche Zusammenarbeit mit den freien Trägern ist zu sichern.

– Verwaltungsfachkräfte und Sozialarbeiter sind gleichberechtigt.

– Die Trennung von Innen- und Außendienst ist aufzuheben.

Diese Zusammenstellung von »Prüfsteinen« für die Neustrukturierung sozialer Dienste darf aber nicht darüber hinwegtäuschen, daß in der bisherigen Diskussion unterschiedliche Interessen aufeinanderstießen:

– Eine Richtung strebt die Optimierung staatlichen Handelns durch Rationalisierung und Effizienzsteigerung an. Ziel ist die Schaffung von leistungsfähigen und flexiblen Verwaltungseinheiten mit einem fachlich steuerbaren und politisch kontrollierbaren Personal bei sparsamer Mittelverwendung.

– Eine andere Position verfolgt das Ziel, jene bürokratischen Strukturen zu überwinden, die einem wissenschaftlich begründeten und gesellschaftstheoretisch reflektiertem sozialpädagogischen Handeln im Wege stehen. Den Vertretern dieser Position geht es vor allem um die Erweiterung von Handlungsspielräumen für die Sozialarbeit.

– Der dritte Argumentationsstrang geht aus von politisch motivierter, praktischer Solidarität mit den Betroffenen. Ziel ist die Unterstützung der Selbstorganisation und Selbsthilfe der Betroffenen.

Zur knappen Kennzeichnung dieser drei Positionen dienen die Begriffe: Rationalisierung, Professionalisierung, Laisierung[13].

Die Neuorganisationsdebatte wurde in den 70er Jahren mit Vehemenz und großen Hoffnungen geführt. In den Folgejahren verstummte sie. Zum Teil lag dies daran, daß

---

13 Vgl. *Müller/Otto*, in: NP-Sonderheft 5 (1980), S. 6

einige Forderungen realisiert wurden, und daran, daß sich die hochgesteckten Erwartungen an neue Organisationsstrukturen (und verbesserte Interaktionsformen) nicht erfüllt haben. Vor allem hat zur Resignation beigetragen, daß gegenwärtig nur Maßnahmen gefragt sind, die den kommunalen Haushalt nicht belasten. Dabei wird jedoch übersehen, daß kurzfristige Sparmaßnahmen mittel- oder langfristig zu höchst unerwünschten sozialen Konsequenzen – und noch höheren Kosten – führen können.

3.1 Empfehlungen der Kommunalen Gemeinschaftsstelle für Verwaltungsvereinfachung (KGSt)[14]

Absicht der KGSt-Vorschläge zur Organisation sozialer Dienste ist, ebenso wie bei den Empfehlungen des Deutschen Vereins[15],

– einer zu weit gehenden Spezialisierung entgegenzuwirken;
– ein organisatorisches Soll-Konzept zu beschreiben, das den Zielen der sozialen Arbeit angepaßt ist;
– dem Zusammenhang zwischen Sozial- und Jugendhilfe gerecht zu werden.

Im einzelnen wird empfohlen:

– von einer Allzuständigkeit des Allgemeinen Sozialen Dienstes (ASD) auszugehen und nur soweit nötig einzelne Tätigkeitskomplexe zu spezialisieren (»so viel Integration wie möglich, so viel Spezialisierung wie nötig«);
– zwischen ASD und Besonderem Sozialen Dienst (BSD) als besonderer Organisationseinheit weitere Spezialisierungsstufen einzurichten;
– die sozialen Dienste
  – wohngebietsbezogen und umfeldorientiert,
  – zielgruppenorientiert,
  – vorrangig nach Alter, ergänzend nach Problemen spezialisiert,
  – arbeitsgruppenorientiert
  zu organisieren.

Hauptziele einer Organisationsänderung
– Berücksichtigung der Erwartungen von Bürgern und Mitarbeitern:
  Soziale Arbeit wendet sich an einzelne *Bürger*, deren Erwartungen zugleich Anforderungen an organisatorische Überlegungen sind.
  Zu berücksichtigen sind folgende Erwartungen:
  – eine kompetente Kontakt- und Vertrauensperson zu haben,
  – räumliche Nähe und »soziale Nähe« zu erfahren,
  – Zuständigkeiten erkennen zu können.

Erwartungen der Mitarbeiter können sein:
– eindeutige Kompetenzverteilung auch im Hinblick auf Entscheidungsmöglichkeiten,
– qualitativ und quantitativ angemessene Arbeitsverteilung,
– Möglichkeiten der Kooperation,
– Möglichkeiten der Fortbildung,
– Integration sozialer Dienste.
  Darunter wird die möglichst vollständige Zusammenfassung aller sozialen Hilfen des Sozial-, Jugend- und Gesundheitsamtes in einem Sozialdienst verstanden.

---

14 *KGSt-Bericht* Nr. 6/1982 ; *KGST-Bericht* Nr. 3/1993 und Nr. 3/1995 (»Aufbauorganisation in der Jugendhilfe«)
15 Empfehlungen zur Organisation des kommunalen Allgemeinen Sozialdienstes, Frankfurt a.M. 1983 (Kleinere Schriften des Deutschen Vereins, Heft 68)

Der Integration als organisatorischer Änderung werden Widerstände entgegenge-
bracht. Bisherige Funktionsträger fürchten um »Besitzstände«, Mitarbeiter befürchten
den Verlust »professioneller Anerkennung«, die sie im Laufe der Spezialisierung
erworben haben. In der Diskussion bleiben solche Interessen und Ängste häufig
unausgesprochen; die Beteiligten verschanzen sich hinter unverrückbaren »Sachargu-
menten«.

Zielkonflikt zwischen Integration und Spezialisierung der sozialen Dienste:
Spezialisierung bedeutet eine Begrenzung der Tätigkeitsbreite der Mitarbeiter
(Verlust an Breite, Gewinn an Tiefe). Die Spezialisierung kann nach Tätigkeit, Ziel-
setzung oder Zielgruppe erfolgen. Sie setzt eine entsprechende Qualifizierung des
Mitarbeiters voraus.

Wenn Spezialisierung mit der Einrichtung eines besonderen sozialen Dienstes
(besondere Organisationseinheit: Sachgebiet/Abteilung) verbunden ist, können Nach-
teile eintreten:
– Verlust der Ganzheitlichkeit,
– Kooperationsprobleme,
– Verlust des Überblicks.

3.2 Neuorganisation der Jugendämter

Die herkömmliche kommunale Verwaltungsstruktur baut auf dem Prinzip der
Zuständigkeit auf und ist durch eine vertikale (hierarchische) sowie eine horizontale
(Ressort-) Gliederung gekennzeichnet. Durch das vertikale Gliederungsprinzip wird
die Verwaltung nach Kompetenzrängen (Amts-, Abteilungs-, Gruppenleiter, Sachbearbeiter) abgestuft; horizontal gliedern sich die Ämter in einzelne Abteilungen. Auch
für die Verwaltung des Jugendamtes gelten diese grundlegenden Strukturmerkmale[16].

Kaum ein anderer Bereich der Kommunalverwaltung ist in den letzten 25 Jahren
durch Aufgabenzuwächse und verändertes Bewußtsein derart an die Grenzen dieser
Strukturen gestoßen wie die Jugendhilfe. Der Aufgabenzuwachs und die präventive
Orientierung der Jugendhilfe waren mit der traditionellen Behördenorganisation nicht
mehr zu bewältigen. Daher wurden seit Ende der sechziger Jahre von sehr vielen
Städten und Gemeinden Modelle zur Neuorganisation und Umstrukturierung der Jugendämter (einschließlich der sonstigen Sozialen Dienste) entwickelt.

In den siebziger Jahren wurde in der Spezialisierung die optimale Organisationsform der Jugendhilfe gesehen. Vorteile eines Spezialdienstes sind die hohe Fachlichkeit und die intensive Betreuung, die durch günstige Personalausstattung ermöglicht
wird. Es besteht aber die Gefahr, daß die Mitarbeiter die Zusammenarbeit mit den
Jugendlichen und deren Familien ausschließlich aus der Sichtweise ihres Arbeitsauf-
trages gestalten. Wenn andere Probleme hinzukommen, wird auf andere Dienste
verwiesen. Das hat zur Folge, daß in vielen Familien mehrere Sozialarbeiter auftreten.
Wenn es dann an der notwendigen Koordination der einzelnen Maßnahmen mangelt,
ist der angestrebte Erfolg gefährdet.

Die erkannten Nachteile der Spezialisierung führten zu neuen Organisationsüberle-
gungen. Folgende Kriterien sollten bei der Suche nach der örtlich optimalen Organisationsform berücksichtigt werden:

---

16 Vgl. *8. Jugendbericht*, S. 183 ff.

- Sowohl für die persönliche Hilfe durch den Sozialarbeiter wie auch für die materielle Hilfe durch die Verwaltungskraft sollte die Zuständigkeit nach Regionen bzw. Bezirken bestimmt werden; also nicht nach dem Buchstabenprinzip mit der Zuständigkeit für das gesamte (Stadt-)Gebiet, wie es beim Spezialdienst meistens organisiert ist. Jeder Mitarbeiter soll für einen bestimmten überschaubaren Bezirk zuständig sein. Dadurch kann er sich mit den örtlichen Lebensbedingungen vertraut machen. Die Kenntnis des Bezirks und des sozialen Umfeldes ist für die Einschätzung auftretender Probleme besonders wichtig. Außerdem kennen sich der Sozialarbeiter und die zuständige Verwaltungskraft genauer, so daß eine Verzahnung persönlicher und materieller Hilfen besser erfolgen kann.

- In der Jugendhilfe sollte so viel umfassende Zuständigkeit des einzelnen Sozialarbeiters und so wenig Spezialdienst wie nötig vorgesehen werden. Umfassende Zuständigkeit ermöglicht einen ganzheitlichen Hilfevollzug: d.h., der Sozialarbeiter ist für alle in der Familie auftretenden Jugendhilfeprobleme und nicht nur für einzelne Bereiche zuständig.

- Erstreckt sich die Zuständigkeit des Jugendamtes über ein großflächiges Gebiet, sollten Außenstellen eingerichtet werden. Durch eine dekonzentrierte Aufgabenwahrnehmung wird die Bürgernähe erheblich gesteigert.

Allgemeingültige Empfehlungen für die Organisationsstruktur des Jugendamtes kann es nicht geben, da immer die örtlichen Besonderheiten und Gegebenheiten zu berücksichtigen sind[17].

3.3 Neue Steuerungsmodelle der Sozialverwaltung[18]

Eine höhere Effektivität und Effizienz sozialer Dienste wird seit Mitte der achtziger Jahre verstärkt gefordert. Die Übernahme betriebswirtschaftlicher Denkweisen wird empfohlen und unter Begriffen wie »Sozialmanagement«, »Lean Management« und »Qualitätsmanagement« diskutiert. Seit Beginn der neunziger Jahre, als neue Organisations- und Steuerungsmodelle zur Reform der *gesamten* Kommunalverwaltung gesucht wurden (unter enormem Druck zur Einsparung von Finanzmitteln, um die kommunalen Haushalte in Zukunft ausgleichen zu können), müssen sich auch die Jugend-

---

17 Vgl. *Institut für soziale Arbeit e.v.* (Hrsg.): ASD – Beiträge zur Standortbestimmung (Soziale Praxis, Heft 9), Münster 1991

18 *J. Merchel*, Sozialverwaltung oder Wohlfahrtsverband als »kundenorientiertes Unternehmen«: ein tragfähiges, zukunftsorientiertes Leitbild?, in: np 4/1995, S. 325 ff.; *H. G. Tegethoff*, Schlankheitskur für die Jugendhilfe. Rationalisierung nach dem Modell der KGSt, in: np 2/1994, S. 132 ff.; *D. Kühn*, Neue Steuerungsmodelle der Sozialverwaltung – Chancen und Gefahren, in: np 4/1995, S. 340 ff.; *W. Hinte*, Neue Steuerung: alte Falle oder neue Chance für sozialarbeiterische Fachlichkeit, in: TuP, Nr. 4/1995, S. 143 ff.; *R Tormin*, Vom Amt zum Dienstleister, in: socialmanagement 5/1995, S. 13 ff.; *R. Eichmann*, Offensives Jugendamt, in: socialmanagement 5/1995, S. 16 ff.; *B. K. Müller*, Fachlichkeit und neue Steuerungsmodelle, in: socialmanagement 5/1995, S. 19 ff.; *Deutscher Verein für öffentliche und private Fürsorge* (1995), (Schriften allgemeinen Inhalts 32): »… und sie bewegt sich doch«, Kapitel II: Jugendhilfe als Dienstleistung – Auswirkungen neuer Steuerungsmodelle auf Selbstverständnis und Organisation, S. 32 - 75; *G. Flösser*, Soziale Arbeit jenseits der Bürokratie, Neuwied/Kriftel,Berlin 1994; *N. Struck*, Jugendhilfeplanung tut not! Die »outputorientierte Steuerung der Jugendhilfe« erfüllt nicht die Ansprüche des KJHG, in: BldWPfl 11+12/1995, S. 284 ff.

ämter als Teil des »Dienstleistungsunternehmens Kommunalverwaltung« mit den neuen Steuerungsformen auseinandersetzen.

Als Kennzeichen der herkömmlichen Verwaltungsorganisation werden folgende Merkmale genannt:
– Zentralisierung der Verantwortung; zuviel Hierarchie; lange Instanzenwege (d.h. lange Bearbeitungs- und Durchlaufzeiten)
– keine Ressourcen-, sondern nur Fachverantwortung der einzelnen Ämter (dadurch geringe Gesamtverantwortung:»organisierte Unverantwortlichkeit«)
– autoritäre Führung; unflexible Kommunikationsstrukturen; wenig Selbständigkeit, Entscheidungs- und Risikobereitschaft der Dienststellen und Mitarbeiter/-innen
– mangelnde Kostentransparenz; geringes Kostenbewußtsein; wenig Anreiz für sparsames Handeln (z.b.»Dezemberfieber«)
– unflexible Personalsteuerung; mangelhafte Mitarbeitermotivation
– Status- statt Leistungsorientierung
– geringe Kundenorientierung.

In Abkehr von dieser Zustandsbeschreibung lauten die Ziele der Verwaltungsmodernisierung:
– stärkere Orientierung am Ergebnis
(Das »Produkt« ist der Zentralbegriff outputorienierter Steuerung: Im Hinblick auf die zu erbringenden Leistungen [= Produkte] soll die Verwaltung gesteuert werden)
– Kostenbewußtsein durch Kostentransparenz
– Abbau von Bürokratie (insbesondere von Hierarchieebenen)
– Mehr Wirtschaftlichkeit durch klar geregelte Verantwortlichkeit
– Steigerung der Effizienz durch Wettbewerb
– Erhöhung des Leistungspotentials durch höhere Motivation der Mitarbeiter/-innen

Vorreiter dieser Entwicklung ist die Kommunale Gemeinschaftsstelle (KGSt), die mit ihren Berichten Nr. 3/1993 (»Ziele, Aufgaben und Tätigkeiten des Jugendamts«), Nr. 5/1993 (»Das Neue Steuerungsmodell«), Nr. 9/1994 (»Outputorientierte Steuerung der Jugendhilfe«) und Nr. 3/1995 (»Aufbauorganisation in der Jugendhilfe«) Arbeitshilfen für die Praxis vorgelegt und Diskussionsimpulse gegeben hat.

Outputorientierte Steuerung der Jugendhilfe

Outputorientierte Steuerung bedeutet, die Planung, Durchführung und Kontrolle des Verwaltungshandelns strikt an den beabsichtigten und tatsächlichen Ergebnissen zu orientieren. Sie ist eine wesentliche Voraussetzung zur Gewährleistung der Bürgernähe, Leistungsfähigkeit und Wirtschaftlichkeit der Kommunalverwaltung.

Die Ausgangslage der Jugendhilfe ist im wesentlichen durch vier Herausforderungen bestimmt:[19]
1. Die Jugendhilfe muß ein breites Spektrum an Information, Beratung, Unterstützung und anderen Hilfearten anbieten. Die soll ganzheitlich und an der Lebenswelt und der Lebenslage der Betroffenen ausgerichtet sein. Sie soll präventiv arbeiten, in Inhalten, Methoden und Arbeitsformen vielfältig sein, möglichst in den gewachsenen lokalen Strukturen angeboten werden und das Gestaltungs- bzw. Selbsthilfepotential aktivieren und fördern.

---

19 KGSt-Bericht Nr. 9/1994, S. 8 f.

2. Der quantitative Bedarf von Kindern, Jugendlichen, Eltern und anderen Erziehungsberechtigten an Information, Beratung, Unterstützung und anderen Hilfearten durch die Jugendhilfe ist zum einen von sozialstrukturellen Entwicklungen abhängig, zum anderen sind die vorherrschenden Handlungsmuster in Familie und Partnerschaft, in Ausbildung und Arbeitswelt sowie im gesellschaftlichen Umfeld von erheblicher Bedeutung. Die Entwicklung dieser Faktoren deutet auf einen insgesamt steigenden Bedarf hin.

3. Quantitativer und qualitativer Bedarf an Information, Beratung und Unterstützung stellen hohe Anforderungen an die Fähigkeiten und die Verantwortungsbereitschaft der Mitarbeiterinnen und Mitarbeiter der Jugendhilfe. Inwieweit das vorhandene Potential zum Tragen kommt, hängt nicht nur von den Personen selbst ab, sondern wird wesentlich durch die Arbeitsbedingungen beeinflußt. Entscheidend sind insbesondere die Informations- und Entscheidungsverfahren sowie die Gestaltung der Verantwortlichkeiten.

4. Aufgrund der Haushaltssituation der Kommunen ist eine Verwirklichung der zuvor genannten Herausforderungen durch vermehrten Ressourceneinsatz in der Regel nicht realistisch.

Leitfragen zur Steuerung

Das Verwaltungshandeln soll in Planung, Durchführung und Kontrolle durch folgende Fragen gesteuert werden:

Was sind die strategischen Ziele und Aufgaben?
Wer ist die Zielgruppe?
Bieten wir die richtigen Leistungen?
Stimmt die Quantität der Leistungen?
Stimmt die Qualität der Leistungen?
Wie hoch sind die Kosten der Leistungserbringung?
Werden die Leistungen zuverlässig und wirtschaftlich erbracht?
Erreichen die Leistungen ihr Ziel?
Wie kann den Erwartungen der Bürgerinnen und Bürger noch besser entsprochen werden?
Ist die Leistungserbringung ausreichend flexibel?
Werden die Fähigkeiten und die Verantwortungsbereitschaft der Mitarbeiterinnen und Mitarbeiter ausreichend genutzt und gefördert?

Für eine wirkungsvolle Verbesserung der Bürgernähe, Effektivität und Effizienz muß outputorientierte Steuerung jedoch durch weitere Maßnahmen ergänzt werden, insbesondere die Erreichung bzw. Einhaltung von Leistungs- und Finanzzielen hängt wesentlich davon ab, wie die Verantwortlichkeiten geregelt sind und wie zeitnah, flexibel und nachvollziehbar über erforderliche Maßnahmen entschieden wird. Wichtig ist vor allem[20]

– die Ergebnis- und Ressourcenverantwortung auf Fachbereichs- bzw. Amtsebene zusammenzuführen;
– Kompetenzen im Rahmen vereinbarter Leistungs- und Finanzziele auch auf die Sachbearbeiterebene zu delegieren;

---

20 Näher dazu: KGSt-Bericht Nr. 5/1993, Das Neue Steuerungsmodell, Seite 15 ff.

– nicht zwingend notwendige Zwischeninstanzen in Informations- und Entscheidungsverfahren abzubauen;
– das Personalmanagement durch Personalentwicklung, Mitarbeitergespräche u.v.m.
  auf die veränderten Bedingungen einzustellen;
– die technikunterstützte Informationsverarbeitung zu verbessern.

Schaubild: Elemente des neuen Steuerungsmodells[21]

```
                    Strategische
                  Steuerung durch
               Politik und Verwaltungsführung

              Personalmanagement
        (Personalentwicklung, kurze Entscheidungswege,
        Delegation von Kompetenzen, Mitarbeitergespräche etc.)

  Umfassende                         Budgetierung
  Technikunterstützung

  Berichtswesen                      Dezentrale
  und                                Zusammenführung
  Controlling                        von Ergebnis- und
                                     Ressourcenverantwortung

              Outputorientierte Steuerung auf der
              Grundlage von Produktbeschreibungen
```

Wichtig ist, daß jede Kommunalverwaltung abhängig von ihrer Ausgangslage, ihren Aufgaben und ihren Zielen eine eigene Strategie zur Verwaltungsmodernisierung entwickelt.

Risiken und Chancen der Neuorientierung

Die stärkere Einbeziehung betriebswirtschaftlichen Denkens in die soziale Arbeit
und die Bestrebungen, neue Steuerungsinstrumente einzusetzen, werden in der Fachöffentlichkeit äußerst skeptisch beobachtet, aber auch als Chance für einen Zugewinn
an Fachlichkeit gesehen.

Als Risikofaktoren werden genannt:
– Verkürzung auf die Zielsetzung der finanziellen Mitteleinsparung durch »Decke-
  lung« der Ausgaben (zum Teil mit Reduzierung des derzeitigen Gestaltungsspiel-
  raums)
– Verpackung von Sparpolitik in ein vermeintlich sachbezogenes Gewand
– Controlling wird als Kontrolle mißverstanden, nicht als Verpflichtung zur effektiven Steuerung
– Reduktion fachlicher Komplexität auf Vorgänge einfacher Meßbarkeit
– Deregulierung von Standards
– zu schnelle Übertragung betriebswirtschaftlicher Modelle auf die öffentliche Verwaltung, ohne die Besonderheiten auszudiskutieren

---

21 aus: KGSt-Bericht Nr. 9/1994, S. 15

– verkürzter Blick auf Organisationsänderungen, ohne die grundsätzliche Neuorientierung auf den Erfolg der Leistungen bei den Kunden/Klienten
– viele Aspekte sind noch nicht ausgereift bzw. genügend erprobt.

Boeßenecker[22] stellt mehrere Prüffragen und -thesen in diesem Zusammenhang:

1. Gerät die Aufsplitterung in Produktbereiche nicht in Konflikt zu dem fachlich begründeten und gegen viele Widerstände durchgesetzten Prinzip der »Einheit der Jugendhilfe«?
2. Welche Bedingungen müssen erfüllt sein bzw. hergestellt werden, daß öffentliche Sozialpolitik sich nicht aufsplittert in eine Armutsfürsorge für materiell Minderbemittelte einerseits und in eine kundenorientierte Dienstleistung für ein arriviertes Publikum andererseits?
3. Was ist zu tun, daß das Konzept des Kontraktmanagements in der deutschen Variante des Neuen Steuerungsmodells (NSM) wirklich aufgegriffen wird und nicht weiter unterbelichtet bleibt?
4. Ist das NSM ohne Kontraktmanagement = Budgetierung nicht ein ausschließliches Rationalisierungsinstrument und damit alter Wein in neuen Schläuchen?
5. Sind Wirkungsanalysen und sozialpädagogische Begleitforschungen für die Neuorganisation sozialer Dienste nicht angemessenere Instrumente als das Konzept der outputorientierten Steuerung?
6. Läßt sich soziale Arbeit durch das Konzept des NSM nicht die planerische Initiative wehrlos aus der Hand nehmen, die sie mühsam und nach großem politischen Streit mit der Verabschiedung des KJHG und dessen sozialpolitischen Prämissen endlich gewonnen hatte?
7. Wäre die Perspektive nicht sehr viel angemessener, die Planungs-, Steuerungs- und Controllingkriterien des KJHG durch betriebswirtschaftliche Kategorien anzureichern und zu ergänzen? Prävention, Lebensweltbezug, Betroffenenbeteiligung, Abbau von Benachteiligungen, die Schaffung positiver Lebensbedingungen sind durchaus operationalisierbare Optionen. Warum sollten diese nicht auch mit Hilfe von BWL-Kriterien weiterentwickelt, konkretisiert und überprüft werden können?
8. Unterläuft das NSM nicht die Sinnvorgaben und Ansprüche an einen partnerschaftlich auszutragenden und auszuhandelnden Willensbildungs- und Entscheidungsfindungsprozeß, wie er durch die Optionen des KJHG politisch konzeptionell gewollt ist? Und: Verstärkt ein solches Modell nicht gerade die oftmals bemängelte machtpolitische Einflußlosigkeit und periphere Stellung des Jugendhilfeausschusses, in dem dieses als fachfremd anderes strukturelles Entscheidungsprinzip institutionalisert wird?

Ortmann[23] benennt als Problem, daß mit den neuen Steuerungsformen eine »Ökonomisierung« des Sozialen angestrebt wird, die zu folgenschweren Veränderungen der Sozialarbeit nach fachfremden und für die Sozialarbeit unsinnigen Kriterien führen werde. Er betont den Unterschied zwischen Pädagogik und der Erbringung (personenbezogener) Dienstleistungen: Der Pädagoge kann sein »Produkt« nur erstellen in

---

22 K.-H. *Boeßenecker*, Das neue Steuerungsmodell, in: Soziale Arbeit 4/1995, S. 127 ff. (133)
23 F. *Ortmann*, Neue Steuerungsformen der Sozialverwaltung und soziale Arbeit, in: NDV 2/1996, S. 62 ff.

einem Prozeß wechselseitigen Verstehens zwischen ihm und den Jugendlichen; Bildungsprozesse sind nicht in einem technischen Sinne steuerbar (»strukturelles Technologiedefizit«[24]); Ziel-Mittel-Überlegungen sind für pädagogische Prozesse nicht anwendbar, weil die Pädagogik ein hermeneutischer Prozeß ist, der auf das Bewußtsein der Menschen einwirkt; der Effizienzmessung pädagogischer und beratender Prozesse sind Grenzen gesetzt, die auch mit den neuen Steuerungsmethoden nicht überwindbar seien. Um eine verbesserte und kostensparendere Aufgabenerledigung in den Sozialverwaltungen zu erreichen, schlägt er zunächst die Einführung einer kaufmännischen (statt kameralistischen) Buchführung vor, damit Kostenvergleiche bei gleichartigen Leistungsangeboten möglich werden; desweiteren sollten kommunikative Verfahren der Qualitätskontrolle eingeführt werden.

3.4 Vorschlag für einen Produktplan der Jugendhilfe[25]

Produktbereich	Produktgruppe		Produkt	
51.1 Kindertages-betreuung	51.1.1	Plätze in Kindertages-einrichtungen für Kinder unter 3 Jahren	51.1.1.1	Plätze in altersgemisch-ten Gruppen
			51.1.1.2	Plätze in Krabbelgruppen
			51.1.1.3	Plätze in Krippen
	51.1.2	Plätze in Kindertages-einrichtungen für Kinder von 3 Jahren bis zum Beginn der Schulpflicht	51.1.2.1	Plätze in altersgemisch-ten Gruppen
			51.1.2.2	Plätze im Kindergarten ohne Mittagsbetreuung
			51.1.2.3	Plätze im Kindergarten mit Mittagsbetreuung
			51.1.2.4	Plätze in integrativen Gruppen
	51.1.3	Plätze in Tageseinrich-tungen für Schulkinder	51.1.3.1	Hortplätze in altersge-mischten Gruppen
			51.1.3.2	Hortplätze in Kinderta-geseinrichtungen
			51.1.3.3	Hortplätze an Schulen
			51.1.3.4	Hortplätze in anderen Einrichtungen der Jugendhilfe
	51.1.4	Plätze für Tagespflege	51.1.4.1	Plätze für Tagespflege[a]
51.2 Allgemeine För-derung von jun-gen Menschen und ihren Fami-lien	51.2.1	Kinder- und Jugend-arbeit	51.2.1.1	Offene Kinder- und Jugendarbeit durch Ein-richtungen
			51.2.1.2	Offene Kinder- und Jugendarbeit außerhalb von Einrichtungen
			51.2.1.3	Verbandliche Kinder- und Jugendarbeit

---

24 Vgl. *N. Luhmann/K. E. Schorr* (1982), a.a.O., S. 11 - 40; *dies.* (1986), a.a.O., S. 72 - 117
25 aus: KGSt-Bericht Nr. 9/1994, S. 21 - 23

a. In diesem Fall gliedert sich die Produktgruppe nicht in mehrere Produkte. Produktgruppe und Produkt haben den gleichen Gegenstand und deshalb denselben Titel. Sie unterscheiden sich jedoch im Detaillierungsgrad der ausgewiesenen Informationen.
b. Adoption ist keine Aufgabe nach dem KJHG, sondern nach dem Adoptionsvermittlungsgesetz (AdVermiG). Sie wurde in den Produktplan aufgenommen, um exemplarisch zu zeigen, wie Produkte mit verschiedenen Rechtsgrundlagen aus outputorientierter Sicht zusammengehören und deshalb einem gemeinsamen Produktbereich zugeordnet werden.
Wie bei dem Produkt »Plätze für Tagespflege« unterscheiden sich bei der Adoption Produktgruppe und Produkt nicht durch den Gegenstand, sondern durch den Differenzierungsgrad der ausgewiesenen Informationen.

4. Sozialarbeiter und Aktenführung[26]

Das Führen von Akten ist Wesensmerkmal bürokratischer Organisationen[27]. Akten sind eine besondere Form schriftlicher Dokumentation. Als »Gedächtnis der Verwal-

---

26 *Stadt Essen* (Hrsg.), Aktenführung in den sozialen Diensten des Jugendamtes Essen. Orientierungshilfe und Arbeitsanweisung, Essen 1995; *K. Geiser*, Aktenführung und Dokumentation sind Grundlagen professioneller Zusammenarbeit, in: BldWPfl 1+2/1996, S. 5 ff.; *R. Brack*, Akten als Fundgrube für die Evaluation, in: BldWPfl 1996, S. 10 ff.
27 Siehe Seite 89 in diesem Buch

tung« sollen sie alle Informationen, Entscheidungsschritte und -ergebnisse objektiv festhalten. Prinzipien der behördlichen Aktenführung sind demnach: Schriftlichkeit, Objektivität und Vollständigkeit. Die in den Akten wiedergegebenen Daten, Informationen, Wertungen, Beschreibungen etc. werden behördlicherseits als Abbildung der Wirklichkeit angesehen und nicht als Produkte einer subjektiven, interessengeleiteten und u.U. verzerrten Wahrnehmung.

Da bürokratische Organisationen entscheidungsorientiert sind, wird in den Akten die komplexe soziale Realität auf das rechtlich und administrativ Relevante reduziert. Akten sind nach behördlichem Selbstverständnis dann »gut«, wenn sie juristisch unangreifbare Entscheidungen beinhalten (»wasserdicht« bzw. »revisionssicher« sind).

Sozialarbeiter haben häufig ein gestörtes Verhältnis zu den Anforderungen und Konsequenzen behördlicher Aktenführung; die Rede ist von einem Bündnis wider Willen.[28]

Die Abwehrhaltung hat wenigstens drei Gründe:
– Sozialarbeiter wollen zu ihren Klienten ein persönliches Verhältnis (helfende Beziehung) aufbauen. Die Herstellung von Vertrauen ist hierbei zentral. Wenn aber alles, was der Sozialarbeiter beruflich erfährt,»zwangsläufig der Verfügungsgewalt seines Dienstherrn oder Arbeitgebers« unterliegt[29], sehen viele in der Aktenführung eine Art Vertrauensbruch gegenüber den Klienten.
– Akten geben nicht nur Einblicke in die Lebenswelt der Klienten, sondern sind auch ein Instrument der Kontrolle des sozialarbeiterischen Handelns. Problematisch ist, daß sich die realen Interaktionen zwischen Sozialarbeiter und Klient/ Bürger anhand der Akte nicht rekonstruieren lassen und daher »schiefe Bilder« über das Alltagshandeln und die konkreten Belastungen des Sozialarbeiters entstehen.
– Aktenführung wird als »Papierkram« angesehen, der für »eigentliche« Sozialarbeit keine Zeit übrigläßt.

Eine Problementschärfung könnte zunächst darin liegen, sich der verschiedenen Funktionen von Akten bzw. Aktenführung bewußt zu werden:
– Akten geben eine verkürzte Realität wieder. (Die geforderte Objektivität ist eine Fiktion und erkenntnistheoretisch nicht haltbar.)
– Akten sind ein Tätigkeitsbeleg.
– Akten haben Legitimierungsfunktion gegenüber Klienten, Vorgesetzten und Prüfinstanzen.
– Akten dienen als Grundlage für Berichte, gutachtliche Stellungnahmen, psychosoziale Diagnosen etc.
– Akten sind Arbeits- und Informationsgrundlage für den Nachfolger und die Vertretung (Kontinuitätsfunktion).
– Akten als Mittel der (Selbst-)Kontrolle.
– Akten als Grundlage für Supervision und wissenschaftliche Arbeiten.

Darüber hinaus sollten praktische Folgerungen gezogen werden aus der Analyse von Jugendamtsakten, in denen u.a. eine Häufung von Verhaltensnegativa registriert wurde. Die »defizitlastigen Wahrnehmungsgewohnheiten«[30] sind zu verändern; detaillierte, abwägende Darstellungen über Sozialisationsbedingungen etc. dürfen

---

28 *Lau/Wolff*, in: NP Heft 3/1981, S. 199 ff.
29 *BVerfGE* 33, 381 ff.; vgl. aber *G. Fieseler*, Rechtsgrundlagen, a.a.O., S. 69
30 *H. W. Müller/S. Müller*, in: Handbuch SA/SP, a.a.O., S. 25

nicht mehr als »Romane« abqualifiziert werden; und schließlich ist besondere Vorsicht geboten, wenn fremdproduzierte Akten verwendet werden[31].

5. Sozialarbeiter und Klient/Bürger – Vertrauensschutz[32]

Im Bereich der Familien- und Jugendhilfe leisten Sozialarbeiter Kindern, Jugendlichen und deren Eltern *persönliche Hilfen*, wozu ihnen die Betroffenen z.T. sehr intime Tatsachen offenbaren, auf deren Geheimhaltung sie vertrauen. Ohne ein solches Vertrauensverhältnis könnte moderne Sozialarbeit überhaupt nicht geleistet werden. Gerade auch sozial benachteiligte Bevölkerungsgruppen haben einen Anspruch darauf, daß ihre Privatsphäre gewahrt bleibt. Wie weit dieser Anspruch vom geltenden Recht eingelöst wird, darüber entscheiden insbesondere drei Fragen:
– Inwieweit steht dem Sozialarbeiter ein Zeugnisverweigerungsrecht gegenüber Staatsanwaltschaft und Gerichten zu?
– Inwieweit ist er verpflichtet, darüber zu schweigen, was ihm in seiner beruflichen Eigenschaft von Klienten anvertraut worden ist?
– Inwieweit sind Sozialgeheimnisse von Klienten auch datenschutzrechtlich geschützt?

5.1 Zeugnisverweigerungsrecht von Sozialarbeitern

Ob ein Sozialarbeiter gegenüber einem Gericht das Zeugnis verweigern darf, hängt von der jeweiligen Verfahrensordnung ab.

Im einzelnen sind die *Rechtsgrundlagen*
– für den Zivilprozeß: § 383 Abs. 1 Nr. 6 ZPO
– für die freiwillige Gerichtsbarkeit: § 15 FGG i.V.m. § 383 Abs. 1 Nr. 6 ZPO[33]
– für das Arbeitsgerichtsverfahren: § 46 Abs. 2 Satz 1 ArbGG i.V.m. §§ 495, 383 Abs. 1 Nr. 6 ZPO
– für den Strafprozeß: §§ 53, 53 a StPO
– für das Verwaltungsgerichtsverfahren: § 98 VwGO i.V.m. § 383 Abs. 1 Nr. 6 ZPO
– für das Sozialgerichtsverfahren: § 118 SGG i.V.m. § 383 Abs. 1 Nr. 6 ZPO

Danach steht dem Sozialarbeiter im Strafverfahren[34] ein Zeugnisverweigerungsrecht *nicht* zu. Ausnahmen gelten nur für die Mitarbeiter einer Schwangerschaftsberatungsstelle sowie einer Beratungsstelle für Betäubungsmittelabhängige, und zwar einerlei, welcher Profession sie sind (§ 53 Abs. 1 Nr. 3 a und 3 b StPO).

---

31 Zu diesem Abschnitt vgl. auch NDV 10/1990, 335 ff.
32 Vgl. insbesondere *Deutscher Verein*, a.a.O., 1985; *Mörsberger*, a.a.O.; *Willenbücher/Borcherding*, AGJ-Forum Jugendhilfe Heft 1/2, 1988, S. 47 ff.; *U. Maas*, a.a.O.; *Klinger/Kunkel*, a.a.O; *Fieseler/Jung-Dörrbecker/Lippenmeier*, RdJB 1989, 26 ff. (betr. Sozialarbeiter und Lehrer als Supervisoren und Supervisanden); *Hager/Sehrig* (1992); *Proksch* (a.a.O., 1996). Zur Entwicklungsgeschichte des Datenschutzrechts: *Wiesner/Mörsberger*, Vor § 61 Rn. 9 ff. und *Kunkel*, ZfJ 1995, 354 sowie a.a.O. (1995), S. 184 ff.
33 Vgl. *OLG Hamm*, DAVorm 1991, 1079 ff. betreffs sozialpädagogische Familienhilfe sowie DIV-Gutachten, DAVorm 1995, 972
34 Allerdings hat der Sozialarbeiter auch in anderen Verfahren dann *kein* Zeugnisverweigerungsrecht, wenn er vom Klienten von seiner Pflicht zur Verschwiegenheit entbunden ist (§ 385 Abs. 2 ZPO). Vgl. *OLG Bamberg*, FamRZ 1989, 87. Zu §§ 115 FGG, 383 Abs. 1 Nr. 6 ZPO vgl. *OLG Hamm*, DAVorm 1991, 1080 (Familienhelferinnen)

Das *Bundesverfassungsgericht* hat 1972 in einem für das Recht sozialer Arbeit auch heute noch bedeutsamen Beschluß entschieden, es sei verfassungsgemäß, daß Sozialarbeiter als Zeugen im Strafverfahren aussagen müssen[35]. Dies kann im Hinblick auf § 35 Abs. 3 SGB I so nicht mehr gelten: Soweit eine Übermittlung von Sozialdaten nicht zulässig ist, besteht keine Zeugnispflicht[36].

5.2 Notwendigkeit einer Aussagegenehmigung

Verbeamtete Sozialarbeiter und Sozialpädagogen des öffentlichen Dienstes bedürfen zur Aussage »über Umstände, auf die sich ihre Pflicht zur Amtsverschwiegenheit bezieht«, der Aussagegenehmigung ihres Dienstherrn (§ 54 Abs. 1 StPO mit den jeweiligen beamtenrechtlichen Vorschriften; ebenso § 376 Abs. 1 ZPO). Ersucht das Gericht den Dienstherrn um die Aussagegenehmigung, so darf dieser die Genehmigung nur versagen, wenn durch die Aussage die Erfüllung öffentlicher Aufgaben ernstlich gefährdet oder erheblich erschwert würde[37], was bei einem modernen, durch das Kinder- und Jugendhilfegesetz gebotenen Verständnis für den Leistungsbereich weitestgehend anzunehmen sein dürfte. Gleiches gilt für Sozialarbeiter/Sozialpädagogen, die als Angestellte im öffentlichen Dienst tätig sind (§ 9 BAT).

Es ist umstritten, aber schon im Hinblick auf das Subsidiaritätsprinzip und die daraus folgende Notwendigkeit gleicher Rahmenbedingungen für die Tätigkeit der Sozialarbeiter bei *freien Trägern* zu bejahen, ob § 54 Abs. 1 StPO auf die bei freien Wohlfahrtsverbänden Tätigen entsprechend anzuwenden ist, so daß auch diese einer Aussagegenehmigung bedürfen.

5.3 Schweigepflicht des Sozialarbeiters

Der Sozialarbeiter ist in zweifacher Hinsicht verpflichtet, Diskretion über das zu bewahren, was ihm in seiner beruflichen Eigenschaft anvertraut wird. Er ist dies
– dienstrechtlich als Beamter (§ 61 BBG, § 39 BRRG, § 75 Hessisches Beamtengesetz) und als Angestellter im öffentlichen Dienst (§ 9 BAT)[38],
– strafrechtlich (§ 203 Abs. 1 Nr. 5 a StGB).

Hat der Sozialarbeiter und Sozialpädagoge grundsätzlich auch kein Zeugnisverweigerungsrecht im Strafverfahren, so unterliegt er andererseits doch der strafrechtlichen Schweigepflicht. Er begeht nämlich eine strafbare Handlung und wird auf Antrag des

---

35 *BVerfG*, NDV 1972, 331 ff. (bestätigt durch *BVerfG*, NStZ 1988, 418). Dagegen: *Fieseler*, 1977, 62 ff., *Hauber*, ZBlJugR 1980, 513 ff. und *Proksch*, a.a.O. (1996), 193. Kein Zeugnisverweigerungsrecht hinsichtlich der Rahmendaten einer Therapie, *LG Hamburg*, NStZ 1983, 182; vgl. auch *LG Mainz*, NJW 1988, 1744: Aussage einer Drogenberaterin als einziges Mittel zur Aufklärung einer Straftat. Für ein umfassendes Zeugnisverweigerungsrecht auch die BAG der Hochschullehrer des Rechts an Fachhochschulen/Fachbereichen des Sozialwesens in der Bundesrepublik Deutschland (BAGHR) in einer Resolution vom 30.11.1989.

36 Anderer Ansicht *Wiesner/Mörsberger*, Anhang zu § 65, § 203 StGB, Rn. 2. Vgl. aber Rn. 51 (zu 5.6.1). Wie hier *Papenheim/Baltes*, a.a.O., 12. Auflage 1995, S. 192 mit der Empfehlung, Sozialarbeiter/Sozialpädagogen, die als Zeugen geladen werden, sollten auf die Regelung des Sozialgesetzbuches hinweisen.

37 Zur Verweigerung der Aussagegenehmigung für Sozialarbeiter: *OLG Köln*, ZfJ 1987, 180 und 181; *Schlesw.-Holst. VerwG*, in: ZfJ 1987, 540

38 Der freie Träger ist im Falle eines Beratungsvertrages mit dem Bürger aufgrund einer vertraglichen »Nebenpflicht« aus § 242 BGB zivilrechtlich zum Schweigen verpflichtet.

Betroffenen (vgl. § 205 StGB) verfolgt, wenn er »unbefugt ein Geheimnis, nament-
lich ein zum persönlichen Lebensbereich gehörendes Geheimnis oder ein Betriebs-
oder Geschäftsgeheimnis, offenbart, das ihm als staatlich anerkannter Sozialarbeiter
oder staatlich anerkannter Sozialpädagoge anvertraut oder sonst bekannt geworden
ist«, wobei die Gleichstellung der bei Sozialarbeitern/Sozialpädagogen zur Vorbereitung auf den Beruf tätigen Praktikanten zu beachten ist (§ 203 Abs. 3 Satz 1 StGB).

Allerdings ist eine Offenbarung nicht strafbar,
– wenn der Klient einer Offenbarung zustimmt,
– wenn ein rechtfertigender Notstand, d.h., eine Offenbarung zum Schutz überwie-
  gender Interessen, vorliegt (vgl. dazu die Voraussetzungen in § 34 StGB)[39],
– bei gesetzlichen Mitteilungspflichten, wie sie z.b. für das Jugendamt gegenüber
  dem Vormundschaftsgericht bestehen (§ 50 Abs. 3 SGB VIII),
– im Falle der Zeugnispflicht nach der Strafprozeßordnung.

Eine allgemeine Offenbarungsbefugnis innerhalb derselben Behörde, also gegenüber Mitarbeitern und Vorgesetzten, besteht nicht. Lediglich soweit dies zur ord-
nungsgemäßen Behandlung der Sache unerläßlich ist, soweit nur so eine sachgerechte
Hilfe möglich ist, kommt eine Offenbarungsbefugnis überhaupt in Betracht. Hierüber
sollte der betroffene Klient möglichst mitbefinden und es sollte nicht – wie dies weitgehend üblich ist – seine »konkludente bzw. mutmaßliche Einwilligung« angenommen werden. Zwar muß dem einzelnen Sozialarbeiter zugestanden werden, daß er
selbst entscheidet, wann er einen Einzelfall mit Kollegen im Team bzw. mit dem
Supervisor bespricht, doch besteht auch insofern eine Schweigepflicht, als eine
Anonymisierung möglich ist. Die Dienstvorgesetzten können ihre Aufgabe der
Dienstaufsicht wahrnehmen, ohne daß dazu in der Regel eine Nennung von Klienten-
namen nötig wäre[40].

5.4 Wahrung von Sozialgeheimnissen

Rechtsgrundlagen: Art. 1, 2 GG, §§ 35 SGB I, 67 - 78 SGB X, 61 - 68 SGB VIII

Gemäß § 35 SGB I hat jeder einen Anspruch darauf, daß die ihn betreffenden Sozialdaten, d.h. die »Einzelangaben über seine persönlichen und sachlichen Verhältnisse
(personenbezogene Daten)«, von den Sozialleistungsträgern nicht unbefugt erhoben,
verarbeitet oder genutzt, d.h. als Sozialgeheimnis gewahrt werden. Dies umfaßt die
Verpflichtung, auch innerhalb des Leistungsträgers sicherzustellen, daß die Sozialdaten nur Befugten zugänglich sind und nur an diese weitergegeben werden.

Bis zum Erlaß des Kinder- und Jugendhilfegesetzes richtete sich die Zulässigkeit
von Offenbarungen auch für die Jugendhilfe allein nach den §§ 66 - 77 SGB X (siehe
5.6.1). Jetzt ist für die Jugendhilfe zu den bisherigen Rechtsgrundlagen der §§ 35
SGB I, 67 - 78 SGB X (siehe 5.6.1) der bereichsspezifische Datenschutz der §§ 61 - 68
SGB VIII hinzugetreten[41]. Diese Vorschriften beziehen sich auf die Datenerhebung

---

39 Für den Arzt vgl. *Dickmeis*, ZfJ 1995, 478 (zu Mißhandlung und sexuellem Mißbrauch)
40 Vgl. *Fieseler/Lippenmeier*, a.a.O., 128 f. Zur innerbehördlichen Schweigepflicht eingehend
    und mit »neuer Problemsicht«: *Hassemer*, ZfJ 1993, 12 ff. Zu § 67 c Abs. 3 SGB X (Wahr-
    nehmung von – u.a. – Aufsichts»befugnissen« vgl. *Wagner*, NJW 1994, 2938; *Wiesner/
    Mörsberger*, Anhang § 61, § 67 c SGB X, Rn. 3 - 5 (auch: »Stichproben« statt »umfassender
    Aktenüberprüfung«). Zur Schweigepflichtverletzung bei Offenbarung eines sexuellen
    Mißbrauchs an einer Schutzbefohlenen (Offenbarung im Rahmen einer Supervision):
    BayObLG, in: R&P 1995, 39 ff.
41 Vgl. dazu in diesem Buch 5.6.2 und *Maas*, NDV 1990, 215 ff.

(§ 62), die Datenspeicherung auch in Akten (§ 63), die Datenübermittlung und Nutzung (§ 64; 65), die Datenweitergabe (§ 65)[42], den Auskunftsanspruch Betroffener (§ 67) und eine spezielle Vorschrift über personenbezogene Daten im Bereich der Amtsvormundschaft und Amtspflegschaft (§ 68; zu beachten das Recht auf Datenkenntnis in Abs. 3). Datenlöschung und Datensperrung – ursprünglich in § 66 – sind nun für alle Sozialleistungsträger in § 84 SGB X geregelt. Insgesamt sind die zum Sozialgeheimnis ergangenen Regelungen als ein besonders »schützenswerter Bestandteil unserer Sozialstaatlichkeit« zu begreifen[43]. Extensiv ausgelegt bieten sie einer modernen Sozialarbeit, die sich an den Interessen der Betroffenen als »Subjekt« (AFET-MR 3/1995, 6) orientiert, einen angemessenen Rechtsrahmen.

5.5 Datenschutz und Verfassung

Das Bundesverfasssungsgericht hat seit jeher aus den Art. 1 Abs. 1 und Art. 2 Abs. 1 GG einen Schutz der Privatsphäre (»Intimsphäre«) hergeleitet, ohne freilich stets die sich aufdrängenden Konsequenzen daraus zu ziehen[44]. Das Bundesverfassungsgericht hat auch den Gedanken der freien Selbstbestimmung, die Wert und Würde der Person ausmacht, als Kern eines allgemeinen Persönlichkeitsrechts betont. Im Volkszählungsurteil vom 15.12.1983[45] folgert das Bundesverfassungsgericht unter dem Eindruck der technischen Möglichkeiten praktisch unbegrenzter Datenspeicherung aus den Artikeln 1, 2 GG die »Befugnis des einzelnen, grundsätzlich selbst zu entscheiden, wann und innerhalb welcher Grenzen Lebenssachverhalte offenbart werden«. Dieses Recht auf *informationelle Selbstbestimmung*[46] unterliegt zwar Einschränkungen im überwiegenden Allgemeininteresse, diese Einschränkungen bedürfen aber einer gesetzlichen Grundlage und müssen sowohl verhältnismäßig wie zum Schutz wichtiger öffentlicher Interessen unerläßlich sein.

Für den Umgang der Jugendämter und anderer Sozialleistungsträger (Sozialämter, Arbeitsämter) mit personenbezogenen Daten, das heißt, mit allen Einzelangaben über die persönlichen und sachlichen Verhältnisse eines Bürgers, liegt seit 1981 in den §§ 35 SGB I i.V.m. 67 - 86 SGB X eine solche gesetzliche Regelung vor, die bezweckt, daß niemand durch die Inanspruchnahme von Sozialleistungen mehr als andere Bürger der Preisgabe seiner personenbezogenen Daten ausgesetzt wird[47]. Mit dem Inkrafttreten des KJHG sind dessen §§ 61 - 68 SGB VIII hinzugetreten, die den Datenschutz für die öffentlichen Jugendhilfe bereichsspezifisch ergänzen und – in § 61 Abs. 4 SGB VIII – bei Inanspruchnahme der Träger der freien Jugendhilfe die Sicherstellung eines entsprechenden Schutzes gebieten.

---

42 Zu § 65 vgl. 5.8
43 *Emrich*, Anm. zu dem sehr lesenwerten, freilich vom Kammergericht (NDV 1985, 52 mit Anm. von *Molitor*, a.a.O., S. 55) mit wenig überzeugender Begründung aufgehobenen Urteil des *LG Berlin* vom 13.9.1982 in: NDV 1983, 153; zum Schutz des Sozialgeheimnisses gegen Beschlagnahmeanordnungen: *LG Braunschweig*, NJW 1986, 2586. Vgl. auch die Grundsatzthesen des Deutschen Vereins für öffentliche und private Fürsorge in NDV 1986, 227 ff. – Zur Bedeutung von Schweigepflicht und Sozialgeheimnis für die Frage der Erstattung einer Strafanzeige bei Kindesmißhandlung vgl. die Kontroversen zwischen *Kalugin/Theilacker*, ZfJ 1987, 61 und *Barth*, ZfJ 1987, 83 und Seite 23 dieses Buches. Vgl. auch *V. Gärtner-Harnach* und *U. Maas* »Psychosoziale Diagnose und Datenschutz in der Jugendhilfe«, a.a.O.
44 Vgl. *Fieseler*, Rechtsgrundlagen sozialer Arbeit, S. 62 ff. (Grundfall 8)
45 *BVerfG*, in NJW 1984, 419 ff. (421)
46 A.a.O., S. 422
47 BT-Drucks. 8/4022

5.6 Gesetzlicher Sozialdatenschutz

Rechtsgrundlagen: §§ 35 SGB I, 67 - 85 a SGB X, 61 - 68 SGB VIII

Diese gesetzliche Regelung sollte nicht – wie das immer wieder zu hören ist – als eine Erschwernis zweckmäßigen Verwaltungshandelns, das auf den »Datenfluß« angewiesen sei, mißverstanden werden.

Gerade soziale Arbeit auch in der Familien- und Jugendhilfe ist nur dann erfolgreich leistbar, wenn sich der Bürger darauf verlassen kann, daß die Informationen, die er über sich gegeben hat, vertraulich behandelt werden. Diskretion ist »nicht Begrenzung, sondern Bedingung fachlich-qualifizierten Handelns«[48].

In Anpassung an die Terminologie des Bundesdatenschutzgesetes sind in SGB X, Zweites Kapitel, Schutz der Sozialdaten – für die öffentliche Jugendhilfe in § 61 Abs. 1 SGB VIII für anwendbar erklärt – Datenerhebung, Datenverarbeitung und Datennutzung definiert und die Befugnisschranken im Umgang damit geregelt.

Datenerhebung ist das Beschaffen von Daten über den Betroffenen (§ 67 Abs. 5 SGB). Die Erhebung ist nach § 67 a Abs. 1 SGB X (wie nach § 62 Abs. 1 SGB VIII) nur zulässig, wenn die Kenntnis der Daten zur Aufgabenerfüllung nach SGB X erforderlich ist. Die Daten sind beim Betroffenen zu erheben (§ 67 a Abs. 2 Satz 2 SGB X; ebenso § 62 Abs. 2 SGB VIII) und setzen grundsätzlich seine Mitwirkung voraus (Ausnahmen: § 67 a Abs. 2 Satz 2 SGB X). Dem Betroffenen ist der Erhebungszweck mitzuteilen (§ 67 a Abs. 3 Satz 1 SGB X)[49].

Datenverarbeitung ist das Speichern, Verändern, Übermitteln (auch das Bekanntgeben nicht gespeicherter Sozialdaten) an Dritte, Sperren und Löschen von Sozialdaten. Diese Begriffe sind in § 67 Abs. 6 Nr. 1 - 5 SGB X definiert.

Datennutzung ist jede andere Datenverwendung als die der Datenverarbeitung, also auch die Datenweitergabe innerhalb der speichernden Stelle (§ 67 Abs. 3 SGB X), worunter die für die Fallbearbeitung jeweils zuständige Person oder Organisationseinheit des Jugendamtes, nicht aber dieses insgesamt, zu verstehen ist (§ 67 Abs. 9 SGB X).

Vorschriften über die Zulässigkeit der Datenverarbeitung, Datennutzung, Datenveränderung und Datenspeicherung finden sich in §§ 67 b, 67 c SGB X, während § 67 d Abs. 1 SGB X auf den Katalog gesetzlicher Übermittlungsbefugnisse hinweist (dazu 5.6.1).

5.6.1 Übermittlung von Sozialdaten nach SGB X

Die Achtung vor dem Klienten, methodisches Grunderfordernis jeder Sozialarbeit, und nicht nur die Furcht vor den eventuellen strafrechtlichen Folgen der Verletzung der Schweigepflicht (§ 203 StGB) gebietet eine strenge Einhaltung der 1981 konkretisierten Grenzen einer Offenbarung – jetzt »Übermittlung« – von Sozialdaten.

Die *gesetzliche Grundkonzeption* ist einfach: Sozialleistungsträger, wie die Jugendämter, müssen personenbezogene Daten wahren und dürfen sie allenfalls dann offen-

---

48 *Wiesner/Mörsberger*, Vor § 61 Rn. 1; vgl. dort auch Rn. 3, 24 ff.
49 Über die detaillierte Regelung der Aufklärungspflicht im übrigen vgl. § 67 a Abs. 3 Satz 2 und Abs. 4 SGB X. Die insofern unterschiedliche Regelung in § 62 SGB VIII erklärt sich daher, daß die im SGB X vorgesehene »Förmlichkeit der Aufklärung und Belehrung der Art und Kontakte zwischen Mitarbeiter und Betroffenem in der Jugendhilfe nicht entsprechen« würde (*Wiesner/Mörsberger*, Anhang § 61/§ 67 a SGB X, Rn. 2).

baren, wenn die Voraussetzungen der §§ 67 - 77 SGB X vorliegen (§ 67 b Abs. 1 und § 67 d Abs. 1 SGB X; die Übermittlung ist im Falle der Bekanntgabe an Dritte Verarbeitung, im Fall der Weitergabe innerhalb der speichernden Stelle Nutzung), das heißt, wenn entweder der Klient einwilligt oder wenn einer der Übermittlungstatbestände der §§ 68 - 75 SGB X vorliegt.

Einwilligung i.S. des § 67 b SGB X ist die in der Regel schriftliche vorherige Zustimmung im Einzelfall. Soll die Einwilligung zusammen mit anderen Erklärungen schriftlich erteilt werden, so ist sie im äußeren Erscheinungsbild hervorzuheben (§ 67 b Abs. 2 Satz 3 SGB X). Sie muß sich auf die Übermittlung bestimmter Daten aus bestimmtem Anlaß beziehen. Anders könnte der Klient die Tragweite seiner Einwilligung nicht beurteilen. Ist diese Einsicht vorhanden, so braucht der Einwilligende nicht voll geschäftsfähig zu sein. Es genügt Handlungsfähigkeit i.S. von § 36 SGB I.

Wichtige *Übermittlungstatbestände* sind:

- Übermittlung zur Erfüllung von Aufgaben der Polizeibehörden, der Staatsanwaltschaften und Gerichte, der Behörden der Gefahrenabwehr oder zur Durchsetzung öffentlich-rechtlicher Ansprüche (§ 68 SGB X),
- Übermittlung für die Erfüllung sozialer Aufgaben (§ 69 SGB X),
- Übermittlung für die Erfüllung besonderer gesetzlicher Pflichten und Mitteilungsbefugnisse (§ 71 SGB X),
- Übermittlung für die Durchführung eines Strafverfahrens (§ 73 SGB X),
- Übermittlung bei Verletzung der Unterhaltspflicht und beim Versorgungsausgleich (§ 74 SGB X),
- Übermittlung für die Forschung und Planung (§ 75 SGB X).

Die Weitergabe von Sozialdaten zur Erfüllung gesetzlicher Aufgaben ist die praktisch bedeutsamste Übermittlungsbefugnis. Es muß sich dabei um eine Aufgabe nach dem SGB handeln, und es dürfen nur die zur Aufgabenerfüllung im Einzelfall unerläßlichen Daten weitergegeben werden. Damit verbietet sich in aller Regel die Übersendung gesamter Aktenvorgänge[50]. Sofern es die Aufgabe des Jugendamtes erfordert, dürfen Informationen nicht nur an andere Leistungsträger, sondern auch Privatpersonen (z.B. Unterhaltspflichtige, Pflegepersonen) mitgeteilt werden. Seit dem 1.1.1991 beurteilt sich die Zulässigkeit einer Übermittlung im Sinne des § 69 SGB X zudem nach §§ 64 Abs. 2, 65 SGB VIII (vgl. dazu 5.6.2).

Die Befugnis – nicht Verpflichtung – zur Informationsweitergabe zur Erfüllung von Aufgaben der in § 68 Abs. 1 Satz 1 SGB abschließend genannten Behörden der Strafverfolgung, der Gefahrenabwehr und der Durchsetzung öffentlich-rechtlicher Ansprüche ist auf die Übermittlung sogenannter weniger sensiblen Daten beschränkt, die aber auch nur erfolgen darf, wenn dadurch keine schutzwürdigen Belange des Betroffenen beeinträchtigt werden, und wenn sich die ersuchende Stelle die Angaben nicht anders beschaffen kann. Zudem entscheidet hier der Leiter der Stelle, sein allgemeiner Stellvertreter oder ein besonders bevollmächtigter Bediensteter, nicht aber der Sozialarbeiter als Sachbearbeiter.

---

50 *Zeitler*, a.a.O., § 69 Anm. 1. Ausführlich und mit praktischen Fällen illustrierend: *Kunkel*, ZfJ 1984, 111 ff. Vgl. auch *Papenheim/Baltes*, a.a.O., S. 160

SGB X trifft auch in weiteren Normen eine Unterscheidung zwischen mehr oder weniger schützenswerten Daten: § 73 i.V.m. § 72 SGB X[51], hinsichtlich der Durchführung von Strafverfahren.

Auch wird in § 76 SGB X die *Übermittlungsbefugnis* über die §§ 68 - 75 hinaus *eingeschränkt*, sofern dem Jugendamt personenbezogene Daten von einem Arzt oder z.b. einem staatlich anerkannten Sozialarbeiter oder Sozialpädagogen zugänglich gemacht worden sind: die Informationsweitergabe darf dann nur geschehen, sofern der Arzt oder Sozialarbeiter/Sozialpädagoge selbst offenbarungsbefugt wäre. So wird die institutionelle Verpflichtung zum Datenschutz mit der persönlichen, durch § 203 StGB geschützten Verpflichtung bestimmter Berufsangehöriger zur Verschwiegenheit abgestimmt.

5.6.2 Schutz personenbezogener Daten gemäß SGB VIII[52]

Neben § 35 SGB I und §§ 67 - 85 SGB X treten – diese Bestimmungen teils konkretisierend, teils sie ergänzend – für die Wahrnehmung der Aufgaben des SGB VIII dessen §§ 61 - 68 (vgl. § 61 Abs. 1 Satz 1 SGB VIII[53]), wobei § 68 eine Sonderregelung für die Bereiche Amtspflegschaft, Amtsvormundschaft und die Tätigkeit des Jugendamtes als Beistand oder Gegenvormund trifft. Damit ist für alle Stellen der Träger der öffentlichen Jugendhilfe – also nicht nur für die Jugendämter – eine für den Bereich der Kinder- und Jugendhilfe spezifische Datenschutzregelung geschaffen worden, die dem Rechnung trägt, daß in diesem Bereich in ganz besonderem Maße höchstpersönliche Angelegenheiten Minderjähriger, ihrer Eltern, Freunde usw. zur Sprache kommen (»hochsensible Daten«)[54].

Soweit Einrichtungen und Dienste der Träger der freien Jugendhilfe in Anspruch genommen werden, ist von den Trägern öffentlicher Jugendhilfe die Gewährleistung eines entsprechenden Schutzes personenbezogener Daten »sicherzustellen« (§ 61 Abs. 4: »verlängerter Datenschutz«). Dies kann etwa durch vertragliche Verpflichtun-

51 Daraus folgerten *Papenheim/Baltes*, a.a.O., S. 165, für Strafverfahren wegen Vergehen (vgl. § 12 Abs. 2 StGB) die Unzulässigkeit einer Aussagegenehmigung und damit ein Aussageverweigerungsrecht hinsichtlich aller anderen, empfindlichsten Daten. Ebenso *Fieseler/Lippenmeier*, a.a.O., S. 130 f. Nach der Einschränkung durch 2. Gesetz zur Änderung des SGB X (BGBl. I 1994, 1229, vgl. Forum JH 3/1994, 5 und *Wiesner/Mörsberger*, Anhang § 61, § 73 SGB X, Rn. 10) sind jetzt aber Vergehen »von erheblicher Bedeutung« dem Verbrechen gleichgestellt. – Vgl. auch Seite 103 dieses Buches, Fn. 36

52 Zum Verhältnis der Datenschutzregelungen in SGB X und SGB VIII, dessen Verständnis durch die mißglückte (Neu-)Regelung des § 37 Abs. 1 SGB I erschwert wird, vgl. *Kunkel*, ZfSH 1995, 229 und ZfJ 1995, 354.

53 Zur Aufhebung der Datenschutzvorschriften des SGB VIII für die Mitwirkung im Jugendstrafverfahren durch das Erste ÄndG KJHG vgl. *Fuchs/Habermann*, NDV 1993, 55; zu den vom 1.1.1991 (bzw. 3.10.1990) bis zum Inkrafttreten dieser »Reparaturnovelle« mit den §§ 61 ff. SGB VIII verbundenen Einschränkungen der Erforschungspflicht des § 38 Abs. 2 Satz 2 JGG vgl. *Breymann*, in: BMJ (1991), 55 f.; *Dölling*, a.a.O., 124; *Mörsberger*, a.a.O., 156; *Kunkel*, Datenschutz – Zurück in die Werkstatt!, in: ZfJ 6/93, S. 274 ff.; *Kunkel*, a.a.O., 1995, S. 188 (»Sackgasse des Datenschutzes«). Zu § 68: *Th. Lauterbach*, in: ZfJ 1993, 429 ff.; *Fricke*, ZfJ 1993, 284. Zur Einsichtnahme in Amtspflegschaftsakten durch Rechnungsprüfungsämter: DIV-Gutachten, DAVorm 1995, 981

54 Zur Einschätzung der §§ 61 - 68 SGB VIII vgl. die Kontroverse zwischen *Kunkel*, ZfJ 1991, 111 ff., 459 ff. und *Mörsberger*, ZfJ 1991, 114 f.

gen unter Wahrung der Eigenständigkeit der freien Träger (§ 4 Abs. 1 Satz 2 SGB VIII), durch Zusicherungen und Selbstverpflichtung[55] geschehen.

Entsprechend dem Ziel der Regelung, den Erfordernissen des Bundesverfassungsgerichts im Volkszählungsurteil an die Wahrung des Rechtes auf Selbstbestimmung bereichsspezifisch Rechnung zu tragen, setzt der Schutz der Betroffenen schon bei der Datenerhebung ein: personenbezogene Daten dürfen nur erhoben werden, wenn ihre Kenntnis zur Erfüllung der jeweiligen Aufgabe erforderlich ist (§ 62 Abs. 1; keine Datenerhebung »auf Vorrat« und keine Datenerhebung für außerhalb des SGB VIII geregelte Aufgaben), und sie sind grundsätzlich (Ausnahmen nur nach § 62 Abs. 3 und 4) beim Betroffenen selbst zu erheben (§ 62 Abs. 2 Satz 1), der dabei über die Rechtsgrundlage der Erhebung und über den Verwendungszweck – in für ihn verständlicher Weise – aufzuklären ist (§ 62 Abs. 2 Satz 2).

Auch die Aufnahme personenbezogener Daten in Akten ist nur zulässig, soweit dies für die Erfüllung der jeweiligen Aufgabe erforderlich ist (§ 63 Abs. 1; zur Datenzusammenführung vgl. § 63 Abs. 2). Dies hat Konsequenzen für die Aktenführung[56].

Die Datenverwendung muß dem Erhebungszweck entsprechen (§ 64 Abs. 1). Eine Verwendung durch Offenbarung, die nach § 69 SGB X an sich zulässig wäre, darf gleichwohl nicht erfolgen, wenn dadurch der Erfolg einer zu gewährenden Leistung nach §§ 11 - 41 SGB VIII in Frage gestellt würde (§ 64 Abs. 2). So kann beispielsweise bei im Rahmen der Jugendhilfe erlangter Kenntnis der mißbräuchlichen Inanspruchnahme des Sozialamtes durch eine Familie eine Offenbarungssperre bestehen. Auch vor Datenoffenbarungen zwischen verschiedenen Stellen desselben Jugendamtes ist § 64 Abs. 2 zu beachten[57]. § 64 Abs. 3 und 4 betreffen die Verwendung personenbezogener Daten im Rahmen von Aufsichts- und Kontrollmaßnahmen, zur Rechnungsprüfung oder zur Durchführung von Organisationsuntersuchungen, bzw. zum Zweck der Planung im Sinne des § 80 SGB VIII: die Gebote der Erforderlichkeit und strenger Zweckbindung bzw. unverzüglicher Datenanonymisierung sind dabei zu beachten.

Den Offenbarungsschutz der Bestimmungen des SGB X und des § 64 SGB VIII erweitert nochmals § 65, der dem Erfordernis eines besonderen Vertrauensschutzes bei persönlichen und erzieherischen Hilfen (nicht: bei Sach- und Geldleistungen, vgl. § 11 Satz 2 SGB I) Rechnung trägt. Diese Vorschrift richtet sich an *alle* Mitarbeiter, denen zu diesem Zweck personenbezogene Daten anvertraut (nicht: sonst bekannt geworden; insofern anders als § 203 StGB) worden sind, einerlei ob sie zu den nach § 203 StGB Schweigepflichtigen gehören oder ob das nicht der Fall ist. Mit dieser begrüßenswerten Erweiterung der Regelungen über den Vertrauensschutz richten sich diese nun etwa auch an Erzieherinnen in Kindertagesstätten.

---

55 *Frankfurter Kommentar*, § 61 Rz. 20: die Selbstverpflichtung entspreche dem Charakter der freien Träger am ehesten. Zur Rechtsstellung freier Träger im Datenschutz vgl. jetzt AFET (1995), a.a.O.

56 Vgl. *Deutscher Verein*, in: NDV 1990, 335 ff.; *Schleicher* 1991, 274

57 Ebenso *Frankfurter Kommentar*, § 64 Rz. 4; zur Unterrichtung der Gerichte anläßlich der Mitwirkung im gerichtlichen Verfahren vgl. a.a.O., Rz. 5, und die Empfehlungen des *Deutschen Vereins* zur Beratung bei Trennung und Scheidung und zur Mitwirkung der Jugendhilfe im familiengerichtlichen Verfahren, in: NDV 1992, 148 ff., sowie die kritischen Anmerkungen dazu von *Kunkel*, DAVorm 1992, 1021 ff.; zum Sozialdatenschutz bei Hilfen zur Erziehung: *Busch*, Unsere Jugend, 1992, 372 f.; zur Mitteilungspflicht gegenüber Ausländerbehörden: *Frankfurter Kommentar*, § 46 Rz. 6; bei Kindesmißhandlung: NDV 1992, 87 ff.

Schließlich ist auf § 67 SGB VIII hinzuweisen, der die (unentgeltliche) Auskunft über zu seiner Person gespeicherte Daten unter Bezugnahme auf § 13 BDSG[58] regelt; § 67 Satz 2 macht den nach § 25 Abs. 2 SGB X lediglich für den Fall eines Verwaltungsverfahrens gegebenen Auskunftsanspruch von einem solchen Verfahren unabhängig.

5.7 Grundprinzipien des Datenschutzes und interne Schweigepflicht[59]

Sowohl bei der Auslegung der §§ 67 ff. SGB X und 61 - 68 SGB VIII wie bei dem Umgang mit den Daten in jedem Einzelfall sind die *Grundprinzipien* des Datenschutzes zu beachten: auch wenn die Datenweitergabe vom Wortlaut eines Offenbarungstatbestandes gedeckt ist, so ist sie doch nur befugt, wenn dabei die

- Erforderlichkeit,
- die Verhältnismäßigkeit,
- die Zweckbindung

gewahrt werden[60].

Dies wirkt sich auf die umstrittene Frage der Zulässigkeit innerbehördlicher Weitergabe von Daten aus. Auch die Mitteilung an Kollegen, Vorgesetzte, Supervisoren ist nicht ohne weiteres zulässig[61]. Sofern der Bürger nicht in eine entsprechende Weitergabe einwilligt, ist jede, auch behördeninterne, Mitteilung an Dritte nur dann befugt, wenn dies die konkrete Aufgabe erfordert. Wo Anonymität (Verschweigen der Identität des Betroffenen) gewahrt werden kann, hat dies zu geschehen – auch gegenüber dem Vorgesetzten. Aus der Leitungsfunktion des Dienstherrn/Arbeitgebers und dessen Direktionsrecht ergibt sich nichts anderes. Die meisten Sozialarbeiter sind zwar weisungsgebunden (Beamtengesetze, § 8 Abs. 2 BAT, Arbeitsvertragsrecht), das Weisungsrecht, bei dessen Ausübung überdies die Fürsorgepflicht zu beachten ist, besteht aber nur im Rahmen von Gesetzen, Tarifverträgen und evtl. konkreten arbeitsvertraglichen Einzelbestimmungen. Zwar wird behauptet, der einzelne Sozialarbeiter sei nicht Adressat der gesetzlichen Datenschutzvorschriften, doch gilt für ihn jedenfalls die persönliche Schweigepflicht gemäß § 203 Abs. 1 Nr. 5 StGB. Demgegenüber sind Dienst- und Arbeitsrecht (Unterstützung und Beratung des Vorgesetzten, Weisungsunterworfenheit, Dienst- und Fachaufsicht) nicht geeignet, eine Mitteilungspflicht zu begründen, die zugleich eine selbständige Offenbarungsbefugnis bedeuten und somit von strafrechtlicher Verantwortlichkeit befreien könnte. Für den öffentlichen Dienst ist ausdrücklich geregelt, daß die Weisungsgebundenheit nicht gilt, wenn das angesonnene Verhalten erkennbar strafbar ist (§ 56 Abs. 2 BBG, § 38 Abs. 2 BRRG, jeweilige Landesbeamtengesetze bzw. § 8 Abs. 2 BAT). So hat das Bundesarbeitsgericht klargestellt, daß ein Landkreis als Arbeitgeber kraft seiner Fürsorgepflicht gegenüber seinem angestellten Psychologen alles zu unterlassen hat,

---

58 Vgl. dazu *Krug/Grüner/Dalichau*, § 67
59 Zu § 203 StGB vgl. 5.3
60 Angesichts der Aufhebung der §§ 61 ff. SGB VIII für die Jugendgerichtshilfe durch das Erste Änderungsgesetz zum KJHG gewinnt eine Besinnung auf diese Grundprinzipien (und auf das Volkszählungsurteil) für die Mitwirkung im Jugendstrafverfahren besondere Bedeutung
61 Vgl. *Fieseler/Lippenmeier*, a.a.O., S. 124 ff.; *Onderka/Schade*, a.a.O., S. 172 ff. Anders *Kunkel*, ZfJ 1984, 110, was behördeninterne Supervisoren und Vorgesetzte betrifft. Vgl. auch *Mörsberger*, BldWpfl. 1983, 20 (22)

was diesen in Konflikt mit seiner Geheimhaltungspflicht bringen kann. Es darf daher von ihm nicht Auskunft darüber verlangen, wer ihn als Berater in Anspruch genommen hat. Eine Erfassung seiner dienstlichen Telefongespräche ist unzulässig[62].

---

62 *BAG*, NDV 1987, 333 (Anm. *Mörsberger*, NDV 1987, 325)

Fünftes Kapitel: Amtspflegschaft und Amtsvormundschaft

Rechtsgrundlagen: §§ 55, 56 SGB VIII

1. Überblick über die Aufgaben

Das Kinder- und Jugendhilfegesetz regelt die Aufgaben des Jugendamtes hinsichtlich der Pflegschaft und Vormundschaft für Kinder und Jugendliche in §§ 53 - 58 SGB VIII. Zu beachten ist auch die Neufassung des § 1709 BGB durch Artikel 5 Nr. 1 KJHG.

Das Jugendamt ist Amtspfleger und Amtsvormund in den vom BGB vorgesehenen Fällen. Es überträgt die Ausübung der damit verbundenen Aufgaben seinen Beamten und Angestellten (§ 55 Abs. 2 Satz 1 SGB VIII). Diese Übertragung soll die Amtsführung »unbürokratischer und lebensnaher gestalten und menschliche Beziehungen zwischen dem Jugendamt und dem Mündel sowie seinen Verwandten herstellen«[1], was bei oft hohen Betreuungszahlen aber nicht gewährleitet ist. Im einzelnen handelt es sich um folgende Aufgaben:

– gesetzliche Amtspflegschaft nach § 1709 BGB,
– gesetzliche Amtsvormundschaft nach § 1791 c BGB,
– bestellte Amtspflegschaft und bestellte Amtsvormundschaft nach §§ 1791 b, 1915 BGB.

Die Stellung des Amtsvormundes und des Amtspflegers, seine einzelnen Aufgaben, Rechte und Pflichten richten sich – von der Nichtanwendung bestimmter, auf den Einzelvormund zugeschnittener gesetzlicher Bestimmungen abgesehen (vgl. § 56 Abs. 2 SGB VIII) – nach den allgemeinen Vorschriften des BGB über Vormünder und Pfleger (§ 56 Abs. 1 SGB VIII i.V.m. §§ 1773 ff. bzw. §§ 1909 ff. BGB).

Im praktisch bedeutsamsten Falle, der mit der Geburt des nichtehelichen Kindes beginnenden[2] Amtspflegschaft[3], ist der Wirkungsbereich in § 1706 BGB abgesteckt:

– Statusangelegenheiten (§ 1706 Nr. 1 BGB),
    wie die Feststellung der Vaterschaft (§§ 1600 a - e, n BGB), die Anfechtung der Vaterschaft (§§ 1600 f - m BGB), die Ehelichkeitserklärung (§§ 1740 a - g BGB), die Adoption (§§ 1741 ff., insbes. § 1746 BGB),
– Sicherung des Unterhalts gegenüber dem Vater (§ 1706 Nr. 2 BGB),

---

1 *Potrykus*, a.a.O., § 37 Anm. 6; zur Entwicklung seit 1945: *V. Huvale*, DAVorm 1994, 255. Zu Amtsvormundschaft und Hilfe zur Erziehung: *B. Ziegler*, DAVorm 1992, 897.

2 Schon vor der Geburt hat das Jugendamt im Einverständnis mit der Mutter die Feststellung der Vaterschaft vorzubereiten (§ 18 Abs. 2 Halbs. 1 SGB VIII), und es können geeignete Einzelpersonen oder ein Verein (vgl. §§ 1791 a, 1915 BGB) zum Pfleger bestellt werden, um als gesetzlicher Vertreter des Kindes der Vaterschaftsanerkennung schon in diesem Zeitpunkt (§ 1600 b Abs. 2 BGB) zuzustimmen (§ 1600 c BGB) oder einen Antrag auf einstweilige Verfügung gemäß § 1615 o BGB zu stellen. Auch eine Pflegerbestellung nach § 1912 Abs. 1 BGB kann in Betracht kommen.

3 Ist die Mutter eines nichtehelichen Kindes allerdings noch minderjährig, ruht also die elterliche Sorge (§ 1673 Abs. 2 Satz 1 BGB), so wird das Jugendamt Amtsvormund des Kindes (§§ 1791 c, 1773 BGB) bei *Meinungsvorrang* der Mutter hinsichtlich der tatsächlichen Personensorge.

durch außergerichtliche und gerichtliche Geltendmachung einschließlich der Betreibung der Zwangsvollstreckung,

– Erb- und Pflichtteilsangelegenheiten (§ 1706 Nr. 3 BGB) im Falle des Todes des Vaters (§§ 1934 a ff., 2338 a BGB).

Die §§ 1706 - 1710 gelten nicht im Beitrittsgebiet (Art. 230 Abs. 1 EGBGB); mit einer Aufhebung dieser Vorschriften in den alten Bundesländern ist in Kürze zu rechnen[4]. Die Mutter wird dann auch hier die Rechte des nichtehelichen Kindes selbständig geltend machen können. Das Jugendamt soll nur auf Antrag der Mutter die Feststellung der Vaterschaft und die Verfolgung des Unterhaltsanspruchs übernehmen.

Vormundschaft und Pflegschaft sind – mit der Beistandschaft (§§ 1685 ff. BGB) – *Formen der Mitwirkung Dritter bei der Erziehung*[5]. Während die Vormundschaft eine allgemeine Fürsorge bedeutet, die der elterlichen Sorge nachgebildet ist (vgl. insbes. § 1793 BGB: grundsätzlich dieselbe Rechtsstellung wie die Eltern, also das Recht und die Pflicht für die Person und das Vermögen des Mündels zu sorgen, insbesondere ihn zu vertreten[6]), stellt die Pflegschaft eine auf bestimmte Aufgaben begrenzte Fürsorge dar.

Entgegen der rechtlichen Konzeption, die die Einzelvormundschaft und Einzelpflegschaft unter staatlicher Aufsicht von Vormundschaftsgericht und Jugendamt favorisiert – dazu jetzt auch § 56 Abs. 4 SGB VIII[7] – und die Übernahme dieser Ämter zur Pflicht macht (§ 1785; Ablehnungsrecht: § 1786 BGB), ist überwiegend das Jugendamt als Amtsorgan – kraft Gesetzes oder auf Bestellung durch das Vormundschaftsgericht – tätig. Dies liegt sicher an der schwindenden Bereitschaft von dem Mündel nahestehenden Personen, zusammen mit den Eltern oder an deren Stelle, die Aufgaben des Vormundes oder Pflegers zu übernehmen. Sie durch Festsetzung von Zwangsgeld zur Übernahme anzuhalten (§ 1788 BGB), vertrüge sich kaum mit den Kindesinteressen.

Das Recht, das die Sorge für etwa vorhandenes Kindesvermögen sowie die Interessenvertretung nichtehelicher Kinder betrifft, ist freilich auch so kompliziert, daß es im Hinblick auf die Fachkenntnisse und Erfahrungen der Jugendämter auf diesen Gebie-

---

4 Wie schon in der 12., so ist auch in der 13. Legislaturperiode ein Entwurf eines Gesetzes zur Abschaffung der gesetzlichen Amtspflegschaft und Neuordnung des Rechtes der Beistandschaft eingebracht worden (BT-Drs. 13/892). Dazu: *Zarbock*, ZfJ 1995, 395 und DAVorm 1995, 657; *Mutschler*, DAVorm 1995, 691; *Knittel*, DAVorm 1995, 917. Weiterhin *AGJ*, Empfehlungen, in: Forum Jugendhilfe 3/1995, 8 und – zum RefE in der vorigen Legislaturperiode: Stellungnahme des DV, in: NDV 1994, 16. Vgl. zur Abschaffung der Amtspflegschaft: *R. Böhm*, ZRP 1992, 336; *Beinkinstadt*, DAVorm 1993, 1; auch: DAVorm 1993, 400 ff.; kritisch: *Kemper*, FamRZ 1991, 1401; *Donatin*, DAVorm 1992, 271;differenzierend: *Mann*, DAVorm 1992, 1043. Zu einer Fragebogenuntersuchung von Jugendämtern in Baden-Württemberg, die zeigt, daß die Amtspflegschaft von vielen Müttern als hilfreich angesehen wird: *DAVorm 1992*, 439, 568, 805, 914. Der *Deutsche Juristinnenbund* befürwortet die Abschaffung: FuR 1992, 185. Zur Verlegung des gewöhnlichen Aufenthalts von Ost nach West und umgekehrt vgl. *H. Lück*, FamRZ 1992, 887, 889; *LG Lüneburg*, FamRZ 1992, 1101; *LG Bochum*, ZfJ 1994, 249.

5 *AK-Huhn*, a.a.O., vor §§ 1773 ff. Rz. 1. Zur Mitwirkung von Amtsvormund und Amtspfleger bei der Hilfe zur Erziehung nach Sorgerechtsentzug: *Fricke*, ZfJ 1993, 284.

6 Von den zahlreichen Einschränkungen (vgl. *Jauernig u.a.*, BGB, Anm. 3 zu §§ 1793 f.) sei hier das Nebensorgerecht des § 1673 Abs. 2 BGB beispielhaft genannt.

7 Vgl. BT-Drs. 11/5948, 91, mit der Anregung häufigerer Bestellung von Pflegeeltern zu Pflegern bzw. Vormündern

ten für die betroffenen Kinder oft von Vorteil ist, wenn das Jugendamt ihre Rechte wahrnimmt. Dabei hat das Jugendamt ein erhebliches fiskalisches Interesse an der Vaterschaftsfeststellung und Unterhaltssicherung, weil wegen der im Regelfall materiell ungünstigen Situation lediger Mütter und ihrer Kinder bei erfolgreicher Wahrnehmung dieser Aufgaben erhebliche Sozialhilfekosten eingespart werden können.

Die gesetzlichen Regelungen sind denn auch weniger unter dem Gesichtspunkt der Sozialisation als vielmehr zum Schutz materieller Interessen konzipiert[8]. Die »hochjuristische Akribie, mit der das BGB im Vormundschaftsrecht die Fürsorge für das Vermögen behandelt«[9], erklärt sich so.

Demgegenüber heben neuere Bestimmungen des Vormundschaftswesens mehr auf den *sozialpädagogischen Auftrag* des Jugendamtes ab und räumen werdenden Müttern und allein personensorgeberechtigten Eltern Ansprüche auf Beratung und Unterstützung ein.

Hinzukommt, daß
– »die jugendamtliche Tätigkeit in ihrer Massenhaftigkeit über die bürokratische Kontrolle nicht zu sozialpflegerischen Aktivitäten hinausgelangt« und
– das vormundschaftsgerichtliche Verfahren »immer häufiger lediglich Kontrolle der (jugendamtlichen) Tätigkeit«, also »eher ein verwaltungsgerichtliches als ein durch Sachkompetenz selbst gestaltendes Verfahren«
ist[10].

Im Rahmen ihrer Gesamtverantwortung ist es Aufgabe der Öffentlichen Träger für eine verbesserte Personalausstattung zu sorgen. Die Personalhoheit darf auch bei (notorisch) knappen Haushaltsmitteln nicht zur Rechtfertigung einer nicht bedarfsgerechten Zahl von Fachkräften herhalten. Zu gewährleisten ist eine persönliche Betreuung und eigenverantwortliche Amtsführung nicht (oder nur begrenzt[11]) weisungsgebundener Beamter und Angestellter des Jugendamtes.

Neuerdings wird über den Zusammenhang der künstlichen heterologen *Insemination*[12] hinaus immer stärker betont, das Kind habe ein Recht auf Kenntnis seiner Abstammung, und es sei Aufgabe des Jugendamtes auch gegenüber Müttern, die den Vater nicht benennen können oder wollen, auf die Ermittlung der Vaterschaft zu drängen. Das grundsätzlich geschützte Recht der Mutter auf Wahrung ihrer Intimsphäre (Art. 1, 2 GG) wird indessen verletzt, wenn vom Jugendamt das »Herumhören in der Nachbarschaft und ein Aushorchen der Verwandten und Freunde« erwartet wird[13], wozu es sogar vom Vormundschaftsgericht gemäß § 1837 BGB angehalten werden könne. Es ist sehr zu bezweifeln, ob einem Kind wirklich damit gedient ist, wenn sich der Amtspfleger über den Willen der betroffenen Mutter nötigenfalls mit

8 *AK-Huhn*, a.a.O., Rz. 3
9 *AK-Huhn*, a.a.O., Rz. 3
10 *AK-Huhn*, a.a.O., vor §§ 1773 ff. Rz. 6. Vgl. auch *Frankfurter Kommentar*, a.a.O., Anm. 2.1 vor § 37 JWG; *BT-Drs.* 11/5948, 91: »häufig bleibt es bei einer formalen, aktenmäßigen Bearbeitung des Falles«; *Oberloskamp*, FamRZ 1988, 7; *Sziel/Schach*, DAVorm 1988, 359, 661, 767, 869; zur Zusammenarbeit von Jugendamt und Gericht: *Kolodziej*, DAVorm 1985, 931
11 *Schlüter/Rießelmann*, FuR 1991, 153
12 *R. Frank*, Recht auf Kenntnis der genetischen Abstammung, FamRZ 1988, 113 ff.; *B. Hassenstein*, Der Wert der Kenntnis der eigenen genetischen Abstammung, FamRZ 1988, 120 ff. (insbes. zum Vorgang der Identifikation)
13 *LG Berlin*, DAVorm 1982, 700 zu § 1707 BGB

gerichtlicher Hilfe hinwegsetzt. Längerfristig wird damit dem Ansehen der Jugend-ämter geschadet und künftige Beratungsarbeit erschwert[14].

2. Vaterschaftsfeststellung und Unterhaltssicherung

Von wenigen Ausnahmen, wie der Sicherstellung des Unterhalts für die ersten drei Lebensmonate (§ 1615 o BGB), abgesehen, können die Rechtswirkungen der Vater-schaft erst von dem Zeitpunkt an geltend gemacht werden, in dem die Vaterschaft festgestellt ist.

Dies geschieht durch
- die Anerkennung der Vaterschaft (§§ 1600 b - f BGB) oder
- die gerichtliche Feststellung auf die Klage des Kindes oder des Mannes, der das Kind gezeugt hat (§ 1600 n BGB).

Die damit verbundenen oft schwierigen Aufgaben nimmt in den alten Bundes-ländern für das minderjährige Kind das Jugendamt als *Amtspfleger* wahr (§ 1706 Nr. 1 BGB), falls die Mutter nicht eine Entscheidung nach § 1707 BGB erwirkt hat. Es fordert den von der Mutter als Vater des Kindes genannten Mann auf, die Anerken-nungserklärung abzugeben und sich zur Zahlung des Regelunterhalts zu verpflichten. Die zur Wirksamkeit erforderliche öffentliche Beurkundung können vom Jugendamt dazu ermächtigte Beamte und Angestellte vornehmen (§ 59 Abs. 1, 3 SGB VIII; zur sofortigen Zwangsvollstreckung wegen Unterhalts: § 60 SGB VIII), wobei die Prüfungs- und Belehrungspflichten des § 17 BeurkG zu beachten sind.

Auch die erforderliche Zustimmung des Kindes unter 14 Jahren sowie die Zustim-mung hierzu, wenn das Kind beschränkt geschäftsfähig ist, gibt das Jugendamt als Amtspfleger ab (§ 1600 d BGB; zur Form: § 1600 e BGB).

Ist der Vater nicht bereit, die Vaterschaft freiwillig anzuerkennen, so wird das Kind, wiederum in der Regel vom Jugendamt vertreten, auf Feststellung der Vaterschaft beim Amtsgericht *klagen* (§ 1600 n Abs. 1 BGB; beachte auch § 1600 n Abs. 2 BGB). Mit dieser Klage kann der Antrag auf Zahlung des Regelunterhalts verbunden werden (§ 643 ZPO)[15].

---

14 Bedenklich: *KG*, in: NJW 1987, 2311, wonach der im Namen des nichtehelichen Kindes auf Vaterschaftsfeststellung klagende Amtspfleger in der Beschwerdeinstanz darin Erfolg hat, daß sich ein männlicher Wohngemeinschaftspartner Blut entnehmen lassen muß, damit seine eventuelle Vaterschaft festgestellt werden kann, obwohl die Mutter den Eid geleistet hatte, mit diesem Mann nicht geschlechtlich verkehrt zu haben. Verfehlt auch: *LG Passau*, in: NJW 1988, 144 (dagegen: *AG Schwetzingen*, DAVorm 1992, 90, und *Troje*, RuP 1988, 104 für ein Respektieren des Geheimnisses der Mutter; wie LG Passau auch *AG Gemünden*, FamRZ 1990, 1032, *AG Duisburg*, DAVorm 1992, 1129, *LG Saarbrücken*, NJW-RR 1991, 1479), wonach eine mittlerweile 30jährige Frau, die ab ihrer zweiten Lebenswoche bei Pfle-geeltern aufwuchs, gegenüber ihrer leiblichen Mutter zur Vorbereitung der Geltendmachung von Erb- bzw. Erbersatzansprüchen gegen ihren Vater ein Recht auf Auskunft über dessen Namen und Adresse habe. Gegen eine »verfassungsrechtliche Überhöhung« des Rechtes auf Kenntnis der genetischen Abstammung insbes. *Deichfuß*, NJW 1988, 113 ff.; *Frank*, FamRZ 1992, 1368 (a.a.O., 1365 ff. zur unterschiedlichen Bedeutung der Blutsverwandt-schaft im deutschen und im französischen Familienrecht).

15 Zur Prozeßführung des Jugendamtes in Kindschaftssachen: *I. Christian*, DAVorm 1987, 722, 843, DAVorm 1988, 217

Im Kindschaftsprozeß soll nach § 1600 n BGB die wirkliche biologische Abstammung festgestellt werden.

Dem Untersuchungsgrundsatz gemäß muß das Gericht von Amts wegen die zur Rechtsfindung erforderlichen Tatsachen ermitteln (§ 640 Abs. 1 i.V.m. § 616 Abs. 1 ZPO). Als Beweismittel kommen außer dem Zeugnis der Mutter eine Reihe naturwissenschaftlicher Gutachten in Betracht[16]:

- Reifegradgutachten,
- Blutgruppengutachten,
- anthropologisch-erbbiologische Gutachten,
- statistisches Beweisverfahren,
- DNA-Analyse[17].

Gemäß § 372 a ZPO besteht die Pflicht aller Beteiligten, Untersuchungen, die geeignet sind, die Abstammung festzustellen, zu dulden[18].

Das Ergebnis der Beweiswürdigung – einschließlich der Zeugenaussage der Mutter – ist vom Gericht frei zu würdigen, das heißt, es entscheidet sich nach freier Überzeugung, ob der als Vater verklagte Mann das Kind wirklich gezeugt hat. Hat die Beweisaufnahme keine schwerwiegenden Zweifel an der Vaterschaft bestehen lassen, und steht es fest, daß der Beklagte mit der Mutter innerhalb der gesetzlichen Empfängniszeit[19] geschlechtlich verkehrt hat, so kommt dem Kind die Vaterschaftsvermutung des § 1600 o BGB zugute.

3. Sicherung des Unterhalts Minderjähriger[20]

Zur Sicherung des Unterhalts von Kindern und Jugendlichen beizutragen, ist eine der praktisch wichtigsten Aufgaben der Jugendämter. Dabei handelt es sich insbesondere um die Sicherung des Unterhalts für Kinder und Jugendliche in sogenannten Ein-

---

16 Einzelheiten bei *Palandt-Diederichsen*, a.a.O., Einf. von § 1591 Anm. 3. Trotz wissenschaftlicher Fortschritte auf diesem Gebiet (vgl. *Mammery*, FamRZ 1984, 332) ist die Vaterschaft oft nicht eindeutig festzustellen. Zur DNA-Analyse, die jetzt einen positiven Vaterschaftsnachweis ermöglicht, vgl. *BGH*, FamRZ 1991, 426; *Ritter*, FamRZ 1991, 646 (Darstellung der »Schwächen und Nachteile« dieser Untersuchungen); *Böhm/Epplen/ Krawczak*, FamRZ 1992, 275; *Bartel*, FamRZ 1992, 276 (Stellungnahmen zu Ritter, a.a.O.); *Ritter*, FamRZ 1992, 277; *Bonte u.a.*, FamRZ 1992, 278, (Untersuchung der Vaterschaft eines exhumierten Verstorbenen)

17 Vgl. *BGH*, DAVorm 1994, 191; *Hummel*, DAVorm 1994, 961

18 Vgl. dazu *KG*, in: NJW 1987, 2311 (S. 116 dieses Buches); *OLG Hamm*, FamRZ 1993, 76 (Duldung der Blutentnahme trotz der Gefahr der Aufdeckung der Straftat des Beischlafes mit der leiblichen Tochter); *OLG Karlsruhe*, EzFamR, § 372 a Nr. 2. Bei unberechtigter Verweigerung der Blutentnahme und Unmöglichkeit des Zwanges wegen Auslandsaufenthalt kann der als Vater in Anspruch genommene so behandelt werden, als wäre die Begutachtung erfolgt und hätte keine schwerwiegenden Zweifel an seiner Vaterschaft begründet (*BGH*, NJW 1986, 2371). Vgl. auch *OLG Hamm*, FamRZ 1993, 473: Vaterschaftsfeststellung bei sicherer Beiwohnung.

19 Vgl. § 1600 o Abs. 2 Satz 3 i.V.m. § 1592 BGB

20 Seit dem 1.4.1993 haben auch junge Volljährige bis zur Vollendung des 21. Lebensjahres Anspruch auf Beratung und Unterstützung bei der Geltendmachung von Unterhalts- und Unterhaltsersatzansprüchen (§ 18 Abs. 1 S. 2 SGB VIII n.F.). Ausführlich dazu *I. Christian*, DAVorm 1993, 353 und die Stellungnahme des DIV, in: DAVorm 1992, 1188 ff. Vgl. auch *Schulz/Eidenmüller*, DAVorm 1993, 251 und o.V. DAVorm 1993, 635 (zur Rechtslage nach

Eltern-Familien, also für Minderjährige aus gescheiterten Ehen und für nichteheliche Kinder.

Mit dem Ausbau des Systems sozialer Sicherung in diesem Jahrhundert sind junge Menschen, die noch nicht im Erwerbsleben stehen, allerdings nicht mehr *existentiell* auf die Realisierung ihres privaten Unterhaltsanspruches, wie er in den §§ 1601 - 1615 und – mit einigen Besonderheiten für nichteheliche Kinder – in den §§ 1615 a - i, o BGB geregelt ist, angewiesen. Nach der neueren Rechtsprechung haben junge Menschen nicht unbedingt am Lebensstandard ihrer unterhaltsverpflichteten gut gestellten Eltern durch entsprechend hohe Unterhaltszahlungen teil, sondern dürfen »aus erzieherischen Gründen knapp gehalten«, zur Sparsamkeit angehalten werden. Den Unterhaltstabellen und dem Regelunterhalt liegt ohnedies kaum der zum (menschenwürdigen) Leben erforderliche Bedarf zugrunde. Daher dient ein kompromißloses Festhalten am Gedanken familiärer Verantwortung mehr den staatlichen und kommunalen Trägern, die nur nachrangig (subsidiär) zu Sozialleistungen verpflichtet sind (z.B. § 2 Abs. 1 BSHG) und die, wenn sie bei nicht oder nur schwer durchzusetzenden Unterhaltsforderungen *vorleisten*, sich im Wege des Unterhaltsregresses die verauslagten Kosten zurückholen können (vgl. §§ 36 ff. BAFöG, §§ 90 f. BSHG).

Vorgeblich aus Sorge um den Bestand der angeblich weitgehend funktionslos gewordenen Familie[21] – »Verwandte wären im Fall ihrer Bedürftigkeit nicht mehr unbedingt aufeinander angewiesen« und eine weitere Emanzipation der Familienmitglieder könnte den Familienzusammenhalt schwächen[22] –, tatsächlich aber aus fiskalischen Überlegungen setzt man auf die Solidargemeinschaft der Familie. Diese muß erhebliche, oft nicht mehr zumutbare Lasten auf sich nehmen[23], obwohl die ökonomischen Voraussetzungen für einen Leistungsaustausch innerhalb der Einzelfamilie längst entfallen sind und die Existenzsicherung auch kinderlos gebliebener, aus dem Erwerbsleben ausgeschiedener (alter) Menschen durch die nachfolgende Generation eine gerechtere Verteilung der Kindererziehungskosten gebieten würde. Der »Bewahrung der Allgemeinheit vor ungerechtfertigter Inanspruchnahme öffentlicher Mittel«[24] dienen denn auch

- die Strafvorschrift des § 170 b StGB (Verletzung der Unterhaltspflicht: Freiheitsstrafe bis zu drei Jahren oder Geldstrafe),

- die Vielzahl der Aufgaben, die das Jugendamt auf dem Gebiet der Unterhaltssicherung hat[25].

---

§§ 18, 59 Abs. 1 S. 1 Nr. 3 SGB VIII n.F.) – zu § 170 b StGB: *Heinle/Wawrzyniak*, DAVorm 1995, 1017 ff. (gegen *Ostermann*, ZRP 1995, 204 f.) mit Hinweisen für den Umgang mit Jugendämtern mit dieser Strafvorschrift. Vgl. auch *DIV-Gutachten*, DAVorm 1995, 1051 und 1053

21 Es handelt sich eher um eine Funktionsverschiebung und um eine gewandelte Einschätzung verbliebener Funktionen. Auch herrscht eine schiefe historische Sicht vor: die »Produktionsgemeinschaft Großfamilie« hat es in der behaupteten Allgemeinheit – als »die« Familie – nie gegeben.

22 *Dietrich V. Simon*, in: Posser/Wassermann (Hrsg.), Von der bürgerlichen zur sozialen Rechtsordnung, S. 145

23 Das gilt vor allem – aber nicht nur – für die Belastung mit Berufsausbildungskosten für volljährige Kinder. Zur erforderlichen Reform des Verwandtenunterhalts, *Rasehorn*, TuP 1980, 300; *Rasehorn/Rasehorn*, TuP 1992, 322 (auch über »das Unsoziale« der Rückgriffsregelung des § 91 BSHG, a.a.O., S. 329; *Schlüter/Kemper*, FuR 1993, 245

24 *Schönke/Schröder*, a.a.O., § 170 b Anm. 1

4. Aufgaben des Jugendamtes

Im einzelnen handelt es sich um folgende Aufgaben:

– Mit der Geburt eines nichtehelichen Kindes, dessen Mutter volljährig ist, wird in den alten Bundesländern das Jugendamt *gesetzlicher Amtspfleger* nach § 1706 Nr. 2 BGB und hat die Unterhaltsansprüche des Kindes als dessen gesetzlicher Vertreter gegen den Vater und eventuell auch gegen dessen Verwandte (Großeltern des nichtehelichen Kindes)[26] geltend zu machen, wozu auch die Führung eines Prozesses gegen den Unterhaltspflichtigen im Namen des Kindes gehört.

– Ist die Mutter eines nichtehelichen Kindes selbst noch minderjährig, so wird das Jugendamt *gesetzlicher Amtsvormund* (§ 1791 c BGB), dessen Wirkungskreis die Geltendmachung von Unterhaltsansprüchen des Kindes einschließt.

– Gesetzlicher Vertreter des Kindes in Unterhaltsangelegenheiten ist das Jugendamt auch als
   bestellter Amtsvormund (§ 1791 b),
   bestellter Amtspfleger (wie zuvor i.V.m. § 1915 BGB),
   bestellter Amtsbeistand auf entsprechenden elterlichen Antrag (§ 1690 BGB),
   z.B. beim Ruhen und Entzug elterlicher Sorge, nach Scheidung, wenn die Eltern ungeeignet sind, die elterliche Sorge (voll) zu übernehmen, bzw. die Mutter die Ansprüche gegen den Vater nicht durchsetzen kann (vgl. § 1671 Abs. 5 Satz 2 BGB, Unterhaltspflegschaft).

– Unterstützung alleinsorgeberechtigter Elternteile (auch) bei der Geltendmachung von Unterhaltsansprüchen[27] auf deren Antrag beim Vormundschaftsgericht als bestellter Beistand ohne förmliche Übertragung von Aufgaben (§§ 1685 f. BGB),

– Auch ohne Einschaltung des Vormundschaftsgerichtes hat das Jugendamt Müttern und Vätern, die allein für ein Kind oder einen Jugendlichen zu sorgen haben oder tatsächlich sorgen, bei der Geltendmachung von Unterhaltsansprüchen des Kindes zu *beraten und zu unterstützen* (§ 18 Abs. 1 SGB VIII).

– Die Mutter eines nichtehelichen Kindes hat einen entsprechenden Anspruch hinsichtlich der Geltendmachung ihrer eigenen Ansprüche gemäß § 1615 k und § 1615 l (§ 18 Abs. 3 SGB VIII).

– Soweit das Vormundschaftgericht bei der Sicherung des Unterhalts mitwirkt, hatte sich das Jugendamt auf dessen Verlangen über die Unterhaltshöhe *gutachtlich* zu äußern (§ 48 d JWG). Diese Aufgabe ist mit Inkrafttreten des KJHG weggefallen.

– Vom Jugendamt dazu ermächtigte Beamte oder Angestellte können über Vaterschaftsanerkenntnisse und Zustimmungserklärungen nichtehelicher Kinder hinaus die Verpflichtung zur Erfüllung von Unterhaltsansprüchen oder zur Leistung von

---

25 Zur »interdisziplinären Zusammenarbeit bei Unterhaltspflichtverletzungen«: *Wolfgang Preis*, in: Sozialmagazin Heft 2/1990, 32 - 39

26 Klagt das minderjährige eheliche Kind gegen seine Eltern auf Unterhalt, so können diese das Kind nicht vertreten (§§ 1629 Abs. 2 Satz 1, 1795 Abs. 1 Nr. 3 BGB). Vom Vormundschaftsgericht ist daher ein Unterhaltspfleger zu bestellen, der das Kind im Prozeß vertritt. Leben die Eltern allerdings getrennt oder ist die Scheidung beantragt, so kann der Elternteil, in dessen Obhut das Kind befindet, dessen Unterhaltsansprüche gegen den anderen Elternteil geltend machen (§ 1629 Abs. 2 Satz 2; bei Interessenkollisionen Entziehung der Vertretungsmacht nach § 1796 BGB i.V.m. 1629 Abs. 2 Satz 3).

27 Vgl. *LG Berlin*, FamRZ 1991, 1097 (für die neuen Bundesländer)

Unterhaltsabfindungen *beurkunden* (§ 59 SGB VIII; beachte auch § 60 SGB VIII zur Zwangsvollstreckung aus diesen Urkunden)[28].

- Das Jugendamt ist mit der *Durchführung des Unterhaltsvorschußgesetzes* beauftragt[29].

Das Unterhaltsvorschußgesetz wird von den Ländern im Auftrag des Bundes ausgeführt. Bund und Länder tragen die Geldleistungen je zur Hälfte. Mit Zahlung des Unterhaltsvorschusses geht der Unterhaltsanspruch gegen den Unterhaltspflichtigen auf das Land über (§ 7 Abs. 1 UVG), das dann den Unterhaltspflichtigen heranzieht und die so eingezogenen Beträge zu 50% an den Bund abführt.
Obwohl es sich bei dem Unterhaltsvorschuß (in Regelsatzhöhe, vgl. § 2 Abs. 1 UVG) um einen Anspruch des (noch nicht 12 Jahre alten) Kindes (auf längstens insgesamt 72 Monate) handelt, besteht dieser Anspruch nicht, wenn der mit dem Kind lebende alleinstehende Elternteil sich weigert, zur Durchführung des Gesetzes erforderliche Auskünfte zu erteilen oder an der Feststellung der Vaterschaft oder des Aufenthaltes des anderen Elternteils mitzuwirken (§ 1 Abs. 3 UVG). Damit ist den Jugendämtern in der Praxis ein Druckmittel in die Hand gegeben, das zur sozialen Ungleichbehandlung führt, weil es nur gegen Mütter mit geringem Einkommen eingesetzt werden kann. Der Einsatz von Glaubwürdigkeitsfragebögen ist zudem abzulehnen[30].

Bedeutung von Kenntnissen im Unterhaltsrecht

Die Vielzahl der Aufgaben, die das Jugendamt in diesem Bereich hat, und die von der gelegentlichen Beratung bis zum Führen von Unterhaltsprozessen einschließlich dem Betreiben der Zwangsvollstreckung aus Unterhaltstiteln reicht, macht solide Kenntnisse des Unterhaltsrechts für jeden Jugendamtsmitarbeiter unerläßlich, wobei Einzelheiten gerichtlicher Durchsetzung allerdings nur den damit Beauftragten bekannt sein müssen[31].

5. Überblick über das Unterhaltsrecht

Das Bürgerliche Gesetzbuch geht ungeachtet des tiefgreifenden Wandels der ökonomischen Situation[32] noch vom *Vorrang familiärer Unterhaltssicherung* aus. Die Ausweitung staatlicher Leistungen auf diesem Gebiet seit Inkrafttreten des BGB im Jahre 1900[33] hat an diesem Grundsatz nichts geändert, der insbesondere den Nachrang der Sozialhilfe bedeutet.

---

28 *Brüggemann* (1994); vgl. dazu G. *Fieseler*, Jugendhilfe 1995, 315
29 Gesetz zur Sicherung des Unterhalts von Kindern alleinstehender Mütter und Väter durch Unterhaltsvorschüsse oder -ausfalleistungen vom 23. Juli 1979 (*BGBl.* I 1184). Vgl. dazu *Schmitz*, ZblJugR 1982,631; *R. Scholz*, DtZ 1992, 177. Zum Verhältnis von Leistungen nach UVG und Hilfe zum Lebensunterhalt nach BSHG: *BVerwG*, DVBl 1994, 426
30 Arbeitsgruppe »Amtspflegschaft« anläßlich der Studientagung des DV »Kindschaftsrechtsreform: Auswirkungen auf die Praxis der Jugendhilfe« vom 20. bis 22 Februar 1996
31 Besonders ausführliche Darstellung des Unterhaltsrechts in *Göppinger/Wax*, a.a.O. und *Wendl/Staudigl*, a.a.O. Vgl auch *Fröschl*, JuS 1993, 146 ff. Zu einer »friedensstiftenden« Sozialarbeit mit Hilfs- und Vermittlungsangeboten und interdisziplinärer Zusammenarbeit mit Verwaltungsfachkräften und Juristen vgl. *Preis*, in: Sozialmagazin 1990 (Heft 2), 32 - 39. Vgl. auch *B. Heiß/H. Heiß*, a.a.O.
32 Vgl. *AK-Derleder/Münder* vor §§ 1601 ff. Rz. 1 ff
33 Zu den wichtigsten staatlichen Leistungen heute vgl. *AK-Derleder/Münder*, a.a.O., Rz. 5 ff.

5.1 Die Voraussetzungen eines Unterhaltsanspruches

Die Voraussetzungen eines Unterhaltsanspruches sind
- *Verwandschaft in gerader Linie* (§ 1601 BGB; die Begriffsbestimmung, die Geschwister ausschließt, findet sich in § 1589 Satz 1 BGB),
- *Unterhaltsbedürftigkeit* (§ 1602 BGB; beachte insbes. Absatz 2 zu Gunsten des minderjährigen und unverheirateten Kindes, das eigenes Vermögen nicht antasten muß)[34],
- *Leistungsfähigkeit* des Verpflichteten (§ 1603 BGB; auch hier mit »Sonderbestimmung« für den Regelfall: Absatz 2).

Die Eltern sind verpflichtet, alle verfügbaren Mittel zu ihrem Unterhalt und dem ihrer Kinder gleichmäßig zu verwenden (§ 1603 Abs. 2 BGB), sofern nicht ein anderer unterhaltspflichtiger Verwandter (Großeltern) vorhanden ist, der eintreten müßte, wenn andernfalls die Eltern ihren »eigenen angemessenen Unterhalt gefährden« würden (Ersatzhaftung nach § 1607 Abs. 1 BGB).

Eltern und ihre minderjährigen, unverheirateten Kinder bilden also eine »Art Notgemeinschaft«, die an die Eltern erhebliche Anforderungen stellt. Sie sind über die staatliche Leistungen zu informieren und in die Lage zu versetzen, diese Leistungen auch in Anspruch zu nehmen.

5.2 Selbstbehalt

Die heutige Rechtsprechung erkennt allerdings an, daß dem Unterhaltspflichtigen genügend Mittel für den eigenen Unterhalt verbleiben müssen. So soll auch ein Arbeitsanreiz erhalten bleiben[35]. Gegenüber minderjährigen Kindern hat das Oberlandesgericht Düsseldorf den »notwendigen Eigenbedarf« (kleiner Selbstbehalt) ab 01.01.1996 mit mindestens 1.300 DM (bei Erwerbstätigkeit: 1.500 DM) monatlich festgesetzt[36], während der »angemessene Eigenbedarf« (großer Selbstbehalt) gegenüber volljährigen Kindern *in der Regel* mindestens 1.800 DM beträgt[37].

5.3 Art und Maß der Unterhaltsleistungen

Art und Maß der Unterhaltsleistungen sind in den §§ 1610 - 1613 BGB geregelt. Zu leisten ist im allgemeinen der »angemessene Unterhalt«, der sich nach der

---

34 Wohl aber etwaige Erträge des Vermögens (z.B. der Mietzins aus einem Mietshaus) und eigenes Einkommen, doch ist im letztgenannten Fall ein großzügigeres Taschengeld anzusetzen, *Palandt-Diederichsen*, a.a.O., § 1602 Anm. 2 d
35 *OLG Düsseldorf*, NJW 1977, 392
36 Mitteilung in DAVorm 1995, 1089 = ZfJ 1995, 523. Düsseldorfer Tabelle nach Frankfurter Praxis: FamRZ 1996, 22: 1.500 bzw. 1800 DM. Weitere Tabellen: *OLG Rostock*, FamRZ 1996, 24: 1.085 bzw. 1.220 DM als kleiner, 1.360 bzw. 1.500 DM als großer Selbstbehalt; Berliner Vortabelle zur Düsseldorfer Tabelle, DAVorm 1995, 1093 (vgl. dazu DAVorm 1994, 559); in FamRZ, Heft 24/1995 die unterhaltsrechtlichen Leitlinien der *OLG Celle, München, Naumburg*. Vgl. im übrigen die jeweils aktuelle Auflage von *Palandt-Diederichsen* zu § 1610 BGB. *Mutschler*, DAVorm 1994, 655. Zum Unterhaltsanspruch eines mit seiner Mutter aus der ehemaligen DDR zunächst nach Esslingen, später nach Stuttgart verzogenen nichtehelichen Kindes gegenüber seinem in Sachsen lebenden Vater: *LG Stuttgart*, DAVorm 1992, 884 (auch zur Übernahme der Amtspflegschaft nach § 87 Abs. 2 a.F., vgl. jetzt § 87 c Abs. 2 n.F. SGB VIII)
37 a.a.O. (Fn. 32)

»Lebensstellung des Bedürftigen« bestimmt (§ 1610 Abs. 1 BGB) und den »gesamten Lebensbedarf« umfaßt. Das Gesetz nennt insoweit ausdrücklich die Kosten einer angemessenen Vorbildung zu einem Beruf, bei einer der Erziehung bedürftigen Person – wieder der Regelfall – auch die Kosten der Erziehung (§ 1610 Abs. 2). Worin im einzelnen der Lebensbedarf besteht, kann nur von Fall zu Fall bestimmt werden[38].

5.4 Regelunterhalt

In der Praxis entscheidend ist freilich in den meisten Fällen die Ermittlung des Unterhaltssatzes aufgrund von Unterhaltstabellen und – ebenso pauschalisierend – die Leistung des sog. Regelunterhalts:

Dem nichtehelichen Kind steht bis zur Vollendung des 18. Lebensjahres ein »Mindestunterhaltsanspruch« – der Regelunterhalt – gegenüber seinem Vater zu, wenn es nicht in dessen Haushalt aufgenommen ist (§ 1615 f BGB; zur Herabsetzung: § 1615 h[39]; zur Anrechnung von Kindergeld u.a. vgl. § 1615 g). *Regelunterhalt* ist der zum Unterhalt eines in der Pflege seiner Mutter befindlichen Kindes »bei einfacher Lebenshaltung« im Regelfall erforderliche Betrag (Regelbedarf), vermindert um die nach § 1615 g anzurechnenden Beträge. Die gemäß Regelunterhaltsverordnung nach drei Altersstufen gestaffelte Höhe des Regelbedarfes wird von Zeit zu Zeit durch Verordnung der Bundesregierung mit Zustimmung des Bundesrates den steigenden Lebenshaltungskosten angepaßt[40].

Seit 1976 sieht § 1612 a BGB eine Anpassung des Unterhalts auch minderjähriger *ehelicher* Kinder an die allgemeine Entwicklung der wirtschaftlichen Verhältnisse vor[41].

5.5 Die gerichtliche Geltendmachung von Unterhaltsansprüchen

Diese soll hier nur soweit behandelt werden, als es sich um Verfahren handelt, an denen im Regelfall das Jugendamt als Amtspfleger mitwirkt, also Unterhaltsforderungen *nichtehelicher* Kinder gegen ihre Väter[42].

---

38 Zum Verhältnis von »Lebenserfahrung und Pauschalansatz« in den Unterhaltstabellen und konkreter Ermittlung des Geldbedarfs vgl. *Christl*, NJW 1984, 267. Zur Frage der »Gerechtigkeit durch Unterhaltstabellen« die Beiträge von *Christian, Huvalé, Jäger und Puls*, in: ZblJugR 1982, 559 ff.; vgl. auch *Künkel*, in: DAVorm 1988, 641 ff. Zur Unterhaltsberechnung in »Ost-West-Fällen«: *OLG Stuttgart*, FamRZ 1992, 215; *OLG Koblenz*, FamRZ 1992, 215; *OLG Frankfurt a.M.*, FamRZ 1992, 1467; *KG* FamRZ 1992, 1468

39 Vgl. die Zitathinweise von *Kemper*, DAVorm 1995, 983

40 Seit dem 1. Januar 1996 betragen die Sätze der Fünften Verordnung über die Anpassung und Erhöhung von Unterhaltsrenten für Minderjährige: 349 DM (bis 6 Jahre), 424 DM (bis 12 Jahre), 502 DM (bis 18 Jahre). Der Regelbedarf eines Kindes im Beitrittsgebiet beträgt 314 DM, 380 DM, 451 DM (DAVorm 1995, 895 = ZfJ 1995, 457). Dazu der Vorschlag von *R. Kemper*, ZfJ 1995, 568 und das Rundschreiben des Landkreistages sowie des Städtetages Baden-Württemberg, ZfJ 1995, 568 f.

41 Vgl. *AK-Derleder*, a.a.O., § 1612 a Rz. 1 Auf Grund der Anpassungsverordnung 1995 können die Unterhaltsrenten für Zeiträume nach dem 31.12.1995 (BGBl I 1190) um 20% erhöht werden. Zu den Auswirkungen in Verbindung mit der Kindergelderhöhung: DIV, DAVorm 1995, 907 ff. (im »Altbundesgebiet«) und 911 ff. (in den neuen Bundesländern). Vgl. auch *B. Knittel*, DAVorm 1995, 913 ff.

42 Zur Prozeßführung eingehend *I. Christian*, DAVorm 1988, 1 ff., 103 ff. Zur Durchsetzung von Unterhaltsansprüchen gegen die Großeltern vgl. *DIV-Gutachten*, DAVorm 1994, 282 f.

Die folgenden *Klagemöglichkeiten* sind zu unterscheiden:
- Vaterschaftsfeststellungsklage, verbunden mit dem Antrag auf Bestimmung des Regelunterhaltes durch einstweilige Anordnung (§ 641 d ZPO),
- Klage auf Feststellung der Vaterschaft *und* Regelunterhalt (§ 643 ZPO),
- Klage auf die Verurteilung zur Leistung des Regelunterhaltes mit der Möglichkeit, einen prozentualen Zuschlag oder Abschlag zu beantragen (§ 642 ZPO),
- Klage auf einen bestimmt bezifferten Unterhaltsbetrag.

Dem Verfahren nach § 643 ZPO kann sich ein Abänderungsverfahren nach § 643 a ZPO anschließen, in dem höherer Unterhalt, Herabsetzung des Unterhalts unter den Regelunterhalt, Erlaß oder Stundung rückständiger Unterhaltsbeträge begehrt wird. Dabei sind die Fristen des § 643 a Abs. 2 ZPO zu beachten.

5.6 Festsetzung des Regelunterhalts

Auf Grund der Urteile nach § 642 und nach § 643 ZPO kann der Betrag des Regelunterhalts durch Beschluß gesondert festgesetzt werden. Ändern sich dann die allgemeinen wirtschaftlichen Verhältnisse und wird der Regelbedarf erhöht, so kann der Amtspfleger für das Kind den Antrag stellen, daß dessen (Regel-)Unterhalt *neu festgesetzt* wird, ohne daß es etwa einer Abänderungsklage bedarf. Es handelt sich hier um ein denkbar einfaches Verfahren, für das der Rechtspfleger zuständig ist (§ 20 Nr. 11 RPflG. i.V.m. §§ 642 a, b, 643 ZPO) – eine Notwendigkeit angesichts der immer wieder erforderlichen Abänderung zahlloser Unterhaltstitel.

Da der Regelunterhalt nur ein Mindestunterhalt ist, der »darauf zugeschnitten ist, daß beide Eltern der untersten Einkommensstufe zuzuordnen sind«[43], kann – bei entsprechender Leistungsfähigkeit des Vaters – der angemessene (vgl. § 1615 c BGB) *Individualunterhalt* eingeklagt werden. Geschieht dies, indem der Regelunterhalt zuzüglich eines bestimmten prozentualen Zuschlages gefordert wird, so steht auch dann das vereinfachte Abänderungsverfahren zur Verfügung.

Zu einer *Abänderungsklage* nach § 323 ZPO ist das nichteheliche Kind allerdings dann gezwungen, wenn sich die Einkommensverhältnisse gerade *seines* Vaters wesentlich verbessert haben und das Kind deshalb einen Anspruch auf einen höheren Unterhalt hat.

5.7 Vereinfachtes Verfahren zur Abänderung von Unterhaltstiteln – auch für eheliche Kinder

Wegen der Schwerfälligkeit von Abänderungsverfahren nach dem § 323 ZPO ist – seit 1977 – auch für die Anpassung von Unterhaltstiteln minderjähriger ehelicher Kinder an die *allgemeinen* wirtschaftlichen Verhältnisse ein vereinfachtes Verfahren vorgesehen (vgl. § 1612 a BGB; §§ 641 l - t ZPO)[44].

5.8 Zwangsvollstreckung wegen Unterhaltsforderungen

Während sonst vor allem sozial schwächere, wirtschaftlich ungünstig gestellte Menschen der Zwangsvollstreckung meist als Schuldner ausgesetzt sind, treten sie hier, insbesondere als nichteheliche Kinder gegen ihre Väter, als *Vollstreckungsgläubiger* auf, die sich der Gerichtsvollzieher und Vollstreckungsgerichte bedienen, um ihre Unterhaltsforderungen durchzusetzen. Da ein Zwangsvollstreckungsverfahren

---

43 *Schlüter*, a.a.O., S. 177
44 Dazu *J. Braun*, DAVorm 1994, 905 ff.

nur auf Initiative des Gläubigers eingeleitet und vorangetrieben wird, stellen die Amtspfleger für die von ihnen betreuten Kinder die erforderlichen Anträge.

Einzelheiten über Voraussetzungen und Verlauf der Vollstreckung und über den Schuldnerschutz sind hier nicht darzustellen[45], doch seien wenigstens einige *Besonderheiten* der Zwangsvollstreckung wegen Unterhaltsforderungen erwähnt:

- Es handelt sich meist um Lohnpfändungen, doch ist auch die Vollstreckung in das bewegliche Vermögen bei der Durchsetzung rückständiger Unterhaltsbeträge nicht unbedeutend[46].
- Als Vollstreckungstitel kommen insbesondere auch die von den hierzu ermächtigten Bediensteten des Jugendamtes aufgenommenen vollstreckbaren Urkunden in Betracht, wonach sich der Unterhaltsschuldner der sofortigen Zwangsvollstreckung unterworfen hat (§ 794 Abs. 1 Nr. 5 ZPO i.V.m. § 60 Abs. 1 S. 1 SGB VIII).
- Die Pfändbarkeit von Arbeitseinkommen ist zugunsten des Unterhaltsschuldners erweitert (vgl. § 850 d; beachte aber auch § 850 f ZPO)[47].

Der letztgenannte Punkt trägt der Tatsache Rechnung, daß es sich um Forderungen handelt, deren Realisierung die Lebensgrundlage des Unterhaltsberechtigten sichert. Dies ist auch der Grund dafür, daß in der Zwangsvollstreckung *gegen* Schuldner, denen Unterhaltsansprüche zustehen, diese Ansprüche grundsätzlich unpfändbar sind (§ 850 b Abs. 1 Nr. 2 ZPO).

6. Mitwirkung des Jugendamtes bei Einzelvormundschaft, -pflegschaft, -beistandschaft und -gegenvormundschaft

Die ehrenamtliche Tätigkeit von Einzelpersonen als Vormund usw. dient der *Fürsorge für Minderjährige*, deren Eltern als Erzieher ausfallen oder einer mehr oder weniger weitgehenden Unterstützung bedürfen. Diese Tätigkeit steht unter der Aufsicht der Vormundschaftsgerichte. Die Jugendämter wirken mit ihren Erfahrungen auf diesem Gebiet bei der Aufsicht mit. Sie kontrollieren aber nicht nur die meist auf ihre Initiative und auf ihren Vorschlag bestellten Vormünder etc., sondern diese haben einen Anspruch darauf, bei der Wahrnehmung ihrer oft pädagogisch und rechtlich schwierigen Aufgaben von den Jugendämtern beraten und unterstützt zu werden.

Im Hinblick auf die eingehende Darstellung des angesprochenen Aufgabengebietes im in der gleichen Reihe erschienenen Band von *Bienwald*[48] genügt hier eine Benennung der wichtigsten Rechtsgrundlagen:

Das Bürgerliche Gesetzbuch enthält Bestimmungen über

- die Begründung der Vormundschaft (§§ 1773 - 1792),
- die Aufgaben des Vormundes (§§ 1793 - 1836),
- die Fürsorge und Aufsicht des Vormundschaftsgerichtes (§§ 1837 - 1847),

45 Zur (ersten) Information vgl. *Fieseler*, Rechtsgrundlagen, a.a.O., S. 79 ff.; zu Einzelfragen insbesondere *Baumbach/Lauterbach/Albers/Hartmann*, Zivilprozeßordnung; zur Praxis des Jugendamtes: *M.-J. Sikora/M. Schwitale*, DAVorm 1994, 335 ff.; zur Schuldnerberatung vgl. *Wolfgang Berner*, Schuldnerhilfe. Ein Handbuch für die Sozialarbeit, Neuwied 1992; *Groth/Schulz/Schulz-Rackoll*, a.a.O.

46 Vgl. *de Grahl*, DAVorm 1983, 1 ff. (2)

47 Vgl. *Göppinger*, a.a.O., Rz. 3303 ff.

48 *Werner Bienwald*, Vormundschafts- und Pflegschaftsrecht in der sozialen Arbeit, 3. Aufl., Heidelberg 1992. Vgl. auch *Ingeborg Christian*, DAVorm 1983, 89 ff. und 183 ff.

- die Mitwirkung des Jugendamtes (§ 1851),
- die Beendigung der Vormundschaft (§§ 1882 - 1895)

Für die Pflegschaft nimmt § 1915 BGB auf die für die Vormundschaft geltenden Vorschriften (weitgehend) Bezug. Auch für die Beistandschaft finden sich Verweisvorschriften (vgl. §§ 1686, 1691 BGB).

Die Aufgaben des Jugendamtes finden sich im SGB VIII. Es handelt sich dabei um Bestimmungen betreffs
- Vorschlag geeigneter Personen und Vereine (§ 53 Abs. 1 SGB VIII),
- Überwachung mit bestimmten Anzeigepflichten (§ 53 Abs. 3 SGB VIII),
- Beratung und Unterstützung (§ 53 Abs. 2 SGB VIII).

Auch dem Jugendamt gegenüber bestehen Mitteilungspflichten:
- des Vormundschaftsgerichts (§ 1851 Abs. 1 BGB),
- der Vormünder, Pfleger, Beistände (§ 1851 Abs. 2 BGB; nach § 1851 Abs. 3 – eingeführt durch Art. 5 Nr. 5 KJHG – keine Mitteilungspflichten bei Vereinsvormundschaft).

7. Statistik: Amtsvormundschaft/Amtspflegschaft; Vaterschaftsfestellungen; Entzug der elterlichen Sorge

Gegenstand der Nachweisung	Deutschland			Früheres Bundesgebiet			Neue Länder und Berlin-Ost		
	1991	1992	1993	1991	1992	1993	1991	1992	1993
Kinder und Jugendliche am Jahresende unter									
Amtsvormundschaft	40.571	43.392	45.306	37.243	38.983	39.493	3.328	4.409	5.813
davon unter:									
gesetzlicher Amtsvormundschaft	11.301	11.862	12.202	10.126	10.280	10.391	1.175	1.582	1.811
bestellter Amtsvormundschaft	29.270	31.530	33.104	27.117	28.703	29.102	2.153	2.827	4.002
Amtspflegschaft	525.730	558.753	584.400	524.578	556.719	580.607	1.152	2.034	3.793
davon unter:									
gesetzlicher Amtspflegschaft	501.521	532.359	555.077	501.519	532.351	555.073	2	8	4
bestellter Amtspflegschaft	24.209	26.394	29.323	23.059	24.368	25.534	1.150	2.026	3.789
Beistandschaft für Elternteile	85.052	98.324	111.773	51.900	50.857	50.628	33.152	47.467	61.145
Vaterschaftsfeststellungen während des Jahres	116.715	116.509	117.631	76.574	80.175	83.773	40.141	36.334	33.858
dar. durch freiwillige Anerkennung	109.109	109.224	110.016	69.320	73.342	76.936	39.789	35.882	33.080
Gerichtliche Maßnahmen zum vollständigen oder teilweisen Entzug der elterlichen Sorge	6.995	7.288	7.570	6.444	6.383	6.450	551	905	1.120

Quelle: Statistisches Jahrbuch 1995, S. 480

Sechstes Kapitel: Gerichtshilfen

1. Überblick

Das Jugendamt arbeitet mit den Gerichten zusammen, wenn Sorgerechtsregelungen anstehen (vor allem bei Ehescheidungen und beim Sorgerechtsentzug) oder ein junger Mensch von 14 bis 21 Jahren wegen einer Straftat belangt wird. Von den in der Jugendgerichtsbarkeit mitentscheidenen Schöffen abgesehen (Laienrichter), entscheiden bei den Gerichten (Berufs-)Richter und Rechtspfleger[1] über Sachverhalte, deren Bedeutung oft solide sozialwissenschaftliche und sozialpädagogische Kenntnisse erfordert. Dieses Wissen wird in der juristischen Ausbildung der Richter und Rechtspfleger nicht vermittelt[2]. Es sollte aber in den Fachbereichen Sozialarbeit/Sozialpädagogik der Fach- und Gesamthochschulen von den angehenden Sozialarbeitern erworben werden können[3]. Vorwiegend diese leisten daher als Mitarbeiter der Fachbehörde Jugendamt die Aufgaben in den Bereichen der
– Vormundschaftsgerichtshilfe,
– Familiengerichtshilfe,
– Jugendgerichtshilfe.

Dabei war die Aufgabe der Jugendgerichtshilfe bereits bei Verabschiedung des Jugendgerichtsgesetzes 1923 als Erforschung der »Lebensverhältnisse« sowie aller »Umstände, welche zur Beurteilung der körperlichen und geistigen Eigenart dienen können«[4] umschrieben und ist gegenwärtig in § 38 Abs. 2 S. 1 und 2 JGG so formuliert:

»Die Vertreter der Jugendgerichtshilfe bringen die erzieherischen, sozialen und fürsorgerischen Gesichtspunkte im Verfahren vor den Jugendgerichten zur Geltung. Sie unterstützen zu diesem Zweck die beteiligten Behörden durch Erforschung der Persönlichkeit, der Entwicklung und der Umwelt des Beschuldigten und äußern sich zu den Maßnahmen, die zu ergreifen sind«.

Für die Vormundschafts- und Familiengerichtshilfe formuliert § 50 Abs. 1 und 2 SGB VIII jetzt die entsprechende Aufgabe, denn auch hier sind die Gerichte nur mit der Hilfe des Jugendamtes zu einer gründlichen Sachaufklärung und zu einer sachgerechten, den Lebensbedingungen und Bedürfnissen junger Menschen angemessenen Entscheidung in der Lage. Dies gilt insbesondere für die Beurteilung, was im jeweiligen Einzelfall dem »Wohl des Kindes«, dem rechtlichen Schlüsselbegriff in diesem Bereich, entspricht. Weil die Jugendämter hierbei nicht »Hilfsorgan des Gerichts« sind, sondern eigenständige Aufgaben wahrnehmen, wird heute der Begriff »Gerichtshilfe« zum Teil abgelehnt und durch Mitwirkung im jeweiligen Gerichtsverfahren ersetzt.

Das Jugendamt hat dabei eine gegenüber dem Gericht eigenständige Aufgabe. Diese nimmt es aufgrund der Fachkompetenz der Jugendamtsmitarbeiter mit sozialpädagogischer Grundeinstellung und mit den Methoden moderner sozialer Arbeit wahr.

---

1 Justizbeamte des gehobenen Dienstes, die besonders im Bereich der Freiwilligen Gerichtsbarkeit selbständig entscheiden. Rechtspflegergesetz.
2 *Fieseler* (1977), a.a.O., S. 19
3 Vgl. *Oberloskamp*, ZblJugR 1982, 519; 1983, 355
4 Zur Geschichte des Jugendstrafrechts vgl. das Schwerpunktheft 3/1992, *DVJJ-Journal*.

Dies schließt es aus, in dem Jugendamt ein »Hilfsorgan« des Gerichts, dessen »Zuträger«, zu sehen. Vielmehr wirkt es als »echter Verfahrensbeteiligter«[5] mit, indem es seine Fachlichkeit im Kindesinteresse zur Geltung bringt.

Dies geschieht durch
- Unterrichtung insbesondere über angebotene und erbrachte Leistungen,
- Einbringen erzieherischer und sozialer Gesichtspunkte zur Entwicklung des Kindes oder des Jugendlichen,
- Hinweise auf gegebenenfalls weitere Möglichkeiten der Hilfe.

Damit wird auch bei dieser »anderen Aufgabe« im Sinne von § 2 Abs. 2 SGB VIII die Hilfeorientierung deutlich. Dabei ist »auf ein möglichst konstruktives Zusammenwirken aller Beteiligten«[6] hinzuarbeiten.

Nur wenn das Jugendamt als Fachbehörde es zur Abwendung einer Gefährdung des Kindes oder Jugendlichen für erforderlich hält, daß das (Vormundschafts-)Gericht tätig[7] wird, hat es dieses anzurufen. Eine generelle Anzeigepflicht bei Kindeswohlgefährdung besteht also nicht (mehr): vielmehr entscheidet »allein der sozialpädagogische Sachverstand über die Notwendigkeit der Mitteilung an das Gericht«[8], wenn anzubietende Hilfen nicht oder nicht rechtzeitig ausreichen.

Inwieweit in dieser Hinsicht – und im familiengerichtlichen Verfahren zu Sorgerecht und Umgang – Ermittlungen anzustellen, gutachtlich Stellung zu nehmen und unter Umständen auch Entscheidungsvorschläge zu machen sind, das entscheiden nicht die Gerichte, sondern die Jugendämter selbst. Dabei sollten sie sich als Interessenvertreter der Kinder und Jugendlichen, als »Anwalt des Kindes« verstehen. Das erfordert die Ermittlungen der Lebenssituation und der Lebensbedürfnisse des jeweiligen Kindes oder Jugendlichen, die Stärkung der (nicht zu unterschätzenden) Ressourcen der Eltern, aber – in realistischer Einschätzung der Beratung und Unterstützung gesetzten Grenzen – wo immer erforderlich auch die Anregung richterlicher Beschlüsse (vgl. § 50 Abs. 3 SGB VIII). Allein von den Gerichten können die Elternrechte (nur) soweit eingeschränkt werden, daß eine Kindeswohlgefährdung abgewendet und – gegen eine verbreitete Meinung – bei der streitigen Sorgerechtsregelung auf die für das Kind am wenigsten schädliche Alternative auch unterhalb der Schwelle des § 1666 BGB erkannt wird.

Das Gericht ist nicht (mehr) befugt anzuordnen, daß das Jugendamt bestimmte Leistungen erbringt. Dies ist zwar umstritten, folgt aber sowohl aus der Gewaltenteilung, der Autonomie der Träger öffentlicher Jugendhilfe, deren selbständige Aufgabenwahrnehmung nur der Verwaltungsgerichtskontrolle unterliegt, wie aus der fehlenden sozialpädagogischen Fachkompetenz des Gerichts. Weisungen des Gerichts an das Jugendamt sind also ausgeschlossen. Bei der Hilfe zur Erziehung verbietet zudem das in § 36 SGB VIII vorgesehene Verfahren[9] die gerichtliche Anordnung einer bestimmten Hilfe nach Art und Umfang.

Hält das Jugendamt dagegen eine Hilfe zur Erziehung für die Entwicklung eines Kindes oder Jugendlichen für geeignet und notwendig, verschließen sich die perso-

---

5 *Bauer/Schimke/Dohmel*, (1995), a.a.O., S. 334
6 *Wiesner/Mörsberger*, SGB VIII, § 50 Rdnr. 3
7 Nach KindRG sollen die Familiengerichte künftig auch über Maßnahmen nach dem § 1666 BGB entscheiden.
8 *Bauer/Schimke/Dohmel*, a.a.O., S. 335
9 vgl. Seite 39 f. dieses Buches

nensorgeberechtigten Eltern jedoch dieser Einsicht, so hat das Gericht unter den Voraussetzungen des § 1666 BGB[10] bei entsprechendem (Teil-)Entzug elterlicher Sorge das Recht der Inanspruchnahme dieser Hilfe bzw. das Recht, an der Bestimmung der Hilfe nach § 36 SGB VIII mitzuwirken, auf einen Pfleger zu übertragen. Soweit dies erforderlich ist, wird damit zugleich das Aufenthaltsbestimmungsrecht auf den Pfleger[11] übertragen.

Die damit verbundenen Aufgaben kann durchaus ein insofern weisungsunabhängiger Amtspfleger, aber auch ein Mitarbeiter eines Trägers der freien Jugendhilfe wahrnehmen. Vorausgesetzt ist dabei freilich immer, daß bei in der Herkunftsfamilie verbleibenden Kindern und Jugendlichen die Eltern die ambulante Hilfe zur Erziehung – wie die Teilnahme an Sozialer Gruppenarbeit (§ 29 SGB VIII) – nicht etwa stören oder gar hintertreiben. Andere ambulante Hilfen zur Erziehung wie die Sozialpädagogische Familienhilfe – setzen sogar mehr, nämlich eine Kooperation der Eltern voraus. Diese Kooperation ist ohnehin immer anzustreben, sie kann aber letztlich nicht erzwungen werden. Es ist also trotz der (fragwürdigen) grundsätzlichen Anspruchsberechtigung der Eltern nicht so sehr das Fehlen eines Leistungsadressaten als vielmehr die nicht gegebene Durchführbarkeit der an sich wünschenswerten, aber infolge des elterlichen Verhaltens dann eben doch nicht geeigneten Hilfe, die in der Regel eine Lösung durch Einschalten eines Pflegers ausschließt, solange das Kind oder der Jugendliche in der Herkunftsfamilie verbleibt.

Eine Gesamtsicht auf die dem Jugendamt gegebenen Möglichkeiten einer Mitwirkung an gerichtlichen Verfahren, wozu auch die in diesem Kapitel näher dargestellte Anhörung nach §§ 49 und 49 a FGG gehört, führt zu der Einschätzung, daß in diesem rechtlichen Rahmen die Interessen und Bedürfnisse von Kindern auch in Konfliktfall, für den sich das Recht zu bewähren hat, ausreichend wahrgenommen werden können. Dazu bedarf es keines »Anwalts des Kindes«[12], wenn seitens des Jugendamtes trotz des mit dem Kinder- und Jugendhilfegesetz angeblich verbundenen Perspektiven-

---

10 In der Literatur (wie jüngst dem Kommentar von Wiesner) wird betont, dies sei nie unterhalb der Schwelle des § 1666 möglich, weil andernfalls Elternrechte auf verfassungswidrige Weise eingeschränkt würden. Zu bedenken ist dabei aber, daß bei Vorliegen der Voraussetzungen des § 27 SGB VIII in aller Regel eine (erhebliche) Kindeswohlgefährdung im Sinne von § 1666 BGB vorliegen dürfte, wenn geeignete und notwendige Hilfen an mangelnder elterlicher Mitwirkung scheitern würden. Ein an einem überhöhten Elternrecht orientiertes, normatives Verständnis verkennt dies freilich allzu leicht. Wenn etwa Wiesner (§ 27 Rn. 28) auf ein »breites Spektrum von Normalität« hinweist, das »vor dem Hintergrund der Pluralisierung von Lebenslagen und der Individualisierung zu akzeptieren« sei, so ist demgegenüber zu fragen, ob wirklich die mangelnde Gewährleistung einer dem Wohl des Kindes oder Jugendlichen entsprechenden Erziehung als »normal« bezeichnet werden kann und elterliche Erziehungsverantwortung auch dann noch gemäß Art. 6 Abs. 2 GG geschützt ist.
11 Vgl. dazu *Astrid Fricke*, ZfJ 1993, 284
12 Anderer Ansicht *Ludwig Salgo*, (1993), a.a.O. mit ausführlichen Erörterungen zur Konzeption einer Interessenvertretung für Kinder im Rahmen der deutschen Rechtsentwicklung (S. 203 ff.) und Empfehlungen zu einer eigenständigen Kindesvertretung in Verfahren des zivilrechtlichen Kindesschutzes. – Der Referentenentwurf eines KindRG sieht in einem an den § 49 a FGG anzufügenden § 50 FGG die Bereitstellung eines Verfahrenspflegers vor, »soweit dies zur Wahrnehmung seiner Interessen erforderlich ist« (vgl. Anhang VI). Laut Information aus dem federführenden Ministerium vom 20.2.1996 soll inzwischen aus den Worten »das Gericht bestellt ...« ein »(es) kann bestellen« geworden sein. Auch nach gegenwärtigem Recht ist die Bestellung eines Verfahrenspflegers durchaus möglich (Nachweise bei *Salgo*, a.a.O.).

bzw. Paradigmenwechsels die entsprechenden Aufgaben ebenso ernst genommen
werden wie die Leistungsaufgaben.

2. Familien- und Vormundschaftsgerichtshilfe; Mitwirkung im gerichtlichen Verfahren

Rechtsgrundlagen: § 50 SGB VIII, §§ 49, 49 a, 56 d FGG

2.1 Definition

Zur Familien- und Vormundschaftsgerichtshilfe gehören alle Aufgaben, die eine
unmittelbare Zusammenarbeit des Jugendamtes mit den Familien- und Vormund-
schaftsgerichten bedingen, einerlei ob dabei das Jugendamt als Fachbehörde ein
Gerichtsverfahren anregt, unterstützt und dabei im Rahmen seiner Anhörung gutachtlich Stellung nimmt, oder ob es vom Gericht mit der Durchführung von Einzelmaß-
nahmen beauftragt wird (hierzu vgl. 2.6). Auch das Mitwirken bei der Auswahl von
Privatpersonen und Vereinen als Vormund, Pfleger und Beistand sowie bei deren
Überwachung gehört hierzu, nicht aber die Stellung des Jugendamtes als eigener
Rechtsinhaber, also als Amtsvormund oder Amtspfleger.

Der Begriff der Gerichtshilfe ist neuerdings in Mißkredit geraten, weil er der durch
das Kinder- und Jugendhilfegesetz verstärkt betonten Selbständigkeit der Aufgabenwahrnehmung der Jugendämter im Rahmen kommunaler Selbstverwaltung nicht entspreche. Besser sei es daher, von Mitwirkung in vormundschafts- bzw. familiengerichtlichen Verfahren zu sprechen.[13]

2.2 Aufgaben des Jugendamtes

Das Jugendamt hat im einzelnen weitgehend die Aufgaben, die es schon nach dem
JWG hatte[14].

Die Aufgaben des Jugendamtes im Rahmen der Vormundschafts- und Familiengerichtshilfe ergeben sich seit dem 03.10.1990 bzw. dem 01.01.1991 aus folgenden
Rechtsvorschriften des Kinder- und Jugendhilfegesetzes/SGB VIII:

- Mitwirkung in Verfahren vor den Vormundschafts- und Familiengerichten (§ 50);
- Beratung und Belehrung des Elternteils in Verfahren zur Annahme als Kind nach
  § 1748 Abs. 2 Satz 1 BGB (§ 51 Abs. 1, 2);
- Beratung des Vaters eines nichtehelichen Kindes bei der Wahrnehmung seiner
  Rechte nach § 1747 Abs. 2 Sätze 2 und 3 BGB (§ 51 Abs. 3);
- Vorschlag von im Einzelfall zum Pfleger oder Vormund geeigneten Personen und
  Vereinen (§ 53 Abs. 1):;
- Beratung und Unterstützung von Pflegern und Vormündern (§ 53 Abs. 2);
- »Achten darauf« (vgl. BT-Drs. 11/5948, 90), daß die Vormünder und Pfleger für die
  Person der Mündel Sorge tragen; beratendes Hinwirken darauf, daß Mängel beho-
  ben werden, und Mitteilung an das Vormundschaftsgericht, falls dies nicht erfolgt;

---

13 *Schleicher*, in: *Fieseler/Schleicher*, § 50, Rz. 4 ff.; *Oberloskamp*, FamRZ 1992, 1241 ff.;
    Münder, Jugendhilfe 1993, 146 ff.; *Proksch*, Jugendhilfe 1993, 158 ff.; *Schnabel*, in:
    Gernert 1990, 154 ff.; *Willutzki*, ZfJ 1994, 202 ff.
14 Vgl. Zweitauflage S. 100 f.; zu den – wenigen – inhaltlichen Änderungen vgl. BT-Drs. 11/
    5948, 87 - 93

Auskunftserteilung an das Vormundschaftsgericht über das persönliche Ergehen und die Entwicklung des Mündels; Anzeige der Gefährdung des Mündelvermögens (§ 53 Abs. 3);
– Amtspflegschaft und Amtsvormundschaft in den durch das BGB vorgesehenen Fällen (§ 55).

Die Anhörung des Jugendamtes vor Entscheidungen des Vormundschafts- bzw. Familiengerichtes ist seit dem 1.1.1991 in § 49 bzw. § 49 a FGG geregelt. Wegen des sachlichen und rechtlichen Zusammenhangs mit der Amtsvormundschaft und -pflegschaft ist die Mitwirkung des Jugendamtes bei der Einzelvormundschaft usw. schon im vorigen Kapitel behandelt worden, so daß im folgenden das Schwergewicht der Ausführungen bei der Anhörung des Jugendamtes durch Vormundschafts- und Familiengerichte liegt[15].

2.3 Gerichtliche Zuständigkeit

Ob in all diesen Fällen die Aufgabe dem Familien- oder dem Vormundschaftsgericht gegenüber zu erbringen ist, was erhebliche Auswirkungen auf den Rechtsmittelzug hat[16], richtet sich nach den (funktionalen) Zuständigkeiten, wie sie § 23 b GVG und den jeweiligen Vorschriften von BGB, FGG und ZPO zu entnehmen sind. Das *Familiengericht* – ein 1976 eingeführter Spruchkörper beim Amtsgericht – ist danach vor allem zuständig, wenn Eltern eines *ehelichen* Kindes sich trennen oder scheiden lassen und Entscheidungen über die Personensorge, das Umgangsrecht und auch über den Unterhalt des Kindes zu treffen sind. Der Gesetzgeber bezweckte damit, alle Angelegenheiten, deren Regelung zusammen mit einer Ehesache notwendig werden kann, einheitlich einem Gericht zur Entscheidung zuzuweisen (*Entscheidungsverbund*, vgl. §§ 623 ff. ZPO; zu beachten ist die Möglichkeit einer Vorwegentscheidung über die elterliche Sorge: § 627 ZPO).

Es muß bezweifelt werden, daß die Zuständigkeitsabgrenzung geglückt ist. Gelegentlich überblicken selbst die Gerichte dieses Feld nicht ganz, und es bedarf erst einer Entscheidung des Bundesgerichtshofes, um die Zuständigkeit zu klären[17].

2.4 Auftrag des Jugendamtes

Die Jugendämter als *Fachbehörden* bringen ihre Kenntnisse und Erfahrungen vor dem Gericht zur Geltung und achten darauf, daß die Lebensbedingungen und Entwicklungschancen der betroffenen Kinder und Jugendlichen ausreichend berücksichtigt werden[18]. Zu diesem Zweck stellen sie Ermittlungen an und verfassen gutachtli-

---

15 Zu den Aufgaben des Jugendamtes im familiengerichtlichen Verfahren: *Matthias Mann*, DAVorm 1994, 225; *Erben/Schade*, ZfJ 1994, 209; *Willutzki*, ZfJ 1994, 202. Weitere Nachweise: Fußnote 22
16 Vormundschaftsgericht → Landgericht (Zivilkammer) → Oberlandesgericht (Zivilsenat) bzw. Familiengericht → Oberlandesgericht (Senat für Familiensachen) → Bundesgerichtshof
17 Vgl. *BGH*, NJW 1981, 2460: bei Übertragung der elterlichen Sorge auf einen Vormund oder Pfleger nach § 1671 Abs. 5 und § 1696 i.V.m. § 1671 Abs. 5 BGB fällt nur die *Anordnung* einer solchen Maßnahme in die Zuständigkeit des Familiengerichts: die *Auswahl und Bestellung* des Vormundes oder Pflegers obliegt hingegen dem Vormundschaftsgericht. Nach *LG Duisburg* (FamRZ 1995, 947) regelt das Familiengericht den Umgang des ehelichen Kindes auch dann, wenn beiden Eltern das Aufenthaltsbestimmungsrecht entzogen und bis zum Abschluß des Sorgeverfahrens dem Jugendamt übertragen worden ist.
18 *OLG Köln*, NJW-RR 1995, 1410 und FamRZ 1995, 1593

che Stellungnahmen[19], die sie in der Regel auch mit Entscheidungsvorschlägen ver-
binden. Das Gericht ist hieran zwar nicht gebunden, wird aber im allgemeinen dem
Jugendamt folgen, wenn der mit der Erarbeitung beauftragte Sachbearbeiter seine
Fachkenntnisse nutzt, den Richter darüber zu orientieren, was im zu entscheidenden
Einzelfall dem Kindeswohl dient. Voraussetzung ist allerdings, daß sich der Sozialarbeiter dabei an die juristischen Voraussetzungen der gerichtlichen Entscheidung
hält[20].

Die Jugendämter nehmen auch die Gerichtshilfen als *eigene* Aufgaben wahr, an
deren Durchführung sie Träger der freien Jugendhilfe beteiligen können (§ 76 Abs. 1
SGB VIII). Das Gericht kann dem zuständigen Jugendamt gegenüber daher keine
Anordnung treffen, daß und wie es seinen fachlichen Auftrag nach dem KJHG wahrzunehmen hat. Meint das Gericht, das Jugendamt – das etwa aus seinem Aufgabenverständnis kein Gutachten mit Entscheidungsvorschlag erstattet oder an der mündli-
chen Verhandlung vor Gericht nicht teilnimmt – verkenne seinen dienstlichen
Auftrag, so steht ihm lediglich das Mittel einer Dienstaufsichtsbeschwerde bzw. die
Einschaltung der kommunalen Rechtsaufsicht zu Gebote[21].

Bei der Erfüllung seiner Aufgaben, für die das Jugendamt auch im Falle der Beteiligung freier Träger und der Übertragung von Aufgaben zur Ausführung auf diese
verantwortlich bleibt (§ 76 Abs. 2 SGB VIII; ebenfalls ein Ausdruck der Eigenständigkeit in der Wahrnehmung der Aufgaben nach §§ 50 - 52), hat das Jugendamt selbst
Vertrauensschutz zu wahren und Vertrauensschutz bei Einschaltung freier Träger
gemäß § 61 Abs. 3 SGB VIII sicherzustellen: grundsätzlich bei den Betroffenen sind
personenbezogene Daten zu erheben (§ 62 Abs. 2 SGB VIII; Ausnahmen: § 62
Abs. 3) und zwar nur die Daten, deren Kenntnis zur Mitwirkung im gerichtlichen
Verfahren erforderlich ist (§ 62 Abs. 1 SGB VIII); diese Daten dürfen auch nur zu
diesem Zweck verwendet werden (§ 64 Abs. 1).

Zweckgebunden sind auch die personenbezogenen Daten, die bei der Beratung
nach § 17 Abs. 2 SGB VIII erhoben worden sind: was der Sozialarbeiter anläßlich der
Unterstützung der Eltern, bei Trennung und Scheidung ein einvernehmliches Konzept
der Sorgerechtswahrnehmung zu entwickeln, von den Betroffenen erfährt, darf ohne
deren ausdrückliche Zustimmung nicht im Rahmen der Gerichtshilfe verwendet
werden. Darüberhinaus ist § 65 Abs. 2 SGB VIII zu beachten: eine Offenbarung darf
auf keinen Fall eine zu gewährende Leistung in Frage stellen.

Steht der Mitwirkung eines Mitarbeiters des Jugendamtes dessen Beratungstätig-
keit nach § 17 SGB VIII entgegen, so bleibt dem Gericht, das seiner Verantwortung
für die Sachverhaltsaufklärung (§ 12 FGG) nicht anders gerecht werden kann, die
Möglichkeit, das Jugendamt um anderweitige Ermittlungen – durch einen anderen

---

19 Zur Abfassung solcher Gutachten: *Arndt/Oberloskamp/Balloff*, a.a.O.
20 Insoweit überzeugend *Foth*, a.a.O., S. 12. Der sozialpädagogische Auftrag sollte aber Aus-
    gangspunkt und Schwerpunkt der Überlegungen sein (*Fieseler*, a.a.O.,S. 9, 13), wenn es
    dann auch gilt, sich der rechtlichen »Machbarkeit« zu vergewissern. Zur »Neigung der
    Innendienstsachbearbeiter«, sich an professionellen Standards nicht gemäßen – weil im
    Sinne tradierter Rechtsprechung ausgelegten – »gesetzlich bereitgehaltenen Schlüssel-
    begriffen« zu orientieren, vgl. *Frommann*, a.a.O., S. 26, 35
21 Zu dieser eigenständigen Position vgl. ausführlicher *Fieseler*, KJHG, vor §§ 50 - 52 Rz. 3 ff.

Sozialarbeiter – zu ersuchen bzw. »Stellungnahmen der hierfür berufenen kinderpsychologischen bzw. kinderpsychiatrischen Gutachter« einzuholen[22].

Es entspricht der sozialpädagogischen Kompetenz der Jugendämter und ist auch ihr Rechtsauftrag, der Kindeswohlformel in der Lebenspraxis Geltung zu verschaffen[23]. Das ergibt sich aus dem Auftrag an die öffentliche Jugendhilfe, dort tätig zu werden, wo das Recht eines Kindes oder Jugendlichen auf »Förderung seiner Entwicklung und auf Erziehung zu einer eigenverantwortlichen und gemeinschaftsfähigen Persönlichkeit« (§ 1 Abs. 1 SGB VIII) von seiner Familie nicht erfüllt wird. *Diesem* Auftrag allein dienen auch die Anhörungs- und Mitwirkungsrechte des Jugendamtes, das damit zwar nicht formalrechtlich, aber doch in der Sache *Interessenvertreter des Kindes* ist, wenn es ermittelt und sich dazu äußert, was im Einzelfall dem Kindeswohl entspricht. Dabei kann freilich in vielen Fällen nicht mehr geleistet werden, als sicherzustellen, daß – etwa im Konflikt der auseinandergehenden Eltern – im Sinne der *am wenigsten schädlichen Alternative* für das Kind[24] entschieden wird. Es gilt, wo angesichts schwieriger Familienverhältnisse Schlimmes vom Kind nicht abgewendet werden kann, wenigstens Schlimmeres zu verhüten. Dies hat der Sozialarbeiter den Vormundschafts- und Familiengerichten aufzuzeigen. Demgegenüber verkennt das Jugendamt mit dem Beharren auf »Allparteilichkeit« und der Verweigerung der Mitwirkung im Verfahren seinen (originären) Auftrag gemäß § 50 i.V.m. § 1 SGB VIII, der auch bei der Anhörung nach § 49 a Abs. 1 Nr. 2 FGG maßgebend ist[25].

Die *Beschwerdebefugnis des Jugendamtes* gemäß § 57 Abs. 1 Nr. 9 FGG setzt dementsprechend grundsätzlich voraus, daß es die Verletzung des Kindeswohls durch die angefochtene Entscheidung rügt[26].

Die Bedeutsamkeit der Stellungnahme des Jugendamtes wird dadurch unterstrichen, daß das *Unterlassen der Anhörung* einen Verfahrensfehler darstellt, der mit der Beschwerde gemäß § 20 Abs. 1 FGG gerügt werden kann und dann zur Aufhebung der gerichtlichen Entscheidung und Zurückverweisung der Sache führt oder zur Nachholung der Anhörung durch das Beschwerdegericht[27].

22 *Nix*, Unsere Jugend 1992, 203; *Oberloskamp*, FamRZ 1992, 1248. Nix hält zu Recht eine »Abgrenzung von Beratung, therapeutischem Angebot und gutachterlicher Definitionsmacht« für notwendig. *Balloff*, 1992, 66, schlägt ein »Rotationsverfahren« vor, das jedem Mitarbeiter im Jugendamt »in wechselnden Rollen beide unterschiedlichen Aufgabenstellungen« ermöglicht, und weist auf die Alternative einer Ausgliederung der Familiengerichtshilfe aus dem Jugendamt und ihre Zuordnung (»als eigenständige Behörde«) zu den Gerichten hin (vgl. auch *Balloff*, ZfJ 1992, 456). Ähnlich jetzt auch *Oberloskamp*, FamRZ 1992, 1249. Sicherzustellen ist jedenfalls eine im Interesse der betroffenen Kinder und Jugendlichen auch unterhalb der Schwelle erheblicher Kindeswohlgefährdung wirkungsvolle Mitwirkung im Familiengerichtsverfahren (vgl. dazu *Kunkel*, FamRZ 1993, 505).
23 Vgl. *Fieseler*, vor §§ 50 - 52, Rz. 8, 9
24 Seit *Goldstein u.a.* (1974), a.a.O., S. 49 ff. (für die Kindesunterbringung) gebräuchliche Formel. Das Kindeswohl selbst in dieser Hinsicht (des »Dispositionsrechtes« der Eltern über die Erziehung wegen) aus den Augen verliert *Mann*, DAVorm 1994, 231
25 So insbes. *Oberloskamp*, FamRZ 1992, 1244, 1247: »sachverständige Amtshilfe«; vgl. auch *Coester*, FamRZ 1992, 622: »in Scheidungsfällen *zwei* Aufgaben«.
26 KG FamRZ 1982, 954. Zu § 57 Abs. 1 Nr. 9 FGG: *Rüffer*, FamRZ 1981, 420; *Weber*, FamRZ 1981, 940. Vgl. aber auch *OLG Frankfurt a.M.*, FamRZ 1992, 206 ff.: Beschwerde des Jugendamtes bei Verkennung der Mitwirkungsaufgabe der Behörde
27 *Frankfurter Kommentar* zum KJHG, § 49 FGG Anm. 4; *OLG Köln*, NJW RR 1995, 1410

Die *Form der Anhörung* ist gesetzlich nicht festgelegt. Unter Umständen genügt ein mit einer Anzeige an das Gericht verbundener schriftlicher Bericht. Das Gericht kann aber auch dem zuständigen Jugendamt einen Vorgang übersenden, es um eine schriftliche Stellungnahme und um Terminwahrnehmung ersuchen, um durch eine mündliche Äußerung zur Beweisaufnahme sicherzustellen, daß die zuständige Fachbehörde auch hierzu Stellung nehmen kann. Hiervon zu unterscheiden ist die mündliche Anhörung des zuständigen Jugendamts-Sachbearbeiters als Zeuge[28].

Bei der gutachtlichen Stellungnahme ist insbesondere wichtig:
– es muß zu erkennen sein, ob die angegebenen Tatsachen auf eigener oder fremder Wahrnehmung beruhen,
– Tatsachen und Wertungen dürfen nicht vermengt werden,
– die Stellungnahme darf nicht nur situationsbezogen und auf augenblickliche Konfliktvermeidung ausgerichtet oder auf Erwartungen und Denkstile der Richter eingestellt sein[29].

Da der Bericht Bestandteil der Gerichtsakten wird, ist den am Verfahren beteiligten Eltern *Einsicht* nach § 34 Abs. 1 FGG zu gestatten[30]. Wenn das Jugendamt wichtige Informationen nur durch Befragung von Nachbarn erhalten kann[31], fragt es sich, ob es insofern eine vertrauliche Behandlung zusagen kann. Eine Entscheidung des OVG Koblenz[32] räumt dem Jugendamt ein, über einen Antrag auf *Bekanntgabe von Informanten* nach pflichtgemäßem Ermessen zu entscheiden:»Das private Interesse daran, die Namen von Informanten zum Zwecke der Durchführung eines erneuten vormundschaftsgerichtlichen Verfahren zu erfahren, überwiegt angesichts der dem Jugendamt obliegenden, eine umfassende Sachverhaltsaufklärung erfordernden Aufgaben das öffentliche Interesse an der Wahrung der zugesicherten Vertraulichkeit nicht.«

2.5 Anhörung des Jugendamtes nach §§ 49, 49 a FGG

Entscheidet das Vormundschaftsgericht oder das Familiengericht nach einer der in §§ 49, 49 a FGG genannten Vorschriften, so hat es das Jugendamt zuvor zu hören[33]. Nur bei »Gefahr im Verzuge«, also besonderer Eilbedürftigkeit, um Schaden von dem Kind abzuwenden, kann das Gericht eine einstweilige Anordnung schon vor der Anhörung des Jugendamtes treffen (§§ 49 Abs. 4, 49 a Abs. 2 FGG), muß diese Anhörung dann aber unverzüglich nachholen.

Von den in Betracht kommenden Entscheidungen werden hier die praktisch bedeutsamsten dargestellt, nämlich
– die Herausgabe eines Kindes;
– der Eingriff in Elternrechte bei Gefährdung des Kindes;

---

28 Vgl. *DIV-Gutachten* vom 31.08,1984, in: ZfJ 1984, 570. Zum Zeugnisverweigerungsrecht in diesem Fall *OLG Hamm*, FamRZ 1992, 201, und Seite 102 dieses Buches
29 Vgl. *Beres*, ZfJ 1984, 265
30 Kein Anspruch auf Einsicht in die beim Jugendamt geführte Sozialakte, der das Familiengericht für die Entscheidungsfindung keine (wesentliche) Bedeutung beimessen will: *OVG Hamburg*, ZfJ 1984, 154. Das Recht Beteiligter auf Einsicht in Behördenakten ist in § 25 SGB-X geregelt (vgl. dazu *Hager/Sehrig*, 82 ff.).
31 Zur Datenerhebung ohne Mitwirkung der Betroffenen jetzt § 62 Abs. 3 SGB VIII
32 *OVG Koblenz*, NJW 1983, 2597
33 Weitere Vorschriften, nach denen das Jugendamt anzuhören ist: §§ 1779 Abs. 1, 1887 Abs. 3 BGB, § 56 d Satz 2 FGG, § 620 a Abs. 3 ZPO

- die Zuteilung elterlicher Sorge bei Getrenntleben und Scheidung der Eltern;
- der Umgang des nichtsorgeberechtigten Elternteils mit dem Kind;
- die Entscheidung über die Pflegschaft bei nichtehelichen Kindern;
- die Adoption.

Außerdem sollen wenigstens kurze Hinweise zur Anfechtung der Ehelichkeit und der Vaterschaftsanerkennung, sowie zur Ehelicherklärung durch den Vater, dem besseren Verständnis dieser Angelegenheiten dienen, in denen das Jugendamt ebenfalls anzuhören ist.

2.5.1 Herausgabe eines Kindes

§ 1632 Abs. 1 BGB betrifft den Anspruch des Personensorgeberechtigten auf Herausgabe des ihm widerrechtlich vorenthaltenen Kindes. Dabei ist insbesondere einmal an den Konflikt zwischen Eltern bei Getrenntleben oder Scheidung zu denken, wenn sich das Kind bei dem Nichtsorgeberechtigten aufhält[34], zum anderen an die Situation, in der Eltern ihr Kind von Pflegeeltern wegnehmen wollen. Während im ersten Fall das Familiengericht entscheidet, ist sonst das Vormundschaftsgericht zuständig (§ 1632 Abs. 3 BGB). Da das Kind dort, wo es bei Pflegeeltern faktische, soziale Eltern gefunden hat[35], durch eine Herausnahme aus seinem sozialen Bezugsfeld schwer geschädigt werden kann, sieht § 1632 Abs. 4 BGB seit dem 1.1.1980 erstmals einen besonderen Schutz vor, wenn das Kind seit längerer Zeit in Familienpflege lebt[36]. Sowohl die zeitliche Voraussetzung wie der Begriff der Familienpflege darf nicht zu eng verstanden werden[37], weil anders dem entscheidenen Gesichtspunkt des Kindeswohls nicht Rechnung getragen werden kann. Das Vormundschaftsgericht kann allerdings das Verbleiben bei der Pflegeperson nur dann anordnen, wenn die Voraussetzungen des § 1666 Abs. 1 Satz 1 BGB im Zeitpunkt der Entscheidung über das Herausgabebegehren[38] gegeben sind. Dabei spielen Anlaß und Dauer der Familienpflege eine entscheidende Rolle. Entscheidend ist insofern, ob das Kind in der Pflegefamilie seine Bezugswelt so gefunden hat, daß es durch die Herausnahme – jetzt oder überhaupt[39] – schwer geschädigt würde[40]. Nicht übersehen werden darf freilich, daß i.d.R. sozialschwache Eltern die Betroffenen sind, denen nach Weggabe des

---

34 Ein Beispiel: *OLG Zweibrücken*, ZblJugR 1983, 193. Weitere Situationen: das Kind ist von Fremden entführt worden oder wohnt bei diesen, nachdem es sich mit den Eltern überworfen hat (vgl. *Beitzke/Lüderitz*, S. 308)

35 Zur sozialen Elternschaft vgl. *AK-Münder*, a.a.O., Anhang zu § 1632, und *Münder*, ZblJugR 1981, 231.

36 Vgl. S. 196 in diesem Buch

37 *AK-Münder*, a.a.O. § 1632 Rz. 4, 5; auch wenn im (Klein-)Heim entsprechende Verhältnisse herrschen, ist § 1632 Abs. 4 anzuwenden (a.A. *LG Frankfurt a.M.*, FamRZ 1984, 729).

38 Nicht notwendig auch bei der Weggabe: *BVerfG*, NJW 1985, 423

39 Die Gerichte schützen Pflegekinder wenigstens vor »unzeitiger« Herausnahme (vgl. *LG Frankenthal*, FamRZ 1984, 509). Schon die Angst des Kindes vor der Trennung kann gar nicht ernst genug genommen werden (vgl. *Fieseler*, a.a.O., S. 13 ff., und das beeindruckende Gutachten von *W. Metzger*, UJ 1971, 153). Vgl. auch *Ell*, Unsere Jugend 1991, 105

40 Nach *OLG Karlsruhe*, ZblJugR 1982, 245, ist die evtl. unverbrüchliche, existentielle Bindung eines Kindes an die Pflegeeltern zu berücksichtigen, das als Säugling in die Familie kommt und Jahre darin lebt. Gegebenenfalls verbietet sich auch eine allmähliche Gewöhnung des Kindes an eine Rückführung, wie dies das *AmtsG Frankfurt a.M.* mit ausführlichen Belegen aus der (verhaltens-)biologischen und psychologischen Wissenschaft entschieden

Kindes die Möglichkeit geschaffen werden sollte, eine Unterbrechung der Beziehungen zu ihrem Kind zu vermeiden[41]. Dem trägt jetzt § 37 Abs. 1 SGB VIII Rechnung: danach soll auf eine Zusammenarbeit der Pflegepersonen mit den Eltern hingewirkt werden (Satz 1); die Erziehungsbedingungen in der Herkunftsfamilie sollen verbessert werden (Satz 2), und es soll darauf hingewirkt werden, daß die Beziehung des Kindes zu seiner Herkunftsfamilie gefördert wird (Satz 3). Wo Beratung und Unterstützung »innerhalb eines im Hinblick auf die Entwicklung des Kindes vertretbaren Zeitraums« (Satz 2)[42] diese Ziele nicht erreichen und wo die Qualität der Beziehungen so beschaffen ist, daß allein die Verunsicherung durch eine drohende Herausnahme das Kind schwer schädigt, verbieten sich auch »behutsame« Aktivitäten der Behörde, das Kind darauf seelisch vorzubereiten. Betroffene Eltern verdienen Rat und Unterstützung; bei der (gerichtlichen) Entscheidung über den Verbleib des Kindes hat dessen Lebenssituation und -interesse aber Vorrang. Möglichst mit allen Beteiligten ist dann eine dem Kindeswohl förderliche, auf Dauer angelegte Lebensperspektive zu erarbeiten (§ 37 Abs. 1 Satz 4 SGB VIII). Wenn von den Eltern nicht die Zurückführung in die Familie, sondern ein Wechsel der Pflegeeltern angestrebt wird, so gebietet die verfassungskonforme Auslegung des Gesetzes eine Verbleibensanordnung, es sei denn, eine Kindeswohlgefährdung kann mit hinreichender Sicherheit ausgeschlossen werden[43].

Verfahrensmäßig ist zu beachten, daß das Gericht nur auf Antrag eines Elternteils die Herausgabe anordnet. Der Verbleib des Kindes bei den Pflegeeltern kann sowohl auf Antrag der Pflegeperson wie auch von Amts wegen angeordnet werden. Für die Anhörung der Eltern, des Kindes[44] und der Pflegepersonen sind die §§ 50 a bis c FGG maßgebend. Gegen den mit Bekanntmachung wirksam werdenden Beschluß des Vormundschaftsgerichts (vgl. § 16 FGG) ist Beschwerde an das Landgericht möglich (§ 19 FGG). Beschwerdeberechtigt sind die Eltern (§ 20 FGG), der Minderjährige ab vollendetem 14. Lebensjahr (§ 59 FGG), aber auch die Pflegeeltern und das Jugendamt (§ 57 Abs. 1 Nr. 9 FGG). Gegen die Beschwerdeentscheidung ist die weitere Beschwerde an das Oberlandesgericht möglich (§§ 27, 28 FGG).

---

hat. *AmtsG Tübingen*, FamRZ 1988, 428, lehnt unter besonderen Umständen das Herausgabeverlangen der Mutter eines nichtehelichen Kindes ab, das sich seit längerer Zeit beim Vater in Pflege befindet und trifft eine Verbleibensanordnung unter den Voraussetzung einer regelmäßigen und funktionierenden Umgangsbefugnis der Mutter. Über die Ergebnisse seiner Fragebogenaktion unter 24 humanwissenschaftlichen Hochschullehrern berichtet *Klußmann* in DAVorm 1985, 169 ff. Zur Verfassungsmäßigkeit der Verbleibensanordnung nach § 1632 IV BGB, *BVerfG*, in FamRZ 1985, 39. Zu § 1632 Abs. 4 vgl. auch *Schlüter/Liedmeier*, FuR 1990, 122; *Niemeyer*, FuR 1990, 153; *Niemeyer*, FuR 1991, 332; *Lakies*, FamRZ 1990, 698; *Wagner*, FuR 1991, 211, *Siedhoff*, NJW 1994, 616 sowie *BVerfG*, FamRZ 1989, 145 und (zu §§ 1696 II, 1632 IV BGB) *BVerfG*, FamRZ 1993, 784; *BayObLG*, NJW 1994, 698. – Zur Absicht eines Jugendamtes, ein unter seiner Vormundschaft stehendes Kleinkind aus dem Haushalt seiner Großmutter herauszunehmen, um es in einer ihm fremden Pflegefamilie unterzubringen: *BayObLG*, FamRZ 1991, 1080

41 Vgl. Simitis, in Goldstein u.a. (1982), S. 188; Salgo, NJW 1985, 413; *OLG Hamm*, FamRZ 1995, 1507
42 Dabei ist der kindliche Zeitbegriff maßgebend. Vgl. OLG Celle, FamRZ 1990, 191
43 *BVerfG*, in ZfJ 1987, 409, und NJW 1988, 125 (»Binnenschiffer-Fall«). Vgl. das Gutachten von *Ell*, ZfJ 1987, 493; *BayObLG*, FamRZ 1991, 1080; sehr bedenklich: *BVerfG*, in: FamRZ 1989, 31 = EzFamR Art. 6 GG Nr.5 mit Anm. Münder (zur »Überführung« eines Pflegekindes in eine Adoptivfamilie).
44 Auch ein dreijähriges Kind ist grundsätzlich persönlich anzuhören, *BayObLG*, in: ZfJ 1985, 36

Zur *Vollstreckung* der Herausgabeentscheidung nach § 33 FGG[45] ist darauf hinzuweisen, daß der Widerstand des Minderjährigen nicht mit Gewalt gebrochen werden darf[46].

2.5.2 Eingriff in Elternrechte gemäß § 1666 BGB

Ein ganz besonderes Gewicht hat die Stellungnahme des Jugendamtes, wenn eine Entscheidung des Vormundschaftsgerichtes nach § 1666 BGB ansteht. Diese für das Eltern-Kind-Recht zentrale Rechtsnorm ist Ausdruck des staatlichen Wächteramtes (vgl. Art. 6 Abs. 2 Satz 2 GG). § 1666 Abs. 1 BGB legt die Voraussetzungen fest, unter denen das Jugendamt im Rahmen der Anhörung nach § 49 Abs. 1 Nr. 1 f FGG Maßnahmen zur Abwendung einer Gefährdung des Kindes vorschlagen und das Vormundschaftsgericht diese Maßnahmen beschließen kann. Stets muß eine Gefahr für das körperliche, geistige oder seelische Wohl des Kindes vorliegen. Diese Gefahr muß durch die mißbräuchliche Ausübung elterlicher Sorge, durch die Vernachlässigung des Kindes, durch unverschuldetes[47] Versagen der Eltern oder durch das Verhalten eines Dritten verursacht sein. Auch dürfen die Eltern nicht gewillt oder nicht in der Lage sein, die Gefahr ohne vormundschaftsgerichtliche Maßnahmen abzuwenden.

Wegen der Unbestimmtheit des Kindeswohlbegriffes besteht die Gefahr, der Lebenssituation angeblich gefährdeter junger Menschen mit den subjektiven Wertvorstellungen von Jugendamt und Gericht (»mittelschichtorientierte Maßstäbe«) nicht gerecht zu werden und mit einer solchen Handhabung das Wohl des jeweiligen Kindes und Jugendlichen als alleinigem Maßstab vormundschaftsgerichtlicher Entscheidungen zu verfehlen. Eine schichtspezifische oder gar klassenjustizielle Auslegung ist also zu vermeiden, was eine genaue Kenntnis der Lebensumstände der Betroffenen und ein Einfühlen ebenso voraussetzt wie die Berücksichtigung sozialwissenschaftlicher Aussagen zur Entwicklung junger Menschen.

Gegenüber der bisherigen Rechtsprechung geht die Kritik in zwei Richtungen:
- einerseits unterbleiben aus dem (zutreffenden) theoretischen Verständnis der Eingriffsnorm als Ausnahmevorschrift heraus in Fällen durchaus ernster Gefahr für das Kindeswohl vormundschaftsgerichtliche Maßnahmen,
- andererseits lassen sich mitunter Einschränkungen elterlicher Rechte gemäß § 1666 BGB bis hin zur Herausnahme der Kinder aus ihren Herkunftsfamilien nur mit dem erwähnten schichtspezifischen Verständnis erklären[48].

Dabei ist zum einen an die Fälle schwerer körperlicher und psychischer Mißhandlung von Kindern zu denken, zum anderen an Fälle sogenannter drohender sexueller Verwahrlosung[49]. Auch heute noch gibt es Entscheidungen, die dann ohne viel Feder-

---

45 Vgl. *Schüler*, ZblJugR 1981, 173 ff.; *OLG Hamburg*, FamRZ 1994, 1128

46 *AG Springe*, NJW 1978, 834; *OLG Hamm*, FamRZ 1979, 316. Vgl. auch *Münder*, ZblJugR 1981, 241; *BayObLG*, FamRZ 1985, 737 (dazu *Lempp*, FamRZ 1986, 1061 ff.); *Knöpfel*, FamRZ 1985, 1211; *Schütz*, FamRZ 1986, 528; *Wieser*, FamRZ 1990, 693. Nach *OLG Celle*, FamRZ 1994, 1129, kann der Gerichtsvollzieher gemäß § 1631 Abs. 3 BGB zur Gewaltanwendung ermächtigt werden; vgl. auch *OLG Hamburg*, FamRZ 1994, 1128 (dagegen *Diercks*, FamRZ 1994, 1229 f.); *Niemeyer*, FuR 1996, 75.

47 Zur Verfassungsmäßigkeit *BVerfG*, in ZblJugR 1982, 314 = NJW 1982, 1379 (mit. Anm. *Hinz*, NJW 1983, 377). Dazu *Fehnemann*, ZfJ 1984, 157

48 Vgl. *AK-Münder*, § 1666 Rz. 3

49 Besonders bezeichnend und wohl kaum ganz überholt: *OLG Saarbrücken*, FamRZ 1967, 399. Typische Problemlagen zu § 1666 arbeitet heraus *AK-Münder*, § 1666 Rz. 20 ff. Im

lesens elterliche Rechte beschneiden, wenn es sich um Eltern aus den unteren Schichten handelt, und wenn es darum geht, daß Eltern ihren Kindern nicht die Wertvorstellungen vermitteln, auf die es ankommen soll[50].

Zu beachten ist, daß die *Trennung des Kindes von seiner Herkunftsfamilie* nur dann zulässig ist, wenn der Gefahr nicht auf eine andere Weise begegnet werden kann. Dies ist seit 1980 ausdrücklich im Gesetz geregelt. Gemäß § 1666 a Abs. 1 BGB ist zu prüfen, ob nicht *öffentliche Hilfen* eine auf Trennung des Kindes von seiner Familie hinzielende vormundschaftsgerichtliche Maßnahme erübrigen. Seit dem 1.1.1991 haben insbesondere die Leistungen nach dem KJHG Vorrang vor gerichtlichen Eingriffen in das Elternrecht. Wo also beispielsweise der Einsatz einer Familienhelferin ausreichen würde, verkennt das Jugendamt die Eingriffsnorm, wenn es gleichwohl eine Fremdplazierung vorschlägt[51]. Auch geistig behinderte Eltern sind mit geeigneten Hilfen in der Lage, ihr Kind bei sich zu behalten[52].

Der *Entzug der gesamten Personensorge* steht unter den engen Voraussetzungen des § 1666 a Abs. 2 BGB. Auch damit hat der Gesetzgeber dem Grundsatz der Verhältnismäßigkeit staatlicher Eingriffe Rechnung getragen. Freilich könnte erst der weitere Ausbau öffentlicher Jugendhilfeleistungen den mit § 1666 a BGB durchaus intendierten Wandel von einer Praxis repressiver Eingriffe zu konsequenter, präventiver Hilfe und Unterstützung der Erziehungskraft der Herkunftsfamilie bewirken. Maßnahmen nach § 1666 BGB dürften dann auch nicht wie bisher in das *Erziehungsregister* eingetragen werden (vgl. § 60 Abs. 1 Nr. 9 BZRG)[53]. § 1666 BGB hat so für

---

Hinblick auf das Praxisbeispiel des Buches seien hervorgehoben: *Kindesmißhandlung OLG Frankfurt*, FamRZ 1980, 284, und NJW 1981, 2524; *BayObLG*, FamRZ 1993, 229; *sexueller Mißbrauch OLG Oldenburg*, FamRZ 1979, 851; *BayObLG*, FamRZ 1994, 975; *OLG Düsseldorf*, NJW 1995, 1970 (Lebensgefährte der Mutter); mangelhafte Beaufsichtigung des Schulbesuches, *häufiges Schulversäumnis OLG Stuttgart*, DAVorm 1980, 141 (zur Anordnung vorläufiger Fürsorgeerziehung bei »hartnäckigem Schulschwänzen« eines 14jährigen Jungen *BayObLG*, ZblJugR 1982, 169); *AG Moers*, ZfJ 1986, 113 (»erstickende Erziehungshaltung« – »over protection«); *alkoholbedingte Steitigkeiten* der Eltern *BayObLG*, FRES 10, 277; alkoholbedingte Vernachlässigung und Unterernährung des Kindes *BayObLG*, DAVorm 1988, 265; Drogensucht der Mutter: *OLG Frankfurt*, FamRZ 1983, 530; verweigerte Bluttransfusion: *OLG Celle*, NJW 1995, 792; Entzug des Aufenthaltsbestimmungsrechts und (vorläufig) des Umgangsrechtes wegen emotionaler Vernachlässigung mehrerer nichtehelicher Kinder: *BayObLG*, FamRZ 1994, 1411; Entziehung des Rechts auf Beantragung öffentlicher Hilfen: *BayObLG*, FamRZ 1995, 502, vgl. dazu auch *AmtsG Kamen*, FamRZ 1995, 951 und *LG Darmstadt*, DAVorm 1995, 762. Ablehnung der Unterbringung eines 10jährigen zur Beurteilung seiner Persönlichkeit: *BayObLG*, FamRZ 1991, 214

50 Zum Wohl des Kindes unter Berücksichtigung der sog. sozio-kulturellen Milieus der Eltern bzw. der Mutter: *OLG Hamm*, ZblJugR 1983, 274

51 *Fieseler*, ZfF 1979, 196; *Palandt-Diederichsen*, § 1666 a Anm. 2; fragwürdig sind allerdings Entscheidungen, die einen Verbleib Jugendlicher in der Herkunftsfamilie absichern, obwohl diese sich um Schutz an die Jugendämter wenden (*BayObLG*, FamRZ 1991, 1218: 16jähriges tunesisches Mädchen; *BayObLG*, FamRZ 1992, 90: Mädchen kurz vor Erreichen der Volljährigkeit; Verkennung der sozialpädagogischen Familienhilfe nach § 31 SGB VIII). Vorbildlich dagegen *OLG Karlsruhe/Freiburg*, DAVorm 1989, 700 (»Selbsterziehung und Eigenlenkung« einer 17jährigen anerkannt). Zur Aufrechterhaltung einer Heimunterbringung nach übermäßiger körperlicher Züchtigung einer 15jährigen: *BayObLG*, FamRZ 1993, 229.

52 Zur Rechtslage vgl. *BVerfG*, in ZblJugR 1983, 254

53 Dazu *Carspecken*, ZblJugR 1983, 254

die betroffenen Eltern Strafcharakter, was insbesondere damit in Widerspruch steht, daß seit 1980 auch das unverschuldete Versagen von Eltern zu Maßnahmen des Gerichtes führen kann, und es besteht die Gefahr einer Diskriminierung der betroffenen Kinder und Jugendlichen.

Das Verfahren nach § 1666 BGB kann folgenden Verlauf nehmen[54]:

1. Jugendamt erlangt Kenntnis von einer Kindesgefährdung (z.B. durch den anonymen Anruf eines Nachbarn[55])

2. Jugendamt ermittelt die Situation
   (Was ist zum Wohl des Kindes zu veranlassen?)
   – Prüfung, ob bereits Vorgänge vorhanden sind
   – Hausbesuch – Gespräche mit Kind und Eltern
   – Erkundigungen bei Nachbarn[56], in Kindergarten oder Schule

3. Jugendamt findet zu einer eigenen Entscheidung
   – kann Kind in seiner Familie bleiben; welche öffentlichen Hilfen reichen ggf. aus?
   – muß das Kind aus seiner Familie herausgenommen werden; kann dies ggf. mit Einverständnis der Personensorgeberechtigten geschehen?
   – muß das Vormundschaftsgericht eingeschaltet werden?

4. Jugendamt klärt, ob eine geeignete Unterbringungsmöglichkeit vorhanden ist
   – Kontaktaufnahme mit geeigneter Pflegefamilie
   – Aufnahmebereitschaft eines geeigneten Heimes
   – Klärung der Kostenfrage[57]

5. Jugendamt regt eine vormundschaftsgerichtliche Maßnahme an[58] (bei »Gefahr im Verzug« auch vorläufige)
   – Entzug der Personensorge (bzw. des Aufenthaltsbestimmungsrechtes[59])
   – Übertragung der Personensorge (bzw. des Aufenthaltsbestimmungsrechtes) auf das Jugendamt als Pfleger

6. Vormundschaftsgericht entscheidet über die Einleitung eines Verfahrens nach § 1666 BGB
   – es lehnt die Einleitung ab[60]

---

54 Zur Bedeutung des Hilfeplans (vgl. S. 39 dieses Buches) im Rahmen des vormundschaftsgerichtlichen Verfahrens: *AG Kamen*, DAVorm 1995, 996 ff.

55 Auch ein solcher Anruf kann einen Anhaltspunkt für eine Kindesgefährdung ergeben. Dem ist nachzugehen.

56 Nicht unproblematisch, vgl. *Danzig*, a.a.O., S. 121. Abzuwägen sind der »gute Ruf« der Eltern und Bedeutung gerade solcher Ermittlungen für die Klärung der Situation, deren Gewicht für das Kind. Datenerhebung ohne Mitwirkung des Betroffenen: § 62 Abs. 3 SGB VIII.

57 Abgeltung der Leistungen einer Einrichtung (zu den Pflegesätzen vgl. *Oberloskamp/Adams*, S. 61 f.) – Pflegegeld (vgl. Seite 244 dieses Buches) – Heranziehung der Eltern zu den Kosten (vgl. Seite 245 dieses Buches)

58 Das Jugendamt kommt damit seiner Anzeigepflicht nach (§ 50 Abs. 3 Satz 1 SGB VIII)

59 Der Verhältnismäßigkeitsgrundsatz ist zu beachten. Die Maßnahme darf nicht einschneidender sein, als es das Kindeswohl erfordert. Zu den in Betracht kommenden Maßnahmen im einzelnen vgl. *Palandt-Diederichsen*, a.a.O., § 1666 Anm. 5

60 Dagegen Beschwerde des über 14jährigen Minderjährigen (§ 59 FGG); des Jugendamtes (§ 57 Abs. 1 Nr. 9 FGG)

– es eröffnet das Verfahren

7. Vormundschaftsgericht ermittelt[61] von Amts wegen (§ 12 FGG)
   – zieht Akten bei
   – vernimmt Zeugen
   – holt Gutachten ein
   – beauftragt das Jugendamt mit (weiteren) Ermittlungen
   – hört das Kind (§ 50 b FGG), seine Eltern (§ 50 a FGG), (ggf.) Pflegepersonen
     (§ 50 c FGG) an
   – hört das Jugendamt an (§ 49 Abs. 1 Nr. 1 f FGG)

8. Vormundschaftsgericht entscheidet durch Beschluß[62]

9. Beschluß wird mit der Bekanntmachung wirksam (§ 16 FGG)

10. Jugendamt nimmt das Kind aus seiner Familie heraus und bringt es in Pflegefamilie oder Heim unter[63]

11. Wenn sich Eltern weigern, das Kind herauszugeben, erwirkt das Jugendamt beim
    Vormundschaftsgericht eine Vollstreckungsanordnung[64]

12. Gerichtsvollzieher nimmt den Eltern das Kind – notfalls mit Gewalt[65] – weg

13. Jugendamt unterhält Kontakt mit Pflegeeltern, Heim und Eltern (vgl. § 37 SGB
    VIII)

14. Jugendamt überprüft die Notwendigkeit der Fortdauer der vormundschafts-
    gerichtlichen Maßnahme (vgl. § 1696 Abs. 2 i.V.m. § 50 Abs. 1 SGB VIII)

15. Jugendamt berichtet dem Vormundschaftsgericht »in angemessenen Zeitabstän-
    den« (vgl. § 1696 Abs. 3 BGB i.V.m. § 50 Abs. 2 SGB VIII)

16. Jugendamt regt ein Änderungsverfahren an

17. Vormundschaftsgericht entscheidet über Änderung der Maßnahme zu 8. (es gilt
    wieder 6. - 9.)

2.5.3 Regelung der elterlichen Sorge nach Scheidung und bei Getrenntleben

Das Jugendamt berät nicht nur gemäß § 17 Abs. 1 SGB VIII – und unterstützt
dabei die Eltern, ein einvernehmliches Konzept für die Wahrnehmung der elterlichen
Sorge zu entwickeln (§ 17 Abs. 2) –, es stellt auch die nötigen Ermittlungen an, um
dem (Familien-)Gericht die Sorgerechtsregelung vorschlagen zu können, die dem

---

61 Das Vormundschaftsgericht darf sich nicht mit dem Bericht des Jugendamtes begnügen,
   wenn eigene Ermittlungen den Sachverhalt besser aufzuklären geeignet sind. Dazu
   Frommann, a.a.O., S. 164
62 Rechtsmittel: Beschwerde an das Landgericht (§ 19 FGG), gegen dessen Entscheidung weitere Beschwerde an das Oberlandesgericht (§§ 27, 28 FGG). Beschwerdeberechtigung: die
   Eltern (§ 20 Abs. 1 FGG), Verwandte und Verschwägerte des Kindes (§ 57 Abs. 1 Nr. 8
   FGG), der über14jährige Minderjährige (§ 59 FGG; vgl. *BayObLG*, in DAVorm 1982, 351).
   – Eintragung des Beschlusses in das Erziehungsregister (§ 60 Abs. 1 Nr. 9 BZRG).
63 Evtl. kommt auch eine Unterbringung in einer Jugendwohngemeinschaft oder in einer eigenen Wohnung in Betracht (zu § 34 SGB VIII vgl. Seite 209 ff. dieses Buches).
64 *Firsching*, S. 340; *Siegismund/Tiesler*, a.a.O., S. 124
65 § 33 Abs. 2 FGG. *Schüler*, ZblJugR 1981, 173. Siehe in diesem Buch S. 137 mit Fn. 45, 46

Kindeswohl am besten dient, bzw. die im Hinblick auf die mit der Ehekrise und Scheidung verbundenen Belastungen die für das Kind am wenigsten schädliche Regelung darstellt[66]. Es handelt sich auch dabei um eine eigenständige Stellung, sodaß die Mitwirkung vom Familiengericht nicht mit Verfügung und Zwangsmitteln des § 33 FGG erzwungen werden kann[67]. Die fachliche Kooperation mit dem Gericht ist aber gemäß § 50 SGB VIII Pflichtaufgabe des Jugendamtes, die zum Wohl der Kinder und Jugendlichen auch unterhalb der Schwelle der Gefährdung im Sinne von § 1666 ebenso wichtig ist wie die Beratung der Betroffenen gemäß § 17 SGB VIII.

Das Jugendamt kann vorschlagen:
– die Eltern üben nach der Scheidung das Sorgerecht *gemeinsam* aus[68],
– das Sorgerecht ist einem Elternteil *allein* zuzuordnen,
– das Sorgerecht ist ganz oder teilweise einem Vormund oder Pfleger zu übertragen (vgl. § 1671 Abs. 5 BGB).

Eine Aufteilung (»splitting«) der Rechte ist lediglich in der von § 1671 Abs. 4 Satz 2 BGB vorgesehenen Weise zulässig[69].

So wünschenswert es im Interesse vieler Kinder wäre, wenn ihre Eltern auch nach der Scheidung willens und in der Lage wären, gemeinsam elterliche Verantwortung zu tragen – dies auch das Ergebnis qualifizierter Beratung sein kann (vgl. jetzt § 17 Abs. 1 Satz 2 Nr. 3 und Abs. 3 SGB VIII[70]) – so wird in den dazu aus Kindersicht geeigneten Fällen das Jugendamt doch einen Entscheidungsvorschlag zugunsten des Elternteils begründen, mit dem das Kind in Zukunft besser zusammenleben wird, weil es sich bei ihm voraussichtlich günstiger entwickeln wird[71]. Soweit die Eltern allerdings einen *übereinstimmenden Vorschlag*[72] gemacht haben, ist zu beachten, daß das Familiengericht davon grundsätzlich nur abweichen soll, wenn dies zum Wohl des

---

66 Zur Frage, wieweit das Jugendamt von sich aus das Verhältnis des Kindes zu nahen Bezugspersonen erkunden darf, vgl. *OLG Köln*, FamRZ 1981, 599
67 *SchlH OLG*, DAVorm 1994, 500 m.w.Nw. (mit Hinweis auf Dienstaufsichtsbeschwerde und kommunale Rechtsaufsicht).
68 Vgl. *BVerfG*, in NJW 1983, 101 ff. Dazu *Hinz*, ZfJ 1984, 529 ff.; *Lempp*, ZfJ 1984, 305 ff.; *Coester*, FuR 1991, 70 ff.; *Balloff/Walter*, FamRZ 1990, 445. Kritisch: *Jutta Bahr-Jendges*, in: Streit 1983, 15 und 1995, 151, *Sibylla Flügge*, in Streit 1991,4 und *Anita Heiliger*, FamRZ 1992, 1006; vgl. auch S. 32 f. dieses Buches. Zum gemeinsamen Sorgerecht auch bei größerer Entfernung: *OLG Celle*, DAVorm 1995, 866
69 Zum Verhältnis von § 1671 Abs. 4 Satz 2 und § 1671 Abs. 5 vgl. *Oberloskamp* (1984), S. 100 – Das *Bezirksgericht Erfurt*, FamRZ 1993, 830 überträgt das Aufenthaltsbestimmungsrecht auf einen Elternteil bei im übrigen gemeinsamen Sorgerecht (ablehnend: *Luthin*, a.a.O., S. 832). Vgl. auch *BezG Erfurt*, FamRZ 1994, 921, *AmtsG Erfurt*, FamRZ 1995, 54 und *OLG Hamm*, MDR 1995, 287
70 Vgl. S. 168 ff. dieses Buches und *Anderson/Fischer*, in: ZfJ 1993, 319 ff.; *Alef*, ZfJ 1994, 197; *Balloff*, DAVorm 1995, 1
71 Kritisch und mit dem Versuch, Wege einer alternativen Konfliktregelung aufzuzeigen: *Proksch*, in: Hahn u.a., a.a.O., 55 ff.; vgl. auch die Empfehlungen des *Deutschen Vereins*, NDV 1992, 148 ff. Dazu wiederum *Kuckertz-Schramm*, ZfJ 1992, 609 ff. Zu möglichen Folgen von Elterntrennung und Scheidung für die Kinder vgl. *K.-P. Hansen*, 1993, 45 ff. (m.w.Nw.); *Buskotte* 1991; *R. Oberndorfer*, in: Jugendhilfe 1992, 203 ff., *E. Mackscheidt*, FamRZ 1993, 254 ff. (Loyalitätsproblematik), *Th. Sprey-Wessing*, TuP 1982, 105 ff.
72 Voraussetzungen einverständlicher Scheidung, vgl. §§ 1565, 1566 Abs. 1 BGB, § 630 Abs. 1 ZPO

Kindes *erforderlich* ist (§ 1671 Abs. 3 Satz 1 BGB; vgl. aber § 1671 Abs. 3 Satz 2 BGB)[73]. So leicht es ist, *generelle Gesichtspunkte* zu benennen, die dem unbestimmten Rechtsbegriff »Kindeswohl« dienen (vgl. § 1671 Abs. 2 BGB), so schwierig ist es in der Praxis oft, Klarheit darüber zu gewinnen, was im Einzelfall für das Kind das Beste ist.

Alltagstheorien sind zu vermeiden. Eine Ermittlung und Abwägung verschiedener Gesichtspunkte ist erforderlich[74]:

- Zu welchem der Elternteile hat das Kind die engeren Bindungen?
- Wer kann es besser emotional und/oder geistig fördern?
- In wessen Umwelt hält es sich lieber auf?
- Welcher Elternteil ist überhaupt besser zur Erziehung geeignet?[75] (Was gar nicht individuell genug – Alter, Persönlichkeit des Kindes – beurteilt werden kann.)
- Wer kann sich besser um das Kind kümmern, oder – wenn beide Elternteile berufstätig sind – wer weiß die geeigneteren Betreuungspersonen hinter sich?

Je älter das Kind ist, um so mehr ist für die Entscheidung auch der (geäußerte) *Wille* des Kindes bedeutsam[76]. Möchte das Kind eindeutig zu dem einen oder dem anderen Elternteil, so sollte dies stets eine wichtige, vielleicht die ausschlaggebende Rolle spielen[77]. Allerdings ist davor zu warnen, dem Kind den Eindruck zu vermitteln, die Entscheidung hänge allein von ihm ab, falls das Kind hierdurch belastet und überfordert wäre. Doch muß es sich stets ernstgenommen fühlen können.

Eine Momentaufnahme der Situation des Kindes und seiner sich trennenden Eltern kann leicht die Dynamik des Beziehungsprozesses verfehlen. Die Entwicklung nach der Scheidung ist oft schwer oder gar nicht vorauszusehen. Zwar kann die Zuordnung des Sorgerechts später gerichtlich geändert werden (§ 1696 BGB); da aber Kinder ein elementares Bedürfnis nach Kontinuität und Stabilität ihrer Lebensumstände haben, kann es verunsichern und ihnen schaden, wenn der Nichtsorgeberechtigte eine Abän-

---

73 Vgl. *Kropholler*, NJW 1984, 271
74 Vgl. *OLG Frankfurt*, FamRZ 1994, 921. Aufzählung der Grundsätze, die auch für eine Entscheidung bei Getrenntleben gelten (vgl. § 1672 BGB), z.B. in KG FamRZ 1990, 1383. Zur Bedeutung der Gefühlsbindung des Kindes: *OLG Hamm*, FamRZ 1994, 918; *Koechel*, FamRZ 1986, 637; *Kaltenborn*, FamRZ 1987, 990; *Arndt/Oberloskamp/Balloff*, S. 113, nennen zwanzig »Orientierungspunkte« für eine gutachtliche Stellungnahme des Jugendamtes. Zum Kindeswille: *AG Stuttgart*, FamRZ 1981, 597 (»auch ohne rationale Begründung entscheidend«). *Fehmel*, FamRZ 1986, 531. Zur Übertragung auf Mutter, die mit gleichgeschlechtlicher Partnerin zusammenlebt: *AG Mettmann*, FamRZ 1985, 529. Übertragung der elterlichen Sorge auf eine »von Haß gegen ihren geschiedenen Ehemann erfüllte« Mutter: *BGH*, FamRZ 1985, 169. Keine Erziehungsfähigkeit eines wiederholt vorbestraften und noch unter Bewährungsaufsicht stehenden Vaters: *OLG Bamberg*, FamRZ 1991, 1341. Über die Rechtsprechung seit 1990 gibt *Oelkers*, FamRZ 1995, 1098 ff. einen Überblick.
75 Zur Frage der Erziehungsfähigkeit aus medizinisch-psychologischer Sicht: *Salzgeber u.a.*, FamRZ 1995, 1311
76 Vgl. ausdrücklich § 1671 Abs. 3 S. 2 BGB. Zur Anhörung des Kindes vgl. § 50 b FGG. Vgl. dazu *AK-Münder*, § 1671 Rz. 36 f. – Die Anhörung der Eltern ist in § 50 a FGG geregelt.
77 Vgl. insbes. *KG in FamRZ* 1990, 1383 ff. Aufgrund der »konkreten Verhältnisse und ihrer kindbezogenen Bewertung und Abwägung« kann allerdings auch dem Förderungsprinzip Vorrang vor den stärkeren Bindungen der Kinder einzuräumen sein (*OLG Hamm*, FamRZ 1988, 1314).

derungsentscheidung anstrebt. Eine dem Kind zuträgliche Situation vorausgesetzt, wird eine Abänderung gemäß § 1696 BGB kaum je in Betracht kommen. Dies folgt aus dem Grundsatz der Kontinuität, der gegenüber der Erstentscheidung noch an Gewicht gewinnt.

Im einzelnen sind folgende Möglichkeiten einer rechtlichen Regelung der elterlichen Sorge zu unterscheiden:
– Regelung bei nicht nur vorübergehendem Getrenntleben der Eltern auf Antrag oder von Amts wegen (§ 1672 BGB)[78].
– Einstweilige Anordnung gemäß § 620 ZPO – ebenfalls auf Antrag oder von Amts wegen, sobald das Scheidungsverfahren läuft.
– Vorwegentscheidung des Gerichtes, das von einem übereinstimmenden Vorschlag der Eltern abweichen möchte (§ 627 Abs. 1 ZPO).
– Entscheidung innerhalb des Scheidungsurteils (§ 623 ZPO).
– Entscheidung erst *nach* Scheidung, wenn ausnahmsweise die Entscheidung über das Sorgerecht die Scheidung außergewöhnlich verzögern würde (§ 628 Abs. 1 Nr. 3 ZPO). Beachte § 628 Abs. 2 ZPO.

Hat das Jugendamt bereits die Aufgaben der Beratung nach § 17 SGB VIII wahrgenommen, so ist bei der Mitwirkung hinsichtlich der familiengerichtlichen Entscheidung unbedingt der Datenschutz zu wahren: von den Beteiligten Anvertrautes darf nur mit deren Einwilligung oder unter den – engen – Voraussetzungen des § 65 Nr. 2 und 3 SGB VIII dem Gericht offenbart werden.

2.5.4 Umgang des nichtsorgeberechtigten Elternteils mit dem Kind

Ein Elternteil, dem das Personensorgerecht nicht zusteht, weil es etwa im Falle der Scheidung auf den anderen Elternteil allein übertragen worden ist (§ 1671 BGB), oder weil es ihm gemäß § 1666 BGB entzogen wurde, behält das *Recht auf* den *persönlichen Umgang* mit seinem Kind (§ 1634 Abs. 1 Satz 1 BGB). Bei der Ausübung dieses Rechtes ist er zu beraten und zu unterstützen (§ 18 Abs. 4 SGB VIII).

Dieses Umgangsrecht soll es dem Berechtigten ermöglichen,
– mit dem Kind weiterhin Kontakt zu pflegen,
– sich von dem Befinden und der Entwicklung des Kindes laufend zu überzeugen,
– die verwandtschaftlichen Beziehungen mit dem Kind aufrechtzuerhalten und einer Entfremdung vorzubeugen,
– und dem Liebesbedürfnis beider Teile Rechnung zu tragen[79].

Können sich die zu *wechselseitigem Wohlverhalten* (vgl. § 1634 Abs. 1 Satz 2 BGB) verpflichteten Eltern über eine Umgangsregelung nicht einigen, so trifft das

---

78 § 1671 Abs. 1 bis 5 BGB gelten entsprechend
79 *BGH*, in: NJW 1965, 396. Vgl. auch *BGH*, in: DAVorm 1984, 827. Deshalb Hilfe zum Lebensunterhalt für die Ausübung des Umgangsrechts: *BVerfG*, NJW 1995, 1342; *BVerwG*, FamRZ 1995, 105; *Oelkers*, FamRZ 1995, 1385 ff.: Übersicht über die Rechtsprechung seit 1991. Hervorgehoben sei *AmtsG Holzminden*, FamRZ 1995, 372, wonach der Antrag auf Erweiterung des Umgangsrechts mutwillig i.S. des § 114 ZPO ist, wenn er nicht zuvor mit dem sorgeberechtigten Elternteil und mit dem Jugendamt besprochen worden ist (»der mediatorische Effekt jugendamtlicher Beratung beugt der Aufspaltung der Eltern in Parteien vor«, a.a.O., S. 373). Folge: Versagung von Prozeßkostenhilfe.

Familiengericht auf Antrag eines Elternteils oder auch von Amts wegen eine Entscheidung, nachdem es das Jugendamt hierzu angehört hat (§ 49 a Abs. 1 Nr. 1 FGG). Richtschnur seiner Entscheidung sollte wiederum das *Kindeswohl* sein[80]. Dies kann bei einer Entfremdung und starken Verunsicherung des Kindes auch eine Einschränkung[81] oder gar den Ausschluß des Umgangsrechts *erforderlich* machen (§ 1634 Abs. 2 Satz 2 BGB), wozu sich das Jugendamt ebenfalls zu äußern hat. Es genügt also nicht, daß es dem Kindeswohl lediglich *dient*, wenn das Umgangsrecht ausgeschlossen wird. Ein entsprechender Reformvorschlag ist ebensowenig Gesetz geworden wie das maßgebliche Abstellen auf den Willen des wenigstens 14jährigen bzw. des sonst beurteilungsfähigen Kindes. Der engagierten Kritik von Sozialwissenschaftlern am »Tränenparagraph« des BGB[82] – »der psychische Kontakt zwischen zwei Menschen muß auf Freiwilligkeit aufgebaut sein und kann nicht Ausfluß eines Rechtsanspruches sein«[83] – trägt das Gesetz keine Rechnung.

Auch die Gerichte beurteilen das Kindeswohl i.s. des § 1634 BGB mitunter ausdrücklich »nicht nur aus der subjektiven Sicht des Kindes (Wohlbefinden), sondern auch objektiv-normativ (Zukunftsperspektive)« mit dem Ergebnis, daß gegen den Willen einer Mutter, die die Umgangsbefugnis des Vaters hintertreibe und das Kind so in seelische Konflikte stürze, der Vater mit dem Kind zweimal im Monat von 10 Uhr bis 18 Uhr Umgang haben darf[84]. Zum Teil wird verlangt, daß der Sorgeberechtigte das Kind mit (beinahe) allen Mitteln zum Umgang mit dem anderen Elternteil anhält, auch wenn das Kind darunter sehr leidet[85] oder unterstellt, der Sor-

---

80 Zu den verfassungsrechtlichen Anforderungen an die Gestaltung des Verfahrens: *BVerfG*, FamRZ 1993, 662 = FuR 1993, 97 m. Anm. Niemeyer (Auseinandersetzung mit den Besonderheiten des Einzelfalles unerläßlich)

81 In Betracht kommt auch eine Überwachung des Umgangs. Seit dem 1.1.1991 (Wegfall des § 48 c JWG) ist allerdings die Betrauung des Jugendamtes mit der Ausführung von gerichtlichen Anordnungen zum Umgangsrecht nach § 1634 Abs. 2 nicht mehr zulässig (*OLG Karlsruhe*, FamRZ 1991, 969). Freilich kann das Jugendamt auf diese Weise eine eigene Aufgabe wahrnehmen (vgl. § 18 Abs. 4 SGB VIII). Ausübung des Umgangsrechts nur innerhalb Deutschlands bei drohender Entführung ins Ausland: *OLG München*, FamRZ 1993, 94; Kontrolle in Familienberatungsstelle: *OLG Nürnberg*, EzFamR 1996, 112.

82 *Becker*, in: Sozialpädagogik 1973, 229

83 *Lempp*, NJW 1972, 315

84 *OLG Frankfurt*, FamRZ 1984, 614. Vgl. auch diese Fußnote a.E. Zur Kritik auch an weiteren Gerichtsentscheidungen vgl. *Fieseler*, in: Kinderschutz aktuell, Heft 4/1988, S. 8. In diese Kritik einzubeziehen ist auch *OLG Frankfurt*, FamRZ 1993, 729. Vorrangig am »Rechtssubjekt Kind« orientiert: *AmtsG Bad Iburg*, FamRZ 1988, 537; *OLG Hamburg*, FamRZ 1991, 471, und (zum zeitlichen Ausschluß der Umgangsbefugnis eines Vaters mit seinem bei Pflegeeltern lebenden 8jährigen Kind) *OLG Bamberg*, FamRZ 1993, 726; *OLG Düsseldorf*, FamRZ 1994, 1277; *OLG Hamm*, FamRZ 1995, 314. Zum Umgangsrecht einer Mutter, deren zweiter Ehemann des sexuellen Mißbrauchs der minderjährigen (Stief-)Töchter verdächtigt wurde, vgl. *OLG Düsseldorf*, FamRZ 1992, 205. Zu Umgangsrecht und (Verdacht auf) sexuellen Mißbrauch auch *OLG Stuttgart*, FamRZ 1994, 718 (dagegen engagiert und überzeugend *Imme Steinberg*, FamRZ 1994, 1543), *AG Düsseldorf*, DAVorm 1995, 1005, *OLG Frankfurt/Main*, FamRZ 1995, 1432 (wieder unter fragwürdigem Hinweis auf ein »auch objektiv-normativ« zu beurteilendes Kindeswohl).

85 *LG Mannheim*, NJW 1972, 950: erforderlichenfalls mit physischer Gewalt; vgl. auch *OLG Zweibrücken*, FamRZ 1987, 91 (»... verpflichtet, auf Grund seiner elterlichen Autorität durch geeignete erzieherische Maßnahmen auf die Besuchsverwirklichung hinzuwirken und den entgegenstehenden Widerstand des Kindes zu überwinden«; dagegen zu Recht *E. Ell*,

geberechtigte könne das Kind »bei sachgerechtem Einsatz seiner erzieherischen Fähigkeiten« bewegen, Kontakt mit dem Nichtsorgeberechtigten zu pflegen[86].

Umso mehr ist es *Aufgabe der Jugendämter*, ihre Vorschläge zunehmend an psychologischen Erkenntnissen auszurichten und den Wünschen und Bedürfnissen der Kinder mehr Bedeutung beizumessen. Dabei müssen gerade jüngere Kinder vor aufgezwungenen Kontakten, die sie gefühlsmäßig erheblich belasten, geschützt werden[87]. Entgegenzutreten ist auch indirektem Zwang: Androhung, die Sorgerechtsentscheidung abzuändern (so aber OLG München, EzFamR, § 1671 Nr. 7) bzw. Herabsetzung des Unterhaltsanspruchs des sorgeberechtigten Elternteils gemäß § 1579 Nr. 6 BGB (so aber OLG Nürnberg, FamRZ 1994, 1393 = DAVorm 1994, 634). Der Nichtsorgeberechtigte ist ggf. auf seinen *Auskunftsanspruch* gemäß § 1634 Abs. 3 BGB zu beschränken. Die jüngst zunehmend betonte Auffassung, Kinder wollten und bräuchten nach Trennung und Scheidung »immer« weiterhin Mutter und Vater als Bezugspersonen[88], entspricht nicht der Realität. Kinder und Jugendliche können nach der Trennung sehr wohl den Kontakt zum »Weggeschiedenen« bewußt und entschieden ablehnen. Konsequent wäre für Minderjährige ein *Recht* – aber keine Pflicht – zum Umgang in § 1634 BGB zu formulieren. Wegen der Schwierigkeit, dieses Recht durchzusetzen, hätte dies zwar eher die Funktion eines Appelles. Dieser wäre aber durchaus sinnvoll:

– die Beratungssituation gegenüber den Eltern verändert sich;
– ein solches Recht hätte Bedeutung für die Realität von Kindern in der Wahrnehmung ihrer Rechte;
– das Bewußtsein der Allgemeinheit würde verändert;
– tradierte Strukturen des Familienrechts würden überwunden, eine klarere Sprache und Artikulation von Kinderrechten wäre möglich[89].

Ebenso wäre für schwierige Situationen eine Einschränkung (»beschützter Umgang«) bzw. – falls erforderlich – ein Ausschluß des korrespondierenden Rechts der leiblichen Eltern besser begründbar.

Entscheidungen des Familiengerichts können gemäß § 33 FGG *zwangsweise* durchgesetzt werden, doch ist gegen den Widerstand des Minderjährigen eine gewaltsame Vollstreckung ebenso unzulässig wie im Falle der Kindesherausgabe[90].

---

in: DAVorm 1988, 571: das Urteil sei anthropologisch, psychologisch und pädagogisch unmöglich). Wie OLG Zweibrücken jetzt auch *BezG Frankfurt/Oder*, FamRZ 1994, 58. Abzulehnen ist auch eine Praxis, die mit Abänderung der Sorgerechtsregelung droht. Gegen den Willen des Kindes also kein Umgangsrecht: *OLG Bamberg*, FamRZ 1989, 890. Zur Anordnung einer Umgangspflegschaft vgl. *AmtsG Aalen*, FamRZ 1991, 360 (m.Anm. *Luthin*, a.a.O., 361). In Abgrenzung dazu *OLG Bamberg*, FamRZ 1992, 466.

86 *BezG Frankfurt/Oder*, FamRZ 1994, 58

87 Es sollte nicht gewartet werden, bis »lärmende Fehlentwicklungen zu beklagen sind« (*Frommann*, a.a.O., S. 43). Vgl. auch *Fieseler* (1977), S. 110 f. Zur Verfassungsmäßigkeit: *BVerfG*, in: FamRZ 1983, 872. Ein Besuchsrecht des Vaters in Anwesenheit der Mutter entschied das *Familiengericht Frankfurt* am 27.11.1985 – 35 F 1174/83 (in: Streit 1986, 69).

88 Vgl. nur das (einseitige) »Plädoyer für die Abschaffung des alleinigen Sorgerechts« von *Uwe-Jörg Jopt* (1992). Zu Recht dagegen *Balloff*, 1992, 95 ff.; *Stein-Hilbers* (1994), 129 ff.

89 Arbeitsgruppe »Umgangsrecht« der Studientagung des DV »Kindschaftsrechtsreform: Auswirkungen auf die Praxis der Jugendhilfe« vom 20. bis 22. Februar 1996

90 Zur Zwangsgeldfestsetzung: *OLG Zweibrücken*, FamRZ 1984, 508, und FamRZ 1987, 91; *OLG Düsseldorf*, ZfJ 1995, 426. Zur Aussetzung der Vollziehung eines Zwangsgeldbe-

Keinen gesetzlichen Anspruch auf Umgang mit seinem *nichtehelichen Kind* hat dessen *Vater.* Vielmehr bestimmt der Personensorgeberechtigte, also in der Regel die Mutter (§ 1705 BGB; bei Minderjährigkeit der Mutter geht ihre Meinung der des Vormundes vor: § 1673 Abs. 2 BGB), ob und in welchem Umfang dem Vater Gelegenheit zum persönlichen Umgang mit dem Kind gegeben wird[91]. Dient ein solcher Umgang dem Wohl des Kindes, so kann das Vormundschaftsgericht auch gegen den Willen der Mutter unter der Voraussetzung wirksamer Vaterschaftsfeststellung[92] ein Umgangsrecht zugestehen (§ 1711 Abs. 2 S. 1 BGB). Entscheidungshilfe hierzu leistet wieder das Jugendamt, dessen Anhörung § 49 Abs. 1 Nr. 1 k FGG vorschreibt. Das Jugendamt sollte bei der Wahrnehmung seiner *Vermittlerfunktion* nach § 1711 Abs. 4 BGB die Kindesinteressen in den Vordergrund stellen und bedenken, daß zwar

– für Kleinkinder ein Umgangsrecht schädlich sein kann, das ohne Zustimmung der ständig erziehenden Mutter ausgeübt wird,

andererseits aber

– die Unterbindung der Aufnahme persönlicher Kontakte älterer Minderjähriger mit ihren Vätern nicht sinnvoll ist[93].

Immerhin gilt auch hier die Wohlverhaltensregel (§ 1711 Abs. 1 Satz 2 i.V.m. § 1634 Abs. 1 Satz 2 BGB)[94], und das Jugendamt sollte die Mutter dahin beraten, sich gegen einen im Interesse des Kindes wünschenswerten, von diesem gewollten Kontakt mit dem Vater nicht zu sperren. In geeigneten Fällen[95] (Vater und Kind haben lange zusammengelebt) kann das Jugendamt auch eine gerichtliche Umgangsregelung selbst anregen.

---

schlusses: *OLG Nürnberg,* EzFamR aktuell 16/1993, 292. Vollstreckungsmaßnahmen zur Durchsetzung des Umgangsrechts sollten – laut Beschluß des *59. Deutschen Juristentages* – unzulässig sein (FamRZ 1992, 1277). Anderer Ansicht – trotz Bedenkens aus der Sicht des Kindeswohls – *Hans van Els,* Anm. zu OLG Düsseldorf, ZfJ 1995, 426 – Nach § 33 Abs. 2 S. 1 FGG E - KindRG keine Gewaltanwendung gegen das Kind, wenn es zum Zwecke der Ausübung des Umgangs herausgegeben werden soll.

91 Die Rechtlosigkeit des Vaters ist seit einiger Zeit zunehmend auf Kritik gestoßen. Das Gesetz gehe fälschlicherweise von einem generellen Desinteresse der Väter aus, welches es zudem mit seiner Regelung gerade fördere. Das *Bundesverfassungsgericht* (FamRZ 1981, 429 = NJW 1981, 1201) hat die Verfassungsbeschwerde betroffener Väter zurückgewiesen; *OLG Frankfurt a.M.,* FamRZ 1993, 848 und *BayObLG,* FamRZ 1993, 846 bestätigen die Verfassungsmäßigkeit des § 1705 Satz 1 BGB. Vgl. auch *Finger,* ZfJ 1987, 317 ff. und 448 ff. – Siehe nun aber auch *BVerfG,* in: FuR 1991, 221 (in diesem Kapitel, 2.5.7)

92 Vgl. *BayObLG,* FamRZ 1995, 827

93 *AK-Münder,* a.a.O., § 1711 Rz. 7. Neuere Rechtsprechung zur § 1711 Abs. 2: einerseits *LG Bonn* (NJW 1990, 128 m.w.Nw.); andererseits *LG Berlin,* FamRZ 1990, 1146; *LG Duisburg,* FamRZ 1991, 1099; weitere Nachweise in Fn. 81.

94 Vgl. *AmtsG Leutkirch,* FamRZ 1994, 401

95 Vgl. *Palandt-Diederichsen,* a.a.O., § 1711 Anm. 3; ebenso *Danzig,* a.a.O., S. 86; *LG München I,* FamRZ 1987, 629; *LG Koblenz,* DAVorm 1988, 308; *AmtsG München,* FamRZ 1988, 767. Vgl. dagegen *LG Kiel,* DAVorm 1988, 628. Ein Teil der Rechtsprechung trägt dem »Wandel der sozialen Gegebenheiten« (*LG Bonn,* NJW 1990, 128) durch herabgesetzte Anforderungen an den Begriff der »Dienlichkeit« Rechnung (*LG Bonn,* a.a.O. – anders noch dieselbe Kammer in FamRZ 1985, 106; *LG Paderborn,* FamRZ 1984, 1040; *AmtsG Leutkirch,* NJW 1983, 1066: Kontakt zum Vater biete »möglichst normale Entwicklung« und erleichtere das kindliche »Selbstverständnis hinsichtlich seiner Person und Herkunft«). Enger: *LG Duisburg,* FamRZ 1991, 1099

Der 1995 als Kindschaftsrechtsreformgesetz fertiggestellte Referentenentwurf stellt in § 1684 KindRG die Eltern ehelicher und nichtehelicher Kinder gleich. Nach § 1685 Abs. 1 haben auch Großeltern und Geschwister ein Recht auf Umgang mit dem Kind, wenn dieser dem Wohle des Kindes dient. Gleiches gilt – nach § 1685 Abs. 2 KindRG für den Ehegatten oder früheren Ehegatten eines Elternteils, der mit dem Kind längere Zeit in häuslicher Gemeinschaft gelebt hat, und für Personen, bei denen das Kind in Familienpflege war – kurz: für (auch frühere) »Stief«- und Pflegeeltern. Die Abgrenzung dieser Personengruppe überzeugt deshalb nicht, weil unverheiratete Lebenspartner, zu denen Kinder die gleichen Bindungen entwickeln können wie zu Ehegatten des Elternteils nicht erwähnt werden. Die Arbeitsgruppe »Umgangsrecht« (siehe Fußnote 89) schlägt an Stelle der geplanten Regelung vor ein Recht des Kindes auf Umgang zu (allen) Personen mit sozialen Bindungen und gewachsenen Bezügen, das nur eingeschränkt werden soll, wenn seine Ausübung dem Kindeswohl widerspricht.

2.5.5 Die Entscheidung über die Pflegschaft bei nichtehelichen Kindern

Nur auf *Antrag der Mutter* – nicht des Jugendamtes – und unter der Voraussetzung, daß dies dem Wohl des Kindes nicht widerspricht, hat das Vormundschaftsgericht
– anzuordnen, daß die Amtspflegschaft des Jugendamtes (§ 1709 BGB) nicht eintritt (§ 1707 Nr. 1 BGB),
– diese Pflegschaft aufzuheben (§ 1707 Nr. 2 BGB) oder
– den (in § 1706 Nr. 1 - 3 fest umrissenen) Wirkungskreis des Jugendamtes zu beschränken (§ 1707 Nr. 3 BGB).

Das Jugendamt hat als Pfleger des nichtehelichen Kindes die Mutter über die Möglichkeit zu beraten und sie auf andere, die elterliche Sorge weniger tangierende Hilfen hinzuweisen (Beratung und Unterstützung gemäß § 18 Abs. 1 SGB VIII, Beistandschaft gemäß §§ 1685, 1690 BGB). Bei der zwingend vorgeschriebenen Anhörung (§ 49 Abs. 1 Nr. 1 j FGG) ist seitens des Jugendamtes zu beachten, daß es nicht darauf ankommt, ob die beantragte Entscheidung für das Kindeswohl nützlich oder förderlich ist: die Mutter setzt sich durch, »wenn kein Grund zur Annahme besteht, der Wegfall oder die Kürzung der Amtspflegschaft werde zu einer Gefährdung des Kindes führen«[96].

Aus dem Umstand, daß die rechtliche Beziehung des nichtehelichen Kindes zu seinem Vater 1969 erheblich verstärkt worden ist, dem Kind also mehr rechtliche Chancen vorenthalten werden als zuvor, wenn es nicht zur Vaterschaftsfeststellung kommt, folgert der Bundesgerichtshof[97], dem Aufhebungsantrag der Mutter könne »in der Regel« nicht stattgegeben werden, wenn sie den ihr bekannten *Namen des Vaters* nicht preisgebe. Allenfalls bei gesicherten Vermögensverhältnissen der Mutter komme ein Wegfall der Aufgabe der Unterhaltssicherung (§ 1706 Nr. 2 BGB) in Betracht. Auch das Recht des nichtehelichen Kindes auf Feststellung seiner bluts-

---

96 *Gernhuber*, a.a.O., S. 910
97 *BGH*, NJW 1982, 381; vgl. auch *OLG Hamm*, NJW 1984, 617 (»Wunschkind-Fall«); *LG Berlin*, DAVorm 1988, 833; *LG Frankenthal*, DAVorm 1992, 1357; *LG Saarbrücken*, DAVorm 1993, 730; *LG Hamburg*, DAVorm 1993, 853 (dagegen *Palandt-Diederichsen*, § 1707 Anm. 2 (Rn. 3); *LG Essen*, FamRZ 1994, 399

mäßigen Abstammung – »Bestandteil des allgemeinen Persönlichkeitsrechts jedes Menschen« – führt das Gericht hierfür an.

Diese Auffassung ist abzulehnen, weil
- sie unpraktikabel ist: ohne Mitwirkung der Mutter kann die Vaterschaft nicht oder jedenfalls nicht in akzeptabler Weise ermittelt werden,
- dem nichtehelichen Kind damit eher geschadet als gedient wird, wenn auf seine Mutter ein moralischer Druck ausgeübt wird, um von ihr ein Verhalten zu erreichen, zu dem sie rechtlich nicht verpflichtet ist,
- das Jugendamt damit »seine vorsichtigen Einwirkungs- und Beratungsmöglichkeiten nach §§ 51 ff. JWG (jetzt: §§ 16 ff. SGB VIII) aufs Spiel setzt«[98].

Keinesfalls dürfen *fiskalische Interessen* an privaten Unterhaltsleistungen (statt Sozialhilfe) den Ausschlag gegen die Entscheidung der Mutter, die dafür gute Gründe haben mag, und gegen das Kindeswohl geben[99].

2.5.6 Anfechtung der Ehelichkeit und der Vaterschaftsanerkennung

Familienrechte und -pflichten knüpfen weitgehend an die Abstammung an. Die Unterscheidung ehelicher (§§ 1591 - 1600 BGB) und nichtehelicher (§§ 1600 a - 1600 o BGB) Abstammung spiegelt die jahrhundertelange gesellschaftliche und erst 1969 grundsätzlich überwundene Zurücksetzung des nichtehelichen Kindes wider[100]. Das eheliche Kind wird grundsätzlich (vgl. aber § 1591 Abs. 1 Satz 2 BGB) – für Dritte unbezweifelbar (§ 1593 BGB) – dem Ehemann seiner Mutter zugeordnet. Die »Beiwohnung« des Ehemannes innerhalb der gesetzlichen Empfängniszeit (§ 1592 BGB) und die Empfängnis werden dabei gesetzlich vermutet (§ 1591 Abs. 2 BGB). Das nichteheliche Kind ist dagegen vaterlos, sofern nicht ein Mann – meist vor dem Jugendamt[101] – die Vaterschaft anerkannt hat oder seine Vaterschaft gerichtlich festgestellt worden ist. Auch hier kommt es weniger auf die wirkliche biologische Abstammung als auf eine formale Zuordnung an: Das Vaterschaftsanerkenntnis wird nicht auf seine Richtigkeit überprüft; die Zeugung des nichtehelichen Kindes durch den Geschlechtspartner der Mutter wird vermutet (§ 1600 o Abs. 2 BGB).

Vätern, die meinen, die blutsmäßige Abstammung in Zweifel ziehen zu müssen, eröffnet das Gesetz *zwei Klagewege*:
- Der Ehemann kann die Ehelichkeit des Kindes gemäß §§ 1593 ff. BGB anfechten[102].
- Wer anerkannt hat, Vater eines nichtehelichen Kindes zu sein, kann diese Erklärung gemäß §§ 1600 g, h, k - m BGB anfechten (wobei gemäß § 1600 m Satz 1 BGB wiederum eine Vermutung zu entkräften ist).

98 *Finger*, FamRZ 1983, 429 (432) mit ablehnender Anm. von *Bosch*, a.a.O., S. 433. Wie *Finger* aber *AK-Münder*, a.a.O., § 1707 Rz. 5, 8. Vgl. auch *Wawrzyniak*, ZblJugR 1978, 269.
99 So zutreffend *VG Berlin*, DAVorm 1980, 128 = ZfF 1980, 273. Dazu das Berufungsurteil des *OVG Berlin*, FamRZ 1981, 1107, und das Revisionsurteil der *BVerwG*, FamRZ 1983, 903. Zur Mitwirkungspflicht der Mutter bei der Vaterschaftsfeststellung im Hinblick auf § 1 Abs. 3 UVG, §§ 56, 58 SGB-I: *VerwG Düsseldorf*, in: DAVorm 1988, 310.
100 Vgl. *Fieseler* (1977), a.a.O., S. 112 ff.; *Münder* (1980), a.a.O., S. 46
101 Vgl. S. 116 f. dieses Buches
102 Dazu muß er konkrete Anhaltspunkte für die Annahme vortragen, das Kind stamme nicht von ihm: *OLG Köln*, FamRZ 1993, 106. Nach *BGH*, NJW 1995, 2921 mit Nachweisen zur

In beiden Fällen müssen *Fristen* eingehalten werden – ein weiterer Hinweis darauf, daß es dem Gesetzgeber nicht um jeden Preis auf die größtmögliche Klarheit darüber ankommt, wer denn das Kind nun wirklich »erzeugt« hat, sondern daß auch das Interesse des Kindes und seiner Mutter an (rechtlicher) Gewißheit schutzwürdig ist. Die Fristen, die mit dem Zeitpunkt beginnen, in dem »die Umstände bekannt geworden sind«[103], die für die Nichtehelichkeit bzw. gegen die Vaterschaft sprechen, sind lang genug bemessen, daß sich der Zweifelnde in Ruhe und (möglichst) beraten durch das Jugendamt überlegen kann, ob er diesen folgenschweren, das Kind unter Umständen seelisch schwer schädigenden Weg gehen soll.

Auch *das Kind* kann anfechten (§ 1596 bzw. § 1600 i BGB). Ist es noch minderjährig, so nimmt sein gesetzlicher Vertreter seine Interessen wahr (§ 1597 bzw. § 1600 k BGB). Nach dem Bundesverfassungsgericht (FamRZ 1994, 881 und FuR 1994, 230 m. Anm. *Kemper*) ist es mit dem allgemeinen Persönlichkeitsrecht nicht vereinbar, daß die Frist für die Anfechtung der Ehelichkeit durch das volljährig gewordene Kind nach § 1598 Hs. 2 auch dann zwei Jahre nach Eintritt der Volljährigkeit abläuft, wenn das Kind von den Umständen, die für seine Nichtehelichkeit sprechen, keine Kenntnis hat, und dem Kind insoweit auch eine spätere Klärung seiner Abstammung ausnahmslos verwehrt wird. Ein Anfechtungsverfahren vor dem Amtsgericht als Streitgericht (Verfahren nach §§ 640 ff. ZPO) ist aber nur zulässig, wenn zuvor das Vormundschaftsgericht im Verfahren freiwilliger Gerichtsbarkeit die Genehmigung zur Erhebung der Anfechtungsklage erteilt hat (vgl. § 640 b Satz 2 ZPO; zu beachten ist das Mitspracherecht der Mutter gemäß § 1597 Abs. 3 BGB). In dem Genehmigungsverfahren ist das Jugendamt anzuhören (§ 49 Abs. 1 Nr. 1 a FGG). Im anschließenden Anfechtungsverfahren ist es ggf. als Pfleger (insbes. nach § 1706 Nr. 1 BGB) oder Vormund beteiligt[104].

Die Mutter kann zwar die Anerkennung der Vaterschaft anfechten (§ 1600 g Abs. 1 BGB), (anders als in der früheren DDR[105]) nicht aber die Ehelichkeit, was mit Art. 3 Abs. 2 GG nicht vereinbar ist[106].

Gegenmeinung, ist der Verzicht des Ehemannes auf das Recht, die Ehelichkeit eines während der Ehe geborenen, nicht von ihm gezeugten Kindes anzufechten, auch dann unwirksam, wenn das Kind aus einer mit seiner Zustimmung vorgenommenen heterologen Insemination hervorgegangen ist. Nur wenn »besondere fallspezifische Umstände« hinzuträten, könne dies zu einem Verlust des Anfechtungsrechts führen. Vgl. dazu *Kemper*, FuR 1995, 309.

103 Vgl. dazu *BGH*, NJW 1990, 2813; *OLG Hamm*, FamRZ 1994, 186 und FamRZ 1992, 472. Zur Fristhemmung im Falle verzögerter Bestellung eines Pflegers für das Kind: *BGH*, NJW 1995, 1419; vgl. auch *BGH*, NJW 1994, 2752: Vertrauen auf Erklärung des Jugendamtes, die Anfechtung im Namen des Kindes zu betreiben.

104 Zur Anfechtung der Ehelichkeit durch volljähriges Kind: *BVerfG*, NJW 1989, 891 (Kenntnis der eigenen Abstammung vom allgemeinen Persönlichkeitsrecht umfaßt). Vgl. dazu *Ramm*, NJW 1989, 1594; *Frank*, FamRZ 1992, 1366 (m.w.Nw.)

105 »Ein unzulässiger Eingriff in eine Elternposition« (Beitzke/Lüderitz) und eines der zahlreichen Beispiele für eine mit der Einigung verbundene Rechtsverschlechterung im »Beitrittsgebiet«.

106 Ebenso (gegen die absolut h.M.) *AK-Teubner*, § 1594 Rz. 10; *Gernhuber*, a.a.O., S. 651 (»patriarchalisches Leitbild«). Frage der Verfassungswidrigkeit offengelassen von *OLG Hamm*, DAVorm 1993, 98 f. (Klage des Kindes einfacher und kostensparend; deshalb keine Prozeßkostenhilfe für eigene Feststellungsklage der Mutter). Nach § 1600 KindRG-Entwurf soll der Mutter künftig ein eigenes Recht der Vaterschaftsanfechtung zustehen.

2.5.7 Ehelicherklärung des Kindes auf Antrag des Vaters

Eine rechtliche Zuordnung des nichtehelichen Kindes zu seinem Vater ist – neben dem Fall der Adoption (§ 1741 Abs. 3 S. 2 BGB) – auch durch Ehelicherklärung gemäß § 1723 BGB möglich. Sie setzt einen notariell beurkundeten Antrag des Vaters voraus und ist vom Vormundschaftsgericht nach Anhörung des Jugendamts (§ 49 Abs. 1 Nr. 1 l FGG) auszusprechen.

Da die Mutter mit der Ehelicherklärung das elterliche Sorgerecht verliert, ist auch dies kein Weg für in freier Partnerschaft lebende Eltern, zu einem gemeinsamen Sorgerecht zu gelangen[107]. Das Bundesverfassungsgericht hat allerdings am 7. Mai 1991 entschieden, es verstoße gegen Art. 6 Abs. 2 GG, daß die gemeinsame Sorge durch die Eltern eines nichtehelichen Kindes nach dessen Ehelicherklärung selbst bei deren Zusammenleben mit dem Kind und Bereitschaft und Fähigkeit zur Übernahme gemeinsamer Elternverantwortung ausgeschlossen sei[108]. Die in § 1738 Abs. 1 BGB ausnahmslos angeordnete Rechtsfolge des Sorgerechtsverlusts der Mutter benachteilige das nichteheliche Kind in verfassungswidriger Weise (Art. 6 Abs. 5 GG). Der Entwurf eines Kindschaftsreformgesetzes (vgl. Anhang VI) sieht – im Hinblick auf die rechtliche Gleichstellung ehelicher und nichtehelicher Kinder – die ersatzlose Streichung der §§ 1719 - 1740 g BGB, also den Wegfall jeglicher »Legitimation«, vor.

2.5.8 Anhörung des Jugendamtes bei der Adoption

Ist das Jugendamt nicht Träger der Adoptionsvermittlungsstelle, hat es sich daher nicht schon nach § 56 d FGG gutachtlich geäußert, so ist es vom Vormundschaftsgericht vor der Entscheidung über die Adoption (§ 1752 Abs. 1 BGB) darüber anzuhören, ob diese im allgemeinen endgültige Entscheidung dem Wohl des Kindes entspricht (§ 49 Abs. 1 Nr. 1 m FGG i.V.m. § 1741 Abs. 1 BGB)[109].

Die Anhörung des Jugendamtes ist außerdem bei folgenden vormundschaftsgerichtlichen Maßnahmen vorgeschrieben:
– Aufhebung des Annahmeverhältnisses (§§ 1760, 1763 BGB),
– Rückübertragung der elterlichen Sorge (§§ 1751 Abs. 3, 1764 Abs. 4 BGB).

2.6 Ausführung gerichtlicher Anordnungen

Hier war bis zum Inkrafttreten des KJHG zu unterscheiden zwischen solchen gerichtlichen Anordnungen, zu deren Ausführung das Jugendamt *verpflichtet* ist, nämlich

---

Solange das Kind minderjährig ist, kann die Mutter allerdings nur dann anfechten, wenn dies dem Wohl des Kindes dient.
107 *KG* in NJW 1988, 146: Die Ehelicherklärung entspricht regelmäßig nicht schon deshalb dem Kindeswohl, weil sie dem Wunsch der Eltern entspricht und ihrer Planung, daß der Vater das Kind betreuen, die Mutter berufstätig bleiben soll. In einem solchen Fall wäre ein gemeinsames Sorgerecht das Beste für das Kind, aber der Gesetzgeber wollte »von wilden Ehen abschrecken« (*BT-Dr.* V/2370, dagegen zu Recht *AK-Teubner*, § 1723 Rn. 8).
108 *BVerfG*, in: *FuR* 1991, 221 (m. Anm. *Niemeyer*, 225)
109 Vgl. S. 200 ff. dieses Buches und *AK-Fieseler* vor § 1741 Rz. 7 - 9; *U. Maas* (1992), S. 214 ff.

- der Unterstützung der Eltern bei der Ausübung der Personensorge (§ 1631 Abs. 3 BGB; jetzt i.V.m. § 50 Abs. 1 Satz 1 SGB VIII),
- der Umgangsregelung gemäß § 1634 Abs. 2 und 4 und gemäß § 1711 Abs. 2 Satz 1 und 2 BGB

und sonstigen Anordnungen, deren Übernahme das *Einverständnis* des Jugendamtes voraussetzte (§ 48 c JWG), das die Übernahme aber richtiger Ansicht nach[110] nur bei Vorliegen besonderer Gründe – insbesondere Unvereinbarkeit mit dem Kindeswohl – ablehnen durfte. Nachdem das KJHG keine dem § 48 c JWG entsprechende Regelung über die Betrauung des Jugendamts mit der Ausführung von gerichtlichen Anordnungen mehr vorsieht, entbehren solche gerichtlichen Anordnungen seit dem 1.1.1991 einer Rechtsgrundlage und können mit der Beschwerde angefochten werden[111].

Dies ist so, weil das Jugendamt »nicht Hilfsorgan des Gerichts ist« (BT-Drucks. 11/5948, 87). Es hat gleichwohl, entsprechend der Gewaltenteilung, »in eigenständiger Position gegenüber dem Gericht« (a.a.O.) am Verfahren mitzuwirken, wobei es diese Aufgabe seinen eigenen Zielen und Handlungserfordernissen entsprechend, fachlich verantwortlich dem Kindeswohl verpflichtet, wahrzunehmen hat[112].

3. Jugendgerichtshilfe[113]

Rechtsgrundlage: §§ 2 Abs. 3 Nr. 8, 52 SGB VIII, §§ 38, 43 JGG, Richtlinien zu §§ 38, 43 JGG.

Die Mitwirkung im Verfahren nach dem Jugendgerichtsgesetz ist gemäß § 2 Abs. 3 Nr. 8 Aufgabe der Jugendhilfe. Das Jugendamt hat im Zusammenwirken mit freien Trägern der Jugendhilfe (§ 38 Abs. 1 JGG) insbesondere folgende *Aufgaben*:

- Die Vertreter der Jugendgerichtshilfe bringen die erzieherischen, sozialen und fürsorgerischen Gesichtspunkte im Verfahren vor den Jugendgerichten zur Geltung (§ 38 Abs. 2 Satz 1 JGG).

- Sie unterstützen zu diesem Zweck die beteiligten Behörden durch Erforschung der Persönlichkeit, der Entwicklung und der Umwelt des Beschuldigten und äußern sich zu den Maßnahmen, die zu ergreifen sind (§ 38 Abs. 2 Satz 2 JGG).

---

110 *Frankfurter Kommentar*, a.a.O., § 48 c JWG Anm. 5 im Anschluß an *Palandt-Diederichsen*, 39. Auflage, (1980) Anm. 2

111 *OLG Karlsruhe*, FamRZ 1991, 969 (betreffs Umgangsrecht nach § 1634 Abs. 2 BGB: alle 14 Tage, jeweils in Anwesenheit eines Jugendamtsvertreters). Nach *AmtsG Frankfurt/Main* (in Jugendwohl 1994, 92 f. mit Anm. Happe) ist das Vormundschaftsgericht im Rahmen des § 1666 BGB befugt, Jugendhilfemaßnahmen – hier Sozialpädagogische Familienhilfe – anzuordnen. Dagegen *Irmgard Diedrichs-Michel*, RsDE 29, 43 ff. m.w.Nw.

112 Ebenso für das »Wie« der Mitwirkung: *Wiesner/Mörsberger*, § 50 Rn. 33. Das »Ob« der Mitwirkung ist auch danach dem Jugendamt nicht überlassen. Eine Bindungswirkung (vormundschafts-)gerichtlicher Maßnahmen für das Jugendamt bejaht *BayObLG*, FamRZ 1995, 949 (m.w.Nw. auch zur Gegenauffassung)

113 *Landesjugendamt Hessen*, Empfehlungen zur Mitwirkung in Verfahren nach dem Jugendgerichtsgesetz (§ 52 KJHG), Kassel (Wilhelmshöher Allee 157 - 159), 1994; *Bayerisches Landesjugendamt*, Empfehlungen für die Jugendgerichtshilfe, München 1993.

– In Haftsachen berichten sie beschleunigt über das Ergebnis ihrer Nachforschungen
  (§ 38 Abs. 2 Satz 3 JGG).

– Sie wachen darüber, daß der Jugendliche Weisungen und Auflagen nachkommt,
  falls hierfür nicht ein Bewährungshelfer bestellt ist (§ 38 Abs. 2 Satz 5 JGG);
  gegebenenfalls teilen sie dem Richter erhebliche Zuwiderhandlungen mit (§ 38
  Abs. 2 Satz 6 JGG).

– Als »Betreuungshelfer« können sie mit den Aufgaben des § 10 Abs. 1 Satz 3 Nr. 5
  JGG betraut sein (Betreuung und Aufsicht), § 38 Abs. 2 Satz 7 JGG.

– Die Vertreter der Jugendgerichtshilfe arbeiten eng mit dem Bewährungshelfer
  zusammen (§ 38 Abs. 2 Satz 8 JGG).

– Sie bleiben mit dem Jugendlichen während des Vollzugs jugendgerichtlicher Maßnahmen in Verbindung und nehmen sich seiner Wiedereingliederung in die Gesellschaft an (§ 38 Abs. 2 Satz 9 JGG).

Das Jugendamt, das anerkannte Träger der freien Jugendhilfe an der Aufgaben-
wahrnehmung beteiligen kann (§ 76 Abs. 1 SGB VIII), hat gemäß § 52 Abs. 2 Satz 1
SGB VIII frühzeitig zu prüfen, ob für den Jugendlichen oder den jungen Volljährigen
Leistungen der Jugendhilfe in Betracht kommen. Gegebenenfalls, oder wenn eine
solche Leistung bereits eingeleitet oder gewährt worden ist, hat das Jugendamt den
Staatsanwalt oder den Richter davon zu unterrichten, damit geprüft werden kann, ob
diese Leistung ein Absehen von der Verfolgung (§ 45 JGG) oder eine Einstellung des
Verfahrens (§ 47 JGG) ermöglicht (§ 52 Abs. 2 Satz 2 SGB VIII).

Die in § 52 Abs. 3 SGB vorgesehene durchgehende Betreuung durch *einen* Jugendgerichtshelfer ermöglicht die Übertragung auch solcher Tätigkeiten an Mitarbeiter
freier Träger, deren Wahrnehmung früher auf den Jugendamtsmitarbeiter beschränkt
war.

3.1 Bericht der Jugendgerichtshilfe

Der Jugendgerichtshilfebericht ist aufzubauen wie eine gutachtliche Stellungnahme für das Vormundschafts- oder Familiengericht. Der Inhalt ergibt sich insbesondere
aus § 43 Abs. 1 JGG, der den Umfang der anzustellenden Ermittlungen betrifft.[114]

In der Literatur wird zu Recht betont, daß in dem Bericht darauf zu achten ist, die
ermittelten Tatsachen möglichst präzise, konkret und nachprüfbar darzustellen und
nicht mit subjektiven Bewertungen und moralischen Werturteilen zu vermengen.
Insbesondere ist jede unnötig diskriminierende Wertung zu vermeiden. Zwar schlägt
der Jugendgerichtshelfer schon im Bericht eine der im Jugendgerichtsgesetz vorgesehenen Sanktionen vor, er nimmt aber nicht etwa dazu Stellung, ob der Jugendliche
sich im juristischen Sinn schuldig gemacht hat.

---

114 Zu Strukturierungsvorschlägen für den JGH-Bericht vgl. *Arndt/Oberloskamp*, a.a.O., S. 66
    ff., und *H. Ullrich*, a.a.O., S. 51 ff. Zu Datenschutz und JGH-Bericht: *D. Dölling*, in:
    Bewährungshilfe 2/1993, 128 ff. *Dölling* hält die in § 61 Abs. 3 SGB VIII getroffene Neu-
    regelung durch das Erste Gesetz zur Änderung des KJHG für eine – von ihm begrüßte –
    »Klarstellung« des schon zuvor geltenden Rechts. Vgl. dazu über die Kontroverse zwi-
    schen *Dölling*, DVJJ 1991, 242 ff. und *Trenczek*, DVJJ 1991, 251 ff. sowie *Kunkel*, DVJJ
    1993, 339 ff. und *Trenczek*, DVJJ 1994, 32. Eine »Konzentration auf schwere Fälle« emp-
    fiehlt *Wiesner/Kaufmann*, § 52 SGB VIII, Rn. 43.

3.2 Die Rechtsstellung der Jugendgerichtshilfe

Damit die Jugendgerichtshilfe ihren zuvor beschriebenen Aufgaben gerecht werden kann, sind ihr im Jugendgerichtsgesetz folgende *Beteiligungsrechte* eingeräumt[115]:

- Die Mitwirkung im *gesamten* Verfahren (§ 38 Abs. 3 Satz 1 und 2 JGG); d.h. im Ermittlungs- und im Hauptverfahren.
- Das Recht auf Anwesenheit in der Hauptverhandlung (§§ 50 Abs. 3 Satz 1, 48 Abs. 2 JGG; gegen den sog. »Gerichtsgeher«: § 38 Abs. 2 Satz 4 JGG).
- Recht auf Äußerung zu den zu ergreifenden Maßnahmen (§§ 38 Abs. 2 Satz 2, 50 Abs. 3 Satz 2 JGG).
- Recht auf Anhörung in der Hauptverhandlung und vor Erteilung von Weisungen (§§ 50 Abs. 3 Satz 1, 38 Abs. 3 Satz 3, 10 JGG).
- Verkehrsrecht mit dem Beschuldigten (§§ 93 Abs. 3 JGG i.V.m. § 148 StPO).
- Das Recht auf den Antrag, den Jugendlichen, seine Angehörigen, Erziehungsberechtigten und seine gesetzlichen Vertreter von der Hauptverhandlung auszuschließen (§ 51 JGG).
- Das Recht und die Pflicht, Auflagen und Weisungen zu überwachen (§ 38 Abs. 2 Satz 5 JGG).
- Recht auf frühestmögliche Unterrichtung von der Straftat (§§ 38 Abs. 3 Satz 2, 43 Abs. 1 Satz 1 JGG mit dazu ergangener Polizei-Dienstvorschrift 283.1).
- Recht auf Unterrichtung über Einleitung und Ausgang des Jugendstrafverfahrens (§ 70 JGG; Nr. 32 der Anordnung über Mitteilungen in Strafsachen (MiStra) in der Fassung vom 15.11.1977[116]).
- Mitwirkung in Haftsachen (§ 72 a JGG)[117].
- Recht auf Anträge zur Strafmakelbeseitigung (§ 97 Abs. 1 Satz 2 JGG).
- Recht auf Anhörung durch den Vollstreckungsrichter nach § 87 Abs. 3 Satz 4 JGG.

3.3 Funktion der Jugendgerichtshilfe

Ob die soeben aufgezählten Rechte der Jugendgerichtshilfe ausreichen, ihren gesetzlichen Auftrag zu erfüllen, hängt davon ab, welche Funktion der Jugendgerichtshilfe im Strafverfahren gegen Jugendliche und Heranwachsende beigemessen wird. Sie reichen sicher nicht aus, und wären durch ein Zeugnisverweigerungsrecht der Jugendgerichtshelfer zu ergänzen, wenn der Jugendgerichtshelfer »Sozialanwalt« und eine Art Beistand des Jugendlichen sein sollte[118]. Ein solcher Standpunkt wird allerdings trotz eines verbreiteten Verständnisses der Jugendgerichtshilfe als »sozialpädagogische Betreuungsaufgabe während des gesamten Verfahrens« (BT-Drs. 11/5948, 90) überwiegend abgelehnt, weil die Jugendgerichtshilfe dann nicht mehr ihre Aufgabe als »Prozeßhilfeorgan eigener Art« wahrnehmen könne. Die Einführung eines Zeugnisverweigerungsrechts auch für Jugendgerichtshelfer wäre mit dem

---

115 Nach *Ullrich*, a.a.O., S. 18; zur Pflicht des Jugendgerichts auf das Tätigwerden des Jugendamtes hinzuwirken: *OLG Köln*, ZfJ 1987, 182 (m.w.Nw. zur Streitfrage einer Beteiligungs-*pflicht* und einer Kostenauferlegung bei ausgesetzter oder unterbrochener Hauptverhandlung); *Laubenthal*, a.a.O. (1993), 111 m.w.Nw.

116 Vgl. *Brunner*, a.a.O., § 70 Rz. 3 a; *Laubenthal*, a.a.O. (1993), 60.

117 Vgl. *Weyel*, ZfJ 1992, 29, *Kawamura*, BewHi 1994, 409. Nachweise über Haftvermeidungsprojekte bei *Diemer/Schoreit/Sonnen*, § 72 a JGG, Rn. 4

118 Vgl. *Hauber*, ZblJugR 1980, S. 509 ff.; *BMJ* (1991), a.a.O., Jugendgerichtshilfe – Quo vadis?

dadurch »letztlich verursachten Wegfall der Ermittlungsfunktion« zu teuer erkauft[119].
Dem ist entgegenzuhalten, daß auch Jugendgerichtshilfe in erster Linie Hilfe für den
Jugendlichen –»Hilfe vor Gericht« – ist und darauf die Rechtsgrundlagen abzustim-
men sind[120].

Schon um die Jahrhundertwende äußerte der Rechtslehrer Franz v. Liszt die
Ansicht, lasse man einen Jugendlichen, der eine Straftat begangen habe, laufen, statt
ihn mit den Justizbehörden zu konfrontieren, so sei die Wahrscheinlichkeit eines
Rückfalles geringer. Diese Ansicht wird durch die sozialwissenschaftliche Forschung
heute insoweit bestätigt, daß das Jugendstrafverfahren mit seinen stigmatisierenden
Wirkungen dem Jugendlichen durchaus mehr schaden als nutzen kann. Die *Diversion*,
d.h. die Vermeidung der Strafverfolgung durch Polizei, Staatsanwaltschaft und
Gericht – die »Umleitung« um die juristischen Strafverfolgungsorgane bzw. die informelle Erledigung durch diese – gewinnt damit zunehmend an Bedeutung[121]. Wenn
auch die Gefahren eines Verlustes an Rechtsstaatlichkeit nicht verkannt und eine
»Überpädagogisierung« vermieden werden sollten[122], so ist hier doch in der Tat eine
wichtige Aufgabe der Jugendgerichtshilfe darin zu sehen, daß sie in geeigneten Fällen
frühzeitig eine Einstellung von Strafverfolgungsmaßnahmen anregt. Dies ist jetzt in
§ 52 Abs. 2 Satz 2 SGB VIII (i.d.F. des Ersten ÄndG) ausdrücklich geregelt[123].
Hierzu bieten ihr die Vorschriften des Jugendgerichtsgesetzes einigen Spielraum, der
längst nicht immer genutzt wird. Neben den aufgezählten prozessualen Rechten der
Jugendgerichtshilfe sind insbesondere die §§ 45, 47 JGG hervorzuheben, nach denen
der Staatsanwalt unter Umständen auch ohne Zustimmung des Jugendrichters (§ 45
Abs. 2 JGG) von der Verfolgung absehen bzw. der Richter das Strafverfahren einstellen kann[124]. Darüber hinaus ist aber auch stets an die Einstellungsmöglichkeiten nach

---

119 *Brunner*, a.a.O., § 38 Rz. 14; a.A. *Diemer/Schoreit/Sonnen*, § 38 JGG, Rn. 13, 26; *Fieseler*,
   in: Fieseler/Schleicher, KJHG, vor §§ 50 - 52, Rn. 10;*VerwG Schleswig-Holstein*, Urteil
   vom 11.1.1984, ZfJ 1987, 539 (auch in DVJJ, Nr. 131 (1990), 43): Versagung der Aussagegenehmigung; *Weyel*, in: BMJ 1991, 121
120 Zum Verhältnis von Jugendhilfe und Jugenstrafjustiz: *Maas*, ZfJ 1994, 68 (Auswirkungen
   des 1. ÄndG KJHG); *Weyel*, DVJJ 1994, 25; *Jaeger*, Jugendhilfe 1995, 339; *Wiesner/
   Kaufmann*, § 52 SGB VIII, Rn. 5 ff. (»sozialpädagogische Normalisierungsarbeit« aus
   Anlaß der Straftat. Vgl. auch schon *Münder*, DVJJ 1991, 329; *Mrozynski*, ZfJ 1992, 445;
   Peschel-Gutzeit, FuR 1993, 204; *Lempp*, ZfJ 1994, 367; *Nicolas*, ZfJ 1994, 159; *Niewerth*,
   ZfJ 1994, 409. Zum Täter - Opfer - Ausgleich im Jugendstrafverfahren: *Mayer*, ZfJ 1994,
   506; *Schreckling*, ZfJ 1990, 493; *Weyel*, ZfJ 1993, 579. Zur Kostentragungspflicht bei
   jugendrichterlichen Weisungen: *Mayer*, ZfJ 1993, 188 (gegen *Bizer*, ZfJ 1992, 622);
   Wiesner, Vor § 27 SGB VIII, Rn. 51, 53.
121 Vgl. die Erlasse und Richtlinien zur Diversion auf Landesebene in: *Diemer/Schoreit/
   Sonnen*, § 45 Rz. 4 - 6; zu Recht betonen die Niedersächsischen Diversionsrichtlinien vom
   31.10.1991 den Vorrang von Einstellungen nach § 170 Abs. 2 StPO, um der Unschuldsver-
   mutung Rechnung zu tragen. Vgl. auch *BMJ (Hrsg.)*, »Diversion« im deutschen Jugendstrafrecht, Bonn 1989; *ders.*, Jugendstrafrechtsreform durch die Praxis. Konstanzer
   Symposium, Bonn 1989, S. 74 ff.; *Laubenthal*, a.a.O. (1993), S. 28 ff.
122 Näher dazu *Fieseler*, in: Fieseler/Schleicher, § 52 Rn. 10; *Walter*, ZfJ 1986, 433; *Arbeitskreis II des 21. Deutschen Jugendgerichtstages 1989* (in: Kriminalpolitik, Heft 4/1989, 4),
   wonach im Mittelpunkt der Tätigkeit der JGH in Zukunft vorrangig Mehrfach- und Inten-
   sivtäter stehen sollten.
123 Vgl. *Fuchs/Habermann*, NDV 1993, 54; *Laubenthal*, a.a.O. (1993), 62.
124 Vgl. dazu insbesondere *Kaiser*, NStZ 1982, S. 102 ff.; *Bietz*, ZblJugR 1983, S. 321 ff.;
   Beckmann, ZblJugR 1983, S. 210 ff.; Chr. Pfeiffer, a.a.O., S. 117 ff.

der Strafprozeßordnung (§§ 153 ff. StPO) zu denken, von denen gerade im Jugend-strafverfahren großzügig Gebrauch gemacht werden sollte. Letztlich ist es fragwürdig geworden, ob auf das abweichende Verhalten Jugendlicher überhaupt mit Strafe reagiert werden sollte. Eine Heraufsetzung der Strafmündigkeitsgrenze auf 16 Jahre ist erwogen worden. Und es ist durchaus denkbar, Jugendliche bis 18 Jahre ganz unter den Erziehungsgedanken der Jugendhilfe zu stellen und damit den Weg zu Ende zu gehen, der 1923 mit der Heraufsetzung der Strafmündigkeitsgrenze auf 14 Jahre ein-geschlagen worden ist[125].

3.4 Geplante Änderung des Jugendgerichtsgesetzes

Das am 1.12.1990 in Kraft getretene (Erste) Jugendgerichts-Änderungsgesetz (BGBl. I 1853) – als »Schritt in die richtige Richtung« begrüßt – hält an der Grund-struktur des Jugendstrafrechtes fest,»verändert aber den Interpretationsrahmen für den Erziehungsgedanken« des JGG, ohne freilich an der Notwendigkeit einer »Gesamtreform des Jugendkriminalrechts« etwas zu ändern[126].

Bereits am 18.11.1983 war ein Referentenentwurf eines 1. Gesetzes zur Änderung des Jugendgerichtsgesetzes vom Bundesministerium der Justiz vorgelegt, aber aus finanziellen Erwägungen nicht weiterverfolgt worden, der an der Grundstruktur des Jugendstrafrechts festhielt und sich »im wesentlichen auf solche Änderungen beschränkte, die das Rechtsfolgensystem des geltenden Rechts und den dort im Vordergrund stehenden Erziehungsgedanken besser zum Tragen bringen sollen«.

Weiterer Reformbedarf besteht u.a. in folgenden Problembereichen[127]
- die strafrechtliche Behandlung Heranwachsender,
- das Verhältnis zwischen Erziehungsmaßregeln und Zuchtmitteln,
- die Voraussetzungen für die Verhängung von Jugendstrafe,
- die strukturelle Ausgestaltung des Jugendarrestes,
- die vermehrte Mitwirkung von Verteidigern im Jugendstrafverfahren,
- die Gefahr der Überbetreuung Jugendlicher (Erziehungsgedanke/Grundsatz der Verhältnismäßigkeit),
- Straftaxendenken und Aufschaukelungstendenzen in der Sanktionspraxis der Jugendgerichtsbarkeit,
- die Stellung und die Aufgaben der Jugendgerichtshilfe im Jugendstrafverfahren,
- das Ermittlungs- und das Rechtsmittelverfahren,
- die Aus- und Fortbildung von Richtern, Staatsanwälten und Rechtsanwälten in bezug auf jugendstrafrechtliche Besonderheiten,

---

125 Vgl. *Fieseler* 1977, S. 128
126 *Trenczek*, Neue Justiz 1991, 290; weiteres Schrifttum insbesondere in den Schwerpunkt-heften 1/2 und 4, *DVJJ 1991*; *Kiehl*, in: Wiesner/Zarbock 1991, 173 ff.; *Lakies*, RdJB 1991, 206; *Trenczek*, Jugendhilfe 1991, 108
127 *Bundesregierung* in BT-Drs. 11/5829, 14 f.: insofern sollen erst Lösungsvorschläge erar-beitet und ausreichend diskutiert werden.»Für ein neues JGG« vgl. die Vorschläge der *DVJJ-Kommission*, in DVJJ 1992, 4 ff., und die Ergebnisse der *Arbeitsgemeinschaften zum 22. Deutschen Jugendgerichtshilfetag*, in: DVJJ 1992, 276 ff., sowie *Scholz*, in: DVJJ 1992, 301 ff., und *Schlüchter*, in: DVJJ 1992, 317 ff. und in RdJB 1993, 328 f. Zur rechtspoliti-schen Situation der 90er Jahre für das Jugendkriminalrecht: *BMJ*, Grundfragen 1992

– die möglicherweise verstärkt notwendige Berücksichtigung von Belangen junger
Mädchen und Frauen in der Anordnung und Durchführung jugendgerichtlicher
Sanktionen.

Für ein Zweites Gesetz zur Änderung des Jugendgerichtsgesetzes liegen unterschiedliche Reformvorschläge von DVJJ und AWO vor[128]. Aus der Sicht der sozialen
Arbeit, für die schon jetzt ein gewandeltes Aufgabenverständnis von vorwiegend ju-
stizieller Tätigkeit hin zur vermehrten Übernahme von Aufgaben der Jugendhilfe festzustellen ist, sind über verfahrens- und sanktionsrechtliche Reformen hinaus auch Reformen des materiellen Strafrechts im Sinne einer Beschränkung auf schwerste Kri-
minalität, vielleicht auch der Schaffung eines »eigenständigen Deliktskataloges«[129] zu
fordern.

Neben die (eigenständige) Mitwirkung in Jugendgerichtsverfahren – mit dem
Hinwirken auf informelle Verfahrenserledigungen – und an ihre Stelle tritt als
»eigentlicher« sozialpädagogischer Beitrag vermehrt die Durchführung vielfältiger
ambulanter Maßnahmen nicht nur nach Verfahrenseinstellungen, sondern schon in
deren Vorfeld.

Ein besonderes Augenmerk sollte dabei allerdings den »Bagatelltätern« gelten. Für
sie ist eine durchgreifende Entkriminalisierung zu fordern, weil hier die beste sozialpädagogische Hilfe allenfalls als *Angebot* sinnvoll ist, und weil angeordnete Maßnahmen unverhältnismäßig sind.[130]

---

128 Dazu *Merkle u.a.*, in: DVJJ 1/1994, 11 (mit Synopse, S. 16), *Weyel*, DVJJ 1/1994, 25,
   Frommel u.a., NK 1994, 28
129 *Diemer/Schoreit/Sonnen*, § 1 JGG, Rn. 12 (mit der Frage nach einem »selbständigen
   Jugendkonfliktrecht«)
130 *Fieseler*, in: Beiträge 1987, 15 f.; Trenczek, DVJJ 1/1994, 34; *Ostendorf*, in: BMJ 1991, 65:
   »Eine nicht notwendige Betreuung ist persönlichkeitsverletzend«; *Walter*, ZfJ 1993, 177.

Siebtes Kapitel: Hilfen innerhalb der eigenen Familie

1. Erziehungsberatung[1]

Rechtgrundlage: § 28 SGB VIII

Aus dem GG (Art. 1, 2, 20, 28) und aus der Rechtsprechung des Bundesverfassungsgerichts zum Persönlichkeitsrecht ergeben sich Maßstäbe für die Arbeit der Erziehungsberatungsstellen. Zu den Sozialstaatsaufgaben zählt, daß der einzelne Bürger dort Entscheidungshilfen erhält, wo er aus eigener Kraft keine Möglichkeiten des Handelns oder der Konfliktlosung mehr sieht. Der Schutz seiner Privatsphäre muß aber ebenso gewährleitet sein wie die Freiwilligkeit der Inanspruchnahme einer Beratungsstelle und die Selbstbestimmung des Bürgers hinsichtlich seiner Persönlichkeitsentwicklung, die durch die Beratung und Behandlung gefördert werden sollen.

Man unterscheidet zwischen »institutioneller« und »funktionaler« Erziehungsberatung. Wer im sozialpädagogischen Bereich arbeitet (Lehrer, Ärzte, Erzieher, Sozialarbeiter/Sozialpädagogen usw.), wird häufig bei Erziehungsproblemen um Rat gebeten. Diese Tätigkeit, weil sie eine Funktion der allgemeinen pädagogischen und sozialen Aufgaben der genannten Berufsgruppen ist, wird funktionale Erziehungsberatung genannt (vgl. § 16 Abs. 2 Nr. 2 SGB VIII). Bei größeren Erziehungsschwierigkeiten genügt diese Hilfe jedoch nicht, und der Ratsuchende bedarf der Unterstützung durch eine mit besonderen wissenschaftlichen Erkenntnissen und Methoden arbeitende Institution (= Erziehungsberatungsstelle). Auf diese institutionelle Erziehungsberatung beziehen sich die nachstehenden Grundsätze.

1.1 Grundsätze für Erziehungsberatungsstellen[2]

Allgemeines

Erziehungsberatungsstellen sind mit entsprechend ausgebildeten Fachkräften besetzte Einrichtungen der offenen Jugendhilfe, die in Fragen der Erziehung durch Beratung von Kindern, Jugendlichen, Eltern und anderen an der Erziehung beteiligten Personen oder Stellen dazu beitragen, Erziehungsschwierigkeiten und Entwicklungs-

---

1 Vgl. *Röttger-Oberborbeck*, in: Funk-Kolleg »Beratung in der Erziehung« Bd. 1, a.a.O., S. 353 ff.; *G. Presting* (Hrsg.), a.a.O.; *U. Lasse*, Erziehungsberatung als Hilfe zur Erziehung, in: ZfJ 5/1993, S. 245 ff.; *K. Hahn/F.W. Müller* (1993), a.a.O.; *A. Hundsalz* (1995), a.a.O.; *H. Cremer/ A. Hundsalz/Kl. Menne* (1994), a.a.O.; *U. Maas*, Erziehungsberatung und Hilfe zur Erziehung, ZfJ 1995, 387 ff.; *Klaus Menne*, Möglichkeiten und Grenzen der Integration aus der Sicht der Erziehungsberatung, ZfJ 1995, 481 ff.; *Johannes Münder*, NP 1995, 359 (Aufgaben der freien Träger). – Zu Erziehungsberatung und Verwaltungsakt: *Heinz-Herrmann Werner*, Forum Jugendhilfe Nr. 3/1995, 15 f.

2 »Grundsätze für die einheitliche Gestaltung der Richtlinien der Länder für die Förderung von Erziehungsberatungsstellen«, erarbeitet 1973 von der *Arbeitsgemeinschaft der obersten Landesjugendbehörden und* dem *BMJFG*, auszugsweise abgedruckt in: S: Hölzel, a.a.O., S. 12 ff. Deutscher Städtetag und AGJ, Empfehlungen für die Zusammenarbeit von Trägern der öffentlichen und freien Jugendhilfe bei der Erziehungsberatung, in: Forum Jugendhilfe Nr. 3/ 1995, 13 ff.; Stellungnahme des Paritätischen Wohlfahrtsverbandes zur Sicherung und weiteren Entwicklung der Erziehungsberatung, in: Forum Jugendhilfe Nr. 3/1995, 16 ff.

störungen zu beheben und zu vermeiden, wenn die Mittel funktionaler Erziehungshilfen nicht ausreichen.

Erziehungs- und Entwicklungsprobleme stehen in der Regel im Zusammenhang mit übergreifenden Konflikten der ganzen Familie als Gruppe; soweit dies der Fall ist, erfüllt jede Erziehungsberatungsstelle zugleich die Aufgabe der Familienberatung. Träger von Erziehungsberatungsstellen können Jugendämter, die Gemeinden und Landkreise sowie die Träger der freien Jugendhilfe sein.

Aufgaben

Die Erziehungsberatungsstelle hat folgende Aufgaben:
*   Feststellung von Verhaltensauffälligkeiten, Erziehungsschwierigkeiten und Entwicklungsstörungen einschließlich der ihnen zugrundeliegenden Bedingungen unter Berücksichtigung ihrer psychischen, physischen, familiären und sozialen Faktoren.
*   Veranlassung oder Durchführung der zur Behebung festgestellter Auffälligkeiten erforderlichen Maßnahmen; sie schließen damit die Durchführung der notwendigen Beratung aller an der Erziehung beteiligten Personen oder Stellen – gegebenenfalls auch durch schriftliche Stellungnahme – ein und umfassen erforderlichenfalls auch die Durchführung der notwendigen therapeutisch-pädagogischen Behandlung, soweit nicht die Inanspruchnahme anderer Einrichtungen angezeigt ist.
*   Mitwirkung bei vorbeugenden Maßnahmen gegen Erziehungsfehler; die Erziehungsberatungsstelle soll im Rahmen ihrer Möglichkeiten ihre Kenntnisse und Erfahrungen auch anderen Institutionen zur Verfügung stellen und vor allem den Eltern zugänglich machen.
*   Unterstützung bei Trennungs- und Scheidungsproblemen.

Die Erziehungsberatungsstelle erfüllt ihre Aufgaben in *fachlicher* Hinsicht unabhängig.

Personelle Ausstattung

Jede Erziehungsberatungsstelle muß mindestens eine freie Arbeitsgruppe (Team) von qualifizierten psychologischen, sozialen, therapeutisch-pädagogischen und medizinischen Fachkräften haben.

Arbeitsweise der Erziehungsberatungsstelle

Die Inanspruchnahme der Erziehungsberatungsstelle beruht auf dem Grundsatz der Freiwilligkeit. Sie muß dem Ratsuchenden ohne Rücksicht auf seine politische, weltanschauliche oder religiöse Überzeugung offenstehen.

Behördliche und freie Stellen der Jugend- und Sozialhilfe, Schulen, Ärzte, Seelsorger und andere mit der Erziehung befaßte Personen sollen den Besuch der Erziehungsberatungsstelle nötigenfalls anregen.

1.2   Kontaktaufnahme mit der Beratungsstelle[3]

–   Die Personensorgeberechtigten kommen mit dem Kind aus eigener Initiative (ca. 50%);
–   der Jugendliche kommt auf Empfehlung der Schule (ca. 20%), des Jugendamtes (ca. 15%), des Arztes (ca. 8%), des Kindergartens (ca. 5%);

---

3   Vgl. S. *Hölzel*, a.a.O., S. 25

- der Jugendliche kommt von sich aus;
- Vorstellung in einer Erziehungsberatungsstelle als Maßnahme des Vormundschaftsgerichtes im Rahmen des § 1666 BGB;
- Jugendamt schickt das Kind gemäß § 1 JSchÖG;
- Jugendrichter erteilt gemäß § 10 JGG im Rahmen eines Jugendstrafverfahrens die Weisung, eine Erziehungsberatungsstelle aufzusuchen.

1.3 Anmeldungsgründe

Die *Anmeldungsgründe* sind der Häufigkeit nach:
- Schulschwierigkeiten (Leistungsabfall, Lese-, Schreib- und Rechenschwäche, Konzentrationsstörungen);
- Probleme im Sozialverhalten (Umgangsprobleme mit Gleichaltrigen, Lehrern etc.; Aggressionen);
- Ängste, Depressionen, Suizidgefährdung;
- psychosomatische Beschwerden und körperliche Funktionsstörungen (Bettnässen, Einkoten, Erbrechen, Kopfschmerzen, Bauchschmerzen, Einschlaf- und Durchschlafstörungen, Tics);
- Partnerkonflikte;
- Sexualprobleme;
- Lügen, Stehlen, Weglaufen;
- Drogen, Alkohol, Tabletten;
- Sprachauffälligkeiten.

Eine *gutachtliche Stellungnahme* der Erziehungsberatungsstelle für das Vormundschafts-, Familien- oder Jugendgericht[4] ist in folgenden Fällen denkbar:
- in allen Fragen des Kindeswohls, z.b. Gefährdung (§ 1666 BGB); Herausgabe, Umgang, Verbleib bei Pflegepersonen (§ 1632 Abs. 4 BGB); bei Adoption; Umgangsregelung nach § 1634 BGB und § 1711 BGB; Regelung der elterlichen Sorge nach Scheidung der Eltern und bei Getrenntleben der Eltern (§§ 1671, 1672 BGB).
- Unterstützung der Eltern bei der Ausübung der Personensorge (§ 1631 Abs. 3 BGB).
- Prüfung der Glaubwürdigkeit jugendlicher Zeugen in Zivil- oder Strafverfahren.
- Prüfung der strafrechtlichen Verantwortlichkeit eines Jugendlichen im Rahmen des § 3 JGG.
- Prüfung, ob gemäß § 105 JGG Jugend- oder Erwachsenenstrafrecht anzuwenden ist.

In den meisten der vorgenannten Fälle ist das Jugendamt gemäß §§ 49, 49 a FGG gutachtlich zu hören. Dem Richter steht es aber frei, zusätzliche Sachverständige, wie z.b. die Mitarbeiter der Erziehungsberatungsstelle hinzuzuziehen (vgl. § 12 FGG, § 43 Abs. 2 JGG).

Die Unterversorgung mit Erziehungsberatungsstellen[5] führt vielfach zu langen Wartezeiten mit der Folge, daß im Einzelfall der negative Prozeß so weit fortgeschrit-

---

4   Die Erstellung von Gutachten im Auftrag des Gerichts oder Jugendamtes ist bei den Erziehungsberatungsstellen wegen Nichtachtung des Freiwilligkeitsprinzips umstritten.

5   Mit der Reform des Jugendhilferechts war ein Ausbau auf 1.200 Erziehungsberatungsstellen vorgesehen; derzeit gibt es ca. 800.

1.4 Statistik: Institutionelle Beratung

Gegenstand der Nachweisung	Junge Menschen		Und zwar – Beratung/Therapie setzt an						Art des Trägers		Durchschnittliche Dauer der Beratung in Monaten
	insgesamt	je 1.000 junge Menschen	bei den jungen Menschen	bei den Eltern	in der Familie	im sozialen Umfeld und außerdem bei den jungen Menschen, Eltern o. i. d. Familie	bei den jungen Menschen und außerdem bei den Eltern oder i. d. Familie	bei den Eltern und außerdem in der Familie	öffentliche (Träger)	freie (Träger)	
1992	177.482	6,8	26.435	51.616	28.557	15.360	49.146	6.368	87.104	90.378	6
1993	197.955	7,7	27.373	57.386	33.607	17.373	53.299	8.553	94.797	103.158	6
1993 nach dem Geschlecht											
Männlich	155.582	8,7	12.081	34.400	20.571	10.138	33.193	5.199	56.469	59.113	6
Weiblich	82.373	6,6	15.656	22.986	13.036	7.235	20.106	3.354	38.328	44.045	6
Alter von ... bis ... Jahren											
1993 nach dem Alter											
unter 3	8.265	3,3	138	4.780	1.608	622	544	573	3.990	4.275	4
3 – 6	34.388	12,3	805	14.839	5.818	3.584	7.415	1.927	15.819	18.569	6
6 – 9	45.675	17,1	1.452	15.137	8.057	3.874	14.892	2.263	21.271	24.404	7
9 – 12	37.861	14,2	1.607	10.487	7.589	3.098	13.258	1.822	17.548	20.313	7
12 – 15	28.414	10,8	3.124	6.455	6.084	2.531	9.065	1.155	14.403	14.011	6
15 – 18	21.826	8,7	7.113	3.685	3.189	2.103	5.186	550	12.946	8.880	5
18 – 21	9.221	3,5	4.939	1.238	661	747	1.487	149	4.685	4.536	6
21 – 24	5.231	1,5	3.494	482	255	342	603	55	1.854	3.377	6
24 – 27	7.074	1,7	5.065	283	346	472	849	59	2.281	4.793	7
1993 nach der Staatsangehörigkeit											
Deutsche	183.502	8,2	24.422	54.175	31.350	15.431	49.997	8.127	87.402	96.100	6
Ausländer/-innen	12.284	3,9	3.000	2.422	1.878	1.690	2.917	377	6.220	6.064	6
Unbekannt	2.169	x	315	789	379	252	385	49	1.175	994	5
Nachrichtlich:											
Früheres Bundesgebiet	170.394	8,2	24.071	52.940	29.656	13.501	42.957	7.269	74.397	95.997	6
Neue Länder	27.561	5,4	3.666	4.446	3.951	3.872	10.342	1.284	20.400	7.161	5

Quelle: Statistisches Jahrbuch 1995, S. 478

ten ist, daß vorbeugende Maßnahmen nicht mehr greifen. Die Beratungsverzögerungen machen dann den Einsatz therapeutischer Maßnahmen nötig.

Erziehungs- und Entwicklungsprobleme bei Kindern und Jugendlichen stehen regelmäßig im Zusammenhang mit übergreifenden Konflikten der ganzen Familie. Erziehungsberatung übernimmt deshalb zugleich Aufgaben der Familienberatung und muß häufig das soziale Umfeld, insbesondere die Schule, einbeziehen.

Zu Fragen der Schweigepflicht, der Amtshilfe, des Datenschutzes und des Zeugnisverweigerungsrechts, die in der Beratungsarbeit besonders problematisch sind, vgl. Kapitel 4 (S. 102 ff.) in diesem Buch.

2. Sonstige Beratungsdienste

Die Vielfalt bestehender Beratungsangebote läßt sich in drei Bereiche aufgliedern:
– Beratung als Information
– Beratung als Empfehlung
– Beratung als Orientierungs- und Lebenshilfe.

Abgrenzungsprobleme
Von der Auskunft unterscheidet sich Beratung durch ihre Tendenz zur Beeinflussung des Verhaltens des Beratenen; von der Therapie hebt sie sich dadurch ab, daß bei der Therapie die Verhaltensänderung Hauptziel ist und nicht nur eine Tendenz darstellt. Von der Aufklärung, die sich an alle wendet, unterscheidet sich die Beratung durch ihren kommunikativen Charakter. Die Abgrenzung ist im Einzelfall wegen der fließenden Übergänge schwierig[6].

Gründe für das stark gestiegene Bedürfnis nach Beratung und die Expansion der Beratung sind vor allem[7]:
– Zunahme und zunehmende Bewußtheit gesellschaftlicher und individueller Konflikte;
– Orientierungslosigkeit infolge sich ständig ändernder und differenzierender gesellschaftlicher Strukturen;
– Bedeutungsrückgang »sinngebender« Institutionen wie Staat, Kirche, Schule, Elternhaus (Sinnverlust);
– vor diesem Hintergrund: eingeschränkte Entscheidungs-, Handlungs-, und Erlebensfähigkeit des Individuums.

Die *Kritik* an verschiedenen Beratungskonzepten hebt deren Funktion als institutionalisiertes Instrument der sanften Kontrolle, Kanalisierung und Kompensierung gesellschaftlich bedingter Konflikte im psychisch-sozialen Bereich hervor (Individualisierung) und bemängelt, daß meistens nur die motivierten (»Leidensdruck«) und intellektuell/sprachlich befähigten Klienten erreicht werden (Mittelschichtdominanz).

Zu den sonstigen Beratungsdiensten, die von Minderjährigen in Anspruch genommen werden, zählen: Jugendamt/Sozialer Dienst, Kinder- und Jugendberatung, Ehe- und Familienberatung, Drogenberatung, Kindertelefon, Telefonseelsorge und die Schwangerschaftskonfliktberatung. Auf letztere, auf die Jugendberatung und auf die Scheidungsberatung wird näher eingegangen.

---

6 Vgl. *M. Zalfen,* in: Handbuch pädagogischer und sozialpädagogischer Praxisbegriffe, Reinbek bei Hamburg 1981, S. 67 ff.
7 Vgl. *H. Thiersch,* a.a.O., S. 95 ff.

2.1 Schwangerschaftskonfliktberatung

Die Schwangerschaftskonfliktberatung[8] verfolgt als Ziele:
– Ermöglichung der freien Entscheidung der Frau hinsichtlich der Fortsetzung oder des Abbruchs der Schwangerschaft.
– Klärung, warum die Schwangerschaft unerwünscht ist.
– Beratung der Frau über mögliche Folgen des Schwangerschaftsabbruchs.
– Abbau von Schuldgefühlen.
– Hinweis auf Hilfen bei Fortsetzung oder Abbruch der Schwangerschaft.
– Beratung über Methoden der Empfängnisregulierung.
– Beratung bei Partner- und Familienproblemen.

Seit 1976 war gemäß § 218 b StGB die Schwangerschaftskonfliktberatung obligatorische Voraussetzung für einen straffreien Schwangerschaftsabbruch (daher die Bezeichnung »Zwangsberatung«).

Der Abbruch einer Schwangerschaft war unter folgenden Voraussetzungen straffrei:
– Der Abbruch mußte mit Einwilligung der Frau von einem Arzt vorgenommen werden *und* es mußte:
– eine der vier in § 218 Abs. 2 a.F. StGB umschriebenen Indikationen vorliegen; das ist dann der Fall, wenn nach ärztlicher Erkenntnis
– die Gefahr einer schwerwiegenden Beeinträchtigung des körperlichen oder seelischen Gesundheitszustandes der Schwangeren oder des Lebens der Schwangeren besteht und diese Gefahr nicht auf eine andere für sie zumutbare Weise abgewendet werden kann (*medizinische Indikation*); unter dieser Voraussetzung ist der Schwangerschaftsabbruch in jedem Stadium der Schwangerschaft zulässig;
– das Kind infolge einer Erbanlage oder schädlicher Einflüsse vor der Geburt an einer nicht behebbaren schwerwiegenden Schädigung seines Gesundheitszustandes leiden würde (*kindliche/eugenische Indikation*); der Schwangerschaftsabbruch ist unter dieser Voraussetzung zulässig, wenn seit der Empfängnis nicht mehr als 22 Wochen vergangen sind;
– die Schwangere vergewaltigt, sexuell genötigt oder als Kind oder Widerstandsunfähige sexuell mißbraucht worden ist und die Schwangerschaft mit hoher Wahrscheinlichkeit auf dieser Tat beruht (*ethische/kriminologische Indikation*); seit der Empfängnis dürfen nicht mehr als 12 Wochen verstrichen sein;
– der Abbruch der Schwangerschaft sonst angezeigt ist, um von der Schwangeren die Gefahr einer schwerwiegenden Notlage abzuwenden, die nicht auf eine andere, für die Schwangere zumutbare Weise abgewendet werden kann (*Notlagenindikation/soziale Indikation*); seit der Empfängnis dürfen nicht mehr als zwölf Wochen verstrichen sein.

Wenn keine der erwähnten Indikationen vorlag, war der Schwangerschaftsabbruch für alle Beteiligten strafbar. Allerdings blieb die Schwangere selbst straffrei, wenn der Schwangerschaftsabbruch innerhalb der ersten 22 Wochen nach der Empfängnis von einem Arzt vorgenommen und die Schwangere vorher über die sozialen und ärztlich bedeutsamen Gesichtspunkte beraten worden war. Das Gericht konnte von einer Bestrafung auch dann absehen, wenn die Schwangere sich zur Zeit des Eingriffs in besonderer Bedrängnis befunden hatte.

---

8 Die *Bundeszentrale für gesundheitliche Aufklärung*, Köln, hat ein Verzeichnis der anerkannten Beratungsstellen herausgegeben.

Durch Art. 13 Nr. 1 des Schwangeren- und Familienhilfegesetzes vom 27.7.1992 (BGBl. I, S. 1398) sind die §§ 218 - 219 d StGB a.F. durch neue Bestimmungen ersetzt worden, die anstelle der Indikationenlösung eine Fristenlösung (einschließlich Pflichtberatung) vorsahen. Dieses Gesetz sollte eine für ganz Deutschland geltende Regelung des Schwangerschaftsabbruchs schaffen und die bis dahin bestehenden Rechtsunterschiede in den vereinigten Teilen Deutschlands beseitigen. Das *Bundesverfassungsgericht* hat jedoch am 28. Mai 1993 eine Reihe von Bestimmungen dieses Gesetzes für verfassungswidrig erklärt.[9]

Für nichtig erklärt wurden insbesondere der neugefaßte § 218 a StGB, weil er einen Schwangerschaftsabbruch, den eine Frau nach einer Pflichtberatung innerhalb der ersten zwölf Wochen nach der Empfängnis durch einen Arzt vornehmen läßt, für »nicht rechtswidrig« erklärt, sowie die neuen Vorschriften des § 219 StGB über Inhalt und Organisation der Pflichtberatung. Der *Zweite Senat* hält es zwar für verfassungsrechtlich zulässig, daß der Gesetzgeber zum Schutz des ungeborenen Lebens ein Regelungskonzept wählt, das in der Frühphase einer Schwangerschaft vor allem auf Beratung und Hilfe für die schwangere Frau in ihrem Schwangerschaftskonflikt setzt, um sie für das Austragen des Kindes zu gewinnen, und um der Offenheit und Wirksamkeit der Beratung willen von einer Strafdrohung für den nach Beratung der Frau vorgenommenen Schwangerschaftsabbruch absieht. Das Grundgesetz stelle indessen Anforderungen an die Inhalte und Rahmenbedingungen eines solchen Schutzkonzepts (vor allem: zum Lebensschutz ermutigende Beratung, Inpflichtnahme von Arzt und familiärem Umfeld, Stärkung des allgemeinen Rechtsbewußtseins), die Änderungen des Schwangeren- und Familienhilfegestzes erforderlich machten.

Der *Zweite Senat* hat sich im Ausgangspunkt auf den Boden des Urteils des *Ersten Senats* vom 25.2.1975[10] gestellt und bekräftigt, daß dem ungeborenen menschlichen Leben von Beginn der Schwangerschaft an kraft seiner Menschenwürde ein Recht auf Leben zukomme und es als selbständiges Rechtsgut – auch gegenüber seiner Mutter – geschützt sei. Daraus ergebe sich die Pflicht des Staates, sich schützend und fördernd vor dieses Leben zu stellen und es vor allem vor rechtswidrigen Angriffen von seiten anderer zu bewahren. Der Schutz des Ungeborenen sei nur möglich, wenn der Gesetzgeber den Schwangerschaftsabbruch grundsätzlich verbiete und der Mutter die grundsätzliche Rechtspflicht auferlege, das Kind auszutragen. Allerdings sei es mit Rücksicht auf die Grundrechtspositionen der schwangeren Frau in *Ausnahmefällen* zulässig – in manchen dieser Fälle womöglich geboten – ihr eine Rechtspflicht zum Austragen des Kindes nicht aufzuerlegen. Dies gelte nicht nur im Falle einer ernsten Gefahr für das Leben der Frau oder einer schwerwiegenden Beeinträchtigung ihrer Gesundheit. Die singuläre Lage einer schwangeren Frau, für die das Verbot des Schwangerschaftsabbruchs zugleich die sie existentiell betreffenden Pflichten nach sich ziehe, das Kind auszutragen und großzuziehen, lasse es zu, daß die staatliche Rechtsordnung die Rechtspflicht zum Austragen des Kindes dann nicht begründe, wenn der Frau dadurch Belastungen erwüchsen, die über den Rahmen der Normalsituation einer Schwangerschaft hinausragten und ein solches Maß an Aufopferung eigener Lebenswerte verlangten, daß das Austragen des Kindes der Frau nicht zugemutet werden könne. Es sei Sache des Gesetzgebers, solche Ausnahmelagen zu Ausnahmetatbeständen (Indikationen) zu fassen und damit einen Rechtfertigungsgrund für Schwangerschaftsabbrüche zu begründen.

---

9 Sonderdruck der Zeitschrift Familie und Recht = FamRZ 1993, 899 ff. = NJW 1993, 1751
10 *BVerfGE* 39, 1 = NJW 1975, 573

Diese Vorgaben des Bundesverfassungsgerichts wurden im *Schwangeren- und Familienhilfeänderungsgesetz*[11] vom 21.8.1995 umgesetzt. Nach mehrjähriger Diskussion einigte sich die Mehrheit der Bundestagsabgeordneten in einem überparteilichen Konsens auf eine Fristenlösung mit Beratungspflicht. Damit gibt es nunmehr ein einheitliches, für ganz Deutschland geltendes Abtreibungsrecht.

Die Neuregelung sieht unter anderem vor, daß der Tatbestand des § 218 StGB nicht verwirklicht ist, wenn

1. die Schwangere den Schwangerschaftsabbruch verlangt und dem Arzt durch eine Bescheinigung nachgewiesen hat, daß sie sich mindestens drei Tage vor dem Eingriff hat beraten lassen,
2. der Schwangerschaftsabbruch von einem Arzt[12] vorgenommen wird, und
3. seit der Empfängnis nicht mehr als zwölf Wochen vergangen sind.

Medizinische Indikation

Eine Abtreibung ist nicht rechtswidrig, wenn sie »unter Berücksichtigung der gegenwärtigen und zukünftigen Lebensverhältnisse der Schwangeren nach ärztlicher Erkenntnis angezeigt ist, um eine Gefahr für das Leben oder die Gefahr einer schwerwiegenden Beeinträchtigung des körperlichen oder seelischen Gesundheitszustandes der Schwangeren abzuwenden und die Gefahr nicht auf eine andere für sie zumutbare Weise abgewendet werden kann« (§ 218 a Abs. 2 StGB).

Embryopathische Indikation

Abgeschafft wurde die Embryopathische Indikation. Sie wird von der medizinischen Indikation abgedeckt. Begründung des Änderungsantrages: »Damit wird klargestellt, daß eine Behinderung niemals zu einer Minderung des Lebensschutzes führen kann.«

Kriminologische Indikation

Die Voraussetzungen der medizinischen Indikation gelten auch, wenn dringende Gründe für die Annahme sprechen, daß die Schwangerschaft auf einer Vergewaltigung beruht und seit der Empfängnis nicht mehr als zwölf Wochen vergangen sind (vgl. § 218 a Abs. 3 StGB).

Ärztliche Pflichten

(§ 218 c StGB): Danach wird mit Freiheitsstrafe bis zu einem Jahr oder mit Geldstrafe belegt, »wer eine Schwangerschaft abbricht, ohne der Frau Gelegenheit gegeben zu haben, ihm die Gründe für ihr Verlangen nach Abbruch der Schwangerschaft darzulegen«.

Ziele der Beratung

(§ 219 StGB): Die Beratung »dient dem Schutz des ungeborenen Lebens. Sie hat sich von dem Bemühen leiten zu lassen, die Frau zur Fortsetzung der Schwangerschaft zu ermutigen und ihr Perspektiven für ein Leben mit dem Kind zu eröffnen; sie soll ihr helfen, eine verantwortliche und gewissenhafte Entscheidung zu treffen. Dabei muß der Frau bewußt sein, daß das Ungeborene in jedem Stadium der Schwangerschaft auch ihr gegenüber ein eigenes Recht auf Leben hat und daß deshalb nach der

---

11 *BGBl.* I, S. 1050; vgl. Kommentierung von *H. Tröndle*, NJW 46/1995, S. 3009 ff. und von *A. Laufs*, Am Ende eine nur wenig verhüllte Fristenlösung, in: NJW 1995, S. 3042 f.
12 Der Arzt, der den Abbruch der Schwangerschaft vornimmt, ist als Berater ausgeschlossen (§ 219 Abs. 2 Satz 2 StGB).

Rechtsordnung ein Schwangerschaftsabbruch nur in Ausnahmesituationen in Betracht kommen kann, wenn der Frau durch das Austragen des Kindes eine Belastung erwächst, die so schwer und außergewöhnlich ist, daß sie die zumutbare Opfergrenze übersteigt. Die Beratung soll durch Rat und Hilfe dazu beitragen, die in Zusammenhang mit der Schwangerschaft bestehende Konfliktlage zu bewältigen und einer Notlage abzuhelfen. Das Nähere regelt das Schwangerschaftskonfliktgesetz.« Die Schwangere kann gegenüber der Beraterin anonym bleiben. Die Länder müssen ein ausreichend plurales Angebot wohnortnaher Beratungsstellen sicherstellen. Die Länder müssen für ein ausreichendes Angebot ambulanter und stationärer Einrichtungen zur Vornahme von Schwangerschaftsabbrüchen sorgen.

Finanzierung
Zugleich ändert das Gesetz die Gebührenordnung für Ärzte und begrenzt die Honorare bei einer Abtreibung, die generell von den Frauen selbst zu zahlen sind, auf das 1,8fache des Gebührensatzes. Frauen mit persönlich verfügbaren Einkünften bis zu 1.700 Mark werden die Kosten von den Ländern erstattet. Damit wird sichergestellt, daß entsprechend der Forderung des Bundesverfassungsgerichtes die Krankenkassen selbst nur die rechtmäßigen Abbrüche bezahlen.

Das *Unterhaltsrecht* wird in § 170 b StGB ergänzt:»Wer einer Schwangeren zum Unterhalt verpflichtet ist, und ihr diesen Unterhalt in verwerflicher Weise vorenthält und dadurch den Schwangerschaftsabbruch bewirkt, wird mit Freiheitsstrafe bis zu fünf Jahren oder mit Geldstrafe bestraft.«

Ebenfalls ergänzt wird der *Nötigungs*paragraph 240 StGB: Ein besonders schwerer Fall liegt in der Regel vor,»wenn der Täter eine Schwangere zum Schwangerschaftsabbruch nötigt.«[13]

2.1.1 Schwangerschaftsabbruch einer Minderjährigen[14]

Die Beratung nach § 219 StGB (einschließlich der Erteilung der Bescheinigung) ist eine Sozialleistung, die von Minderjährigen über 15 Jahren ohne Einwilligung der Eltern in Anspruch genommen werden kann. § 36 Abs. 1 Satz 1 in Verbindung mit § 14 SGB-AT drängt insoweit das Elternrecht zurück. (Schwangerschaftskonfliktberatung

---

13 Die letztgenannten Strafvorschriften stellen einen Kompromiß dar: Während die CDU/CSU einen eigenen Pragraphen ins Strafrecht hatte aufnehmen wollen, sahen die Gesetzentwürfe der F.D.P. und der SPD keine zusätzlichen strafrechtlichen Regelungen für das familiäre Umfeld vor.
Keine Mehrheit fand der Gesetzesvorschlag von BÜNDNIS 90/DIE GRÜNEN. Sie hatten gefordert, daß die Beratung ergebnisoffen sein sollte. Der Zusatz»… dient dem Schutz des ungeborenen Lebens …« fehlte. Der Gesetzentwurf der GRÜNEN wollte der Prävention und Aufklärung den Vorrang einräumen. Verhütungsmittel sollten von den Krankenkassen bezahlt werden.
Erheblich weitergehender die Bestimmungen im Gesetzentwurf der Gruppe PDS: Demnach sollten die strafrechtlichen Vorschriften über den Schwangerschaftsabbruch ersatzlos gestrichen werden. Außerdem sollte die Beratungspflicht entfallen. Artikel 2 des Grundgesetzes sollte durch den Passus»Jede Frau hat das Recht, selbst zu entscheiden, ob sie eine Schwangerschaft austrägt oder nicht« ergänzt werden (vgl. V. Paulat, in: Das Parlament, Nr. 28, vom 7.7.1995, S. 8)
14 Vgl. *Oberloskamp/Adams*, a.a.O., S. 147 ff.; *K. Reiserer*, in: FamRZ 1991, 1136 ff.

2.1.2 Statistik: Schwangerschaftsabbrüche 1993[a]

Nach Begründung des Abbruchs, Alter und Familienstand der Schwangeren sowie Dauer der abgebrochenen Schwangerschaft

Alter der Schwangeren von ... bis unter ... Jahren / Familienstand / Dauer der abgebrochenen Schwangerschaft von ... bis unter ... Wochen	insgesamt	Davon nach Begründung des Abbruchs					
		allgemein-medizinische Indikation	psychiatrische Indikation	eugenische Indikation	ethische (kriminologische) Indikation	sonstige schwere Notlage	unbekannt
Insgesamt	**111.236**	**5.511**	**566**	**893**	**111**	**82.930**	**21.225**
nach dem Alter der Schwangeren							
unter 15	129	9	2	1	–	97	20
15 - 18	2.565	97	12	6	8	1.956	486
18 - 25	25.693	1.099	112	163	26	19.896	4.397
25 - 30	30.059	1.378	153	220	33	22.623	5.652
30 - 35	26.694	1.327	130	227	22	19.719	5.269
35 - 40	17.201	962	101	197	17	12.469	3.455
40 - 45	7.696	552	47	68	4	5.406	1.619
45 und mehr	816	68	6	10	–	560	172
Unbekannt	383	19	3	1	1	204	155
nach dem Familienstand der Schwangeren							
Ledig	43.795	1.997	229	193	59	34.504	6.813
Verheiratet	58.952	3.146	301	661	49	42.599	12.196
Verwitwet	538	33	5	5	–	381	114
Geschieden	7.181	300	26	34	3	4.932	1.886
Unbekannt	770	35	5	–	–	514	216
nach der Dauer der abgebrochenen Schwangerschaft							
unter 6	8.260	236	32	20	15	7.206	751
6 - 8	34.561	1.525	158	67	62	27.721	5.028
8 - 10	42.227	2.211	189	102	18	31.066	8.641
10 - 13	23.022	1.164	102	112	13	15.599	6.032
13 - 23	1.527	300	64	513	3	622	25
23 und mehr	90	11	8	70	–	–	1
Unbekannt	1.549	64	13	9	–	716	747

a. *Schwangerschaftsabbrüche* sind von den Ärzten/Ärztinnen, die aufgrund des § 218 a StGB Eingriffe vornehmen, an das Statistische Bundesamt zu melden. Zu den Erhebungstatbeständen gehören Angaben zur Person der Schwangeren (z.B. Alter, Familienstand) und zum Schwangerschaftsabbruch (z.B. Indikation, Dauer der abgebrochenen Schwangerschaft, Komplikationen). Das Berichtsjahr 1993 ist dadurch gekennzeichnet, daß bis zum 15.6.1993 im früheren Bundesgebiet die sog. *Indikationsregelung* galt, während in den neuen Ländern und Berlin-Ost Schwangerschaftsabbrüche nach der sog. *Fristenregelung* vorgenommen wurden. Seit dem 16.9.1993 gilt im gesamten Bundesgebiet einheitlich die sog. Beratungsregelung, die vom Bundesverfassungsgericht bis zu einer endgültigen gesetzlichen Neufassung als Übergangsregelung angeordnet wurde. Aufgrund von Meldedefiziten seitens der auskunftspflichtigen Ärzte/Ärztinnen ist von einer Untererfassung unbekannten Ausmaßes auszugehen (Statistisches Jahrbuch 1995, S. 432).

Quelle: Statistisches Jahrbuch 1995, S. 435

ist entweder Hilfe in einer besonderen Lebenslage, hier:§ 72 BSHG, oder Hilfe zur Erziehung nach dem SGB VIII im Hinblick auf das noch nicht geborene Kind).

Fraglich ist, ob die Beratungsstelle nachträglich den gesetzlichen Vertreter über die durchgeführte Beratung zu informieren hat. Nach § 36 Abs. 1 Satz 2 SGB-AT *soll* der Leistungsträger den gesetzlichen Vertreter über die Antragstellung und die erbrachten Sozialleistungen unterrichten. Im Hinblick auf den Informationsanspruch der Eltern aus Art. 6 Abs. 2 Satz 1 GG ist die genannte Bestimmung nur dann verfassungskonform, wenn die Nichtinformation der Eltern auf Fälle begrenzt wird, in denen konkrete Tatsachen dafür vorliegen, daß eine Benachrichtigung der Eltern den Minderjährigen in schwere Konflikte bringen wird. Nur in Ausnahmefällen darf also das Ermessen so ausgeübt werden, daß keine Mitteilungspflicht besteht. Beachte aber § 8 Abs. 3 SGB VIII!

Bei der Frage, ob auch der Schwangerschaftsabbruch ohne Einwilligung des gesetzlichen Vertreters erfolgen kann, ist zwischen der Einwilligung in die (strafrechtliche) Körperverletzung und der Einwilligung in den (zivilrechtlichen) Behandlungsvertrag zu unterscheiden. Bezogen auf die Körperverletzung wird die Einwilligungsfähigkeit von Minderjährigen nicht nach der zivilrechtlichen Geschäftsfähigkeit (= Altersgrenzen) bestimmt, sondern danach, ob der Minderjährige fähig ist, die Art, Bedeutung und Tragweite des Eingriffs zu erfassen und danach zu handeln. Bezogen auf den Behandlungsvertrag wurde im Vorgriff auf den dann doch nicht geltendes Recht gewordenen § 1626 a BGB des Entwurfs zur Reform der elterlichen Sorge[15] argumentiert, daß ein Minderjähriger rechtswirksam in eine Heilbehandlung einwilligen könne, wenn er Grund und Bedeutung der Heilbehandlung einsieht und seinen Willen danach bestimmt. Da Schwangerschaft keine Krankheit ist, könnte von Heilbehandlung nur im Zusammenhang mit der medizinischen Indikation gesprochen werden. Der geplante § 1626 a BGB ist aber, wie gesagt, nicht in Kraft getreten und kann nicht länger als Argumentationshilfe für ein selbständiges Einwilligungsrecht von Minderjährigen dienen.

Somit kann der Schwangerschaftsabbruch grundsätzlich nur mit Einwilligung des gesetzlichen Vertreters durchgeführt werden.

Etwas anderes gilt, wenn die Weigerung der Eltern, einen legalen Schwangerschatsabbruch zu akzeptieren, eine mißbräuchliche Ausübung der elterlichen Sorge darstellt. Die Verweigerung der Einwilligung in den Abbruch gemäß § 218 a StGB und in den ärztlichen Behandlungsvertrag müßten als elterliches Fehlverhalten im Sinne von § 1666 BGB zu qualifizieren sein. Dann könnte insoweit die elterliche Sorge entzogen und auf einen Pfleger übertragen werden, der dann über den Abbruch bestimmt und die notwendigen Verträge abschließt[16].

2.2 Jugendberatung[17]

Rechtsgrundlage: § 11 Abs. 3 Nr. 6 SGB VIII

Jugendberatung (als Schwerpunkt der Jugendarbeit) bezeichnet eine Aufgabe, die in sehr unterschiedlicher Weise wahrgenommen wird; sie hat – anders als die Erzie-

---

15 BT-Drucksache 7/2060, S. 18
16 *LG Berlin*, FamRZ 1980, S. 285
17 *Von der Haar u.a.*, Leitfaden Jugendberatung, FHSS Berlin, 5. Aufl. 1992; *A. Hundsalz/ H.-P.Klug/H. Schilling* (Hrsg.), Beratung für Jugendliche, a.a.O. (1995)

hungsberatung – noch keine bestimmte Gestalt gefunden, die bundesweit ähnliche Merkmale aufweist. In der Altersphase »Jugend« treten Probleme und Konflikte, die Abhilfe durch Beratung erfordern, gehäuft auf.

Dazu gehören[18]:

– Konflikte und Probleme, die mit der Ablösung von der Elternfamilie, dem Aufbau einer eigenen Lebenswelt und dem Eingehen von Partnerschaftsbeziehungen zu tun haben. (Wahl der Freunde/Freundinnen; Finanzierung der Ausbildung; eigenes Zimmer/Wohnung; Freizeitbeschäftigung).

– Konflikte und Probleme im »persönlichen« Bereich:
  Jugendliche müssen in dieser Gesellschaft, um den Erwachsenenstatus zu erreichen, bestimmte »Lernaufgaben« bewältigen, z.B.:
  – lernen, eine Geschlechtsrolle zu übernehmen, um Beziehungen auf der Basis der Geschlechtsrolle einzugehen;
  – lernen, sich von der für das Kindesalter charakteristischen emotionalen Abhängigkeit von den Eltern zugunsten anderer Bindungen zu lösen;
  – lernen, insbesondere durch Wahl, Ausbildung und Ausübung eines Berufs, den ökonomischen Status Erwachsener zu erreichen;
  – lernen, als politischer Bürger seinen gesellschaftlichen Standort zu erkennen und sich danach zu verhalten;
  – lernen, eine eigene Identität zu erwerben.

– Konflikte im Zusamenhang mit Schule, Beruf und Arbeit.
– Konflikte im Bereich von Sexualität und Partnerschaft.

2.3 Beratung in Fragen der Partnerschaft, Trennung und Scheidung[19]

Rechtsgrundlage: § 17 SGB VIII

Die Aufgaben der Jugendhilfe im Zusammenhang mit Trennung oder Scheidung der Eltern umfassen nach § 2 Abs. 2 Nr. 2 und Nr. 4 SGB VIII u.a. »Angebote zur Förderung der Erziehung in der Familie«, »Hilfe zur Erziehung und ergänzende Leistungen« und nach § 2 Abs. 3 Nr. 6 SGB VIII im Rahmen »anderer Aufgaben« der Jugendhilfe die Mitwirkung in Verfahren vor dem Vormundschafts- und dem Familiengericht.

---

18 Vgl. *Funk-Kolleg »Beratung in der Erziehung«*, Bd. 2, a.a.O., S. 511 ff.
19 Empfehlungen des *Deutschen Vereins* zur Beratung in Fragen der Trennung und Scheidung und zur Mitwirkung der Jugendhilfe im familiengerichtlichen Verfahren, in: NDV 5/1992, S. 148 ff.; *M. Th. Kuckertz-Schramm*, Kritische Anmerkungen zu den »Empfehlungen des Deutschen Vereins zur Beratung in Fragen der Trennung und Scheidung und zur Mitwirkung der Jugendhilfe in familiengerichtlichen Verfahren (DV 19/92-F 10, vom 6. April 1992)«, in: ZfJ 12/1992, S. 609 ff.; *F. Kaufmann*, Das Jugendamt: Helfer für die Betroffenen oder Helfer für das Gericht? – Aspekte der Anwendung des § 17 KJHG (Partnerschafts-, Trennungs- und Scheidungsberatung), in: ZfJ 1/1991, S. 18 ff.; *J. Hahn/B. Lomberg/H. Offe (Hrsg.)*, Scheidung und Kindeswohl. Beratung und Betreuung durch scheidungsbegleitende Berufe, Heidelberg 1992; *Ch. Knappert*, Die öffentliche Jugendhilfe als professionelle Scheidungsbegleiterin – Ein veränderter Handlungsansatz in der Familiengerichtshilfe des Jugendamtes, in: ZfJ 7-8/1991, S. 398 ff.; *U. Lasse*, Beratungs- und Unterstützungsangebote für Kinder und Eltern in Trennungs- und Scheidungssituationen. Ein kooperatives Konzept von Erziehungsberatungsstellen und Allgemeinem Sozialen Dienst, in: ZfJ 2/1992, S. 76 ff.; *K. Menne/E. Golias*, Trennungs- und Scheidungsberatung in Erziehungsberatungsstellen,

Gemäß § 16 Abs. 2 Nr. 2 SGB VIII sind Angebote der Beratung in *allgemeinen* Fragen der Erziehung und Entwicklung junger Menschen vorgesehen, während nach § 17 SGB VIII die *speziellen* Schwerpunkte der Beratung
- auf Erhaltung bzw. Aufbau eines partnerschaftlichen Zusammenlebens innerhalb der Familie,
- auf Konflikt- und Krisenbewältigung innerhalb der Familie und
- auf Trennungs- und Scheidungsberatung mit Rücksicht auf die einvernehmliche Wahrnehmung des Sorgerechts

ausgerichtet sind.

Die Trennungs- und Scheidungsberatung ist auch in den Aufgabenkatalog der Erziehungsberatung gemäß § 28 SGB VIII aufgenommen worden. Anders als in § 17 SGB VIII setzt die Inanspruchnahme einer Erziehungsberatung nach § 28 SBG VIII voraus, daß eine dem Wohl des Kindes oder des Jugendlichen entsprechende Erziehung nicht mehr gewährleistet und Hilfe für seine Entwicklung geeignet und notwendig ist (§ 27 Abs. 1 SGB VIII).

Beratung, Therapie oder Mediation in Fragen der Partnerschaft, Trennung und Scheidung nach den §§ 17 und 28 SGB VIII werden nicht nur von den Jugendämtern, sondern auch in Einrichtungen und Diensten von anerkannten Trägern der freien Jugendhilfe erbracht. Stehen Einrichtungen von freien Trägern zur Verfügung, soll die öffentliche Jugendhilfe nach dem Subsidiaritätgrundsatz von eigenen Maßnahmen absehen (§ 4 Abs. 2 SGB VIII).

Die »anderen Aufgaben der Jugendhilfe« wie beispielsweise die Familiengerichtshilfe nach § 50 SGB VIII sind grundsätzlich der öffentlichen Jugendhilfe, also den Jugendämtern, vorbehalten. Um den Verschwiegenheitsverpflichtungen zum Schutze der Klienten gemäß §§ 62 ff. SGB VIII nachzukommen, und um Rollenkonflikte innerhalb des Jugendamtes bei Inanspruchnahme von Beratungen bei gleichzeitiger Verpflichtung zur Familiengerichtshilfe zu vermeiden, müssen aus unserer Sicht jugendamtsintern strikte personelle, organisatorische und inhaltliche Trennungen vorgenommen werden. Dies scheint mindestens solange notwendig, wie Scheidungsberatung und Familiengerichtshilfe auch weiterhin in ein und derselben Institution durchgeführt werden.[20]

Zwang oder Freiwilligkeit?

Die Diskussion, ob Scheidungs- und Trennnungsberatung auf freiwilliger Grundlage oder aufgrund einer gesetzlichen Vorgabe bzw. auf richterliche Anordnung (und damit unter Zwang) erfolgen sollte, ist auch nach dem Inkrafttreten des KJHG noch immer nicht abgeschlossen. Folgende Meinungen werden hier vertreten:

in: np 5/1992, S. 412 ff.; *W. Anderson/W. Fischer*, in: ZfJ 7-8/1993, S. 319 ff.; *F. Dickmeis*, in: DAVorm 1993, 865 ff.; *R. Balloff/E. Walter*, ZfJ 1993, 65 ff.; *R. Proksch*, Jugendhilfe 1994, 351 ff.; *B. Haffke*, in: Duss - von Werdt u.a., a.a.O., S. 65 ff. (Mediation und Rechtsberatung); *Gesellschaft für Familientherapie und Familiendynamik Fürth e.V.*, in: ZfJ 1994, 165 ff.; Stellungnahme der *AWO*, DAVorm 1995, 1107 ff.; *R. Proksch*, in: Bundeskonferenz für Erziehungsberatung, a.a.O., 75 ff.; *Kl. Menne/H. Schilling/M. Weber* (Hrsg.), Kinder im Scheidungskonflikt (1993),/a.a.O.

20 Zur kontrovers geführten Diskussion über die personelle Verknüpfung von Beratung und (familiengerichtlicher) Mitwirkung vgl. *Oberloskamp*, in FamRZ 1992, 1241 ff. und *Kunkel*, in FamRZ 1993, 505 ff. – Über die Rollen der am Trennungs- und Scheidungsverfahren Beteiligten und Vorschläge zur Kooperation vgl. *Bayerisches Staatsministerium für Arbeit und Sozialordnung, Familie, Frauen und Gesundheit*, in: ZfJ 4/5/6/1995, S. 141 ff.

Oberloskamp und Adams[21] meinen, daß das Jugendamt zunächst den Versuch machen muß, mit scheidungswilligen Eltern ins Gespräch zu kommen, um mit ihnen ein Konzept für die Nachscheidungszeit zu erarbeiten. Es sei jedoch fraglich, ob die Eltern ein solches Kontaktbemühen des Jugendamtes ablehnen können. Scheidungsberatung sei eine Leistung der Jugendhilfe, die grundsätzlich nicht aufgezwungen werden könne. Trotzdem wäre gemäß §§ 1626 ff. BGB oder gemäß Art. 6 Abs. 2 Satz 1 GG denkbar, daß eine Verpflichtung der Eltern bestünde, die Leistung in Anspruch zu nehmen. Die elterliche Sorge, die ein fremdnütziges Recht sei, beinhalte nämlich die Verpflichtung, Kinder zu fördern und so weit wie möglich Schaden von ihnen fernzuhalten. Das Gesetz räume zwar den Eltern die Möglichkeit ein, sich scheiden zu lassen. Dies entbinde sie aber nicht von der Pflicht, die elterliche Sorge so gut wie möglich auszuüben. Die Weigerung der Eltern mitzuwirken, nach der Scheidung für die Kinder eine tragfähige Sorgerechtsregelung zu finden, sei somit ein Mißbrauch der ihnen eingeräumten Rechtsposition. Die Autorinnen schlußfolgern, daß die dem Gesetz und dem Grundgedanken des Kindeswohls nach bestehende materielle Mitwirkungspflicht der Eltern weder vom Gericht noch vom Jugendamt erzwungen werden könne.

Coester[22] führt aus, daß eine staatlich verordnete Therapie für Scheidungsfamilien, die aus eigener Kraft nicht zur konstruktiven Neuregelung ihrer Beziehungen in der Lage sind, vom Grundgesetz nicht gedeckt wird. Das Entscheidungsmodell des § 1671 BGB ist nach seiner Auffassung Garant privater Freiheit von staatlicher Einmischung. Coester leitet aber aus Art. 6 Abs. 1 und 2 GG wie auch aus dem Sozialstaatsprinzip die Pflicht des Staates ab, Familien, die in soziale Not geraten sind und Hilfe wünschen, diese auch anzubieten.

Nach *Jopt*[23] wäre eine gesetzliche Vorschrift, wonach alle Eltern sich vor der Scheidung im Interesse ihrer Kinder einer gründlichen psychologischen Beratung zu unterziehen hätten, die beste Gewähr, daß das verfassungsrechtlich gebotene Wächteramt des Staates nicht länger zur leeren Worthülse verkomme. Er sieht in der Beratungspflicht eine zentrale Schutzmaßnahme des Staates für alle scheidungsbetroffenen Kinder. Mit Zwangsberatung hätte dies nach seiner Auffassung nichts zu tun, denn um die existentiellen psychischen Bedürfnisse von Kindern, die sie selbst weder reklamieren noch einklagen zu können, zu schützen und damit ihr Wohl ganz herausragend zu sichern, könne es überhaupt keinen unzulässigen Zwang geben.

Menne[24] versucht im Rahmen seiner Argumentation eine extensive Auslegung des § 614 ZPO. Er meint, daß das Familiengericht nach dieser Vorschrift das Verfahren mit der Empfehlung, eine Beratungsstelle in Anspruch zu nehmen, aussetzen könne. Nach dem Wortlaut dieser Vorschrift ist eine Aussetzung des Verfahrens nur dann vorgesehen, wenn vom Gericht eine Chance für die Wiederherstellung der Ehe gesehen wird.

---

21 *Oberloskamp/Adams*, a.a.O., S. 212
22 *M. Coester*, Neue Aspekte zur gemeinsamen elterlichen Verantwortung nach Trennung und Scheidung, in: Familie und Recht 2/1991, S. 70 ff.
23 *U.-J. Jopt*, Sehnsucht nach zu Hause. Psychologie in Erziehung und Unterricht, 39/1992, S. 57 ff. (60); *ders.*, Im Namen des Kindes, a.a.O., S.328 ff.
24 *K. Menne*, Zwischen Beratung und Gericht: Aufgaben der Erziehungsberatungsstellen und des Allgemeinen Sozialen Dienstes bei Trennung und Scheidung, in: ZfJ 2/1992, S. 66 ff.

Methoden der Beratung

Eine Beratung in Trennungs- und Scheidungssituationen sollte das vielfältige Spektrum der methodisch ausdifferenzierten Schulen berücksichtigen und nicht einseitig und einengend eine Festlegung auf eine Richtung beinhalten (methodisches Pluralitätsgebot nach § 28 Satz 2 SGB VIII). Bei beratenden Interventionen nach den §§ 17, 18 Abs. 4 und 28 SGB VIII kommen vor allem methodische Ansätze der systemischen Familienberatung[25], aber auch familientherapeutische Ansätze, gruppendynamische Verfahren, Psychoanalyse oder Mediation in Betracht.

Trotz unterschiedlicher methodischer Schulen und Richtungen gibt es gemeinsame Leitgedanken, die sich auf folgende Punkte konzentrieren:
- Trennungs- und Scheidungsintervention haben auf freiwilliger Grundlage außergerichtlich zu erfolgen.
- Unabhängig von der Methode und unabhängig vom konkreten Vorgehen steht im Vordergrund der Bemühungen stets die Befähigung zur eigenen Problemlösung der von Trennung und/oder Scheidung Betroffenen.
- Die Wiedererlangung von Kooperationsbereitschaft und -fähigkeit der Eltern dient dem Wohl ihrer Kinder.

Indikationen

Ob eine Beratung, Therapie oder Mediation im Trennungs- bzw. Scheidungsfall angezeigt ist, läßt sich nur schwer beantworten, denn bisher sind in der Literatur kaum Aussagen zur Indikationsfrage getroffen worden.

Nach dem Reorganisationsmodell, wie es vor allem vom Münchner Staatsinstitut für Frühpädagogik und Familienforschung vertreten wird, löst sich die Familie durch eine Trennung oder Scheidung nicht auf, und die Eltern- und Kind-Beziehungen seien aufrechtzuerhalten und zu reorganisieren. Folgt man dieser Sichtweise, wird man eine Beratung in nahezu allen Fallkonstellationen für durchführbar halten. Kritiker werfen diesem Ansatz eine Idealisierung der realen Möglichkeiten einer Intervention zur »Reorganisation« vor; außerdem würde die häufig konflikthafte Dramatik der Trennungs- und Scheidungskrisen für die betroffenen Kinder und Eltern verkannt. Entgegen der Trennungs- und Scheidungsrealität würde regelmäßig eine Beratungsbereitschaft und -fähigkeit aller Eltern angenommen.

2.3.1 Scheidungsvermittlung (Mediation)[26]

Eine erfolgreiche Mediation vermindert staatliche Eingriffe im Sinne gerichtlicher Interventionen in das von Trennung oder Scheidung betroffene Familiensystem. Die Verantwortung für die notwendigen Regelungen im Scheidungsverfahren wird nicht an das Familiengericht delegiert, sondern bleibt bei den betroffenen Personen. Durch Mediation werden direkte Kontakte zwischen den Parteien hergestellt. Bei erfolgreichem Verlauf reduziert Mediation die Feindseligkeit zwischen den Parteien durch die Förderung der Kommunikation.

---

25 *K. Hahn/F.-W. Müller* (1993), a.a.O.

26 *R. Balloff/E. Walter*, Möglichkeiten und Grenzen beratender Interventionen am Beispiel der Mediation nach §§ 17, 28, 18 Abs. 4 KJHG, in: ZfJ 2/1993, S. 65 ff.; *H. Krabbe (Hg.)*, Scheidung ohne Richter, Neue Lösungen für Trennungskonflikte, Reinbek bei Hamburg 1991; *John M. Haynes u.a.*, Scheidung ohne Verlierer, München 1993; *J. Duss - von Werdt/ G. Mähler/H.-G. Mähler (Hrsg.)*, Mediation: Die andere Scheidung. Ein interdisziplinärer Überblick, Stuttgart 1995.

Vorteile der Mediation gegenüber dem gerichtlichen Parteienstreitverfahren: Mediation findet in einem »geschützten Rahmen« statt und unterliegt der Schweigepflicht. Es gibt keinen Austausch der Informationen zwischen dem Mediator und dem Familiengericht. Keine Partei muß deshalb versuchen, einen Dritten zu überzeugen. Niemand muß sich selbst positiv darstellen und den Ehepartner in seiner Persönlichkeit und Erziehungsfähigkeit abwerten. Das Eingeständnis eigener Anteile am Konflikt wird dadurch erleichtert und gefördert, so daß keine negativen Konsequenzen, den eigenen rechtlichen Status betreffend, befürchtet werden müssen.

Die Parteien erarbeiten ihre eigenen Ergebnisse. Anstatt ihre Energie in ein streitiges Gerichtsverfahren einzubringen, investieren sie mit Hilfe der Mediation ihre Kraft in eine gemeinsame Lösung. Sie sind dementsprechend eher geneigt, das gemeinsam erreichte Ergebnis zu tragen. Die Ergebnisse der Mediation sind tragfähiger als ein gegen einen Elternteil ergangener Gerichtsbeschluß. Es gibt keine Gewinner und Verlierer.

Die Einbeziehung einer neutralen Position, des Mediators, erleichtert die Konfliktlösung. Der Mediator achtet auf die Einhaltung von Regeln und strukturiert die Kommunikation. Er schafft damit eine Atmosphäre produktiver Auseinandersetzung und hilft bei der Definition von Streitfragen, assistiert den Eltern und Kindern und vermittelt bei den Verhandlungen.

Schließlich hilft die Mediation den Ehepartnern, eigene Bedürfnisse zu erkennen und etwas über die Bedürfnisse des anderen zu erfahren. Sie dient als Konfliktlösungsmodell und fördert die augenblickliche und zukünftige Kommunikation und elterliche Kooperation. Sie trägt zu Kompetenzsteigerung beider Parteien bei, indem sie die Parteien anhält, sich mit allen wesentlichen Fragen des Scheidungsgeschehens persönlich auseinanderzusetzen.

Mediation ist dabei weniger an Formalien gebunden als das gerichtliche Verfahren und erlaubt im Gegensatz dazu eine auf das Paar zugeschnittene Vorgehensweise und die Thematisierung von Inhalten, die von den Klienten bestimmt werden.

Grenzen der Mediation

Eindeutige positive Indikationen oder Ausschlußkriterien fehlen bisher. Nachstehend werden einige Faktoren aufgeführt, die eine Mediation – je nach Intensität des Streitpotentials – erschweren oder ausschließen können:

– Die Motivation, an einer Mediation teilzunehmen, liegt bei mindestens einer Partei nicht vor.

– Mindestens eine Partei steht der Trennung noch ambivalent gegenüber.

– Die Bereitschaft zur Offenheit und zur Fairneß ist bei mindestens einer Partei nicht vorhanden.

– Ein Mindestmaß an persönlicher Kompetenz zum Erkennen und zum Wahren der eigenen Interessen und zum eigenverantwortlichen Handeln liegt bei mindestens einer Partei nicht vor.

– Es besteht im Rahmen der Mediation ein unauflösliches Machtgefälle zwischen den Parteien.

– Der Wille zur gemeinsamen Verständigung und zum wechselseitigen Zuhören ist bei mindestens einer Partei nicht gegeben.

– Es liegen wiederholte bzw. extreme Gewalthandlungen eines Partners gegen den anderen oder gegenüber dem Kind/den Kindern vor.

– Die Parteien befinden sich in einem starren Kreislauf von Abwertungen, Verletzungen und Kränkungen. Der Konflikt scheint um seiner selbst willen geführt zu werden.
– Die Parteien vermeiden offenen Streit und weichen den Konflikten aus.
– Die Familie hatte bereits vielfältige und negativ erlebte Kontakte zu verschiedenen sozialen und psychologischen Diensten.

Inhalte der Mediation
Mediation ist ein zeitlich und inhaltlich begrenzter Interventionsprozeß, der eine Alternative zum gerichtlichen Parteienstreitverfahren darstellt. Neben der Regelung des Sorge- und Umgangsrechts können alle die Trennung oder Scheidung betreffenden Fragen einbezogen werden. Grundgedanke ist dabei, daß einzelne Streitpunkte in Wechselbeziehung stehen und nicht isoliert bearbeitet werden konnen.
Das primäre Ziel der Mediation beinhaltet nicht die Restrukturierung von Beziehungen oder die Verminderung von Angst und Streß, wie es beispielsweise Aufgabe psychologischer Beratung oder Therapie ist. Mediation kann als Konfliktmanagement angesehen werden, wobei Lösungen einzelner Streitpunkte nicht notwendigerweise den gesamten Konflikt eliminieren.

Phasen der Mediation
Phase 1: Einführung, Orientierung, Information
– Strukturierung des Erstkontaktes durch den Mediator.
– Informationen über: Vorteile und Grenzen der Mediation; Abgrenzung zur Familien- und Scheidungstherapie; Grundbedingungen und Regeln der Mediation.
– Erste Abklärung, ob die Parteien zur Mediation geeignet sind (diese Überprüfung erfolgt auch kontinuierlich im Verlauf der Mediation).
– Entscheidung aller Beteiligten, ob vermittelt werden soll oder nicht.
– Schriftliche Mediationsvereinbarung.

Phase 2: Faktenfindung und Aufdeckung der Konfliktfälle
– Sammeln aller wichtigen Fakten mit Hilfe des Mediators.
– Beiden Parteien und dem Mediator müssen alle Informationen zugänglich sein.
– Die Notwendigkeit zur Einbeziehung von Fachleuten (Steuerberater, Rechtsanwälte) kann auftreten.

Phase 3: Isolierung und Definition der Streitfragen
– Herausarbeiten der Streitfragen.
– Herausarbeiten der unstrittigen Themen und Herausstellen der bereits erzielten Übereinkünfte.
– Aufstellen einer Rangliste der Streitpunkte, wobei die Wichtigkeit der zu besprechenden Themen für jede Partei berücksichtigt wird.
– Erforschung der hinter den inhaltlichen Positionen stehenden Werthaltungen und der unterschiedlichen Realitätswahrnehmung.
– Zusammenfassung und Neuformulierung der Streitpunkte.
– Einigung, mit welchen Themen begonnen werden soll (es empfiehlt sich, mit konfliktärmeren Themen zu beginnen).
– Klärung und Darstellung der Positionen jeder Partei zu den einzelnen Streitpunkten.

Phase 4: Exploration und Verhandlung von Alternativen
– Erforschung des gesamten Rahmens der Gestaltungsmöglichkeiten (Konfliktmuster und deren mögliche Konsequenzen offenlegen, Ermutigung zur Kreativität, Ermutigung zur Nennung von Vorschlägen).

Phase 5: Kompromiß und Übereinkommen
- Schrittweise Auflösung der Streitpunkte.
- Hilfe geben, den anderen zu verstehen (Verständnisfragen zur anderen Position, Rollen- und Perspektiventausch).
- Wechselseitigkeit des Problems benennen und gemeinsame sich überschneidene Interessen und Ziele betonen.

Phase 6: Erreichen eines vorläufigen Ergebnisses
- Festlegung eines vorläufigen Entwurfs der Mediationsvereinbarung.
- Diskussion von Unklarheiten und Informationslücken.

Phase 7: Überprüfung und fortlaufende Vermittlung
- Überprüfung des Entwurfs in der Praxis.
- Aufforderung zur Einschaltung von Experten (Rechtanwälten, Steuer- und Rentenberatern, Bankfachleuten) durch die Parteien: Förderung der Autonomie und Eigenverantwortung, Verhinderung von Unzufriedenheit nach Beendigung der Mediation.
- Klärung abschließender Fragen.
- Vereinbarung einer Ruhephase.

Phase 8: Abschluß und Durchführung
- Entscheidung beider Parteien, die Mediationsvereinbarung zu akzeptieren.
- Protokollierung der erzielten Vereinbarung (schriftliche Fixierung des Memorandums).
- Unterzeichnung der Vereinbarung durch den Rechtsanwalt.
- Gemeinsamer Vorschlag beim Familiengericht.

Das nebenstehende Modell soll veranschaulichen, daß die Scheidung kein einmaliges Ereignis, sondern ein mehrdimensionaler Veränderungsprozeß ist[27].

2.3.2 Mediation und Rechtsberatung

Eine Beratung anläßlich Trennung und Scheidung wird immer auch rechtliche Aspekte berühren. Sie kann sich nicht »im rechtsfreien Raum bewegen«[28]. Allerdings steht die Thematisierung von Recht nicht im Vordergrund, sondern die Beratung dient »ganzheitlich und lebensweltorientiert«[29] der Aufgabe, Eltern bei der Entwicklung eines einvernehmlichen Konzepts für die Wahrnehmung der elterlichen Sorge zu unterstützen (§ 17 Abs. 2 SGB VIII). Weil Eltern hierzu häufig Informationen über das Recht und Regelungsanregungen brauchen, damit ihr Konzept als Grundlage der richterlichen Entscheidung über das Sorgerecht dienen kann, sind zumindest die damit verbundenen kindschaftsrechtlichen Aspekte anzusprechen; darüberhinaus aber auch alle die familienrechtlichen Fragen, die damit in Zusammenhang stehen, wie etwa die Regelung, wer mit den Kindern in Zukunft in der Ehewohnung wohnen wird, wer für die Kinder und für den kinderbetreuenden Elternteil Unterhalt zahlt. Die Meinung, Jugendämter dürften im Rahmen der Trennungs- und Scheidungsberatung nicht auch diese Rechtsfragen ansprechen, weil dies unerlaubte Rechtsberatung sei, würde be-

---

27 Vgl. *M. R. Textor*, Scheidungszyklus und Scheidungsberatung, Göttingen 1991
28 Dies fordert – lebensfremd – *Zettner*, FamRZ 1993, 626
29 Empfehlungen des *DV*, in: NDV 1992, 149

Modell der Scheidungsphasen

Vorscheidungsphase (Ambivalenzphase)	Scheidungsphase	Nachscheidungsphase (»Psychische Scheidung«)
• Verschlechterung der Ehebeziehung (Rückgang positiver Gefühle wie Liebe, Zuneigung, Vertrauen, Achtung) • Ehequalität und Ehezufriedenheit schwinden • Auseinandersetzung oder Konfliktvermeidung? • Entscheidungskonflikte: – Gedanken an eine Trennung/Nutzen der Ehe? – Einbußen im Lebensstandard? – Chancen auf dem Arbeits- und Heiratsmarkt? • Rückzug/Einschränkung der sozialen Kontakte • »Emotionale Scheidung« (Desillusionierung, Angst, Zweifel)	Beginn: endgültige Trennung Ende: Scheidungsurteil *Realisierung der Trennung:* Vielzahl von Veränderungen im psychischen, sozialen, beruflichen und finanziellen Bereich. Lebensweisen, Rollen und Selbstbild ändern sich Probleme, das Ende der Ehe zu akzeptieren *Gefühle nach der Trennung:* Schmerz, Trauer, emotionale Erstarrung, Selbstmitleid, Depressivität, Hoffnungslosigkeit, Angst, Unsicherheit, Wut, Haß, Verbitterung, Rachegefühle, Aggressivität, Minderwertigkeitsgefühle, Selbstzweifel, Schuldgefühle; Befreiung, Erleichterung *Symptome:* Schlafstörungen, Erschöpfung, Apathie, Nervosität, Reizbarkeit, Kopfschmerz, Drogen- und Medikamentenmißbrauch • *Reaktionen der Kinder* (altersspezifisch): Ängste, Trauer, Wut und Zorn, Regression, Wiedervereinigungsphantasien, Loyalitätskonflikte *Aufgaben:* • *Beziehung zwischen getrenntlebenden Ehegatten* und • *Eltern-Kind-Beziehung neu gestalten*	• Auseinandersetzung mit der gescheiterten Ehe • Trauerarbeit leisten • Gefühle des Versagens und der Schuld verarbeiten • den eigenen Anteil am Scheitern der Ehe erkennen und akzeptieren • ein der Realität (besser) entsprechendes Bild vom früheren Partner (zurück-)gewinnen und sich von dessen Einfluß auf das eigene psychische Leben befreien • Umstellungsprobleme bewältigen • Erweiterung der Netzwerke • Single oder Wiederheirat? *Beziehung zwischen geschiedenen Ehegatten:* Konfliktfelder: Unterhaltszahlungen Besuche (Umgangsrecht) *Eltern-Kind-Beziehung:* Den Kindern helfen, die elterliche Scheidung zu akzeptieren und die Beziehung zu *beiden* Eltern fortzusetzen

deuten, daß ein »großer Teil der Jugendämter täglich laufend« gegen das Rechtsberatungsgesetz verstieße[30].

Demgegenüber ist die Einbeziehung rechtlicher Aspekte durch das Jugendamt schon deshalb erlaubt, weil es für die Beratung nach § 17 SGB VIII zuständig ist. Wenn es sich dabei um Rechtsberatung im Sinne des Rechtsberatungsgesetz handelt, so folgt die Befugnis dazu aus § 3 Nr. 1 RBerG (Zuständigkeit als Behörde). Gleiches gilt für die kirchlichen Wohlfahrtsverbände Caritas und Diakonisches Werk, die eng mit der Katholischen und der Evangelischen Kirche, Körperschaften des öffentlichen Rechts, verbunden sind[31]. Aber auch nichtkirchliche freie Träger, die mit der Aufgabe der Mediation betraut werden, leisten damit keine erlaubnisbedürftige Rechtsberatung: Obwohl oder gerade weil der Rechtsberatungsbegriff nach § 1 RBerG keineswegs geklärt ist, in der Literatur vielmehr weitgehend nur behauptet wird, er sei »weit« auszulegen[32], erscheint er gänzlich ungeeignet, Beratungen in sozialpädagogischem Auftrag Grenzen zu setzen. Dabei sind in aller Regel Rechtsaspekte anzusprechen und anders läßt sich sozialpädagogische Beratung gar nicht denken. Dies steht aber nicht im Vordergrund der Beratung, ist nicht ihr eigentliches Anliegen. Es handelt sich daher nicht um die »Besorgung einer Rechtsangelegenheit«, wie dies § 1 RBerG voraussetzt, sondern einer »sozialen Angelegenheit« mit »psychologisch-pädagogischer Hilfeleistung« als Tätigkeitsschwerpunkt[33].

Dürften (nichtkirchliche) freie Träger im Zusammenhang mit den ihnen übertragenen Beratungsaufgaben keine rechtlichen Fragen thematisieren, oder müßten sie dazu Rechtsanwälte einschalten, wie jüngst Haffke meinte[34], so wären die zu beratenden Eltern in ihrem Wunsch- und Wahlrecht nach § 5 SGB VIII unzulässig eingeschränkt, und die vom Gesetzgeber gewollte Stellung freier Träger wäre durch ein Gesetz unterlaufen, das so verstanden allzu einseitig (vermeintlichen) Interessen der Rechtsanwaltschaft diente. Auch aus verfassungsrechtlichen Gründen ist daher eine nicht gerade den Schwerpunkt bildene, in eine ganzheitliche Unterstützung einbezogene Beratung auch in kindschaftsrechtlichen und damit zusammenhängenden Rechtsfragen allen Beratungsträgern »erlaubt«. Wäre das anders, so wäre eine entsprechende Ergänzung des Rechtsberatungsgesetzes, wie sie gefordert worden ist[35], unerläßlich.

3.   Ambulante erzieherische Betreuung

Rechtsgrundlage: § 27 Abs. 2 SGB VIII[36]

Diese Form der Hilfe, die im Leistungskatalog des neuen Kinder- und Jugendhilferechts nicht vorkommt, wird auch »formlose erzieherische Betreuung« genannt.

---

30 Th. *Schulte-Kellinghaus*, FamRZ 1994, 1230 mit Beispielen zum gemeinsamen Sorgerecht, zum Umgang und zu den Rechtsverhältnissen am gemeinsamen Haus. Zur entsprechenden Situation in der Schuldnerberatung: *Gisela Fieseler/Gerhard Fieseler*, BAG-SB Info, 28.
31 *Papenheim/Baltes*, 12. Auflage, S. 151 m.w.Nw.
32 So auch *Schulte-Kellinghaus*, FamRZ 1994, 1232
33 *BMJ*, ZfJ 1994, 76
34 B. *Haffke*, in: Duss - von Werdt u.a., S. 65 ff.
35 Vgl. Beschlußempfehlung des Petitionsausschusses des Deutschen Bundestages, in: ZfJ 1994, 75 f.
36 Diese Rechtsgrundlage enthält keine abschließende Aufzählung von Leistungen: »insbesondere«.

Die ambulante erzieherische Betreuung umfaßt persönliche Hilfe für den Minderjährigen und Beratung/Unterstützung der Eltern sowie anderer Sorge- oder Erziehungsberechtigter.

Sie soll dazu beitragen, die Rahmenbedingungen familialer Sozialisation zu verbessern, indem die Familie befähigt wird, ihre Eigenkräfte zu entfalten, Sozialleistungen und andere Hilfsangebote anzunehmen und zwischenmenschliche Konflikte zu mindern und zu bewältigen.

Anlaß zu einer solchen Betreuung sind z.B.:
- begrenzte Erziehungsfähigkeit der Sorgerechtsinhaber,
- Konflikte zwischen (Ehe-)Partnern oder Eltern und Kinder,
- Kommunikationsstörungen im inner- und außerfamiliären Bereich,
- Auffälligkeiten und Störungen im Sozialverhalten und im emotionalen Bereich,
- Alkohol- und Drogenmißbrauch.

Die ambulante erzieherische Betreuung ist nur sinnvoll, wenn
- sie geeignet und ausreichend erscheint, auf die genannten Probleme einzugehen,
- die Sorgerechtsinhaber einverstanden und mitwirkungsbereit sind,
- sie langfristig angelegt ist.

Die Maßnahme kommt daher nicht in Betracht, wenn es um Ermittlungen, Auskünfte, einmalige Beratung oder die Erstellung von Gutachten geht, und auch nicht, wenn bereits eine andere Art von Hilfe für den Minderjährigen (z.B. Erziehungsbeistandschaft) geleistet wird.

Die ambulante erzieherische Betreuung wird beendet, wenn
- ihr Zweck erreicht ist,
- sie erfolglos geblieben ist,
- sie durch die Gewährung einer anderen Hilfe unnötig geworden ist,
- der Minderjährige volljährig geworden ist,
- die Sorgeberechtigten nicht mehr einverstanden und mitwirkungsbereit sind.

4. Erziehungsbeistandschaft, Betreuungshilfe

Rechtsgrundlage: § 30 SGB VIII

Im Jugendwohlfahrtsgesetz war die Erziehungsbeistandschaft als einzige Form ambulanter erzieherischer Hilfe vorgesehen (§§ 55 ff. JWG). Die aus der Schutzaufsicht entwickelte ehrenamtlich angelegte Erziehungsbeistandschaft hat sich zunehmend zu einer pädagogisch fundierten ambulanten Erziehungshilfe weiterentwickelt, die von Fachkräften freier oder öffentlicher Träger geleistet wird. Die Regelungen des JWG über die Bestellung des Erziehungsbeistandes hatten sich jedoch in der Praxis als zu starr erwiesen, was dazu führte, daß dieses Rechtsinstitut häufig unter Zuhilfenahme anderer Bezeichnungen umgangen wurde. Das Gesetz sieht daher – wie bei den anderen Arten ambulanter Erziehungshilfen – von der Normierung besonderer Verfahrensvorschriften ab.

Vor allem im Hinblick auf die Novellierung des Jugendgerichtsgesetzes und das dort verfolgte Anliegen, den Erziehungsgedanken zu stärken, wurde die Betreuungsweisung als Hilfeart zusammen mit der Erziehungsbeistandschaft geregelt. Sie kommt in erster Linie und überwiegend als alleinige Anordnung in Betracht, gegebe-

4.1 Statistik: Unterstützung durch Erziehungsbeistand/Betreuungshelfer

Gegenstand der Nachweisung	Insgesamt[a]		Unterstützung durch Erziehungsbeistandschaft		Unterstützung durch Betreuungshelfer/-innen	
	junge Menschen am 31.12	junge Menschen mit beendeter Hilfe	junge Menschen am 31.12	junge Menschen mit beendeter Hilfe	junge Menschen am 31.12	junge Menschen mit beendeter Hilfe
1992	14.198	11.475	9.137	4.143	3.269	3.878
1993	14.548	14.415	8.802	5.368	3.275	5.218
1993 nach dem Geschlecht						
Männlich	10.024	11.133	5.617	3.567	2.547	4.431
Weiblich	4.524	3.282	3.185	1.801	728	787
1993 nach dem Alter						
Alter von … bis unter … Jahren						
unter 15	6.497	3.072	5.027	2.105	550	326
15 – 18	4.367	4.815	2.494	1.627	1.091	1.655
18 – 21	2.797	4.911	1.013	1.239	1.206	2.332
21 und mehr	887	1.617	268	397	428	905
1993 nach der Staatsangehörigkeit						
Deutsche	12.597	12.244	8.026	4.749	2.714	4.590
Ausländer/-innen[b]	1.951	2.171	776	619	561	628
1993 nach dem Träger der Betreuung						
Öffentliche Träger	11.802	11.390	7.672	4.719	2.627	4.525
Freie Träger	2.746	3.025	1.130	649	648	693
Nachrichtlich:						
Früheres Bundesgebiet	10.928	9.010	6.746	3.256	2.063	2.273
Neue Länder und Berlin-Ost	3.620	5.405	2.056	2.113	1.212	2.945

a. Junge Menschen, die Hilfe verschiedener Art erhalten haben, wurden bei jeder Hilfeart gezählt
b. Einschl. Staatenloser

Quelle: Statistisches Jahrbuch 1995, S. 478

nenfalls in Verbindung mit anderen Erziehungsmaßregeln oder Zuchtmitteln sowie als vorläufige Maßnahme gemäß § 71 Abs. 1 JGG[37].

Nach der Gesetzesbegründung soll später geprüft werden, ob es angezeigt ist, Erziehungsbeistandschaft und Betreuungsweisung zu einem Rechtsinstitut zu verschmelzen.

Dies ist aus Sicht der Jugendhilfe abzulehnen, denn das Prinzip der Freiwilligkeit würde relativiert, und es würde eine eher sanktionsorientierte Tendenz in die Erziehungshilfe hineingetragen[38].

Die Altersspanne der im Rahmen einer Erziehungsbeistandschaft betreuten Minderjährigen ist relativ groß. Erziehungsbeistandschaften sind längerfristig angelegt. Im Mittelpunkt der Arbeit stehen regelmäßige Beratungsgespräche mit den Kindern und Jugendlichen sowie deren Eltern. Themen der Erziehungsbeistandschaft sind insbesondere:

– Beziehung zwischen Eltern und Kindern/Jugendlichen,
– schulische Probleme,
– soziale Bezüge (Freizeitverhalten, Freundeskreis),
– Verselbständigung älterer Minderjähriger,
– Loslassen der Kinder/Jugendlichen durch die Eltern.

Im Widerspruch zu einer auf Freiwilligkeit gegründeten Hilfeform steht die nach § 12 JGG auch weiterhin gegebene Möglichkeit der *Anordnung* als Erziehungsmaßregel (»nach Anhörung des Jugendamts«).

5. Sozialpädagogische Familienhilfe[39]

Rechtsgrundlage: § 31 SGB VIII

Sozialpädagogische Familienhilfe soll durch eine umfassende Betreuung und Begleitung bestimmte Familien in ihren Erziehungsaufgaben, bei der Bewältigung von Alltagsproblemen, bei der Lösung von Konflikten und Krisen, im Kontakt mit Ämtern und Institutionen unterstützen und das Selbsthilfepotential der Familie mobilisieren. Der Handlungsrahmen wird durch die Zielvorgabe »Stabilisierung der Familiensituation« abgesteckt[40].

Zweck der sozialpädagogischen Familienhilfe ist vor allem, die Trennung von Eltern und Kindern zu vermeiden, d.h., die Erziehung der Kinder innerhalb der eigenen Familie zu ermöglichen. Soweit es um die finanzielle Sicherung der Familie geht, ist die Sozialhilfe zuständig. Die Erwartungen an diesen Arbeitsansatz sind hoch: die Hilfe soll problemorientiert, effektiv und kostengünstig sein.

---

37 Vgl. Regierungsbegründung zu § 30 (BT-Drucks. 11/5948; S. 70)
38 *Frankfurter Kommentar zum KJHG*, a.a.O., Anm. 11 zu § 30
39 *ISA*, Soziale Praxis, Heft 1, Sozialpädagogische Familienhilfe – ein neues Praxisfeld der Jugendhilfe, Münster 1986; *H. und K. Nielsen/C. W. Müller*, a.a.O.; Hilfe mit System, in: sozialmagazin 3/1992, S. 13 ff.; *M.-L. Conen*, Sozialpäd. Familienhilfe zwischen helfen und helfen zu verändern, in: TuP 7/1990, S. 259 ff.; *M. Rothe*, a.a.O.; *Frings/Ludemann/ Papenheim*, a.a.O.; *T. Allert u.a.*, a.a.O.; *R. Gödde/J. Lanwert*, TuP 1995, 267 ff.; *Gruppe SPFH der Kinder- und Familienhilfe e.V.* Chemnitz, Jugendhilfe 1995, 218 ff.; *M. Rothe*, ZfJ 1994, 365 ff.
40 Vgl. *I. Pressel*, a.a.O.; *DJI-Materialien, Arbeitsgruppe Elternarbeit (Hrsg.)*, Bd. 5, Familienarbeit im Jugendhilfebereich, München 1980

5.1 Einsatz einer sozialpädagogischen Familienhilfe

Der Einsatz einer sozialpädagogischen Familienhilfe ist angezeigt bei:
- überforderten Eltern in kinderreichen Familien (z.b. schnell aufeinanderfolgende Geburten; einem oder mehreren behinderten oder langfristig kranken Kindern);
- überforderten alleinerziehenden Müttern oder Vätern mit mehreren Kindern in schlechten Wohnverhältnissen;
- Erziehungsschwäche von Familien in besonderen Konfliktsituationen;
- Kindern, die in Heimen oder Pflegefamilien waren und wieder in die Ursprungsfamilie integriert werden sollen.

Voraussetzung ist jeweils, daß die Familien dieses Angebot der Jugendhilfe freiwillig annehmen und zur Mitarbeit bereit sind. Die Hilfe ist daher aufzuheben, wenn ein Erziehungsberechtigter dies wünscht.

5.2 Aufgaben des Familienhelfers

Die Aufgaben des Familienhelfers liegen demnach in der Hilfe bei der Alltagsbewältigung durch die Familie, in der Arbeit mit Kindern und Eltern, in der Förderung von Kontaktaufnahmen durch die Familie. Zu den ersten Tätigkeiten zählen häufig gemeinsame Einkäufe; Beseitigung der chaotischen und unhygienischen Wohnsituation; Begleitung zu Behörden, Schulen, Ärzten etc.; Kinderversorgung wie regelmäßiges Essen, Zur-Schule-Schicken; Freizeithilfen; Hausaufgabenhilfe.

Im Mittelpunkt der Beratungsgespräche mit den Eltern stehen Erziehungsfragen und Partnerschaftsprobleme.

Die Arbeit des Familienhelfers ist sehr zeitintensiv. Die Berliner Familienhelfervorschriften[41] sehen z.b. einen Einsatz bis zu 19 Stunden pro Woche und Helfer vor, befristet in der Regel auf 1/2 Jahr mit Verlängerungsmöglichkeit. Ohne Vertrauensbasis in der Familie kann die Arbeit nicht gelingen. Ein besonderes Problem stellt die Verschwiegenheit des Helfers dar, der gleichzeitig eng mit der Familie und dem Jugendamt zusammenarbeitet. Mitteilungen an das Jugendamt (oder andere Stellen) sollte er daher nur weitergeben, wenn die Familie zuvor informiert wurde und einverstanden ist.

Wegen der hohen Anforderungen an die Persönlichkeit und Kompetenz des Familienhelfers ist Supervision erforderlich, um die Arbeit und die sie beeinflussenden Bedingungen reflektieren zu können, und um seine Rolle für sich selbst und für die Familie abzuklären und durchschaubar zu machen.

Derzeit werden in den meisten Bundesländern Familienhelfer in unterschiedlichem Umfang, mit unterschiedlicher Qualifikation (Sozialarbeiter/Sozialpädagogen, Erzieherinnen, Kinderpflegerinnen, Hauswirtschafterinnen, Krankenschwestern und »erfahrene Hausfrauen«) und im Rahmen unterschiedlicher Organisationsformen eingesetzt.

---

41 FHV vom 31. März 1981, abgedruckt in: ISA-Schriftenreihe, Heft 8 »Sozialpädagogische Familienhilfe«, Münster 1983, S. 108 ff. Im Jahr 1991 betrug die durchschnittliche Dauer eines Familienhelfereinsatzes 17 Monate (Statistisches Jahrbuch 1993, S. 517).

Nicht zuletzt aus Einsparungsgründen – um teure Fremdplazierungen zu vermeiden – werden familienorientierte, offene erzieherische Hilfen propagiert. Familienhilfe steht in der Gefahr, zum »Ei des Kolumbus« hochstilisiert zu werden[42]. Die Jugendhilfe muß darauf achten, daß dieses neue Instrument nicht nur zu einem Mittel der Kostendämpfung wird, sondern daß seine Beurteilung und sein Einsatz davon abhängen, welche weiteren Erfahrungen die Praxis damit macht[43].

Die Chancen und Grenzen von »Familienhilfe« sind auf einer Studientagung des Deutschen Vereins[44] wie folgt beschrieben worden:

5.3 Chancen

– der Familienhelfer hat eine relativ große pädagogische und persönliche Nähe zu den betroffenen Familienmitgliedern;

– er lernt deren Alltagsprobleme unmittelbar kennen;

– er kann, von diesen Alltagserfahrungen ausgehend, Lernprozesse in Gang setzen;

– er kann die Isolation der Familien aufbrechen und zum sozialen Umfeld hin öffnen;

– er ist nicht ausschließlich »Profi« und Therapeut, sondern zugleich Partner und Lernender;

– er kann den Familien ihre verlorene Selbstachtung zurückgeben.

5.4 Schwierigkeiten und Hindernisse

– die Familienhilfe bedeutet einen starken Eingriff in die Intimsphäre, der bei den Familienmitgliedern Angst, Abwehr und Unsicherheit erzeugt;

– der Familienhelfer übt in gewissem Umfang Kontrolle aus, was dem Prinzip der Partnerschaft widerspricht;

– der Familienhelfer ist abhängig von den Zielvorstellungen des Anstellungsträgers, die im Einzelfall denen der Familie bzw. des Familienhelfers widersprechen können;

– der Familienhelfer begibt sich unter Umständen in Abhängigkeit von der Familie (Problem Nähe/Distanz);

– Möglichkeiten zur Reflektion des eigenen beruflichen Handelns fehlen häufig.

---

42 Vgl. *D. Kreft*, Familienhilfe, in: Blätter der Wohlfahrtspflege 6/1983, S. 153 ff. (155)
43 Vgl. *H. Heinze*, Erfahrungen und Entwicklungen mit Familienhilfe (Familienhelfertätigkeit) in Berlin-Wedding, in: Soziale Arbeit 1/1984, S. 45 ff.; *H.-P. Ch. Nüsslein*, Familienhelfertätigkeit – praxisgerecht, in: Soziale Arbeit 9/1983, S. 475 ff.; *Leidinger u.a.*, in: ZfJ 1988, 395 – Zur Familienhilfe in den neuen Bundesländern: *S. Gobst*, in: Jugendhilfe 1992, 360 ff.; *H.-D. Hoyer*, in: Jugendhilfe 1993, 26 ff.
44 *NDV* 9/1981, S. 241 ff.

5.5 Statistik: Sozialpädagogische

Gegenstand der Nachweisung	Familien am 31.12. mit andauernder Hilfe betreut durch		
	Insgesamt	öffentliche	freie
		Träger	
1992	9.968	7.768	2.200
1993	10.547	7.482	3.065
	1993 nach der Bezugsperson und Zahl der		
Eltern	4.161	2.866	1.295
mit ... Kind(ern)			
1	759	576	183
2	1.157	795	362
3	1.013	680	333
4	658	431	227
5	305	204	101
6 und mehr	269	180	89
Elternteil mit Stiefelternteil/Partner/-in	1.926	1.420	506
mit ... Kind(ern)			
1	446	353	93
2	610	447	163
3	454	336	118
4	259	170	89
5	108	79	29
6 und mehr	49	35	14
Alleinerziehender Elternteil	4.460	3.196	1.264
mit ... Kind(ern)			
1	1.402	1.074	328
2	1.453	1.060	393
3 und mehr	1.605	1.062	543
			1993 nach der
Deutsche	9.732	6.826	2.906
Ausländer/-innen	627	518	109
Deutsche/Ausländer/-innen	188	138	50
Nachrichtlich:			
Früheres Bundesgebiet	6.287	4.333	1.954
Neue Länder und Berlin-Ost	4.260	3.149	1.111

Quelle: Statistisches Jahrbuch 1995, S. 479

Familienhilfe

	Familien mit beendeter Hilfe		durchschnitt- liche Dauer in Monaten
	betreut durch		
Insgesamt	öffentliche	freie	
	Träger		
5.863	4.442	1.421	_17_
6.438	4.626	1.812	_18_

ständig in der Familie lebenden Kinder/Jugendlichen

2.515	1.730	785	_17_
543	419	124	_16_
746	496	250	_17_
550	358	192	_18_
358	246	112	_18_
184	120	64	_20_
134	91	43	_22_
1.174	902	272	_18_
315	244	71	_17_
384	299	85	_18_
252	198	54	_18_
140	103	37	_19_
50	36	14	_25_
33	22	11	_19_
2.749	1.994	755	_17_
968	758	210	_17_
940	673	267	_17_
841	563	278	_18_

Staatsangehörigkeit

5.871	4.222	1.649	_17_
439	330	109	_19_
128	74	54	_18_
4.116	2.726	1.390	_18_
2.322	1.900	422	_18_

6. Erzieherischer Kinder- und Jugendschutz[45]

Rechtsgrundlage: § 14 SGB VIII

6.1 Ausgangslage

Ein Schwerpunkt der Neuregelung zur Differenzierung des Leistungssystems der Jugendhilfe ist der 1. Abschnitt des 2. Kapitels unter der Überschrift »Jugendarbeit, Jugendsozialarbeit, erzieherischer Kinder- und Jugendschutz«. Der erzieherische Kinder- und Jugendschutz in § 14 SGB VIII hat als Zielgruppe junge Menschen sowie Eltern und andere Erziehungsberechtigte und weist damit eine gewisse Zielgleichheit mit den Angeboten aus § 11 SGB VIII (Jugendarbeit) und aus § 16 SGB VIII (Familienbildung) auf.

Die Neuregelungen erfolgen in einer Zeit, in der aufgrund aktueller Entwicklungen der Kinder- und Jugendschutz aufgefordert ist, präventive Aufgaben verstärkt zu übernehmen. In der öffentlichen Diskussion wird Besorgnis über folgende Entwicklungen geäußert:

– gewalttätige und rechtradikale Verhaltensweisen einer steigenden Zahl von Jugendlichen

– gefährliche Konsumgewohnheiten junger Menschen in bezug auf legale und illegale Drogen

– wachsendes Angebot von Medien, wobei in Teilbereichen besonders problematische Entwicklungen zu beobachten sind (z.b. Brutalisierung, Sexismus, Kinderpornographie)

– zunehmende Erkenntnis über Gewalt und sexuellen Mißbrauch in Familien

– Gefährdung von Jugendlichen durch totalitäre Jugendsekten und destruktive Kulte

– Gefährdungen von Kindern wegen mangelnder Betreuungsangebote.

Junge Menschen in den neuen Bundesländern werden mit Gefährdungen konfrontiert, auf die sie nicht hinreichend vorbereitet sind. Institutionen des Jugendschutzes sind noch nicht im erforderlichen Maße vorhanden. Es fehlen Möglichkeiten, adäquat auf die neuen Gefährdungen zu reagieren.

6.2 Entwicklung des Kinder- und Jugendschutzes

Ausgangspunkt für das Entstehen des Kinder- und Jugendschutzes war ein Verständnis von Kindheit und Jugend als einer vom Erwachsensein zu separierenden Periode des menschlichen Daseins. Eine solche spezifische Lebenssituation erforderte die Festlegung spezieller Regelungen für das Zusammenleben, sei es, daß man die Kinder für noch nicht reif genug hielt, in gleicher Art wie die Erwachsenen behandelt zu werden, sei es, daß man darauf setzte, in künftigen Generationen Mißstände der jeweiligen Gesellschaft zu vermeiden.

Die Einführung dieser Regeln war verbunden mit einer Strafandrohung gegenüber Kindern und Jugendlichen, wenn sie diese Vorschriften nicht befolgen sollten. Eine solche Vorgehensweise ist einem demokratischen Staat, der seinen Bürgern weitestgehende Freiheit in der Lebensgestaltung einräumen will, als prinzipielle Handlungs-

---

45 *Bundesarbeitsgemeinschaft der Landesjugendämter (BAGLJÄ),* »Kinder- und Jugendschutz in der Jugendhilfe«, Beschluß in der 71. Arbeitstagung vom 23. - 25.10.1991 in Fellbach/ Stuttgart.

maxime fremd. Grenzen findet diese Freiheit allerdings, wenn sie Dritte schädigen oder das Zusammenleben der Gemeinschaft insgesamt beeinträchtigen würde. Auch heute noch gibt es für verschiedene Bereiche gesonderte Vorschriften für Kinder und Jugendliche. Es wird nach wie vor davon ausgegangen, daß Kinder und Jugendliche noch nicht wie Erwachsene behandelt werden können. Andere Auffassungen haben noch nicht dazu geführt, den Zeitraum der Kindheit und Jugend neu zu definieren. Die Vorschriften und damit die Sanktionen richten sich nun jedoch vornehmlich an Dritte wie Veranstalter und Gewerbetreibende.

6.3 Grundgesetzliche Verankerung

Der Begriff Jugendschutz wird im Grundgesetz ausdrücklich in Art. 5 Abs. 2 GG (Meinungsfreiheit) als eine das Grundrecht aus Art. 5 GG begrenzende Schranke erwähnt. Allein dadurch erhält der Jugendschutz seinerseits aber noch keinen verfassungsrechtlichen Rang. Es wird hier vielmehr auf eine einfach-gesetzliche Regelung abgestellt.

Durch höchstrichterliche Rechtsauslegung (zum Beispiel: BvR 402/87; sog. »Mutzenbacher-Urteil«) ist mittlerweile jedoch klar, daß der Jugendschutz ein aus mehreren Grundrechten abgeleitetes verfassungsrechtlich geschütztes Rechtsgut vom Rang eines Grundrechts ist.

Jugendschutz als staatliche Garantieaufgabe ergibt sich danach zum einen aus Art. 6 GG. Die Unversehrtheit der Familie beinhaltet eine weitgehende Entscheidung über den Ablauf der Erziehung. Das elterliche Erziehungsrecht wird in Art. 6 Abs. 2 Satz 1 GG ausdrücklich als Recht, aber auch als Pflicht, verfassungsrechtlich gesichert. Es soll also den Eltern vorbehalten bleiben, wann und in welcher Art sie das Kind mit gewissen komplizierten Lebensbereichen konfrontieren. Deshalb wird für bestimmte Veranstaltungen in der Öffentlichkeit eine Zugangsbeschränkung für Kinder und Jugendliche vorgeschrieben. Gelegentlich wird auch gegen den Willen der Eltern ein Verbot für den *öffentlichen* Zugang zu bestimmten Inhalten nötig sein, um eine generelle Kontrollierbarkeit zu ermöglichen.

Eine weitere Rechtsgrundlage für die Aufgabe des Kinder- und Jugendschutzes wird in Art. 2 Abs. 1 GG gesehen, der das Recht auf freie Entfaltung der Persönlichkeit garantiert. Dieses Recht steht natürlich auch Kindern und Jugendlichen zu. Wenn bestimmte Einwirkungen später eine freie Entscheidung über die Persönlichkeitsentfaltung verhindern oder nachhaltig erschweren würden, so kann – wie sich aus der Verbindung mit Art. 1 Abs. 1 GG ergibt – ein schützender Eingriff des Staates geboten sein.

Im übrigen entspricht (nach modernem Grundrechtsverständnis) dem Schutz vor Eingriffen ein Gewährleistungsanspruch. Gestaltet man ihn als Leistung aus, heißt dies auf den konkreten Fall bezogen, daß sowohl Kinder und Jugendliche als auch insbesondere die Eltern einen Anspruch auf Anleitung zu einem adäquaten Verhalten gegenüber potentiellen Gefährdungstatbeständen haben, so wie es in § 14 SGB VIII gefordert wird.

6.4 Erzieherischer Kinder- und Jugendschutz als Aufgabe des Jugendamtes

Das KJHG widmet dem erzieherischen Kinder- und Jugendschutz einen selbständigen Paragraphen (§ 14 SGB VIII) und macht dadurch deutlich, daß die Wahrnehmung dieser Pflichtaufgabe nicht im Ermessen des öffentlichen Trägers liegt. Die Verantwortung des Jugendamtes für diese Aufgabe bedeutet nach § 79 Abs. 2 SGB VIII die

Bereitstellung der erforderlichen Einrichtungen sowie eine ausreichende Personal-
und Finanzausstattung im Rahmen der Jugendhilfeplanung.

Erzieherischer Kinder- und Jugendschutz setzt nicht bei den Gefährdungstatbeständen, sondern bei Kindern und Jugendlichen sowie deren Erziehungsberechtigten an.
Das Jugendamt hat die für den erzieherischen Kinder- und Jugendschutz erforderlichen Einrichtungen und Veranstaltungen anzuregen, zu fördern und gegebenenfalls
selbst zu schaffen. Es arbeitet dabei partnerschaftlich mit den freien Vereinigungen
für den Kinder- und Jugendschutz (z.B. die »Aktion Jugendschutz«) zusammen.

Der Jugendschutz hat sich im Rahmen der Jugendhilfe natürlich auch an deren
Vorgaben zu orientieren: nämlich junge Menschen in ihrer individuellen und sozialen
Entwicklung zu fördern und dazu beizutragen, Benachteiligungen zu vermeiden oder
abzubauen, Eltern und andere Erziehungsberechtigte bei der Erziehung zu beraten
und zu unterstützen, Kinder und Jugendliche vor Gefahren für ihr Wohl zu schützen
und dazu beizutragen, positive Lebensbedingungen für junge Menschen und ihre
Familien sowie eine kinder- und familienfreundliche Umwelt zu erhalten oder zu
schaffen (§ 1 Abs. 3 Nr. 1 bis 4 SGB VIII). Er wird dabei bei Erwachsenen und Erzie-
hungspersonen (§ 14 Abs. 2 Ziff. 2 SGB VIII) überwiegend auf ein latentes, aber nur
bei bestimmten Personenkreisen auf ein drängendes Interesse stoßen; bei Kindern,
Jugendlichen und jungen Erwachsenen ist regelmäßig von einer Nichtbefassung mit
dieser Problematik und möglicherweise von einem Desinteresse an Fragen ihrer
Schutzbedürftigkeit auszugehen. Schutzbestimmungen lösen im Gegenteil oftmals
Risikolust aus.

Nun könnte daraus geschlossen werden, eine Leistung, nach der keine (gesteigerte)
Nachfrage besteht, brauche man auch nicht anzubieten. Dem steht aber entgegen, daß
seitens der Gesellschaft ein Interesse daran besteht, junge Menschen nicht nur aus
Schaden klug werden zu lassen.

Eine Möglichkeit, dem Nachfrageproblem zu begegnen, ist es, das Interesse für die
Angebote zum erzieherischen Kinder- und Jugendschutz aufzubauen und zu fördern.
Durch eine entsprechende Werbung für diese Angebote (vergleichbar den Kampagnen
für die Vorsorgeuntersuchung, die ebenfalls im staatlichen Interesse liegt) und durch
attraktivere Veranstaltungen müßten die in Frage kommenden Personenkreise zu
gewinnen sein, sich mit solchen Fragestellungen zu befassen. Dann erscheint auch die
Zielvorstellung realistisch, daß vorhandene Sozialisationsinstitutionen und Diskussi-
onsforen sich für diese Thematik interessieren und von sich aus Kontakt mit kompe-
tenten Fachleuten wünschen. Notwendig erscheint insgesamt eine enge Zusammenarbeit der verschiedenen Institutionen, um ein aufgeschlossenes Klima für die Belange
des Jugendschutzes zu erzeugen und andere an die Mitverantwortung für Jugend-
schutz-Aufgaben heranzuziehen.

In § 14 SGB VIII werden die Ziele im Hinblick auf junge Menschen mit Worten
beschrieben, die auch in § 1 Abs. 1 SGB VIII für die Beschreibung der Erziehung
sowie in § 11 Abs. 1 SGB VIII für die Beschreibung der Jugendarbeit sinngemäß
Verwendung finden: es wird von Kritikfähigkeit, Entscheidungsfähigkeit und Eigenverantwortlichkeit gesprochen und davon, daß auch die soziale Komponente der
Gemeinschaftsfähigkeit zu berücksichtigen sei. Damit wird klargestellt, daß erzieherischer Kinder- und Jugendschutz Teil eines gesamterzieherischen Bemühens ist.
Darüber hinaus hat der erzieherische Kinder- und Jugendschutz aber ein weiteres
spezielles Merkmal für seine Erziehungsmaßnahmen. Das sind die Gefahren, vor
denen geschützt werden soll bzw. denen zu begegnen ist.

Es wäre falsch, wenn sich der erzieherische Kinder- und Jugendschutz darauf beschränkte, Schonräume bereitzustellen. Ein wirkungsvoller Schutz von Kindern und die soziale Einbindung Jugendlicher setzt bei den sie erziehenden Erwachsenen die Bereitschaft und Fähigkeit zu partnerschaftlicher Zuwendung voraus. In diesem Sinne muß Kinder- und Jugendschutz optimale Entwicklungschancen für Kinder und Jugendliche fordern, was zielgleichen Aufgaben der Jugendarbeit entspricht. Die Wahrnehmung dieser Aufgaben ist heute umfassender und schwieriger, weil

– neue gesellschaftliche Entwicklungen Erwachsene dazu veranlassen, gedankenlos kommerzielle Interessen zu verfolgen und verantwortungslos Gefährdungen der körperlichen, geistigen und seelischen Entwicklungen von Kindern und Jugendlichen zuzulassen;

– sich wirtschaftliche, gesellschaftliche und technische Verhältnisse häufig sehr schnell ändern, ohne daß die erzieherischen Konsequenzen sofort erkennbar werden;

– eine Überbetonung intellektueller Fähigkeiten in der Erziehungs- und Bildungsarbeit die Förderung der übrigen menschlichen Fähigkeiten und Bedürfnisse vernachlässigt;

– der Schutz vor entwicklungsschädigenden Einflüssen aus der Umwelt zu mangelhaft wahrgenommen wird;

– Eltern und Pädagogen eine zunehmende Erziehungsunsicherheit zeigen, was sich durch geringe Zusammenarbeit noch verstärkt.

Nicht jede Gefährdung ruft auch eine Schädigung hervor. Mit den meisten Gefährdungen muß vielmehr der richtige Umgang gelernt werden; mit ihnen ist ein Risiko verbunden, das abgeschätzt werden muß. Solche Überlegungen haben auch immer zu berücksichtigen, daß Risikobereitschaft ein bei der Jugend angesehener Wert ist. Dabei hat der erzieherische Kinder- und Jugendschutz daran mitzuwirken, ein Verhalten aufzubauen, das nicht zu Selbstschädigungen führt. Angesichts der Breite und Unübersichtlichkeit der Gefährdungsbereiche ist es für spezifische Themen erforderlich, Fachleute einzubeziehen, die über die jeweiligen Gefährdungsbereiche und die möglichen Reaktionen der Jugendlichen darauf Kenntnis haben.

6.5 Andere Aufgaben des Kinder- und Jugendschutzes

Die anderen Aufgaben des Jugendschutzes ergeben sich vor allem aus

– dem Gesetz über die Verbreitung jugendgefährdender Schriften (GjS),

– dem Gesetz zum Schutze der Jugend in der Öffentlichkeit (JÖSchG) sowie

– dem Gesetz zum Schutze der arbeitenden Jugend (JArbSchG).

In der Begründung des Regierungsentwurfs zum KJHG werden diese Aufgaben als andere Aufgaben des Jugendschutzes (und nicht als *gesetzlicher* Jugendschutz) bezeichnet, weil – wie schon im JWG – erzieherischer Jugendschutz gesetzlicher Jugendschutz ist.

Für das Jugendamt können sich in diesem Zusammenhang eigene Zuständigkeiten ergeben, die sich aus den Gesetzen selbst und aus entsprechenden Landesvorschriften ableiten:

– Antragsberechtigung bei der Bundesprüfstelle zur Indizierung von Schriften, Ton- und Bildträgern, Abbildungen und anderen Darstellungen nach dem GjS, die sich aus § 2 der Durchführungsverordnung zu diesem Gesetz (DVO-GjS) ergibt. Dieses

Antragsrecht bedeutet nicht nur Ermächtigung, sondern Verpflichtung zum Schutz wichtiger Gemeinschaftsgüter.

- Marktbeobachtung in Videotheken, Kiosken und Buchhandlungen nicht als Kontrolle, was in erster Linie Sache der Polizeibehörden ist, sondern zum Kennenlernen des Marktes und zum Herausfinden der Titel, die für eine Listenaufnahme nach dem GjS in Betracht kommen.
- Inobhutnahme nach dem § 1 Satz 2 Nr. 2 JÖSchG i.V.m. § 42 Abs. 3 SGB VIII sowie Beseitigung von örtlichen Jugendgefährdungen.
- Beteiligung des Jugendamtes bei Entscheidungen über Ausnahmegenehmigungen über die Anwesenheit von Kindern und Jugendlichen bei öffentlichen Tanzveranstaltungen (§ 5 Abs. 2 und 3 JÖSchG).
- Mitwirkung des Jugendamtes bei der Abwendung von Gefährdungen, die von den §§ 3 und 8 JÖSchG – Aufenthalt in Gaststätten und Spielhallen – nicht erfaßt werden.
- Stellungnahmen nach dem Jugendarbeitschutzgesetz hauptsächlich in Fällen von Kinderauftritten bei Veranstaltungen, Theater usw. (§ 6 JArbSchG).
- Fachliche Unterstützung und Beratung anderer Institutionen bei Kontrollaufgaben (siehe § 81 Ziff. 6 und 7 SGB VIII) im Rahmen seiner Aufgaben und Befugnisse.
- Fachliche Unterstützung und Beratung von Gewerbetreibenden.

6.6 Öffentlichkeitsarbeit

In den gegenwärtigen konzeptionellen Überlegungen über das Anliegen des Jugendschutzes wird immer wieder hervorgehoben, Jugendschutz müsse als eine alle gesellschaftlichen Gruppen und Entscheidungsprozesse betreffende und dort zu berücksichtigende Aufgabe angesehen werden. Im einzelnen haben das Jugendamt und die freien Vereinigungen für den Kinder- und Jugendschutz sich dieser Querschnittsaufgabe zu stellen und dazu folgendermaßen übergreifend tätig zu werden:
- Aufwertung des Jugendschutzes;
- kontinuierliche Pressekontakte, effektive Nutzung der Medien für das Anliegen des Jugendschutzes;
- Mitwirkung an Planungsverfahren unter Jugendschutzgesichtspunkten, z.B. Beteiligung in verschiedenen Bereichen der Jugendhilfeplanung, der Stadtplanung usw.

Die Aufgaben der erzieherischen Kinder- und Jugendschutzes sind in allen Bereichen der Jugendhilfe zu berücksichtigen und in den jeweils geeigneten Formen umzusetzen. Vor allem im Rahmen der Jugendarbeit, der Jugendsozialarbeit und der Familienbildung sollten dazu regelmäßig Angebote gemacht werden. Da es im Bereich des Jugendschutzes insbesondere Aufgaben der Initiierung und Koordination gibt, für die umfangreiches, stets aktuelles Spezialwissen erforderlich ist, bedarf es im Jugendamt einer Fachkraft (§ 72 Abs. 1 SGB VIII), die sich hauptsächlich dem Bereich Kinder- und Jugendschutz zuwendet[46].

---

46 Zu diesem Kapitel vgl. auch *Gernert* (1993), a.a.O.; *G. Bienemann/M. Hasebrink/B. W. Nikles (Hg.)*, Handbuch des Kinder- und Jugendschutzes, Münster 1995. Zum Kinder- und Jugendschutz in der Jugendhilfeplanung vgl. die Beiträge von *Nikles, Lukas* (neue Bundesländer), und von *Wiesner, Roll* (Bayern) in: KJuG, Heft 3/1995.
Zu »Mädchenschutz - Jungenschutz« vgl. die Beiträge von *Heiliger, Sielert, Wallner, Sturzenhecker, Pöggeler* in: KJuG, Heft 2/1995.

Achtes Kapitel: Hilfen außerhalb der eigenen Familie

1. Erziehung in Kindertageseinrichtungen

Rechtsgrundlage: §§ 22, 24, 24 a SGB VIII; Kindergartengesetze der Länder

Kindergartenerziehung wird heute als eine eigenständige Erziehung angesehen. Sie soll die individuelle Entwicklung der Kinder, insbesondere deren soziale Fähigkeiten fördern und bei ungünstigen sozialen oder familiären Verhältnissen für die dadurch benachteiligten Kinder einen Ausgleich schaffen (Kompensationsfunktion). Zugleich sollen die Eltern, vor allem die Mütter, in ihrer Erziehungsaufgabe entlastet und unterstützt werden.

Der Bildungsgesamtplan vom 15. Juni 1973 hat das Erziehungs- und Bildungsangebot im Vorschulalter als »Elementarbereich« in das Bildungssystem integriert und den Ausbau der Elementarerziehung zur vordringlichen Aufgabe erklärt.

Die Bundesländer haben mit ihren Kindergartengesetzen den gesetzgeberischen Raum genutzt, der ihnen im Rahmen der konkurrierenden Gesetzgebung überlassen war.

Die Kindergartengesetze – bzw. (meist Krippen und Horte einbeziehend) die Kindertagesstättengesetze – sind in der Regel landesrechtliche Ausführungsgesetze zum KJHG/SGB VIII (und nicht wie die Schulgesetze selbständige Landesgesetze).

Durch die Kindergartengesetze wurden die Voraussetzungen für einen qualitativen und quantitativen Ausbau verbessert. Schwerpunkt dieser Gesetze sind die Aufgabenbeschreibung, die Aufstellung pädagogischer Grundsätze für die Kindergartenerziehung und die Regelung der Förderungsgrundsätze. Im einzelnen weichen die landesrechtlichen Bestimmungen voneinander ab.

Die Kindergartenerziehung hat in den letzten Jahren aufgrund der Kritik an der herkömmlichen Arbeit, zunächst durch die antiautoritäre Bewegung, dann durch die Kinderladen-Bewegung und schließlich durch die Elterninitiativen, wichtige Anstöße erhalten. Das Ziel, Kindern aus sozial benachteiligten Schichten durch Kindergartenerziehung zu besseren Lebenschancen zu verhelfen, ist noch nicht erreicht. Häufig ist der Kindergarten auch heute noch – trotz verschiedener Veränderungen und Modelle – eine isolierte pädagogische Institution, ohne Bezug zum Gemeinwesen[1].

Die Bundesarbeitsgemeinschaft der Landesjugendämter hat sich in ihrer Sitzung vom Oktober 1992[2] mit den Konsequenzen des durch das Schwangeren- und Familienhilfegesetz[3] in § 24 SGB VIII aufgenommenen Rechtsanspruchs auf den Kindergarten befaßt. So sehr begrüßt wurde, für alle Kinder den Kindergartenbesuch zu ermöglichen, so wurde doch auch auf Probleme und teilweise negative Folgen der getroffenen Regelung hingewiesen.

---

1   Vgl. Bader/Otte/Stoklossa, a.a.O. – zum Hort: das Handbuch für die Praxis von *J. Rolle/ E. Kesberg*, Band 1, 3. Auflage, Stuttgart 1993 – Eckpunkte des Paritätischen Wohlfahrtsverbandes - Gesamtverband - zur Betreuung zur Förderung von Kindern in Tageseinrichtungen, in: Forum Jugendhilfe Nr.3/1995, 19 ff.

2   Siehe Presseverlautbarung, in: ZfJ 4/1993, S. 216; BT-Drucks. 13/722

3   Vom 27.7.1992, BGBl. I, S. 1397, 1400; zum Rechtsanspruch siehe *Lakies*, in: ZfJ 6/93, 271 ff.; *Wilke*, ZfJ 1996, 120; *Dahmer*, ZfJ 1996,123.

Dazu gehören:

- die zur Befriedigung des Rechtsanspruchs verpflichteten Kommunen sind in dem
  vorgesehenen Zeitraum aus finanziellen, personellen (Mangel an Erzieherinnen)
  und planerischen (Fehlen von geeigneten Grundstücken) Gründen hierzu weitgehend nicht in der Lage;
- nach der Struktur des KJHG sind die Jugendämter verpflichtete Träger und nicht
  etwa auch kreisangehörige Städte ohne eigenes Jugendamt;
- da der Rechtsanspruch sich nur gegen die Kommunen richtet, ist zu befürchten,
  daß freie Träger für eine Erweiterung des Angebots Eigenmittel nicht mehr einsetzen und sich darüber hinaus auch bei den vorhandenen Einrichtungen teilweise
  zurückziehen;
- die jetzige Fassung dehnt den Altersbereich bis nahe an 4 volle Jahrgänge vor der
  Einschulung aus und setzt damit von der Gesamtzahl her unrealistische Planziele;
- der mit der Vollendung des dritten Lebensjahres begründete Rechtsanspruch führt
  nach seinem Wortlaut dazu, daß während des Kindergartenjahres laufend neue
  Kinder in die Gruppen aufgenommen werden müßten, was auch pädagogisch nicht
  vertretbar ist;
- dieser Rechtsanspruch führt angesichts der kommunalen Finanzlage dazu, daß
  andere, ebenso wichtige Aufgaben der Jugendhilfe zurückgestellt oder nur noch
  reduziert wahrgenommen werden können, z.b. in der Jugendarbeit oder auch für
  die wichtige Versorgung der noch nicht 3jährigen oder der Kinder im Schulalter
  (Hortausbau)[4];
- es ist zu befürchten, daß eine für die Kinder und die Aufgaben des Kindergartens
  unvertretbare Qualitätsreduzierung (z.B. Erhöhung der Gruppenstärken, Einschränkung des Personal- und Raumangebots usw.) eintreten wird.

Die BAGLJÄ forderte, daß für den Ausbau der Versorgung mit Kindergartenplätzen eine praktikablere und hinsichtlich der Umsetzungsfrist realistischere bundes-
gesetzliche Regelung getroffen wird und Bund und Länder das hierfür erforderliche
Finanzvolumen zur Verfügung stellen, da die Kommunen dies aus eigener Kraft nicht
leisten könnten.

Der Bundesgesetzgeber hat auf den Druck der (westdeutschen) Länder und Kommunen reagiert und durch das 2. SGB VIII - Änderungsgesetz[5] mit § 24 a eine Übergangsregelung zum Anspruch auf den Besuch eines Kindergartens eingefügt[6]. Der
Rechtsanspruch auf einen Kindergartenplatz ab dem 1.1.1996 wird durch eine befristete Stichtagsregelung eingeschränkt. Bundesländer, in denen es zu wenige Kinder-
gartenplätze gibt, können für 1996 ein Datum bis zum 1. August festlegen. Alle Kinder, die bis zu diesem Stichtag drei Jahre alt sind, haben Anspruch auf Besuch eines
Kindergartens, alle später geborenen erst im folgenden Jahr.

Für 1997 sind zwei, für 1998 drei Stichtage vorgesehen. Das bedeutet, daß Dreijähri-
ge 1997 höchstens sechs und 1998 nur noch vier Monate auf einen Kindergartenplatz
warten müssen. Von 1999 an soll es keine Wartezeit mehr geben. Alternativ kann bis
Ende 1998 auch eine Kinderbetreuung durch Tagesmütter oder Spielgruppen angebo-

---

4   Vgl. auch *M. Polubinski*, in: ZfJ 1995, S. 352 (»Spaltpilz« der Jugendhilfe)
5   Vgl. in diesem Buch S. 59
6   *A. Oehlmann-Austermann*, Rechtsanspruch auf Kindergartenplatz vor der Haustür – oder
    was?, in: ZfJ Nr. 1/1996, S. 7 ff.; *J. Struck*, ZfJ 1996, 157 ff.

ten werden. Für Härtefälle gibt es eine Ausnahmeregel, nach der 1996 der Rechtsanspruch auf einen Kindergartenplatz ab dem dritten Geburtstag eines Kindes bestehen bleibt.

Voraussetzung für die Befugnis, Stichtage festzulegen, ist gemäß § 24 a Abs. 3 S. 3 SGB VIII, daß der örtliche Träger vorab im Rahmen der Jugendhilfeplanung das noch bestehende Versorgungsdefizit festgestellt und verbindliche Ausbaustufen zur Verwirklichung des Rechtsanspruchs beschlossen hat.

Gegenwärtig ist die Versorgung mit Kindergartenplätzen örtlich und regional sehr unterschiedlich. In den alten Bundesländern besuchten 1992 im Durchschnitt etwa vier von sechs Kindern (65,4%) im Alter von drei Jahren bis zum Schuleintritt einen Kindergarten. (Das Angebot beschränkt sich überwiegend auf die Vormittagsstunden.) In den neuen Bundesländern steht für jedes Kind dieser Altersgruppe ein Platz zur Verfügung[7].

2. Spielplätze

Rechtsgrundlage: Spielplatzgesetze der Länder

Spielplätze ermöglichen in besonderem Maße die Entfaltung eigenständiger Aktivitäten und Interessen; sie sind ein unterschätztes Sozialisationsfeld für Kinder und Jugendliche.

Das KJHG erwähnt Spielplätze nicht ausdrücklich. Zu den Aufgaben des Jugendamtes gehört aber auch, die Schaffung von Spielplätzen anzuregen, zu fördern und eventuell selbst vorzunehmen. Die Verpflichtung, Kinderspielplätze einzurichten, ergibt sich aus dem Baugesetzbuch, Landesbauordnungen, Spielplatzerlassen von Landesministerien, örtlichen Satzungen oder Spielplatzgesetzen der Bundesländer.

Bezüglich der Spielplatzversorgung steht die Bundesrepublik im Vergleich zum europäischen Ausland an einer der letzten Stellen.

Es gibt zwei Haupttypen von Spielplätzen:
- unbetreute Spielplätze (meist Geräteplätze) und
- pädagogisch betreute Spielplätze.

Spielgeräte ermöglichen vorwiegend Bewegungsaktivitäten; sie erlauben nur Funktionsübungen und ständige Wiederholungen mit geringen Variationen. Gemeinsames Spielen und soziale Interaktion werden nicht angeregt. Wichtige Merkmale wie Eigeninitiative, selbständiges Gestalten und Kreativität, Kooperation und Kommunikation können auf herkömmlichen Spielplätzen kaum verwirklicht werden. Als Alternative entstanden daher Ende der 60er Jahre unter den Bezeichnungen »Abenteuerspielplatz«, »Aktivspielplatz«, »Bauspielplatz« pädagogisch betreute Spielplätze[8].

---

7 *BMFJ*, Kinder- und Jugendhilfegesetz, 6. Aufl. 1994, S. 18
8 Vgl. *Autorengruppe ASP/MV*, a.a.O.; *G. Schottmayer/R. Christmann*, a.a.O.; *D. Schelhorn*, Spielplatz/Spielorte für Kinder, in: DeutscherVerein für öffentliche und private Fürsorge (Hrsg.), Fachlexikon der sozialen Arbeit, 3. Auflage 1993, S. 910 ff.

Statistik: Kinder in Kinderkrippen und Kindergärten[a]

Jahr / Familientyp / Beteiligung der Bezugspersonen am Erwerbsleben	Kinder unter 8 Jahren[b] 1.000	Darunter Kinder in Kinderkrippen und Kindergärten														
		zusammen		davon im Alter von ... bis unter ... Jahren											
				unter 3		3 – 8		3 – 4		4 – 5		5 – 6		6 – 8	
		1.000	%[c]	1.000	%[c]	1.000	%[c]	1.000	%[c]	1.000	%[c]	1.000	%[c]	1.000	%[c]
1992	5.774	2.640	45,7	316	12,3	2.325	72,5	387	44,0	656	73,7	706	89,5	576	89,0
1993	5.792	2.640	45,6	244	9,9	2.396	71,9	383	42,1	659	73,3	753	89,1	601	88,5
und zwar (1993):															
Vollständige Familien	5.014	2.229	44,5	175	8,2	2.054	71,0	315	39,6	564	72,4	653	89,0	522	88,9
Erwerbspersonen	4.897	2.190	44,7	170	8,2	2.020	71,2	311	39,8	554	72,7	642	89,3	513	89,3
Nichterwerbspersonen	118	39	33,4	5	8,8	34	59,1	—	—	10	59,4	11	77,4	8	67,5
Alleinerziehende	777	411	52,9	69	20,3	342	78,0	68	59,1	95	79,1	100	89,6	80	85,9
Erwerbspersonen	570	348	61,0	63	27,8	285	83,0	59	67,7	79	84,1	82	92,6	65	87,9
Nichterwerbspersonen	207	63	30,3	6	5,3	57	60,1	9	31,4	16	61,5	18	78,6	15	78,4
Erwerbspersonen	5.467	2.538	46,4	232	10,2	2.305	72,5	370	42,6	633	73,9	724	89,6	578	89,2
Erwerbstätige	5.038	2.331	46,3	202	9,6	2.129	72,7	334	41,8	586	74,1	673	90,3	536	89,8
Selbständige	529	252	47,7	15	7,2	237	74,9	33	41,8	65	75,1	79	92,6	60	91,4
Beamte/-innen	408	180	44,1	8	4,8	172	72,3	22	35,1	48	75,1	58	92,8	44	89,1
Angestellte	1.777	850	47,8	76	10,1	773	75,5	119	43,4	216	78,7	249	93,5	189	90,6
Arbeiter/-innen	2.324	1.049	45,1	102	10,5	947	70,0	160	41,8	257	70,3	287	86,7	243	89,0
Erwerbslose	428	207	48,3	31	17,1	176	70,5	36	51,0	47	71,8	51	81,8	42	81,7
Nichterwerbspersonen	325	102	31,5	11	6,5	91	59,7	13	32,0	26	60,5	29	77,9	23	74,3

a. Ergebnis des Mikrozensus. – Bevölkerung am Familienwohnsitz. – Deutschland
b. Ohne Kinder, die bereits die Schule besuchen.
c. Bezogen auf jeweils 100 Kinder der gleichen Altergruppe.

Quelle: Statistisches Jahrbuch 1995, S. 480

3. Jugendarbeit[9]

Rechtsgrundlage: § 11 SGB VIII

Jugendarbeit (auch als außerschulische Jugendbildung, allgemeine Jugendförderung oder Jugendpflege bezeichnet) ist ein Teil der Jugendhilfe und versteht sich als Bildungsbereich eigener Art.

Im Jugendwohlfahrtsgesetz waren die Aufgaben der Jugendarbeit nur sehr allgemein angesprochen (vgl. § 5 Abs. 1 Nr. 1 und 6 JWG). Demgegenüber präzisiert das KJHG die Ziele und Schwerpunkte der Jugendarbeit. Die Angebote sollen an den Interessen junger Menschen anknüpfen und von ihnen mitbestimmt werden, sie sollen zur Selbstbestimmung befähigen, zu gesellschaftlicher Mitverantwortung und zu sozialem Engagement anregen.

Detailliertere Bestimmungen sind in einigen Landesausführungsgesetzen zum KJHG/SGB VIII enthalten, so. z.B. in § 7 des schleswig-holsteinischen Landesrechts:

Ziele der Jugendarbeit

(1) Die Jugendarbeit soll junge Menschen dazu befähigen, ihre persönlichen und sozialen Lebensbedingungen einschließlich ihrer regionalen und globalen Zusammenhänge zu erkennen, ihre Interessen gemeinsam mit anderen wahrzunehmen sowie ethnische, kulturelle, regionale, soziale und politische Erfahrungen, Kenntnisse und Vorstellungen kritisch zu verarbeiten. Sie soll zu eigenverantwortlichem gesellschaftlichen und politischen Handeln befähigen, jugendspezifische Formen von Lebens- und Freizeitgestaltung ermöglichen sowie bei der Berufsfindung und dem Übergang in die Arbeitswelt Unterstützung gewähren.

(2) Leitideen der Jugendarbeit sind insbesondere

1. gesellschaftliche Mitverantwortung im Sinne von demokratischer Mitgestaltung des gesellschaftlichen Wandels,

2. Selbstbestimmung als Interesse, sich zu unabhängigen Menschen zu entwickeln,

3. gesellschaftliche Gleichstellung von Frauen und Männern,

4. die über Gruppen und Generationen hinausgehende Solidarität, vor allem zwischen Nichtbehinderten und Behinderten,

5. Weltoffenheit und Aufgeschlossenheit für Menschen anderer Nationalität und Kultur,

6. Friedensfähigkeit als Mittel, im Umgang miteinander Frieden zu schaffen und zu bewahren sowie mit Konflikten verantwortungsvoll umzugehen,

7. Schutz der Umwelt als Erhaltung und Pflege der natürlichen Grundlagen des Lebens.

(3) Ein besonderes Ziel der Jugendarbeit ist die Entwicklung von Toleranz gegenüber Menschen anderer Herkunft, Weltanschauung und Lebensweise.

---

9 L. *Böhnisch/R. Münchmeier*, Wozu Jugendarbeit?, 2. Aufl., Weinheim und München 1989; R. *Klees u.a.*, Praxisbuch für die Jugendarbeit, Weinheim 1989; *Ch. Bernzen*, Zukunft der Jugendarbeit, *in:* Wiesner/Zarbock (Hrsg.), 1991, S. 239 ff. Empfehlungen der *BAGLJÄ* (Oktober 1994), in: LJA LWL 122/1995, S. 9 ff. Zur behördlichen Jugendpflege in Deutschland von 1900 - 1980 vgl. B. *Naudascher*, a.a.O., Düsseldorf 1990.

Jugendarbeit wird vor allem von den Jugendverbänden geleistet. Die Finanzierung erfolgt zum größten Teil über den Bundesjugendplan[10], die Landesjugendpläne und die Kommunen. § 12 SGB VIII schreibt die Förderung der Jugendverbände und Jugendgruppen nach Maßgabe des § 74 vor.

Kennzeichen der Sozialisationshilfen durch die Jugendarbeit sind:
– Freiwilligkeit der Teilnahme,
– Verzicht auf Leistungskontrollen,
– Herrschaftsarmut,
– Altersheterogenität,
– Flexibilität der Angebote, Methoden und Kommunikationsformen,
– Orientierung an den Interessen und Bedürfnissen der Jugendlichen.

Für die inhaltliche Ausgestaltung der Jugendarbeit konkurrieren verschiedene Konzeptionen und Ansätze:
– emanzipatorische Jugendarbeit (z.B. Giesecke 1971, C. W. Müller u.a. 1964)[11]
– antikapitalistische Jugendarbeit (z.B. Lessing/Liebel 1974)[12]
– selbstbestimmte und selbstorganisierte Jugendarbeit (z.B. Jugendzentrumsbewegung)[13]
– bedürfnisorientierter Ansatz (z.B. Damm 1975)[14].

3.1 Finanzierung der Jugendarbeit[15]

§ 79 Abs. 2 S. 2 SGB VIII verpflichtet die öffentlichen Träger der Jugendhilfe zwingend, einen angemessenen Anteil aus dem Gesamtetat der Jugendhilfe für die Jugendarbeit (§§ 11, 12 SGB VIII) zu verwenden. Der Gesetzgeber ist damit einer Anregung der Sachverständigenkommission zum Siebten Jugendbericht gefolgt, hat aber auf die dort geforderte Festlegung eines bestimmten prozentualen Anteils der Mittel für die Jugendarbeit wegen des damit verbundenen problematischen Eingriffs in die kommunale Finanzhoheit verzichtet.

Die Vorschrift soll sicherstellen, daß die Jugendarbeit angesichts der Vielzahl sonstiger Leistungen der Jugendhilfe, die teilweise mit einem Rechtsanspruch ausgestattet sind, beim Einsatz der öffentlichen Mittel nicht benachteiligt wird. Trotz ihres zwingenden Charakters wird die Vorschrift in ihrer bewußt gewählten Unbestimmtheit kaum in der Lage sein, das gesteckte Ziel wirklich abzusichern. Letztlich wird es von der Lobby der Jugendarbeit abhängen, welcher Anteil der Gesamtmittel als angemessen betrachtet werden wird. Die Jugendarbeit kann jedenfalls nicht mehr als freiwillige Leistung angesehen werden.

10 Die zur Förderung von Jugendhilfeaufgaben verfügbaren Bundesmittel sind fast ausschließlich im Bundesjugendplan ausgewiesen, der als gesetzesfreie Fondsverwaltung mit großen Ermessensspielräumen der Administration angelegt ist (vgl. *Keil*, a.a.O., S. 59 ff.). Vgl. KABI (Konzertierte Aktion Bundesjugendplan Innovation), Hrsg. vom *Bundesministerium für Frauen und Jugend*; siehe auch S. 77 dieses Buches

11 *H. Giesecke*, a.a.O.; *C. W. Müller/H. Kentler/K. Mollenhauer/H. Giesecke*, a.a.O.; vgl. *Fieseler*, in: Fieseler/Schleicher, KJHG, vor §§ 11 - 15 Rn. 2 ff.

12 *H. Lessing/M. Liebel*, a.a.O.

13 *A. Herrenknecht/B. Hätscher/S. Koospel*, a.a.O.

14 *D. Damm* (1975), a.a.O.; *D. Damm* (1980), a.a.O.

15 Vgl. *Hauck/Haines*, a.a.O., Anm. 15 zu § 79; *Fieseler*, in: Fieseler/Schleicher, KJHG, vor §§ 11 - 15 Rn. 9 ff. (zur staatlichen Kontrolle a.a.O., Rn. 12 ff.)

3.2 Jugendsozialarbeit

Rechtsgrundlage: § 13 SGB VIII

Jungen Menschen sind zum Ausgleich sozialer Benachteiligungen oder zur Überwindung individueller Beeinträchtigungen geeignete, auch personenbezogene, sozialpädagogische Hilfen anzubieten, die ihre schulische und berufliche Ausbildung, ihre Eingliederung in die Arbeitswelt sowie ihre soziale Integration fördern. Dabei ist die besondere Lage von Mädchen und jungen Frauen in der Berufsorientierung und -ausbildung zu berücksichtigen. Die Maßnahmen sollen mit geeigneten Angeboten der Jugendarbeit verbunden werden[16].

Sozialpädagogisch orientierte Angebote der Beschäftigung und Berufsausbildung haben sich zu einem wesentlichen Bestandteil der Jugendsozialarbeit entwickelt. Die vielfältigen Aktivitäten gehen jedoch über den Bereich der Jugendhilfe hinaus. Wesentliche Bedeutung kommt insbesondere den Maßnahmen der Bundesanstalt für Arbeit zu, die gegenüber den Leistungen nach diesem Gesetz vorrangig sind (§ 10 Abs. 1 SGB VIII).

Angesichts der anhaltenden Jugendarbeitslosigkeit haben diese Angebote in den letzten Jahren erneut an Bedeutung gewonnen. Dabei wurde deutlich, daß Jugendhilfe nicht nur hinsichtlich der Angebote im Vorfeld von Ausbildungs- und Beschäftigungsmaßnahmen, begleitend oder danach tätig werden muß. Inzwischen hat sich auch gezeigt, daß eine Gruppe benachteiligter junger Menschen nicht erfaßt wird und ausgegrenzt bleibt. Angesichts steigender Anforderungen aufgrund der technologischen Entwicklung und des damit verbundenen Rückgangs von Einfacharbeitsplätzen dürfte sich diese Problematik noch weiter verschärfen.

Die Vorschrift des § 13 SGB VIII bezieht aber auch Angebote und Maßnahmen der Schulsozialarbeit ein. Sie sind in besonderem Maße geeignet, bereits in allgemeinbildenden Schulen zu einem reibungsloseren Übergang Jugendlicher von der Schule in ein Ausbildungsverhältnis beizutragen[17].

4. Pflegekinderwesen

Die *Familienpflege* und die Adoption sind wichtige, allerdings nicht die einzigen erzieherischen Hilfen außerhalb der Herkunftsfamilie. Dabei geht auch der Adoption in der Regel ein Pflegeverhältnis zur »Eingewöhnung des Kindes« voraus (§ 1744 BGB, § 8 AdVermG). Jugendämter und freie Träger müssen ihre Aufgaben so ausüben, daß sie einerseits die verfassungsgemäß gesicherten Rechte der leiblichen Eltern wahren und andererseits die bestmöglichen Bedingungen für die psychische und soziale Entwicklung der betroffenen Kinder und Jugendlichen schaffen. Diese

---

16 Vgl. § 24 Abs. 1 Jugendförderungsgesetz Schleswig-Holstein (Erstes Gesetz zur Ausführung des KJHG vom 5.2.1992); zur Jugendsozialarbeit im Kinder- und Jugendhilfegesetz vgl. die Beiträge von *K. H. Breuer, J. Merchel* und (zur Jugendberufshilfe) *P. Fülbier*, in: Jugend, Beruf, Gesellschaft, Heft 2/1991. Diese vierteljährlich erscheinende Zeitschrift wird herausgegeben von der Bundesarbeitsgemeinschaft Jugendsozialarbeit, Kennedyallee 105-107, 53175 Bonn

17 Vgl. Regierungsbegründung zu § 13 SGB VIII (BT-Drucks. 11/5948, S. 55); vgl. auch *B. Stickelmann*, Sozialarbeit in der Schule, in: Kreft/Lukas (Hg.), Perspektivenwandel der Jugendhilfe, Band II 1990, S. 317 ff. m.w.Nw.

Kinder und Jugendlichen kommen sehr häufig aus schlechten ökonomischen Verhältnissen, aus unvollständigen Familien, und die Fremdunterbringung sollte ihre Lebenschancen entscheidend verbessern.

4.1 Pflegekindschaft

Nach dem Jugendwohlfahrtsgesetz (§ 27 Abs. 1) waren *Pflegekinder* Minderjährige unter 16 Jahren[18], die sich dauernd oder nur für einen Teil des Tages, jedoch regelmäßig, außerhalb des Elternhauses in Familienpflege befinden. Der Ausschlußkatalog
des § 27 Abs. 2 war dabei zu beachten. Das Kinder- und Jugendhilfegesetz enthält
demgegenüber keinen Pflegekinderbegriff, sondern erfaßt in § 33 SGB VIII Kinder
und Jugendliche, also junge Menschen bis zu 18 Jahren, in Vollzeitpflege über Tag
und Nacht. Ebenso erfaßt § 44 SGB VIII, der regelt, wann eine Pflegeerlaubnis erforderlich ist und wann nicht, alle Minderjährigen, die außerhalb des Elternhauses in
einer Familie regelmäßig betreut werden oder denen auf diese Weise Unterkunft
gewährt wird. *Anlaß* und *Form* der Unterbringung in fremder Familie können sehr
unterschiedlich sein. Die Eltern können ihr Kind freiwillig, evtl. nur für kurze Zeit, in
eine Pflegestelle gegeben haben (Berufstätigkeit, Krankheit). Es kann ihnen aber auch
das Aufenthaltsbestimmungsrecht entzogen und auf das Jugendamt übertragen sein,
das dann das Kind gegen den Willen der Eltern unterbringt. Für Kinder, die nur tags-
über betreut werden, sind als Leistungen nun die Förderung durch eine Tagespflege-
person gemäß § 23 bzw. die Hilfe zur Erziehung in einer Tagesgruppe nach § 32 SGB
VIII (diese auch für Jugendliche) vorgesehen[19]. Bei der Vollzeitpflege[20] kann es sich
um eine Kurzpflegestelle oder um eine Dauerpflegestelle handeln, um eine »Normal-
pflegestelle« oder um eine sozialpädagogische oder heilpädagogische Pflegestelle.
Wann die eine oder die andere Form in Betracht kommt, richtet sich nach dem Willen
der Eltern, nach den Bedürfnissen der betroffenen Kinder und dem Fachwissen der
Jugendämter.

Die Jugendämter haben hier im einzelnen folgende Aufgaben:
– Abklärung der Frage, ob eine Unterbringung auf (kurze) Zeit oder auf Dauer indi-
   ziert ist;

---

18 Eine Heraufsetzung auf 18 Jahre war nach Landesrecht möglich (vgl. § 36 JWG)
19 Zur Tagespflege: *Lakies/Münder*, NDV 1991, 252; *Kemper*, ZfJ 1992, 371; *DIV-Gutachten*,
    DAVorm 1991, 454; *Werner*, ZfJ 1994, 205; *Kallert*, UJ 1995, 3. Zum Anspruch auf Über-
    nahme der Tagespflegekosten: *OVG Schleswig*, ZfJ 1994, 395, *VG Frankfurt*, ZfJ 1991, 604
    einerseits, *Niedersächsisches OVG*, in: Jugendwohl 1994, 451, *OVG Hamburg*, ZfJ 1992,
    274 andererseits. Zur Tagesgruppe: *Späth*, in: Sozialpädagogik 1990 , 261 und in: Jugend-
    hilfe 1992, 30; *Grupp/Kaufeisen/Adam*, in: Jugendwohl 1991, 93; Stephan, ZfF 1992, 5; *Juli*,
    ZfJ 1992, 372. Zu den Kinderkrippen in der DDR: *Zwiener*, Materialien zum Fünften Fami-
    lienbericht, München 1994. – Zum bedarfsgerechten Ausbau der Tagesbetreuung für Kinder:
    Busch/Heck, ZfJ 1995, 12.
20 *Jordan*, ZfJ 1992, 18; Empfehlungen des DV, NDV 1994, 205; Empfehlungen des *Landesju-
    gendhilfeausschusses des Saarlandes*, ZfJ 1994, 169; *LJA Hessen*, Pflegekinder, Herkunfts-
    eltern, Pflegeeltern. Ergebnisse einer Erhebung im Pflegekinderwesen in Hessen, 2. Auflage
    Wiesbaden 1995; *Lakies*, BldWpfl 1995, 291; – Zum Pflegegeld bei Vollzeitpflege (§ 39
    SGB VIII) – in ihm ist der Kindergartenbeitrag nicht enthalten – *VerwG Gelsenkirchen*,
    DVBl. 1993, 1268. Zur Vollzeitpflege durch den Vormund eines Waisenkindes: *OVG Lüne-
    burg*, Jugendwohl 1995, 86 (Verhältnis von § 39 SGB VIII und §§ 11 ff. BSHG). Verwand-
    tenpflege (Großeltern): *DIV*-Gutachten, in: DAVorm 1995, 333.

- Pflegekindervermittlung; sie wird oft als spezieller Dienst[21], zweckmäßigerweise in Zusammenfassung mit der Adoptionsvermittlung, wahrgenommen;
- Pflegekinderschutz;
- Beratung und Unterstützung der Beteiligten, insbesondere der Pflegeeltern;
- Arbeit mit den Herkunftseltern, insbesondere bei angestrebter Rückkehr in das Elternhaus.

4.2 Rechtliche Regelung[22]

Im Bürgerlichen Gesetzbuch (§§ 1630 Abs. 3, 1632 Abs. 4 BGB), im Kinder- und Jugendhilfegesetz und, sehr unterschiedlich, in verschiedenen Gebieten des öffentlichen Rechts (Kindergeldgesetz, Sozialversicherungsgesetze, Steuergesetze, Beamtenbesoldungsrecht u.a.) finden sich Regelungen zum Pflegekindrecht. Eine umfassende interessengerechte gesetzliche Regelung steht aber auch nach Verabschiedung und erster Änderung des Kinder- und Jugendhilfegesetzes noch aus. Allerdings ist – rechtlich wie fachlich – die ausdrückliche Festlegung der Mitwirkung der Beteiligten, wie sie in §§ 36, 37 SGB VIII vorgesehen ist, zu begrüßen. Sie dient – ebenso wie das Zusammenwirken im Team mehrerer Fachkräfte (§ 36 Abs. 2 Satz 1) und das Erfordernis einen Hilfeplan aufzustellen (§ 36 Abs. 2 Satz 2) – der Qualität sozialpädagogischer Entscheidungen[23]. Die Eltern und ihr Kind entscheiden grundsätzlich darüber, welche Pflegestelle sie in Anspruch nehmen wollen (§ 36 Abs. 1 Satz 3 und 4). Das Jugendamt berät sie dabei und weist sie auf die möglichen Folgen der Inanspruchnahme einer Vollzeitpflege hin, d.h. auch darauf, daß bei entsprechender Entwicklung des Kindes später möglicherweise dessen Verbleib in der Pflegefamilie gesichert werden muß[24].

Der *Pflegekinderschutz* ist in § 44 und § 37 Abs. 3 SGB VIII geregelt. Danach
- setzt die Aufnahme eines Minderjährigen eine (nur in Eilfällen unverzüglich nachzuholende) Erlaubnis voraus, sofern nicht einer der in § 44 Abs. 1 Satz 2 SGB VIII normierten Tatbestände vorliegt,
- diese Erlaubnis hat das Jugendamt zu versagen, wenn in der Pflegestelle das Wohl des Pflegekindes nicht gewährleistet ist. Die Erlaubnis kann zurückgenommen oder widerrufen werden, wenn das Wohl des Pflegekindes in der Pflegestelle gefährdet ist und wenn die Pflegeperson nicht bereit oder in der Lage ist, die Gefährdung abzuwenden (§ 44 Abs. 3 Satz 2).
- Die Pflegestellen unterstehen der Aufsicht des Jugendamtes (§ 37 Abs. 3 bzw. § 44 Abs. 3 Satz 1 SGB VIII).

---

21 *Köster*, NDV 1980, 287; zur Frage der Organisation (Spezialdienst oder Integration in den allgemeinen Sozialdienst vgl. auch *Blandow/Widemann*, in: Hamburger Pflegekinderkongreß, S. 84 f. und die 28. bis 31. These dieses Kongresses, a.a.O., 115 ff.)

22 *Wiesner*, ZfJ 1989, 101; *Lakies*, ZfJ 1990, 545; *Steding*, ZfJ 1993, 576; *Kunkel*, ZfJ 1995, 240. – Zur Verwandschaftspflege: *Becker*, ZfJ 1993, 281; *Maiwald/Weißmann*, JH 1994, 138; *Lakies*, JH 1995, 24 und 141; *Lakies*, BldWpfl. 1995, 291; *OVG Nordrhein-Westfalen*, DAVorm 1995, 1156 – Aus verfassungsrechtlicher Sicht: *Wagner*, FuR 1994, 219; *Lakies*, FuR 1995, 114

23 Vgl. *Schrapper*, in: AFET 1993 (Heft 1), 5; *Späth*, in: Evangelische Jugendhilfe 1992 (Heft 3), 13

24 Vgl. S. 135, 198 dieses Buches

- Dieses kann das Pflegekind bei Gefahr im Verzuge sofort aus der Pflegestelle entfernen und vorläufig anderweitig unterbringen (§ 43 SGB VIII).
- Die Pflegeeltern haben gesetzlich festgelegte Unterrichtungspflichten gegenüber dem Jugendamt (§ 37 Abs. 3 Satz 2 SGB VIII).

Neben diese Kontrollfunktion – und ihr nach gesetzgeberischer Intention sowie sozialpädagogischem Verständnis vorrangig – tritt die *Beratung und* die *Unterstützung* der Pflegepersonen nach § 37 Abs. 2 SGB VIII, eine außerordentlich wichtige Aufgabe, die in der Praxis häufig unzureichend wahrgenommen wird. Nicht bzw. nicht befriedigend geregelt sind der *Inhalt und* die *Beendigung des Pflegeverhältnisses*. Der tatsächlichen Verantwortung der Pflegeeltern für die von ihnen betreuten Kinder entsprechen keine eigenen Rechte. Nur auf Antrag der leiblichen Eltern kann ihnen im Falle der Unterbringung für längere Zeit das Vormundschaftsgericht Angelegenheiten der elterlichen Sorge übertragen (§ 1630 Abs. 3 BGB). Weil hiervon selten Gebrauch gemacht wurde, stellt nun § 38 SGB VIII die gesetzliche Vermutung eines Vertretungsrechtes auf, um eine alltägliche Betreuung zu erleichtern[25]. Im übrigen richtet sich der Inhalt des Pflegeverhältnisses nach dem mit den Eltern bzw. dem Jugendamt abgeschlossenen *Pflegekindervertrag*.

Das Pflegeverhältnis wird *beendet*,

- durch Kündigung (z.T. wird eine Genehmigung des Vormundschaftsgerichts nach künftigem Recht gefordert),
- durch Herausnahme des Kindes in Ausübung des Aufenthaltsbestimmungsrechts der Eltern (§ 1631 Abs. 1 BGB),
- durch Widerruf der Pflegeerlaubnis (§ 44 Abs. 3 Satz 2 SGB VIII),
- durch Herausnahme und vorläufige anderweitige Unterbringung seitens des Jugendamtes (§ 43 Abs. 1 SGB VIII).

Die Möglichkeit der Kündigung des Pflegevertrages und der Herausnahme des Kindes aus der Pflegestelle kann zu Verunsicherungen bei Pflegeeltern und Pflegekindern führen, denen § 1632 Abs. 4 BGB Rechnung zu tragen versucht, indem er bei schon länger dauernder Familienpflege die Möglichkeit einer *Verbleibensanordnung* durch das Vormundschaftsgericht vorsieht[26]. Vor dieser Entscheidung ist wiederum das Jugendamt zu hören (§ 49 Abs. 1 Nr. 1 e FGG). Um die Kontinuität der Erziehung in der Pflegefamilie zu sichern, hat das Jugendamt – wenn es die Eltern nicht für ein Verbleiben des Kindes dort gewinnen kann – eine solche Entscheidung nach § 50 Abs. 3 SGB VIII herbeizuführen.

Damit es möglichst nicht zu der in solchen Fällen oft traumatischen Situation für die Beteiligten kommt, sieht nun § 37 Abs. 1 SGB VIII ausdrücklich vor:

- die Pflegeperson und die Eltern sollen zum Kindeswohl zusammenarbeiten; darauf ist hinzuwirken (§ 37 Abs. 1 Satz 1),
- durch Beratung und Unterstützung sollen die Erziehungsbedingungen in der Herkunftsfamilie verbessert und die Beziehung des Pflegekindes zu der Herkunftsfamilie gefördert werden (§ 37 Abs. 1 Satz 2), solange eine Rückführung verantwortet werden kann,

---

25 Zu § 38 SGB VIII: *Amt für Jugend, Hamburg*, ZfJ 1991, 306; *A. Fricke*, ZfJ 1992, 305.
26 *L. Salgo*, a.a.O., S. 177 - 227. Vgl. auch: *Finger*, NDV 1984, 332; *Lempp*, ZfJ 1986, 543; *Schlüter/Liedmeier*, FuR 1990, 122; *Niedermeyer*, FuR 1990, 153 u. S. 135 dieses Buches.

– sobald abzusehen ist, daß dies nicht (mehr) der Fall sein wird, soll mit allen Beteiligten eine andere auf Dauer angelegte Lebensperspektive erarbeitet werden (§ 37 Abs. 1 Satz 4).

4.3 Abgrenzung und Kritik

Vor einer Unterbringung in Familienpflege ist stets zu prüfen, ob
– eine Trennung von der Herkunftsfamilie notwendig ist,
– gegebenenfalls, ob gerade die Familienpflege dem Kind oder Jugendlichen die bestmöglichen Lebenschancen einräumt.

In vielen Fällen wird es für einen Minderjährigen die bessere Lösung sein, wenn durch ausreichende Hilfen zum Ausgleich materieller, sozialer und psychischer Defizite die *Erziehungsfähigkeit der Herkunftsfamilie* gestärkt wird. Ist dies nicht möglich, so liegt der Vorteil der Familienpflege gegenüber der Heimerziehung darin, daß Kinder für ihre Entwicklung gerade in frühen Lebensjahren eine Umgebung benötigen, die hohe Kommunikationsdichte, Konsistenz und Stabilität aufweist, wofür die Pflegestelle mit dem überschaubaren Kreis fester Bezugspersonen die beste Voraussetzung bieten kann[27], sofern nicht – was noch zu erörtern sein wird – eine Adoption vorzuziehen ist.

Der unreflektiert angenommene Vorrang der Familienerziehung wird allerdings zunehmend problematisiert:
»Die Sozialisationsforschung hat die Probleme der Familienerziehung deutlich herausgearbeitet, die insbesondere in der hierarchisch bestimmten, traditionell ungleichen Rollenverteilung zwischen Mann, Frau und Kindern, in der Überbewertung der wenigen intimen, in sich abgekapselten Binnenbeziehungen, in der isolierten Trennung von Innenwelt der Familie und gesellschaftlichem Außenraum, in der emotionalen Überbelastung der Kinder und Heranwachsenden, die in der Familie strukturell bedingt ist, liegen«[28].

Diese Probleme können in der Pflegefamilie durchaus dadurch verstärkt werden, daß die Trennung von den leiblichen Eltern, der *Milieuwechsel* – oft von der Unterschicht in die untere Mittelschicht – zu Brüchen in der Persönlichkeitsentwicklung der Kinder und Jugendlichen führen kann und die ungesicherte Rechtssituation zu einer Verunsicherung der Beteiligten führt. Ein bedingungsloser Ausbau des Familienpflegesystems auf Kosten einer Reformierung der Heime, wie er unter dem Eindruck der Heimkritik (»Holt die Kinder aus den Heimen«) und im Hinblick auf die damit verbundene Kostenersparnis vorangetrieben worden ist, wird insbesondere den Lebensbedürfnissen durch Familienerziehung bereits geschädigter junger Menschen nicht gerecht. Neue Formen der Heimerziehung bis hin zu stadtteilorientierter Heimerziehung, Wohngruppen und Jugendwohngemeinschaften sind durchaus eine Alternative zur Familienunterbringung[29].

---

27 Vgl. *H. Heitkamp*, Heime und Pflegefamilien – konkurrierende Erziehungshilfen?, Frankfurt a.M. 1989, S. 116 ff.

28 *Sozialpädagogisches Institut*, Das Recht der elterlichen Sorge, a.a.O., S. 43

29 Vgl. *Tegethoff*, Sozialpädagogische Jugendwohngemeinschaften, a.a.O. und *Berg/Bodden/ Westphal/Klein (Hrsg.)*, a.a.O.; *von Bothmer u.a.*, in: Jugend, Beruf, Gesellschaft 1990, 178; *Breuer*, in: Jugend, Beruf, Gesellschaft 1992, 8; *Oschem/Springer*, in: Jugend, Beruf, Gesellschaft 1992, 31 (die neuen Bundesländer betreffend); *Buck*, in: Kreft/Lukas, a.a.O., 39, 239

4.4 Rechtspolitische Forderungen

Aus der umfangreichen Literatur zur *Reform des Pflegekinderwesens* seien hier die interdisziplinär erarbeiteten Beschlüsse des 54. Deutschen Juristentages (Nürnberg 1982) herausgehoben[30]. Danach wird gefordert:
- Eine rechtliche Absicherung stabiler und kontinuierlicher Beziehungen des Kindes zu seinen Pflegeeltern.
- Eine kooperative Beratungshilfe der staatlichen Instanzen, die in erster Linie Eltern, Pflegeeltern und Kinder zu selbstverantworteten eigenen Entscheidungen befähigt, der möglichste Erhalt der Beziehungen zu den leiblichen Eltern.
- Eine Verstärkung der Rechte der Pflegeeltern.
- Die Orientierung des Gesetzgebers an den gesicherten wissenschaftlichen Erkenntnissen über die Psychodynamik der Eltern-Kind-Beziehung.
- Eine gezielte, auch sozialrechtlich abgesicherte Unterstützung der Pflegefamilie.
- Eine angemessene Aus- und Fortbildung, sowie die Kooperation aller an der Pflegevermittlung und -beratung, sowie an Entscheidungen über Pflegekinder Beteiligten.
- Eine ausschließliche gerichtliche Kompetenz der Familien- und Vormundschaftsgerichte.

Diese Reformziele und die in den 47 Thesen zum Hamburger Pflegekinderkongreß 1990[31] zum Ausdruck kommenden Forderungen sind längst noch nicht eingelöst. Ob das Kinder- und Jugendhilfegesetz hierzu einen effektiven Beitrag leistet, bleibt abzuwarten. Die Behauptung eines »radikalen Perspektivenwechsels« in der Betrachtung der Pflegekindschaft ist irreführend: Beratung und Unterstützung der Beteiligten sah auch schon das Jugendwohlfahrtsgesetz vor, und viele Jugendämter leisteten schon seinerzeit durchaus das, was das Kinder- und Jugendhilfegesetz nun ausdrücklich einführt. Ein Schutz der Pflegekinder wird damit keinesfalls überflüssig und ist in den §§ 37 Abs. 3, 44 Abs. 1 bis 4 nicht weniger deutlich geregelt als zuvor. Daß bei Vermittlung durch das Jugendamt eine ausdrückliche Pflegeerlaubnis nicht mehr erteilt werden muß, ist nicht mehr als der Fortfall einer höchst überflüssigen Formalität. In den neuen Bundesländern muß ein flächendeckendes, vielfältiges Pflegekinderwesen – unter angemessener Beteiligung freier Träger – noch aufgebaut und ausgestaltet werden.

5. Adoption und Adoptionsvermittlung

Rechtsgrundlage: §§ 1741 - 1772 BGB; § 51 SGB VIII; Adoptionsvermittlungsgesetz

Aus der Adoption, die zur Zeit der Entstehung des Bürgerlichen Gesetzbuches noch in erster Linie den Interessen der Annehmenden diente, ist ein Instrument sozialpädagogischer Hilfen für minderjährige Kinder geworden, das ihnen bei Ausfall der leiblichen Eltern ermöglichen soll, in einer »harmonischen und lebenstüchtigen Fami-

---

30 Vgl. auch die Fachpolitische Stellungnahme zur geplanten Reform der Pflegekindschaft von *Münder*, in: ZfJ 1984, 40 (Auszug). Zum 54. Deutschen Juristentag sehr instruktiv: *Schwab und Zenz*, a.a.O. sowie der Sitzungsbericht über die Verhandlungen
31 Hamburger Pflegekinderkongreß »Mut zur Vielfalt«, Redaktion F. Güthoff/E. Jordan/ G. Steege, Münster 1990, S. 97 ff.

lie« aufzuwachsen[32]. Diesem Bedeutungswandel[33] tragen das seit dem 1.1.1977 geltende materielle Adoptionsrecht und das gleichzeitig in Kraft getretene Adoptionsvermittlungsgesetz so Rechnung:

- die jetzt *Annahme als Kind* (zuvor: Annahme an Kindes Statt) genannte Adoption wird nicht mehr durch Vertrag zwischen Annehmendem und Kind (erforderlichenfalls handelte für es der gesetzliche Vertreter), sondern durch *Ausspruch des Vormundschaftsgerichts* begründet (Dekretsystem: § 1752 Abs. 1 BGB),
- die Rechtsfolgen einer Minderjährigenadoption gehen wesentlich weiter als die früheren Rechts: bei der »*Volladoption*« erlöschen die alten Verwandtschaftsverhältnisse und das Kind wird rechtlich in die Adoptionsfamilie integriert (§§ 1754, 1755, auch § 1772 BGB),
- der Bestandsschutz ist durch die *Einschränkung der Aufhebungsgründe* (§§ 1760, 1763) erhöht.

5.1 Adoptionsvermittlung[34]

Die Zusammenführung von »Kindern ohne Eltern« mit zu ihnen passenden »Eltern ohne Kinder«[35] zur Vorbereitung der Adoption als besondere fachliche Leistung der Jugendhilfe ist Aufgabe der *Adoptionsvermittlungsstellen*[36], die mit mindestens einer hauptamtlichen Fachkraft zu besetzen sind (§ 3 AdVermG). Dies, weil diese Aufgabe »ein schwieriges und komplexes Gebiet der Jugendhilfe ist, das neben vielfältigen Kenntnissen zum Beispiel des sozialen, psychologischen, pädagogischen und juristischen Bereichs, insbesondere die Fähigkeit zur gezielten Gesprächsführung, zu sachgerechter Beurteilung der Motivation der Adoptionsbewerber und fachliches Verständnis für die leiblichen Eltern verlangt«[37]. Um einen möglichst gleichen Standard qualifizierter Adoptionsvermittlung zu gewährleisten, sieht das Gesetz vor,

- die bereits erwähnte Konzentration der Vermittlung auf Adoptionsvermittlungsstellen,
- das Gebot partnerschaftlicher Zusammenarbeit aller an der Adoption beteiligten Stellen der öffentlichen und der freien Jugendhilfe,
- die Beschränkung der Adoptionsvermittlung auf Fachkräfte (§ 3 AdVermG),
- die Einführung des Anerkennungsverfahrens für freie Träger (§ 4 AdVermG),
- die Zuweisung besonders schwieriger Beratungsaufgaben an die zentralen Adoptionsstellen der Landerjugendämter (§ 11 AdVermG).

Die Adoptionsvermittlungsstelle ist gemäß § 7 AdVermG zur unverzüglichen, möglichst bereits vorgeburtlichen Aufnahme sachdienlicher Ermittlungen bei den Adoptionsbewerbern, bei dem Kind und seiner Herkunftsfamilie verpflichtet, sobald ihr bekannt wird, daß für ein Kind die Adoption in Betracht kommt. Dabei hat sie

---

32 BT-Drucks. 7/3061, S. 15. Zur Adoption durch eine Alleinstehende vgl. *LG Köln*, FamRZ 1985, 108. Zur Adoption des nichtehelichen Kindes durch die eigene Mutter: *OLG Hamm*, FamRZ 1994, 1198
33 Vgl. *AK-Fieseler* vor §§ 1741 ff. Rz. 1
34 Vgl. dazu *Bundesarbeitsgemeinschaft der Landesjugendämter*: Empfehlungen zur Adoptionsvermittlung, 3. Auflage, Köln 1994; die Beiträge von *J. Arndt*, *B. Gauly/W. Knobbe*, *V. Krolzik*, in: Hoksbergen/Textor (Hrsg.), Adoption: Grundlagen, Vermittlung, Nachbetreuung, Beratung, Freiburg im Breisgau 1993; *M. Damerius*, JH 1995, 161
35 BT-Drucksache 7/3421, S. 1 f.
36 Zur Trägerschaft vgl. § 2 AdVermG
37 BT-Drucksache 7/3421, S. 16 f.

insbesondere zu prüfen, ob die Adoptionsbewerber »unter Berücksichtigung der Persönlichkeit des Kindes und seiner besonderen Bedürfnisse« für die Annahme gerade dieses Kindes geeignet sind. Nach § 8 AdVermG darf das Kind erst dann zur Eingewöhnung in (Adoptions-)Pflege gegeben werden, wenn feststeht, daß dies der Fall ist. Eine Pflegeerlaubnis des zuständigen Jugendamts ist hierzu nicht erforderlich (§ 44 Abs. 1 Satz 3 Nr. 1 SGB VIII).

§ 9 AdVermG normiert einen Anspruch aller Beteiligten auf Beratung und Unterstützung sowie eine entsprechende Gewährleistungspflicht der Jugendämter im Rahmen ihrer Gesamtverantwortung. Von gezielter Beratung und nachgehender Betreuung[38] verspricht man sich die erfolgreiche Vermittlung auch älterer Kinder mit Hospitalismusschäden. Das Bestreben, möglichst vielen Kindern ein Leben im Heim zu ersparen, wird in Vorschriften wie §§ 10 Abs. 1, 12 AdVermG und § 36 Abs. 1 Satz 2 SGB VIII sowie § 47 Abs. 2 Nr. 4 SGB VIII deutlich[39].

5.2 Adoption – eine (nicht unproblematische) Form der Ersatzerziehung

Die Adoption ist – neben der rechtlich weiterhin ungesicherten Familienpflege und neben der Heimerziehung – eine Form der »Ersatzerziehung« außerhalb der Herkunftsfamilie. Sie ist nur zulässig, wenn sie tatsächlich dem Wohl des Kindes dient und zu erwarten ist, daß zwischen dem Annehmenden und dem Kind ein Eltern-Kind-Verhältnis entsteht (§ 1741 Abs. 1 BGB). Diese Feststellung, zu der das Jugendamt auch dann Stellung zu nehmen hat, wenn es bei der Vermittlung nicht tätig geworden ist (§ 49 Abs. 1 Nr. 1 m FGG) setzt voraus, daß,

– das Kind nicht in der Herkunftsfamilie aufwachsen kann, auch wenn alles getan wird, deren Erziehungsfähigkeit zu stärken,

– die dauernde Integration des Kindes in einer Ersatzfamilie wirklich seinen Lebensbedürfnissen gegenüber anderen Formen der Fremdunterbringung am besten gerecht wird.

Da die Adoptiveltern für den Unterhalt des Kindes aufkommen müssen, stellt sich die Adoption aus der Sicht der Jugendämter als besonders *kostengünstig* dar. Fiskalische Überlegungen dürfen aber nicht den Ausschlag geben: die schlechten materiellen und sozialen Bedingungen der abgebenden Eltern, oft ledige Mütter, müßten im Sozialstaat durch großzügige Hilfen entscheidend verbessert werden, um sie in die Lage zu versetzen, ihre Kinder selbst aufzuziehen[40]. Wo dagegen eine Fremdunterbringung mit Trennung von der Herkunftsfamilie nicht zu umgehen ist, dürfen die So-

---

38 Zu Recht betont *Napp-Peters* im Handbuch zur Sozialarbeit/Sozialpädagogik, a.a.O., S. 21 die Notwendigkeit, mit den Adoptiveltern Kontakt aufrechtzuerhalten, um sie weiterhin fachlich zu unterstützen. Napp-Peters berichtet a.a.O., S. 19 f. auch über empirische Untersuchungen zum Ergebnis von Adoptionen.

39 Bericht der Stadt Frankfurt a.M. über das Projekt »Spätadoption«, vgl. ZblJugR 1983, 220 (der Magistrat hat im Dezember 1985 einen zweiten Bericht herausgegeben); *Adam*, in: ZfJ 1988, 78; Jugendamt Saarbrücken. Vgl. auch *Napp-Peters*, a.a.O., S. 19 f.; *Krolzik*, a.a.O., Fn. 28

40 Vgl. *AK-Fieseler* vor §§ 1741 ff. Rz. 6: Tagesbetreuung oder Pflegeverhältnis mit Aufrechterhaltung der Bindung zur Herkunftsfamilie. Zur erschütternden Situation der Mütter, die zur Abgabe ihrer Kinder gedrängt werden: *Christine Swientek*, »Ich habe mein Kind fortgegeben«. Die dunkle Seite der Adoption, Reinbek bei Hamburg 1982; zur Beratung für »abgebende Mütter« vor und nach der Freigabe des Kindes: *Swientek*, in: Hoksbergen/ Textor, a.a.O., Fn. 28; *H. Oberloskamp*, Ich erziehe mein Kind allein, 3. Aufl., 1993. Nicht

zialisationsmängel der Kleinfamilie nicht übersehen werden.[41] Minderjährigen, die durch die Erziehung in neurotisch gestörten, gesellschaftlich isolierten Familien geschädigt sind, kann u.U. gerade in einer Adoptionsfamilie keine erfolgversprechende Entwicklungshilfe angeboten werden. Hier kann die Unterbringung in einer Jugendwohngemeinschaft oder in eigener Wohnung oder möbliertem Zimmer mit ambulanter Betreuung durchaus rechtlich geboten sein[42]. Inwieweit aber die Adoption insbesondere von Kleinkindern die für sie beste Lösung darstellt, ist an anderer Stelle in Abgrenzung zur Dauerpflegestelle zu erörtern.

5.3 Adoptionsrecht des BGB

Das BGB regelt
– Voraussetzungen und Verfahren der Adoption (§§ 1741 - 1753),
– Wirkungen der Adoption (§§ 1754 - 1758),
– Voraussetzungen der Aufhebung der Adoption (§§ 1759 - 1763),
– Wirkungen der Aufhebung (§§ 1764 - 1766),
– Adoption Volljähriger (§§ 1767 - 1772).

Einen Überblick über die Adoptionsvoraussetzungen gibt das nachfolgende Schema auf Seite 204.

5.4 Überblick über die Aufgaben des Jugendamtes in Adoptionsfällen

Die vielfältigen Aufgaben des Jugendamtes sollen in der Folge aufgelistet werden.

Wenn das Jugendamt zugleich Träger der Adoptionsvermittlungsstelle ist, kommen die Aufgaben der Auswahl, Ermittlungen, Zusammenführung und der Beratung nach dem Adoptionsvermittlungsgesetz hinzu.

1. Beratung der werdenden Mutter (kann – auch nach ersatzlosem Wegfall des § 52 Abs. 1 JWG – die Frage einer Adoption des Kindes einschließen; das Jugendamt hat sich hier jedes Druckes auf die Frau zu enthalten),
2. Beratung des Vaters eines nichtehelichen Kindes[43] über seine Rechte aus § 1747 Abs. 2 Satz 2 und 3 BGB gemäß § 51 Abs. 3 SGB VIII,
3. Beurkundung der Verzichtserklärung des Vaters (§ 59 Abs. 1 Nr. 7 SGB VIII),

---

nur diesen Müttern, sondern auch den Adoptivkindern und Adoptiveltern kann mit einer offenen Adoption ohne Geheimnistuerei gedient sein. Vgl. dazu *R. Bott*, ZfJ 1995, 412
41 BT-Drucksache 7/3502, S. 62 ff.; vgl. auch *AK-Fieseler* vor §§ 1741 ff. Rz. 6
42 Vgl. *Gotthold/Winkelmann*, RdJB 1984, 216 ff. Zu den Erfahrungen mit sozialpädagogisch betreuten Wohngemeinschaften *Schulte*, NP 1981, 269. Zum betreuten Wohnen weiterhin: *Adam/Köchy*, ZfJ 1986, 79; *Reisch*, ZfJ 1987, 570 (Finanzierung, Kostenerstattung); zu Praxiserfahrungen des LWV Württemberg-Hohenzollern vgl. ZfJ 1987, 615 f.; *H. Josuttis*, JBG 1995, 10 (Jugendwohnen im Rahmen der Jugendsozialarbeit); weitere Nachweise in diesem Kapitel zu 4.3 Fn. 29
43 Zur Vorbereitung der Feststellung der Vaterschaft schon *vor* der Geburt vgl. § 18 Abs. 2 SGB VIII. § 1747 Abs. 2 Satz 1 und 2 BGB sind verfassungswidrig, soweit darin für die Adoption des nichtehelichen Kindes durch die Mutter oder den Stiefvater weder eine Einwilligung des Vaters noch eine Abwägung mit dessen Belangen vorgesehen ist (*BVerfG*, DAVorm 1995, 627 und EzFamR § 1747 Nr. 1 m. Anm. Niemeyer). Dazu: *Bach*, ZfJ 1995, 471 (»Vatertag« beim Bundesverfassungsgericht und die Folgen für die Praxis). Zur Rechtsstellung des noch nicht festgestellten Vaters: *DIV-Gutachten*, ZfJ 1995, 462

4. Erteilung der Einwilligung des nichehelichen[44] Kindes bis zu 14 Jahren als Amtspfleger (§ 1746 Abs. 1 Satz 1 i.V.m. § 1706 Nr. 1 BGB; nicht im Beitrittsgebiet: Art. 230 Abs. 1 EGBGB) oder – solange die Mutter noch minderjährig ist – als Amtsvormund (§ 1791 c BGB),

5. Erteilung der Zustimmung zur Einwilligung des über 14jährigen nichtehelichen Kindes als Amtspfleger (§ 1746 Abs. 1 Satz 3 i.V.m. § 1706 Nr. 1 BGB; nicht im Beitrittsgebiet),

6. Belehrung und Beratung leiblicher Eltern vor Ersetzung der Einwilligung wegen Gleichgültigkeit (§ 51 Abs. 1 und 2 SGB VIII i.V.m. § 1748 Abs. 2 BGB)[45],

7. Aufenthaltsermittlungen im Falle des § 1748 Abs. 2 Satz 2 BGB (vgl. § 51 Abs. 1 Satz 3, Abs. 2 Satz 2 SGB VIII),

8. Mitteilung gewährter oder angebotener Hilfen im vormundschaftsgerichtlichen Verfahren über die Ersetzung der Einwilligung wegen Gleichgültigkeit (§ 51 Abs. 2 Satz 3 SGB VIII),

9. Prüfung geeigneter Hilfen vor einer Ersetzung der Einwilligung wegen »besonders schwerer geistiger Gebrechen« (§ 1748 Abs. 3 BGB, bis 1990 i.V.m. § 51 a Abs. 2 JWG, der bei der Reform offensichtlich übersehen worden ist und daher im Kinder- und Jugendhilfegesetz keine Entsprechung hat)[46],

10. Beratung, Unterstützung und Beaufsichtigung[47] der aufnehmenden Personen gemäß §§ 37 Abs. 2 und 3, 44 SGB VIII,

11. Wahrnehmung der Aufgaben als Adoptionsvormund gemäß § 1751 Abs. 1 Satz 2 BGB[48],

12. Beurkundung des Widerrufs der Einwilligung des Kindes nach § 1746 Abs. 2 BGB (§ 59 Abs. 1 Nr. 6 SGB VIII)[49],

13. Anhörung im Rahmen der Vormundschaftsgerichtshilfe gemäß § 49 Abs. 1 Nr. 1 m FGG,

14. Sicherstellung der vor- und nachgehenden Beratung und Unterstützung gemäß § 9 Abs. 2 AdVermG.

---

44 Ist das Jugendamt gesetzlicher Vertreter eines ehelichen Kindes, so hat es dessen Einwilligung zu erteilen bzw. dessen Einwilligung zuzustimmen (Aufgaben 4. und 5.).

45 Zur Belehrungspflicht vgl. *BayObLG*, ZblJugR 1983, 231; *OLG Hamm*, ZfJ 1984, 364; *OLG Köln*, FamRZ 1987, 203; *AK-Fieseler*, a.a.O., § 1748 Rz. 8; zur Beratung: *Gawlitta*, ZfJ 1988, 110 f. Zu der Rechtslage, die infolge der vom Gesetzgeber übersehenen Anpassung des § 1748 an das KJHG entstanden ist, vgl. *Palandt-Diederichsen*, § 1748 vor Rn. 1 und *OLG Hamm*, FamRZ 1991, 1103

46 Zu diesem Ersetzungsgrund vgl. *AK-Fieseler*, a.a.O., § 1748 Rz. 10; *AmtsG Melsungen*, FamRZ 1996, 53; *OLG Hamm*, in: Jugendwohl 1994, 284 mit Anm. *G. Happe*, S. 290 ff. Ältere Rechtsprechung vgl. Drittauflage. Vgl. auch *Salgo*, a.a.O., S. 385 ff.

47 Aus pädagogisch-psychologischer Sicht strikt ablehnend: *Leber u.a.*, Neue Praxis 1975, 128 ff. Vgl. auch *AK-Fieseler*, § 1744 Rz. 1

48 Hat das Kind einen Pfleger, so nimmt dieser seine Aufgaben weiter wahr (§ 1751 Abs. 1 Satz 3 BGB). Zum Nebeneinander von Amtspflegschaft gemäß § 1706 Nr. 1 BGB und Vormundschaft nach § 1751 Abs. 1 BGB vgl. *AK-Fieseler*, § 1751 Rz. 3; *Oberloskamp, Wie adoptiere ich ein Kind*, S. 126 f.

49 Bei den Aufgaben 3. und 13. ist § 59 Abs. 2 SGB VIII zu beachten, womit eine Interessenkollision vermieden werden soll.

Wer kann ein Kind annehmen?
(§ 1741 BGB)

Ehepaar gemeinschaftlich

Ein Einzelner

- ein Ehepaar ehel. oder ne.
  Kind des Ehegatten
  (Stiefkindadoption)

  - ein Ehepartner eigenes ne. Kind

  - ein Ehepartner fremdes Kind

  - ein Lediger ein fremdes Kind
    oder eigenes ne. Kind

		Voraussetzungen der Annahme
BGB	§ 1753	Das Kind lebt
	§ 1742	Das Kind ist nicht von Lebenden angenommen (keine Zweitadoption)
	§ 1741	Eltern-Kind-Verhältnis zwischen Annehmenden und Kind
	§§ 1741, 1745	Adoption dient dem Wohl des Kindes
	§ 1743	Mindestalter Annehmender
	§ 1744	Angemessene Probezeit vor der Annahme (Adoptionspflege)
	§ 1746	Einwilligung des Kindes/ gesetzlichen Vertreters; ggf. Ersetzung
	§§ 1747, 1748	Einwilligung der Eltern des Kindes/ der Mutter des ne. Kindes; ggf. Ersetzung
	§ 1747 Abs. 3	Ablauf der Acht-Wochen-Zeit
	§ 1749	Einwilligung des Ehegatten Annehmender/Angenommener; ggf. Ersetzung
	§ 1752	Antrag an das Vormundschaftsgericht ohne Bedingung od. Zeitbestimmung
FGG SGB VIII FGG	§ 56 d § 50 § 49 Abs. 1 Nr. 1 m	Richter holt gutachtliche Äußerung der Adoptionsvermittlungsstelle bzw. des Jugendamtes ein
BGB	§ 1752	Beschluß des Vormundschaftsgerichts

Adoptionen (1960 - 1993)

Jahr	Im Berichtsjahr adoptierte Minderjährige	davon durch Verwandte und Stiefeltern	Am Jahresende zur Adoption vorgemerkte Minderjährige	am Jahresende vorhandene Adoptions- bewerber
1960	6.185	—	5.005	3.024
1965	10.748	—	4.499	4.454
1970	7.165	1.918	3.157	6.009
1975	9.308	2.540	3.076	15.674
1980	9.298	3.102	2.819	20.282
1982	9.145	3.968	1.035	20.746
1984	8.543	4.008	822	20.003
1986	7.875	3.867	726	21.071
1988	7.481	4.044	639	20.183
1990	6.947	3.908	653	17.094
1991	7.694	3.770	608	20.806
1992	8.403	4.439	1.357	25.744
1993	8.687	4.616	1.402	21.711

aus: Wiesner u.a.: SGB VIII (1995), a.a.O., S. 1385

5.5 Zur Indikation von Familienpflege und /oder Adoption[50]

Entscheidend für die intellektuelle, emotionale und soziale Entwicklung des Kindes sind einmal konstante Bezugspersonen, die sein *Bedürfnis nach stabilen und persönlich-intimen Beziehungen* mit vielfältigen Interaktionsmöglichkeiten befriedigen und sich ihm gegenüber »konsistent« verhalten[51], zum anderen ein vertrautes, weil wiederum *konsistentes Sozialisationsfeld*, also bleibende Freunde und Bekannte und ein gewohntes Umfeld. Ist ein Kind auf die Hilfe Dritter angewiesen und muß es nicht nur vorübergehend, etwa bei Krankheit der Eltern, außerhalb seiner Herkunftsfamilie untergebracht werden, so liegt es in der Regel im elementaren Interesse des Kindes, ihm ein dauerndes Zusammenleben mit Erwachsenen zu ermöglichen, die ihm als *soziale Eltern* diese günstigen Voraussetzungen für seine Persönlichkeitsentwicklung bieten.

Dies kann einmal dadurch geschehen, daß man das Kind zu geeigneten Pflegeeltern gibt, oder daß man seine Adoption durch geeignete Eltern in die Wege leitet. Dabei mag die Adoption zwar gesellschaftlich die höhere Wertschätzung genießen[52], der Gesetzgeber hat aber insbesondere mit § 1632 Abs. 4 BGB der Tatsache Rechnung getragen, daß auch in der *Familienpflege* alle Voraussetzungen sozialer Elternschaft gegeben sein können. Nicht am Kindeswohl orientiert und daher sachfremd wäre es, sich – trotz der Möglichkeit, ein Kind zu geeigneten Pflegeeltern zu geben – für eine Adoption zu entscheiden, weil so das Pflegegeld gespart werden könnte.

Für eine Adoption kann sprechen, daß die *derzeitige Rechtslage* dem kindlichen Bedürfnis nach Kontinuität seiner Beziehungen lediglich mit der Regelung der Adop-

---

50 *H. Heitkamp*, a.a.O., S. 116 ff.; *Becker-Textor/Textor*, a.a.O., S. 147 ff.
51 *AK-Münder*, Anhang zu § 1632 Rz. 4
52 *AK-Münder*, Anhang zu § 1632 Rz. 3

tionswirkungen gerecht wird. Nur hier trägt das Recht, soweit es dies überhaupt vermag, zu einer »Normalität« der Lebensverhältnisse in dem Sinne bei, daß das Kind in einer »eigenen Familie« aufwachsen kann. § 1632 Abs. 4 BGB ist demgegenüber zwar ein Schritt in die richtige Richtung[53], Verunsicherungen der Betroffenen sind danach aber trotz einer zunehmend die Voraussetzungen dieser Norm bejahenden Rechtsprechung – und trotz § 37 Abs. 4 SGB VIII (Erarbeitung einer auf Dauer angelegten Lebensperspektive) – nicht ausgeschlossen. Umso dringender sind weitere gesetzgeberische Initiativen. Bis dahin kann die unterschiedliche Rechtslage durchaus ein gewichtiges Argument dafür sein, ein Kind nicht in eine Pflegefamilie, sondern zu Adoptiveltern zu geben.

Eine Adoption ist grundsätzlich dort vorzuziehen, wo es gilt, Störungen durch die leiblichen Eltern auszuschalten: im Fall der Inkognito-Adoption (§ 1747 Abs. 3 S. 2 BGB) schützt die Wahrung des Adoptionsgeheimnisses (§ 1758 BGB) vor solchen Irritationen, während im Falle der Familienpflege schädliche Einwirkungen seitens der Herkunftsfamilie etwa durch ein Umgangsverbot rechtlich, oft aber nicht tatsächlich, ausgeschlossen werden können. Auch verbleibt den leiblichen Eltern im Hinblick auf § 1696 BGB stets die wenigstens theoretische, die Betroffenen aber dennoch verunsichernde Möglichkeit, die rechtliche Verantwortung wiederzuerlangen.

Die Notwendigkeit, für ein Kind stabile Lebensverhältnisse zu sichern und seine vorbehaltlose Aufnahme und möglichst reibungslose Integration in die Familie seiner sozialen Eltern zu fördern, ihm das Gefühl unbedingter Zugehörigkeit zu geben, dürfte umso eher den Ausschlag für eine Adoption als »Endgültigkeitsregelung«[54] geben, je jünger das Kind ist, dessen Fremdplazierung ansteht oder rechtlich gesichert werden soll. Aber auch ältere Kinder können durchaus das emotionale Bedürfnis nach einer solchen bedingungslosen Zuwendung in rechtlich gesicherten Verhältnissen haben, so daß auch hier eine Adoption dem Kind die erheblich besseren Entwicklungsbedingungen bieten kann.

Eine Adoption scheidet demgegenüber aus, wenn und solange das Kind nicht aus der erhöhten *öffentlichen Verantwortung* (im Sinne der Vorschriften über den Pflegekinderschutz, §§ 37 Abs. 2, 44 SGB VIII) in eine Familie gegeben werden kann, die einer solchen Aufsicht nicht unterliegen würde. Dies wird vor allem bei Kindern der Fall sein, die besondere erzieherische Schwierigkeiten bereiten, oder die in einer Weise behindert sind, daß ihr Wohl in einer gerade für sie geeigneten Form der Familienpflege (wie einer heilpädagogischen Pflegestelle oder einer Erziehungsstelle) eher gewährleistet ist.

Eine Adoption scheidet wegen fehlender Möglichkeiten einer subventionierten Adoption aber auch dort aus, wo die sozialen Eltern des Kindes nicht in der finanziellen Lage sind, auf das Pflegegeld zu verzichten. Entgegen einer immer noch anzutreffenden Mißachtung derer, die sich die Kindererziehung »bezahlen« lassen, kommt es auch um der Vermeidung von Brüchen in der Persönlichkeitsentwicklung willen darauf an, Pflegepersonen aus *den* Bevölkerungsschichten zu gewinnen, aus denen die Vielzahl der fremd zu plazierenden Kinder stammt. Insbesondere für ältere Kinder, die durch ihre leiblichen Eltern geprägt sind, und die Dritte faktisch nicht als »ihre« Eltern erleben können, die mit ihrer Herkunftsfamilie weiter Kontakt haben sollen, deren Rückkehr in die Herkunftsfamilie nicht ausgeschlossen werden soll, sind oft

---

53 *Fieseler*, ZfF 1979, 194; vgl. S. 135 dieses Buches
54 *Horndasch*, a.a.aO., S. 439

5.6 Statistik: Adoptierte Kinder und Jugendliche

Gegenstand der Nachweisung	Adoptierte Kinder und Jugendliche		Kindschaftsverhältnis		Staatsangehörigkeit der Adoptiveltern		
	insgesamt	je 10.000 Kinder und Jugendliche	eheliche Kinder	nichteheliche Kinder	Deutsche	Ausländer/-innen[a]	Deutsche/Ausländer/-innen[a]
1992	8.403	5,3	3.828	4.575	7.731	142	530
1993	8.687	5,5	3.882	4.805	7.982	136	569
1993 nach dem Alter							
Alter von ... bis unter ... Jahren							
unter 1	144	1,8	23	121	134	5	5
1 – 3	2.489	14,5	572	1.917	2.377	26	86
3 – 6	1.765	6,3	662	1.103	1.653	20	92
6 – 12	2.803	5,3	1.564	1.239	2.567	42	194
12 und mehr	1.486	2,9	1.061	425	1.251	43	192
1993 nach der Staatsangehörigkeit							
Deutsche	7.138	5,1	—	—	6.913	47	178
Ausländer/-innen[a]	1.549	8,7	—	—	1.069	89	391
1993 nach dem Geschlecht							
Männlich	4.408	5,4	1.962	2.446	4.083	68	257
Weiblich	4.279	5,6	1.920	2.359	3.899	68	312
Nachrichtlich							
Früheres Bundesgebiet[b]	7.176	5,8	3.232	3.944	6.488	133	555
Neue Länder[c]	1.511	4,4	650	861	1.494	3	14

a. Einschl. Staatenloser
b. Einschl. der Angaben für Berlin-Ost
c. Ohne Angaben für Berlin-Ost

Quelle: Statistisches Jahrbuch 1995, S. 479

nur solche Pflegepersonen geeignet, für die eine Adoption aus finanziellen Gründen nicht in Betracht kommt.

6. Heimerziehung, sonstige betreute Wohnform

Rechtsgrundlage: § 34 SGB VIII

Mit der Ablösung des Jugendwohlfahrtsgesetzes durch das KJHG sind die bisherigen Rechtsgrundlagen für die Heimerziehung (§§ 5 und 6 JWG, freiwillige Erziehungshilfe, Fürsorgeerziehung) abgeschafft worden.

Statt ausdifferenzierter Regelungen, die sowohl örtliche als auch überörtliche Träger sowie das Vormundschaftsgericht betrafen, gibt es nur noch eine Vorschrift: in § 34 SGB VIII werden die wesentlichen Aufgaben und Ziele moderner Heimerziehung beschrieben. Hilfe zur Erziehung in einer Einrichtung über Tag und Nacht (Legaldefinition von Heimerziehung) oder in einer sonstigen betreuten Wohnform wird zunehmend als eine zeitlich befristete Hilfeform ausgestaltet. Die durchschnittliche Aufenthaltsdauer im Heim betrug 1990 achtunddreißig Monate.[55]

Als Ziele formuliert das Gesetz – entsprechend dem Alter und Entwicklungsstand des Kindes/Jugendlichen sowie den Möglichkeiten der Verbesserung der Erziehungsbedingungen in der Herkunftsfamilie –
1. die Rückkehr in die Familie zu unterstützen und zu erreichen,
2. die Erziehung in einer anderen Familie vorzubereiten,
3. eine auf längere Zeit angelegte Lebensform zu bieten[56],
4. auf ein selbständiges Leben vorzubereiten.

Unter dem Begriff »sonstige betreute Wohnform« werden insbesondere selbständige, pädagogisch betreute Jugendwohngemeinschaften und das sog. betreute Einzelwohnen verstanden. Diese Hilfeformen werden in der Praxis als Übergangshilfe zwischen Heim und selbständiger Lebensführung, aber auch als eigenständige Hilfen eingesetzt.

Nach § 13 Abs. 3 SGB VIII kann jungen Menschen während der Teilnahme an schulischen oder beruflichen Bildungsmaßnahmen oder bei der beruflichen Eingliederung Unterkunft in sozialpädagogisch begleiteten Wohnformen angeboten werden.

6.1 Heimdiskussion

In den letzten fünfundzwanzig Jahren hat es an massiver Kritik und Reformvorschlägen zur Heimerziehung nicht gefehlt[57].

Die Hauptpunkte der Kritik waren:
– Abgeschiedenheit von der Außenwelt;
– repressive Erziehungspraktiken;
– Verhinderung eigener Entscheidungen und Initiativen;

---

55 Vgl. Wirtschaft und Statistik 12/1992, S. 891 (Tabelle 3)
56 eingefügt durch das 1. Änderungsgesetz SGB VIII vom 16.2.1993
57 *R. Ahlheim u.a.* (1971), a.a.O.; *Bäuerle/Markmann (Hrsg.)*, a.a.O.; *H. E. Colla* (1981), a.a.O.; *Internationale Gesellschaft für Heimerziehung (IGfH)*, a.a.O.; *Kl. Wolf (Hg.)*, Entwicklungen in der Heimerziehung, Münster 1993; *H. Lambers*, Was hat die Forschung zur (der) Heimerziehung gebracht?, in: np 6/1994, S. 511 ff.

- undemokratische Strukturen;
- zu große Einrichtungen und zu große Gruppen;
- Trennung nach Geschlechtern und Altersstufen;
- unausgebildetes Personal;
- schädlicher Wechsel der Bezugspersonen (hohe Fluktuation von Kindern und Erziehern);
- Heimerziehung befähige zum Leben in der Institution, aber nicht zum Leben außerhalb.

Es gab – rückblickend beurteilt – eine Reihe von Verbesserungen und Zugeständnissen; aber die Verwirklichung der Reformgedanken wurde bei weitem nicht von allen Einrichtungen angestrebt bzw. erreicht.

Entscheidende Veränderungen fanden im Vorfeld der Heimerziehung statt. Der Ausbau von Pflegekinderdiensten, Adoptionsvermittlung, ambulanten Hilfen, Erziehungsberatungsstellen etc. auf der einen Seite; stark gestiegene Heimplatzkosten sowie demographische Entwicklungen (Geburtenrückgang) und veränderte Heimeinweisungspraxis auf der anderen Seite haben dazu geführt, daß die Zahl der Kinder und Jugendlichen in Heimen ständig zurückgegangen ist.[58].

Waren 1970 noch zwei Drittel in Heimen untergebracht und nur ein Drittel in Pflegefamilien, so ist das Verhältnis seit 1981 nahezu ausgeglichen.

Besonders bei Säuglingen und Kleinkindern sinkt die Anzahl der Heimunterbringungen stark. War 1970 noch die Hälfte der nicht schulpflichtigen Kinder, die nicht bei ihren Eltern leben konnten, in Heimen untergebracht (15.724 von 33.191), so sind es im Jahre 1989 nur noch rund ein Fünftel (3.401 von 17.012).

Insgesamt hat sich die Situation bei den Hilfen zur Erziehung außerhalb der eigenen Familie in den Jahren 1970 bis 1992 wie folgt entwickelt (früheres Bundesgebiet):[59]

Jahr	Gesamtzahl der unter 18jährigen	Kinder und Jugendliche außerhalb der eigenen Familie	davon in Heimen und sonstiger Unterbringung	%	in Pflegestellen
1970	16.514.799	136.305	97.231	71,3	39.074
1975	15.900.744	141.056	77.749	55,1	63.307
1980	14.215.562	132.713	63.385	47,8	69.328
1981	13.815.618	111.908	57.147	51,1	54.761
1982	13.317.600	105.125	53.607	51,0	51.518
1984	12.264.947	95.998	50.021	52,1	46.977
1985	11.830.065	93.025	47.637	51,2	45.108
1986	11.527.204	88.746	44.799	50,5	43.696
1987	11.233.911	87.524	44.370	50,7	42.840
1988	11.224.205	86.413	43.885	50,8	42.528
1989	11.410.873	86.541	43.947	50,8	42.594

58 Seit 1990 ist allerdings eine »Trendwende« zu beobachten, vgl. Notiz in BldWPfl 5/1993, S. 188
59 Aus: Kinder- und Jugendhilfegesetz, *BMFJ (Hrsg.)*, 6. Aufl. 1994, S. 27

1990	11.693.308	87.007	44.076	50,8	42.630
1991	11.976.643	86.549[a]	41.592	48,1	37.517
1992	12.253.506	89.632[b]	42.058	46,9	39.025

a. Einschl. 7.440 Kinder und Jugendliche in einer Tagesgruppe
b. Einschl. 8.549 Kinder und Jugendliche in einer Tagesgruppe

6.2 Probleme der Heimerziehung[60]

– Die Vermittlung in Heime erfolgt nicht immer aufgrund einer psychosozialen Diagnose. Indikationen sind kaum entwickelt und noch seltener in Erziehungspläne einbezogen. Die daraus resultierenden Fehlbelegungen sind eines der Probleme. Abhilfe soll hier die Erstellung eines Hilfeplanes gemäß § 36 Abs. 2 SGB VIII schaffen (vgl. S. 34 f. ❏ und Anhang dieses Buches).

– Der Institutionscharakter von Heimen:
unzureichende Konfrontation mit der Außenwelt und unzureichende Vermittlung lebenspraktischer Kenntnisse. Zwar trifft die Bezeichnung »totale Institution«[61] auf weniger Einrichtungen als vor zwanzig Jahren zu, aber Regeln, Anordnungen, Hausordnungen, auf die der Jugendliche kaum Einfluß nehmen kann, und die immer noch vorhandene Versorgungsstruktur der Heime behindern seine Entwicklung zur Selbständigkeit und Eigenverantwortlichkeit.

– Die Differenzierung der bestehenden Heime ist nicht im Sinne einer systematisch aufeinander bezogenen Spezialisierung erfolgt[62]. Die bestmögliche persönliche Förderung des Einzelnen ist so nicht gewährleistet. Das Anwachsen der »heilpädagogischen« Heime, die mit mehr Fachpersonal und höheren Pflegesätzen ausgestattet sind, hat dazu geführt, daß die überfälligen Verbesserungen nur wenigen Kindern zugute gekommen sind. Ein »therapeutisches Klima« und dafür ausgebildetes Personal brauchen aber alle Heime.

– Die z.T. mangelhafte schulische und berufliche Förderung des Einzelnen[63].

– Probleme der Entlassungsvorbereitung und Nachbetreuung.

– Unbefriedigende Arbeitszeitregelungen (z.B. Schichtwechsel der Gruppenerzieher mit negativen Folgen wie Informationsprobleme, unterschiedliche Erziehungsstile, Motivationsverlust). Die Arbeitszeitverkürzung hat die Wechseldienstprobleme noch verschärft.

– Zerstückelung des Lebensalltags der Jugendlichen durch Schichtdienst und Spezialisierung.

– Die derzeitige Unterbelegung vieler Heime führt zu einem »Belegungszwang« aus Rentabilitätsgründen: um das Fachpersonal zu halten und um hohe Pflegesätze auszuschöpfen, wird die eigene Institution ausgelastet, bevor Kinder/Jugendliche

---

60 Vgl. *M. Dalferth*, a.a.O., S. 25 ff.; *P. G. Hanselmann/B. Weber*, a.a.O.; zum Stellenwert der Heimerziehung im System der Erziehungshilfen: *F. J. Blumenberg*, in: AFET Nr. 1-2/1988, S. 2 ff.; *Institut für sozialpädagogische Forschung Mainz e.V.*, Untersuchung über aktuelle Probleme der Heimerziehung in Rheinland-Pfalz, in: Forum Erziehungshilfen 1995, S. 128 ff. Zu Praxis und Methoden heutiger Heimerziehung: *R. Günder* (1995), a.a.O.
61 *E. Goffmann*, a.a.O., S. 15 ff.
62 Vgl. *H. Eyferth*, in: Handbuch SA/SP, a.a.O., S. 491
63 *H. E. Colla*, in: betrifft: Erziehung 1976, S. 35

in eine Wohngemeinschaft, eine andere Einrichtung oder in die Selbständigkeit entlassen werden.

– Heimerziehung wird als »das Letzte« angesehen: erst wenn alle anderen Mittel der Erziehungshilfe versagt haben, wird sie – zu spät – in Anspruch genommen. In den Heimen sammeln sich besonders problembeladene und schwierige Kinder und Jugendliche.

Heimerziehung hat die Aufgabe, den Heranwachsenden einen aushaltbaren, einen »gelingenden« Alltag zu ermöglichen. Alltag sollte aber nicht verkürzt verstanden werden; er erfüllt sich nicht im Überstehen und Überleben in der Situation, sondern sollte bezogen werden auf die Notwendigkeit, Leben und Erziehungsaufgaben durch Absprachen, Planung und gemeinsame Reflexion zu strukturieren. Die Bewältigung von Alltagsaufgaben ist allerdings belastet durch Defizite in der Partizipation im Heimleben: durch Defizite der Mitbestimmung der Bewohner im Gruppenleben und Defizite der Zuständigkeit der Mitarbeiter für ihre Arbeit.

Für die Heimerziehung belastend ist die derzeitige Gestaltung des Pflegesatzes. Seine Berechnung müßte vor allem im Hinblick auf die im Alltag so notwendige pädagogische Phantasie flexibler gestaltet werden (z.b. Splitting in einen Sockelbetrag und in Zusatzleistungen).

Schließlich: Heimerziehung, hier vor allem die Arbeit in Gruppen, ist für die Mitarbeiter besonders strapaziös. Die großen Schwierigkeiten bei der Personalgewinnung sind hierfür ebenso ein Indiz wie die oft nur kurze Verweildauer der Mitarbeiter. Um Abhilfe zu schaffen, erscheint es geboten, die Arbeit der generellen pädagogischen Alltagsbetreuung höher zu gewichten und zu bezahlen als bisher – besonders auch im Unterschied zu spezialisierten und damit in der Abgrenzung zum Privatleben und der Planung der Arbeitszeit »komfortableren« anderen Tätigkeiten in der Jugendhilfe[64].

6.3 Positive Entwicklungen in der Heimerziehung

Die letzten Jahre sind nicht nur gekennzeichnet durch enttäuschte Erwartungen, sondern auch von positiven Entwicklungen[65]:

– Die Belegung von Kleinst- und Kleinkinderheimen ist stark zurückgegangen. Die auf die Forschungsarbeiten von René Spitz zurückgehende Erkenntnis, daß die Heimunterbringung von Säuglingen und Kleinkindern sehr schädliche Folgen haben kann, hat sich allgemein durchgesetzt.

– In den Heimen ist mehrheitlich qualifiziertes Personal eingestellt worden.

– Die pädagogische Arbeit ist verbessert worden; Elternarbeit und Gemeinwesenorientierung werden angestrebt.

– Viele Heime experimentieren erfolgreich mit der Dezentralisierung und Einrichtung von Außenwohngruppen, um die Verselbständigung der Kinder und Jugendlichen zu erleichtern.

---

64 Vgl. Achter Jugendbericht, a.a.O., S. 154 f.
65 Vgl. *M. Dalferth*, a.a.O., S. 20 f.; *H. Müller-Kohlenberg/K. Münstermann/G. Schulz*, a.a.O.

Weil in größeren Einrichtungen die Bedingungen für eine sog. Primärgruppe[66] kaum zu realisieren sind, werden Versuche unternommen,»Heimerziehung außerhalb des Heimes« in Außenwohngruppen zu praktizieren[67].

Das Konzept der *Außenwohngruppen* ist charakterisiert durch[68]:
- keine Anstaltsatmosphäre;
- keine zu großen Gruppen;
- ein verläßliches Zuhause;
- wenige konstante Bezugspersonen, die Sicherheit und Identifikationsmöglichkeiten bieten;
- Chance, affektive Beziehungen auf- und Verhaltensauffälligkeiten abzubauen;
- Lernen von Alltagsbewältigungen (Mithilfe im Haushalt, Einkaufen, Kochen, Putzen, Waschen, Umgang mit technischen Geräten etc.);
- Integration in nachbarschaftliche und öffentliche Bezüge (Schule, Vereine, Freizeit);
- Chance, der Abstempelung als »Heimkind« zu entgehen.

Derzeitige Situation

Mittlerweile führt die Finanzknappheit der Kostenträger dazu, daß das Erreichte aufs Spiel gesetzt wird. Mittelreduzierung und Personalabbau gefährden pädagogische Konzepte, erzeugen Angst und fördern negative Konkurrenz. »Die Auswahl des Unterbringungsortes folgt fiskalischen Interessen, nicht pädagogischen Überlegungen. Der Sparpolitiker will Kosten abschieben und schiebt Kinder ab«[69].
Grundlage der Heimerziehung bleibt der Anspruch, daß das Heim eine Gemeinschaft im Zusammenleben bilden muß. Kinder und Jugendliche brauchen für ihre Entwicklung die tragenden Beziehungen einer Gemeinschaft, die sie eigentlich in ihrer Familie erfahren sollten. Daher muß die Heimerziehung personale Beziehungen zu gereiften, beziehungsfähigen Erwachsenen als wichtigste Unterstützung der Entwicklung gerade auch der problembelasteten jungen Menschen ermöglichen, wie sie heute fast ausschließlich in den Heimen anzutreffen sind.
Der Ausbau der ambulanten Hilfe und die Reduzierung (nahezu Halbierung) der Heimplätze hatte zur Folge, daß nur noch schwerstgeschädigte junge Menschen in den Heimen untergebracht werden. Junge Menschen, die im Elternhaus, in der Schule oder in ihrem sozialen Umfeld nicht mehr integrierbar sind, benötigen intensive Förderung. Die Massierung schwer verhaltensgestörter junger Menschen bedingt eine sehr dichte Betreuung innerhalb einer überschaubaren Gruppe.

66 Vgl. *IGfH*, Zwischenbericht Kommission Heimerziehung, a.a.O., S. 42:
»Schließlich darf als erwiesen angenommen werden, daß Sozialisation ... außerhalb der eigenen Familie, ja sogar in hierfür speziell geschaffenen Institutionen gelingen kann. Allerdings wird erforderlich sein, daß die Institution die wichtigsten Merkmale einer *Primärgruppe* aufweist, ohne die ein Aufwachsen von Kindern und Jugendlichen in keiner Kultur gelingt. Die Primärgruppe muß nämlich überschaubar klein und in ihrer personalen Zusammensetzung ausreichend stabil sein. Sie muß die intime Kenntnis der Partner ermöglichen, sie muß die Chance lassen, die Entwicklung der Partner über längere Zeiträume zu verfolgen, muß Verläßlichkeit bieten und Rückdeckung nach außen.«
67 Vgl. *V. Birtsch/M. Eberstaller/E. Halbleib*, ISS-Materialien, a.a.O.
68 Vgl. *M. Sauer*, a.a.O., S. 107
69 *J. Blandow*, Sparpolitik und Heimerziehung. Polemische Skizzen, in: Blätter der Wohlfahrtspflege 1/1984, S. 3

Die Heimerziehung entwickelt sich im Zeichen der Verkleinerung der Institutionen, der Differenzierung der Angebote und der Regionalisierung.

Am Beispiel des *Rauhen Hauses* in Hamburg sollen diese Entwicklungen veranschaulicht werden. Die im Jahre 1978 begonnene Reform der Heimerziehung folgte der Einsicht, daß große zentrale Einrichtungen sich nicht auf die Belange und Bedürfnisse der Kinder und Jugendlichen einstellen können. Es entstanden autonom lebende und wirtschaftende Wohngruppen. Dieser Umgestaltungsprozeß folgte den Prinzipien der *Dezentralisierung* (kleine Wohngruppen in normalen Wohngebieten) und *Entspezialisierung* (Abschaffung spezieller Gruppen und Dienste). Die Wohngruppen, in denen die alltägliche Begegnung von Betreuern und Betreuten im Mittelpunkt steht, ermöglicht konsequente Alltagsorientierung und eine Ausrichtung an den individuellen Lebenswelten der Betroffenen.

Neben dem wohngruppenpädagogischen Angebot bildete sich seit 1985 eine neue Betreuungsform heraus mit dem Ziel, dem einzelnen Jugendlichen entsprechende Lebensformen zur Alltagsbewältigung zu ermöglichen. Nicht die Jugendlichen werden den Strukturen der Institution angepaßt, sondern die Institution paßt sich der Einmaligkeit der Jugendlichen an. »Flexible Betreuung« richtet sich also an diejenigen, die nicht, noch nicht oder nicht mehr in Wohngruppen leben sollen, können oder wollen. »Flexible Betreuung« hält nicht von vornherein bestimmte Wohn- und Betreuungsformen bereit, sondern schafft geeignete »settings«, die der Individualität der Jugendlichen gerecht werden. Das soziale Netzwerk der jungen Menschen ist gleichrangiger Adressat der pädagogischen Bemühungen. Mit der flexiblen Betreuung wurden Grenzen zwischen ambulanter und stationärer Jugendhilfe überschritten[70]. 1991 begann die Jugendhilfeabteilung des Rauhen Hauses, ambulante Hilfen zur Erziehung regional und in Verbindung mit dem bisherigen Angebot zu realisieren. Dazu zählt die »Ambulante Jugendbetreuung«; sie richtet sich schwerpunktmäßig an drogengefährdete und -konsumierende Kinder und Jugendliche, die in Familien leben und somit (noch) in soziale Bezüge integriert sind. Ziel dieser Betreuungsform ist es, die Integration aufrechtzuerhalten, wiederherzustellen, gesundheitliche Risiken zu vermindern, drogenfreie Kontakte sowie Hilfen zum Ausstieg zu ermöglichen.

6.4 Heimunterbringung

Die Mitarbeiter der Jugendhilfe stehen häufig unter Handlungsdruck, wenn über eine Unterbringung im Heim zu entscheiden ist. Dennoch sollten die Urteilsbildungen, die einer Fremdplazierung vorausgehen, nachvollziehbar sein. Nur dann haben die Beteiligten die Chance, Alltagsroutinen zu durchschauen und zu durchbrechen. Ebenso sollte der Zusammenhang zwischen den Problemen des Minderjährigen und der Auswahl des Heimes erkennbar gemacht werden. Gute Institutionenkenntnis ist dafür Voraussetzung.

Die *Unterbringungskriterien* lassen sich in zwei Gruppen einteilen:

(a) Individuelle Problematik

    »Persönlichkeitsdefizite«   (z.B. Entwicklungs-, Lern- und Leistungs-
                                     rückstände; Bindungsunfähigkeit)

---

70 *Klatetzki/Winter*, »Zwischen Streetwork und Heimerziehung«, in: np 1/1990, S. 1 ff.

»delinquentes Verhalten«	(z.B. Eigentumsverletzungen; Straßenverkehrsdelikte; Aggressionsdelikte; Brandstiftung)
»moralische Labilität«	(z.b. sexuelle Auffälligkeit; Streunen/Trebe; negative Arbeitshaltung in Schule/Beruf; Alkohol/Drogen; Bandenzugehörigkeit)

(b) Familiale (soziale) Problematik

»Erziehungsschwäche der Familie«	(z.b.familiäre »Zerrüttung«; Alkoholismus/ Drogenabhängigkeit der Eltern; psychische Störungen der Eltern; Kindesmißhandlungen/-mißbrauch; Gewalt in der Familie)
»Betreuungsprobleme«	(z.b. Tod eines Elternteils oder beider Eltern; Scheidung der Eltern; Verlassen des Kindes; Alleinerziehender Elternteil, Berufstätigkeit)
»Konflikte zwischen Eltern und Kindern«	(z.b. Unverständnis, Gleichgültigkeit, Sprachlosigkeit; gestörte Ablösungsprozesse; Interessengegensätze bei Schul-, Berufs- und Freundeswahl; Freizeitbereich)

In den letzten Jahren hat ein Kriterienwandel stattgefunden: während früher die Definition der individuellen Schwierigkeiten/Defizite des eingewiesenen Minderjährigen gegenüber der familialen (sozialen) Problematik deutlich überwog, ist es heute umgekehrt (vgl. Wurr/Trabandt/Lauchstaedt, in: NP 3/1984, S. 250 ff.).

Heimerziehung sollte als entlastend oder als gute, ja bessere Alternative zu gegebenen Lebens- (und Familien-)verhältnissen verstanden werden.

Heimerziehung ist angezeigt bei Kindern und Heranwachsenden, die in ihren Ursprungs- oder in anderen Familien so belastet, eingeschränkt und/oder gefährdet sind, daß sie institutionell arrangierte und professionell gestützte Gruppen für ihre Entwicklung benötigen. Diese allgemeine »Indikation« für Heimerziehung muß im Einzelfall spezifiziert werden. Vor einer Heimunterbringung ist zu klären,

– ob ein Leben am anderen Ort entweder auf Zeit oder auf Dauer nötig erscheint,
– ob die Kinder und Jugendlichen in ihr Lebensfeld zurückkehren können oder jenseits ihres angestammten Milieus in die Selbständigkeit entlassen werden sollen,
– ob und welche besonderen Hilfen schulischer, beruflicher, sozialer, therapeutischer Art angezeigt erscheinen,
– ob sie in einem durch pädagogische Beziehungen bestimmten Arrangement oder einer selbständigen Gruppe leben können, ob sie auf ganz individuell zugeschnittene Hilfen (Einzelbetreuung) verwiesen sind,
– ob und welche Form des Übergangs in ein selbständiges Leben möglich ist und wie sie gestützt werden muß,
– ob im gegebenen Lebensfeld vielleicht doch Ressourcen liegen, die so stabilisiert werden können, daß das Angebot eines neuen Lebensortes nur ergänzend (als Tagesunterbringung) sinnvoll ist[71].

---

71 Vgl. Achter Jugendbericht, S. 151 f.

(Verkürzte) Vermutungen über die Personengruppe, die potentiell
von Heimeinweisung bedroht ist

Je höher der soziale Status der Herkunftsfamilie, also
je besser die berufliche Qualifikation der Eltern,
je höher das Familieneinkommen,
je geringer die Geschwisterzahl,
je geringer die Wohndichte,
je größer die Wohnfläche,
je gesicherter also die allgemeine Lebenslage,
desto größer ist die Wahrscheinlichkeit,
nicht in Heimerziehung zu geraten.

Je niedriger der soziale und berufliche Status der Eltern,
je ungesicherter die allgemeine Lebenslage der Familie,
je geringer das Einkommen,
je stärker also die materielle Nötigung der Mütter, außer Haus zu arbeiten,
je abhängiger von den Instanzen der Wohlfahrtspflege,
je kontrollierter durch die Nachbarschaft,
je geringer der zur Verfügung stehende Wohnraum,
desto größer ist die Wahrscheinlichkeit, daß die betroffenen Kinder und
Jugendlichen von Heimeinweisung bedroht sind.

Diese Wahrscheinlichkeit verstärkt sich durch das Hinzutreten folgender,
weiterer Faktoren:
je isolierter die Herkunftsfamilie von ihrer sozialen Gruppe und deren
Organisationen ist,
je länger die Familie schon Objekt der Wohlfahrtspflege ist,
je deutlicher die Familie von der Nachbarschaft unterschieden ist,
je mehr die Familie innerer Zerstörung anheimgefallen ist,
je amtlicher die abweichenden Zuschreibungen registriert sind,
je stärker das Individuum auch in der Herkunftsfamilie isoliert oder
negativ stigmatisiert ist,
je stärker die Anreize für Elternteile sind, familienflüchtig zu werden,
je geringer das Maß an schulischer Förderung ist, das in der Familie oder
im Wohnquartier angeboten wird,
je stärker der Leistungsdruck den jeweiligen Lehrer zur Absonderung
der Versager nötigt,
je geringer die Orientierung der zuständigen Sozialarbeit an Umfeldarbeit ist,
desto größer wird die Wahrscheinlichkeit, zur Heimerziehung »präpariert«
zu werden.

Weitere (verkürzte) Vermutungen über die Folgen von Zuschreibungen

Je eindeutiger die negative schulische Vorsortierung sich im Abgangszeugnis ausdrückt,
je geringer der öffentlich-rechtliche Anteil an der Bereitstellung von Ausbildungsplätzen insbesondere bei allgemeiner Knappheit an Ausbildungsplätzen ist,
je ungünstiger die allgemeine Arbeitsmarktsituation ist,
desto wahrscheinlicher wird das Ausweichen auf kriminelle Überlebens- und Selbstdarstellungstechniken.

Je früher Fremdunterbringung außerhalb der eigenen Familie erfolgt, je institutionalisierter der Ort der Ersatzerziehung ist,
je geringer der Anlaß und die Chance ist, permanente Kontakte zu nicht abweichenden Personen aufzubauen und zu behalten,
desto abhängiger wird das Individuum von seinen Kontakten zur devianten Subkultur und
desto geringer wird die Chance eines erfolgreichen korrigierenden Eingriffs.

Je stärker die Lebensbedingungen in der Ersatzerziehung Eigeninitiative überflüssig machen oder verhindern, also Verwahrung und Totalversorgung anbieten,
je undurchschaubarer der Zusammenhang zwischen Arbeit und Verbrauch, zwischen Leistung und Genuß wird,
je übermächtiger die bestimmenden Instanzen über das Leben des Individuums verfügen,
desto stärker wird die Orientierung des Individuums auf das Leben in der Anstalt festgelegt.

Diese Existenzweise führt zur Furcht vor der Freiheit, zum einprogrammierten Verlangen nach der »Geborgenheit« der Anstalt – ihrer Versorgung und ihrer Subkultur – und verstärkt die
Unfähigkeit zu arbeiten,
Unfähigkeit, sich zu orientieren,
Unfähigkeit, andere zu achten oder zu lieben,
Unfähigkeit zum Genuß,
Unfähigkeit, sich und sein Leben zu organisieren.

aus: Qualifizierungsvereinigung Berliner Sozialpädagogen e.V. (QuaBS), Arbeitshefte 6, zitiert nach Augustin/Brocke, a.a.O., S. 129/130

6.5 Heimerziehung und Jugendpsychiatrie[72]

In akuten Krisensituationen oder wenn sich psychische Krankheitsbilder abzeichnen, werden Heimbewohner in die Psychiatrie überwiesen. Nicht selten waren Kinder und Heranwachsende schon Patienten der Psychiatrie, bevor sie in einem Heim untergebracht wurden. Das Verhältnis von Heimerziehung und Jugendpsychiatrie ist häufig wenig transparent gestaltet. Die überfällige offene Kooperation wird aber belastet durch die Empfehlungen, die die Psychiatrie-Enquete zur Jugendpsychiatrie formuliert hat: die Einseitigkeit der dort vorgenommenen Definitionen von Lebens- und

---

72 *R. Mertens*, Jugendhilfe und Jugendpsychiatrie, in: np 1/1990, S. 69 ff.

Erziehungsschwierigkeiten und der daraus folgende Anspruch, allein zuständig zu sein, sind abzulehnen[73].

Die Aufgabe der Jugendpsychiatrie besteht in der Erkennung, Behandlung, Prävention und Rehabilitation von seelischen Krankheiten und Störungen mit Krankheitswert während akuter Phasen und Krisen, die den Entwicklungsprozeß eines Kindes oder Jugendlichen gefährden.

Für etwa jeden siebten jungen Menschen in Heimen und Kliniken werden die dort jeweils zur Verfügung stehenden Hilfemöglichkeiten als nicht ausreichend empfunden, so daß es zu wechselseitigen Überweisungen kommt. Für diese jungen Menschen ist die Frage nach der Grenzziehung der Hilfesysteme von existentieller Bedeutung, zumal Überweisungen zwischen Heimen und Kliniken häufig mit dem Verlust bestehender sozialer Bezüge einhergehen. Der Prozeß der wechselseitigen Überweisung von Kindern und Jugendlichen sagt aber nur wenig über die spezifischen Lebenskrisen dieser »Grenzfälle« aus, er ist vielmehr Resultat der unterschiedlichen institutionellen Strukturen und Handlungsrationalitäten der beiden Hilfesysteme. Daher ist eine Sichtweise zu entwickeln, die sich nicht mit gegebenen Spezialisierungen, begrifflichen Ausgrenzungen und scheinbaren strukturellen Selbstverständlichkeiten zufrieden gibt.

Die Interessenwahrnehmung derjenigen Minderjährigen, deren besonders ausgeprägte Lebenskrisen dazu führen, daß sie die Grenzen zwischen den Systemen Jugendhilfe und Kinder- und Jugendpsychiatrie überschreiten, verlangt die interdisziplinäre Überprüfung der derzeitigen Praxis und der dahinter offen oder verborgen liegenden Handlungskonzepte, Erfahrungen, Strukturen, Haltungen und Ideologien[74].

Im Überschneidungsbereich der Arbeitsfelder Jugendhilfe und Jugendpsychiatrie ist eine präzise, fachlich beidseitig akzeptierte und zugleich praktikable Abgrenzung des Klientels nicht möglich. Von daher ist es geboten, Kooperation und Zuweisung zu den verschiedenen Institutionen der Jugendhilfe und der Psychiatrie sensibel zu gestalten und zu entwickeln. Dies ist nur durch regelmäßigen fachlichen, wechselseitig sich respektierenden Austausch möglich.

Die Konferenz der Jugend- und Gesundheitsminister hat zum Verhältnis von Jugendhilfe und Jugendpsychiatrie ein gemeinsames Positionspapier erarbeitet. Ihr Anliegen war, im Interesse einer bestmöglichen Hilfe für die betroffenen Kinder und Jugendlichen geeignete Kooperationsformen und sinnvolle Abgrenzungen zu entwikkeln[75].

Die vielschichtigen Ursachenzusammenhänge, die zu seelischen und psychosozialen Krisen und Krankheiten führen können, dürfen nicht auf ein einseitiges Interpretationsmodell reduziert werden; vielmehr müssen Hilfsangebote jeweils auf die vielfältigen sozialen, familiären und ökonomischen Ursachen eingehen.

Im Sinne der interdisziplinären Arbeit sollte im Bereich der Jugendhilfe psychiatrische Kompetenz in Anspruch genommen werden bei
- der Mitwirkung an Krisengesprächen mit Fachkräften von Einrichtungen der Jugendhilfe;
- der differentialdiagnostischen Abklärung und Behandlung von seelischen und körperlichen Erkrankungen.

---

73 Vgl. Achter Jugendbericht, S. 156
74 Vgl. *Gintzel/Schone (Hrsg.)*, a.a.O., S. 5
75 Abgedruckt in: ZfJ 9/1991, S. 466 ff.

Auf kommunaler und regionaler Ebene sollten neben den Jugendhilfeausschüssen und den von der Expertenkommission[76] empfohlenen Psychiatriebeiräten
- psychosoziale Arbeitsgemeinschaften,
- Arbeitskreise/Stadtteilkonferenzen,
- Fall- oder Erziehungskonferenzen
eingerichtet, gefördert und unterstützt werden.

6.6 Inobhutnahme von Kindern und Jugendlichen[77]

Rechtsgrundlage: § 42 SBG VIII

Die kurzfristige Unterbringung von Minderjährigen, die ihren Personensorge-berechtigten oder aus Heimen entwichen sind, oder die an jugendgefährdenden Orten aufgegriffen wurden, gehört ebenfalls zu den Aufgaben des Jugendamtes.
- Die Vorschriften der §§ 1666, 1666 a, 1693 BGB und § 50 Abs. 3 SGB VIII geben dem Jugendamt die Befugnis, Eilentscheidungen des Vormundschaftsgerichtes herbeizuführen. Das Jugendamt kann hiernach aber nicht selbst (d.h. ohne vormundschaftsgerichtliche Entscheidung) einen Jugendlichen in Obhut nehmen.
- Ein eigenständiges Recht des Jugendamtes auf *vorläufige* Unterbringung hat das KJHG mit seinen Vorschriften über Maßnahmen zum Schutz von Kindern und Jugendlichen eingeführt (§§ 42, 43 SGB VIII). Bei Gefahr im Verzug kann das Jugendamt das Pflegekind/Heimkind sofort aus der Pflegestelle/Heim herausholen und bei einer geeigneten Person, in einer Einrichtung oder in einer sonstigen betreuten Wohnform unterbringen (§ 43 SGB VIII).
- Minderjährige, die sich an jugendgefährdenden Orten aufhalten (z.b. Diskotheken, Bars, Spielhallen, Bordellen, Drogenszene), sind nötigenfalls, z.B. weil die Erzie-hungsberechtigten nicht erreicht werden können, in die Obhut des Jugendamtes zu bringen (§ 1 JSchÖG). Eine Einschränkung liegt darin, daß sich diese Bestimmung nur auf öffentliche, jugendgefährdende Orte bezieht; private Wohnungen fallen nicht darunter. Ebensowenig fallen die Minderjährigen darunter, die entwichen sind (Trebegänger; Obdachlose), ohne sich an gefährlichen Orten aufzuhalten.

Die Vorschrift des § 42 SGB VIII will insbesondere die Tätigkeit von sog. Jugend-schutzstellen, Aufnahmeheimen, Kinder- und Jugendnotdiensten und Bereitschafts-pflegestellen auf eine bundeseinheitliche rechtliche Grundlage stellen und den sozial-pädagogischen Arbeitsansatz hervorheben. Inobhutnahme von Kindern und Jugend-lichen ist in der Vergangenheit häufig als Einschließen, als sicheres Verwahren und nicht als sozialpädagogisches Hilfsangebot im Sinne einer Krisenintervention verstanden worden. Als Erfolg galten möglichst geringe Entweichungsquoten. Die

---

76 »Empfehlungen der Expertenkommission der Bundesregierung zur Reform der Versorgung im psychiatrischen und psychotherapeutischen/psychosomatischen Bereich« im Unterkapi-tel Teil D »Kinder- und Jugendpsychiatrie«, Zusammenfassung, hrsg. vom *BMJFFG* (11.11.1988)

77 *Th. Lakies*, Vorläufige Maßnahmen zum Schutz von Kindern u. Jugendlichen nach den §§ 42, 43 KJHG, in: ZfJ 2/1992, S. 49 ff.; *M. Busch*, Begriff, Inhalt und Umfang der Inob-hutnahme nach § 42 KJHG, in: ZfJ 3/1993, S. 129 ff.; *Eckart* (Dokumentation 1992), a.a.O.; *K. Schmidt*, Krisenintervention und Inobhutnahme, JH 1993, 296 ff.; *K.-H. Filthut*, in: Sozi-alpädagogik 1994, S. 186 ff.; *R. Proksch*, Jugendhilfe 1994, S. 26 ff.; Empfehlungen der *BAG LJÄ*, DAVorm 1995, Sp. 1039 ff.; *DIV-Gutachten*, DAVorm 1995, 962 ff.

baulichen Voraussetzungen der Einrichtungen entsprachen diesen Vorstellungen einer sicheren Verwahrung.

In den §§ 42 und 43 SGB VIII hat der Gesetzgeber nunmehr die sozialpädagogischen Hilfen des Jugendamtes für junge Menschen in Krisen- und Gefahrenssituationen beschrieben. Insbesondere den Jugendämtern von Großstädten kommt immer mehr die Aufgabe zu, entsprechend der Vielfalt der Probleme der Hilfesuchenden (Ausreißer, Trebegänger, junge Nichtseßhafte, Obdachlose usw.)[78] ausreichende Hilfsangebote zu schaffen, um der wachsenden Zahl von jungen Menschen, die von sich aus Hilfe suchen, gerecht zu werden.

Die §§ 42 und 43 SGB VIII lassen sich dadurch abgrenzen, daß § 42 die Konstellation erfaßt, daß sich der Minderjährige ohne den Willen der Sorgeberechtigten außerhalb des Elternhauses befindet, während § 43 die Fälle erfaßt, in denen sich der Minderjährige mit dem Willen der Sorgeberechtigten bei einer anderen Person oder in einer anderen Einrichtung aufhält und daß es dort zu kindeswohlgefährdenden Situationen kommt.

Die Inobhutnahme von Kindern und Jugendlichen ist die vorläufige Unterbringung eines Minderjährigen bei einer geeigneten Person, in einer Einrichtung oder in einer sonstigen betreuten Wohnform. Inobhutnahme bedeutet ein allgemeines Schutzverhältnis zwischen Jugendamt und Minderjährigen. Sie bedeutet nicht nur die Verwahrung von Minderjährigen, sondern in erster Linie die Verpflichtung zu sozialpädagogischer Arbeit mit den betroffenen Kindern und Jugendlichen. Das Gesetz verpflichtet den öffentlichen Träger der Jugendhilfe zur ausreichenden Bereitstellung eines differenzierten Angebots für die Unterbringung der Minderjährigen. Der örtliche Jugendhilfeträger hat im Rahmen seiner Gesamt- und Planungsverantwortung nach den §§ 79 und 80 SGB VIII entsprechende Einrichtungen für diese Aufgabe in seinem Zuständigkeitsbereich vorzuhalten.

Die Inobhutnahme ist in der Regel ein krisenhaftes Ereignis. In dieser Situation können sozialpädagogische Hilfen Spannungsentlastung, Problemklärung und Wiederaufnahme von Kommunikation bieten.

Die Vorschriften der Inobhutnahme unterscheiden zwei Gruppierungen von Hilfesuchenden. Die eine Gruppe bilden die Minderjährigen, die von sich aus Hilfe suchen (Selbstmelder)[79], und die andere Gruppe sind die Minderjährigen, die von Dritten dem Jugendamt zugeführt werden. Hier wird insbesondere an die Zuführung durch die Polizei, meist gegen den Willen der Minderjährigen (z.B. wenn sie schutzlos sind oder sich in besonderen Gefahrenbereichen aufhalten), gedacht.

Mit der Novellierung des Jugendgerichtsgesetzes wurde in § 72 Abs. 1 JGG geregelt, daß Jugendliche nicht in Untersuchungshaft zu nehmen sind, wenn der Zweck durch eine vorläufige Anordnung über die Erziehung oder durch andere Maßnahmen erreicht werden kann. Das bedeutet, daß durch diese neue gesetzliche Regelung eine weitere Personengruppe Plätze der Inobhutnahme beanspruchen kann.

Für die *geschlossene Unterbringung* im Rahmen der Inobhutnahme von Kindern und Jugendlichen, deren Wohl erheblich gefährdet ist, stellt § 42 Abs. 3 SGB VIII klar, daß freiheitsentziehende Maßnahmen nur zulässig sind, wenn und soweit sie erforderlich sind, um eine Gefahr für Leib oder Leben des Kindes bzw. Jugendlichen

---

78 Vgl. *DER SPIEGEL* 15/1993, S. 84 ff.: Notausgang für kaputte Seelen – Über das Elend deutscher Straßenkinder

79 Nach § 42 Abs. 2 SGB VIII ist das Jugendamt verpflichtet, Kinder oder Jugendliche, die um Obhut bitten, vorläufig unterzubringen.

oder Dritter abzuwenden. Liegt keine gerichtliche Entscheidung vor, so ist die Freiheitsentziehung spätestens mit Ablauf des Tages nach ihrem Beginn zu beenden.

Ebenso wie bei den Selbstmeldern muß das Jugendamt unverzüglich die Personen- oder Erziehungsberechtigten von der Inobhutnahme unterrichten. Wird der Inobhutnahme widersprochen, so hat das Jugendamt (wieder ohne vermeidbare Verzögerung) das Kind/den Jugendlichen dem Personen- oder Erziehungsberechtigten zu übergeben oder, falls dies nicht zu verantworten wäre, eine Entscheidung des Vormundschaftsgerichts über die erforderlichen Maßnahmen herbeizuführen.

Auszug aus den gemeinsamen Empfehlungen der kommunalen Spitzenverbände und der BAG der Landesjugendämter vom 31.8.1995:

Inobhutnahme von Kindern und Jugendlichen nach dem SGB VIII
Die Inobhutnahme nach § 42 SGB VIII ist eine eigenständige, von anderen Hilfearten nach dem SGB VIII getrennte Hilfe. Es handelt sich nicht um eine sozialrechtliche Leistung, sondern um eine andere Aufgabe (§ 2 Abs. 3 Nr. 1 SGB VIII).
Die Inobhutnahme hat gleichwohl sozialpädagogische Inhalte.
Die (kurzfristige) vorläufige Unterbringung dient der Gefahrenabwehr und hat zum Ziel, das Kind oder die/den Jugendliche/n über ihre/seine Situation zu beraten und ihnen Möglichkeiten der Hilfe und Unterstützung aufzuzeigen. Dies setzt eine fachlich qualifizierte Problemklärung ebenso voraus, wie die planvolle und zielgerichtete Entwicklung von Ansätzen für neue Perspektiven. Die »vorläufige Unterbringung« geht damit deutlich über eine Verwahrung hinaus.

Verfahren bei der Inobhutnahme
Für die Hilfe nach § 42 SGB VIII gilt eine von den sonstigen Hilfen abweichende örtliche Zuständigkeit (§ 87 SGB VIII).
Zuständig ist der örtliche Träger der Jugendhilfe, in dessen Bereich sich das Kind oder der/die Jugendliche vor Beginn der Maßnahme tatsächlich aufhält. Im Rahmen dieser Zuständigkeit obliegt es dem Jugendamt, den Grund der vorläufigen Inobhutnahme zu klären und erste Handlungsschritte zu entwickeln.
Hierzu kann es auch gehören, Unstimmigkeiten zwischen untergebrachten Kindern und Jugendlichen und dem Heimatjugendamt aufzuklären.
Es ist nicht Aufgabe des nach § 87 SGB VIII zuständigen Jugendamtes, das Kind oder den/die Jugendliche/n den Personensorge- oder Erziehungsberechtigten zu übergeben oder sie ihrem Heimatjugendamt zuzuführen.
– Die Inobhutnahme nach § 42 SGB VIII bedarf sorgfältiger verwaltungsrechtlicher Handhabung:
Rechtsadressat des nach § 87 SGB VIII zuständigen Jugendamtes sind die Personensorge- bzw. Erziehungsberechtigten und damit in der Regel die Eltern. Allein ihnen steht das Recht zu, einer Inobhutnahme zu widersprechen (§ 42 Abs. 2 Satz 3).
Die Inobhutnahme ist ein Verwaltungsakt. Er ist ggf. den Personensorge- bzw. Erziehungsberechtigten schriftlich mitzuteilen.
Zeitlich vor diesem Verwaltungsverfahren liegt eine Prüfphase des Jugendamtes oder einer beauftragten Stelle(freier Träger der Jugendhilfe), in der die der Inobhutnahme zugrundeliegende Problematik mit dem Kind oder der/dem Jugendli-

chen erörtert wird, Schutz (Aufenthalt) geboten und eine Entscheidung vorbereitet wird.
– Freie Träger können die Befugnis erhalten, eine Inobhutnahme für den örtlichen öffentlichen Träger durchzuführen. In diesem Fall ist der örtliche Träger von jeder Inobhutnahme unverzüglich zu unterrichten.
– Dem Kind oder der/dem Jugendlichen sollten während einer Freiheitsentziehung alle Hilfen gewährt werden, die geeignet sind, die vorläufige Unterbringung zu verkürzen. Eine kontinuierliche sozialpädagogische Betreuung muß sichergestellt sein.

Abgrenzung der »Inobhutnahme« von den Hilfen zur Erziehung

Die Inobhutnahme ist eine Krisenintervention und keine Hilfe zur Erziehung. Sie dient der kurzfristigen Klärung von Problemlagen. Das nach § 87 SGB VIII zuständige Jugendamt hat mit dem Heimatjugendamt und den Personensorge- bzw. Erziehungsberechtigten unverzüglich zu klären, welche Maßnahmen zur Beendigung der Inobhutnahme erforderlich sind. Eine bereits bestehende Hilfe zur Erziehung schließt eine Inobhutnahme nicht aus. Sie kann im Rahmen des Klärungsprozesses zu einer Neuorientierung beitragen.

Sobald die der Inobhutnahme zugrundeliegenden Probleme geklärt sind und zwischen allen Beteiligten für das Kind oder die/den Jugendliche/n akzeptable Perspektiven entwickelt sind, ist die Inobhutnahme zu beenden.

Zusammenarbeit mehrerer beteiligter Jugendämter

In der Regel arbeiten bei der »Inobhutnahme« nach § 42 SGB VIII die nach §§ 86 und 87 SGB VIII zuständigen Jugendämter zusammen.

In den Fällen, in denen zwischen den Personensorge- bzw. Erziehungsberechtigten und dem Kind oder der/dem Jugendlichen schnell und ohne weitere zusätzliche Hilfen eine Lösung gefunden wird, bedarf es nicht der vorhergehenden fachlichen Abstimmung mit dem Heimatjugendamt. Es erfolgt lediglich eine Kostenregulierung. Ist erkennbar, daß die Personensorge- bzw. Erziehungsberechtigten weiter erzieherischer Hilfen bedürfen, wird das Heimatjugendamt unverzüglich unterrichtet und die weitere Vorgehensweise abgestimmt.

Beendigung der Inobhutnahme

Die Inobhutnahme ist zu beenden, wenn ihr Zweck erfüllt ist oder wenn der Personensorge- bzw. Erziehungsberechtigte widerspricht und keine abweichende Entscheidung des Vormundschaftsgerichts herbeigeführt wird.

Die Inobhutnahme endet mit dem Verlassen des Unterbringungsortes und der Übergabe des Kindes oder Jugendlichen an den Personensorge- bzw. Erziehungsberechtigten oder im Falle der §§ 33 bis 35 a SGB VIII an die Pflegeperson oder die in der Einrichtung für die Erziehung verantwortlichen Personen.

Rückkehr

Das nach § 87 SGB VIII zuständige Jugendamt ist für die vorläufige Unterbringung, nicht jedoch für die Rückführung von Kindern und Jugendlichen zuständig. Die Regelung der Rückkehr ist Aufgabe der Personensorgeberechtigten. Sind sie nicht in der Lage, das Kind oder den Jugendlichen abzuholen, ist die Regelung der Rückkehr Aufgabe des nach § 86 SGB VIII zuständigen Jugendamtes.

Grundsätzlich sollte darauf hingewirkt werden, daß die Personensorgeberechtigten oder die Pflegepersonen oder die in der Einrichtung für die Erziehung verantwortlichen Personen das Kind oder den Jugendlichen selbst abholen.

Entscheiden die Personensorge- bzw. Erziehungsberechtigten, daß das Kind oder der Jugendliche allein zurückkehren soll oder ist davon auszugehen, daß aufgrund der Fähigkeit des Kindes oder Jugendlichen zum eigenverantwortlichen Handeln die Rückführung ohne Beteiligung möglich ist, wird das Kind oder die/der Jugendliche bei der Rückkehr nicht begleitet.

Das Kind oder der/die Jugendliche kann im Rahmen der Amtshilfe von Mitarbeitern des nach § 87 SGB VIII zuständigen Jugendamtes zurückgebracht oder begleitet werden, soweit dies erforderlich ist und um Rückführung oder Begleitung des Kindes oder des Jugendlichen im Rahmen der Amtshilfe gebeten wird.

Gewährleistungspflicht

Die Träger der öffentlichen Jugendhilfe sollen gewährleisten, daß die zur Erfüllung der Aufgaben nach dem SGB VIII erforderlichen und geeigneten Einrichtungen und Dienste ausreichend zur Verfügung stehen (§ 79 Abs. 2 SGB VIII). Für die Inobhutnahme von Kindern und Jugendlichen sollten bedarfsgerechte Konzepte entwickelt werden.

Dies kann in alleiniger Zuständigkeit eines Jugendamtes oder in Kooperation mit Nachbarjugendämtern geschehen.

Kostenerstattung

Das nach § 86 SGB VIII zuständige Jugendamt hat dem nach § 87 SGB VIII zuständigen Jugendamt gemäß §§ 89 b und 89 f sämtliche Kosten der Inobhutnahme zu erstatten. Leistet ein nach § 87 SGB VIII zuständiges Jugendamt bei der Rückführung Amtshilfe, sind die Kosten gemäß § 7 SGB X erstattungsfähig.

Kostenbeiträge

Kostenbeiträge für die Inobhutnahme werden von dem nach § 86 SGB VIII zuständigen Jugendamt in Amtshilfe für das nach § 87 SGB VIII zuständige Jugendamt geltend gemacht. Von der Heranziehung zu den Kosten sollte unter den Voraussetzungen des § 93 Abs. 6 SGB VIII abgesehen werden.

6.7 Geschlossene Unterbringung

Im Anschluß an die Darstellung der wichtigsten Probleme der Heimerziehung soll nunmehr auf eine höchst problematische Form ihrer Durchführung eingegangen werden: die geschlossenen (oder gesicherte) Unterbringung[80].

---

80 Vgl. Stellungnahme der *AFET*, in: np 2/1995, S. 203 ff.; *IGfH*, Memorandum zur Problematik geschlossener Unterbringung, in: AGJ 3/1987, S. 36 ff.; *Chr. v. Wolffersdorf/V. Sprau-Kuhlen/J. Kersten*, a.a.O.; EREV Schriftenreihe 2/1994; W. Lerche, Wegsperren als Lösung?, in: NDV 1/1996, S. 16 ff.

6.7.1 Positionen zur geschlossenen Unterbringung[81]

Befürworter:	Gegner:
– letztes Mittel bei bestimmten Verhaltensweisen und Situationen (z.B. ständiges Weglaufen, delinquentes Verhalten, sexuelle Verwahrlosung, Aggressivität); – mangels Anwesenheit keine Pädagogik möglich; – bestimmte Jugendliche müssen vor sich selbst und andere vor ihnen geschützt werden; – Jugendrichter und Staatsanwälte fordern geschlossene Unterbringung als Alternative zum Strafvollzug und zur Abwendung der Untersuchungshaft[a].	– Verzichts- und Bankrotterklärung der Pädagogik; – für die Probleme der Jugendlichen ist geschlossene Unterbringung eine Kontraindikation; – geschlossene Unterbringung kann durch humane Alternativen ersetzt werden; – Gefahr des Mißbrauchs und der Ausweitung der »Indikation« auf Widerspenstige, Unangepaßte, Unangenehme etc.; – grundsätzliche Bedenken gegen die Verknüpfung von Erziehung und Freiheitsentzug; – Zweifel an der Verfassungsmäßigkeit[b].

a. Zur beispielhaften Auseinandersetzung in Hamburg vgl. Kriminologisches Journal 3/1982, S. 230 ff.
b. »Probleme lassen sich nicht einsperren«, päd.extra sozialarbeit 1/1979, S. 8 f.; Bundesjugendkuratorium (Hrsg.), a.a.O., S. 82 ff.

Nicht zuletzt aufgrund der inzwischen existierenden Alternativen ist die geschlossene Unterbringung als pädagogisches Mittel abzulehnen. Beispiele für solche Alternativen sind: Wohngruppen/Wohngemeinschaften; längerer Aufenthalt auf dem Lande (Bauernhof); mehrwöchige Unternehmungen (Zeltlager, Floßfahrt); Expeditionen in die Bergwelt, Wildnis oder Wüste; selbstverwalteter Jugendhof; halb- bis einjährige Fahrt auf einem Jugendschiff.

Kennzeichen dieser verschiedenartigen Alternativen sind[82]:
– Angebote für längerfristige soziale/menschliche Bindungen;
– Planung von Lebensperspektiven;
– »Rückkehrübungen« in andere Lebenssituationen;
– kleine überschaubare Lebenseinheiten, die Orientierung ermöglichen;
– Freiräume für Selbstbestimmung;
– Prinzip der Selbstversorgung und selbstverwalteten Wohnwelt;
– Beratung und Unterstützung durch Fachpersonal;
– Möglichkeit für Kinder und Jugendliche, positive Erfahrungen mit sich selbst zu machen;
– personenintensive Hilfe (»Menschen statt Mauern«)[83];

81 Vgl. Streitgespräch zwischen der bayerischen Justizministerin und der Hamburger Jugendsenatorin in DER SPIEGEL 15/1992, 113 ff.
82 Vgl. *Bundesjugendkuratorium (Hrsg.)*, a.a.O., S. 93 f.
83 Konzept der Hamburger Behörde für Arbeit, Jugend und Soziales vgl. *D. Bittscheidt-Peters/ U. Koch*, in: ZBlJugR 1983, S. 81 ff.

- hohes Engagement der Erzieher;
- Spektrum von angst- und aggressionsabbauenden Möglichkeiten.

Kennzeichen dieser Alternativen sind aber auch die großen Finanzierungsprobleme und der Erwartungsdruck, der auf ihnen lastet.

6.7.2 Zur Rechtmäßigkeit des Einschlusses[84]

Geschlossene Unterbringung ist eine mit Freiheitsentzug verbundene Aufenthaltsbestimmung. Die Freiheitsentziehung (nicht lediglich Freiheitsbeschränkung) wird erkennbar durch besondere Baulichkeiten, Raumgestaltung, Sicherungsmaßnahmen, Überwachung, Einsperrung und Kontaktunterbindung. Die Diskussion um die Rechtmäßigkeit dieser Maßnahme wurde vor allem durch die §§ 46, 47 des (gescheiterten) Regierungsentwurfs zum Jugendhilfegesetz (1977) entfacht. Der Entwurf sah die geschlossene Unterbringung vor, wenn erstens das Wohl des Minderjährigen erheblich gefährdet ist, zweitens die Unterbringung für eine wirksame pädagogische oder therapeutische Hilfe unerläßlich ist und drittens das Vormundschaftsgericht die Unterbringung angeordnet hat. Außerdem war gewollt, daß der Heimleiter die geschlossene Unterbringung als »Notmaßnahme bei Gefahr in einer Einrichtung« verfügen konnte und nachträglich die Genehmigung des Vormundschaftsgerichts benötigte.

Dann wurde die Diskussion verstärkt durch § 1631 b BGB, der im Zusammenhang mit der Neuregelung des Rechts der elterlichen Sorge am 1.1.1980 in Kraft getreten ist.

Die Rechtsentwicklung insgesamt hat gezeigt, wie lange sich das sog. *»besondere Gewaltverhältnis«* gehalten hat, obgleich diese Konstruktion zur Außerkraftsetzung von Grundrechten in bestimmten Situationen seit 1972 unhaltbar ist[85].

Die geschlossene Unterbringung spielt in drei Rechtsbereichen eine Rolle:
- im Zivilrecht bei der geschlossenen Unterbringung durch Personensorgeberechtigten (§ 1631 b BGB), durch Vormünder (§§ 1773, 1793, 1800 BGB), durch Pfleger (§§ 1909, 1919 BGB);
- im Bereich der Jugendhilfe bei der Fremdplazierung von Minderjährigen (§ 34 SGB VIII) oder bei der Inobhutnahme gemäß § 1 JSchÖG bzw. § 42 SGB VIII;
- im Bereich des Jugendstrafrechts im Rahmen von § 71 Abs. 2 und § 72 Abs. 4 JGG[86].

Verfassungsrechtlich sind die Art. 2, Art. 11 und Art. 104 GG berührt.

Rechtsgrundlagen für eine Freiheitsentziehung:
- Für den Bereich der *elterlichen Sorge* stellt § 1631 b BGB klar, daß mit Freiheitsentziehung verbundene Unterbringung nur mit Genehmigung des Vormundschaftsgerichts zulässig ist.
Aber auch *Pfleger* und *Vormund* benötigen die vormundschaftsgerichtliche Genehmigung nach § 1631 b BGB, wenn sie Minderjährige in einer geschlossenen Einrichtung unterbringen wollen. Dies ergibt sich daraus, daß § 1915 BGB die

---

84 Vgl. *J. Münder*, Die geschlossene Unterbringung in der Jugendhilfe, in: ZfJ 1984, S. 180 ff.
85 Entscheidung des Bundesverfassungsgerichts zu den Grundrechten von Strafgefangenen (*BVerfGE* 33, 1 ff.), vgl. *Fieseler*, Rechtsgrundlagen, a.a.O., S. 59 ff.
86 Vgl. *Giehring*, in:ZBlJugR 1981, S. 461 ff.; *B. Philipp*, in: ZBlJugR 1982, S. 224 ff.

entsprechende Anwendung des Vormundschaftsrechts auf die Pflegschaft vorschreibt, und daß der Vormund gemäß § 1800 BGB bei der Sorge für die Person des Mündels an die §§ 1631 ff. BGB gebunden ist.

– Wird im Rahmen von § 38 SGB VIII die elterliche Sorge zur Ausübung übertragen, so ist die Pflegeperson oder die in der Einrichtung für die Erziehung verantwortliche Person damit nicht berechtigt, den Minderjährigen geschlossen unterzubringen, denn durch die Übertragung erhält der Empfänger nicht mehr Kompetenzen als der Übertragende besitzt. Auch hier müssen die Inhaber des Personensorgerechts ein Verfahren gemäß § 1631 b BGB durchführen.

– Wenn eine Freiheitsentziehung in sog. Eil- und Notfällen vorgenommen wurde, ist unverzüglich die nachträgliche Einholung der vormundschaftsgerichtlichen Genehmigung notwendig (§ 42 Abs. 3 SGB VIII).

6.8 Mädchen in der Heimerziehung[87]

Mädchen kommen in öffentliche Erziehung meistens aufgrund sog. sexueller Auffälligkeiten (Umherstreunen; Entweichen aus Elternhaus und Schule; frühe sexuelle Erfahrungen; Promiskuität; Prostitution), während bei männlichen Jugendlichen vor allem Eigentumsdelikte und mangelnde Arbeitsdisziplin die Einweisungsgründe sind. Mädchen unterliegen quantitativ weniger oft staatlicher Sozialkontrolle: im Bereich der öffentlichen Erziehung bleibt ihr Anteil mit 40% leicht, im Bereich des Jugendstrafvollzugs mit weniger als 2% ganz erheblich hinter dem männlicher Jugendlicher zurück. Mädchen im Heimen sind aber keine homogene Gruppe, sondern haben – wie die männlichen Jugendlichen – unterschiedlichste Probleme. Sie kommen allerdings später ins Heim als Jungen.

6.9 Ausländische Kinder und Jugendliche[88]

Der Anteil ausländischer Kinder und Jugendlicher im Heim ist seit 1982 (seit diesem Jahr werden ausländische Kinder und Jugendliche in der Statistik ausgewiesen) kontinuierlich gestiegen und lag Ende 1990 bei rund 10,6% (in absoluten Zahlen: 4.665 Minderjährige). Nachdem ausländische junge Menschen bis vor kurzem im Bereich der Heimerziehung unterrepräsentiert waren, entspricht die aktuelle Heimquote ziemlich genau ihrem Anteil an der Gesamtaltersgruppe. Die Gruppe der ausländischen Heimkinder setzt sich im wesentlichen zusammen aus Migrantenkindern und Flüchtlingskindern. Der deutliche Anstieg ist zum einen auf die unbegleiteten Minderjährigen zurückzuführen, die vor Bürgerkrieg, Hunger und Verfolgung

87 Vgl. *LWV Württemberg-Hohenzollern*, Landesjugendamt, Bericht über eine Tagung im Mai 1982; *M. Stein-Hilbers*, in: NP 3/1979, S. 283 ff.; *Freigang/Frommann/Giesselmann*, Expertise für den 6. Jugendbericht »Mädchen in Heimen und Wohngemeinschaften«; *Trauernicht u.a.*, a.a.O.; *G. Schäfter/M. Hocke*, Mädchenwelten: Sexuelle Gewalterfahrungen und Heimerziehung, Heidelberg 1995; *W. Krieger/E. Fath*, Sexueller Mißbrauch und Heimerziehung. Eine Bestandsaufnahme am Beispiel Rheinland-Pfalz, Berlin 1995; *L. Hartwig*, a.a.O.; zur Mädchenarbeit allgemein: *M. Savier*, in: Kreft/Lukas (Hrsg.), Perspektivenwandel der Jugendhilfe, Band II, Nürnberg 1990, S. 273 ff.; *V. Birtsch/L.Hartwig/ B. Retza (Hrsg.)*, Mädchenwelten – Mädchenpädagogik, IGfH-Eigenverlag, Frankfurt a.M. 1991

88 *Heide Kallert/Saniye Akpinar-Weber*, Ausländische Kinder und Jugendliche in der Heimerziehung, JSS 10/1993, Frankfurt am Main 1993

ohne Eltern nach Deutschland geflüchtet sind und hier aufgrund des Haager Minderjährigenschutzabkommens Hilfe erhalten. Zum anderen dürften bei den in Deutschland geborenen Kindern die aus der Migrationsforschung bekannten sozialen und kulturellen Marginalisierungsprozesse der zweiten und dritten Einwanderergeneration eine Rolle spielen: das Leben zwischen zwei Kulturen, die Erfahrung sozialer Ausgrenzung (bei den Deutschen wegen des »Ausländerseins« und zugleich innerhalb der eigenen Familie wegen des »Zu-Deutschseins«).

6.10 Tagesgruppen

Rechtsgrundlage: § 32 SGB VIII

Die Möglichkeiten der Heimerziehung werden zunehmend ergänzt durch das ihnen vorgelagerte Angebot von Tagesgruppen. Sie bieten Kindern und Heranwachsenden einen alternativen Lebensort auf Zeit, täglich für mehrere Stunden, ohne daß sie aus ihrer Familie herausgenommen werden müssen. Solche Tagesgruppen bieten verläßliche Versorgung, Lernhilfen, Spielanregungen und Unternehmungen sowie Beratung und unter Umständen Vermittlung in eine Therapie; außerdem bieten sie die Möglichkeit, in sich zuspitzenden Krisen für einige Tage außerhalb der Familie zu wohnen. Intensive Elternarbeit ist hier besonders wichtig. Das Arbeitskonzept der Tagesgruppen ist zwischen Krisenintervention und Hortangeboten angesiedelt.

6.11 Nachbetreuung[89]

Rechtsgrundlage (für junge Volljährige): § 41 Abs. 3 SGB VIII

Nachbetreuung ist eine Form sozialer Hilfeleistung für Kinder und Jugendliche, die sich Heimerziehung befanden und neue Lebensräume aufbauen müssen[90]. Sie ist keine Verlängerung der Heimerziehung; und sie darf keine Alibifunktion für nicht geleistete Erziehung zur Selbständigkeit während des Heimaufenthalts übernehmen. Vernünftigerweise wird die Nachbetreuung vorbereitet durch Maßnahmen zur *Ablösung junger Menschen aus der Heimerziehung* (z.B. Selbstversorgung in angemieteten Wohnungen). Eine besondere Problemgruppe sind hier die Jungerwachsenen, die fließende Übergänge von einer Lebenswelt in eine andere benötigen.

Die *Arbeitsformen der Nachbetreuung* unterscheiden sich, je nachdem ob der junge Mensch in die (Ursprungs- oder eine andere) Familie zurückkehrt, oder ob er eine eigene Existenz aufbauen muß.

Kehrt der Jugendliche in sein Ursprungsmilieu zurück, so müssen die getrennt verlaufenden Entwicklungslinien der Familie und des Jugendlichen wieder miteinander verknüpft werden (z.B. Einladungen der Familie ins Heim, um entstandene Schwierigkeiten zu besprechen; heimentlassene Kinder und Jugendliche dürfen an Wochenenden, bei besonderen Anlässen, in den Ferien wieder ins Heim zurück;

89 *Bieback-Diel/Lauer u.a.*, Heimerziehung – und was dann? *ISS-Materialien 20*, a.a.O.; *H. Sprünken*, Nachbetreuung und Heimerziehung, in: Blätter der Wohlfahrtspflege 1/1984, S. 11; Zum Anspruch junger Volljähriger auf JH-Leistungen: *Struck*, in: ZfJ 4/93, 183 ff. – *Deutscher Städtetag*, Hilfen für junge Volljährige, Nachbetreuung. Empfehlungen und Hinweise, LJA WL 125/95 (Dezember 1995), 41 ff.; *P. Mrozynski*, ZfJ 1996, 159 ff.

90 Dies ist kein Spezifikum der Heimerziehung: ähnliche Probleme gibt es bei Entlassung aus der Anstaltspsychiatrie, aus dem Gefängnis u.a.

Bestellung eines sozialpädagogischen Familienhelfers, Erziehungsbeistandes; Einschaltung von Erziehungsberatungsstellen).

Nachbetreuung für junge Volljährige, die sich eine neue Existenz aufbauen, muß ansetzen an der Bearbeitung der Trennungssituation und der damit häufig verbundenen Isolierung oder auch persönlichen Identitätskrise bei Mißerfolgserlebnissen (Hilfen sind z.b. teilzeitbetreute Wohngemeinschaften; Anlauf- und Kontaktpersonen im Heim; Patenschaften von sozial engagierten Bürgern und Familien; Selbsthilfegruppen; Projekte der Arbeitsverwaltung; Öffnung von kirchlichen und anderen Gesprächs- und Freizeitgruppen).

6.12 Schutz von Kindern und Jugendlichen in Einrichtungen[91]

Rechtsgrundlage: §§ 45 - 49 SGB VIII

Die §§ 45 ff. SGB VIII enthalten eine Neuordnung der Aufsicht über Einrichtungen, in denen Minderjährige betreut werden oder Unterkunft erhalten. Die Vorschriften ersetzen die bisherige einrichtungsbezogene *Heimaufsicht* (§ 78 JWG) und den personenbezogenen Heimkinderschutz (§ 79 JWG). Für die Betriebsaufnahme der Einrichtungen wird ein genereller *Erlaubnisvorbehalt* eingeführt, der es ermöglicht, präventiv die Gewährleistung des Kindeswohls in den Einrichtungen zu prüfen. § 45 SGB VIII regelt den Anwendungsbereich des Erlaubnisvorbehalts, die Voraussetzungen der Versagung und des Entzugs der Erlaubnis sowie das Erfordernis der Abstimmung mit anderen Behörden.

Die Statuierung des Erlaubnisvorbehalts bezweckt eine Schwerpunktverlagerung in der »Heimaufsicht«. Bereits zu Beginn der Inbetriebnahme soll möglichen Gefahren für das Wohl der betreuten Minderjährigen begegnet werden, so daß nachfolgende Überprüfungen nur nach den Erfordernissen des Einzelfalles durchgeführt werden müssen und die Notwendigkeit einer regelmäßigen Überwachung entfallen kann.

Erteilung, Widerruf und Rücknahme der Erlaubnis gehören zu den »anderen Aufgaben« nach § 2 Abs. 3 Nr. 4 SGB VIII und haben ordnungsbehördlichen Charakter. Die Abwehr von Gefahren für das Wohl der Kinder und Jugendlichen kann aber nicht ausschließlich durch ordnungsrechtliche Maßnahmen erreicht werden. Eng verbunden mit der Erlaubnisprüfung bleibt die Notwendigkeit, den Träger der Einrichtung – gerade auch im Anfangsstadium – fachlich zu beraten und zu unterstützen.

Erlaubnisvorbehalt: § 45 SGB VIII

Die in Absatz 1 geregelte Erlaubnispflicht erfaßt Einrichtungen, in denen Kinder oder Jugendliche ganztägig oder für einen Teil des Tages betreut werden oder Unterkunft erhalten. Der in der Vorschrift nur funktionell (nicht aber substantiell) definierte Einrichtungsbegriff ist im Hinblick auf den Schutzzweck weit auszulegen. Ziel ist die präventive Abwehr von Gefährdungen, die im Rahmen *fremder* (außerhalb der Familie) Betreuung oder Unterkunftsgewährung für das Wohl der Minderjährigen entstehen können.

---

91 Auszüge aus der Kommentierung von Stähr zu §§ 45 ff., in: *Hauck/Haines*, Sozialgesetzbuch (SGB VIII). Kinder- und Jugendhilfekommentar (Stand: 1.4.1993), Berlin 1993; vgl. auch *K. Abel* (1995), a.a.O.; *B. Irskens*, Neue Wege gehen – Heimaufsicht für Tageseinrichtungen für Kinder, in: NDV 3/1995, S. 114 ff.; *Th. Lakies*, Zu Funktion und Inhalt der Pflege- und Betriebserlaubnis, in: ZfJ 1/1995, S. 9 ff.

Unter Einrichtung ist allgemein eine auf eine gewisse Dauer angelegte Verbindung von Personen und Sachen zu verstehen, die unter der Verantwortung eines Trägers den in § 45 SGB VIII genannten Zwecken der Betreuung oder Unterkunftsgewährung zu dienen bestimmt ist. Dabei ist eine relative Konstanz erforderlich, die sich darin ausdrückt, daß Bestand und Art der Einrichtung vom Wechsel der Personen, die betreut werden oder Unterkunft erhalten, weitgehend unabhängig sind. Hierzu gehört auch, daß die Einrichtung mit einer Baulichkeit verbunden sein muß.

Der so bestimmte Einrichtungsbegriff erfaßt nicht ambulante Maßnahmen außerhalb von Gebäuden, wie z.b. Kinderbetreuung bei Spaziergängen und Ausflügen. Der Schutzzweck der Norm erfordert es nicht, ambulante Maßnahmen, die nicht orts- und gebäudebezogen sind, einer Erlaubnispflicht zu unterstellen[92].

§ 45 Absatz 1 Satz 2 SGB VIII enthält eine abschließende Aufzählung der Einrichtungen, die von der Erlaubnispflicht ausgenommen werden, weil sie

– entweder bereits einer »näherstehenden« Aufsicht nach anderen Vorschriften unterliegen oder

– weil ihr Charakter als Einrichtung der Jugendarbeit einen Erlaubnisvorbehalt entbehrlich bzw. unzweckmäßig macht oder

– wenn die Betreuung oder Unterkunftsgewährung im Verhältnis zur eigentlichen Aufgabenstellung untergeordneter Nebenzweck der Einrichtung ist.

Voraussetzungen der Betriebserlaubnis

Die Erteilung der Betriebserlaubnis setzt voraus, daß kein Versagungsgrund nach § 45 Absatz 2 Satz 2 besteht. Die Erlaubnisbehörde muß daher prüfen, ob das Wohl der Kinder oder Jugendlichen in der Einrichtung gewährleistet ist. Kann diese Voraussetzung festgestellt werden, so besteht ein Rechtsanspruch auf Erteilung der Erlaubnis.

Der unbestimmte Rechtsbegriff des Kindeswohls ist im Rahmen der Aufgabe staatlicher Gefahrenabwehr nur negativ bestimmbar. Es kommt nicht darauf an, optimale Bedingungen der Betreuung oder Unterkunftsgewährung zu gewährleisten, sondern sicherzustellen, daß Mindeststandards eingehalten werden. Die Einhaltung dieser auf Qualität und Quantität der personellen, räumlichen und sachlichen Ausstattung sowie die inhaltliche Konzeption bezogenen Standards ergeben insgesamt die Eignung der Einrichtung und müssen zu der Einschätzung führen, daß das Wohl der Kinder oder Jugendlichen gewährleistet ist.

Die Formulierung in Absatz 2 Satz 2 bringt zum Ausdruck, daß die Eignung der in der Einrichtung tätigen Kräfte ein bedeutsames Beurteilungskriterium für die Gewährleistung des Kindeswohls ist.

Besondere Anforderungen sind an die Qualifikation der Leitung einer Einrichtung zu stellen.

Über die Sicherung der Betreuung durch geeignete Kräfte hinaus müssen weitere Voraussetzungen in der Einrichtung gegeben sein. Hierzu gehören insbesondere angemessene Gruppengrößen, der Aufgabenstellung entsprechende bauliche Gestaltung und Ausstattung der Räumlichkeiten, ausreichendes Spiel- und Beschäftigungsmaterial, angemessene Essensqualität, Einhaltung der hygienischen und gesundheitlichen Forderungen sowie der Bestimmungen zur Sicherung vor Unfällen und Bränden. In

---

92 Vgl. BT-Drucks. 11/5948, S. 83

der Praxis bedient sich die Erlaubnisbehörde bei der Prüfung der Amtshilfe der Gesundheits- und Bauaufsicht. Im Zusammenhang mit der Gewährleistung ausreichender Gesundheitsbedingungen ist vielfach die Aids-Problematik (HIV-Tests, Umgang mit HIV-Infizierten) erörtert worden. Die Bundesarbeitsgemeinschaft der Landesjugendämter und überörtlichen Erziehungsbehörden hat hierzu Empfehlungen erarbeitet, die in der Praxis weitgehende Zustimmung gefunden haben[93]. Die Erlaubnis muß vom Träger der Einrichtung *vor* der Betriebsaufnahme eingeholt werden. Die Erlaubnispflicht ist nach §§ 104 Abs. 1 Nr. 2, 105 SGB VIII bußgeld- und strafbewehrt.

Der Träger einer Einrichtung bedarf für jede seiner Einrichtungen einer gesonderten Betriebserlaubnis. Die Erlaubnis ist somit sowohl personen- als auch betriebs- und raumbezogen. Daraus folgt, daß bei Schließung oder Verlegung der Einrichtung oder eines Teiles der Einrichtung sowie bei einer Änderung der Zweckbestimmung oder auch bei einem Wechsel der Trägerschaft eine neue Erlaubnis erforderlich ist.

Erlaubnisversagung

Die Erlaubnisbehörde ist zwingend gebunden (Muß-Vorschrift), die Betriebserlaubnis zu versagen, wenn der Versagungsgrund nach § 45 Absatz 2 Satz 2 festgestellt wird. Sie trifft die materielle Beweislast dafür, daß das Wohl der Minderjährigen in der Einrichtung nicht gewährleistet ist. Es genügen also nicht lediglich Verdachtsmomente, sondern nur durch Tatsachen begründete Zweifel an der Eignung der Einrichtung.

Vor Erlaß des Versagungsbescheides ist dem Antragsteller rechtliches Gehör nach § 24 SGB X zu gewähren. Zwar ist die Erteilung der Erlaubnis ein begünstigender Verwaltungsakt; die Ablehnung des Antrags greift jedoch in die Rechte des Antragstellers ein, da ihm dadurch verwehrt wird, die Einrichtung zu betreiben.

Die Versagung der beantragten Erlaubnis ist ein Verwaltungsakt, der im Wege einer Verpflichtungsklage vor dem Verwaltungsgericht in vollem Umfang, also auch hinsichtlich des unbestimmten Rechtsbegriffs »Wohl des Kindes oder Jugendlichen« überprüft werden kann. Der Erlaubnisbehörde ist kein sog. Beurteilungsspielraum in dem Sinne zugestanden, daß das Gericht innerhalb einer Toleranzgrenze eine vertretbare Entscheidung der Behörde hinnehmen müsse, ohne sie durch eigene Einschätzung ersetzen zu dürfen[94]. Die Versagung der Erlaubnis bedeutet einen Eingriff in die Rechtsstellung des Antragstellers, der gerichtlich voll überprüfbar sein muß[95].

Entzug der Betriebserlaubnis

§ 45 Absatz 2 Satz 4 regelt Rücknahme und Widerruf der Erlaubnis, die als lex specialis die §§ 45, 47 SGB X verdrängen. Das Gesetz hat eine bereichspezifische Regelung getroffen, da die Vorschriften des SGB X über Rücknahme oder Widerruf eines

---

93 Vgl. Hinweise der *Bundesarbeitsgemeinschaft der Landesjugendämter und überörtlichen Erziehungsbehörden* zur Problematik von AIDS im Bereich der Jugendhilfe, ZfF 1988, 203; vgl. im übrigen *Münder/Birk*, AIDS und Kinder 1988, S. 91 ff.; *Kallabis*, ZfJ 1988, 58; DIV-Gutachten, ZfJ 1988, 241; *Münder*, NDV 1989, 322

94 Vgl. hierzu *Wolff/Bachof*, Verwaltungsrecht I, 9. Aufl., S. 192

95 Ebenso *OVG NW*, Urt. v. 7.5.1980, Kl. Schr. DV Nr. 14, S. 170, zu §§ 79, 78 JWG; a.A. *HessVGH*, Urt. v. 10.2.1982, Kl. Schr. DV Nr. 14, S. 161; *VG Wiesbaden*, Urt. v. 11.9.1979, Kl. Schr. DV Nr. 14, S. 165

Verwaltungsaktes der staatlichen Wächterfunktion im Zusammenhang mit der Erlaubniserteilung für Einrichtungen der Jugendhilfe nicht gerecht werden und insbesondere bei der Rücknahme einer rechtswidrig erteilten Erlaubnis primär die Position des Erlaubnisinhabers im Blickfeld haben. Für die Aufhebung der Betriebserlaubnis ist aber in erster Linie auf den Schutz des untergebrachten Minderjährigen abzustellen. Demzufolge ist die Erlaubnis dann zu entziehen, wenn das Wohl der Minderjährigen in der Einrichtung gefährdet *und* der Träger der Einrichtung nicht bereit oder in der Lage ist, die Gefährdung abzuwenden. Es handelt sich um eine gebundene Entscheidung (also kein Ermessen möglich), wenn kumulativ beide Voraussetzungen gegeben sind. Auf ein Verschulden des Trägers kommt es dabei nicht an.

Zuständigkeit

Sachlich zuständig für die Erteilung der Betriebserlaubnis sowie deren Rücknahme oder Widerruf ist nach § 85 Abs. 2 Nr. 6 SGB VIII das Landesjugendamt. Örtlich zuständig ist das Landesjugendamt (oder die nach Landesrecht bestimmte Behörde), in deren Bereich die Einrichtung oder die sonstige Wohnform gelegen ist (§ 87 a Abs. 2 SGB VIII). Für die Mitwirkung an der örtlichen Prüfung (§§ 46, 48 a SGB VIII) ist der örtliche Träger zuständig, in dessen Bereich die Einrichtung gelegen ist.

Örtliche Prüfung

§ 46 SGB VIII regelt die Aufgabe der zuständigen Behörde, zu überprüfen, ob die Voraussetzungen für die Erteilung der Betriebserlaubnis weiterbestehen. Dabei soll der zentrale Träger, wenn diesem der Träger der Einrichtung angehört, beteiligt werden. Absatz 2 dieser Vorschrift enthält im einzelnen die Befugnisse der Aufsichtsbehörde und die entsprechende Duldungspflicht des Trägers der Einrichtung.
Die Vorschrift ergänzt die Regelung des § 45 SGB VIII. Die Erlaubnispflicht ist zwar ein wichtiger Bestandteil der Wahrnehmung des staatlichen Wächteramts. Die Aufgabe der Gefahrenabwehr bedarf aber ergänzend auch der Überprüfung, ob sich ggf. die Verhältnisse in der Einrichtung ungünstig entwickelt haben, so daß möglicherweise eine nachträgliche Auflage zu erteilen ist oder die Aufhebung der Erlaubnis in Betracht kommt. Grundsätzlich geht das Gesetz davon aus, daß generelle und regelmäßig durchgeführte Überprüfungen nicht erforderlich sind. Sie sollen vielmehr nur entsprechend den Erfordernissen des Einzelfalles durchgeführt werden.
Hierin kommt ein anderes Verständnis von Aufsicht zum Ausdruck. Das Gesetz unterstellt zunächst grundsätzlich, daß die Erlaubnisvoraussetzungen fortbestehen und ordnungsbehördliche Einschränkungen der Trägerautonomie nicht erforderlich sind. Erst wenn der Aufsichtsbehörde Informationen zugehen, die zu einer Änderung der ursprünglichen Beurteilung führen können, besteht ein Anlaß zur Überprüfung der Einrichtung
In jedem Fall ist die örtliche Prüfung auch darauf auszurichten, beratende Hilfestellung zu leisten. Die Auswertung der Überprüfung kann je nach Anlaß des Besuches oder nach Art, Umfang und Schwere der festgestellten Mängel zu unterschiedlichen Folgerungen führen. Nach dem Grundsatz der Verhältnismäßigkeit kommen die Erteilung einer nachträglichen Auflage, die Tätigkeitsuntersagung, die Aufhebung der Erlaubnis oder als Sofortmaßnahme die Herausnahme des Kindes oder Jugendlichen aus der Einrichtung nach § 43 SGB VIII in Betracht. Werden in einer Einrichtung gravierende Mängel festgestellt, so kann sich die Notwendigkeit einer kontinuierlichen Nachschau ergeben.

Überprüfungsbefugnisse

Nach § 46 Abs. 2 SGB VIII haben die von der Aufsichtsbehörde beauftragten Personen folgende Befugnisse:
- die Grundstücke und Räume während der Tageszeit zu betreten (bei dringender Gefahr für das Wohl der Kinder und Jugendlichen zu jeder Zeit),
- Prüfungen und Besichtigungen vorzunehmen (Zustand des Gebäudes und der Räume; hygienische Verhältnisse; Eignung des Personals; Stellenplan; Ausstattung mit Spiel- und Lehrmaterial; Verpflegung; ordnungsgemäße Wirtschaftsführung; Einsichtnahme in Unterlagen),
- sich mit den Minderjährigen in Verbindung zu setzen (behutsamer Umgang, keine Verhöre),
- die Beschäftigten zu befragen.

Meldepflichten

§ 47 SGB VIII enthält Anzeige- und Meldepflichten des Trägers einer erlaubnispflichtigen Einrichtung. Die nach Abs. 1 bei Betriebsaufnahme und Schließung zu übermittelnden Angaben benötigt die zuständige Behörde zur Wahrnehmung ihrer Aufsichtsaufgaben. Die Informationen können insbesondere Anhaltspunkte für die Notwendigkeit liefern, Überprüfungen an Ort und Stelle durchzuführen. So sind z.b. Veränderungen der Zweckbestimmung, häufiger Wechsel des Personals, Wechsel der Leitung oder Veränderungen des Platzangebots Hinweise für die Aufsichtsbehörde, die Anlaß zu einem Kontakt mit der Einrichtung geben können.

Die Meldepflicht nach § 47 Abs. 2 Nr. 4 bezweckt den Schutz »vergessener Heimkinder« sowie die Förderung von Spätadoptionen. Es geht hierbei um die Verminderung der Anzahl von Heimkindern, die aus Gründen fehlender Information nicht zur Adoption vermittelt werden. Der Gesetzgeber hat in dieser Regelung noch einen Bedarf gesehen, obwohl § 36 Abs. 1 Satz 2 SGB VIII bereits zwingend vorschreibt, daß vor und während einer langfristig zu leistenden Hilfe zur Erziehung außerhalb der Familie zu prüfen ist, ob die Annahme als Kind in Betracht kommt.

§ 47 Abs. 3 SGB VIII räumt der Aufsichtsbehörde die Befugnis ein, nach pflichtgemäßem Ermessen Einrichtungen oder Gruppen von Einrichtungen von der Meldepflicht auszunehmen. Die Befreiung von der Meldepflicht kann für Einrichtungen sinnvoll sein, die regelmäßig nur Minderjährige aufnehmen, für die eine Annahme als Kind nicht in Frage kommt. Die Aufsichtsbehörde hat insofern die Möglichkeit, bürokratischen Leerlauf zu vermeiden.

Tätigkeitsuntersagung

Die Vorschrift des § 48 SGB VIII ermächtigt die Aufsichtsbehörde, dem Träger einer erlaubnispflichtigen Einrichtung die weitere Tätigkeit von Beschäftigten zu untersagen, wenn diese nicht die erforderliche Eignung besitzen.

Die Tätigkeitsuntersagung ergänzt die Handlungsmöglichkeiten, die der Behörde nach § 45 Abs. 2 SGB VIII zum Schutz des Wohls der Kinder und Jugendlichen gegeben sind. Das Gesetz mißt der Aufgabe, die Eignung des Leiters und der Betreuungskräfte sicherzustellen, besondere Bedeutung zu. Wird diese Anforderung vom Träger der Einrichtung nicht erfüllt, so entfällt eine wesentliche Voraussetzung der Betriebserlaubnis, da in diesem Fall das Wohl der Kinder oder Jugendlichen in der Einrichtung nicht gewährleistet ist. Die Tätigkeitsuntersagung ist eine Maßnahme, die zwar gravierend in die Trägerautonomie eingreift, die aber in ihrem Ausmaß noch unterhalb der Schwelle eines Entzugs der Betriebserlaubnis liegt.

Die Untersagungsverfügung steht im pflichtgemäßen Ermessen der Aufsichtsbehörde. Zieht der Träger aufgrund von Beratungsgesprächen nicht von sich aus die erforderlichen Konsequenzen, so hat die Behörde nach dem Grundsatz der Verhältnismäßigkeit zu prüfen, ob ein Verbot für bestimmte Funktionen oder Tätigkeiten ausreicht, oder ob dem Träger aufzuerlegen ist, dem Leiter oder dem Mitarbeiter sein bisheriges Aufgabenfeld ganz zu entziehen oder ihn ggf. zu entlassen. Die Tätigkeitsuntersagung ist ein Verwaltungsakt, dessen Aufhebung nach Durchführung des Widerspruchsverfahrens im Wege der Anfechtungsklage begehrt werden kann. Im Gegensatz zu § 45 Abs. 2 Satz 6 enthält § 48 SGB VIII keine gesetzliche Aufhebung der aufschiebenden Wirkung i.S.d. § 80 Abs. 3 Nr. 3 VwGO.

7. Eingliederungshilfe für seelisch behinderte Kinder und Jugendliche[96]

Rechtsgrundlage: §§ 10, 35 a SGB VIII

Die bisherige Fassung des § 10 Abs. 2 SGB VIII sah einen Vorrang der Kinder- und Jugendhilfe für junge Menschen vor, die nicht wesentlich körperlich oder geistig behindert sind. Auch den seelisch behinderten jungen Menschen waren vorrangig der Jugendhilfe zugeordnet. Es entstanden aber erhebliche Schwierigkeiten bei der Abgrenzung zwischen nicht wesentlichen und wesentlichen körperlichen oder geistigen Behinderungen und zwischen geistigen und seelischen Behinderungen.

Außerdem wurde der bisherige § 27 Abs. 4 SGB VIII, nach dem die Hilfe zur Erziehung auch die Maßnahmen der Eingliederungshilfe nach dem BSHG »umfaßte«, unterschiedlich ausgelegt. Das Erste Änderungsgesetz SGB VIII stellt nunmehr klar, daß für alle Leistungen an *seelisch* behinderte junge Menschen nach § 10 Abs. 2 i.V.m. der Neuregelung in § 35 a SGB VIII der Vorrang der Jugendhilfe gegenüber der Sozialhilfe besteht. *Körperlich* und *geistig* behinderte junge Menschen erhalten nach § 10 Abs. 2 SGB VIII vorrangig die Leistungen der Sozialhilfe.

Der neue, eigenständige Leistungstatbestand des § 35 a SGB VIII gibt seelisch behinderten oder von einer solchen Behinderung bedrohten Kindern und Jugendlichen – unabhängig vom Vorliegen der Voraussetzungen der Hilfe zur Erziehung – einen umfassenden Anspruch auf Eingliederungshilfe als Leistung der Jugendhilfe. Der Träger der öffentlichen Jugendhilfe hat durch eine angemessene Ausstattung dafür zu sorgen, daß Einrichtungen und Dienste zur Verfügung stehen, die sowohl die Aufgaben der Eingliederungshilfe erfüllen als auch gleichzeitig den erzieherischen Bedarf decken. Eine solche umfassende Bedarfsdeckung schließt die erforderlichen Beratungs- und Unterstützungsangebote für die Personensorgeberechtigten ein. Schließlich wird der Aufbau integrativer Formen der Tagesbetreuung unterstützt.

Die Eingliederungshilfen des § 35 a werden aufgrund der entsprechend erweiterten Verweisung in § 41 Abs. 3 SGB VIII grundsätzlich auch jungen Volljährigen gewährt.

---

96 *R. Lempp* (1995), a.a.O.; *J. M. Fegert* (1994), a.a.O.; *Gintzel/Schone*, Jugendwohl 1995, 77; *F. Schmeller*, BldWpfl. 1995, 77. *DPWV*-Schriftenreihe Nr. 45, Seelisch behinderte junge Menschen. Folgerungen aus dem gesetzlichen Zuständigkeitswechsel BSHG/KJHG, 2. Aufl., Frankfurt a.M. 1994. Zur Frühförderung: *Landschaftsverband Westfalen-Lippe*, Mitteilungen Nr. 123 (1995) mit Beiträgen von W. Gernert und A. Niemann-Graw

Für die Zuordnung körperlich und geistig behinderter junger Menschen zur Sozialhilfe kommt es nach § 10 Abs. 2 SGB VIII auf das Merkmal »wesentliche« oder »nicht wesentliche« Behinderung nicht mehr an.

Durch die Neuformulierung werden in Zukunft weniger Zuständigkeitsstreitigkeiten zwischen Jugendhilfe und Sozialhilfe zu erwarten sein. Neben den Schwierigkeiten der Abgrenzung zwischen seelischer und geistiger Behinderung im Bereich der Frühförderung bleibt problematisch die Zuordnung lernbehinderter und mehrfachbehinderter Kinder.

8. Gruppenarbeit

8.1 Soziale Trainingskurse

Rechtsgrundlage: § 10 Abs. 1 Nr. 6 JGG

Soziale Trainingskurse sind ein spezielles Angebot innerhalb der offenen pädagogisch-therapeutischen Hilfen, die zwischen den offenen Hilfen und den Hilfen für die Erziehung außerhalb der eigenen Familie stehen.

Ziel ist die kurzzeitige, intensive erzieherische Hilfe zur Konfliktverarbeitung aufgrund eines pädagogischen und therapeutischen Konzepts.

Bereits der Diskussionsentwurf eines Jugendhilfegesetzes (1973) sah sog. Erziehungskurse vor, die an die Stelle der Zuchtmittel nach § 13 JGG, insbesondere des Jugendarrests, treten sollten[97]. Anknüpfungspunkt war »sozial schädliches Fehlverhalten«.

Der Referentenentwurf des Jugendhilfegesetzes von 1977 und der Regierungsentwurf eines Sozialgesetzbuchs - Jugendhilfe von 1979[98] sahen dann die Übungs- und Erfahrungskurse als eine besondere Art der Erziehung in der Gruppe vor.

Aufgrund der Erfahrungen im gruppendynamischen Prozeß sollen Konflikte des Jugendlichen durchgearbeitet, konstruktive Einsichten und Problemlösungen entwikkelt sowie gemeinsame Interessen aufgezeigt werden.

Die Kurse können mehrtägig, ganztags oder für einen Teil des Tages, z.B. in Freizeiteinrichtungen, durchgeführt werden; sie sind zeitlich befristet (i.d.R. mindestens 3 Wochen). Als Leiter kommen nur in der Gruppenarbeit erfahrene Fachkräfte in Betracht. Wichtig ist ferner, daß Kurse gemeinsam begonnen und beendet werden; Betreuer und Teilnehmerwechsel sind zu vermeiden.

Inzwischen gibt es mehrere Modellversuche, und es liegen langjährige Erfahrungen mit sozialtherapeutischer Gruppenarbeit vor[99].

8.2 Soziale Gruppenarbeit

Rechtsgrundlage: § 29 SGB VIII

---

97 Vgl. Diskussionsentwurf, a.a.O., S. 132 ff.
98 BT-Drucksache 8/2571, § 42
99 Vgl. ISA-Schriftenreihe, Heft 6 »Soziale Trainingskurse« – Zur ambulanten Arbeit mit straffälligen Jugendlichen, 2. Aufl. Münster 1983; *N. Hinkel*, ISS-Materialien 10 »Übungs- und Erfahrungskurse – Kurspraxis und Ergebnisse, Frankfurt a.M. 1979; *M. Busch/ G. Hartmann/N. Mehlich*, a.a.O.; *BMJ (Hrsg.)*, Neue ambulante Maßnahmen nach dem Jugendgerichtsgesetz, Bonn 1986, S. 8 - 21

Soziale Gruppenarbeit ist eine Form der ambulanten Jugendhilfe, die älteren Kindern und Jugendlichen durch Gruppenerfahrung Sozialisationshilfen geben will.
Ziel ist:
- dem Minderjährigen durch Neuorientierung an den von ihm mitentwickelten Gruppennormen größere Selbständigkeit und Eigenverantwortung zu ermöglichen,
- dem Minderjährigen bei der Reduzierung von Konflikten im Bereich Familie, Schule, Ausbildungs- und Arbeitsplatz zu helfen, damit nicht negative Konsequenzen für ihn eintreten,
- Überwindung von Entwicklungsschwierigkeiten und Verhaltensproblemen,
- soziales Lernen.

Das Angebot der Gruppenarbeit richtet sich nach den regionalen Bedingungen; sie wird derzeit vorwiegend von großstädtischen Jugendämtern praktiziert.

Die soziale Gruppenarbeit wendet sich nicht nur an den Minderjährigen; sie umfaßt grundsätzlich auch die Arbeit mit seiner Familie und seinem Umfeld. Eine intensive Zusammenarbeit mit den Eltern ist anzustreben (Elterngruppen). Die Mitwirkungsbereitschaft der Eltern ist aber nicht Vorbedingung für die Aufnahme eines Minderjährigen in die Gruppe.

Nach modellhaften Erprobungen von Erziehungskursen als Hilfeart im Rahmen der Jugendhilfe sowie als Weisung im Rahmen des Jugendgerichtsgesetzes kann der fördernde Einfluß solcher erzieherisch gestalteter Gruppenarbeit auf die Entwicklung junger Menschen als gesichert gelten. In der Praxis sind dafür unterschiedliche Bezeichnungen wie Erziehungskurse, Übungs- und Erfahrungskurse oder soziale Trainingskurse gewählt worden.

Heute werden diese Formen sozialer Gruppenarbeit nicht nur als Weisung im Rahmen des Jugendgerichtsgesetzes, sondern zunehmend auch für nicht-delinquente Jugendliche mit vergleichbaren Entwicklungsdefiziten sowie für ältere Kinder eingesetzt (BT-Drucks. 11/5948, S. 70).

9. Straßensozialarbeit (»Street Work«)/Mobile Jugendarbeit[100]

Straßensozialarbeit ist gemeinwesenbezogen. Sie richtet sich an junge Menschen, die von herkömmlichen Hilfsangeboten, trotz erheblicher Notsituationen, nicht erreicht werden. Die Sozialarbeiter versuchen Kontakt und Zugang zu den jungen Menschen dadurch herzustellen, daß sie in den Stadtteil, auf die Straßen und Plätze gehen, wo sich die Jugendlichen aufhalten (aufsuchende Sozialarbeit).

Straßensozialarbeit kann sich an alle jungen Menschen im Wohnquartier oder an bestimmte Zielgruppen (z.B. Drogengefährdete) wenden.

---

100 Vgl. *J. Krauβlach*, Straßensozialarbeit in der Bundesrepublik Deutschland, 2. Bde. Frankfurt a.M. 1978, ISS-Materialien 3 u. 4; *W. Specht*, Jugendkriminalität und mobile Jugendarbeit. Ein stadtteilbezogenes Konzept von Street Work, Neuwied/Darmstadt 1979; *W. Specht (Hrsg.)*, Die gefährliche Straße. Jugendkonflikt und Stadtteilarbeit, Bielefeld 1987; *W. Steffan (Hrsg.)*, Straßensozialarbeit. Eine Methode für heiße Praxisfelder, Weinheim u. Basel 1989; *W. Steffan/G. Krauβ*, Streetwork in der Sozialarbeit, TuP 1991, 22; *F. Krause*, Streetwork in Cliquen, Szenen und Jugend(sub)kulturen, in: Jugendhilfe 1992, 98 ff. und 146 ff.; *G. Becker/T. Simon (Hrsg.)*, Handbuch Aufsuchende Jugend- und Sozialarbeit, Weinheim 1995

Voraussetzung für die Arbeit ist u.a.:
- Kennen der besonderen Treffpunkte und ihrer Bedeutung für die jungen Menschen;
- Kennen der sozialen Probleme und Entwicklungen im Stadtteil;
- Möglichkeit zur anonymen Beratung;
- keine Aktenführung;
- Verbindung zu den im Stadtteil relevanten Gruppen, Verbänden, Institutionen etc. und regelmäßige Kooperation;
- kurzfristige Erreichbarkeit (z.b. Sprechstunden);
- Einteilung der Arbeitszeit nach den Bedürfnissen der Zielgruppe;
- Erfahrungsaustausch und fachliche Beratung.

Die verschiedenen Arbeitskonzepte beinhalten (Präventiv-)Maßnahmen wie z.B.[101]:
- die Entstehung von jugendlichen Randgruppen durch Kontaktaufnahme in deren Freizeitbereich frühzeitig erkennen;
- besondere Probleme und Bedürfnisse der Straßengruppen feststellen und Hilfe anbieten bzw. vermitteln;
- Kontaktaufnahme zu Drogengefährdeten und Weiterleitung an Beratungsstellen, Ärzte, Selbsthilfegruppen u.ä.;
- die Aktivitäten von sog. Rockern in nicht-aggressive, soziale Bahnen lenken;
- Beschaffung von Gruppenräumen für Straßengruppen und sozialpädagogische Betreuung Einzelner und der Gruppen.

10. Intensive sozialpädagogische Einzelbetreuung[102]

Rechtsgrundlage: § 35 SGB VIII

Seit Jahren werden z.T. auf der überörtlichen Ebene, z.T. auch auf der örtlichen Ebene Jugendliche und junge Volljährige, die sich allen anderen Hilfsangeboten entziehen und aufgrund ihrer aktuellen Lebenssituation (z.B. im Punker-, Prostituierten-, Drogen- oder Nichtseßhaftenmilieu) besonders gefährdet sind, durch spezielle Dienste betreut. Diese Dienste werden u.a. als Schutzhelfer, Aufsichtshelfer, Jugendberater oder offene Hilfen der öffentlichen Erziehung (»Betreutes Wohnen«, »Flexible Betreuung«) bezeichnet.

Die anhaltende Diskussion über Sinn und Nutzen der geschlossenen Unterbringung im Rahmen der Jugendhilfe nimmt nur zögernd zur Kenntnis, daß sich auch in der geschlossenen Unterbringung ebensoviele Jugendliche der Hilfe durch Entweichen entziehen wie in offenen Einrichtungen. Die Konzentration von gefährdeten Jugendlichen in Einrichtungen oder Wohngemeinschaften verhindert häufig den Aufbau tragfähiger Beziehungen zwischen dem Erzieher und dem jungen Menschen. Zudem sind solche Einrichtungen häufig ein Anziehungspunkt für Dealer und Zuhälter.

101 W. Miltner, Streetwork im Arbeiterviertel, Neuwied 1982; W. Specht/K. Kurzweg, Drogenberatung im Konzept mobiler Jugendarbeit, in: NP 2/1983, S. 164 ff.
102 Vgl. Elger u.a., a.a.O.; Hosemann/Hosemann, a.a.O.; Schrapper, in: Gernert (Hrsg.), a.a.O., S. 106 ff.; Gintzel/Schrapper, Soziale Praxis, Heft 11, Münster 1991; Birtsch, Jugendhilfe 1994, 259; Gintzel, Jugendhilfe 1993, 8; AKGG, a.a.O. (1994); zum Rechtsanspruch auf IspE durch einen bestimmten Betreuer: VerwG Münster, LJA/LWL 115/1993, S. 42 (mit Vorbem. von M. Münning, a.a.O., S. 41)

Erfahrungen aus der Praxis der genannten Dienste zeigen, daß Jugendlichen in besonders gefährdenden Lebenssituationen häufig nur noch durch eine intensive sozialpädagogische Einzelbetreuung geholfen werden kann. Die Betreuung ist sehr stark auf die individuelle Lebenssituation des jungen Menschen abzustellen und erfordert mitunter eine Präsenz bzw. Ansprechbereitschaft des Pädagogen rund um die Uhr. Seine Tätigkeit umfaßt neben der intensiven Hilfestellung bei persönlichen Problemen und Notlagen auch Hilfestellung bei der Beschaffung und dem Erhalt einer geeigneten Wohnmöglichkeit, bei der Vermittlung einer geeigneten schulischen oder beruflichen Ausbildung bzw. der Arbeitsaufnahme, bei der Verwaltung der Ausbildungs- und Arbeitsvergütung und anderer finanzieller Hilfen sowie bei der Gestaltung der Freizeit.

Ein Ausbau dieser Hilfeform kann dazu beitragen, die Unterbringung älterer Jugendlicher in Heimen oder in Einrichtungen der Psychiatrie zu vermeiden[103].

11. Statistik: Hilfe zur Erziehung außerhalb des Elternhauses

Auf den nachfolgenden Seiten werden aktuelle Daten aus der Jugendhilfestatistik wiedergegeben.

Die erste Tabelle bezieht sich auf die Hilfearten und Unterbringungsformen in den Jahren 1990 - 1993, wobei die prozentualen Veränderungen, d.h. Steigerungen, zu beachten sind (siehe Seite 241 f.).

In der zweiten Tabelle werden die Hilfen zur Erziehung nach Altersgruppen differenziert; die dritte Tabelle unterscheidet nach Geschlecht, Kindschaftsverhältnis und Staatsangehörigkeit.

---

103 *Aus*: Regierungsbegründung zu § 35 (BT-Drucks. 11/5948, S. 72)

11.1 Statistik: Junge Menschen mit Hilfe zur Erziehung außerhalb des Elternhauses am Jahresende nach Hilfeart und Unterbringungsform

Deutschland

Hilfeart/Unter-bringungsform	1990 Anzahl	1991 Anzahl	1991 gegenüber 1990[a] %	1992 Anzahl	1992 gegenüber 1991 %	1993 Anzahl	1993 gegenüber 1992 %	1993 gegenüber 1990 %
Erziehung in einer Tagesgruppe	6.049	7.747	+ 28,1	9.115	+ 17,7	10.140	+ 11,2	+ 67,6
in einer Einrichtung	4.788	6.043	+ 26,2	7.085	+ 17,2	8.008	+ 13,0	+ 67,3
in einer Pflegefamilie	1.261	1.704	+ 35,1	2.030	+ 19,1	2.132	+ 5,0	+ 69,1
Vollzeitpflege	43.947	48.017	+ 9,3	52.124	+ 8,6	54.481	+ 4,5	+ 24,0
bei Verwandten	9.594	11.728	+ 22,2	13.292	+ 13,3	13.977	+ 5,2	+ 45,7
in einer Pflegefamilie	34.353	36.289	+ 5,6	38.832	+ 7,0	40.504	+ 4,3	+ 17,9
Heimerziehung: sonstige betreute Wohnformen	64.332	68.190	+ 6,0	72.685	+ 6,6	76.824	+ 5,7	+ 19,4
in einem Heim	60.669	63.423	+ 4,5	66.627	+ 5,1	69.254	+ 3,9	+ 14,2
in einer Wohngemeinschaft	2.672	3.327	+ 24,5	4.132	+ 24,2	5.070	+ 22,7	+ 89,7
in eigener Wohnung	991	1.440	+ 45,3	1.926	+ 33,8	2.500	+ 29,8	+ 152,3
Intensive sozialpädagogische Einzelbetreuung	682	865	+ 26,8	1.033	+ 19,4	1.248	+ 20,8	+ 83,0
Insgesamt	115.010	124.819	+ 8,5	134.957	+ 8,1	142.693	+ 5,7	+ 24,1

a. Für 1990: 1. Januar 1991.

aus: Wirtschaft und Statistik 7/1995, S. 558

11.2 Statistik: Junge Menschen mit Hilfe zur Erziehung außerhalb des Elternhauses am Jahresende 1993 nach Hilfeart, Unterbringungsform und Altersgruppen

Deutschland

Alter von ... bis unter ... Jahren	Insgesamt	Erziehung in einer Tagesgruppe			Vollzeitpflege in einer anderen Familie			Heimerziehung; sonstige betreute Wohnform				Intensive sozialpädagogische Einzelbetreuung
		zusammen	in einer Einrichtung	in einer Pflegefamilie	zusammen	bei Verwandten	in einer Pflegefamilie	zusammen	in einem Heim	in einer Wohngemeinschaft	in eigener Wohnung	
unter 3	5.924	376	102	274	3.737	417	3.320	1.811	1.759	52	—	—
3 – 6	12.331	1.276	595	681	7.563	1.414	6.149	3.492	3.454	38	—	—
6 – 9	15.898	1.860	1.358	502	8.334	2.008	6.326	5.704	5.611	93	—	—
9 – 12	21.977	3.189	2.830	359	9.070	2.490	6.580	9.718	9.550	168	—	24
12 – 15	27.759	2.486	2.276	210	9.538	2.969	6.569	15.711	15.314	395	2	24
15 – 18	34.162	812	736	76	9.982	3.157	6.825	22.962	20.570	2.012	380	406
18 – 21	20.664	141	111	30	5.320	1.414	3.906	14.571	11.139	1.930	1.502	632
21 und älter	3.978	—	—	—	937	108	829	2.855	1.857	382	616	186
Insgesamt	142.693	10.140	8.008	2.132	54.481	13.977	40.504	76.824	69.254	5.070	2.500	1.248

aus: Wirtschaft und Statistik 7/1995, S. 560

11.3 Statistik: Junge Menschen mit Hilfe zur Erziehung außerhalb des Elternhauses am Jahresende 1993 nach Hilfeart und persönlichen Merkmalen

Deutschland

Persönliche Merkmale	Insgesamt		Erziehung in einer Tagesgruppe		Vollzeitpflege in einer anderen Familie		Heimerziehung; sonstige betreute Wohnform		Intensive sozialpädagogische Einzelbetreuung	
	Anzahl	%	Anzahl	%	Anzahl	%	Anzahl	%	Anzahl	%
Insgesamt	142.693	100	10.140	100	54.481	100	76.824	100	1.248	100
Geschlecht										
männlich	80.088	56,1	6.814	67,2	27.551	50,6	45.047	58,6	676	54,2
weiblich	62.605	43,9	3.326	32,8	26.930	49,4	31.777	41,4	572	45,8
Kindschaftsverhältnis										
ehelich	97.215	68,1	7.560	74,6	31.317	57,5	57.332	74,6	1.006	80,6
nichtehelich	45.478	31,9	2.580	25,4	23.164	42,5	19.492	25,4	242	19,4
Staatsangehörigkeit										
deutsch	131.143	91,9	9.193	90,7	51.199	94,0	69.680	90,7	1.071	85,8
nichtdeutsch	11.550	8,1	947	9,3	3.282	6,0	7.144	9,3	177	14,2

aus: Wirtschaft und Statistik 7/1995, S. 561

12.4 Beendigung der Hilfe[104]

Die wesentliche Frage bei der Beendigung einer erzieherischen Hilfe ist, ob die Maßnahme im Sinne des beabsichtigten Erziehungsziels, in der Regel ist dies die Wiedereingliederung des jungen Menschen in seine Familie oder die Förderung seiner Entwicklung zur Selbständigkeit, erfolgreich war. Zwar ist diese Frage nach der Erfolgsquote der Hilfe anhand statistischer Daten nicht abschließend zu beurteilen, wichtige Hinweise über den Erfolg der Maßnahmen können aber die Ursachen der Beendigungen geben.

Von den im Jahr 1993 beendeten Hilfen zur Erziehung außerhalb des Elternhauses wurden 31% nach der Erreichung des Erziehungsziels abgeschlossen (siehe Tabelle). Die Erfolgsquote war bei der Vollzeitpflege in einer anderen Familie mit 35% deutlich höher als bei der Hilfeart Heimerziehung/sonstige betreute Wohnform mit nur 27%. Hier lag statt dessen die Abbruchrate durch den Sorgeberechtigten bzw. den jungen Volljährigen mit 26% fast doppelt so hoch wie bei der Vollzeitpflege (14%). Auch die »sonstigen Beendigungsgründe« (Tod, psychiatrische Behandlung, Strafverfolgung, Entweichen, Beendigung ohne Erreichung des Erziehungszieles) wurden in der Heimerziehung oder anderen betreuten Wohnformen deutlich häufiger registriert als in der Vollzeitpflege. Offensichtlich adoptierten vielfach Pflegefamilien ihre Pflegekinder, denn die Vollzeitpflege geht sehr viel häufiger in Adoptionspflege – der Vorstufe einer Adoption – über als die anderen Hilfearten.

Tabelle: Junge Menschen mit 1993 beendeter Hilfe zur Erziehung außerhalb des Elternhauses nach Hilfeart und Ursache der Beendigung der Hilfe
Deutschland

Ursache der Beendigung	Insgesamt		Darunter			
			Vollzeitpflege		Heimerziehung; sonstige betreute Wohnform	
	Anzahl	%	Anzahl	%	Anzahl	%
Abschluß	11.850	*31,0*	3.494	*34,8*	6.530	*27,0*
Vorzeitige Beendigung	8.516	*22,3*	1.364	*13,6*	6.308	*26,1*
Abgabe an ein anderes Jugendamt	6.081	*15,9*	2.014	*20,0*	3.821	*15,8*
Sonstige Beendigung	5.405	*14,1*	1.088	*10,8*	3.817	*15,8*
Adoptionspflege	933	*2,4*	688	*6,8*	240	*1,0*
Überleitung in eine andere Hilfeart	5.418	*14,2*	1.403	*14,0*	3.457	*14,3*
Insgesamt	38.203	*100*	10.051	*100*	24.173	*100*

13. Erzieherische Hilfen außerhalb des Elternhauses am 31.12.1993

In der Vorauflage war anhand der Angaben im Statistischen Jahrbuch 1993 für das Jahr 1991 ein erheblicher Anstieg der Zahl der erzieherischen Hilfen außerhalb des

---

104 *H.-P. Lüüs*, in: Wirtschaft und Statistik 7/1995, S. 562

Elternhauses – und zwar insbesondere in Heimen – festzustellen. Seitdem hat sich dieser Trend fortgesetzt: Am 31.12.1993 waren 69.254 junge Menschen in einem Heim[105] (davon 27.854 weiblich). Demgegenüber waren es am 31.12.1991 bzw. am 31.12.1992 insgesamt 63.451 bzw. 66.627.

Die Zahl aller jungen Menschen, die erzieherische Hilfe außerhalb des Elternhauses erhielt, betrug am 31.12.1993: 142.693, das sind 55,6 je 10.000 junger Menschen gegenüber 47,7 am 31.12.1991.

Für ausgewählte Hilfearten seien die folgenden Vergleichszahlen für den 31.12.1992 bzw. 31.12.1993 genannt:

– Vollzeitpflege in einer Pflegefamilie (nicht bei Großeltern/Verwandten): 38.832 bzw. 40.504

– Unterbringung in einer Wohngemeinschaft: 4.132 bzw. 5.070

– Eigene Wohnung: 1.926 bzw. 2.500

– Intensive sozialpädagogische Einzelbetreuung: 1.033 bzw 1.248.

Ausnahmslos also Steigerungen. Ob sich das im Hinblick auf »leere Kassen« ändert, bleibt abzuwarten. Ob und wie, auch im Hinblick auf die mit dem »Perspektivenwechsel« in der Jugendhilfe verbundene Erwartung stärkerer Unterstützung der Herkunftsfamilien, die Zahl von Fremdunterbringungen stagnieren (oder gar zurückgehen) wird, ist völlig offen.

Die Erwägung, »dafür ist kein Geld da«, ist jedenfalls bei Hilfen zur Erziehung immer ermessensfehlerhaft. Vielmehr besteht bei entsprechendem, unter Mitwirkung der Betroffenen fachlich zu bestimmendem Bedarf immer ein (einklagbarer) Rechtsanspruch[106].

---

105 Statistisches Jahrbuch 1995
106 Fieseler, ZfJ 1995, 202 f.

Neuntes Kapitel: Wirtschaftliche Jugendhilfe[1]

1. Überblick

Es geht in diesem Kapitel um die Frage, wer die Kosten bei erzieherischen Hilfen für einzelne Minderjährige trägt. Obwohl Sozialarbeiter/Sozialpädagogen in der Regel nicht in diesem Arbeitsbereich eingesetzt werden, benötigen sie Grundkenntnisse der Kostenregelung, denn finanzielle Erwägungen können sozialpädagogische Entscheidungen inhaltlich beeinflussen. In der Praxis des Jugendamtes sieht es meistens so aus, daß die Sozialarbeiter/Sozialpädagogen die Voraussetzungen der Hilfen zur Erziehung prüfen und ihre Notwendigkeit begründen, während die Verwaltungsfachkräfte über den Einsatz der finanziellen Mittel entscheiden. Bei der Gewährung von Jugendhilfeleistungen sollten Sozialarbeiter und Verwaltungssachbearbeiter der wirtschaftlichen Jugendhilfe gleichberechtigt zusammenarbeiten.

Die wirtschaftliche Jugendhilfe umfaßt alle finanziellen Leistungen der Jugendhilfe für einzelne Minderjährige,
– deren Erziehungsanspruch von der Familie nicht oder nur teilweise erfüllt wird, und
– die Erziehungshilfe außerhalb des Elternhauses oder Erziehungshilfe im Elternhaus wegen eines speziellen erzieherischen Bedarfs erhalten.

Zur wirtschaftlichen Jugendhilfe gehören laufende und einmalige finanzielle Leistungen, z.B.:
– Übernahme von Beiträgen zum Besuch von Kindertageseinrichtungen;
– Zahlung von Pflegegeld bei Erziehung in Familienpflege (§ 39 Abs. 3 - 5 SGB VIII);
– Übernahme von Heimpflegekosten bei Unterbringung des Minderjährigen in einem Heim oder in einer sonstigen betreuten Wohnform;
– Übernahme von Kosten für Jugend- und Ferienmaßnahmen;
– Gewährung von Krankenhilfe (§ 40 SGB VIII);
– Übernahme von Kosten der Unterbringung außerhalb des Elternhauses, des Heimes oder einer Pflegestelle (z.B. Miete für möbliertes Zimmer).

Wenn dem Minderjährigen und seinen Eltern die Aufbringung der Mittel aus ihrem Einkommen und Vermögen nicht zuzumuten ist[2], haben die Träger der öffentlichen Jugendhilfe die Kosten der in § 91 SGB VIII genannten Leistungen und anderen Aufgaben zu tragen (§ 92 SGB VIII). Die finanziellen Leistungen der Jugendhilfe sind gegenüber der Selbsthilfe durch Einsatz des Einkommens und Vermögens subsidiär.

In der wirtschaftlichen Jugendhilfe sind folgende Tätigkeiten zu erledigen:
– Antrag auf Gewährung wirtschaftlicher Erziehungshilfe aufnehmen/entgegennehmen, sachliche und örtliche Zuständigkeit prüfen;

---

1 Auch »Wirtschaftliche Erziehungshilfe« genannt. *K.-H. Voßhans*, in: DVP 1992, 449 ff. Zur Unterscheidung der Funktionen des Jugendamtes als Träger wirtschaftlicher Jugendhilfe und als Amtspfleger nach § 55 SGB VIII vgl. DIV-Gutachten, DAVorm 1994, 274 ff.

2 Zur Anrechnung fiktiven Elterneinkommens im Kostenbeitragsrecht des KJHG: *Michael Schulz*, ZfJ 1995, 414 ff. Wirtschaftliche Jugendhilfe erst nach entsprechendem Bewilligungsbescheid: *DIV-Gutachten*, DAVorm 1994, 394 ff. (zur Verwandtenpflege)

- Kostenanerkenntnis/Bewilligungsbescheid fertigen;
- Ersatzansprüche gegen Dritte prüfen und gegebenenfalls überleiten;
- wirtschaftliche Verhältnisse des Unterhaltspflichtigen prüfen, gegebenenfalls Ansprüche überleiten;
- Kosten-/Unterhaltsbeitrag festsetzen;
- Kostenträger feststellen;
- Zahlungen überwachen;
- unterhaltsrechtliche und strafrechtliche Maßnahmen einleiten.

2. Leistungen zum Unterhalt

Rechtsgrundlage: § 39 SGB VIII

Der notwendige Lebensunterhalt im Rahmen der Jugendhilfe kann sichergestellt werden
- durch Übernahme der Unterbringungskosten bei der Erziehung in Heimen und sonstigen Einrichtungen,
- durch Zahlung eines Pflegegeldes bei der Unterbringung in Familienpflege.

Der Begriff »*Pflegegeld*[3]« ist im Kinder- und Jugendhilfegesetz nicht enthalten; er hat sich in der Praxis herausgebildet. Zur Höhe des monatlichen Pauschalbetrages bei Vollzeitpflege hat der Deutsche Verein für öffentliche und private Fürsorge Empfehlungen verabschiedet.

Für 1996 lautet die Empfehlung[4]:

	(a) Materielle Aufwendungen	(b) Kosten der Erziehung
Für Kinder bis zum vollendeten 7. Lebenjahr	727,– DM	347,– DM
Für Kinder vom vollendeten 7. bis zum vollendeten 14. Lebensjahr	832,– DM	347,– DM
Für Jugendliche ab dem vollendeten 14. Lebensjahr bis zum vollendeten 18. Lebensjahr	1.012,– DM	347,– DM

---

3 Nicht verwechseln mit dem Pflegegeld nach § 69 Abs. 3 BSHG.
4 NDV 12/1995, S. 481. Die genannten Beträge gelten für die alten und neuen Bundesländer.

3. Formen der Heranziehung zu den Kosten bei den einzelnen Hilfen nach dem KJHG

(Eine Übersicht der Inhalte von §§ 91, 92, 94 und 96 SGB VIII)

Kostenbeitrag (sog. erweiterte Hilfe, § 92 Abs. 3)	Kostenanteil (sog. ergänzende Hilfe, § 92 Abs. 1)	Gesetzlicher Forderungsübergang (§ 94 Abs. 3)	Überleitung von Unterhaltsansprüchen (§ 96)
bei: 1. Betreuung und Unterkunft in gemeinsamen Wohnformen für Mütter/Väter und Kinder sowie schwangeren Frauen (§ 19) 2. Betreuung und Versorgung des Kindes in Notsituationen (§ 20) 3. Hilfe zur Erziehung (einschl. der Leistungen nach §§ 39, 40) in den Formen der §§ 32 - 34, § 35 (außerhalb der eigenen Familie) 4. Eingliederungshilfe für seelisch behinderte Kinder und Jugendliche (§ 35 a) in - Tageseinrichtungen oder anderen teilstationären Einrichtungen - Pflegestellen - Heimen oder sonstigen betreuten Wohnformen Beachte: Bei den Hilfen nach den Ziffern 3 und 4 ist für die Erhebung eines Kostenbeitrages zwingende Voraussetzung, daß die Eltern oder Elternteile *vor Beginn der Hilfe* mit dem Kind/Jugendl. *zusammengelebt* haben. 5. Inobhutnahme (§ 42) 6. Vorläufige Unterbringung (§ 43) 7. Hilfe für junge Volljährige (§ 41), soweit diese den vorstehend in den Ziffern 3 und 4 genannten Leistungen entspricht.	bei: 1. Unterbringung eines Jugendlichen oder jungen Volljährigen in einer sozialpäd. begleiteten Wohnform (§ 13 Abs. 3) 2. Unterstützung bei notwendiger Unterbringung zur Erfüllung der Schulpflicht (§ 21) 3. Tagespflege (§ 23) Beachte: Bei all diesen Hilfen kann in begründeten Fällen auch erweiterte Hilfe geleistet werden (§ 92 Abs. 2).	bei: 1. Hilfe zur Erziehung (einschl. der Leistungen nach §§ 39, 40) in - Vollzeitpflege (§ 33) - einem Heim oder einer sonstigen betreuten Wohnform (§ 34) - intensiver sozialpäd. Einzelbetreuung (§ 35), sofern sie außerhalb der eigenen Familie erfolgt 2. Eingliederungshilfe für seelisch behinderte Kinder und Jugendliche in - Heimen oder sonstigen Wohnformen - Pflegestellen Beachte: Zwingende Voraussetzung ist, daß die Eltern oder Elternteile *vor Hilfebeginn nicht* mit dem Kind/Jugendlichen *zusammengelebt* haben.	bei: 1 Hilfen für Volljährige bei folgenden Hilfearten: - Unterbringung in einer sozialpäd. begleiteten Wohnform (§ 13 Abs. 3) - Gemeinsame Wohnformen für Väter/Mütter und Kinder (§ 19) - Unterstützung bei notwendiger Unterbringung zur Erfüllung der Schulpflicht (§ 21 Satz 3) 2. Hilfen für junge Volljährige (§ 41) in den Formen der §§ 32 - 34, 35 (außerhalb der eigenen Familie) sowie der Eingliederungshilfe für seelisch Behinderte in - Tageseinrichtungen oder anderen teilstationären Einrichtungen - Pflegestellen - Heimen und sonstigen betreuten Wohnformen Beachte: a) Ist bei den Hilfen nach Ziff. 1 und 2 die Leistungsberechtigte schwanger oder betreut ihr leibliches Kind bis zur Vollendung des 6. Lebensjahres, so darf der Unterhaltsanspruch gegen ihre Eltern nicht übergeleitet werden (§ 96 Abs. 1 Satz 2) b) Die Überleitung ist in das Ermessen des Jugendhilfeträgers gestellt.

aus: *H. Reisch*, ZfJ 5/1993, S. 236

4. Umfang der Kostenheranziehung nach dem KJHG

(Eine Übersicht der Inhalte von §§ 91, 93, 94 und 96 SGB VIII)

	Hilfearten	Heranziehungspflichtige	Kostenbeitrag/Kostenanteil	Ersparte Aufwendungen	Gesetzl. Forderungsübergang/Überleitung
1.	Unterkunft eines Jugendl. in einer sozialpäd. begleiteten Wohnform (§ 13)	Kind oder Jugendlicher und Eltern/Elternteile	bei den Hilfearten Ziff. 1 - 6		
2.	Betreuung und Versorgung des Kindes in Notsituationen (§ 20)	dto.	a)Kind/Jugendlicher: §§ 76 - 79 und §§ 84, 85 BSHG - kein Vermögenseinsatz -		
3.	Unterstützung eines Kindes/Jugendlichen bei notwendiger Unterbringung zur Erfüllung der Schulpflicht (§ 21)	dto.	b)Eltern/Elternteile: die mit dem Kind/Jugendl. vor Hilfebeginn zusammenlebten: §§ 76 - 78, § 79 Abs. 2, §§ 84, 85 BSHG sowie Vermögenseinsatz (§§ 88, 89 BSHG)		
4.	Inobhutnahme (§ 42)	dto.			
5.	Vorläuf. Unterbringung (§ 43)	dto.	c)Eltern/Elternteile: die mit dem Kind/Jugendl. vor Hilfebeginn *nicht* zusammenlebten: dto., jedoch Einkommensgrenze nach § 79 Abs. 1 BSHG (ohne Fam.Zuschlag für den Hilfeempfänger)		
6.	Tagespflege (§ 23)	Kind und Eltern (lebt Kind nur mit einem Elternteil zusammen, so wird nur dieser und das Kind zu den Kosten herangezogen - § 91 Abs. 2 S. 2)			
7.1	Hilfe zur Erziehung (§ 27) in den Formen der §§ 32 - 34, § 35 (außerhalb der eigenen Familie) sowie	Kind oder Jugendlicher und Eltern/Elternteile	Kind/Jugendlicher: §§ 78 - 79 und §§ 84, 85 BSHG - kein Vermögenseinsatz -	bei den Hilfearten Ziff. 7.1 u. 7.2: Eltern/Elternteile, die vor Hilfebeginn mit dem Kind/Jugendl. zusammenlebten. In der Regel in Höhe der durch die auswärtige Unterbringung ersparten Aufwendungen	
7.2	Eingliederungshilfe (§ 35 a) in den Formen des § 35 a Abs. 1 S. 2 Nr. 2 - 4	dto.			

8.1 Hilfe zur Erziehung wie Ziff. 7.1: jedoch ohne Hilfe in Tagesgruppen (§ 32) sowie	dto.		bei den Hilfearten Ziff. 8.1 u. 8.2: Eltern/Elternteile, die vor Hilfebeginn mit dem Kind/Jugendl. *nicht zusammenlebten*: Gesetzlicher Forderungsübergang, d.h. Übergang des bürgerlich-rechtlichen Unterhaltsanspruchs in Höhe des sog. Barunterhalts (ohne Sonderbedarf durch die Jugendhilfe) auf den Jugendhilfeträger kraft Gesetzes.
8.2 Eingliederungshilfe wie Ziff. 7.2; jedoch ohne Hilfe in Tageseinrichtungen bzw. teilstat. Einrichtungen (§ 35 a Abs. 1 S. 2 Nr. 2)	dto.		
9. Unterbringung eines jungen Volljährigen in einer sozialpädagogisch begleiteten Wohnform (§ 13 Abs. 3)	Junger Volljähriger sowie seine Eltern, Kinder und Ehegatte Beachte: Keine Heranziehung der Eltern bei Schwangeren oder Müttern, die ihr Kind bis zur Vollendung des 6. Lebensjahres selbst betreuen.	bei den Hilfearten Ziff. 9 - 11: Volljähriger: §§ 76 - 79 und §§ 84, 85 BSHG sowie Vermögenseinsatz (§§ 88, 89 BSHG)	bei den Hilfearten Ziff. 9 - 11: Eltern, Kinder, Ehegatte Überleitung des bürgerl.-rechtl. Unterhaltsanspruchs (ohne den Sonderbedarf der Jugendhilfe) Beachte: Bei fortgesetzter Hilfe über die Volljährigkeit hinaus ist in den Fällen des § 94 Abs. 2 (s. Hilfen nach Ziff. 7.1 und 7.2) nur die bisher durch Kostenbeitrag geforderte sog. häusliche Ersparnis überleitbar.
10. Unterstützung eines jungen Volljährigen bei notwendiger Unterbringung zur Erfüllung der Schulpflicht (§ 21 S. 3)			
11. Hilfe für junge Volljährige (§ 41), soweit diese nach den §§ 32 bis 35 ausgestaltet ist			
12. Leistungen in Vater/Mutter-Kind-Einrichtungen (§ 19) zu den Kosten		bei den Hilfearten Ziff. 12:	bei den Hilfearten Ziff. 12.2 und 12.3:
12.1 der Betreuung und Unterkunft des Kindes	Kinder und Eltern	a) Kind: §§ 76 - 79 und 84, 85 BSHG - kein Vermögenseinsatz -	Ist die Schwangere oder der Elternteil selbst volljährig, so ist die Heranziehung des Ehegatten im Wege der Überleitung des bürgerl.-rechtl. Unterhaltsanspruchs möglich.
12.2 der Betreuung und Unterkunft des Elternteils	Elternteil selbst und Ehegatte	b) Elternteil/ Schwangere/Ehegatte: §§ 76 - 79 und §§ 84, 85 BSHG sowie Vermögenseinsatz (§§ 88, 89 BSHG)	
12.3 der Betreuung und Unterkunft der schwangeren Frau	Schwangere und Ehegatte		

5. Zuständigkeit und Kostenerstattung

Die Zuordnung der Aufgaben der Jugendhilfe zur kommunalen Selbstverwaltung führt zur Kostenbelastung für den nach den §§ 86 - 87 c SGB VIII zuständigen Träger der öffentlichen Jugendhilfe[5]. Dies kann zu einer unangemessen Belastung führen, die im Wege der Kostenerstattung auszugleichen ist. Diese Kostenerstattung ist in den §§ 89 - 89 h SGB VIII geregelt. Die mit dem Ersten Gesetz zur Änderung des Achten Buches SGB VIII aufgenommenen Regeln sind – wie die der örtlichen Zuständigkeit mit verschiedenen Anknüpfungspunkten[6] – kasuistisch und, wenn man nicht täglich damit zu tun hat, schwer zu überschauen. Hier seien lediglich § 89 a SGB VIII (Kostenerstattung bei Zuständigkeitswechsel in der Vollzeitpflege) und § 89 e SGB VIII erwähnt, der dem Schutz von Orten mit Einrichtungen von überregionaler Bedeutung dient[7]. Der Wichtigkeit der Materie in der Praxis wegen verweisen wir hinsichtlich der Einzelheiten auf Anhang II und III in diesem Buch.[8] Dem ist auch unschwer zu entnehmen, wann der überörtliche Träger (ausnahmsweise) zuständig und wann er Erstattungsträger (»vertikale Kostenerstattung« zwischen örtlichem und überörtlichem Träger) ist.

---

5   Vgl. dazu Seite 71 dieses Buches
6   Vgl. dazu *Wiesner*, (1995), a.a.O., Vor § 86, Rdnr. 7 ff.
7   Vgl. dazu *Wiesner*, (1995), a.a.O., § 89 c Rdnr. 1 ff. Vgl. auch *Wiesner*, Vor § 89, Rdnr. 3 zur »Interdependenz von Leistungsbereitschaft und finanzieller Belastung« unter Hinweis auf Erfahrungen aus der Praxis kommunal finanzierter Jugendhilfe.
8   Vgl. auch die Begründung der Bundesregierung, BR-Drucks. 203/92.

Zehntes Kapitel: Aufsichtspflicht und Haftung[1]

In der pädagogischen Praxis gehört die Verletzung der Aufsichtspflicht zu den großen Schreckgespenstern: sie kann zivil-, straf-, arbeits- oder dienstrechtliche Konsequenzen nach sich ziehen. Der Gesetzgeber hat es der Rechtsprechung überlassen, Maßstäbe für den Inhalt und Umfang der Aufsichtspflicht zu entwickeln. Die Grundsätze der Gerichte werden von Sozialpädagogen und Erziehern als zu abstrakt, wirklichkeitsfremd und übermenschlich kritisiert. Dahinter steht auch die unterschiedliche Perspektive von Gerichten und Pädagogen: während die Justiz im Schutz der Kinder vor Selbst- oder Fremdschaden das wichtigste Gebot der Erziehung sieht, streben Pädagogen die Entwicklung des Minderjährigen zur selbständigen und eigenverantwortlichen Person an, wozu die Überlassung von risikobehafteten Freiräumen gehört[2].

Einigkeit sollte indessen darüber bestehen, daß es zum einen gilt, anvertraute Kinder möglichst vor Schaden zu bewahren, daß aber auch bei bestmöglicher Umsicht Schadensereignisse nie ganz auszuschließen sind. Unverständig wäre es daher, allein aus der Tatsache des schädigenden Ereignisses auf eine Aufsichtspflichtverletzung zu schließen (»Palmströmsche Logik«). Es beginnt sich freilich die Einsicht durchzusetzen, daß eine Erziehung zur Selbständigkeit eine allzu rigide Aufsicht ausschließt, und daß das verbleibende Haftungsrisiko nicht zur unbegrenzten, u.U. existenzbedrohenden Inanspruchnahme des Erziehers führen darf.

1. Entstehen der Aufsichtspflicht

Kraft Gesetzes:

z.B. – die Inhaber der elterlichen Sorge gegenüber minderjährigem Kind (§§ 1626 ff., 1631 Abs. 1, 1671 ff., 1719, 1736 BGB);
– die Mutter eines nichtehelichen Kindes (§ 1705 BGB);
– die Adoptiveltern (§ 1754 BGB);
– der Vormund (§§ 1793, 1797, 1800 BGB);
– der Pfleger (§ 1915 BGB).

Nach § 38 SGB VIII ist die Person, die im Rahmen der Hilfe nach §§ 33 bis 35 und 35 a Abs. 1 Satz 2 Nr. 3 und 4 SGB VIII (Vollzeitpflege; Heimerziehung; Intensive sozialpädagogische Einzelbetreuung; Eingliederungshilfe) die Erziehung und Betreu-

---

1 Vgl. *R. Schmitt-Wenkebach*, a.a.O.; AFET-Wissenschaftliche Informationsschriften, Heft 9, »Aufsichtspflicht und Aufsichtspflichtverletzung unter besonderer Berücksichtigung der Situation im Heim«, Hannover 1982; *H. Schleicher*, a.a.O., S. 51 ff.; *R. Ollmann*, Zur Aufsichtspflicht in Jugendschutz und Bereitschaftspflegestellen, in: ZfJ 1986, 349; *R. Ollmann*, Aufsichtspflichten in Jugendfreizeitzeitstätten, in: ZfJ 1988, 422; *S. Hundmeyer*, a.a.O., S. 74 ff. Weitere Nachweise s. Seite 222 dieses Buches.

2 Die neueste *BGH*-Rechtsprechung berücksichtigt stärker »den notwendigen Entwicklungsprozeß zur Selbständigkeit« von Kindern und stellt Anforderungen an die Aufsichtspflicht der Eltern, die der Lebenswirklichkeit entsprechen, vgl. Urteil vom 10.7.1984, FamRZ 1984, S. 984 ff. Zur Aufsichtspflicht über »schwererziehbare« Jugendliche aus einem staatlichen Heim: *OLG Hamburg*, FamRZ 1988, 1046 f. (»romantische Bootsfahrt«).

ung übernommen hat, berechtigt, den Personensorgeberechtigten in der Ausübung der elterlichen Sorge – also auch bei der Aufsichtspflicht – zu vertreten, sofern nicht etwas anderes erklärt oder angeordnet wurde.

In Fällen der Inobhutnahme von Kindern und Jugendlichen gemäß § 42 SGB VIII und bei Herausnahme von Kindern und Jugendlichen gemäß § 43 SGB VIII haben das Jugendamt und dessen Mitarbeiter bis zum Abschluß dieser vorläufigen Maßnahmen die Aufsichtspflicht. Für die Inobhutnahme ist dies in § 42 Abs. 1 Satz 4 bestimmt; für die Herausnahme gilt diese Norm gemäß § 43 Abs. 2 entsprechend.

Kraft Vertrages:

Die Aufsichtspflicht aufgrund (formfreien) Vertrages entsteht, wenn jemand Minderjährige oder wegen ihres geistigen und körperlichen Zustandes Aufsichtsbedürftige zur Erziehung oder Betreuung übernimmt. Voraussetzung ist die tatsächliche Willensübereinstimmung zwischen dem gesetzlichen Vertreter des Aufsichtsbedürftigen und der aufnehmenden Person oder Einrichtung.

Die sog. Gefälligkeitsaufsicht begründet keine Aufsichtspflicht.[3]

2. Umfang der zivilrechtlichen Aufsichtspflicht

Umfang und Inhalt der Aufsicht richten sich nach den individuellen, persönlichen Besonderheiten des Aufsichtsbedürftigen und den sonstigen situativen Umständen.

Folgende Faktoren sind zu berücksichtigen[4]:

Faktoren in der Person des Minderjährigen:
– Alter, Eigenart und Charakter
– körperlicher, seelischer und sozialer Entwicklungsstand (persönliche Reife)
– Verhaltensauffälligkeiten, Krankheiten

Gruppenverhalten der Minderjährigen:
– Gruppengröße
– Zeit des Bestehens der Gruppe
– gruppendynamische Gesetzmäßigkeiten

Gefährlichkeit der Beschäftigung des Minderjährigen:
– Art der Spiele
– Art der Spielgeräte
– Ausflüge, Wettkämpfe, Besichtigungen
– Baden (Schwimmen)

Örtliche Umgebung:
– Abgeschlossenheit des Geländes
– auf dem Wege
– auf dem Spielplatz
– Nähe von Gewässern
– sonstige Gefahrenquellen, insbesondere Steinbrüche, Hochgebirge, hoher Schnee
– Großstadt, mittlere Stadt, Kleinstadt, Dorf

---

3 Vgl. *Palandt-Thomas*, Rn. 7 zu § 832
4 Zitiert nach *R. Schmitt-Wenkebach*, a.a.O., S. 12 f.

Bezüglich der Person des Erziehers:
- Kenntnisse und Fertigkeiten
- pädagogische Erfahrung

Verhältnis zwischen Erziehern und Minderjährigen:
- Gruppengröße
- Dauer des Bekanntseins
- Vertrautsein im Umgang miteinander

Erziehungsauftrag, Erziehung zur Selbständigkeit

Grundsatz der Fachlichkeit und Verhältnismäßkeit der gebotenen Aufsicht:
- unter gleich effektiven Maßnahmen die pädagogisch sinnvollere wählen
- belehren, dann überwachen und erst dann, wenn nötig, einschreiten

Zumutbarkeit für den Erzieher:
»Diese Liste zählt nicht alle denkbaren Bestimmungsfaktoren auf, noch erhebt sie den Anspruch einer trennscharfen Terminologie. Sie hätte bereits dann einen Sinn, wenn es gelingen würde, mit ihr die Abhängigkeit der Aufsichtspflicht von einer Vielzahl von Faktoren deutlich zu machen und weiter zu belegen, wie schwierig und gefährlich es ist, dem Aufsichtspflichtigen relativ situationsunabhängige Handlungsvorschläge zu machen, die eine Haftung als unwahrscheinlich erscheinen lassen.

Die Kombination dieser Bestimmungsfaktoren im konkreten Einzelfall bereitet die größten Schwierigkeiten, weil die Kombinationsmöglichkeiten derart vielfältig sind. Rechtsprechung und Literatur liefern für die Kombination höchst abstrakte Formeln, die je nach Standpunkt entweder einen willkommenen Spielraum oder aber eine furchterregende Ungewißheit zur Folge haben, was zu tun ist. Die wohl ›prägnanteste‹ Formel lautet:

Entscheidend ist, (wie für die im familiären Rahmen Aufsichtspflichtigen[5]) was verständige Erzieher nach vernünftigen Anforderungen unternehmen müssen, um die Schädigung ihrer Kinder oder die Schädigung Dritter durch ihre Kinder zu verhindern[6].«

Der Aufsichtspflichtige muß, um dem Vorwurf der Aufsichtspflichtverletzung zu begegnen, folgende Forderungen erfüllen:

---

5 Dazu: *OLG München*, FamRZ 1990, 159 (zur Aufsichtspflicht einer Großmutter, auf deren Anwesen 5- bis 9jährige Kinder spielen); *BGH*, NJW-RR 1987, 1430 (Mutter begleitet 7jähriges Kind bei einer Radwanderfahrt auf dem Fahrrad); *OLG Hamm*, FamRZ 1990, 741 (Aufsichtspflichten der Eltern bei »deutlich verhaltensgestörtem« 10jährigen Sohn); *BGH*, FamRZ 1990, 1214 (5- und 6jährige Kinder »kokeln« mit Streichhölzern). *BGH*, NJW 1993, 1003 und FamRZ 1996, 29 (verschärfte Aufsichtspflicht gegenüber geistig behindertem Kind). Zur Frage einer Haftungserleichterung nach § 1664 BGB für die Eltern – nicht für andere Personen (auch nicht für die Hauswirtschaftspraktikantin in der Familie: *BGH*, EzFamR aktuell, Nr. 1/1996, 6) – vgl. *OLG Hamm*, NJW 1993, 542 m.w.Nw. über den Streitstand und *Palandt/Diederichsen*, § 1664 BGB, Rn. 2. Eine ganze Reihe veröffentlichter Entscheidungen betrifft die Verursachung eines Brandes mit hohen, teils in die Hunderttausende gehenden Schäden, für die – bei der entsprechenden zur Erkenntnis der Verantwortlichkeit erforderlichen Einsicht – Kinder ab 7 Jahren zugleich selbst haften und sich (bei Fehlen einer Privathaftpflichtversicherung) leicht auf Lebzeiten verschulden (vgl. insbes. *OLG Düsseldorf*, FamRZ 1991, 1294; vgl. aber auch *OLG Celle*, JZ 1990, 294).

6 *R. Schmitt-Wenkebach*, a.a.O., S. 13

- sich und die Kollegen, Eltern, Minderjährigen etc. umfassend informieren (Informationspflicht);
- die Aufsicht tatsächlich führen (vorsorgliche Belehrung und Warnung, Überwachung);
- Konsequenzen erkennen lassen und eingreifen.

3. Neuere Rechtsprechung zur Aufsichtspflicht

Die neuere Rechtsprechung berücksichtigt stärker »den notwendigen Entwicklungsprozeß zur Selbständigkeit«[7] von Kindern und Jugendlichen, der das Bestehen von Gefahrensituationen einschließt, und stellt Anforderungen an die Aufsichtspflicht von Eltern und von Erziehern, die der Lebenswirklichkeit besser entsprechen als dies früher der Fall war.

Aus der Vielzahl gerichtlicher Entscheidungen sind für den sozialpädagogischen Bereich hervorzuheben:

- OLG Hamburg, FamRZ 1988, 1046 f.:
  »romantische Bootsfahrt« von aus einem Heim entwichenen »schwererziehbaren« Jugendlichen;

- OLG Düsseldorf, NVwZ 1992, 97:
  Schutzpflichten des Jugendamtes bei Ferienfreizeit mit Radtouren im gebirgigen Gelände.

- OLG Hamm, FamRZ 1995, 167:
  Ferienlager – Badeunfall

Die zitierten Entscheidungen betreffen die Heimerziehung bzw. die Erlebnispädagogik. Seitens der Sozialen Arbeit wird bei allem Verständnis dafür, daß die Aufsichtspflicht gerade auch im Interesse der anvertrauten Kinder und Jugendlichen verantwortlich auszuüben ist, von der Rechtsprechung eine Berücksichtigung der jeweiligen besonderen pädagogischen Ziele einer Jugendhilfemaßnahme (entsprechend dem jeweiligen gesetzlichen Auftrag) einzufordern sein. Dies kann, wie Häbel[8] überzeugend begründet hat, bis zum Dulden der Minderjährigenprostitution während einer erzieherischen Hilfsmaßnahme gehen.

Von diesem Ausgangspunkt eines »bereichsspezifischen« Umfanges der zivilrechtlichen Aufsichtspflicht sind Rechtsprechung und Schrifttum[9] daran zu messen, ob sie

---

7 *BGH*, FamRZ 1984, 984
8 *H. Häbel*, ZfJ 1992, 461: Erweiterung des Erzieherprivilegs; »pädagogischer Notstand«
9 *Claussen/Vent*, Aufsichtspflicht und Aufsichtspflichtverletzung unter besonderer Berücksichtigung der Situation im Heim, 2. Auflage Hannover (AFET) 1987 (mit Rechtsprechungsübersicht S. 35 - 98; vgl. auch die Besprechung von *Brühl* in FamRZ 1989, 21 f.); *Eckert*, Wenn Kinder Schaden anrichten, München 1990; *Marburger*, Jugendleiter und Recht, Stuttgart u.a. 1992; *Münder*, Beratung, Betreuung, Erziehung und Recht, Münster 1990; *Preissing/Prott*, Rechtshandbuch für Erzieherinnen, Berlin 1992; *Sahliger*, Aufsichtspflicht und Haftung in der Kinder- und Jugendarbeit, Münster 1992; *Schmitt-Wenkebach*, Aspekte der Aufsichtspflicht in der Hortarbeit, Bonn (AGJ) 1981; *Storr*, Die Aufsichtspflicht der Sozialarbeiter und Sozialpädagogen, Regensburg 1990. Zur Aufsichtspflicht des Amtsvormundes bei Unterbringung des Mündels in selbständiger Wohnung, vgl. *DIV-Gutachten*, DAVorm 1994, 400

den Erfordernissen einer modernen Jugendarbeit gerecht werden und – wie der Bundesgerichtshof in einem Urteil bereits am 25.4.1978 – bei der Fallbeurteilung nach dem pädagogischen Handlungskonzept fragt. Insofern ist die erwähnte Entscheidung des Oberlandesgerichts Hamburg beispielhaft: sie betont einerseits zwar, daß – für Erzieher wie für Eltern – bei Jugendlichen, die zu wiederholten Straftaten neigen, das höchste Maß an Aufsicht geboten ist, daß aber der Einschluß im Heim bei Tag und Nacht und die Bewachung auf dem Schulweg, um zu gewährleisten, daß die Jungen von 14 und 15 Jahren außerhalb des Heimes keine Straftaten begehen, eine »pädagogisch völlig unvertretbare Maßnahme gewesen (wäre), ganz entgegengesetzt dem zu erreichenden Ziel, junge Menschen zu Selbständigkeit und Eigenverantwortung zu erziehen«.

4. Delegation der Aufsichtspflicht

In sozialpädagogischen Institutionen wird die Aufsicht meist auf die Leitung und von dieser auf einen oder mehrere Mitarbeiter übertragen. Dies ist prinzipiell möglich und zulässig. Die Aufsichtsführung darf aber nicht einer Person überlassen werden, die dafür ungeeignet ist; sorgfältige Auswahl ist nötig. Ebenso darf der Aufsichtsführende nicht überfordert werden; ansonsten würde eine Verletzung der Aufsichtspflicht vorliegen.

5. Zivilrechtliche Folgen der Aufsichtspflichtverletzung

Schädigung des Aufsichtsbedürftigen

Wird der Aufsichtsbedürftige selbst geschädigt, hat er Schadensersatzansprüche aus § 823 Abs. 1 BGB wegen unerlaubter Handlung.

Voraussetzung dafür ist:
– Rechtsgutverletzung (Leben, Körper, Gesundheit, Freiheit, Eigentum)
– durch positives Tun (oder Unterlassen)
– Kausalität zwischen Schaden und Tun (bzw. Unterlassen)
– Rechtswidrigkeit (kein Rechtfertigungsgrund vorhanden)
– Verschulden (Vorsatz oder Fahrlässigkeit).

Dem Geschädigten fällt es in der Regel schwer, den Nachweis für diese Voraussetzungen (insbesondere die schädigende Handlung und das Verschulden) zu erbringen. Die Rechtsprechung hat deshalb als Beweisregel den sog. Beweis des ersten Anscheins herausgebildet. Diese Beweisregel kommt dem Gläubiger (=Anspruchsberechtigter) entgegen, der sich häufig in der Sphäre des Schuldners (=Schadensersatzpflichtiger) nicht so gut auskennt, daß er den Ablauf der Ereignisse genau nachweisen könnte.

Im Wege des Anscheinsbeweises wird nun als bewiesen angesehen, daß bei »typischen Geschehensabläufen« der Schuldner den Schaden auch verursacht und verschuldet hat. Allein der Sachverhalt, daß ein aufsichtsbedürftiger Minderjähriger geschädigt wurde, weist nach der Lebenserfahrung darauf hin, der Erzieher habe dies durch eine schuldhafte Verletzung der Aufsichtspflicht bewirkt.

Diesen Beweis des ersten Anscheins kann der Aufsichtspflichtige dadurch entkräften, daß er einen ernsthaft möglichen »atypischen Geschehensablauf« darlegt.[10] Der *Umfang* des Schadensersatzanspruches bemißt sich nach den Grundsätzen der §§ 249 ff. BGB und außerdem nach den Sondervorschriften der §§ 843, 845, 847 BGB.

Schädigung Dritter durch den Aufsichtsbedürftigen

Wird ein anderer (=Dritter) durch einen Aufsichtsbedürftigen geschädigt, so kann er von ihm Schadensersatz verlangen. Dazu müssen die Voraussetzungen des § 823 Abs. 1 BGB erfüllt sein *und* der Aufsichtsbedürftige muß gemäß §§ 827, 828 BGB verantwortlich sein. Die sorgfältige Wahrnehmung der Aufsichtspflicht dient also auch dazu, den Beaufsichtigten vor einer Inanspruchnahme durch Dritte zu bewahren.

Der Geschädigte kann außerdem nach § 832 BGB Schadensersatz vom Aufsichtspflichtigen verlangen, falls dieser nicht nachweisen kann, daß er seine Aufsichtspflicht nicht verletzt hat (Entlastungsbeweis).

§ 832 BGB stellt eine doppelte Vermutung auf:
– daß eine schuldhafte Verletzung der Aufsichtspflicht vorliegt und
– daß diese ursächlich (kausal) für den eingetretenen Schaden ist.

Diese Vermutung ist nach § 832 Abs. 1 Satz 2 BGB widerlegbar; d.h. der Aufsichtspflichtige muß versuchen, sich zu entlasten, indem er die Erfüllung der ihm obliegenden Aufsichtspflichten beweist.

Die Schadensersatzpflicht tritt außerdem nicht ein, wenn der Schaden auch bei korrekter und angemessener (»gehöriger«) Aufsichtsführung entstanden sein würde; mit anderen Worten, wenn der vermutete ursächliche Zusammenhang zwischen Verletzung der Aufsichtspflicht und dem Schaden wegfällt. Das bedeutet für den Aufsichtspflichtigen, daß er nachweisen muß, er hätte den Schaden unter keinen Umständen vermeiden können.

Bei diesen Anforderungen an die Beweislast wird deutlich, warum sich viele Sozialpädagogen, Erzieher u.a. in ihrer Arbeit eingeschränkt und verunsichert fühlen. Zu übertriebener Furcht besteht indessen angesichts der neueren Rechtsprechung kein Anlaß. Auch wenn Dienstanweisungen und Richtlinien ggf. Orientierunghilfen bieten können, kann es angesichts der Vielfalt der Praxis keine »Rezepte« geben. Vielmehr ist die Orientierung am jeweiligen pädagogischen Handlungskonzept am besten geeignet, vor Haftung wegen Aufsichtspflichtverletzung zu bewahren. Kommt es – bei Aufwendung der erforderlichen Sorgfalt im allgemeinen – gelegentlich doch einmal zu einem Versehen mit Schadensfolgen, so ist zudem an einen Anspruch auf Haftungsfreistellung (bzw. Haftungsbeteiligung) durch den Anstellungsträger zu denken[11].

Zur Abdeckung verbleibender Haftungsrisiken vgl. unter 9.[12]

10　Erleichterung der Beweisführung, aber keine Umkehr der Beweislast
11　Dies gilt nicht mehr nur für die Fälle sog. gefahrgeneigter Arbeit (vgl. *BAG*, NJW 1983, 1693; zur Beaufsichtigung als »gefahrgeneigter Arbeit«: *Ollmann*, ZfJ 1984, 462 ff.), sondern für Arbeitsverhältnisse schlechthin, wenn und soweit der Verdienst in einem deutlichen Mißverhältnis zum Schadensrisiko steht (vgl. *BAG*, NJW 1990, 468). Zum Anspruch eines ehrenamtlich tätigen Vereinsmitgliedes (Pfadfinder) auf Befreiung von seiner Schadensersatzverpflichtung: *BGH*, NJW 1984, 789.
12　Seite 257 dieses Buches

6. Haftung des Trägers

Staatshaftung (§ 839 BGB i.V.m. Art. 34 GG):
Vor allem für den *Bereich der öffentlichen Erziehung* und der damit verbundenen Aufsichtspflicht ist auf die sog. Staatshaftung hinzuweisen. Wenn jemand in Ausübung eines ihm anvertrauten öffentlichen Amtes die ihm Dritten gegenüber obliegenden Amtspflichten verletzt, so haftet der öffentliche Träger der Einrichtung an Stelle des Bediensteten. Bei Vorsatz oder grober Fahrlässigkeit kann der öffentliche Träger auf den Bediensteten zurückgreifen (ihn in Regreß nehmen) und den geleisteten Schadensersatz von ihm – im Innenverhältnis – zurückverlangen.

Haftung nach § 831 BGB:
§ 831 BGB enthält die Rechtsgrundlage für die meisten Schadensersatzansprüche gegen Träger. Diese Bestimmung gilt für alle Träger, unabhängig von ihrer Organisationsform (z.b. Kirchengemeinde, Kommune, Verein, Betriebskindergarten).
Beauftragt der Träger einer sozialpädagogischen Einrichtung einen anderen (z.B. Heimleiter, Erzieher, Sozialpädagogen) mit der Durchführung der Aufsicht, dann haftet er für dessen Aufsichtspflichtverletzung, als hätte er sie selbst begangen.
Praktisch bedeutsam ist die Möglichkeit des Entlastungsbeweises. Um sich seiner Ersatzpflicht zu entledigen, muß der Träger nachweisen, daß er
– bei der Auswahl des von ihm angestellten Mitarbeiters und
– bei dessen Anleitung die im Verkehr erforderliche Sorgfalt beobachtet hat oder
– daß der Schaden auch bei Anwendung dieser Sorgfalt entstanden sein würde.

Haftung nach §§ 30, 31, 89 Abs. 1 BGB:
Nach diesen Vorschriften haften juristische Personen (Vereine, Stiftungen) – ohne die Möglichkeit eines Entlastungsbeweises – für die unerlaubten Handlungen, die ihr Vorstand oder andere verfassungsmäßig berufene Vertreter in Ausführung der ihnen zustehenden Verrichtungen einem Dritten zufügen (Haftung für die Erfüllungs- und Verrichtungsgehilfen).
Darüber hinaus haftet die juristische Person als Träger auch dann, wenn ein Verschulden seiner Vertreter (»Organe«) nicht zu beweisen ist, sondern der Schaden auf fehlerhafter Organisation, ungenügender Überwachung oder Überforderung seiner Vertreter oder auf einer Verletzung der Verkehrssicherungspflicht beruht. (Unter Verkehrssicherungspflicht wird die Verpflichtung verstanden, alle zumutbaren Vorkehrungen zur gefahrlosen Benutzung der Einrichtung zu treffen, z.B. Sicherung und Überprüfung von Spielgeräten, Fenstern, Treppen, elektrischen Anlagen; Räum- und Streupflicht).

7. Gesetzliche Unfallversicherung

Seit 1971[13] sind folgende Minderjährige in die gesetzliche Unfallversicherung der Reichsversicherungsordnung (§ 539 Abs. 1 Nr. 14 RVO) aufgenommen worden:
– Kinder während des Kindergartenbesuchs;
– Schüler während des Besuchs allgemeinbildener Schulen;
– Lernende während der beruflichen Aus- und Fortbildung.

---

13 Gesetz über die Unfallversicherung für Schüler und Studenten sowie Kinder in Kindergärten vom 18.3.1971 (BGBl. I, S. 237).

Der gesetzliche Unfallversicherungsschutz besteht unabhängig von der Trägerschaft der Einrichtung. Er bezieht sich auf alle Veranstaltungen des Kindergartens, der Schule etc. und schließt den Hin- und Rückweg mit ein.

Der Versicherungsschutz bezieht sich nur auf Körperschäden, nicht aber auf Sachschäden, Schmerzensgeld und auf Schäden, die diese Kinder Dritten zufügen. (Andere Kindergarten-Kinder und Lernende gelten nicht als Dritte im Sinne dieser Bestimmungen, vgl. § 637 Abs. 4 RVO).

Der Versicherungsschutz nach der RVO erstreckt sich *nicht* auf Unfälle, die vom Träger (d.h. von seinen Beschäftigten) vorsätzlich herbeigeführt wurden oder bei der Teilnahme am allgemeinen Verkehr eingetreten sind (§ 636 RVO).

Der Vorzug der gesetzlichen Unfallversicherung liegt darin, daß den verletzten Kindern und ihren gesetzlichen Vertretern langwierige Prozesse mit unsicherem Ausgang und erheblichem Kostenrisiko erspart bleiben[14].

8. Strafrechtliche Folgen der Aufsichtspflichtverletzung[15]

Wenn die Verletzung der Aufsichtspflicht zugleich einen Straftatbestand verwirklicht, können strafrechtliche Konsequenzen eintreten.

§ 170 d StGB (Verletzung der Fürsorge- und Erziehungspflicht):

Mit Freiheitsstrafe bis zu drei Jahren oder mit Geldstrafe wird derjenige bestraft, der »seine Fürsorge- oder Erziehungspflicht gegenüber einer Person unter 16 Jahren gröblich verletzt und *dadurch* den Schutzbefohlenen in die Gefahr bringt, in seiner körperlichen oder psychischen Entwicklung erheblich geschädigt zu werden *oder* einen kriminellen Lebenswandel zu führen *oder* der Prostitution nachzugehen«.

§ 223 StGB (Körperverletzung):

Mit Freiheitsstrafe bis zu drei Jahren oder mit Geldstrafe wird bestraft, wer vorsätzlich einen anderen körperlich mißhandelt oder an der Gesundheit schädigt. Vorsätzliche Körperverletzung liegt auch vor, wenn die Verletzung des Minderjährigen billigend in Kauf genommen wurde. Erzieher, Lehrer und Sozialpädagogen haben kein Züchtigungsrecht.

Unter Strafandrohung steht auch die fahrlässige Körperverletzung (§ 230 StGB).

§ 223 b StGB (Mißhandlung von Schutzbefohlenen):

Mit Freiheitsstrafe von 3 Monaten (in besonders schweren Fällen von 1 Jahr) bis zu 5 Jahren wird bestraft, wer Personen unter 18 Jahren oder wegen Gebrechlichkeit oder Krankheit Wehrlose, die seiner Fürsorge oder Obhut unterstehen oder seinem Hausstand angehören oder die von dem Fürsorgepflichtigen seiner Gewalt überlassen worden oder durch ein Dienst- oder Arbeitsverhältnis von ihm abhängig sind, quält oder roh mißhandelt. Die gleiche Strafe droht demjenigen, der durch böswillige Vernachlässigung seiner Pflicht, für diese Personen zu sorgen, sie an der Gesundheit schädigt.

---

14 Zur Prüfung von Kindergartenräumen durch das Landesjugendamt und zur Haftungsvergünstigung des § 636 RVO: *BGH*, FamRZ 1992, 1044

15 Zu den StGB-Bestimmungen vgl. die Kommentierung bei *Schönke/Schröder*, a.a.O.

§ 222 StGB (Fahrlässige Tötung):

Mit Freiheitsstrafe bis zu 5 Jahren oder mit Geldstrafe wird bestraft, wer durch Fahrlässigkeit den Tod eines Menschen verursacht. Als Tathandlung kommt jedes für den Tod ursächliche Tun oder pflichtwidrige Unterlassen in Betracht. Nicht nur der unmittelbar Handelnde kann Täter sein, sondern auch der mittelbar Dahinterstehende, z.B. wer einem Süchtigen eine Droge zur Selbstinjektion überläßt.

9. Haftpflichtversicherungen

Um im Falle von Schadensersatzansprüchen bzw. Regreßansprüchen abgesichert zu sein, wird Sozialpädagogen, Erziehern etc. der Abschluß einer (Berufs-)Haftpflichtversicherung empfohlen, soweit dies nicht vom Arbeitgeber geschehen ist.

Die öffentlichen und freien Träger sind nahezu ausnahmslos gegen die sie berührenden Haftpflichtrisiken versichert. Wenn eine Versicherung die Schadensregulierung übernimmt, kann der Träger die Aufsichtsperson nicht in Regreß nehmen.

Immer noch ungeklärt – aber zu bejahen – ist die Frage, ob der Anstellungsträger aufgrund seiner Fürsorgepflicht gegenüber dem Erzieher verpflichtet ist, diesen gegen Inanspruchnahme zu versichern. Nur so wird er der Tatsache gerecht, daß die Bezahlung in einem Mißverhältnis zu dem mit der Berufstätigkeit verbundenen Schadensrisiko steht. Dies gilt jedenfalls solange wie die Rechtsprechung eine Begrenzung zivilrechtlicher Haftung der Höhe nach – etwa auf ein bis höchstens drei Monatsgehälter – ablehnt[16].

Haftpflichtversicherungen können auch für einzelne Unternehmen, z.B. Gruppenfahrten, abgeschlossen werden. Für solche Unternehmungen gibt es auch kombinierte Kranken-, Unfall- und Haftpflichtversicherungen.

10. Drogen und Jugendhilfe

Verstärkt diskutiert – auch im Zusammenhang mit Fragen der Aufsichtspflicht – wird seit einigen Jahren das eher tabuisierte Thema Drogenkonsum in Einrichtungen der Jugendhilfe und der Umgang damit. *Münder* hat zu den rechtlichen Aspekten ein Gutachten erstellt[17], mit dem er »aufklärerisch das kompetente Handeln der sozialpädagogischen Fachkräfte unterstützen« möchte.

Trede[18] führt das weitgehende Fehlen spezifischer Hilfen auf die bisherige Tabuisierung des Themas und die regelhafte Ausgrenzung drogengebrauchender Jugendlicher zurück. *Trede* sieht hierin einen »pädagogischen Kunstfehler« und weist zu Recht daraufhin, daß jugendlicher Drogenkonsum – in der Regel peer-group bezogen und mit »sozialintegrativem Sinn«[19] – »Teil eines jugendspezifischen Risikoverhaltens und insoweit bei weitaus dem größten Teil der Jugendlichen ein vorübergehendes Phänomen und undramatisch« sei. Die Kriminalisierung mache »die Sache wahrscheinlich noch reizvoller« (»was verboten ist, macht uns gerade an«) – eine Einsicht,

---

16 Vgl. *BAG*, NJW 1990, 468
17 *Münder*, in: Schriftenreihe der EREV 3/95
18 Jugendhilfe 2/1994, 84 ff.
19 a.a.O., S. 87

der sich die Drogenpolitik weitgehend verschließt, der aber eine (auch suchtpräventiv angesagte) Akzeptierende Drogenarbeit[20] mit Suchtbegleitung entspricht. Gefährdungen dürfen zwar nicht verkannt werden, mit einer rigiden Aufsicht ist aber nichts gewonnen: Information, Aufklärung, Auseinandersetzung können helfen; Gebote und Verbote, Eingreifen und Unmöglichmachen, Überwachen und Kontrollieren sollten eher die Ausnahme sein: pädagogisch unerläßliche Handlungs- und Gestaltungsspielräume würden damit auch rechtlich unzulässigerweise eingeengt.[21]

---

20 Zur Akzeptierenden Drogenarbeit in der Hamburger Jugendhilfe *Lutz Krätschmar*, EREV Heft 4/1994, 17 ff.: den individuellen Problemlagen angepaßte Flexible Betreuung im Sinne von § 30 SGB VIII (a.a.O., S. 22).
21 Vgl. *Münder*, a.a.O., S. 69; zur Betreuung von drogengefährdeten Jugendlichen als Vorbeugung gegen drohende Abhängigkeit vgl. die Antwort der Bundesregierung auf die Kleine Anfrage der Fraktion Bündnis 90/Die Grünen, BT-Drucks. 13/2880 vom 7.11.1995; vgl. auch *B. Rose*, Drogenkonsum: Thema der Jugendhilfe, in: Evangelische Jugendhilfe 1996, S. 77 ff.; *Diakonisches Werk Württemberg*, Rahmenkonzeption zur Betreuung drogengefährdeter und -gebrauchender Jugendlicher, in: Evangelische Jugendhilfe 1996, 82 ff.

Elftes Kapitel: Jugendhilfeplanung[1]

Rechtsgrundlage; § 80 SGB VIII

1. Allgemeines

Planung stieß in der Jugendhilfe (und nicht nur dort) lange Zeit auf Skepsis und Ablehnung, weil sie ein Fremdkörper in unserem Gesellschaftssystem sei. Widerstände kamen auch von freien Trägern, die durch Planung eine Kontrolle und Einengung ihrer Handlungsspielräume befürchten. Nicht zuletzt die Verknappung öffentlicher Ressourcen führte zu der Einsicht, daß leistungsfähige und bedarfsgerechte soziale Infrastrukturen und Dienstleistungen nur mit Hilfe von Planung entwickelt werden können. Der Begriff »Planung« hat zunehmend seine negative Assoziierung mit staatlicher Bevormundung und Unfreiheit verloren: er ist gesellschaftsfähig geworden.

Wenn Planung mehr sein will als die Ersetzung des Zufalls durch Irrtum, ist die Weiterentwicklung der Planungstheorie und des Planungsinstrumentariums unerläßlich.

2. Definition

Planung ist eine methodische Handlungsvorbereitung durch systematische Informationssammlung, -auswahl und -verarbeitung, um erwünschte Entwicklungen zu

---

1 *E. Jordan/R. Schone,* Jugendhilfeplanung – aber wie? Eine Arbeitshilfe für die Praxis, Münster 1992; *W. Post,* Planung als Prozeß – Der regionale Hilfeverbund : Die Konzeption der Jugendhilfeplanung beim Landesjugendamt Baden, in: BldWPfl 6/1989, S. 161 ff.; *V. Ronge,* Thema Jugendhilfeplanung, in: ZfJ 11/1991, S. 517 ff.; *M. Ledig,* Perspektiven der Jugendhilfeplanung am Beispiel von Kindertagesstättenplanung, in: NDV 11/1992, S. 370 ff.; *Verein für Sozialplanung (VSOP),* »Jugendhilfeplanung braucht Beteiligung«, in: Sozial extra 5/1992; *J. Merchel,* Jugendhilfeplanung als kommunikativer Prozeß, in: np 2/1992, S. 93 ff.; *F. Krause,* Prozeßorientierte Jugendhilfeplanung im Spannungsfeld von Verwaltung, freien Trägern, Öffentlichkeit und Politik, in: ZfJ 7 - 8/1992, S. 357 ff.; *D. Kreft,* Jugendhilfeplanung in der Bundesrepublik Deutschland : Normverpflichtung und Planungsrealität: ein provozierender Widerspruch, in: BldWPfl 4/1992, S. 96 ff.; *Evangelischer Erziehungsverband e.V. (EREV),* Jugendhilfeplanung. Konzepte – Verfahren – Schwierigkeiten und Chancen, Schriftenreihe 4/1992; *P. A. Hirschauer,* Kommunaler Kinder- und Jugendplan der Stadt München, in: np 4/1993, S. 375 ff.; *E. Jordan,* in: ZfJ 10/1993, S. 483 ff.; *Kreisausschuß Schwalm-Eder-Kreis (Hrsg.),* Entwicklung und Planung der Jugendhilfe, Homberg 1994; *H. Gläss/F. Herrmann* (1994), a.a.O.; *T. Simon* (1994), a.a.O.; *J. Merchel* (1994), a.a.O.; Jugendhilfeplanung: Die Sache der Experten?, in: Sozialmagazin 9/1994, S. 12 ff.; »Mädchen in der Jugendhilfeplanung«, Modellprojekt des *Ministeriums für Familie, Frauen, Weiterbildung und Kunst Baden-Württemberg,* Stuttgart 1995; *Bürger,* NDV 1993, 267 (Heimbedarfsplanung LWV Württemberg-Hohenzollern); *o.V.,* Jugendhilfe in der Stadt Neubrandenburg, in: Jugendhilfe 1993, 372 ff.; *G. Nothacker,* Konzeption präventiver Jugendhilfe für einen neuen Stadtteil, in: Jugendwohl 1994, 212 ff.; *G. Thiele/U.-J. Härtel,* Sozialisation und Zukunftsantizipationen Jugendlicher – eine Studie zur Jugendhilfeplanung im ländlichen Raum, NDV 1995, 451 ff.; *Bayerisches Landesjugendamt,* Überlegungen zur örtlichen Jugendhilfeplanung, München 1994; Empfehlungen der *Landschaftsverbände Westfalen-Lippe und Rheinland* zur Jugendhilfeplanung der Jugendämter, LJA LWL 115/1993, S. 5 ff.

fördern oder einzuleiten. Nach diesem Verständnis wird Planung als »Steuerung von sozialem Wandel in einem sozialen System«, als Steuerungs- und Entscheidungsprozeß definiert. Wichtig ist hierbei, daß der Bürger nicht zum Objekt von Planung wird, daß seine Partizipation von Anbeginn an sichergestellt ist. Problembewertung, Konsensbildung und Suche nach alternativen Lösungen sind weitere zentrale Merkmale.

Daneben gibt es andere Planungsverständnisse, z.b.:
– Planung als wertneutrale Methode zur Erhöhung der Zweckrationalität;
– Planung als Bestimmung des effizienten Mitteleinsatzes bei vorgegebenen Zielen;
– Planung als Gewährleistung eines störungsfreien Verwaltungsablaufs;
– Planung als ein Verfahren zur »Reduktion von Komplexität« (Luhmann).

3. Planungsprozeß

Der *Planungsprozeß* beinhaltet mehrere, aufeinander bezogene Arbeitsschritte:
– Entwicklung von Zielen (Zieldefinition);
– Analyse der Bedingungsstrukturen des Systems (Problemanalyse, Bestandsaufnahme, zukünftiger Bedarf);
– Auswahl geeigneter Mittel zur Realisierung der Ziele (Maßnahmenprogramm);
– Durchführungsphase;
– Kontrolle der Zielerreichung.

Aus der Gesamtverantwortung des Jugendamtes für die Erfüllung der Aufgaben der Jugendhilfe (§ 79 SGB VIII) folgt gleichzeitig seine Planungsverantwortung. Nach Abs. 2 dieser Vorschrift hat das Jugendamt darauf hinzuwirken, daß die erforderlichen Einrichtungen, Dienste und Veranstaltungen zur Verfügung stehen. Ein »planvolles Zusammenwirken« aller Träger der Jugendhilfe wird in § 78 SGB VIII ausdrücklich erwähnt.

Die bisherige Jugendhilfeplanung ist überwiegend gekennzeichnet durch[2]:
– weitgehende Unsicherheit der Praxis in der Bestimmung und Festlegung der zu planenden Aufgaben;
– Fehlen eines abgestimmten Zielsystems der verschiedenen Planungsebenen;
– Reduktion der Zielperspektiven (sog. Anpassungsplanung);
– Mangel an theoretischen und praktischen Kenntnissen über Planungsverfahren, -methoden und -techniken;
– geringe Verfügbarkeit planungsrelevanter Daten (es fehlen Orientierungsdaten, Richtwerte und Wirkungsanalysen über Angebote und Maßnahmen der Jugendhilfe);
– ungenügende Einbindung in vorhandene Planungssysteme (z.B. nach Raumordnungsgesetz, Landesplanungsgesetz, Bundesbaugesetz, Städtebauförderungsgesetz);
– Widerstände gegen die Beteiligung Betroffener.

---

2 Vgl. *Jordan/Sengling*, a.a.O., S. 253 ff.; Achter Jugendbericht, a.a.O., S. 180

4. Planungsgrundsätze

– Bedarfsermittlung als (wichtige und schwierige) Voraussetzung der Planung unter Beteiligung der Betroffenen;
– enge Zusammenarbeit mit den freien Trägern und anderen Planungsträgern bzw.
-stellen;
– Jugendhilfe soll stärkeren Einfluß auf die kommunale und Landesplanung erhalten mit dem Ziel, die Lebensverhältnisse kind-, jugend- und familienfreundlicher zu machen;
– Schul- und Jugendhilfeplanung sollen aufeinander abgestimmt werden, damit Einrichtungen, Dienste und Veranstaltungen wechselseitig genutzt werden können.

Jugendhilfeplanung als Bestandteil einer Gesellschaftsplanung ist nur unter den Bedingungen politischer Planung sinnvoll zu betreiben[3]. Jugendhilfe sieht sich damit vor die Frage gestellt, welche Funktionen sie innerhalb einer langfristigen Strategie zur Veränderung der Situation von Kindern und Jugendlichen in dieser Gesellschaft wahrnehmen soll und kann.

Zusammenfassung der wesentlichen Anforderungen an eine offensive, an der Lebenswelt der Betroffenen orientierte Jugendhilfeplanung:[4]

• *Sozialraumorientierung statt quantitativer Flächendeckung*

Die jeweiligen regionalen Besonderheiten von Familien, Nachbarschaften, Stadtteilen, Dörfern sind in der Jugendhilfeplanung zu berücksichtigen und in die Entwicklung von Zielen, Angeboten und Verfahren einzubeziehen.

• *Lebensweltorientierung statt Einrichtungsplanung*

Einrichtungsbezogene Infrastrukturplanung ist nur für in sich geschlossene, gegen Alternativen abgrenzbare Bereiche der Jugendhilfe planerisch durchführbar. Oberstes Ziel sollte es jedoch sein, an den Lebens- und Problemlagen der Kinder und Jugendlichen anzuknüpfen, um aus einer »Gesamtsicht« Angebote zu entwickeln.

• *Offene Prozeßplanung statt statischer Festschreibung*

Jugendhilfe kann nicht aus sich heraus »festschreiben«, was zukünftig für einzelne und Gruppen »richtig« sein wird. Antizipation und Beeinflussung von gesellschaftlichen Veränderungen erfordern die Organisation von offenen, d.h. veränderbaren Zielen, Inhalten und Methoden.

• *Einmischung statt Abgrenzung*

Jugendhilfeplanung muß die Ursachen der Entstehung von Problemen mit berücksichtigen und sich in die Bereiche, in denen Probleme entstehen, einmischen.

• *Fachpolitischer Diskurs statt Konfliktvermeidung*

Nur in der politischen Auseinandersetzung mit Betroffenen und Beteiligten sind Interessen, Bedürfnisse und Handlungsbedingungen als wesentliche Sozialisationsfaktoren auszumachen und zu beeinflussen. Jugendhilfeplanung führt zu Konflikten

3 *BMJFG*, Mehr Chancen für die Jugend, a.a.O., S. 211
4 Achter Jugendbericht, a.a.O., S. 179 ff. (183)

bei unterschiedlichen Interessenlagen, macht diese aber auch sichtbar und damit veränderbar.

• *Beteiligung statt Ausgrenzung*

Der Beteiligung von Betroffenen kommt im Rahmen der Jugendhilfeplanung besondere Bedeutung zu. Dabei sollten Beteiligungsformen zum Gegenstand des Planungsprozesses gemacht werden und die Voraussetzungen gesichert werden.

Die Jugendhilfeplanung ist auf aussagefähige und verläßliche Daten über den Bestand an Einrichtungen und Diensten aus der Praxis angewiesen. Mit den Vorschriften über die Kinder- und Jugendhilfestatistik (§§ 98 - 103 SGB VIII) wird dem »Perspektivenwandel der Jugendhilfe, insbesondere (dem) Ausbau familienunterstützender Hilfen« (BT-Drs. 11/5948, 111), wie er sich seit dem Erlaß des Gesetzes über die Durchführung von Statistiken auf dem Gebiet der Sozialhilfe, der Kriegsopferfürsorge und der Jugendhilfe vom 15. Januar 1963 vollzogen hat, ebenso Rechnung getragen wie der Entscheidung des Bundesverfassungsgerichtes zum Volkszählungsgesetz von 1983 und den Zielen und Vorgaben des Bundesstatistikgesetzes vom 22.1.1987 (BGBl I 462, 465).

Wenn die Kinder- und Jugendhilfestatistik in Zukunft ein vollständigeres und ein möglichst nach Jugendamtsbereichen differenzierendes Bild über die Jugendhilfepraxis und deren Entwicklung geben wird[5], so wäre damit eine geeignete Grundlage für die Jugendhilfeplanung, sowie für die Unterrichtung der Öffentlichkeit (wenigstens über den quantitativen Stand der Jugendhilfeleistungen) und auch für die Jugendhilfeforschung gegeben.

Im einzelnen hat das Gesetz folgende Regelungen getroffen:
– Zweck und Umfang der Erhebung (§ 98 SGB VIII)
– Erhebungsmerkmale (§ 99 SGB VIII: Konkretisierung des Erhebungsumfanges)
– Hilfsmerkale (§ 100 SGB VIII, womit Nachfragen und Klarstellungen ermöglicht werden)
– Periodizität und Berichtszeitraum (§ 101 SGB VIII)
– Auskunftspflicht (§ 102 SGB VIII)
– Übermittlung erhobener Daten (§ 103 SGB VIII)

---

5 Vgl. dazu *J. Stickdorn*, in: Gernert 1990, 208 ff.; *Gernert*, a.a.O. (1993), 345 ff. *Bertram/ Bayer*, RdJB 1990, 270 ff.; *Bundeskonferenz für Erziehungsberatung*, in: ZfJ 1992, 636 ff.; zu den Auskunftspflichten freier Träger: *J. Lang*, in: Jugend, Beruf, Gesellschaft 2/1991, 92 ff.

5. Der Jugendhilfeplanungsprozeß

Einleitungsphase

Zielsetzung (gesetzlicher, fachlicher und politischer Bezugsrahmen)

Organisationsformen
- interne Planung (Jugendamt)
- externe Planung (Institut)
- zentrale Planungsstäbe (Planungsamt)

Planungsformen
- Gesamtplanung
- Teilpläne mit Rahmenplanung
- Teilpläne

Planungsgremien
- Planungsgruppe (Koordination, Vernetzung)
- Projektgruppe (Teilaufgaben, Bereichsplanung)
- Planungsteam (kooperative Arbeitsgruppe)

Planungsmethoden
- Zielorientierte Planung
- Bereichsorientierte Planung
- Sozialraumorientierte Planung
- Zielgruppenorientierte Planung

Planungsphase

Bestandsermittlung (mittels Jugendhilfestatistik und ergänzenden Datenerhebungen)
- Soziodemographische Analyse
- Analyse der Lebenssituation junger Menschen
- Analyse der Organisation öffentlicher Träger
- Analyse der sozialen Infrastruktur/Sozialraumanalyse

Bedarfsermittlung
- Bedarfsermittlung
  - Quellenanalyse
  - Expertengespräche
  - Umfragen (indirekte Partizipation)
  - Beteiligungsverfahren (direkte Partizipation)
- Zielentwicklung
  - politische Bedarfsanalyse
  - fachliche Bedarfsanalyse (Soll-Ist-Vergleich)
- Prioritätenfestsetzung

Umsetzungsphase

Maßnahmeplanung
- Objektplanung
- Personalplanung
- Organisationsplanung
- Programmplanung
- Finanzierung
- Durchsetzung/Implementation

Fortschreibungsphase

- Zielerreichungskontrolle
- Evaluation (Ergebnisbewertung/Prozeßbewertung)
- Fortschreibung (initiiert neuerliche Bestandsermittlung, Bedarfsermittlung usw.)

Anhang I

Hilfeplan
– Arbeitshilfen –

A. Landeswohlfahrtsverband Baden
Landesjugendamt

ARBEITSHILFE FÜR EINE PLANVOLLE
HILFEGESTALTUNG NACH DEM KJHG

– HILFEPLAN NACH § 36 SGB VIII –
Karlsruhe 1993

Inhalt

Vorwort

Mit dem Hilfeplan nach § 36 SGB VIII hat der Gesetzgeber im neu geordneten Jugendhilferecht inhaltliche und methodische Mindestanforderungen formuliert, die von den beteiligten Fachkräften im gesamten Hilfeprozeß zu beachten sind. Die Vorgaben stellen eine gesetzliche Verpflichtung für die Jugendämter dar und sollen die planvolle und systematische Hilfegestaltung sowie die Beteiligung der Betroffenen sicherstellen.

Das Landesjugendamt ist sich dessen bewußt, wie sehr es in der Praxis darauf ankommen wird, die gesetzlichen Intentionen als selbstverständlichen, verinnerlichten und durchgängigen Bestandteil fachlichen Alltagshandelns anzunehmen. Dem hohen Maß an Selbstverantwortung der an Hilfen zur Erziehung beteiligten Fachkräfte entspricht es, sich das notwendige Rüstzeug anzueignen, indem Erfahrungen reflektiert und verarbeitet werden, unterstützt durch fachliche Anleitung. Diese Aufgabe kann den Fachkräften nicht durch formale Vorgaben abgenommen werden, weil diese weder den vielfältigen Problemlagen noch den unterschiedlichen Arbeitsstilen angemessen wären.

Ausgehend von der rechtssystematischen Bedeutung und den abzuleitenden fachlichen Intentionen hat das Landesjugendamt im Rahmen seiner sachlichen Zuständigkeit nach § 85 Abs. 2 Nr. 1 SGB VIII die nachfolgenden Hinweise für die Praxis zusammengestellt, deren Leitlinie die Notwendigkeit einer planvollen Hilfegestaltung ist.

Einbezogen wurden die von einer Arbeitsgruppe der Region II, einigen Jugendämtern und bei Fortbildungsveranstaltungen des Landesjugendamtes formulierten Überlegungen für eine planvolle Hilfegestaltung sowie grundlegende Ausführungen von Prof. Dr. Maas in seinem Buch »Soziale Arbeit als Verwaltungshandeln«, Weinheim und München 1992.

Die beiliegende Checkliste kann als Leitfaden bei der Aufstellung des Hilfeplans dienen.

1. Planvolle Hilfegestaltung

1.1 Planvolle Hilfegestaltung als Arbeitsprinzip

Im Jugendwohlfahrtsgesetz waren Hilfen zur Erziehung, im Gegensatz zu den Voraussetzungen für die Freiwillige Erziehungshilfe (FEH) und Fürsorgeerziehung (FE), in der sehr weiten, ungenauen und wenig konkreten Generalklausel des § 6 i.V.m. § 5 Abs. 1 geregelt. Demgegenüber stellen die Hilfen zur Erziehung und die Hilfe für junge Volljährige im neuen Kinder- und Jugendhilfegesetz (KJHG) ein systematisch ausgestaltetes, breitgefächertes und differenziertes Leistungsspektrum dar. Darüber hinaus stehen alle einzelfallbezogenen Tätigkeiten des Jugendamtes, nicht nur die Hilfen nach § 27 SGB VIII, in einem Gesamtkontext, der zu einer fortlaufenden Prüfung verpflichtet, welche Leistungen der individuellen Situation am besten entsprechen.

Planvolles, d.h. systematisches, zielorientiertes und methodisch überlegtes Handeln ist daher von Anfang an, unabhängig von der Ausgangsproblemstellung, erforderlich.

Weil sich hinter den zunächst beobachtbaren Problemen und Auffälligkeiten junger Menschen und ihrer Familien in der Regel komplexe Problemstellungen verbergen, ist die Jugendhilfe herausgefordert, Symptome auf diesem Hintergrund zu bewerten, um Fehlinterpretationen und ein oberflächliches Reagieren möglichst auszuschließen. Umso mehr ist eine möglichst präzise Beschreibung beobachtbarer Symptome eine wichtige Grundlage für zu treffende Einschätzungen.

1.2 Fachliche Grundprinzipien planvoller Hilfegestaltung

a) Ganzheitlicher Arbeitsansatz

Die Bestimmungen des KJHG über die Hilfe zur Erziehung gehen von einem umfassenden Hilfeverständnis aus, das den jungen Menschen und seine Familie in einem engen Zusammenhang sieht. Dieser ganzheitliche Arbeitsansatz bestimmt den gesamten Hilfeprozeß, ausgehend von einfachen Beratungssituationen über schwierige Entscheidungsfragen bis zur Organisation und Durchführung von notwendigen Leistungen.

b) Transparenz, Offenheit, Nachvollziehbarkeit

Die gesetzlichen Verfahrens- und Datenschutzbestimmungen zwingen zu einer – ohnehin auch fachlich gebotenen – transparenten Arbeitsweise, zur nachvollziehbaren Dokumentation und daraus abgeleiteten Bewertungen sowie zu umfassender Betroffenenbeteiligung (vgl. 2.2).

Offenheit von Fachkräften als persönliche Ehrlichkeit jungen Menschen und ihren Familien gegenüber trägt dazu bei, die für wirksame erzieherische Hilfen so wichtige Vertrauensbasis herzustellen.

Betroffene und andere beteiligte Fachkräfte müssen mit *ihren* Wahrnehmungs- und Erkenntnismöglichkeiten die Einschätzungen und daraus abgeleiteten Schlußfolgerungen nachvollziehen können. Sie müssen behördliche und institutionelle Abläufe und Kooperationen überschauen können. Effiziente Kooperation beruht nicht zuletzt auf nachvollziehbarer und möglichst eindeutiger sprachlicher Kommunikation.

c) Verbindlichkeit durch Absprachen

Klare Absprachen und deren Einhaltung strukturieren den Hilfeprozeß. Sie machen die Zusammenarbeit berechenbar und verläßlich, was schon für sich gesehen ein stabilisierender Faktor sein kann.

2. Hilfe zur Erziehung, Hilfe für junge Volljährige, Eingliederungshilfe

2.1 Die Bestimmungen des § 36 SGB VIII sind von Anfang an zu beachten

Nach § 27 Abs. 1 SGB VIII hat ein Personensorgeberechtigter bei der Erziehung eines Kindes oder eines Jugendlichen Anspruch auf Hilfe zur Erziehung, wenn
– eine dem Wohl des Kindes oder Jugendlichen entsprechende Erziehung nicht gewährleistet ist
und
– die Hilfe für seine Entwicklung geeignet und notwendig ist.

Junge Volljährige haben nach § 41 SGB VIII Anspruch auf Hilfe für die Persönlichkeitsentwicklung und eine eigenverantwortliche Lebensführung, wenn und solange die Hilfe aufgrund der individuellen Situation des jungen Menschen notwendig ist.

Aus dem Ersten Gesetz zur Änderung des KJHG, das am 01.04.93 in Kraft getreten ist, folgt, daß die Jugendhilfe gemäß § 35 a i.V.m. § 41 Abs. 3 SGB VIII künftig für alle seelisch behinderten Kinder, Jugendliche und junge Volljährige *unabhängig* davon sachlich zuständig ist, ob
– eine wesentliche oder nicht wesentliche Behinderung vorliegt,
– es sich um eine vorübergehende oder nicht vorübergehende Behinderung handelt,
– neben den Voraussetzungen der Eingliederungshilfe gemäß § 35 a SGB VIII die Voraussetzungen des § 27 Abs. 1 (Hilfe zur Erziehung) vorliegen.

Anspruch auf Hilfe haben auch die von einer seelischen Behinderung bedrohten jungen Menschen.

Weil die Bestimmungen des Hilfeplans in allen Fällen von Hilfe zur Erziehung/ Hilfe für junge Volljährige und Eingliederungshilfe für seelisch Behinderte anzuwenden sind, wurden im § 36 SGB VIII die Begriffe »Hilfe zur Erziehung« durch »Hilfe« und »erzieherischer Bedarf« durch »Bedarf« ersetzt.

Auf Hilfen zur Erziehung, Hilfen für junge Volljährige und Eingliederungshilfe besteht bei Vorliegen der gesetzlichen Voraussetzungen auf die geeignete und notwendige – nicht unbedingt die gewünschte – Hilfe ein einklagbarer Rechtsanspruch. Die in § 36 Abs. 2 SGB VIII vorgegebenen Inhalte für die Aufstellung eines Hilfeplans entsprechen den Kriterien, die ohnehin bei der Prüfung nach § 27 zu klären sind. Das Ergebnis muß für das Verwaltungsverfahren schriftlich festgehalten werden. Es empfiehlt sich daher, die Kriterien des § 36 Abs. 2 Satz 2 in jedem Fall der Gewährung von Hilfe (Hilfe zur Erziehung, Eingliederungshilfe) zu beachten.

2.2 Verfahrensregelungen

a) SGB I und X

Verfahrensrechtlich betrachtet, läßt sich der Hilfeprozeß unterteilen in die
– Hilfegewährung (Verwaltungsverfahren und Verwaltungsakt)
und
– Hilfeerbringung (Durchführung der Hilfe).

Die Entscheidung (Verwaltungsakt) über eine Hilfe ist das Ergebnis eines Verwaltungsverfahrens als Entscheidungsfindungsprozeß. Dabei sind die verfahrensrechtlichen Bestimmungen des SGB I und X zu beachten. Die §§ 20 - 25 SGB X regeln die Interaktion zwischen Behörde und Bürger. Die §§ 20 - 23 SGB X legen die Verantwortung der Behörde für die Sachverhaltsermittlung fest. Das Jugendamt ist verpflichtet, den *leistungserheblichen* Sachverhalt von Amts wegen zu ermitteln (§ 20 SGB X), der Grundlage für die jeweils zu treffende jugendhilferechtliche Entscheidung ist. Der Sachverhalt ist die systematische Zusammenstellung der für die zu treffende Entscheidung erforderlichen Tatsachen. Welche Tatsachen erforderlich sind, richtet sich nach der für die Entscheidung maßgeblichen Rechtsgrundlage. Der leistungserhebliche Sachverhalt bestimmt die Grenzen des erforderlichen Datenbedarfs (§§ 61 - 68 SGB VIII).

Die Betroffenen haben gemäß §§ 60 bis 67 SGB I im erforderlichen Umfang mitzuwirken. Die §§ 24 und 25 SGB X garantieren das Recht auf Anhörung und Akteneinsicht im Rahmen des Verwaltungsverfahrens.

b) Beratung gemäß § 36 SGB VIII

Die Beratungsverpflichtung des § 36 Abs. 2 SGB VIII ist in engem Zusammenhang mit § 14 SGB I zu sehen. Dieser lautet:
»Jeder hat Anspruch auf Beratung über seine Rechte und Pflichten nach diesem Gesetzbuch. Zuständig für die Beratung sind die Leistungsträger, denen gegenüber die Rechte geltend zu machen oder die Pflichten zu erfüllen sind«.
Beratung ist eine aktive und umfassende Verpflichtung. Sie darf sich nicht darauf beschränken, Fragen zu beantworten.

§ 36 SGB VIII präzisiert die Beratungsverpflichtung des Jugendamtes bei Hilfen zur Erziehung/Hilfen für junge Volljährige und Eingliederungshilfen für seelisch Behinderte. Vor der Entscheidung über die Inanspruchnahme einer Hilfe sind die Personensorgeberechtigten und das Kind oder der Jugendliche zu beraten. Um der aktiven und umfassenden Beratungsverpflichtung gerecht zu werden und um eine sinnvolle Mitwirkung der Betroffenen zu ermöglichen, muß insbesondere eingegangen werden auf

– die Leistungspalette der Jugendhilfe, weil Betroffene nur dann über ausreichende Information für ihre Entscheidungen verfügen;
– die internen Abläufe, weil Klienten wissen müssen, wie Daten über sie verwertet werden (Datenschutz, Transparenzgebot);
– die Möglichkeiten und Grenzen der Ausübung der Personensorge durch Pflegepersonen bzw. verantwortliche Personen in Einrichtungen (§ 38 SGB VIII);
– die Kostenbeitragsregelungen;
– die Mitwirkungsrechte und -pflichten (z.B. Verpflichtung zur Offenbarung der erforderlichen Daten);
– das Wunsch- und Wahlrecht der Betroffenen (§ 5 SGB VIII);
– die Beteiligungsrechte von Kindern und Jugendlichen (§ 8 SGB VIII);
– die Beachtung der Grundrichtung der Erziehung (§ 9 SGB VIII);
– die Beteiligungsrechte der Betroffenen bei der Erstellung und Fortschreibung des Hilfeplans;
– die datenschutzrechtlichen Bestimmungen (§§ 61 - 68 SGB VIII);
– die möglichen Folgen für die Entwicklung des Kindes oder Jugendlichen, die bei jeder Intervention mit Rückwirkungen auf das familiäre Gefüge und den Entwicklungsweg des Kindes oder Jugendlichen eintreten können, aber oft nicht voraussehbar und – wenn überhaupt – erst im Verlauf des Hilfeprozesses zu konkretisieren sind. (Beispiel: § 1632 Abs. 4 BGB)

Wesentliche Ergebnisse der Beratung sind zu dokumentieren, am zweckmäßigsten anhand einer Checkliste (siehe Anlage). Der Gesetzgeber verpflichtet dazu, vor und während einer langfristig zu leistenden Hilfe außerhalb der eigenen Familie ferner zu prüfen, ob die Annahme als Kind in Betracht kommt. Wenn Hilfe zur Erziehung angebracht ist, kann erst nach besonders gründlichen diagnostischen Abklärungen entschieden werden, ob eine Adoption in Frage kommt. Stellt sich heraus, daß ein Kind in seiner Herkunftsfamilie mit hoher Wahrscheinlichkeit keine Perspektive für seine Entwicklung hat und ist eine geeignete und adoptionswillige Familie gefunden, so kann es im Einzelfall sinnvoll sein, die Herkunftsfamilie die Einwilligung in die Adoption nahezulegen.

c) Zusammenwirken der Fachkräfte

Wenn Hilfe voraussichtlich für längere Zeit zu leisten ist, soll die Entscheidung über die im Einzelfall angezeigte Hilfeart im Zusammenwirken mehrerer Fachkräfte getroffen werden (§ 36 Abs. 2 SGB VIII). Damit sind nicht nur die im örtlich zuständigen Jugendamt tätigen Fachkräfte angesprochen. Abhängig von der jeweiligen Situation des Einzelfalls kann die Mitwirkung von Fachkräften aus anderen Fachbereichen (z.B. Schule, Heim, psychologische Beratungsstelle, Kinder- und Jugendpsychiatrie) hilfreich sein. Erscheinen Hilfen nach § 35 a erforderlich, so soll bei der Aufstellung und Änderung des Hilfeplans sowie bei der Durchführung der Hilfe ein

Arzt, der über besondere Erfahrungen in der Hilfe für Behinderte verfügt, beteiligt werden. Erscheinen Maßnahmen der beruflichen Eingliederung erforderlich, so sollen auch die Stellen der Bundesanstalt für Arbeit beteiligt werden. Das Zusammenwirken mehrerer Fachkräfte ersetzt selbstverständlich nicht die innerhalb der Verwaltung geregelte Verantwortung für die Entscheidung über die Gewährung von Hilfe. Regelmäßiger, auch fallunabhängiger fachlicher Austausch bei gegenseitiger Wertschätzung erleichtert die Kooperation, insbesondere wenn auf einen klar strukturierten und entscheidungsbezogenen Informationsaustausch, transparente Entscheidungsabläufe und verbindliche Kooperationsformen geachtet wird.[1]

2.3 Inhalte des Hilfeplans nach § 36 Abs. 2 Satz 2 SGB VIII

Kernstücke der formalen und inhaltlichen Vorgaben für den Hilfeplan, die im gesamten Hilfeprozeß berücksichtigt werden müssen, sind Feststellungen über
1. den Hilfebedarf,
2. die zu gewährende Art der Hilfe,
3. die notwendigen Leistungen sowie
4. die regelmäßige Prüfung, ob die gewährte Hilfeart weiterhin geeignet und notwendig ist.

a) Feststellung des Hilfebedarfs

Grundlage für die Feststellung des Hilfebedarfs ist der leistungserhebliche Sachverhalt auf der Grundlage der §§ 27 Abs. 1 oder 35 a Abs. 1 SGB VIII. Bei der Prüfung der Frage, ob eine seelische Behinderung vorliegt, ist die VO zu § 47 BSHG zu beachten. Der leistungserhebliche Sachverhalt enthält sowohl beschreibende als auch bewertende Daten. Die Beurteilung des selbst festgestellten oder erhobenen Sachverhalts ist ein komplexer Prozeß, der systematisiert werden muß, damit Wahrnehmung, Beschreibung und Bewertung bzw. Einschätzung auseinandergehalten werden können. Sie mündet in die Feststellung des Bedarfs.

Im Mittelpunkt steht die Frage, inwieweit – also in welchen Bereichen – die Erziehung durch die Eltern (oder Personensorgeberechtigten) nicht mehr gewährleistet ist oder gewährleistet werden kann (z.b. Betreuung, Versorgung, Förderung der kognitiven, psychischen, körperlichen Entwicklung, adäquater Umgang mit entwicklungsbedingten Anforderungen, mit erzieherischen Problemen und Störungen in der Entwicklung).

Folgende Beurteilungsebenen sind zu berücksichtigen:
– der junge Mensch (u.a. Auffälligkeiten, Defizite, Stärken),
– seine Familie (u.a. Beziehungsgeflecht, Dynamik, Eigenkräfte),
– das soziale Umfeld (z.B. Schule, Kindergarten, Ausbildungsplatz).

Dabei ergeben sich diagnostische Fragestellungen. Zum Problem der Diagnostik in der Jugendhilfe vertritt das Landesjugendamt die Auffassung, daß ein für alle Disziplinen allgemeingültiges diagnostisches Schema und Verständnis nicht herstellbar ist. Entscheidend für beurteilende diagnostische Einschätzungen ist daher, daß diese für jede Fachdisziplin begründet, hinsichtlich der Grundlagen und Quellen transparent,

---

1 LJA Baden, Schule und Jugendhilfe arbeiten zusammen, 1992, S. 4

insgesamt nachvollziehbar und schlüssig sein müssen. So verstanden und angewendet, können Unterscheidungssysteme wie die mit der Konzeption für die Erziehungshilfe im Heim angebotene Systematik zur Unterscheidung von Entwicklungsauffälligkeiten hilfreich sein. Auf jeden Fall müssen einseitige subjektive Wertungen vermieden und eine völlige Beliebigkeit bei der Beurteilung der Problematik ausgeschlossen werden. Stets gefährlich sind vorschnelle Festlegungen. Statt dessen ist prozeßorientiert und offen für notwendige Änderungen und Fortschreibungen vorzugehen.

b) Die zu gewährende Hilfe, Ziele

Die zu gewährende Art der Hilfe muß geeignet und notwendig sein (§ 27 SGB VIII) und auf die Situation des Kindes oder Jugendlichen sowie auf die pädagogischen, heilpädagogischen und damit verbundenen therapeutischen Erfordernisse individuell zugeschnitten werden. Diese müssen daher herausgearbeitet werden (z.b. konkrete pädagogische Förderung, bestimmte therapeutische Maßnahmen, Art und Umfang von Elternarbeit).

Um die geeignete Hilfe auswählen zu können, sollten Konzepte und Struktur von Einrichtungen und Diensten möglichst gründlich bekannt sein.

In der Regel wird die geeignete auch die notwendige Hilfe sein, wenn sie angemessen ist, die festgestellte erzieherische Not zu wenden. Abzuwägen sind dabei auch mögliche Fern- und Nebenwirkungen.

Aus dem festgestellten Hilfebedarf und den daraus abgeleiteten geeigneten und notwendigen Hilfen müssen die Ziele im einzelnen herausgearbeitet werden. Sie sind je nach Situation zu differenzieren bzw. zu konkretisieren (z.b. Grob- und Feinziele, kurz-, mittel- und langfristige Ziele).

Möglichst konkret festgelegt werden sollten in dieser Phase des Hilfeprozesses insbesondere

- der inhaltliche und zeitliche Rahmen für bestimmte Leistungen,
- die Aufgabenteilung,
- Absprachen zur Ausübung der Personensorge auf der Grundlage von § 38 SGB VIII,
- Absprachen darüber, wie die Zusammenarbeit generell und insbesondere bei Hilfen außerhalb der eigenen Familie gestaltet werden soll (§ 37 SGB VIII).

Die zeitliche Strukturierung hat insbesondere folgende Vorteile:

- Die Entwicklung innerhalb eines überschaubaren Zeitraums ist für alle Beteiligten besser nachzuvollziehen und einzuschätzen.
- Fristen zwingen zur Überprüfung der Effizienz und der Einschätzungen.
- Überprüfungstermine begünstigen ein prozeßhaftes Hilfeverständnis und eine der Fallentwicklung entsprechende Fortschreibung des Hilfeplans.

c) Notwendige Leistungen

Notwendige Leistungen sind Details der Hilfe, z.b.:
- die Beschulung in besonderer Schulform,
- therapeutische Angebote,
- besondere Betreuungsformen,
- die Art und Intensität der zu leistenden Elternarbeit.

Bei der Eingliederungshilfe für junge Menschen ist § 40 BSHG zu beachten, soweit die einzelnen Vorschriften auf seelisch Behinderte Anwendung finden. Er enthält in einem nicht abschließenden Katalog eine Reihe möglicher Leistungen der Hilfe. Wichtig ist vor allem, möglichst präzise festzulegen, wer welche Aufgaben übernehmen soll.

d) Regelmäßige Prüfung/Fortschreibung

Aus der Auswertung des Hilfeverlaufs in kontinuierlichen Abständen ergeben sich die Grundlagen für die Fortschreibung des Hilfeplans und die Prüfung der Erforderlichkeit der Hilfe.

Daß das Leben und Aufwachsen des Kindes oder Jugendlichen in einer Einrichtung und der Hilfeverlauf in den für den jungen Menschen, seine Eltern, die Mitarbeiter und das Jugendamt wesentlichen Aspekten zu dokumentieren ist, sollte eine Selbstverständlichkeit sein. Das Jugendamt benötigt schriftliche Rückmeldungen über den Hilfeverlauf durch die am Hilfegeschehen beteiligten Einrichtungen und Dienste, um seine Verpflichtung zur Prüfung zu erfüllen, ob die Voraussetzungen des § 27 SGB VIII für die Gewährung der Hilfe noch vorliegen.

Die Dokumentation muß es dem jungen Menschen und seinen Eltern erlauben, den Hilfeprozeß nachvollziehen zu können.

Im übrigen zwingt die schriftliche Verarbeitung zur gründlichen Reflexion und unterstützt die Selbstkontrolle.

Oft sind mehrere Fachkräfte beteiligt, die wechseln können. Planvoll und systematisch läßt sich zusammenarbeiten, wenn verläßliche schriftliche Aufzeichnungen über den jungen Menschen und den Hilfeverlauf vorliegen.

Ist das Jugendamt selbst an der Hilfedurchführung unmittelbar beteiligt (z.B. bei der Zusammenarbeit mit den Eltern), versteht sich die schriftliche Dokumentation ebenfalls von selbst.

Verbindlich festzulegen ist
– in welchen Zeitabständen und in welcher Form über den Verlauf und den Stand der Hilfe berichtet werden soll (bei der Heimerziehung etwa halbjährlich),
– welche Informationen das Jugendamt für die Entscheidung über die Weitergewährung der Hilfe benötigt,
– in welchen Situationen unabhängig von festgelegten Fristen klärende Gespräche geführt werden müssen und wer diese einberuft.

Checkliste für die planvolle Hilfegestaltung

1. Prüfung der Voraussetzungen des § 27 Abs. 1 und/oder § 35 a SGB VIII bezogen auf (vgl. 2.2 a)
   - den jungen Menschen (u.a. Auffälligkeiten, Defizite, Stärken),
   - seine Familie (u.a. Beziehungsgeflecht, Dynamik, Eigenkräfte),
   - das soziale Umfeld (z.b. Schule, Kindergarten, Ausbildungsplatz).

2. Umfassende Beratung gemäß § 14 SGB I und § 36 SGB VIII über (vgl. 2.2 b)
   - die Leistungspalette der Jugendhilfe;
   - die internen Abläufe;
   - die Möglichkeiten und Grenzen der Ausübung der Personensorge (§ 38 KJHG);
   - die Kostenbeitragsregelungen;
   - die Mitwirkungsrechte und -pflichten;
   - das Wunsch- und Wahlrecht der Betroffenen (§ 5 SGB VIII);
   - die Beteiligungsrechte von Kindern und Jugendlichen (§ 8 SGB VIII);
   - die Beachtung der Grundrichtung der Erziehung (§ 9 SGB VIII);
   - die Beteiligungsrechte der Betroffenen bei der Erstellung und Fortschreibung des Hilfeplans;
   - die datenschutzrechtlichen Bestimmungen (§§ 61 - 68 SGB VIII);
   - die möglichen Folgen für die Entwicklung des Kindes/Jugendlichen.

3. Hilfeplan (vgl. 2.3)

3.1 Feststellung des Hilfebedarfs auf der Grundlage der dokumentierten Darstellung des leistungserheblichen Sachverhalts. Bei langfristiger Fremdunterbringung prüfen, ob eine Annahme als Kind in Betracht kommt.

3.2 Feststellungen über die Art der zu gewährenden Hilfe nach den Kriterien
   - geeignet und
   - notwendig,
   gegebenenfalls im Zusammenwirken mehrerer Fachkräfte.

3.3 Ziele der Hilfe

3.4 Notwendige und geeignete Leistungen

3.5 Absprache der Aufgabenverteilung

3.6 Zeitliche Vorgaben

3.7 Fortschreibung nach vereinbarter Frist und Form

B. Hilfeplan-Raster

Hilfeplan gem. § 36 Abs. 2 SGB VIII

Name des jungen Menschen:

geb. am: wohnhaft in:

Personensorgeberechtigte(r):

wohnhaft in:

Der folgende Hilfeplan beruht auf dem/n Gespräch/en

am: in:

TeilnehmerInnen:

1. Feststellung des erzieherischen Bedarfs
2. Auf welche Hilfe haben sich die Beteiligten geeinigt?
3. Warum wurde diese Hilfe ausgewählt?

   – aus Sicht der Eltern, der/des Personensorgeberechtigten:
   – aus Sicht des jungen Menschen:
   – aus Sicht der beteiligten Pflegeperson(en); der Einrichtung:
   – aus Sicht des Jugendamtes und anderer beteiligter Institutionen:
     (z.B. Beratungsstelle, Kindergarten, Schule)

4. Welche Ziele sollen mit der ausgewählten Hilfe erreicht werden?
5. Ist eine Rückkehr des jungen Menschen in die eigene Familie vorgesehen?
   (Wenn ja, unter welchen Voraussetzungen?)
6. Welche besonderen sozialpädagogischen, schulischen, therapeutischen oder
   sonstigen Leistungen sind im Rahmen dieser Hilfe notwendig?
7. Welcher zeitliche Rahmen ist für die Hilfe ausgewählt worden?
7.1 Beginn der Hilfe
7.2 Voraussichtliche Dauer der Hilfe:

   Eine vorzeitige Beendigung der Hilfe ist nur nach einem gemeinsamen
   Gespräch der Beteiligten möglich. In diesem Fall soll eine Vereinbarung über
   die weitere Betreuung des jungen Menschen getroffen werden.

8. Wie sollen während der Hilfe die Kontakte zwischen dem jungen Menschen,
   seinen Eltern und/oder anderen wichtigen Bezugspersonen sein?
   (z.B. Besuchsregelungen, Heimfahrten)

9. Welche Absprachen haben die Beteiligten zur Zusammenarbeit getroffen? (z.B. Elternarbeit, Ansprechpartner in Krisensituationen, Ausübung der Personensorge gem. § 38 SGB VIII)

10. Zu welchem Zeitpunkt soll dieser Hilfeplan überprüft und fortgeschrieben werden?

Alle Mitwirkenden/Betroffenen erhalten eine Kopie des Hilfeplanes.

Anhang II

Örtliche Zuständigkeit

Örtliche Zuständigkeit
(§§ 86 bis 88 SGB VIII)

Tatbestand	Rechtsgrundlage	Zuständigkeit
A) *Bei Leistungen an Kinder, Jugendliche und ihre Eltern*		
1. Eltern leben zusammen bzw. getrennt, aber im gleichen Jugendamtsbereich	§ 86 I Satz 1	Jugendamt (JA), in dessen Bereich die Eltern ihren gewöhnlichen Aufenthalt (gA) haben.
2. Vaterschaft zu ne. Kind noch nicht festgestellt	§ 86 I Satz 2	JA, in dessen Bereich die Mutter ihren gA hat.
3. Es lebt nur ein Elternteil	§ 86 I Satz 3	JA, in dessen Bereich dieser Elternteil seinen gA hat.
4. *Eltern haben verschiedene gA*		
4.1 Sorgerecht hat *ein* Elternteil	§ 86 II Satz 1	JA, in dessen Bereich der sorgeberechtigte Elternteil seinen gA hat.
4.2 Sorgerecht haben *beide* Elternteile		
4.2.1 gA vor Leistungsbeginn zuletzt bei *einem* Elternteil	§ 86 II Satz 2	JA, in dessen Bereich der Elternteil seinen gA hat, bei dem das Kind/Jugendl. vor Leistungsbeginn zuletzt seinen gA hatte.
4.2.2 gA vor Leistungsbeginn zuletzt bei *beiden* Elternteilen	§ 86 II Satz 3	JA, in dessen Bereich der Elternteil seinen gA hat, bei dem das Kind/Jugendl. vor Leistungsbeginn zuletzt seinen tatsächlichen Aufenthalt hatte.
4.2.3 Kein gA bei einem Elternteil während der letzten 6 Monate vor Leistungsbeginn	§ 86 II Satz 4 erster Halbsatz	JA, in dessen Bereich d. Kind/Jugendl. vor Leistungsbeginn zuletzt seinen gA hatte.
4.2.3.1 gA an anderem Ort	§ 86 II Satz 4 zweiter Halbsatz	JA, in dessen Bereich d. Kind/Jugendl. sich im Zeitpunkt des Leistungsbeginns tatsächlich aufhält.
4.2.3.2 ohne gA während der letzten 6 Monate	§ 86 III	Zuständigkeit wie bei Tz. A) 3.2.1 und A) 3.2.3
4.3 Sorgerecht steht *keinem* Elternteil zu		
5. Eltern (bzw. maßgeblicher Elternteil) *haben im Inland keinen gA oder gA ist nicht feststellbar oder sind verstorben*		
5.1 gA des Kindes/Jugendlichen ist vorhanden	§ 86 IV Satz 1	JA, in dessen Bereich d. Kindes/Jugendl. vor Leistungsbeginn seinen gA hat.
5.2 gA d. Kindes/Jugendl. während der letzten 6 Monate vor Leistungsbeginn ist nicht vorhanden	§ 86 IV Satz 2	JA, in dessen Bereich sich d. Kind/Jugendl. vor Leistungsbeginn tatsächlich aufhält.

6.	Eltern trennen sich nach Leistungsbeginn und begründen verschiedene gA	
6.1	Sorgerecht hat *ein* Elternteil	§ 86 V Satz 1	JA, in dessen Bereich der sorgeberechtigte Elternteil seinen gA hat.
6.2	Sorgerecht haben Eltern *gemeinsam* oder *kein Elternteil*	§ 86 V Satz 2	JA, das bisher zuständig war, bleibt zuständig.
6.3	Trennung der Eltern nach Leistungsbeginn und Tatbestand der Tz. 5	§ 86 V Satz 3	Zuständigkeit wie bei Tz. A) 5.1 und 5.2
7.	Kind/Jugendl. lebt über 2 Jahre bei Pflegeperson und Verbleib auf Dauer ist zu erwarten	§ 86 VI	JA, in dessen Bereich die Pflegeperson den gA hat; jedoch nur solange, bis Aufenthalt bei Pflegeperson endet.
8.	Leistungen an Asylsuchende	
8.1	nach Zuweisungsentscheidung	§ 86 VII Satz 1	JA, in dessen Bereich der Asylsuchende zugewiesen wird.
8.2	vor Zuweisungsentscheidung	§ 86 VII Satz 2	JA, in dessen Bereich der Asylsuchende einreist.
B)	*Bei Leistungen an junge Volljährige*	
1.	Vorhandener gA außerhalb einer Einrichtung	§ 86 a I	JA, in dessen Bereich der junge Volljährige vor Leistungsbeginn seinen gA hatte.
2.	Aufenthalt in einer Einrichtung/Wohnform	§ 86 a II	JA, in dessen Bereich der junge Volljährige vor Aufnahme in die Einrichtung/sonst. Wohnform seinen gA hatte.
3.	kein gA vorhanden	§ 86 a III	JA, in dessen Bereich der junge Volljährige vor Leistungsbeginn seinen tatsächlichen Aufenthalt hat.
4.	Vorherige Gewährung von HzE oder Leistung ach § 13 III oder §§ 19, 21 bis zum Eintritt der Volljährigkeit	§ 86 a IV	JA, das bis zu diesem Zeitpunkt zuständig war.
C)	*Bei Leistungen in gemeinsamen Wohnformen für Mütter/Väter und Kinder (§ 19)*	
1.	Leistungsberechtigter nach § 19 hat einen gA	
1.1	außerhalb einer Einrichtung	§ 86 b I Satz 1	JA, in dessen Bereich der Leistungsberechtigte zu Beginn der Leistung seinen gA hatte.
1.2	in einer Einrichtung/Wohnform	§ 86 b I Satz 2	JA, in dessen Bereich der Leistungsberechtigte vor der Aufnahme in die Einrichtung/Wohnform seinen gA hatte.

Tatbestand	Rechtsgrundlage	Zuständigkeit
2. Leistungsberechtigter nach § 19 hat keinen g.A	§ 86 b II	JA, in dessen Bereich der Leistungsberechtigte zu Beginn der Leistung seinen tatsächlichen Aufenthalt hatte.
3. Vorherige Gewährung von HzE oder Leistung nach §§ 41 oder §§ 13 III, 21	§ 86 b III	JA, das bisher zuständig war (Hilfeunterbrechung von bis zu 3 Monaten bleibt außer Betracht).
D) *Fortlaufende Leistungsverpflichtung beim Zuständigkeitswechsel*	§ 86 c	JA, das bisher zuständig war, bleibt so lange zur Hilfeleistung verpflichtet, bis das nunmehr zuständige JA die Hilfeleistung fortsetzt.
E) *Bei Verpflichtung zum vorläufigen Tätigwerden* 1. Örtliche Zuständigkeit steht nicht fest 2. Zuständiger örtlicher Träger wird nicht tätig	§ 86 d	JA, in dessen Bereich sich das Kind oder der Jugendliche, der junge Volljährige oder der Leistungsberechtigte nach § 19 vor Leistungsbeginn tatsächlich aufhält.
F) *Bei vorläufigen Maßnahmen zum Schutz von Kindern und Jugendlichen* 1. Inobhutnahme nach § 42 2. Herausnahme nach § 43	§ 87	JA, in dessen Bereich sich das Kind oder der Jugendliche vor Beginn der Maßnahme tatsächlich aufhält.
G) *Mitwirkung in gerichtlichen Verfahren* 1. Verfahren nach §§ 50 bis 52	§ 87 b I Satz 1	Zuständigkeit wie bei TZ: A) 1. bis A) 5.2
2. Verfahren nach dem JGG, wenn zu Verfahrensbeginn das 18. Lebensjahr vollendet ist	§ 87 b I Satz 2	Zuständigkeit wie bei TZ: B) 1. bis B) 3. Die Zuständigkeit nach TZ: G) 1. und G) 2. bleibt bis zum Abschluß des Verfahrens bestehen (§ 87 b II Satz 1). Hat ein Jugendl./junger Volljähriger in einem JGG-Verfahren die letzten 6 Monate vor Verfahrensabschluß in einer Jutizvollzugsanstalt verbracht, so bleibt die Zuständigkeit bis zu einer neuen g.A-Begründung bestehen, längstens aber bis zum Ablauf von 6 Monaten nach dem Entlassungszeitpunkt (§ 87 b II Satz 2).
3. Örtliche Zuständigkeit steht nicht fest oder der zuständige Träger wird nicht tätig	§ 87 b III	JA des tatsächlichen Aufenthalts (§ 86 d).

		§	JA
H)	*Bei Amtspflegschaft und Amtsvormundschaft*		
1.	Eintritt der *gesetzlichen* Pflegschaft oder Vormundschaft durch die Geburt eines ne. Kindes	§ 87 c I Satz 1	JA, in dessen Bereich die Mutter ihren gA hat.
2.	Gericht stellt durch Entscheidung die Nichtehelichkeit eines Kindes fest und		
2.1	gA der Mutter ist vorhanden	§ 87 c I Satz 1	JA, in dessen Bereich die Mutter im Zeitpunkt der Rechtskraft der Entscheidung ihren gA hat.
2.2	gA der Mutter ist nicht festzustellen	§ 87 c I Satz 3	JA, in dessen Bereich sich die Mutter tatsächlich aufhält.
3.	Der Tatbestand des § 1709 II BGB ist gegeben und	§ 87 c I Satz 4 1. Halbsatz	
3.1	Mutter nimmt gA in der Bundesrepublik		JA, in dessen Bereich die Mutter ihren gA nimmt.
3.2	gA der Mutter ist nicht festzustellen	§ 87 c I Satz 4 2. Halbsatz	JA, in dessen Bereich sich die Mutter tatsächlich aufhält
4.	Mutter nimmt bei gesetzl. Pflegschaft oder Vormundschaft gA im Bereich eines anderen JA	§ 87 c II	JA, in dessen Bereich die Mutter ihren gA wechselt, übernimmt auf Antrag durch Erklärung APf/AV.
5.	Eintritt der *bestellten* Pflegschaft oder Vormundschaft sowie Beistandschaft und Gegenvormundschaft		
5.1	gA des Kindes/Jugendl. ist vorhanden	§ 87 c III Satz 1	JA, in dessen Bereich das Kind/der Jugendliche seinen gA hat.
5.2	Kind/Jugendlicher hat keinen gA	§ 87 c III Satz 2	JA des tatsächlichen Aufenthalts im Zeitpunkt der Bestellung
5.3	Kind/Jugendlicher wechselt den gA oder sein Wohl erfordert bei TZ. 5.2 eine Änderung	§ 87 c III Satz 3	JA hat beim Vormundschaftsgericht Antrag auf Entlassung zu stellen.
5.4	Vormundschaft im Rahmen eines Adoptivverfahrens	§ 87 c IV	JA, in dessen Bereich die annehmende Person ihren gA hat.
I)	*Bei weiteren Aufgaben im Vormundschaftswesen*		
1.	Beratung und Unterstützung von Pflegern und Vormündern nach § 53	§ 87 d I	JA, in dessen Bereich der Pfleger oder Vormund seinen gA hat.
2.	Erlaubniserteilung zur Übernahme durch Verein (§ 54)	§ 87 d II	Überörtlicher Träger, in dessen Bereich der Verein seinen Sitz hat.
J)	*Bei Beurkundungen und Beglaubigungen nach § 59*	§ 87 e	Urkundsperson bei jedem Jugendamt.

Tatbestand	Rechtsgrundlage	Zuständigkeit
K) *Bei Aufenthalt im Ausland*		
1. Geburtsort des jungen Menschen liegt im Inland	§ 88 I Satz 1	Üö Träger, in dessen Bereich der junge Mensch geboren ist.
2. Geburtsort des jungen Menschen liegt im Ausland oder ist nicht zu ermitteln	§ 88 I Satz 2	Land Berlin.
3. Jugendhilfe (Leistungen und andere Aufgaben) wurde bereits vor der Ausreise gewährt	§ 88 II	JA, das bisher schon tätig geworden ist. (Eine Unterbrechung der Hilfeleistung von bis zu 3 Monaten bleibt außer Betracht)

aus: *H. Reisch,* ZfJ 4/1993, S. 161 - 164

Anhang III

Kostenerstattung

Kostenerstattung
(§§ 89 bis 89 g SGB VIII)

	Tatbestand	Rechtsgrundlage	Erstattungsträger
1.	*Bei fehlendem gA*		
1.1	Eltern haben versch. gA, aber gemeinsame Personensorge, und d. Kind/Jugendl. hatte während der letzten 6 Monate vor Leistungsbeginn keinen gA	§ 89 i.V.m. § 86 II Satz 4 2. Halbsatz	
1.2	Eltern haben versch. gA, die Personensorge steht aber keinem Elternteil zu, und d. Kind/Jugendl. hatte während der letzten 6 Monate vor Leistungsbeginn keinen gA	§ 89 i.V.m. § 86 III und hier i.V.m. mit § 86 II Satz 4, 2. Halbsatz	
1.3	Eltern bzw. die maßgeblichen Elternteile nach § 86 II und III haben im Inland keinen gA oder ein gA ist nicht feststellbar oder sind verstorben, und d. Kind/Jugendl. hatte während der letzten 6 Monate vor Leistungsbeginn keinen gA	§ 89 i.V.m. § 86 IV Satz 2	*Überörtlicher Träger* zu dessen Bereich das leistende JA gehört (JA des tatsächlichen Aufenthalts vor Leistungsbeginn).
1.4	Der junge Volljährige hat vor Beginn der Leistung keinen gA	§ 89 i.V.m. § 86 a III	
1.5	Der Leistungsberechtigte nach § 19 hat vor Beginn der Leistung keinen gA	§ 89 i.V.m. § 86 b II	
2.	*Bei Zuständigkeitswechsel in der Vollzeitpflege*		
2.1	Pflegeperson, die ein Kind/Jugendl. schon über 2 Jahre und auf Dauer in Pflege hat, wechselt den gA	§ 89 a I i.V.m. § 86 VI	JA, das vor dem ersten Zuständigkeitswechsel zuständig war oder gewesen wäre. (Die Erstattungspflicht bleibt bei Fortsetzungsleistung nach § 41 weiter bestehen)
2.2	Tatbestand wie bei Tz. 2.1, aber mit ursprünglichem Erstattungsanspruch an überörtl. Träger	§ 89 a II i.V.m. § 86 VI	Überörtl. Träger, der bisher erstattungspflichtig war, bleibt abweichend von Tz. 2.1 erstattungspflichtig.

2.3	Tatbestand wie Tz. 2.1 und danach wechseln auch die Eltern/der Elternteil den gA, der für die vorherige Zuständigkeit relevant war.	§ 89 a III i.V.m. § 86 VI	JA, das nach § 86 I – zuständig geworden wäre. (1. Übersicht »Örtliche Zuständigkeit« Tz. A) 1 bis A) 6.3)
3.	*Bei vorläufigen Maßnahmen zum Schutz von Kindern und Jugendlichen*		
3.1	Inobhutnahme nach § 42 und Herausnahme nach § 43		
3.1.1	bei vorhandenem gA nach § 86	§ 89 b I	JA, dessen Zuständigkeit durch den gA nach § 86 begründet wird.
3.1.2	bei fehlendem gA nach § 86, also bei Zuständigkeit nach tatsächlichem Aufenthalt im Rahmen des § 86	§ 89 b II	Üö Träger, zu dessen Bereich das JA gehört, das die Hilfe erbracht hat.
4.	*Bei fortdauernder oder vorläufiger Leistungsverpflichtung*		
4.1	Weiterleistungspflicht bei Zuständigkeitswechsel (§ 86 c)	§ 89 c I Satz 1	JA, das nach dem Wechsel der örtl. Zuständigkeit zuständig geworden ist.
4.2	Die vorläufige Zuständigkeit ist gegeben, weil a) Zuständigkeit nicht feststeht oder b) das zuständige JA nicht tätig wird,	§ 89 c I Satz 2	JA, dessen Zuständigkeit durch den gA nach §§ 86, 86 a und 86 b begründet wird.
4.2.1	aber ein zuständige JA vorhanden ist bzw. gefunden wird		
4.2.2	ein nach § 86 zuständiges JA nicht vorhanden ist	§ 89 c III	Üö Träger, zu dessen Bereich das JA gehört, das die Hilfe erbracht hat.
5.	*Bei Einreise aus dem Ausland* (Junge Menschen oder Leistungsberechtigte nach § 19)		
5.1	wenn im Inland kein gA vorhanden ist und Jugendhilfe innerhalb eines Monats nach dem Übertritt gewährt wird und	§ 89 d I Satz 1	Üö Träger, in dessen Bereich der junge Mensch oder der Leistungsberechtigte nach § 19 geboren ist. (Das gilt nicht für Leistungen, bei denen sich die Zuständigkeit nach dem gA der Eltern oder des nach § 86 I – III maßgeblichen Elternteils richtet.)
5.1.1	der Geburtsort im Inland liegt		

Tatbestand	Rechtsgrundlage	Erstattungsträger
5.1.2 der Geburtsort nicht im Inland liegt	§ 89 d II Satz 1	Von einer Schiedsstelle wird der üö Erstattungsträger bestimmt. (Soweit durch Verwaltungsvereinbarung der Länder nichts anderes bestimmt wird, werden die Aufgaben der Schiedsstelle vom Bundesverwaltungsamt wahrgenommen)
6. *Schutz der Einrichtungsorte*		
6.1 Der die Zuständigkeit bestimmende gA der Eltern oder eines Elternteils, des Kindes oder des Jugendlichen ist in einer Einrichtung oder anderen Familie oder sonstigen Wohnform, die der Erziehung, Pflege, Betreuung, Behandlung oder dem Strafvollzug dient, begründet worden.	§ 89 e I	JA, in dessen Bereich die Person vor der Aufnahme in eine solche Einrichtung oder sonstigen Wohnform den gA hatte.
6.2 Ein gA läßt sich bei Tz. 6.1 nicht feststellen oder ist nicht vorhanden, und die Zuständigkeit bestimmt sich nach dem tatsächlichen Aufenthalt in einer Einrichtung oder sonstigen Wohnform	§ 89 e II	Üö Träger, zu dessen Bereich das erstattungsberechtigte JA gehört.

7. *Weitere Hinweise:*
7.1 Kosten unter 2.000,– DM sind nur bei folgenden Sachverhalten zu erstatten (§ 89 f Abs. 2):
7.1.1 Vorläufige Maßnahmen zum Schutz von Kindern und Jugendlichen (§ 89 b)
7.1.2 Pflichtwidrigkeit (§ 89 c)
7.1.3 Übertritt aus dem Ausland (§ 89 d)
7.2 Landesrechtsvorbehalte zur Bestimmung einer anderen Körperschaft des öffentlichen Rechts, der die Aufgaben des üö Trägers übertragen werden (§ 89 g).

aus: *H. Reisch*, ZfJ 4/1993, S. 164 - 166

Anhang IV

**Jugendhilfe
(Personal)**

Jugendhilfe[a]
Personal am 31.12.1990 nach Berufen

Beruf/Ausbildungsabschluß	Männlich	Weiblich	Insgesamt	im Alter von ... bis unter ... Jahren				Vollzeit-	Teilzeit-	Neben-beruflich
				unter 25	25 - 40	40 - 60	60 und mehr	tätige Personen		
Dipl.-Sozialpädagogen, Dipl.-Sozialarbeiter	14.215	21.226	35.441	581	24.660	9.802	398	27.145	7.298	998
Dipl.-Pädagogen	1.785	2.793	4.578	—	3.563	979	36	3.125	1.128	325
Erzieher	7.962	121.813	129.775	25.816	80.015	22.985	959	86.774	41.677	1.324
Kinderpfleger	169	32.288	32.457	7.838	17.555	6.954	110	18.208	14.038	211
Heilerziehungspfleger, Heilerziehungspflegehelfer	424	908	1.332	183	856	280	13	987	332	13
Heilpädagogen	573	1.702	2.275	15	1.398	826	36	1.803	384	88
Psychologen, Kinder- und Jugendlichenpsychotherapeuten	145	257	402	7	108	268	19	178	175	49
Beschäftigungs- und Arbeitstherapeuten	133	438	571	35	387	141	8	274	249	48
Ärzte	254	223	477	—	128	302	47	91	117	269
Kinderkrankenpfleger, -schwestern	50	2.452	2.502	148	981	1.309	64	1.452	892	158
Krankenpflegehelfer	38	322	360	49	166	141	4	225	113	22
Krankengymnasten, Masseure, Masseure und medizinische Bademeister	92	810	902	48	601	231	22	363	372	167
Krankenpfleger, -schwestern	57	625	682	42	302	303	35	378	235	69
Logopäden	42	301	343	11	242	88	2	134	164	45
Fachlehrer oder sonstige Lehrer	2.232	3.239	5.471	70	3.335	1.869	197	2.784	1.558	1.129
Sonderschullehrer	344	358	702	—	404	272	26	407	144	151
Psychologen mit Hochschulabschluß	1.999	2.129	4.128	—	1.904	2.169	55	2.078	1.588	462
Sonstiger Hochschulabschluß	2.214	991	3.205	—	1.945	1.129	131	1.976	649	580
Abschluß für den mittleren Dienst, erste Angestelltenprüfung	919	2.400	3.319	613	1.634	1.028	44	2.622	641	56
Abschluß für den gehobenen Dienst, zweite Angestelltenprüfung	2.598	1.873	4.471	190	2.271	1.893	117	3.934	485	52
Hauswirtschaftsleiter, Wirtschafterinnen, Ökotrophologen	158	4.215	4.373	667	1.805	1.734	167	3.021	1.187	165
Sonstige Verwaltungsberufe	872	6.703	7.575	773	2.446	4.124	232	3.882	3.371	322
Kaufmannsgehilfen	711	2.842	3.553	307	1.157	2.003	86	1.697	1.646	210
Gesellen	2.718	1.359	4.077	964	1.301	1.672	140	2.960	798	319
Facharbeiter	2.233	1.301	3.534	632	1.090	1.656	156	2.333	844	357
Meister	1.378	612	1.990	20	586	1.199	185	1.587	202	201
Sonstiger Ausbildungsabschluß	4.190	15.136	19.326	2.029	6.540	9.940	817	8.085	8.922	2.319
Noch in Ausbildung	3.756	18.547	22.303	17.778	4.338	183	4	17.883	1.985	2.435
Ohne abgeschlossene Ausbildung	4.108	29.607	33.715	8.332	8.220	15.851	1.312	12.525	18.670	2.520
Insgesamt	56.369	277.470	333.839	67.148	169.938	91.331	5.422	208.911	109.864	15.064

a.   Früheres Bundesgebiet

Quelle: Statistisches Jahrbuch 1992, S. 509

Anhang V

**Empfehlungen zur Abgrenzung der Hilfen
nach § 72 BSHG zu den Hilfen für junge
Volljährige nach § 41 SGB VIII**

Empfehlungen zur Abgrenzung der Hilfen nach § 72 BSHG zu den Hilfen für junge Volljährige nach § 41 SGB VIII

Bundesarbeitsgemeinschaft der Landesjugendämter
– Beschluß in der 72. Arbeitstagung vom 06. bis 08.05.1992 in München –

1. Zielsetzung des § 41 SGB VIII

Mit der erweiterten fachlichen Zuständigkeit der Jugendhilfe für junge Volljährige nach § 41 SGB VIII hat der Gesetzgeber den Vorstellungen der Jugendhilfe, die auf verschiedenen Ebenen in den letzten Jahren immer dringlicher vorgetragen worden war, Rechnung getragen. Die Hilfe nach § 41 SGB VIII ist ab 01.01.1985 als Sollbestimmung, bis dahin als Kannbestimmung (Art. 10 Abs. 1 Nr. 5 KJHG) gefaßt. Nach dem Willen des Gesetzgebers soll die übergangsweise Kann-Regelung dazu dienen, daß sich die Träger der Jugendhilfe auf diesen erweiterten Aufgabenbereich vorbereiten können. Dazu ist in der Beschlußempfehlung und Berichterstattung des Ausschusses für Jugend, Familie, Frauen und Gesundheit vom 15.03.1990 (BT-Drucksache 11/6748) formuliert:

»Vor dem Hintergrund der Veränderungen in der Jugendphase sowie der besonderen Herausforderung für junge Menschen aufgrund der Komplexität in der Lebensführung und zunehmender Schwierigkeiten bei der Integration in den Erwachsenenbereich kann es im Einzelfall sinnvoll und notwendig sein, daß (erstmalige) Leistungen der Jugendhilfe auch jungen Volljährigen gegeben werden. Durch die Neufassung wird zudem erreicht, daß junge Volljährige nicht mehr auf die Inanspruchnahme von Hilfen zur Überwindung besonderer sozialer Schwierigkeiten nach § 72 BSHG angewiesen sind, was nach § 6 der dazu erlassenen Verordnung vom 09. Juni 1960 (Bundesgesetzblatt I S. 1469) die Feststellung ›erheblicher Verhaltensstörungen‹ voraussetzt und in der Praxis zu negativen Zuschreibungen führt.«

2. Veränderung im Verhältnis von § 72 BSHG zu § 41 SGB VIII

Aus dieser gesetzlichen Konstruktion ergibt sich zur Frage des Nachranges der Sozialhilfe in Form der Hilfe zur Überwindung besonderer sozialer Schwierigkeiten (§§ 2, 72 BSHG, § 10 Abs. 2 SGB VIII) folgendes:

Nach § 10 Abs. 2 Satz 1 SGB VIII und § 2 Abs. 2 Satz 2 BSHG gehen die Leistungen der Jugendhilfe den Leistungen der Sozialhilfe grundsätzlich vor. Ausgenommen von dem Vorrang der Jugendhilfe waren nach § 10 Abs. 2 Satz 2 SGB VIII a.F. nur die Maßnahmen der Eingliederungshilfe für körperlich und geistig wesentlich Behinderte oder von einer solchen Behinderung Bedrohte. Von dieser speziellen Regelung ist die Hilfe zur Überwindung besonderer sozialer Schwierigkeiten nach § 72 BSHG nicht betroffen, so daß Leistungen nach § 41 SGB VIII Leistungen nach § 72 BSHG vorgehen. Dies gilt auch, soweit die Jugendhilfeträger im Rahmen des § 41 SGB VIII ihr Ermessen ausüben können.

Die Hilfeform des § 72 BSHG bleibt für junge Volljährige auch ab dem 01.01.1995 aufrechterhalten. Es erfolgt aber eine erhebliche Verschiebung in den Bereich der Jugendhilfe von Personen, die früher Hilfe nach § 72 BSHG erhalten haben. Anhand der nachfolgend dargelegten Kriterien ist zu entscheiden, ob Hilfe nach § 41 SGB VIII gewährt werden kann bzw. soll.

3. Rechtscharakter der Übergangsregelung (Art. 10 KJHG)

In Artikel 10 KJHG ist bis zum 31.12.1994 die Soll-Vorschrift des § 41 Abs. 1 Satz 1 und Abs. 4 SGB VIII zu einer Kann-Vorschrift herabgestuft. Nach der Begründung der Bundesregierung zu Artikel 10 des Gesetzentwurfes des KJHG ist festzustellen, daß »durch die Formulierung neuer Leistungstatbestände die Leistungsverpflichtungen des Jugendamtes erweitert werden sollten.«

Während des Übergangszeitraumes ist nicht der Ermessensspielraum des Jugendamtes (Kann-Vorschrift) hinsichtlich der Beurteilung individueller Voraussetzungen erweitert.

Das Jugendamt hat vielmehr deshalb einen erweiterten Ermessensspielraum, weil es die Abwägung institutioneller Rahmenbedingungen mit einbeziehen kann. Die Übergangsregelung hat den Zweck, den Trägern der öffentlichen Jugendhilfe Zeit einzuräumen, um notwendige Einrichtungen und Dienste zu schaffen, zu erweitern oder zu verändern.

Die Jugendämter sollen sich in Abstimmung mit freien Trägern auf die volle Übernahme der Verpflichtung aus § 41 SGB VIII nach Ablauf der Übergangsfrist vorbereiten können. Zu diesen institutionellen Rahmenbedingungen gehört auch die Bereitstellung finanzieller Mittel zur Durchführung der Hilfe.

Aus der Qualifizierung als Übergangsfrist folgt bei der Prüfung des Einzelfalles gleichzeitig, daß der Ermessensspielraum im Rahmen der Ermessenshandlung im Laufe der Übergangszeit immer weiter reduziert wird und sich fast zu einem Rechtsanspruch verdichtet, der sich aus der »Soll-Vorschrift« ergibt.

4. Schrittweise Reduzierung des Ermessens während der Übergangszeit

Wenn die anspruchsbegründenden Voraussetzungen (Ziffer 5) gegeben sind, kann bei der Einzelfallprüfung im Rahmen des Ermessens in der Zeit vom 01.01.1991 bis 31.12.1994 immer seltener die Gewährung von Jugendhilfeleistungen nach § 41 SGB VIII abgelehnt werden mit der Begründung, die institutionellen Rahmenbedingungen (vgl. Ziffer 6) seien noch nicht bzw. nicht im erforderlichen Umfange geschaffen worden.

Empfehlungen für die Übergangszeit, bestimmten Personengruppen vorrangig Jugendhilfeleistungen nach § 41 SGB VIII zu gewähren, können nicht gegeben werden, da der besondere Charakter der Ermessensvorschrift als herabgestufte Sollvorschrift dem widerspricht. Die Abgrenzung im Einzelfall ergibt sich vielmehr aus dem Kernbestand der Leistung nach § 41 SGB VIII unter Berücksichtigung der ständigen Erweiterung des Leistungsangebotes. Dies kann in der Übergangszeit dazu führen, daß einzelnen Hilfeempfängern anstelle einer Leistung nach § 41 SGB VIII noch Leistungen nach § 72 BSHG zu gewähren sind.

5. Voraussetzungen für Leistungen nach § 41 SGB VIII

Diese Hilfe für junge Volljährige kann/soll gewährt werden, wenn und solange sie aufgrund der individuellen Situation des jungen Volljährigen für seine Persönlichkeitsentwicklung und zu seiner eigenverantwortlichen Lebensführung notwendig ist. Neben dieser sehr weiten allgemeinen Voraussetzung gelten über den Verweis von § 41 Abs. 3 SGB VIII zusätzlich die speziellen Voraussetzungen der einzelnen Hilfearten, die entsprechend auf die Situation des jungen Volljährigen umzusetzen sind. Diese Voraussetzungen stellen ein abschließendes Raster für die Form der Hilfegewährung dar, da ein Verweis auf § 27 Abs. 2 SGB VIII nicht erfolgt ist.

Nicht unwesentlich ist, daß nach § 27 Abs. 3 SGB VIII Hilfen für junge Volljährige die Gewährung pädagogischer und damit verbundener therapeutischer Leistungen umfaßt und bei Bedarf Ausbildungs- und Beschäftigungsmaßnahmen im Sinne von § 13 Abs. 2 SGB VIII einschließen soll. Im Mittelpunkt stehen bei der Hilfe auch für junge Volljährige pädagogische Leistungen. Dazu zählen alle Hilfeleistungen und -maßnahmen, die direkt oder indirekt der Entwicklung zu einer eigenverantwortlichen Lebensführung dienen. Dies beinhaltet, daß die pädagogische Leistung im Vordergrund steht und reine Annexleistungen wie z.b. die Suche nach Wohnung oder Arbeit oder die bloße Inanspruchnahme von Geldleistungen keine Jugendhilfeleistung auslösen. Die pädagogische Hilfestellung verlangt, daß der junge Volljährige zur Mitwirkung bereit sein muß. Dies setzt subjektiv die Ernsthaftigkeit des Anliegens des Hilfesuchenden und objektiv eine gewisse Erfolgsaussicht sowie eine gewisse Dauer und Regelmäßigkeit bei der Inanspruchnahme der Hilfe voraus. Es muß eine Förderung der Persönlichkeitsentwicklung erwartet werden, denn die Hilfe richtet sich auf eine positive Veränderung und nicht auf eine Verfestigung der Problematik:

Dabei ist zu beachten, daß die Arbeit mit jungen Volljährigen eine andere Qualität hat als die Erziehung von Kindern und Jugendlichen, da Volljährige im Alter von 18 - 21 Jahren zwar noch beeinflußbar sind, aber andere pädagogische Mittel eingesetzt werden müssen als bei Kindern und Jugendlichen; andererseits ist mit ihnen in anderer Form zu arbeiten als mit älteren Erwachsenen, die die überwiegende Zahl der Betreuten im Rahmen des § 72 BSHG darstellen.

Das 21. Lebensjahr ist als Begrenzung für den Normalfall anzusehen; hieraus ergibt sich als weitere Voraussetzung für die Hilfegewährung, daß in absehbarer Zeit damit gerechnet werden kann, daß mit Mitteln der Jugendhilfe die in § 41 SGB VIII umrissenen Ziele erreicht werden.

Zusammengefaßt ergeben sich hier also folgende Gesichtspunkte:
– Im Vordergrund steht die Gewährung pädagogischer bzw. therapeutischer Leistungen,
– die Leistung muß eine Förderung der Persönlichkeitsentwicklung zum Ziel haben,
– der junge Volljährige muß zur aktiven Mitwirkung bereit sein,
– im Rahmen einer Hilfeplanung muß die Prognose für eine Persönlichkeitsentwicklung gegeben werden können.

6. Auftrag an die Träger der öffentlichen Jugendhilfe

Die Träger der öffentlichen Jugendhilfe sollen bis zum 31.12.1994 in die Lage versetzt werden, diejenigen notwendigen Hilfen zu leisten, die für den Personenkreis des § 41 SGB VIII erforderlich sind. Die bestehenden Angebote der Jugendhilfe sind weiterzuentwickeln und zu differenzieren.

Neu zu schaffende Einrichtungen und Dienste müssen sich in das Gesamtjugendhilfesystem einfügen. Das Spektrum der Hilfemaßnahmen, das dem öffentlichen Träger der Jugendhilfe zur Verfügung steht, muß auf Formen ausgedehnt werden, die bisher weniger von der Jugendhilfe, dafür mehr im Rahmen des § 72 BSHG entwikkelt und in Anspruch genommen wurden. Die unterschiedlichen Hilfeformen müssen so qualifiziert sein, daß sie eine konstruktive Hilfe für diese neue Klientel darstellen.

Es ist deshalb auch ein Finanzierungsrahmen zu erstellen und notfalls ein Mitteltransfer von der Sozialhilfe herbeizuführen, der sicherstellt, daß die erforderlichen Leistungen rechtzeitig zur Verfügung stehen.

Gerade bei jungen Volljährigen mit extremen Problemlagen erscheint es erforderlich, daß das Jugendamt und die Maßnahmeträger sich auf individuelle Betreuungsbedürfnisse einrichten. Die Hilfeangebote müssen jugendhilfespezifisch arbeiten. Sie müssen über eine personelle Besetzung verfügen, die dem wesentlichen Ziel, Hilfe für die Persönlichkeitsentwicklung und Hilfe zu einer eigenverantwortlichen Lebensführung zu geben, gerecht werden. Dies bedeutet auch, daß die personelle Ausstattung dem unterschiedlichen individuellen Hilfebedarf entsprechen muß (entsprechend §§ 27 - 35 SGB VIII).

Zu der Entwicklung neuer institutioneller Rahmenbedingungen gehört auch, daß Beratung, Antragsbearbeitung und Hilfegewährung unter dem Gesichtspunkt des § 36 SGB VIII eine angemessene Berücksichtigung der Vorstellungen und Wünsche der neuen Klienten ermöglicht.

7. Verfahren zwischen überörtlichem Träger der Sozialhilfe und Träger der Jugendhilfe

Aus dem Sinn der Vorschrift des § 41 SGB VIII ergibt sich, daß auch der Jugendhilfeträger vorrangige Leistungen erbringt. Durch den Rechtscharakter einer Sollvorschrift, die nur übergangsweise bis zum 31.12.1994 herabgestuft wurde, ergibt sich eine Vergleichbarkeit mit einem Anspruch auf Sozialleistungen (§ 43 SGB I).

Aus § 41 SGB VIII folgt auch in der Übergangszeit nicht lediglich ein »Anspruch auf eine ermessensfehlerfreie Entscheidung«. Es handelt sich um keine typische Ermessensleistung, weil nicht die Ausübung von auf den Einzelfall bezogenem Ermessen im Vordergrund steht, sondern dem Jugendhilfeträger in der Übergangszeit die Schaffung der notwendigen Einrichtungen und Dienste ermöglicht werden soll.

Zur *verfahrensmäßigen Abwicklung* wird deshalb vorgeschlagen:

– *bei neuen Fällen*:

Die zuerst angegangene Behörde prüft den Antrag. Im Zweifelsfall leistet sie vor und macht Kostenerstattung bei dem nach ihrer Meinung zuständigen Träger gemäß § 105 SGB X geltend. Eine anderweitige Regelung kann auf Landesebene im jeweiligen Zuständigkeitsbereich vereinbart werden.

– *bei laufenden Fällen*:

a) Falls bei Eintritt der Volljährigkeit bereits Hilfe zur Erziehung gewährt wurde, ist Hilfe zur Persönlichkeitsentwicklung nach § 41 SGB VIII zu gewähren (Fortsetzungshilfe).

b) Falls zunächst Hilfe nach § 72 BSHG gewährt wurde und dem Träger der Sozialhilfe die Voraussetzungen nach § 41 SGB VIII gegeben erscheinen, betreibt er gemäß § 91 a BSHG die Feststellung der Jugendhilfeleistungen. Lehnt das Jugendamt Leistungen ab, leistet das Sozialamt seine bisherige Hilfe weiter und macht einen Erstattungsanspruch gemäß § 105 SGB X gegen den Jugendhilfeträger geltend.

Für die Übergangszeit können Clearingstellen eingerichtet werden, die auf eine einvernehmliche Zuordnung bei streitigen Einzelfällen in die Zuständigkeit des Trägers der Jugendhilfe bzw. des Trägers der Sozialhilfe hinwirken sollen. Diese Clearingstellen dienen dazu, den Verwaltungsaufwand bei der Abwicklung der Erstattungsansprüche möglichst gering zu halten und Verfahren vor der Spruchstelle für Fürsorgestreitigkeiten bzw. dem Verwaltungsgericht zu vermeiden. Sie sollten besetzt werden aus Vertretern der Kommunalen Spitzenverbände und der überörtlichen Träger der Jugend- und der Sozialhilfe.

Anhang VI

Reform des Kindschaftsrechts

Reform des Kindschaftsrechts[1]

Nach umfangreichen Vorbereitungsarbeiten, Stellungnahmen der Gerichtspraxis sowie der beteiligten Fachkreise und Verbände und nach Abstimmung innerhalb der Bundesregierung hat das Bundeskabinett heute einen Entwurf des Bundesministeriums der Justiz für eine Reform des Kindschaftsrechts verabschiedet.

I. Anlaß der Reform

Im heutigen Recht gibt es nach wie vor Unterschiede in der Rechtsstellung ehelicher und nichtehelicher Kinder, die nicht mehr gerechtfertigt sind. Viele nichteheliche Kinder werden in intakte Lebensgemeinschaften ihrer Eltern hineingeboren. Ihre soziale Lage unterscheidet sich kaum von der ehelicher Kinder. Der Anteil nichtehelicher Kinder lag nach den Zahlen für 1994 im alten Bundesgebiet bei 12,4 %, in den neuen Ländern bei 41,4 %! Durch die Reform soll diesen Veränderungen Rechnung getragen werden.

Das Bundesverfassungsgericht hat eine Reihe von Vorschriften auf dem Gebiet des Kindschaftsrechts für verfassungswidrig erklärt. Insbesondere hat es geschiedenen Eltern die Möglichkeit eröffnet, auch nach der Scheidung die gemeinsame Sorge für ihre Kinder beizubehalten. Es hat mit einer Entscheidung aus dem Jahre 1991 den Gesetzgeber aufgefordert, die gemeinsame Sorge auch nicht miteinander verheirateter Eltern zuzulassen.

Anstöße für die Reform kommen auch aus dem internationalen Bereich; insbesondere hat hier die UN-Kinderkonvention den Diskussionsprozeß beflügelt.

II. Schwerpunkte des Entwurfs:

1. Abstammungsrecht

»Eheliche« und »nichteheliche« Abstammung:

Im *heutigen* Recht wird schon sprachlich und im Gesetzesaufbau streng zwischen ehelichen und nichtehelichen Kindern unterschieden. *Künftig* soll diese begriffliche Unterscheidung ganz entfallen.

Ehelichkeitsvermutung nach Scheidung:

Ein Kind, das innerhalb von 302 Tagen nach einer Scheidung geboren wird, gilt *heute* grundsätzlich noch als Kind des geschiedenen Ehemannes der Mutter. Wegen des der Scheidung in der Regel vorausgehenden Trennungsjahres betreffen die weitaus meisten Fälle der Ehelichkeitsanfechtung die nach Scheidung der Ehe geborenen Kinder. In einem aufwendigen Verfahren, in dem in der Regel ein teures Gutachten erstattet werden muß, wird die Vaterschaft angefochten. Erst danach kann der wirkliche Vater die Vaterschaft anerkennen. *Künftig* soll nicht mehr vermutet werden, daß ein nach Rechtskraft der Scheidung geborenes Kind vom früheren Ehemann der Mutter abstammt. Falls ausnahmsweise doch der geschiedene Ehemann der Vater des Kindes ist, kann er die Vaterschaft anerkennen.

---

1   Eine Information des BMJ vom 28.2.1996, herausgegeben vom Referat für Presse- und Öffentlichkeitsarbeit des Bundesministeriums der Justiz, Heinemannstraße 6, 53175 Bonn

Vaterschaftsanfechtung durch die Mutter:

Heute hat die Mutter eines ehelichen Kindes kein eigenes Recht, die Vaterschaft anzufechten, obwohl sie am besten wissen muß, von wem das Kind abstammt.

Künftig soll auch die Mutter berechtigt sein, die Vaterschaft anzufechten. Sie soll hierbei allerdings im Interesse des Kindes bestimmten Einschränkungen unterliegen.

Recht des Kindes auf Kenntnis der eigenen Abstammung:

Heute sind die Möglichkeiten der Abstammungsklärung für das Kind sehr beschränkt. So ist unter Umständen die Vaterschaftsanfechtung ganz ausgeschlossen, wenn das Kind erst nach seinem 20. Lebensjahr erfährt, daß es nicht von dem Mann abstammt, den es bislang für seinen Vater gehalten hat. Diese Einschränkungen sind vom Bundesverfassungsgericht, das das Recht auf Kenntnis der eigenen Abstammung betont hat, beanstandet worden.

Künftig soll durch Verbesserungen bei der Abstammungsklärung, insbesondere durch erweiterte Möglichkeiten der Vaterschaftsanfechtung, der Forderung des Bundesverfassungsgerichts Rechnung getragen werden.

2. *Gemeinsame elterliche Sorge*

Heute gibt es ohne Heirat keine gemeinsame elterliche Sorge. Die Eltern eines nichtehelichen Kindes können keine gemeinsame elterliche Sorge erlangen. Der Vater eines nichtehelichen Kindes kann die elterliche Sorge nur auf dem Wege einer Ehelicherklärung erlangen, wodurch aber die Mutter die Sorge verliert. Dies ist vom Bundesverfassungsgericht beanstandet worden. Es hat den Gesetzgeber mit Beschluß vom 7. Mai 1991 aufgefordert, die gemeinsame Sorge nicht miteinander verheirateter Eltern zuzulassen.

Seit einer Entscheidung des Bundesverfassungsgerichts aus dem Jahre 1982 ist es bereits *heute* möglich, daß Eltern auch nach der Scheidung die Sorge für ihre Kinder gemeinsam ausüben. Hierzu bedarf es jedoch einer gerichtlichen Entscheidung, die grundsätzlich zusammen mit dem Ehescheidungsurteil ergehen muß (sog. Zwangsverbund). Von der Möglichkeit der gemeinsamen Sorge wird auch zunehmend Gebrauch gemacht. So haben nach einer justizstatistischen Erhebung im Zeitraum vom 1. Juli 1994 bis 30. Juni 1995 in den alten Bundesländern zwischen 15,3 % und 24 % der Eltern nach Scheidung die gemeinsame Sorge erhalten; in Berlin sowie in den neuen Ländern waren es zwischen 5,8 % und 12,9 % (Bundesgebiet insgesamt: 17,1 %).

Künftig sollen Eltern, die nicht miteinander verheiratet sind, die gemeinsame elterliche Sorge innehaben, wenn sie dahingehende übereinstimmende Erklärungen abgeben (sog. Sorgeerklärungen). Gegen den Willen der Mutter soll es keine gemeinsame Sorge geben.

Die Sorgeerklärungen können schon vor der Geburt des Kindes abgegeben werden. Die gemeinsame Sorge für das Kind besteht dann von dessen Geburt an.

Die gemeinsame Sorge nicht miteinander verheirateter Eltern soll nicht davon abhängen, daß die Eltern zusammenleben. Sie soll auch nicht von einer vorherigen gerichtlichen Prüfung abhängen.

Leben die Eltern des Kindes nicht nur vorübergehend getrennt, so muß künftig eine Regelung nicht nur für die Fälle vorgesehen werden, in denen Eltern mit minderjährigen Kindern sich trennen oder scheiden lassen, sondern auch für die Fälle, in denen bei nicht miteinander verheirateten Eltern die gemeinsame Sorge beendet werden soll.

Der Entwurf schlägt vor, die zwingende gerichtliche Prüfung und Entscheidung im Rahmen der Ehescheidung entfallen zu lassen und *künftig* ein Verfahren über die elterliche Sorge – von Fällen der Kindeswohlgefährdung abgesehen – nur noch in den Fällen stattfinden zu lassen, in denen ein Elternteil einen Antrag auf Zuweisung der Alleinsorge stellt. Einem solchen Antrag soll stattzugeben sein, wenn zu erwarten ist, daß die Aufhebung der gemeinsamen Sorge und die Übertragung auf den Antragsteller dem Wohle des Kindes am besten entspricht.

Dem Kindeswohl dient die gemeinsame elterliche Sorge, wenn sie funktioniert, am besten. Erzwungene Gemeinsamkeit kann dem Kind jedoch mehr schaden als nützen. Der Wechsel von einer zwingenden Gerichtsbefassung zu einem Antragssystem bedeutet nicht, daß die gemeinsame Sorge zum Regelfall wird. Der Vorschlag des Entwurfs entspricht nicht dem verschiedentlich geforderten »Regelfallmodell«, das die Alleinsorge eines Elternteils nur unter bestimmten engen Voraussetzungen zulassen will, wenn beispielsweise der andere Elternteil das Kind mißbraucht hat.

Der Regierungsentwurf will dem Elternteil, bei dem das Kind üblicherweise lebt, sofern nach Trennung oder Scheidung die gemeinsame Sorge fortbesteht, eine Alleinentscheidungsbefugnis für alle Angelegenheiten des täglichen Lebens einräumen. Dies bedeutet, daß sich dieser Elternteil nur noch über Fragen von grundsätzlicher Bedeutung mit dem anderen Elternteil verständigen muß (z.B. Schul- und Berufswahl, schwerwiegende medizinische Eingriffe, Wohnortwechsel).

3. *Umgangsrecht*

Heute hat der Vater eines nichtehelichen Kindes im Vergleich mit dem geschiedenen Vater ein deutlich schwächer ausgestaltetes Umgangsrecht (Besuchsrecht). Gegen den Willen der Mutter sind in vielen Fällen keinerlei Kontakte zwischen Vater und Kind möglich. Nach Scheidung der Ehe ihrer Eltern hat nach einer Untersuchung aus dem Jahre 1985 fast die Hälfte der Kinder nach einem Jahr keinen Kontakt mehr zu ihrem Vater.

Anderen für das Kind wichtigen Bezugspersonen räumt das Gesetz überhaupt kein Umgangsrecht ein.

Künftig soll gesetzlich klargestellt werden, daß der Umgang mit beiden Elternteilen und anderen wichtigen Bezugspersonen zum Wohl des Kindes gehört.

Das Umgangsrecht von Vätern ehelicher und nichtehelicher Kinder soll darüber hinaus vereinheitlicht werden. Beiden soll ein Umgangsrecht zustehen, das nur eingeschränkt oder ausgeschlossen werden kann, soweit dies zum Wohle des Kindes erforderlich ist. Bei Uneinigkeit der Eltern werden wie bisher die Gerichte entscheiden.

Auch Großeltern, Geschwister, Stiefelternteile und frühere Pflegeeltern sollen künftig ein Umgangsrecht haben, wenn dies dem Wohle des Kindes dient.

Durch Verbesserungen im Verfahrensrecht sollen die Voraussetzungen dafür geschaffen werden, daß öfter als bisher Streitigkeiten zwischen den Eltern über den Umgang mit dem Kind gütlich beigelegt werden.

4. *Betreuungsunterhalt*

Das Schwangeren- und Familienhilfeänderungsgesetz hat mit der Erweiterung der Anspruchsvoraussetzungen für den Betreuungsunterhalt und der Verlängerung seiner Dauer auf drei Jahre bereits ein wichtiges kindschaftsrechtliches Reformziel vorweggenommen. Der Vater eines nichtehelichen Kindes ist seit dem 1. Oktober 1995 verpflichtet, der Mutter in den ersten drei Jahren nach der Geburt Betreuungsunterhalt zu zahlen; die Mutter braucht in den ersten drei Jahren nach der Geburt des Kindes keiner Erwerbstätigkeit nachzugehen.

Nach den Vorschlägen des Entwurfs soll der Betreuungsunterhalt *künftig* auch über die Dreijahresgrenze hinaus gewährt werden können, nämlich dann, wenn eine Beendigung nach Ablauf von drei Jahren – insbesondere unter Berücksichtigung der Belange des Kindes – grob unbillig wäre. Zu denken ist etwa daran, daß das Kind behindert und deshalb auch auf eine intensivere und längere Betreuung durch die Mutter angewiesen ist.

5. *»Anwalt des Kindes«*

Das Verfahrensrecht für die Vormundschafts- und Familiengerichte berücksichtigt schon *heute* die besonderen Aspekte des Kindeswohls; dazu dienen insbesondere der Amtsermittlungsgrundsatz, die Anhörung des Kindes und des Jugendamtes, das Beschwerderecht für Minderjährige über 14 Jahre und für Dritte, die ein berechtigtes Interesse haben. In besonders schwierigen Fällen haben sich aber Defizite bei der Interessenwahrnehmung für Kinder gezeigt.

In bestimmten Fällen soll *künftig* für Kinder in Verfahren, in denen es um bedeutsame Entscheidungen für ihr weiteres Schicksal geht, ein Verfahrenspfleger (»Anwalt des Kindes«) bestellt werden können. In Betracht kommen vornehmlich Verfahren betreffend Maßnahmen der Kindeswohlgefährdung (etwa die Herausnahme eines Kindes aus einer Familie wegen Kindesmißhandlung oder sexuellen Mißbrauchs) oder Verfahren in bezug auf die Herausnahme des Kindes aus einer Pflegefamilie mit dem Ziel der Rückführung in die Herkunftsfamilie, aber etwa auch im Einzelfall hochstreitige Sorge- und Umgangsrechtsverfahren, wenn sie mit besonderer Belastung für die Kinder verbunden sind. Als »Anwalt des Kindes« kommen nicht nur Rechtsanwälte in Betracht, sondern auch geeignete Sozialarbeiter oder Personen aus dem Bereich der Jugendarbeit.

III. Weitere Gesetzgebungsvorhaben mit kindschaftsrechtlichem Bezug:

1. *Beistandschaftsgesetz*

Die Mutter eines nichtehelichen Kindes erhält *heute* nur in den neuen Bundesländern die volle elterliche Sorge. In den alten Bundesländern tritt mit der Geburt des Kindes eine sog. gesetzliche Amtspflegschaft des Jugendamtes ein. Vor allem bei der Feststellung der Vaterschaft und der Sicherung des Kindesunterhalts kann die Mutter die Rechte des Kindes nicht selbst geltend machen.

Künftig soll die gesetzliche Amtspflegschaft durch eine in ganz Deutschland geltende freiwillige Beistandschaft des Jugendamtes ersetzt werden.

Zu einer Verabschiedung dieses Gesetzentwurfes ist es am Ende der 12. Legislaturperiode nicht mehr gekommen. In der laufenden Legislaturperiode wurde der Entwurf erneut eingebracht (Bundestags-Drucksache 13/892).

2. *Kindesunterhaltsgesetz*

Ein weiteres Vorhaben ist die Reform des Unterhaltsrechts für Kinder. Im Bundesministerium der Justiz wird derzeit ein Entwurf vorbereitet, der auf die unterhaltsrechtliche Gleichstellung aller Kinder zielt.

Das Kindesunterhaltsrecht ist *heute* gespalten:

– Über den Unterhalt ehelicher Kinder entscheidet das Familiengericht unter Berücksichtigung gerichtlicher Unterhaltstabellen. Anpassungen des Unterhaltstitels an die wirtschaftlichen Verhältnisse können in einem vereinfachten Verfahren geltend gemacht werden.

– Für den Unterhalt nichtehelicher Kinder wird durch Rechtverordnung ein Regelbedarf festgesetzt. Die Regelbedarfssätze werden entsprechend der Lohn- und Preisentwicklung angepaßt.

Künftig sollen die Vorteile des bisher nur für nichteheliche Kinder geltenden Regelunterhaltssystems auch den ehelichen Kindern zugute kommen. Es soll ein einheitliches Recht für alle Kinder geschaffen werden. Unterhaltstitel sollen schneller als bisher und weitgehend ohne gerichtliche Verfahren an die allgemeine Einkommensentwicklung angepaßt werden können.

3. ...

4. *Erbrechtsgleichstellung*

Das Bundeskabinett hat am 23. November 1995 das Erbrechtsgleichstellungsgesetz beschlossen, das die Sonderregelungen für das Erbrecht nichtehelicher Kinder beseitigen wird.

Das noch geltende Recht verwehrt bisher nichtehelichen Kindern die Mitgliedschaft in einer Erbengemeinschaft, also die Stellung als Mitberechtigter und Mitverwalter des Nachlasses neben überlebenden Ehegatten und ehelichen Kindern des Erblassers. Stattdessen gewährt es lediglich einen Erbersatzanspruch, also einen bloßen Geldanspruch in der Höhe des Erbteils, der dem nichtehelichen Kind an sich zusteht. Außerdem kann das nichteheliche Kind von seinem Vater bisher einen vorgezogenen Erbausgleich in Geld verlangen. Diese erbrechtlichen Sonderregelungen werden durch den Entwurf beseitigt. Eheliche und nichteheliche Kinder werden künftig also gleichgestellt.

Zudem dient der Entwurf der weiteren Herstellung der Rechtseinheit in Deutschland. Das Recht der ehemaligen DDR hatte die nichtehelichen Kinder bereits den ehelichen Kindern gleichgestellt; der Einigungsvertrag hatte diese Rechtsstellung den Betroffenen auch erhalten.

5. *Abschaffung der Wartezeit für eine erneute Eheschließung:*

Das Bundeskabinett hat am 24. Januar 1996 einen Entwurf zum Eheschließungsrecht verabschiedet. Der Entwurf sieht unter anderem die Abschaffung der Wartefrist für Frauen vor Eingehung einer neuen Ehe vor.

Eine Frau soll *heute* nicht vor Ablauf von zehn Monaten nach der Auflösung ihrer früheren Ehe eine erneute Ehe eingehen, es sei denn, daß sie inzwischen ein Kind geboren hat. Der Standesbeamte kann eine Befreiung erteilen. Die Befreiung soll nur versagt werden, wenn dem Standesbeamten bekannt ist, daß die Frau von ihrem früheren Mann schwanger ist. Unter Umständen wird die Frau vom Standesbeamten danach befragt.

Künftig soll es keine Einschränkung für die Eingehung einer erneuten Ehe geben. Daher muß vom Standesbeamten auch keine Befreiung mehr eingeholt werden.

Literaturverzeichnis

(ohne Zeitschriftenaufsätze):

Abel, Karl: Grundriß der Jugendhilfe. Leitfaden für die Ausbildung und Fortbildung, 4. Aufl., Köln u.a. 1982

Abel, Karl: Schutz von Kindern und Jugendlichen in Einrichtungen und sonstigen Wohnformen, Stuttgart u.a. 1995

Ahlheim, R. u.a.: Gefesselte Jugend. Fürsorgeerziehung im Kapitalismus, Frankfurt/Main 1971

Allert, T./Bieback-Diel, L./Oberle, H./Seyfarth, E.: Familie, Milieu und sozialpädagogische Intervention, Münster 1994

Alternativkommentar (AK-Bearbeiter): Kommentar zum Bürgerlichen Gesetzbuch, Band 5. Familienrecht, Neuwied und Darmstadt 1981

Arbeiterwohlfahrt Bundesverband (Hrsg.): Vorschläge für ein erweitertes Jugendhilferecht, (Schriften der Arbeiterwohlfahrt 22), 3. Ausgabe, Bonn 1970

Arbeitsgemeinschaft für Erziehungshilfe (AFET) e.V. – Bundesvereinigung: Neuorientierung der Jugendhilfe – Chancen für die Erziehungshilfe, (Neue Schriftenreihe Heft 46) Hannover 1991

Arbeitsgemeinschaft für Erziehungshilfe (AFET) e.V. – Bundesvereinigung: Planen und Beteiligen, Gestalten und Verwalten in der Erziehungshilfe – Neue Rechte, alte Ängste, (Neue Schriftenreihe Heft 47) Hannover 1992

Arbeitsgemeinschaft für Erziehungshilfe (AFET) e.V. – Bundesvereinigung: Hilfeplan. Neue Impulse für Beteiligung, Zusammenarbeit und Orientierung, (Neue Schriftenreihe Heft 48) Hannover 1993

Arbeitsgemeinschaft für Erziehungshilfe (AFET) e.V. – Bundesvereinigung: Handreichung – Datenschutz in Einrichtungen und Diensten freier Träger der Jugendhilfe, Hannover 1995

Arbeitsgemeinschaft für Jugendhilfe (AGJ): »Reader Jugendhilfe«, Bonn (Haager Weg 44) o.J.

Arbeitsgemeinschaft für Jugendhilfe (AGJ): Das Jugendamt – Eine Arbeitshilfe, 2. Auflage, Bonn 1993

Arbeitsgemeinschaft für Jugendhilfe / Deutsches Jugendinstitut (Hrsg.): Der Jugend eine Zukunft sichern. Jugendhilfe im Nachkriegsdeutschland – Zwischen Anpassung und Parteilichkeit, Münster 1991

Arbeitsgemeinschaft für Jugendhilfe (Hrsg.): Kinderwelten, Kinderrechte. Angebote für Kinder. Lehr- und Arbeitsmaterialien, Bonn 1992

Arbeitskreis Gemeindenahe Gesundheitsversorgung (Hrsg.): Einzelbetreuung. Airbag für gecrashte Kids, Kassel 1994

Arndt, J./Oberloskamp, H/Balloff, R..: Gutachtliche Stellungnahmen in der sozialen Arbeit, 5. Auflage, Neuwied 1993

Augustin, G./Brocke, H.: Arbeit im Erziehungsheim. Ein Praxisberater für Heimerzieher, 4. Aufl., Weinheim und Basel 1988

Autorengruppe ASP/MV: Abenteuerspielplatz – Wo verbieten verboten ist, Reinbek bei Hamburg 1973

Backe, L./Leick, N./Merrick, J./Michelsen, N. u.a.: Sexueller Mißbrauch von Kindern in Familien, Köln 1986

Bader, K./Otte, G./Stoklossa, D.: Handbuch für Kindertagesstätten, Reinbek bei Hamburg 1977

Bäuerle, W./Markmann, J.: Reform der Heimerziehung. Materialien und Dokumente, Weinheim und Basel 1974

Balloff, R.: Kinder vor Gericht. Opfer, Täter, Zeugen, München 1992

Bange, D.: Die dunkle Seite der Kindheit. Sexueller Mißbrauch an Mädchen und Jungen. Ausmaß – Hintergründe – Folgen, Köln 1992

Bauer, J./Schimke, H.-J./Dohmel, W.: Recht und Familie. Rechtliche Grundlagen der Sozialisation, Neuwied 1995

Bauer, Rudolph: Wohlfahrtsverbände in der Bundesrepublik. Materialien und Analysen zu Organisation, Programmmatik und Praxis, Weinheim und Basel 1978

Bauer, Rudolph (Hrsg.): Die liebe Not. Zur historischen Kontinuität der »Freien Wohlfahrtspflege«, Weinheim/Basel 1984

Bauer, R./Diessenbacher, H. (Hrsg.): Organisierte Nächstenliebe. Wohlfahrtsverbände und Selbsthilfe in der Krise des Sozialstaats, Opladen 1984

Becker, Gerd/Simon, Titus (Hrsg.): Handbuch Aufsuchende Jugend- und Sozialarbeit, Weinheim 1995

Becker-Textor/Textor (Hrsg.): Handbuch der Kinder- und Jugendbetreuung, Neuwied 1993

Beiderwiesen, J./Windaus, E./Wolff, R.: Jenseits der Gewalt, Hilfen für mißhandelte Kinder, Basel, Frankfurt/Main 1986

Beitzke, Günther/Lüderitz, Alexander: Familienrecht. Ein Studienbuch, 26. Auflage, München 1992

Berg, R./Bodden, G./Westphal, C.M./Klein, W.-D. (Hrsg.): Jugendwohngemeinschaften. Eine Standortbestimmung, München 1987

Bernecker, A./Merten, W./Wolff, R. (Hrsg.): Ohnmächtige Gewalt. Kindesmißhandlung: Folgen der Gewalt – Erfahrungen und Hilfen, Reinbek bei Hamburg 1982

Bernzen, Ch.: Die rechtliche Stellung der freien Jugendhilfe, Köln 1993

Bertram, H. (Hrsg.): Die Familie in Westdeutschland. Stabilität und Wandel familialer Lebensformen, Opladen 1991

Bieback-Diel, L./Lauer, H./Schlegel-Brocke, R. u.a.: Heimerziehung – und was dann? (ISS-Materialien 20), Frankfurt/Main 1983

Bienemann, G./Hasebrink, M./Nikles, B. W. (Hrsg.): Handbuch des Kinder- und Jugendschutzes, Münster 1995

Bienwald, Werner: Vormundschafts- und Pflegschaftsrecht in der sozialen Arbeit, 3. Auflage, Heidelberg 1992

Birtsch, Vera: »Wenn ihr uns nicht einschließt, schließen wir uns nicht aus!«. Ergebnisse einer Alternative zur geschlossenen Unterbringung Jugendlicher (ISS-Materialien 25), Frankfurt/Main 1983

Birtsch, V./Eberstaller, M./Halbleib, E.: Außenwohngruppen – Heimerziehung außerhalb des Heimes (ISS-Materialien 11), Frankfurt/Main 1980

Birtsch, V./Hartwig, L./Retza, B. (Hrsg.): Mädchenwelten – Mädchenpadagogik. Perspektiven zur Mädchenarbeit in der Jugendhilfe, Frankfurt/Main 1991

Blandow, Jürgen/Faltermeier, Josef: Erziehungshilfen in der Bundesrepublik Deutschland, Frankfurt/Main 1989 (Eigenverlag Deutscher Verein)

Boeßenecker, Karl-Heinz: Spitzenverbände der Freien Wohlfahrtspflege in der BRD. Eine Einführung in Organisationsstrukturen und Handlungsfelder, Münster 1995

Bojanowski, Arnulf: Berufsausbildung in der Jugendhilfe. Innovationsprozesse und Gestaltungsvorschläge, Münster 1988

Bott, Regula (Hrsg.): Adoptierte suchen ihre Herkunft, Göttingen, Zürich 1995

Brüggemann, Dieter: Beurkundungen im Kindschaftsrecht, 4. Auflage, Köln 1994

Brunner, Rudolf: Jugendgerichtsgesetz, Kommentar, 9. Aufl., Berlin, New York 1991

Bundeskonferenz für Erziehungsberatung (Hrsg.): Scheidungsmediation. Möglichkeiten und Grenzen, Münster 1995

Bund-Länder-Kommission für Bildungsplanung: Bildungsgesamtplan, Kurzfassung, 2. Aufl., Suttgart 1974

Bundesministerium für Familie und Senioren (Hrsg.): Familien und Familienpolitik im geeinten Deutschland – Zukunft des Humanvermögens. Fünfter Familienbericht, 1994 (BT-Drucks. 12/7560)

Bundesminister für Jugend, Familie und Gesundheit (Hrsg.): Dritter Jugendbericht, Bonn 1972

Bundesminister für Jugend, Familie und Gesundheit (Hrsg.): Mehr Chancen für die Jugend. Grundlegende Vorstellungen über Inhalt und Begriff moderner Jugendhilfe (Schriftenreihe des BMJFG, Bd. 13), Stuttgart u.a. 1974

Bundesminister für Jugend, Familie und Gesundheit (Hrsg.): Kindesmißhandlung. Erkennen und Helfen, 3. Aufl., Bonn 1987

Bundesminister für Jugend, Familie, Frauen und Gesundheit (Hrsg.): Achter Jugendbericht. Bericht über Bestrebungen und Leistungen der Jugendhilfe, Bonn 1990

Bundesministerium der Justiz (Hrsg.): Jugendgerichtshilfe – Quo vadis? Frankfurter Symposium, Bonn 1991

Bundesministerium der Justiz (Hrsg.): Grundfragen des Jugendkriminalrechts und seiner Neuregelung, Bonn 1992

Busch, M./Hartmann, G./Mehlich, N.: Soziale Trainingskurse im Rahmen des Jugendgerichtsgesetzes (Hrsg. vom Bundesministerium der Jusitz), 3. Aufl., 1986

Busch, Manfred: Quellen und Literatur zum SGB VIII (KJHG), Münster 1995

Buskotte, Andreas (Hrsg.): Ehescheidung: Folgen für Kinder. Ein Handbuch für Berater und Begleiter, Hamm 1991

Coester, Michael: Das Kindeswohl als Rechtsbegriff, Frankfurt/Main 1983

Colla, Herbert E.: Heimerziehung, stationäre Modelle und Alternativen, München 1981

Conen, Marie-Luise: Elternarbeit in der Heimerziehung, 2. Aufl., JGfH-Eigenverlag, Frankfurt/Main 1991

Cremer, H./Hundsalz, A./Menne, K.: Jahrbuch für Erziehungsberatung. Band 1, Weinheim und München 1994

Dalferth, Matthias: Erziehung im Jugendheim. Bausteine zur Veränderung der Praxis, Weinheim und Basel 1982

Damm, Dietheim: Politische Jugendarbeit, München 1975

Damm, Dietheim: Praxis der bedürfnisorientierten Jugendarbeit, München 1980

Danzig, Helga: Kindschaftsrecht, 2. Aufl., Neuwied und Darmstadt 1980

David, Hans-Joachim: Der Jugendhilfeausschuß, Frankfurt/Main 1993

Deuerlin-Bär, Gisela: Fachverbände zum Jugendwohlfahrtsgesetz. Analyse der Stellungnahmen zur JWG-Novelle 1984/85 (Materialien zum Siebten Jugendbericht, Band 1), Weinheim und München 1987

Deutsche Vereinigung für Jugendgerichte und Jugendgerichtshilfe e.V. (Hrsg.): Jugendhilfe im Jugendstrafverfahren. Standort und Wandel, Hannover (Eigenverlag) o.J. (1994)

Deutscher, R./Fieseler, G./Maòr, H. (Hrsg.): Lexikon der sozialen Arbeit, Stuttgart u.a. 1978

Deutscher Bundesjugendring (Hrsg.): Jugendverbände im Spagat. Zwischen Erlebnis und Partizipation, Münster 1994

Deutscher Verein für öffentliche und private Fürsorge (Hrsg.): Sozialdatenschutz. Positionen, Diskussionen, Resultate (Arbeitshilfen Heft 24), Frankfurt/Main (Eigenverlag) 1985

Deutscher Verein für öffentliche und private Fürsorge (Hrsg.): Fachlexikon der sozialen Arbeit, 2. Aufl., Frankfurt/Main (Eigenverlag) 1986; 3. Auflage 1993

Deutscher Verein für öffentliche und private Fürsorge (Arbeitskreis »Pflege- und Heimkinder«): Familie – Pflegefamilie - Heim. Überlegungen für situationsgerechte Hilfen zur Erziehung, Frankfurt/Main (Eigenverlag) 1986

Deutscher Verein für öffentliche und private Fürsorge: Aktenführung in der kommunalen Sozialverwaltung, Frankfurt am Main (Eigenverlag) 1990

Deutscher Verein für öffentliche und private Fürsorge (Hrsg.): Jugendhilfe im gesellschaftlichen Wandel, Frankfurt am Main (Eigenverlag) 1992

Deutsches Jugendinstitut: Zur Reform der Jugendhilfe. Analysen und Alternativen, München 1973

Deutsches Jugendinstitut (Hrsg.): Beratung von Stieffamilien. Von der Selbsthilfe bis zur sozialen Arbeit, München 1993

Diemer, H./Schoreit, A./Sonnen, B.-R.: JGG. Kommentar zum Jugendgerichtsgesetz, 2. Auflage, Heidelberg 1995

Dierks/Graf-Baumann/Lenard (Hrsg.): Therapieverweigerung bei Kindern und Jugendlichen. Medizinrechtliche Aspekte, Berlin, Heidelberg, New York 1995

Duss-von Werdt, J./G. Mähler/H.-G. Mähler (Hrsg.): Mediation: Die andere Scheidung. Ein interdisziplinärer Überblick, Stuttgart 1995

Ebertz, B.: Adoption als Identitätsproblem, Freiburg 1985

Eckart. Evangelischer Fachverband für Erziehungshilfen in Westfalen-Lippe: Hilfeplan. Instrument der Sozialpädagogik oder lästige Verpflichtung, Münster (Friesenring 32) 1992

Eckart. Evangelischer Fachverband für Erziehungshilfen in Westfalen-Lippe: Inobhutnahme – Nur ein kurzfristiges »Dach über'm Kopf« oder der Beginn für eine qualifizierte Hilfe – Fachtagung am 30. September 1992, Münster (Friesenring 32) 1992

Eckert, Jörn: Wenn Kinder Schaden anrichten. Die Pflicht zur Beaufsichtigung von Minderjährigen und Behinderten in Elternhaus, Schule, Heim und Kindergarten, 2. Auflage, München 1993 (dtv 5290)

Eisenberg, Ulrich: JGG. Jugendgerichtsgesetz mit Erläuterungen, 6. Aufl., München 1995

Elias, Norbert: Über den Prozeß der Zivilisation. Soziogenetische und psychogenetische Untersuchungen, Bd. 1 und 2, Frankfurt/Main 1977

Elger, W./Jordan, E./Münder, J.: Erziehungshilfen im Wandel. Untersuchung über Zielgruppen, Bestand und Wirkung ausgewählter Erziehungshilfen des Jugendamtes der Stadt Kassel, Münster 1987

Enders, U. (Hrsg.): Zart war ich – bitter war's – Sexueller Mißbrauch an Mädchen und Jungen – erkennen, schützen, beraten, Köln 1990

Engfer, A.: Kindesmißhandlung. Ursachen, Wirkungen, Hilfen, Stuttgart 1986

Evangelischer Erziehungsverband e.V. (EREV): Jugendhilfe im vereinten Deutschland. Auftrag und Chancen freier Träger, Hannover (Lister Meile 87) 1991

Evangelischer Erziehungsverband e.V. (EREV): Sozialpädagogische Familienhilfe zwischen Familientherapie und Gemeinwesenarbeit (Schriftenreihe 4/93), Hannover 1993

Evangelischer Erziehungsverband e.V. (EREV): Betreute Wohnformen. Ein Leitfaden für die Praxis der Erziehungshilfe (Schriftenreihe 1/94), Hannover 1994

Evangelischer Erziehungsverband e.V. (EREV): Neue Probleme – alte Lösungen. Was ist dran an geschlossener Unterbringung? (Schriftenreihe 2/94), Hannover 1994

Evangelischer Erziehungsverband e.V. (EREV): Subsidarität auf dem Prüfstand. Jugendhilfe in freier Trägerschaft in den östlichen Bundesländern (Schriftenreihe 3/94), Hannover 1994

Evangelischer Erziehungsverband e.V. (EREV): Junge Frauen und ihre Kinder in Einrichtungen der Jugendhilfe (Schriftenreihe 4/94), Hannover 1994

Evangelischer Erziehungsverband e.V. (EREV): Schulische Bildung und Erziehungshilfen im Wandel. Die Schule für Erziehungshilfe im Jugendhilfeverbund (Schriftenreihe 1/95), Hannover 1995

Evangelischer Erziehungsverband e.V. (EREV): Lebensweltorientierung auf dem Prüfstand: Umbau der erzieherischen Hilfen?! (Schriftenreihe 4/95), Hannover 1995

Evangelischer Erziehungsverband e.V. (EREV): Dienstleistung Jugendhilfe?! Anregungen zu Unternehmenskultur, Organisationsentwicklung und Qualitätsmanagement (Schriftenreihe 1/96), Hannover 1996

Eyferth, H./Otto, H.-U./Thiersch, H. (Hrsg.): Handbuch zur Sozialarbeit/Sozialpädagogik, Neuwied und Darmstadt 1984

Faltermeier, Josef (Hrsg.): Jugendhilfe: Aktuelle Probleme und zukünftige Entwicklungen. Dokumentation einer Fachtagung für Jugendamtsleiter, Frankfurt/Main (Eigenverlag des Deutschen Vereins für öffentliche und private Fürsorge) 1987

Faltermeier, Josef (Hrsg.): »... und sie bewegt sich doch«. Die Jugendhilfe auf dem Weg zur Modernisierung: Selbstverständnis, Konzept, Organisationsformen, Frankfurt/Main (Eigenverlag des Deutschen Vereins für öffentliche und private Fürsorge) 1995

Faltermeier, J./Sengling, D.: Wenn Kinder und Jugendliche an ihren Lebenswelten scheitern – Herausforderung für die Sozialpädagogik, Frankfurt/Main 1983 (Eigenverlag Deutscher Verein)

Fegert, Jörg M.: Sexuell mißbrauchte Kinder und das Recht. Band 2. Ein Handbuch zu Fragen der kinder- und jugendpsychiatrischen und psychologischen Untersuchung und Begutachtung, Köln 1993

Fegert, Jörg M.: Was ist seelische Behinderung? Anspruchsgrundlage und Kooperative Umsetzung von Hilfen nach § 35 a KJHG, Münster 1994

Fieseler, Gerhard: Rechtsgrundlagen sozialer Arbeit, Stuttgart u.a. 1977

Fieseler, Gerhard: Der Gedanke der Resozialisierung im Strafrecht und in der Sozialarbeit, in: Norbert Lippenmeier (Hrsg.): Beiträge zur Supervision. Was kann Supervision leisten?, Kassel (Gesamthochschul-Bibliothek), o.J. (1987)

Fieseler, G./Lippenmeier, N.: Supervision und Recht, in: Adrian Kniel (Hrsg.): Sozialpädagogik im Wandel. Geschichte, Methoden, Entwicklungstendenzen, Kassel (Gesamthochschul-Bibliothek) 1984

Fieseler, Gerhard/Schleicher, Hans: Kinder- und Jugendhilferecht. Kommentar zum KJHG (SGB VIII und andere Regelungen), Neuwied (ab) 1997 (Loseblattausgabe)

Firsching, Karl: Familienrecht und andere Rechtsgebiete in der freiwilligen Gerichtsbarkeit. Handbuch der Rechtspraxis Bd. 5, 4. Aufl., München 1979 (Nachtrag 1980)

Firsching, Karl/Graba, Hans-Ulrich: Familienrecht. 1. Halbband: Familiensachen. Handbuch der Rechtspraxis Band 5 a, 5. Auflage, München 1992

Firsching, Karl/Graba, Hans-Ulrich: Familienrecht. 2. Halbband: Vormundschafts- und Betreuungsrecht sowie andere Rechtsgebiete der freiwilligen Gerichtsbarkeit. Handbuch der Rechtspraxis Band 5 b, 5. Auflage, München 1992

Flierl, Hans: Freie und öffentliche Wohlfahrtspflege, München, 2. Auflage 1992

Fluk, Elke: Jugendamt und Jugendhilfe im Spiegel der Fachliteratur. Analyse und Kritik der Diskussion 1950 - 1970 (Forschungsbericht Deutsches Jugendinstitut), München 1972

Foth, Heinrich: Der Sozialarbeiter in der Vormundschafts- und Familiengerichtshilfe. Teil I: Die juristische Orientierung, Frankfurt/Main 1980

Frankfurter Kommentar zum JWG, siehe Münder, J. u.a. (1988), a.a.O.

Fricke, Astrid/Johann-Friedrich Wicke:Der Familienrechtsfall. Ein Übungsbuch für Studium und Praxis, Braunschweig 1995

Frings, P./Ludemann, G./Papenheim, H.-G.: Sozialpädagogische Familienhilfe in freier Trägerschaft. Rechtliche Grundlagen und Rahmenbedingungen, Freiburg im Breisgau 1993

Frommann, Mathias: Die Wahrnehmung der Interessen Minderjähriger im vormundschafts- und familiengerichtlichen Erkenntnisverfahren der freiwilligen Gerichtsbarkeit, Frankfurt/Main (Dissertation) 1977

Fthenakis, W. E.: Gemeinsame elterliche Sorge nach der Scheidung, in: H. Remschmidt (Hrsg.), Kinderpsychiatrie und Familienrecht, Stuttgart 1984

Fthenakis, W. E./Kunze, H.-R. (Hrsg.): Trennung und Scheidung – Familie am Ende? Neue Anforderungen an die beteiligten Institutionen, Grafschaft 1992

Fthenakis, W. E./Niesel, R./Kunze, H.-R.: Ehescheidung. Konseequenzen für Eltern und Kinder, München 1982

Furstenberg, F. F./A. J. Cherlin: Geteilte Familien, Stuttgart 1993

Gärtner-Harnach, V./Maas, U.: Psychosoziale Diagnose und Datenschutz in der Jugendhilfe, LWV Baden, Karlsruhe 1987

Gastiger, S./Oswald, G.: Familienrecht, Stuttgart u.a. 1978

Gernert, Wolfgang (Hrsg.): Freie und öffentliche Jugendhilfe. Einführung in das Kinder- und Jugendhilfegesetz (KJHG), Suttgart 1990

Gernert, Wolfgang (Hrsg.): Jugendschutz. Rechtsgrundlagen in der Bundesrepublik Deutschland, Stuttgart u.a. 1993

Gernert, Wolfgang: Das Kinder- und Jugendhilfegesetz 1993. Anspruch und praktische Umsetzung, Stuttgart u.a. 1993

Gernhuber, Joachim/Coester-Waltjen, Dagmar: Lehrbuch des Familienrechts, 4. Aufl., München 1994

Giesecke, Hermann: Die Jugendarbeit, München 1971

Gießler, Hans: Vorläufiger Rechtsschutz in Ehe-, Familien- und Kindschaftssachen, München 1987

Gintzel, U./Schone, R. (Hrsg.): Zwischen Jugendhilfe und Jugendpsychiatrie. Konzepte – Methoden – Rechtsgrundlagen, Münster 1990

Gintzel, U./Schrapper, Chr.: Intensive sozialpädagogische Einzelbetreuung. Konzeptionen, Kostenregelungen, Praxis, Münster (Institut für soziale Arbeit e.V.) 1991

Gläss, Holger/Herrmann, Franz: Strategien der Jugendhilfeplanung. Theoretische und methodische Grundfragen, Weinheim und München 1994

Göppinger, H./Wax, P.: Unterhaltsrecht, 6. Aufl., Bielefeld 1994

Goffmann, Erving: Asyle. Über die soziale Situation psychiatrischer Patienten und anderer Insassen, Frankfurt/Main 1973

Goldstein, J./Freud, A./Solnit, A. J.: Jenseits des Kindeswohls. Mit einem Beitrag von Spiros Simitis, Frankfurt/Main 1974

Goldstein, J./Freud, A./Solnit, A. J.: Diesseits des Kindeswohls. Mit einem Beitrag von Spiros Simitis, Frankfurt/Main 1982

Goldstein, J./Freud, A./Solnit, A. J./Goldstein, S.: Das Wohl des Kindes. Grenzen professionellen Handelns. Mit einem Beitrag von Spiros Simitis, Frankfurt/Main 1988

Groth, U./Schulz, R./Schulz-Rackoll, R.: Handbuch Schuldnerberatung. Neue Praxis der Wirtschaftssozialarbeit, Frankfurt/Main 1994

Gründel, Matthias: Gemeinsames Sorgerecht. Erfahrungen geschiedener Eltern, Freiburg i. Br. 1995

Günder, Richard: Praxis und Methoden der Heimerziehung. Herausgegeben vom Deutschen Verein für öffentliche und private Fürsorge (Arbeitshilfe 48), Frankfurt/Main 1995

Güthoff, F./Jordan, E./Steege, G. (Red.): Mut zur Vielfalt. Dokumentation/Hamburger Pflegekinderkongreß, Münster 1990

Häsing, Helga/Gutschmidt, Gunhild: Handbuch Alleinerziehen, Reinbek bei Hamburg 1992

Hager, J. A./Sehrig, J.: Vertrauensschutz in der sozialen Arbeit, Heidelberg 1992

Hahn, Jochen/Lomberg, Berthold/Offe, Heinz (Hrsg.): Scheidung und Kindeswohl, Heidelberg 1992

Hahn, Kurt/Müller, Franz-Werner (Hrsg.): Systemische Erziehungs- und Familienberatung. Wege zur Förderung autonomer Lebensgestaltung, Mainz 1993

Handbuch SA/SP, siehe Eyferth/Otto/Thiersch (1984), a.a.O.

Hanselmann, P. G./Weber, B.: Kinder in fremder Erziehung. Heime, Familienpflege, Alternativen – ein Kompaß für die Praxis, Weinheim und Basel 1986

Hansen, Kirsten-Pia: Das Recht der elterlichen Sorge nach Trennung und Scheidung. Bedeutung und Tragweite einer systemorientierten Perspektive im Familienrecht, Neuwied 1993

Happe, Günter/Saurbier, Helmut: Kinder- und Jugendhilferecht. Kommentar, 3. Auflage, Köln (ab) 1991 (Loseblattausgabe)

Harnach-Beck, Viola: Psychosoziale Diagnostik in der Jugendhilfe, Weinheim 1995

Hartwig, Luise: Sexuelle Gewalterfahrungen von Mädchen. Konfliktlagen und Konzepte mädchenorientierter Heimerziehung, Weinheim und München 1990

Hartwig, Luise/Weber, Monika: Sexuelle Gewalt und Jugendhilfe. Bedarfssituation und Angebote der Jugendhilfe für Mädchen und Jungen mit sexuellen Gewalterfahrungen, Münster (Institut für soziale Arbeit e.V.) 1991

Hasenclever, Christa: Jugendhilfe und Jugendgesetzgebung seit 1900, Göttingen 1978

Hauck/Haines: Sozialgesetzbuch. SGB VIII. Kinder- und Jugendhilfe. Kommentar, Berlin (ab) 1991 (Loseblattausgabe)

Haynes, J./Bastine, R/Link, G./Mecke, A.: Scheidung ohne Verlierer. Ein neues Verfahren, sich einvernehmlich zu trennen. Mediation in der Praxis, München 1993

Hege, M./Schwarz, G.: Gewalt gegen Kinder. Zur Vernetzung sozialer Unterstützungssystme im Stadtteil, München 1992

Heiß, B./Heiß, H.: Beck-Rechtsberater: Die Höhe des Unterhalts von A – Z, 5. Auflage 1992 (dtv 5059)

Heitkamp, H.: Heime und Pflegefamilien – konkurrierende Erziehungshilfen? Entwicklungsgeschichte, Strukturbedingungen, gesellschaftliche und sozialpolitische Implikationen, Frankfurt am Main 1989

Herrenknecht, A./Hätscher, B./Koospel, S.:Träume, Hoffnungen, Kämpfe. Ein Lesebuch zur Jugendzentrumsbewegung, Frankfurt/Main 1977

Herriger, Norbert: Verwahrlosung. Eine Einführung in Theorien sozialer Auffälligkeit, 2. Aufl., München 1987

d'Heur, Bernd Jean: Der Kindeswohl-Begriff aus verfassungsrechtlicher Sicht, Bonn (AGJ) o.J.

Hoefnagels, G. P.: Zusammen heiraten, zusammen scheiden. Scheidungsvermittlung als Integration von Recht und Psychologie, Neuwied, Kriftel, Berlin 1994

Hölzel, Sven: Erziehungsberatung, München 1981

Hofer, Manfred/Klein-Allermann, Elke/Noack, Peter: Familienbeziehungen. Eltern und Kinder in der Entwicklung – Ein Lehrbuch, Göttingen 1992

Hoffmann-Riem, Christa: Das adoptierte Kind. Familienleben mit doppelter Elternschaft, München 1984

Hoksbergen, R./Textor, M. (Hrsg.): Adoption. Grundlagen, Vermittlung, Nachbetreuung, Beratung, Freiburg im Breisgau 1993

Horndasch, Klaus-Peter: Zum Wohle des Kindes: Möglichkeiten und Grenzen staatlicher Einwirkung auf die Erziehungsverantwortung der Eltern, Göttingen (Dissertation) 1983

Hornstein, W./Bastine, R./Junker, H./Wulf, Ch. (Hrsg.): Funk-Kolleg »Beratung in der Erziehung«, Bd. 1 und 2, Frankfurt/Main 1977

Hundmeyer, Simon: Recht für Erzieherinnen und Erzieher, 13. Auflage, München 1993

Hundmeyer, Simon: Aufsichtspflicht in Kindertageseinrichtungen, 2.Auflage, Kronach 1994

Hundsalz, Andreas: Die Erziehungsberatung, Weinheim 1995

Hundsalz, A./Klug, H.-P./Schilling, H.: Beratung für Jugendliche, Weinheim 1995

Institut für Empirische Psychologie (Hrsg.): Die selbstbewußte Jugend. Orientierungen und Perspektiven 2 Jahre nach der Wiedervereinigung. Die IBM-Jugendstudie '92, Köln 1992

Institut für soziale Arbeit e.V. (Hrsg.): Mädchenforschung in der Jugendhilfe, Münster 1986

Institut für soziale Arbeit e.V.: Ambulante Erziehungshilfen – Alternative oder Alibi? Entwicklungen, Profile, Perspektiven ambulanter Hilfen zur Erziehung, Münster 1988

Institut für soziale Arbeit e.V. (Hrsg.): Jugendhilfe und Jugendpsychiatrie, Münster 1989

Institut für soziale Arbeit e.V. (Hrsg.): ASD. Beiträge zur Standortbestimmung, Münster 1991

Internationale Gesellschaft für Heimerziehung (IGfH): Zwischenbericht Kommission Heimerziehung und Alternativen – Analyse und Ziele für Strategien, Frankfurt/Main 1977

ISA-Schriftenreihe, Heft 5: Alternativbewegung, Jugendprotest, Selbsthilfe, 2. Aufl., Münster 1983

ISA-Schriftenreihe, Heft 6:»Soziale Trainingskurse« – Zur ambulanten Arbeit mit straffälligen Jugendlichen, Münster 1983

ISA-Schriftenreihe, Heft 8:»Sozialpädagogische Familienhilfe« – Ein neues Praxisfeld der Jugendhilfe, Münster 1983

ISA-Schriftenreihe, Heft 16: Gewalt gegen Frauen und sexuelle Gewalt gegen Kinder. Ratgeber für ihre parteiliche Interessenvertretung gegenüber Polizei und Justiz, Münster 1994

Jans, K.-W./Happe, G.: Jugendwohlfahrtsgesetz. Kommentar, 3 Bände (Loseblatt), 8. Lieferung, Köln u.a. 1983

Jans/Happe/Saurbier: Kinder- und Jugendhilferecht. Kommentar (Loseblatt), Köln 1991 ff.

Janssen, Karl u.a.: Hilfeplan – die prozeßhafte Gestaltung von Erziehungshilfen, Vieselbach/Erfurt 1993

Japp, Klaus Peter/Olk, Thomas: Zur Neuorganisation sozialer Dienste, in: Projektgruppe Soziale Berufe (Hg.), Sozialarbeit: Problemwandel und Institutionen, Expertisen II, München 1981

Jochum, Günter/Pohl, Kay-Thomas: Pflegschaft, Vormundschaft und Nachlaß. Ein Handbuch, Heidelberg 1989

Jopt, Uwe-Jörg: Im Namen des Kindes. Plädoyer für die Abschaffung des alleinigen Sorgerechts, 2. Auflage, Hamburg 1994

Jordan, Erwin (Hrsg.): Jugendhilfe. Beiträge und Materialien zur Reform des Jugendhilferechts, Weinheim und Basel 1975

Jordan, E./Schrapper, Ch.: Hilfeplanung und Betroffenenbeteiligung, Münster 1994

Jordan, E./Sengling, D.: Einführung in die Jugendhilfe, 2. Aufl., München 1984

Jordan, E./Sengling, D.: Jugendhilfe. Einführung in Geschichte und Handlungsfelder, Organisationsformen und gesellschaftliche Problemlagen, Weinheim und München 1992

Jordan, E./Trauernicht, G.: Alleinerziehende im Brennpunkt der Jugendhilfe. Erziehung außerhalb der eigenen Familie im Spiegel der Akten, aus der Sicht der betroffenen Familien und neue Wege der Problemlösung, Münster 1989

Junge, Hubertus/Lendermann, Heiner B.: Das Kinder- und Jugendhilfegesetz. Einführende Erläuterungen, Freiburg 1990

Kallert, Heide/Akpinar-Weber: Ausländische Kinder und Jugendliche in der Heimerziehung, Frankfurt/Main (ISS-Eigenverlag) 1993

Kavemann, B./Lohstöter, I.: Väter als Täter. Sexuelle Gewalt gegen Mädchen, Reinbek bei Hamburg 1984

Keil, A.: Jugendpolitik und Bundesjugendplan. Analyse und Kritik der staatlichen Jugendförderung, München 1969

Kiehn, Erich: Sozialpädagogisch betreutes Jugendwohnen, 2. Aufl., Freiburg i. Br. 1993

Kinderheim Kleingartach und Sozialpädagogische Einrichtung Cappelrain: Materialien zum Hilfeplan des »Forum Jugendhilfe '91« in der Region Franken, Eppingen-Kleingartach (Oberlinweg 8) und Öhringen 1992

Kirchhoff, Sabine: Sexueller Mißbrauch vor Gericht. Bd. 1: Beobachtung und Analyse. Bd. 2: 15 Gerichtsprotokolle, Opladen 1994

Klatetzki, Thomas (Hrsg.): Flexible Erziehungshilfen, Münster 1994

Klier, R./Brehmer, M./Zinke, S.: Jugendhilfe in Strafverfahren. Jugendgerichtshilfe. Handbuch für die Praxis Sozialer Arbeit, Berlin u.a. 1995

Klinger, R./Kunkel, P.-C.: Sozialdatenschutz in der Praxis. Fälle und Lösungen, Stuttgart u.a. 1990

Klinkhardt, Horst: Kinder- und Jugendhilfe. SGB VIII. Kommentar, München 1994

Köhler, W./Luthin, H.: Handbuch des Unterhaltsrechts, 8. Aufl., München 1993

Kolodziej, Viktor: Akten...muß das sein? Typische Verwaltungsabläufe im Sozial- und Jugendamt, Freiburg i.Br. 1982

Kommunale Gemeinschaftsstelle für Verwaltungsvereinfachung (KGSt): Organisation der Jugendhilfe: Ziele, Aufgaben und Tätigkeiten des Jugendamtes, KGSt-Bericht 3/1993, Köln 1993

Krabbe, Heiner (Hrsg.): Scheidung ohne Richter. Neue Lösungen für Trennungskonflikte, Reinbek bei Hamburg 1991

Kreft, D./Lukas, H.: Berichte und Materialien aus dem sozialen und kulturellen Arbeit. Perspektivenwandel der Jugendhilfe. Bd. I: Forschungsmaterialien und eine umfassende Bibliographie zu Neuen Handlungsfeldern in der Jugendhilfe, Nürnberg 1990

Kreft, D./Lukas, H. u.a.: Perspektivenwandel der Jugendhilfe. Band II: Expertisentexte »Neue Handlungsfelder der Jugendhilfe«, Nürnberg 1990

Kreft, D./Mielenz: Wörterbuch Soziale Arbeit, 4. Auflage, Weinheim und Basel 1996

Kreisausschuß des Schwalm-Eder-Kreises (Hrsg.): Entwicklung und Planung der Jugendhilfe, (Amt für Jugend und Sport, Parkstraße 6) Homberg (Efze), o.J. (1995)

Krieger, Wolfgang: Der Allgemeine Sozialdienst. Rechtliche und fachliche Grundlagen für die Praxis des ASD, Weinheim 1994

Krieger, Wolfgang/Fath, Elfriede: Sexueller Mißbrauch und Heimerziehung, Berlin 1995

Krug/Grüner/Dalichau: Kinder- und Jugendhilfe. Sozialgesetzbuch (SGB) Achtes Buch (VIII). Kommentar, Starnberg-Percha (ab) 1991 (Loseblattausgabe)

Kühn, Dietrich: Kommunale Sozialverwaltung. Eine organisationswissenschaftliche Studie, Bielefeld 1985

Kühn, Dietrich: Jugendamt – Sozialamt – Gesundheitsamt, Neuwied 1994

Kunkel, Peter-Christian: Kinder- und Jugendhilfe in den Kommunen, Düsseldorf 1990

Kunkel, Peter Christian: Grundlagen des Jugendhilferechts. Systematische Darstellung für Studium und Praxis, Baden-Baden 1995

Landeswohlfahrtsverband Hessen (Hrsg.): Neue Wege. Aufgaben und Leistungen der Jugendhilfe. Perspektiven und Sicherung des Leistungsstandards, 2. Auflage, Kassel 1990

Laubenthal, Klaus: Jugendgerichtshilfe im Strafverfahren, Köln 1993

Lempp, Reinhart: Die seelische Behinderung bei Kindern und Jugendlichen als Aufgabe der Jugendhilfe. § 35 a SGB VIII, Stuttgart (3. Auflage 1995)

Lempp, R./von Braunbehrens, V./Eichner, E./Röcker, D.: Die Anhörung des Kindes gemäß § 50 b FGG (Rechtstatsachenforschung. Hrsg. v. Bundesministerium der Justiz), Köln 1987

Lessing, H./Liebel, M.: Jugend in der Klassengesellschaft, München 1974

Limbach, J. (unter Mitarbeit von G. Kuhnle/K.-U. Süß/Chr. Tombrink/K. Durber): Die gemeinsame Sorge geschiedener Eltern in der Rechtspraxis, Köln 1989

Luhmann, N./Schorr, K. E. (Hrsg.): Zwischen Technologie und Selbstreferenz, Frankfurt/Main 1982

Luhmann, N./Schorr, K. E. (Hrsg.): Zwischen Intransparenz und Verstehen, Frankfurt/Main 1986

Luthin, Horst: Gemeinsames Sorgerecht nach der Scheidung, Bielefeld 1987

Maas, Udo: Aufgaben sozialer Arbeit nach dem KJHG (Kinder- und Jugendhilfegesetz). Systematische Einführung für Studium und Praxis, Weinheim und München 1991

Maas, Udo: Soziale Arbeit als Verwaltungshandeln. Systematische Grundlegung für Studium und Praxis, Weinheim und München 1992

Maas, U.: Datenschutz in der sozialen Arbeit – Eine Arbeitshilfe –, LWV Baden, Karlsruhe 1988

Marburger, H.: Jugendleiter und Recht. Rechtsbrevier für Jugendleiter, Jugendgruppenleiter und sonst in der Jugendarbeit Tätige, Stuttgart, München, Hannover, Berlin, Weimar 1992

Marquardt, Claudia: Sexuell mißbrauchte Kinder und das Recht. Band 1. Juristische Möglichkeiten zum Schutz sexuell mißbrauchter Mädchen und Jungen, Köln 1993

Mehl, H. P./Scherer, P.: Verwaltungsrecht in der sozialen Arbeit, Freiburg i. Br. 1983

Menne, K./Schilling, H./Weber, M. (Hrsg.): Kinder im Scheidungskonflikt. Beratung von Kindern und Eltern bei Trennung und Scheidung, Weinheim und München 1993

Merchel, Joachim: Kooperative Jugendhilfeplanung. Eine praxisbezogene Einführung, Opladen 1994

Miller, Alice: Du sollst nicht merken, Frankfurt/Main 1981

Ministerium für Arbeit, Gesundheit und Soziales des Landes Nordrhein-Westfalen: Jugend in Nordrhein-Westfalen. Situation – Leistungen – Tendenzen. 5. Jugendbericht der Landesregierung Nordrhein-Westfalen, 1989

Möller, Winfried/Nix, Christoph (Hrsg.): Kurzkommentar zum Kinder- und Jugendhilfegesetz, Weinheim und Basel 1991

Mörsberger, Thomas: Verschwiegenheitspflicht und Datenschutz. Leitfaden für die Praxis der sozialen Arbeit, Freiburg 1985

Mrozynski, Peter: Das neue Kinder- und Jugendhilfegesetz (SGB VIII), 2. Aufl., München 1994

Müller, C. W.: JugendAmt. Geschichte und Aufgabe einer reformpädagogischen Einrichtung, Weinheim und Basel 1994

Müller, C. W./Kentler, H./Mollenhauer, K./Giesecke, H.: Was ist Jugendarbeit, 6. Auflage, München 1972

Müller-Kohlenberg, H./Münstermann, K./Schulz, G.: Die Lernfähigkeit einer Institution, geleistete und anstehende Reformen in der Heimerziehung, Internationale Gesellschaft für Heimerziehung, Frankfurt/Main 1981

Münder, Johannes: Der Jugendwohlfahrtsausschuß. Probleme, Rechte, Perspektiven, Neuwied 1987

Münder, Johannes: Alleinerziehende im Recht, Münster (Institut für soziale Arbeit e.V.) 1994

Münder, Johannes: AIDS und Jugendhilfe. Jugendhilfe- und sozialrechtliche Situation, Münster 1989

Münder, Johannes: Beratung, Betreuung, Erziehung und Recht. Handbuch für Lehre und Praxis, Münster 1990; 2. Auflage 1991

Münder, Johannes: Das neue Jugendhilferecht, Münster 1991

Münder, Johannes: Familien- und Jugendrecht, Band 1: Familienrecht und Band 2: Jugendrecht, 3. Auflage, Weinheim und Basel 1993

Münder, Johannes: Drogen in der Jugendhilfe – Rechtliche Aspekte, in: EREV Schriftenreihe 3/95, 2. Auflage, Hannover 1995

Münder, Johannes: Alleinerziehende im Recht. Ein Praxisratgeber, Münster 1994

Münder, Johannes u.a.: Frankfurter Kommentar zum JWG, 4. Aufl., Weinheim und Basel 1988

Münder, Johannes u.a.: Frankfurter Lehr- und Praxiskommentar zum KJHG, Münster 1991; 2. Auflage 1993

Münder, Johannes/Birk, Ulrich-Arthur: AIDS und Kinder. Jugendhilfe- und sozialrechtliche Situation, Münster 1988

Naudascher, B.: Freizeit in öffentlicher Hand. Behördliche Jugendpflege in Deutschland von 1900 - 1980, Düsseldorf 1990

Neue Praxis Sonderheft 5 (1980): Müller, S./Otto, H.-U. (Hrsg.): Sozialarbeit als Sozialbürokratie? Zur Neuorganisation sozialer Dienste, Neuwied 1980

Nielsen, H. und K./Müller, C. W.: Sozialpädagogische Familienhilfe. Probleme, Prozesse und Langzeitwirkungen, Weinheim und Basel 1986

Nienstedt, M./Westermann, A.: Pflegekinder. Psychologische Beiträge zur Sozialisation von Kindern in Ersatzfamilien, Münster 1989

Nix, Christoph (Hrsg.): Kurzkommentar zum Jugendgerichtsgesetz, Weinheim und Basel 1994

Oberloskamp, Helga: Haager Minderjährigenschutzabkommen. Kommentar, Köln u.a. 1983

Oberloskamp, Helga (Hrsg.): Vormundschaft, Pflegschaft und Vermögenssorge bei Minderjährigen, München 1990 (mit Nachtrag Stand 1.11.1990)

Oberloskamp, Helga: Kindschaftsrechtliche Fälle für Studium und Praxis, 4. Auflage, Neuwied 1994

Oberloskamp, Helga: Wie adoptiere ich ein Kind? Wie bekomme ich ein Pflegekind?, 3. Aufl., München 1993 (dtv 5215)

Oberloskamp, H./Adams, U.: Jugendhilferechtliche Fälle für Studium und Praxis, 7. Auflage, Heidelberg 1991; 8. Auflage, Neuwied 1994

Onderka, K./Schade, H.: Gilt die Schweigepflicht der Sozialarbeiter/Sozialpädagogen auch innerhalb der Behörde? Ein Beitrag zu § 203 StGB, in: Deutscher Verein für öffentliche und private Fürsorge (Hrsg.), Datenschutz im sozialen Bereich. Beiträge und Materialien, Frankfurt/Main (Eigenverlag) 1981

Ortmann, Friedrich: Öffentliche Verwaltung und Sozialarbeit, Weinheim und München 1994
Ostendorf, Heribert: Jugendgerichtsgesetz. Kommentar, 3. Auflage, Köln 1994

Palandt-Bearbeiter: Bürgerliches Gesetzbuch, 55. Auflage, München 1996
Papenheim, H.-G./Baltes, J.: Verwaltungsrecht für die soziale Praxis, Frechen, 12. Auflage, 1995
Peters, Friedhelm/Trede, Wolfgang (Hrsg.): Strategien gegen Ausgrenzung. Politik, Pädagogik und Praxis der Erziehungshilfen in den 90er Jahren. Beiträge zur IGfH-Jahrestagung 1991 in Hamburg, Frankfurt a. M. (IGfH-Eigenverlag) 1992
Pfeiffer, Christian: Kriminalprävention im Jugendgerichtsverfahren. Jugendrichterliches Handeln vor dem Hintergrund des Brücke-Projekts, Köln u.a. 1983
Planungsgruppe Petra e.V.: Beratung und Fortbildung beim Aufbau von Jugendhilfestrukturen in den neuen Bundesländern. Projektbericht, Schlüchtern, Februar 1995
Posser, D./Wassermann, R. (Hrsg.): Von der bürgerlichen zur sozialen Rechtsordnung (5. Rechtspolitischer Kongreß der SPD vom 29.2. bis 2.3.1980 in Saarbrücken), Heidelberg, Karlsruhe 1981
Potrykus, Gerhard: Jugendwohlfahrtsgesetz, Kommentar, 2. Aufl., München 1972
Preissing, Christa/Prott, Roger: Rechtshandbuch für Erzieherinnen, Berlin 1992
Pressel, Ingeborg: Modellprojekt Familienhilfe in Kassel (Arbeitshilfen 21 des Deutschen Vereins), Frankfurt/Main 1981
Presting, G. (Hrsg.): Erziehungs- und Familienberatung. Untersuchungen zu Entwicklung, Inanspruchnahme und Perspektiven, Weinheim und München 1991
Presting, G./Sielert, U./Westphal, R.: Erziehungskonflikte und Beratung. Institutionelle Hilfen für Familien und Jugendliche (Materialien zum Siebten Jugendbericht, Band 7), Weinheim und München 1987
Proksch, Roland (Hrsg.): Wohl des Kindes. Systemische Konfliktlösungen im Scheidungsverfahren, 2. Aufl., Nürnberg (Institut für soziale und kulturelle Arbeit) 1991
Proksch, Roland (Hrsg.): Rettet die Kinder jetzt. Zum Spannungsverhältnis Elternrecht – Kindeswohl – staatliches Wächteramt, Frankfurt am Main (Eigenverlag) 1993
Proksch, Roland: Sozialdatenschutz in der Jugendhilfe, Münster 1996
Proksch, Roland/Sievering, Ulrich O. (Hrsg.): Förderung der gemeinsamen elterlichen Verantwortung nach Trennung und Scheidung, Frankfurt/Main 1991

Ramin, Gabriele (Hrsg.): Inzest und sexueller Mißbrauch. Beratung und Therapie. Ein Handbuch, Paderborn 1993
Ramm, Thilo: Jugendrecht. Ein Lehrbuch, München 1990
Rebmann/Uhlig: Bundeszentralregistergesetz (Kommentar), München 1985
Rolle, J./Kesberg, E.: Der Hort. Handbuch für die Praxis im Hort/Schulkinder-Haus, Band 1. Der Hort als Erziehungs- und Bildungseinrichtung für Kinder im schulpflichtigen Alter, 3. Auflage, Berlin u.a. 1992
Rush, Florence: Das bestgehütete Geheimnis: Sexueller Kindesmißbrauch, Berlin 1982

Sachße, Christoph: Subsidiaritätsprinzip, in: Deutscher/Fieseler/Maòr (Hrsg.), Lexikon der sozialen Arbeit, Stuttgart u.a. 1978
Sahliger, Udo: Aufsichtspflicht und Haftung in der Kinder- und Jugendarbeit, 2. Aufl., Münster 1992
Sahliger, Udo: Aufsichtspflicht im Kindergarten, Münster 1994
Salgo, Ludwig: Pflegekindschaft und Staatsintervention, Darmstadt 1987
Salgo, Ludwig: Der Anwalt des Kindes, Köln 1993
Salgo, Ludwig (Hrsg.): Vom Umgang der Justiz mit Minderjährigen, Neuwied 1995
Salzgeber, J./Stadler, M.: Familienpsychologische Begutachtung, München 1990
Sauer, Martin: Heimerziehung und Familienprinzip, Neuwied und Darmstadt 1979

Schäfter, Gabriele/Hocke, Martina: Mädchenwelten: Sexuelle Gewalterfahrungen und Heimerziehung, Heidelberg 1995

Schellhorn, Walter/Wienand, Manfred: Das Kinder- und Jugendhilfegesetz (SGB VIII). Ein Kommentar für Ausbildung, Praxis und Wissenschaft, Neuwied 1991

Schleicher, Hans: Jugend- und Familienrecht, 9. Aufl., Köln 1996; 7. Aufl., Köln 1991

Schlüter, Wilfried: Familienrecht, 5. Aufl., Heidelberg 1991

Schmitt-Wenkebach, Rainer: Das Haftungsrecht in der Jugendarbeit, 2. Auflage, Neuwied und Darmstadt 1981

Schön, Karin/Müllensiefen, Dietmar: Scheidungsfamilien beraten und im gerichtlichen Verfahren mitwirken. Eine Untersuchung der Praxis in badischen Jugendämtern, Freiburg i. Br. (Kontaktstelle für praxisorientierte Forschung e.V. an der Evangelischen Fachhochschule Freiburg) 1995

Schönke, A./Schröder, H.: Strafgesetzbuch, Kommentar, 24. Aufl., München 1991

Scholz, Rainer: Unterhaltsvorschußgesetz (Kommentar), 2. Aufl., Köln 1992

Schone, Reinhold/Schrapper, Christian: Ambulante Erziehungshilfen – Alternative oder Alibi? Entwicklungen, Profile, Perspektiven ambulanter Hilfen zur Erziehung, Münster (Institut für soziale Arbeit e.V.) 1988

Schottmayer, G./Christmann, R.: Kinderspielplätze. Beiträge zur kindorientierten Gestaltung der Wohnumwelt (Schriftenreihe des BMJFG Bd. 44/1 und 2), Stuttgart 1977

Schrapper, C./Sengling, D./Wickenbrock, W.: Welche Hilfe ist die richtige? Historische und empirische Studien zur Gestaltung sozialpädagogischer Entscheidungen im Jugendamt, Frankfurt/Main 1987 (Eigenverlag Deutscher Verein)

Schreiner, Haro: Adoption – warum nicht offen?, Idstein 1993

Schumann-Gliwitzki/Meier, Salwa: Schwierigkeiten und Chancen von Stieffamilien, Berlin 1990

Schwab, Dieter: Zur zivilrechtlichen Stellung der Pflegeeltern, des Pflegekindes und seiner Eltern – Rechtliche Regelungen und Rechtspolitische Forderungen. Gutachten A zum 54. Deutschen Juristentag, München 1982

Seidenstücker, Bernd/Münder, Johannes: Jugendhilfe in der DDR. Perspektiven einer Jugendhilfe in Deutschland, Münster (Institut für soziale Arbeit e.V.) 1990

Simitis, S. u.a.: Kindeswohl. Eine interdisziplinäre Untersuchung über seine Verwirklichung in der vormundschaftgerichtlichen Praxis, Frankfurt/Main 1979

Simon, Titus: Kommunale Jugendhilfeplanung. Eine Arbeitshilfe für Ausbildung und Praxis, Wiesbaden 1994

Simonsohn, Berthold (Hrsg.): Jugendkriminalität, Strafjustiz und Sozialpädagogik, 3. Aufl., Frankfurt/Main 1970

Sozialpädagogisches Institut (Hrsg.): Das Recht der elterlichen Sorge, Neuwied und Darmstadt 1983

Specht, Walter (Hrsg.): Die gefährliche Straße. Jugendkonflikte und Stadtteilarbeit, Bielefeld 1987

Steffan, W. (Hrsg.): Straßensozialarbeit. Eine Methode für heiße Praxisfelder, Weinheim und Basel 1989

Steinhage, R.: Sexueller Mißbrauch an Mädchen – ein Handbuch für Beratung und Therapie, Reinbek 1989

Stephan, Heinz: Sozialpädagogische Familienhilfe in Hannover – katamnestische Untersuchung, Marburg 1995

Storr, Peter: Die Aufsichtspflicht des Sozialarbeiter und Sozialpädagogen, 2. Aufl., Sankt Augustin 1992

Storr, Peter: Jugendhilferecht. Gesetzestext mit Erläuterungen, Regensburg 1991

Stranz, Gerhard: Tagespflege nach § 23 SGB VIII, Stuttgart u.a. 1995

Stumpf, Thomas W.: Opferschutz bei Kindesmißhandlung, Neuwied 1995

Swientek, Christine: »Ich habe mein Kind fortgegeben«. Die dunkle Seite der Adoption, Reinbek bei Hamburg 1982

Swientek, Christine: Die »abgebende Mutter« im Adoptionsverfahren, Bielefeld 1986

Swientek, Christine: Wer sagt mir wessen Kind ich bin? Von der Adoption Betroffene auf der Suche, Freiburg i. Br. 1993

Tegethoff, Hans-Georg: Sozialpädagogische Wohngemeinschaften. Öffentliche Erziehungshilfe in der Erfahrung von Beteiligten und Betroffenen, Weinheim und Basel 1987
Textor, M. (Hrsg.): Hilfen für Familien. Ein Handbuch für psychosoziale Hilfen, Frankfurt am Main 1990
Textor, Martin: Familienpolitik. Probleme, Maßnahmen, Forderungen, Bonn (Bundeszentrale für politische Bildung) 1991
Textor, Martin R.: Scheidungszyklus- und Scheidungsberatung. Ein Handbuch, Göttingen 1991
Textor, Martin R. (Hrsg.): Praxis der Kinder- und Jugendhilfe. Handbuch für die sozialpädagogische Anwendung des KJHG, Weinheim und Basel 1992
Textor, Martin R. (Hrsg.): Allgemeiner Sozialdienst. Ein Handbuch für soziale Berufe, Weinheim und Basel 1994
Textor, Martin R./Warndorf, Peter Klaus: Familienpflege: Forschung, Vermittlung, Beratung, Freiburg i. Br. 1995
Thiersch, Hans: Kritik und Handeln, Neuwied 1977
Thiersch, Hans: Lebensweltorientierte Arbeit. Aufgaben der Praxis im Sozialen Wandel, Weinheim und München 1992
Trauernicht, Gitta (Hrsg.): Soziale Arbeit mit Alleinerziehenden, Projekte aus der Praxis, Münster 1988
Trauernicht, G./Bettinghausen, M./Claus-Divaris/Knoch, L.: Mädchen in öffentlicher Erziehung. Eine Untersuchung zur Situation von Mädchen in Freiwilliger Erziehungshilfe und Fürsorgeerziehung. Institut für soziale Arbeit e.V./LWV Hessen, Münster 1987
Trube-Becker, Elisabeth: Gewalt gegen das Kind: Vernachläßigung, Mißhandlung, Sexueller Mißbrauch und Tötung von Kindern, 2. Auflage, Heidelberg 1987
Tschernitschek, Horst: Familienrecht. Studienbuch, München u.a. 1995

Ullrich, Hans: Arbeitsanleitung für Jugendgerichtshelfer, Frankfurt/Main 1982

Verein für Kommunalwissenschaften e.V. (Hrsg.): Eingliederung seelisch behinderter Kinder und Jugendlicher in die Jugendhilfe, Berlin 1995
Verein für Kommunalwissenschaften e.V. (Hrsg.): Jugendhilfeplanung – ein wirksames Steuerungsinstrument der Jugendhilfe, Berlin 1995

Wacker, Bernd (Hrsg.): Adoptionen aus dem Ausland. Erfahrungen, Probleme, Perspektiven, Reinbek bei Hamburg 1994
Walter, J. (Hrsg): Sexueller Mißbrauch im Kindesalter, 2. Auflage, Heidelberg 1992
Weber, Max: Wirtschaft und Gesellschaft, Grundriß der verstehenden Soziologie. Studienausgabe. Hrsg. von Johannes Winckelmann, 5. Aufl., Tübingen 1976
Weber, Monika/Christiane Rohleder: Sexueller Mißbrauch. Jugendhilfe zwischen Aufbruch und Rückschritt, Münster 1995
Wendl, Ph./Staudigl, S.: Das Unterhaltsrecht in der familienrichterlichen Praxis, 3. Aufl., München 1995
Wiemann, Irmela: Ratgeber Adoptivkinder. Erfahrungen, Hilfen, Perspektiven, Reinbek b. Hamburg 1994
Wiemann, Irmela: Ratgeber Pflegekinder. Erfahrungen, Hilfen, Perspektiven, Reinbek b. Hamburg 1994
Wiesner, R./F. Kaufmann/Th. Mörsberger/H. Oberloskamp/J. Struck: SGB VIII. Kinder- und Jugendhilfe, München 1995
Wiesner, Reinhard/Zarbock, Walter H. (Hrsg.): Das neue Kinder und Jugendhilfegesetz (KJHG) und seine Umsetzung in die Praxis, Köln u.a. 1991

Wilbrand, Irene/Unbehend, Dorothea: Praxisleitfaden für die Jugendgerichtshilfe. Fallorientierte Jugendgerichtshilfe, München 1995

Witte, Erich H./Sibbert, Jan/Kesten, Isolde: Trennungs- und Scheidungsberatung. Grundlagen - Konzepte – Angebote, Stuttgart 1992

Wolf, Klaus (Hrsg.): Entwicklungen in der Heimerziehung, Münster 1993

Wolffersdorff, Chr./Sprau-Kuhlen, V./i.Z.m. J. Kersten: Geschlossene Unterbringung in Heimen. Kapitulation der Jugendhilfe?, Weinheim und München 1990

Zeitler, Helmut: Sozialgesezbuch X für die Praxis der Sozialhilfe und Jugendhilfe, 2. Aufl., Köln 1983

Zenz, Gisela: Kindesmißhandlung und Kindesrechte, Frankfurt/Main 1979

Zenz, Gisela: Soziale und psychologische Aspekte der Familienpflege und Konsequenzen für die Jugendhilfe. Gutachten A zum 54. Deutschen Juristentag, München 1982

Zuschlag, Berndt: Das Gutachten des Sachverständigen. Rechtsgrundlagen, Fragestellungen, Gliederung, Rationalisierung, Stuttgart 1992

Stichwortverzeichnis